丹道源流

传承、人物与诀要

程宝良
著

上海远东出版社

图书在版编目（CIP）数据

丹道源流：传承、人物与诀要 / 程宝良著. 上海：上海远东出版社，2024. -- ISBN 978-7-5476-2064-9

Ⅰ. B959. 2

中国国家版本馆 CIP 数据核字第 2024RJ7184 号

责任编辑 李 敏
封面设计 许林云

丹道源流：传承、人物与诀要

程宝良 著

出　版 上海远东出版社
（201101 上海市闵行区号景路 159 弄 C 座）
发　行 上海人民出版社发行中心
印　刷 山东润声印务有限公司
开　本 710×1000 1/16
印　张 39. 75
插　页 1
字　数 714,000
版　次 2025 年 6 月第 1 版
印　次 2025 年 10 月第 2 次印刷
ISBN 978-7-5476-2064-9/B·35
定　价 158.00 元

序·言

道家道教文化，乃中华文化之根柢。上古儒道同源，举凡中国古代文化之哲学、政治、道德伦理、宗教、文学、军事，乃至天文、地理、医药、养生、武术、音乐、术数、方外炉火、物理化学等等，皆深受道家道教文化的润泽滋养。道教经书所记载的哲学义理、道德规戒、修炼方法、斋醮科仪、炉火方术，以及所保留的各种中国古代学问的珍贵资料，内容包罗万象，博大精深，故学者谓道家道教是中国传统文化之大宝库，诚哉斯言！

道家道教所蕴含的哲学及社会人文思想，所凝结的中国古典智慧，诸如道法自然、无为自正、尊道贵德、为而不争等哲学思想，深刻塑造了中国文化的底色和元神，并远播海外，影响了近代如海德格尔、荣格等西方哲学家、心理学家，而《老子》一书也成为中国文化典籍中译为外文最多的著作（据学者统计，《老子》现已被翻译成72种语言、约1 548种译本）。

然道家道教文化之核心内容，其起源及传承历史，正如孔子赞老子曰“犹如龙焉”，始终是“迎之不见其首，随之不见其后”（《老子·十四章》），或隐或现，难窥其全貌，世人实际上对其知之甚少。而近代以来，随着西方现代科学文化的强势传入，道家道教在社会民众层面的影响逐渐式微，民众对于道家道教的了解，多半停留于养生仙术、丧葬法术和星卜数术等民俗文化层面，而知其真实内涵者则益加鲜少。若从马克思主义哲学社会存在决定社会意识的观点出发，我们需问：道家道教思想的实践基础究竟是什么呢？难道道家道教思想只是一种哲思玄想或宗教信仰吗？答案当然不是——道家道教思想的根本实践基础，其实是早在老子庄子时期就已经比较普遍存在的人体修炼实践。无论是《老子》所言“致虚极，守静笃，万物并作，吾以观其复”“为学日益，为道日损，损之又损，以至于无为”，还是《庄子》所言“心斋坐忘”，讲的都是“古之善为道者”的修炼实践，并由此达到了修道者的高级生命境界，所谓“微妙玄通，深不可识”也。根据《庄子》推断，当时的中国社会应该存在多个修道隐士团体，并且传承有继。而其后出现的《黄帝内经·上古天真论》云“上古有真人者……中古之时有至人者……”①，这里所言“真人”“至人”，显然即是上古时期的修炼高人，并由此创立了轴心时代中国道家学派的生命观、世界观、修炼境界，以及尊道贵德、无为自然的哲学、道德和治世思想等。然遗憾的是，后世学者多关注于老子、庄子的哲学思想，而于其修炼实践则甚少论及，或语焉不详。

盖道书纷纷，所言何事？曰道体、道用、修道而已。注家不同，所目各异。言道体者则盛论道体无名，无为自然，有无相生，化生万物。言道用者则或言治国，所谓无为自正，清净自化，小国寡民等；或言道德伦理，所谓失德而后仁、失仁而后义等；或言兵事，所谓以正治国，以奇用兵等。而言修道者则以人负阴而抱阳，虚极静笃以观复，逆用炁机，身与道合，长生久视。而三者之中，实以修炼实践为根本基础，故《老子》其书，宋代之后被奉为修炼内丹之祖经，而老子之后的修道流派也枝分派衍，形成了道家道教十分复杂的修道门派。

按照本书所述，至少在汉代，道家道教修炼实践的最核心内容就被称为“内丹”，并出现了内丹、外丹之划分，故本书把老子、庄子等春秋战国时期的修炼称为原始丹道；两汉时期则有方仙道、黄老道，而汉末道教创立之后出现了符箓派；魏晋南北朝时期则上清派、灵宝派较为显著，以存想、服气和胎息为流行之法。唐宋是丹道发生重大革新和发展时期，出现了钟吕派、华山派；宋代王重阳、张伯端创立了以性命兼修著称的北宗和南宗，兴盛一时，还出现了净明道、西山丹法、中派丹法等。金元时期则丘处机一系的全真教大兴；明清时期则南派、北派、东派、西派并兴，内丹修炼形成了系统而成熟的理论和方法，而传统各派依然传承有续，不绝如缕，时隐时现。

近代以来，以西方科学方法研究丹道成为一时风气。民国期间，陈撄宁先生把道家修炼方法从传统道教中剥离出来，以科学理性精神重新研究修炼之学，将自黄帝以来的数千年的内炼传统都称之为“仙学”，作为一门独立的现代学术来研究，并出版《中华仙学》等著作。陈撄宁先生拟定了科学研究仙学的新原

① 《黄帝内经·上古天真论》：“余闻上古有真人者，提挈天地，把握阴阳，呼吸精气，独立守神，肌肉若一，故能寿敝天地，无有终时，此其道生。中古之时，有至人者，淳德全道，和于阴阳，调于四时，去世离俗，积精全神，游行天地之间，视听八达之外，此盖益其寿命而强者也，亦归于真人。”

则，提出了“三元丹法”，把古来的修炼方法归纳为“天元丹法、地元丹法、人元丹法”等三类，特别推崇东汉魏伯阳《周易参同契》、南宋张伯端《悟真篇》和清代黄元吉《道德经注解》，并对内丹、外丹、女丹以及中医、武术和养生等学问予以新解释，以图革新，建立揭示现代生命修炼学问的新道学。当代胡孚琛先生则循新道学思路，改“仙学”为“丹道学”“内丹学”等名称，尽力把古来道家道教关于生命修炼的学问统一于“内丹学”之现代新学科之下，并把传统道家道教复杂的修炼门派简化为依据其修炼内涵划分的丹道学新类别，即自身阴阳、同类阴阳、虚空阴阳等三家，以及清净丹法、彼家丹法、龙虎丹法、虚无丹法等四派。同时，新道学也对传统修炼词语，诸如“铅汞、龙虎、坎离、乌兔、彼我、鼎器、沐浴、文武”等隐语，尽量作出科学派的新解释，并着力把内丹修炼成道的全过程方法予以重新归纳总结，把新道学发展为在新时代下能够造福人类的学科体系，这使得传统丹道的发展迎来了一个新纪元。

今人类文明正进入一个千年未有的大变局时代。人类文明历程，如果依道家理论，可分为天纪、地纪、人纪三期。天纪，其运时也，应时而出，文明勃发，智慧涌现，此古代文明至轴心文明之肇始阶段；地纪，其运利也，依地域而分化，五行分智，文明支衍，各出灿烂，此地球文明格局之形成发展时期；人纪，其运和也，民智大开，创造竞发，五气朝元，交融和谐，生命之光重现，此人类文明进入大交流大融合的新发展阶段。于此人纪，道家内丹学关于生命潜能开发的理论解释和系统技术，对于揭开宇宙生命之奥秘、升华人类的生命境界大有裨益，更需要以现代科学方法加以深入研究，以揭示内丹学于哲学、医学、生命科学等领域的非凡价值。

程君宝良先生，河南孟津人，幼承庭训，秉持诚敬。上大学后，受智吾先生、廉贞先生陶铸，进研新儒家文化。因专求诚明之道、心性之学，转涉佛道、广征史传。陕西关中地区，是钟吕派、华山派丹道孕育、发源、传播之地。程君卜居西安之后，履其遗迹，访其传人，搜其真诀，研其经文，而验诸信史，渐窥不显之道，积学精思，钩深索隐，撰成《丹道源流》一书，以求正源溯流、与时俱进，使丹道服务于现代社会。其书也，上溯黄老，下迄清末民国之丹道源流，苦心力索，多方搜求，欲呈三千年丹道源流之大概，用力可谓勤矣。然惟丹道一事，若仅据文献资料，则源流难明；若泛采秘语口传，则学术乏信！诚两难也。故毋庸讳言，本书之言丹道源流，亦存仁智之见。俟之来日再访求修订也。

是为序。

刘鹿鸣

癸卯年于南大和园普觉精舍

自·序

中国传统文化的核心理念是“道”。“道”不是虚无主义的概念，中国先哲是以“格物致知”“诚意正心”“修齐治平”为实践内容和追求目标，通过自己在自然和社会中的实际行动来探索“道”、诠释“道”、体证“道”、演绎“道”和实践“道”。老子在《道德经》中讲：“修之于身，其德乃真；修之于家，其德乃余；修之于乡，其德乃长；修之于国，其德乃丰；修之于天下，其德乃普。”① 曾子在《大学》中讲：“古之欲明明德于天下者，先治其国；欲治其国者，先齐其家；欲齐其家者，先修其身；欲修其身者，先正其心；欲正其心者，先诚其意；欲诚其意者，先致其知；致知在格物。”②

中国传统文化实践中对“道”的探索、认知和体证、实践是从“修身”开始的。以“修身”为中枢，在内则“诚意正心”，向外则“齐家治国”，最终则“功遂身退”③“退藏于密”④。对于个人来说，积极入世，就可以“道”兼济天下；韬光自处，则能以“道”安置身心。在诚意、正心、修身、齐家、治国、平天下的实践过程中，“道”贯穿于其中每一个环节。孔子讲：“吾道一以贯之。”⑤ 老子讲：“唯道是从。”⑥ 因此，从外在实践上讲，中国传统文化实践的

① 《老子道德经注校释》，第 143—144 页。

② 《四书章句集注》，第 3 页。

③ 《道德经》讲：“功遂身退，天之道。”载《老子道德经注校释》，第 21 页。

④ 《系辞上》讲：“圣人以此洗心，退藏于密，吉凶与民同患。”载《周易本义》，第 148 页。

⑤ 《四书章句集注》，第 72 页。

⑥ 《老子道德经注校释》，第 52 页。

次第是修齐治平；从内在范畴上讲，中国传统文化实践的核心是“修道”；从修养方法上讲，中国传统文化实践的入手处是“修身”。把“道”付诸生命体验或道德实践，是中国传统文化实践的一种方式，是中国人的一种追求或修养。

丹道就是把“道”付诸生命体验或道德实践的方法之一。丹法致“道”，方是丹道。从人文科学的角度讲，丹道是一种探索和体证“道”的思想、理论和实践体系，是一种内在超越的途径。从自然科学的角度看，丹道纯粹是一种尝试提高生存质量、突破有限寿命的科学探索活动，其发展历程充满了科学实证的精神。从内在结构上讲，丹道具备紧密联系、相互融合的三个体系，即“道”“理”“法”。此三者，犹如三足鼎立，缺一不可。所谓“道”，就是丹道家在丹道炼养达到某一阶段时对超然实在的觉知体验。这种直觉体验在与现实结合时，又通过一定的语言方式表达出来，用于指导炼养。所谓“理”，就是丹道家用于阐释“道”并指导“法”的理论体系。所谓“法”，就是以“道”为根本依据，以“理”为具体指导，解决由“有为”到“无为”乃至体证“道”、实践“道”的具体方法。丹道的发展源于人们对生命本身的不懈探索。

人类在某一领域的实践活动往往要早于这一领域的理论阐述。并不是某一神秘主义或形而上的“道”或“理”，内化于人及其活动而成了丹道，恰恰相反，正是人类对于健康、养生、长寿的孜孜探索，有了经验，才把经验升华为、投射向“道”或“理”，才逐渐产生了丹道。正因此，丹道实践的起源，更加难以探索。因为，就丹道来讲，内丹的实践要早于外丹的实践。但内丹的实践通常不会留下物质性痕迹，无法通过考古发现来证实内丹的起源。从逻辑上讲，可能因为内丹丹法存在某些缺陷，才需要外丹来补充，外丹要通过内丹才能起作用。外丹的实践，根据胡孚琛先生的研究，可能源于殷商时期的冶炼和采矿活动，可信的、较早的外丹实践，出于墨家人物①。内丹的实践早于外丹的实践，由此可以推断，至少在殷商之前，内丹的实践就产生了。然而，这仅是一种理论逻辑的推测。

历代丹道家都把春秋时期的老子尊为丹道始祖，把《道德经》尊为丹道祖经。但是，老子并非专事修炼的丹道家，《道德经》也并非专述丹道的经典。只是老子谙于修养而长寿，《道德经》中的思想、理论与观点为丹道提供了原则性支撑。丹道的探索，从实践上讲，就是为了长寿；从理论上讲，就是为了“道乃久”②。就这个角度讲，老子与《道德经》被尊为始祖与祖经，是可以理解

① 《丹道仙学入门》，第95—97页。
② 《老子道德经注校释》，第36页。

的。但实际上，丹道的产生应该要比老子及其《道德经》更为久远，只有有了足够的时间，丹道的实践才能通过人的思维映射，把某些共通的原则性范畴记载在古老的文献中。但作为学术研究，又不得不拿出证据，铺陈资料，而不是仅凭逻辑推断。因此，本书也遵从“众说”，认为丹道始于老子及其《道德经》，其年代自然也就不晚于春秋时期。丹道起源的探索空间很大，有待进一步研究。

丹道讲究传承，传承是依于流派而进行的。丹道是发展的，并非一开始就理法圆融、道术兼备，而是经历代丹道家不断创新、发展、完善而来的。真正的传承就是对丹道实践的诀窍和气质的授予和秉承。丹道流派的真正传承，都是历代丹道家谨慎实践、仔细体验、苦心孤诣、修持有得而总结与秉持的精华，本书对此抱以诚挚的敬意。世上任何涉及神秘主义的东西，都会被赋予奇幻色彩。丹道的传承在一定程度上也被神秘化。老子讲：“以道莅天下，其鬼不神。”① 秉承丹道中的人文精神与科学实证，本身就是丹道内涵的一种传承，所以，丹道源流是以传承人物、实践诀窍为主线而展开的，并不采纳神秘主义的内容。

丹道不是宗教，其本身是独立于宗教而存在的。丹道的产生不晚于春秋时期，是以老子、庄子等人提倡的道家思想为主，通过探索“性命之道”与“自然之道”之间的联系，以求“性命之道”升华或返还为“自然之道”，达到“归根复命”“合道全真”的目的。丹道所涉及的神秘现象，是生命本具的内涵，只是人少见而已，并非超越人生命本身的东西。在思维科学与实证科学不够发达的年代，人们将其神秘化或宗教化，是可以理解的。虽则理解，但不能就此认为丹道就是宗教。如果这样，就颠倒本末，张冠李戴了。丹道产生之时，中国本土尚未产生宗教。正是丹道关于提高生存质量、突破有限寿命的孜孜探索，才刺激宗教产生、维系宗教信仰。历史上许多里程碑意义的丹道著作，要么贬斥当时的正统宗教，要么提倡道释儒三家合参。不仅如此，在不同的时代，常有信仰不同宗教的人们，共同修炼某一派别的丹道。这说明，丹道不具备如排他性等的宗教属性。因此，丹道不是宗教，丹道本身是独立于宗教存在的。

在群星璀璨的丹道源流中，可称道的丹道家有很多，但能被信史详细记载而又留下自传与专著的，又把丹道作为生命体验或道德实践的，可能仅有东晋葛洪一人。葛洪少孤，伐薪自给，苦读好学，博闻强记。二十一岁平石冰之乱，封“伏波将军”。但葛洪投释甲戈，散尽金帛，访友参道，学医济世。由于葛洪

① 《老子道德经注校释》，第 157 页。

道德高尚、才能卓著，常被举荐为官，他三十五岁完成《抱朴子》，三十六岁晋爵关中侯。五十岁，葛洪强辞出朝，栖罗浮山修养炼丹。葛洪六十一岁，自知时至，静坐羽化。葛洪一生成就甚高，他既是文学家，又是军事家，也是著名的医学家，更是著名的丹道家。葛洪著述甚丰，除传世名著《抱朴子》外，其他著作共五百五十四卷，其中医学著作一百零四卷。葛洪自十六岁就实践丹道，四十六年孜孜不倦，在忙碌充实的日常中，从未间断。似葛洪这样，生如春阳之灿烂，化如秋空之静美，是真正把丹道作为生命体验和道德实践的典范。

近代以来，中国人饱受屈辱，新中国成立后，中国人进入了自我崛起的伟大时代。在这个历史进程中，中国传统文化实践所凸显的文化韧性和精神力量，让世人瞩目。

而今，中国经济繁荣、政治昌明、科学发达、文化自信，这样的时代，为丹道的研究提供了千载难逢的时机。这个时代，既有大胆革新、勇于弄潮的健儿，也有稳健掌舵、审视格局的精英。我们的有幸之处，就在于既能继承传统，又能开拓创新。传统是面向创新的传统，创新是基于传统的创新。创新给我们以动力，传统给我们以稳健。这个伟大的时代赋予我们许多使命，也给予我们许多机遇。让我们在这个政治昌明、经济富裕、科学发达、文化繁荣的时代，立足自己的本位，景仰先辈，珍重当下，畅怀未来，不忘初心，坚定信念，给这个时代一份自己的答卷。《丹道源流：传承、人物与诀要》就是以文化自信为精神指导，向薪火相继的中国传统文化交上属于这个时代的一份答卷。

程宝良

甲辰冬月至日序于长安景仁轩

绪·论

丹道①是中华民族对世界文明的独特贡献，它源远流长，伴随着中华民族浩浩汤汤的历史而不断发展和创新。历史上，许多丹道家把丹道的起源追溯至远古，认为伏羲、神农、黄帝等中华民族的人文始祖都是丹道的创立者②。这些丹道家认为，伏羲一画开天，构建易卦系统，奠定了丹道的理论基础；神农尝百草、著药书，提供了丹道的医药学基础；黄帝问道于广成子，即为丹道授受之始。虞舜、唐尧、夏、商、西周时期，留下了许多神仙方士的传说，如赤松子、王子乔、彭祖等。这些修真之士，大多隐居于名山大川之中，或是服食药饵，或是导引养气，或是音律感应，或是精于交接，为后世丹道家提供了许多养生经验。但是，丹道并非仅是养生之术③；丹法致“道”④，方为丹道。

广义地讲，丹道包括外丹和内丹。唐代的《通幽诀》云：“气能存生，内丹也；药能固形，外丹也。”⑤ 外丹注重立炉安鼎，把一些自然药物放到鼎器之中，按照阴阳五行、天人感应、同类相从、火候次第、药剂配伍等外丹理论和

---

① 胡孚琛先生讲：“内丹学又称为丹道性命学，简称丹道。”见《丹道仙学入门》，第 167 页。

② 《丹道仙学入门》，第 167、184 页。

③ 张广保教授讲：“只要谈及道家的体道、证道，人们就会不由自主地联想起各种吹呴呼吸，熊经鸟伸的养生实践活动，而对体道、证道过程所蕴含的生命超越与升华问题极少关注。其实，后者才是道家体道、证道一词的真正所指。”见其论文《原始道家的道论与心性论》。

④ 戈国龙教授讲：“内丹学有一套具体的修炼之‘术’，借‘术’以明‘道’……从历史顺来看是由‘道’而‘术’的演变，从内丹修炼的逻辑顺序来说则是由‘术’入‘道’的过程。”见《道教内丹学溯源》，第 43 页。

⑤ 《通幽诀》，载《道藏》第 19 册，第 155 页下。

技术进行烧炼，制成丹药，冀图服食后得道升仙。由于当时的科技水平有限，外丹在炼制中经常出现“丹崩炉塌”的危险情况；即使炼制成功，成丹往往具有毒性，服食者常有暴亡或致残。因此，外丹在两汉、六朝、隋唐等时期经历了萌芽、发展和高潮，降及唐末五代，就悄然淡出丹道历史的舞台，代之而起，是以清虚自然、阴阳冲和为主的内丹学术。从丹道发展历史上看，虽然五代以后以内丹为主，但并非外丹就此失去了传承。部分丹道家并未放弃外丹实验，只是他们仅用外丹来辅助内丹修炼，而不再以外丹为主了①。

狭义地讲，丹道专指内丹②。内丹一词最早见于南陈慧思禅师的《立誓愿文》，其词曰：“借外丹力修内丹。”③ 与外丹相比，内丹的方法和流派非常多，包括归根复命、行炁胎息、心斋坐忘、内视存神、铅汞龙虎等思想理论和实践方法。这些实践从表面上看各有不同，但归根结底，内丹是通过锻炼内在阴阳来化合外在阴阳，进而产生丹头，经过温养、化育、锻炼等功夫，达到所谓的形神俱妙、与道合真、与物合德、与人和亲的境界。其中贯通的共性是获取和培养先天一气（道气），以神合气，由此使性命之道返还自然之道（或本元之道）④，最终归根复命、至和常明。具体地讲，专指内丹的丹道，是一种在系统理论⑤指导下、探索生命本质的实践活动⑥。丹道包含三个核心要素，即“道”“理”“法”，只有三要素有机地融合在一起，才能称为丹道。

丹道不是宗教，其本身是独立于宗教而存在的。著名丹道学者和丹道家胡孚琛先生曾讲：“今后我们论及三元丹法，仅称丹道学，不用仙学之称，以免和社会上神仙信仰及各类宗教、世俗迷信混为一谈。”⑦ 虽然丹道在发展过程中长期被披上宗教外衣，但是通过仔细研究就可以发现，正是丹道关于提高生存质量、突破有限寿命的孜孜探索，才支撑了神仙长生的信仰。由此来看，是丹道支撑了神仙长生的信仰，而不是神仙长生信仰支撑了丹道。从这个角度讲，丹道本身是独立于宗教存在的。

原始丹道最晚在春秋时期已经产生了。因为丹道既涉及实践层面，又注重

---

① 《丹道仙术入门》，第 102 页。

② 胡孚琛先生讲：“丹道学虽包括外丹学，但主要指内丹学。内丹学是道学文化中最核心的学问。”见《丹道仙术入门》，第 165 页。

③ 《南岳思大禅师立誓愿文》，载《大正新修大藏经》第 46 册，第 791 页下。

④ 戈国龙教授讲：“内丹主要是神气的修炼，‘神即性也，气即命也’，内丹之性命双修，也即是神气兼修。”见《道教内丹学溯源》，第 44 页。

⑤ 丹道是一个系统工程，是由胡孚琛先生提出的。详见《丹道仙术入门》《丹道法诀十二讲》等。

⑥ 詹石窗教授称之为“生命修养实践”。见其论文《道教生命伦理与现代社会》。

⑦ 《丹道法诀十二讲》，第 2—3 页。

理论构建，所以，判断丹道是否产生的标准，既包括实践方面，又包括理论方面。从实践方面来讲，丹道的产生包括对“道”的探索、“理”的构建、“法”的实践。只有这三种活动相互配合地进行，并且，主持这些活动的主体，是某一时代某一确定可考的人，或某一时代某类人组成的紧密联系的群体，这才能确认丹道的实践在某一个时代已经产生了。从理论方面来讲，如果最早在某个时代出现了一部确定可考的著作或某些紧密联系的一系列著作，著作中存在较为系统的丹道思想、理论、方法，那么就可以因此确定，在这个时代，理论层面的丹道已经产生了。如果在某个时代，丹道实践方面的标准和理论方面的标准都具备了，就可以判定这个时代已经产生丹道了。春秋时期，学术思想空前丰富，以老子、辛文子、庚桑子等为代表的道家人物及其著作，在理论层面、实践层面都达到了丹道产生的标准，这说明，最晚在春秋时期，原始丹道①已经产生了。

到了战国时期，除了列子、庄子等继承和发扬老子等人的原始丹道，方仙道开始兴起。燕齐一带的神仙方士，依托黄帝之名，借用老子“归根复命”“长生久视”的学说，构建神仙长生的思想理论体系，把神仙方术融入了原始丹道。随着历史的发展，原始丹道的这一涓涓细流融汇了易理卦象、阴阳五行、汉儒经学、岐黄医道、魏晋玄学、佛教禅观、儒家理学、密宗瑜伽等学术思想，逐渐形成波澜壮阔的局面。到了两宋金元时期，完整的丹道体系正式建立，形成了钟吕派南、北二宗的传承流派。宋元以来，新生的丹道流派，都是由南、北二宗衍生出来。

从中国传统哲学的角度讲，丹道是一种探索和体证“道”的思想、理论和实践体系，它给人们提供了一条内在超越的途径。从现代科学的角度看，纯粹的丹道是一种尝试提高生存质量、突破有限寿命的科学探索活动，其发展历程充满了科学实证的精神，具备人类在历史发展过程中的三种主要探索模式。丹

---

① 此处的原始丹道是有别于五代以后形成的以重新解释外丹术语而表述的丹道，传统的丹道家和部分学者也称之为“道功”或“修道”。作者认为，丹道的内涵是通过双修性命返还于本元之道或自然之道。历史上的丹道家认为，性即是神，命即是炁或气。其中，性或神是不假修炼的，即使后天识神妄动，在炁归元之后，也会返还先天元神，关键技巧在化炁、养炁和御炁。那么，丹道可修的就是命或炁，以神御炁或以神合炁，才能返还于本初。由此来讲，老子的归根复命、庄子的心斋坐忘，都是符合丹道内涵的，可以称之为丹道。如果后期的丹道家承认老子、庄子等通过实践体证和返还了本元之道或自然之道，那么他们也必然经历了混合神气、双修性命而归根复命的过程，只是他们并没有采用铅汞、坎离、龙虎、炉鼎、药物和火侯等术语而已。可以这样说，不同历史时期，丹道的理论表述、实践技法在不断发展、进步，但是由丹道的逻辑起点、最终归宿所决定的丹道体系和内涵，并没有发生质的变化。

道的产生、发展和实践，既是一个社会人文思想的发展历程，也是一个生命实证科学的探索历程。无论用什么观点来看待它，都无法否定其存在的历史事实。因此，以学术研究的眼光、科学探索的角度，来研究其历史进程，分析其渊源流派，萃取精华、扬弃糟粕，这对于继承优秀的传统文化以支持现代相关人文科学和自然科学的发展来说，意义尤为重要。

为了方便叙述丹道的渊源与流派，在本书的内容中，丹道专指内丹。在涉及外丹时，称为外丹术或炼丹术，称对外丹有贡献的历史人物为炼丹家。在涉及内丹时，称为丹道或内丹，称对内丹有贡献的历史人物为丹道家。本书在叙述内丹和外丹的渊源与流派时，以内丹为主，叙述外丹是为了辅助说明内丹的发展。

在研究过程中，主要采用系统科学、文献梳理和历史逻辑的方法，注重史料考证、文献归纳、逻辑演绎，尊重各派丹道历史人物的贡献，最大限度地呈现丹道历史发展过程的原貌。在不同的历史时期，丹道的内涵外延、丹法的理论技巧、丹脉的衍生流传等，都有不同的特征。基于这种考虑，本书把丹道发展的历史划分为六个阶段：（一）先秦及秦时期（前202年以前），（二）两汉时期（前202—220），（三）魏晋南北朝时期（220—581），（四）隋唐五代时期（581—960），（五）两宋金元时期（960—1368），（六）明清民国时期（1368—1949）。

基于以上六个阶段，本书在内容上安排为七章：先秦阶段，主要介绍丹道在远古时期的萌芽状态，春秋战国时期老庄哲学及其原始丹道。是为第一章。

两汉阶段，是阴阳五行、天人感应、河图谶纬等思想学说形成的重要时期，这对丹道产生了重要影响；此处主要阐述外丹学术的渊源及其在汉代的发展历史，以及这一时期对春秋战国时期原始丹道的继承和发展。是为第二章。

魏晋南北朝阶段，玄学思想对外丹和内丹的发展均提供了宽松的人文环境，本章除了阐述外丹和内丹的演变历史，主要介绍三种富有特色的内丹丹法及其传承源流。是为第三章。

隋唐五代，既是外丹趋向辉煌、转向没落的阶段，又是内丹进行革新、走向成熟的历史阶段，这部分内容注重阐述外丹的理论、流派和缺陷以及内丹的革新、完善和流派的兴起。是为第四章。

两宋金元时期，是丹道哲学、理论、技法趋于成熟、大放异彩、流派纷呈的时期，又是儒释道三家文化在丹道中融合的又一重要历史阶段，期间佛门禅宗、儒家理学、唐代密教的心性学说、中庸学说、三密学说统统被丹道吸收并加以创新，除了形成南、北二宗丹法，还形成了以雷法为代表的新兴符箓派丹法，开启了内丹外用的先河。本章注重介绍丹道南、北二宗传承的渊源和流派，并研究雷法的渊源、流派及其与魏晋符箓派之间的继承关系。是为第五章。

明清民国时期，丹道有较大发展，阴阳丹法或双修丹法异军突起，形成了别有特色的三丰派、东派、西派等丹道流派。清净丹法则凸显龙门正宗及其衍生的流派，如伍柳派、西竺心宗、金盖山闵派等。本章重点介绍阴阳丹法的渊源、理论、传承流派，龙门正宗及其衍生流派的渊源、理论技法及传承流派。是为第六章。

最后一章作为结束语，总结丹道发展及其流派传承的历史脉络，列出丹道发展历史的大事年表，阐述丹道发展历史中所蕴含的人文精神、内在动力、思想主线、探索方式，评价丹道在历史文化中的价值和地位，从丹道与自然科学关系的角度构建丹道研究方法，说明丹道对现今的意义，展望丹道在未来的发展方向。

总而言之，《丹道源流》是采用相关古典和现代文献为佐证资料，系统阐述丹道发展历史的一部著作。本书以丹道的流派、人物、诀要为研究主题，以丹道的思想、理论、技法产生和发展过程为研究对象，以揭示丹道发展的历史规律、人文思想、科学精神为目的，借以剥去附着在丹道之上的宗教外衣，发掘丹道相对独立的思想、理论和方法体系。通过丹道发展的历史可以看出，虽然丹道家假设有一个终极的“道”可证，但是，丹道家的实践并不囿于自己的假设。丹道家通过一定的理论构建、方法设计，把“道”与生命经验联系在一起，通过探索生命的本质、生命的内在与外在的关系，来验证和升华对“道”的认知和体证，不断从深、广两个角度发展和开拓“道”的内涵与外延。这种探索过程本身体现着严谨致知的人文精神和科学精神。本着丹道家传承的这种精神，期望本书的研究，能从充满神秘气氛的神仙长生信仰中，把支撑神仙长生信仰的核心——丹道，细致地剥离出来，展示丹道的本色，吸引更多具有现代科学精神的人士来关注和研究丹道，继承前辈学者们的研究，使其与现代科学和相关学科进一步接轨、融合、发展，将丹道发展为一门现代科学和学科，使丹道为人类的发展做出更多的贡献。如果本书的内容，能够为以上的想法做出一点推动作用，那这点“芹藿之献”就有其意义了。

目·录

第一章

道法自然：道德、性命、返还与丹道溯源

丹道源于远古时期的养生之“术”，主要有药饵服食、养气守神、导引行炁等，其中传说的人物主要有伏羲、神农、广成子、黄帝、彭祖、容成公等。从现有可考的资料来看，把养生之“术”升华为养生之“道”者，却是春秋时期的道家学派。

道家是春秋时期较早形成的学术思想流派。春秋时期，由于“王道衰微”“礼崩乐坏”，官学体制崩溃，私学兴起。各家学派纷纷著书立说，弘扬自己的学术，这就是“百家争鸣”。《汉书·艺文志》将先秦诸子学术总结为“诸子十家”“方技三十六家”，并评价诸子学术说：

> 诸子十家，其可观者九家而已。皆起于王道既微，诸侯力政，时君世主，好恶殊方，是以九家之说蜂出并作，各引一端，崇其所善，以此驰说，取合诸侯。其言虽殊，辟犹水火，相灭亦相生也。①

道家自称继承了远古圣王“抱朴怀素”“清净无为”等治世、修养理念，并对此进一步发挥和完善，提出了较为完整的道家哲学理论和治国、修身的方法。东汉史学家班固，认为道家来源于“史官”。《汉书·艺文志》记载：

> 道家者流，盖出于史官，历记成败存亡祸福古今之道，然后知秉要执本，

① 《汉书》卷三十《艺文志第十》，第6册，第1746页。

清虚以自守，卑弱以自持，此君人南面之术也。合于尧之克攘，易之嗛嗛。一谦而四益，此其所长也。及放者为之，则欲绝去礼学，兼弃仁义，曰独任清虚可以为治。①

道家的主要创始人之一老子，即是东周的“柱下史”。

道家善于综采百家之长为我所用，形成了以“养气”为主的养生方法，这是丹道技法的主要来源之一。春秋战国时期，“养气”之术并非道家独有，是百家诸子普遍遵守的养生原则。《礼记·郊特牲》有“凡饮，养阳气也；凡食，养阴气也”② 之说，《周礼·天官冢宰》有“以苦养气”③ 之说，《礼记·孔子闲居》有“清明在躬，气志如神”④ 之说，《孟子·公孙丑上》有“我善养吾浩然之气”⑤ 之说，《荀子·修身》有“治气养心”⑥ 之术。由此可知，“气”是诸子百家养生的核心概念，“养气”是当时主要的养生手段。道家博采众长，综理诸子“养气”之法而又有超越之处。《道德经》云：“专气致柔，能婴儿乎?”⑦ 老子把“专气”作为返还“赤子”之德的途径。《庄子》讲：“气也者，虚而待物者也。唯道集虚。虚者，心斋也。”⑧ 庄子把“斋心养气”作为体道合真的重要手段。老子和庄子，把“养气”之术升华到了修养道德、体道合真的层面上。所以，丹道技法的主要来源之一是道家的“养气”之术。

到了战国末期，方仙道大为流行，神仙方术也是丹道技法的主要来源之一。神仙之说，古已有之。从《列子》《庄子》《列仙传》《神仙传》《高士传》等记载看，其中有房中行炁者，如彭祖、容成公；有服饵丹药者，如黄帝；有炼养证道者，如广成子；有剑气运神者，如孔周；有以音律与天地相应者，如王子乔、师文。奉行神仙方术的人被称为方士，这些人主要来源战国末期的燕齐一带，司马迁称这类学说为“方仙道”。《史记·封禅书》记载：“宋毋忌、正伯侨、充尚、羡门高最后皆燕人，为方仙道，形解销化，依于鬼神之事。”⑨ 方仙道与以理性思辨为主的老庄道家学术体系不同，是以神仙长生为主要目的。方仙道的神仙方术，如药饵服食、房中采御、导引行炁等养生技法，也是丹道技

---

① 《汉书》卷三十《艺文志第十》，第 6 册，第 1732 页。
② 《礼记正义》卷二十五《郊特牲第十一》，第 2 册，第 901 页上。
③ 《周礼注疏》卷五《疡医》，第 1 册，第 138 页上。
④ 《礼记正义》卷五十一《孔子闲居第二十九》，第 4 册，第 1632 页上。
⑤ 《孟子注疏》卷三《公孙丑章句上》，第 90 页下。
⑥ 《荀子集解》卷一《修身篇第二》，第 1 册，第 25—27 页。
⑦ 《老子道德经注校释》，第 22 页。
⑧ 《庄子今注今译·内篇·人间世》，第 1 册，第 139 页。
⑨ 《史记》卷二十八《封禅书第六》，第 4 册，第 1368—1369 页。

法的主要来源之一。

但是，丹道并非养生之术或神仙方术。丹道，从其自身结构的角度看，可以分为相互融合的三个方面，即“道”“理”“法”。此三者，犹如三足鼎立，缺一不可，称为丹道三要素。所谓“道”，就是丹道家在丹道炼养达到某一阶段时对超然实在的觉知体验。这种知觉体验在与现实结合时，又通过一定的语言方式表达出来，用于指导炼养。所谓“理”，就是丹道家用于解释“道”、并用所解释的“道”来指导具体炼养方法的理论体系。所谓“法”，就是以“道”为根本依据，以“理”为具体指导，解决丹道家从“有为”到“无为”乃至证“道”的具体方法。

春秋战国时期的道家学说，为养生之术和神仙方术升华为丹道提供了哲学思想、理论框架，并将养生之术系统化，形成了具有一定次第的思想、理论和技法体系。在道家学说的沁润与滋养下，零散的养生之术、神秘的方仙道术，逐渐丰满起来，形成了初步具备“道”“理”“法”的原始丹道。

本章内容分为三部分，第一部分探索丹道的内涵和起源，第二部分阐述老庄道家与原始丹道，第三部分简述先秦道家哲学对丹道的支撑。

第一节　内丹、外丹与丹道溯源

从历史发展的逻辑来看，并非有了“内丹”“外丹”等名词，才有了内丹、外丹的实践活动；恰好相反，只有在内丹、外丹的实践活动达到一定阶段时，才产生了“内丹”“外丹”乃至相关术语。所以，不能仅从名词术语出现的年代来判断外丹、内丹出现的时间，而应根据“外丹”“内丹”的内涵和内在逻辑来研究其产生的年代。

一、外丹、内丹的起源

（一）丹的含义

“丹”，在古文中写作“㒵”“彬”“冂”。现存文献中，“丹”最早出现在《尚书·夏书·禹贡》中——“砺、砥、砮、丹”①，孔颖达疏曰：“丹者，丹

①《尚书正义》卷六《禹贡》，第1册，第179页上。

砂。"① 由此可知，"丹"最早是指"丹砂"。

在早期的文献中，"丹"还有"红色"的意思，应该是借用"丹砂"的颜色。例如，《诗经·秦风》中有"颜如渥丹"②。在此基础上，"丹"还被当作动词使用，意为"涂成红色"。例如，《左传·庄公二十三年》中有"丹桓宫楹"③。

从丹道的角度讲，既然"丹"最早是指"丹砂"，在丹道中的"丹"，最初应指"外丹"，后引申为"内丹"，甚至有"心"的含义，如《太乙金华宗旨·劝世歌第十三》中"吾因度世丹衷热"④。

（二）外丹起源探索

外丹最初仅被称为"丹"，后也有其他名称，如"黄金""还丹""玄黄""霜雪"等。炼制外丹的方法，称为炼丹术。可征于信史的炼丹术始见于《史记》。《史记·封禅书》记载：

> 少君言上曰："祠灶则致物，致物而丹沙可化为黄金，黄金成以为饮食器则益寿，益寿而海中蓬莱仙者乃可见……"于是天子始亲祠灶，遣方士入海求蓬莱安期生之属，而事化丹沙诸药齐为黄金矣。⑤

其中，"事化丹沙诸药齐为黄金"就是炼丹术，"黄金"就是一种外丹，后世称为"丹金"或"药金"。

李少君是西汉初期的炼丹家，但其师安期生则为战国末期齐国人。《神仙传·李少君》记载：

> 先师安期先生，昔所赐金丹之方，信而有征。⑥

《史记·田儋列传》云：

> 通善齐人安期生，安期生尝干项羽，项羽不能用其策。⑦

---

① 《尚书正义》卷六《禹贡》，第1册，第179页下。
② 《毛诗正义》卷六《秦风·终南》，第1册，第498页上。
③ 《春秋左传正义》卷十《庄公二十三年》，第1册，第315页上。
④ 《太乙金华宗旨》，载《藏外道书》第10册，第343页上。
⑤ 《史记》卷二十八《封禅书第六》，第4册，第1385页。
⑥ 《神仙传校释》卷六《李少君》，第207—208页。
⑦ 《史记》卷四十九《田儋列传第三十四》，第8册，第2649页。

安期生是当时著名的炼丹家，两汉时期的炼丹术主要源于他。根据《史记》《神仙传》《云笈七签》《历世真仙体道通鉴》（后文简称《仙鉴》）等记载，安期生传授炼丹术于西汉的马明生①、李少君等人，马、李又授予多人，其中最著名的是东汉的阴长生。阴长生将安期生所传撰为《太清金液神丹经》。《云笈七签》中的《马明生传》记载：

> 明生乃随安期先生负笈……二十年中，勤苦备尝。安期乃曰："子真有仙骨，何专恭之甚耶！吾所不及也。"遂授以《太清金液神丹方》……②

《神仙传·阴长生》记载：

> 阴长生者，新野人也。……闻有马鸣生得度世之道，乃寻求，遂与相见，执奴仆之役，亲运履之劳。……鸣生乃告之曰："子真是能得道者。"乃将长生入青城山中，煮黄土而为金以示之，立坛四面，以《太清神丹经》受之，乃别去。③

胡孚琛先生认为，炼金术源于殷商时期的冶金铸造技术，战国时期的墨家学派已经实验炼金术。④

由此可知，炼丹术与外丹最晚在战国末期（前221年前后）已经产生。现存外丹丹经中，最早出现的就是《太清金液神丹经》。

（三）内丹起源探索

内丹最初被称为"气"。"气"是与外丹相对而并称的说法，最早见于东汉时期的《太清金液神丹经·叙》⑤，其中云："夫养生者，唯气与丹。"⑥ 其中，"丹"指外丹；与"丹"并称的"气"，即是内丹。唐代《通幽诀》云："气能存生，内丹也；药能固形，外丹也。"⑦

丹道家认为，内丹的本质就是"气"或"先天一气"。清代著名丹道家刘一

---

① 马明生，原姓和，有的文献中也称作马鸣生。

② 《云笈七签》卷一百零六《马明生真人传》，载《道藏》第22册，第725页下—726页上。

③ 《神仙传校释》卷五《阴长生》，第171页。

④ 《丹道仙学入门》，第95—97页。

⑤ 《太清金液神丹经·叙》由张道陵及其弟子赵升、王长著。按《张天师世家》记载，张道陵生于东汉建武十年（34），羽化于东汉永寿二年（156），他于嵩山石室得到《太清金液神丹经》。这部藏在嵩山石室的丹经，是在汉延光元年（122），由阴长生撰写而藏入的。所以，张道陵、赵升、王长等人所作的《太清金液神丹经·叙》应在公元122—156年之间，正在东汉时期。

⑥ 《太清金液神丹经》卷上，载《道藏》第18册，第748页中。

⑦ 《通幽诀》，载《道藏》第19册，第155页下。

明讲：

> 道者，先天生物之祖气。……在儒则名曰太极，在道则名曰金丹，在释则名曰圆觉。①

中国古人认为，万物由“气”所生，人的健康、生死受“气”决定。《文子》云：

> 气者生之元也。②
> 阴阳陶冶万物，皆乘一炁而生。③

《庄子·知北游》云：

> 人之生，气之聚也，聚则为生，散则为死。……故曰通天下一气耳。④

“行炁”养生之说，可追溯到唐尧时期（约前2447—前2307）。行炁之法常与导引之术相连，即通过一定的动作和存思，使真气运行、通畅。《吕氏春秋·古乐》云：

> 昔陶唐氏之始……民气郁阏而滞著，筋骨瑟缩不达，故作为舞以宣导之。⑤

以“气”养生之说，在春秋时期（前770—前476）已经成熟。春秋时期的道家学派创始人老子及其弟子，都精通养气。老子讲：“专气致柔，能婴儿乎？”关尹子讲：“壹其性，养其气，含其德，以通乎物之所造。”⑥ 辛文子讲：“正汝形，一汝视，天和将至。摄汝知，正汝度，神将来舍，德将为汝容，道将为汝居。”⑦“天和”就是“阴阳冲和”之“和气”。这说明，以“气”为主的养生方法，在春秋时期已经成熟了。

到了战国时期（前475—前221），“行炁”已有独立的著作，称作《行炁玉佩铭》。其原文为：

---

① 《修真辨难》卷上，载《藏外道书》第8册，第470页下。
② 《文子疏义》卷三《九守·守弱》，第163页。
③ 《文子疏义》卷九《下德》，第397页。
④ 《庄子今注今译·外篇·知北游》，第1册，第524页。
⑤ 《吕氏春秋译注·仲夏纪第五·古乐》第1册，第140页。
⑥ 《列子集释》卷二《黄帝篇》，第50页。
⑦ 《文子疏义》卷二《道原》，第23页。

> 行气一，深则蓄，蓄则伸，伸则下，下则定，定则固，固则萌，萌则长，长则退，退则天，天几舂在上，地几舂在下。顺则生，逆则死。①

综上可知，内丹最初称为“气”。内丹术的雏形最晚在春秋以前就产生了，甚至可以上溯到唐尧时代。以外丹和内丹的内涵来看，内丹术早于外丹术，内丹早于外丹。

（四） 内丹与外丹的联系

既然内丹术早于外丹术，内丹或“气”就可以养生，为什么还出现了外丹呢？从逻辑上讲，必然是内丹术在帮助人们追求健康长寿、长生不老的过程中，出现了薄弱环节或难题，人们才去探索外丹术来解决问题。因此，从外丹与内丹的关系来看，外丹是内丹的补充；内丹是根本，外丹是在某一环节、某种程度上辅助内丹的；外丹只有转化为内丹，才能起到相应的作用。

外丹与内丹的这种关系，可以通过早期流传的外丹丹经来验证。在《太清金液神丹经》中，“丹”就兼有内丹和外丹两种含义，经中具备内丹术和外丹术。

《太清金液神丹经》中的“泥丸真人自溢充，绛府赤子驾玄龙，丹田君侯常丰隆，三神并悦身不穷”② 是指内丹术。“泥丸”即泥丸宫，也称上丹田；“绛府”即绛宫，也称中丹田；“丹田”即脐中，也称下丹田。丹道认为，泥丸藏神、绛府藏气、丹田藏精，精气神充沛，则会化现出“泥丸真人”“绛府赤子”“丹田君侯”等内景。这种存守三田的内丹术，汉代称为“三一”。“三一”之术，是后世丹道中“炼精化气、炼气化神、炼神还虚”的雏形。《太清金液神丹经》卷上《叙》云：

> 夫三一者，脑、心、脐三处也。上一泥丸君在头中，中一绛宫君在心中，下一丹田君在脐中，存之则炜烨于三府，忽之则幽寂于一身，好生者存之为乐，亡身者废之为欢，是故炜烨寂观三一之乐矣。按仙经云：“子欲长生，三一当明。”道正在于此。③

《太清金液神丹经》中，“丹华黄轻必成金，水银铅锡谓楚皇，河上姹女御

① 《悟真篇浅解》，第 335 页。

② 《太清金液神丹经》卷上《太清金液神丹经文本》，载《道藏》第 18 册，第 750 页下—751 页上。

③ 《太清金液神丹经》卷上《叙》，载《道藏》第 18 册，第 748 页上。

神龙，流珠之英能延年。华盖神水乃亿千，云液踊跃成雪霜，挹而东拜存真王，陵为山称阳为丹”①，是指外丹烧炼的环节。“丹华黄轻”是指铅和汞经加热后产生的氧化物，丹经称之为“玄黄”“飞轻”“飞流”。《太清金液神丹经》卷上云：

复取水银九斤、铅一斤，置土釜中，猛其火，从旦至日下晡，水银铅精俱出，如黄金，名曰“玄黄”，一名“飞轻”，一名“飞流”。②

“云液踊跃成雪霜”，是指炼制的外丹的相状。《太清金液神丹经》卷上云：

寒之一日发视，丹砂当飞着上釜，如奔月坠星，云绣九色，霜流炜烨。又如凝霜积雪，剑芒翠光，玄华八畅，罗光纷纭，其气似紫华之见太阳，其色似青天之映景云，重楼婉蜒，英彩繁宛。乃取三年赤雄鸡羽扫取之，名曰“金液之华”。③

又《太清经液神丹经·作霜雪法》云：

取曾青、礜石④、石硫黄、戎盐、凝水石、代赭、水银，分等七物，合治万杵，不须筛也。以醇盐和之，令浥浥刚淖自适。即置土釜中，封泥皆如泥神丹土釜法。……以苇火炊其下及左右，四日四夜少猛之，神华霜雪上着，以三岁雄鸡羽扫之，名曰“霜雪”。可加丹砂雄雌黄三种，并与前分等合为十种也，名曰“金华凝霜雪”。如此还丹之道毕矣。⑤

以上关于外丹的内容，前后涉及两种外丹丹方：第一种是用铅和汞炼制“玄黄”；第二种是用朱砂、雄黄、雌黄配合“玄黄”炼制“金液还丹”⑥。

《太清金液神丹经》讲：“雄雌之黄养三宫：泥丸真人自溢充，绛府赤子驾玄龙，丹田君侯常丰隆，三神并悦身不穷。”⑦“雄雌之黄”就是用雄雌之黄炼成的外丹；“养三宫”，就是滋养“泥丸”“绛府”“丹田”，也就是滋养神、气、

---

① 《太清金液神丹经》卷上《太清金液神丹经文本》，载《道藏》第 18 册，第 750 页下—751 页上。

② 《太清金液神丹经》卷上，载《道藏》第 18 册，第 751 页上。

③ 同上。

④ 礜石，主要化学成分为硫砷化铁。礜，读音［hú］。

⑤ 《太清经液神丹经》卷中《作霜雪法》，载《道藏》第 18 册，第 754 页上。

⑥ 阴长生以此为“金液还丹”之方。《太清金液神丹经》卷中，载《道藏》第 18 册，第 753 页下。

⑦ 《太清金液神丹经》卷上《太清金液神丹经文本》，载《道藏》第 18 册，第 750 页下—751 页上。

精。这就是说，利用外丹滋养，以达到“泥丸真人自溢充，绛府赤子驾玄龙，丹田君侯常丰隆，三神并悦身不穷”的目的。这才是外丹的真正用途。即使像方士们传说的那样，服用外丹可以“白日飞升”，也必须通过“存神”“胎息”等内丹术来达到“飞升”的目的。《太清金液神丹经》讲：

> 平旦澡浴熏衣，东向再拜，心存天真、灵官诸君，因长跪，服如黍粟，复渐小豆。上士七日登仙，下士七十日升仙；愚民无知，一年乃仙耳。①

由《太清金液神丹经》可知，在外丹产生之初，古人就并非单独追求外丹，而是也注重内丹修炼。二者是相互配合的，甚至可以说，外丹是辅助内丹炼养的。

外丹辅助内丹之说，在东汉末期的《周易参同契》中也可以找到证据。《周易参同契》讲：

> 引内养性，黄老自然，含德之厚，归根返元。近在我心，不离己身，抱一毋舍，可以长存。配以伏食，雄雌设陈。挺除武都，八石弃捐。②（《务在顺理章》）

其中，“引内养性”就是指内丹工夫，《周易参同契》明确指出“近在我心，不离己身”。“伏食”，是指外丹。“配以伏食”，就是用外丹来配合“引内养性”——内丹。“引内养性，黄老自然，含德之厚，归根返元。近在我心，不离己身，抱一毋舍，可以长存”，意即唯有通过内丹，才能达到“可以长存”的目的。

以此可知，外丹是用来辅助内丹的，外丹只有假借内丹才能起到一定的作用，内丹才是根本。

二、丹道内涵

丹道并非仅是内丹术和外丹术，内丹术和外丹术只是丹法。丹法致道，方为丹道。所谓丹道，是运用较为完善的理论体系、次第完备的方法体系，来解释、支撑和解决人内在的“性命之道”升华或超越为“本元之道”的系统工程。

从结构上讲，丹道具备紧密联系、相互融合的三个体系，即“道”“理”“法”。此三者，犹如三足鼎立，缺一不可，可称为“丹道三要素”。所谓“道”，

① 《太清金液神丹经》卷上，载《道藏》第18册，第751页下。
② 《周易参同契分章通真义》卷下《务在顺理章第八十九》，载《道藏》第20册，第156页中下。

就是丹道家在丹道炼养达到某一阶段时对绝对真理的知觉体验。所谓“理”，就是源于丹道实践经验、阐述“道”而指导“法”的理论体系。所谓“法”，就是以“道”为根本依据，以“理”为具体指导，解决丹道家由“有为”到“无为”乃至返还于“道”的具体方法。从逻辑上讲，丹道源于人类寻求突破寿命局限，以达到“归根复命”“合道长生”的梦想。从本质上讲，丹道是在人与自然的关系中，探索生命本质、提高存活质量、突破寿命局限的一项系统工程①。所以，从现代学科分类的角度讲，丹道是一门自成体系、融合多种学科为一体的生命科学。

丹道要求依靠自身修炼达到“合道长生”，而不是祈求神仙赐予长生，所以，丹道无关宗教信仰。而且，正是丹道关于“合道长生”的孜孜探索，才支撑了神仙长生的信仰。正是因为丹道超越宗教，后世佛道儒三家人物中都有修习丹道者。

（一） 丹道之“道”

丹道之“道”，大体有三种含义，即本元之道、长生之道、性命之道。

1. 本元之道

“道”是中国传统文化的核心。春秋战国时期，诸子立说，百家争鸣，都以“道”立论。

道家学派的创始人老子，认为“道生万物”，道为“天下母”。老子讲：

> 道生一，一生二，二生三，三生万物。②（四十二章）
>
> 有物混成，先天地生。寂兮寥兮，独立不改，周行而不殆，可以为天下母。③（二十五章）

老子所述即本元之道。

后世丹道家，继承了这一思想，认为丹道之“道”有“本元之道”的内涵。北宋著名丹道家张紫阳讲：

> 道自虚无生一气，便从一气产阴阳；阴阳再合成三体，三体重生万物张。④

---

① 詹石窗教授称之为“生命修养实践”。详见其论文《道教生命伦理与现代社会》第 61 页。

② 《老子道德经注校释》，第 117 页。

③ 同上，第 62—63 页。

④ 《紫阳真人悟真篇注疏》卷五，载《道藏》第 2 册，第 944 页上。

金代著名丹道家马丹阳也讲：

> 夫大道无形，气之祖也，神之母也。①

2. 长生之道

长生之道，从字面上讲，有三重含义。一是“道”自身是自然长久的；二是“道”有生生不息之功能。

(1)“道”自身是自然长久的

老子认为，“道”不自生，故能长久。《道德经》云：

> 天地之所以长且久者，以其不自生，故能长生。②（七章）

此处“天地”即“道”，天地不自生，即“道”不自生；天地长久，即“道”长久。

战国时期的庄子认为，“道”自身是自然长久的，《大宗师》云：“先天地生而不为久，长于上古而不为老。”③

老子讲：“道乃久。”河上公解释说：“与道合同，乃能长久。”④“道”本长久，合“道”就能长久。因此，“道”是长生之道。

(2)“道”有生生不息的功能

生生不息，是“道”在万物肇始以及万物衍化过程中——繁衍、生长、演进——展现的功能。《道德经》讲：

> 道生一，一生二，二生三，三生万物。万物负阴而抱阳，冲气以为和。⑤（四十二章）
>
> 故道生之，德畜之：长之、育之、亭之、毒之、养之、覆之。⑥（五十一章）

以上内容中，包含两种“生”。第一种“生”，是“道”在万物肇始中的“生”，是“本元之道”造化万物之功能，即“道生一，一生二，二生三，三生万物”

---

① 《丹阳真人直言》，载《道藏》第32册，第155页下。
② 《老子道德经注校释》，第19页。
③ 《庄子今注今译·内篇·大宗师》，第1册，第213页。
④ 《老子道德经河上公章句》卷一《体道第一》，第64页。
⑤ 《老子道德经注校释》，第117页。
⑥ 同上，第136—137页。

"道生之"。第二种"生"，是"道"在万物衍化中的"生"。"万物负阴而抱阳，冲气以为和""德畜之"，即万物通过阴阳和合而成"和"，"和"既维系万物自身的生存，又繁衍新的个体。

"道"生生不息的功能，在两汉时期，被解释为"道"生"一"气，"一"气生"阴阳"二气，阴阳冲和而生"和"气，"和"气生发、维系、繁衍万物。

基于"道"自身长久、"道"生生不息的两重含义，丹道家用三个步骤完成"合道长生"的目标。首先，以人本具之阴阳冲和，获得"和气"，体证万物生生不息之功能；其次，以获得的"和气"为基，以人之阴阳、天地之阴阳，锻炼和培养"和气"，使其返还"一"气，体证"道"造化万物之功能；最后，由"一"气返还虚无之"道"，就可"与道合同""合道长生"。

唐末著名的丹道家吕洞宾讲：

> 大道渊源，高真隐秘，风流岂可知闻。先天一气，清浊自然分。不识坎离颠倒，谁能辨、金木浮沉？幽微处，无中产有，涧畔虎龙吟。
>
> 壶中，真造化，天精地髓，阴魄阳魂。运周天水火，燮①理寒温。十月脱胎丹就，除此外、皆是傍门。君知否？尘寰走遍，端的少知音。②

3. 性命之道

丹道中的"性命之道"出自《易传》。《易传·说卦传》中讲："和顺于道德而理于义，穷理、尽性，以至于命。"③ 丹道家常引用"穷理、尽性，以至于命"，来说明丹道的次第和目标。

"性"与"命"，在诸子经典，特别是儒家经典中，是经常与"天命""天道"一起被讨论的哲学问题。春秋时期的孔子讲：

> 吾十有五而志于学，三十而立，四十而不惑，五十而知天命，六十而耳顺，七十而从心所欲，不逾矩。④

朱熹在《论语集注》中解释"天命"说：

> 天命，即天道之流行而赋于物者，乃事物所以当然之故也。⑤

---

① 燮，读音［xiè］，调和之意。
② 《中华道藏》第46册，第527页。
③ 《周易正义》卷九《说卦》，第383页上。
④ 《论语集注》卷一《为政第二》，载《四书章句集注》，第54页。
⑤ 同上。

在《论语·公冶长》中，子贡讲：

> 夫子之言性与天道，不可得而闻也。①

朱熹在《论语集注》中解释说：

> 性者，人所受之天理；天道者，天理自然之本体，其实一理也。②

朱熹解释“天命”为“天道之流行而赋于物者”，解释“天道”为“天理自然之本体”。在“天命”与“天道”的关系中，“天道”是本体，“天命”是“天道”的功用。

“性”“命”与“天道”“天命”的关系是什么呢？春秋时期的子思讲：

> 天命之谓性，率性之谓道，修道之谓教。③

朱熹在《中庸章句》中解释说：

> 命，犹令也。性，即理也。天以阴阳五行化生万物，气以成形，而理亦赋焉，犹命令也。于是人物之生，因各得其所赋之理，以为健顺五常之德，所谓性也。④

“天道”的内涵分为“气”和“理”。“天道”赋予谓“命”，即“天道”按照“阴阳五行”的法则，以“气”化生、赋予万物。“命”的本质内容为“气”。“理”随“气”生化、赋予万物而内化其中，就是“性”。“性”与“命”源于“天道”。

新儒家代表人物牟宗三先生，提出“天道下贯而为‘性’”⑤。牟宗三在《中国哲学的特质》中讲：

> 天道高高在上，有超越的意义。天道贯注于人身之时，又内在于人而为人的性，这时天道又是内在的（Immanent）。⑥

综上所述，可得到两个主要结论：（1）先秦时期，道家与儒家所讲的

---

① 《论语集注》卷三《公冶长第五》，载《四书章句集注》，第79页。
② 同上。
③ 《四书章句集注》，第17页。
④ 同上。
⑤ 《中国哲学的特质》，第20页。
⑥ 同上，第21页。

"道"，在本元层面是相同的。道家讲，"道法自然"；儒家讲，"天道"是"天理自然之本体"。(2) 丹道家借用儒家"性""命"学说，认为"性"即"天道"内化于人的"理"，"命"是"天道"赋予人的"气"。所以，丹道家认为，只有"性命双修"，才能完整地返还于"道"。

4. 小结

丹道之"道"主要有"本元之道""长生之道""性命之道"等三种含义，兼有道家、儒家关于"道"的内涵。"本元之道"，道家称为"道法自然"或"万物之宗"，儒家称为"天理自然之本体"或"天道"，代表宇宙之本体。"长生之道"的核心是"气"，因此"道"才生生不息。道家讲"道生一，一生二，二生三，三生万物"，儒家讲"天地絪缊，万物化醇；男女构精，万物化生"①，又讲"生生之谓易"。"性命之道"，与"本元之道""长生之道"有密切关系。人与万物的"性命"，均源于"本元之道"。"道"本具从无生有的"气"，"气"生成万物，显示了"天命"或"天道"赋予的功能，故把"气"称为"命"。"道"本具人与万物之"理"，由"道"赋予人与万物、并内化于人与万物的"理"，称为"性"。

丹道家把"性命"未被赋予时作为"道"的状态，称为先天；把已经被"道"赋予的"性命"状态，称为后天。先天之"道"中，含有后天之"性命"；后天之"性命"中，含有先天之"道"；先天、后天因"理"与"气"而相通。后天的人与万物，已被"道"赋予，故而有形有相，终必坏灭；先天的"道"体，无生而生，自然长生，故称为"自然长生之道"。炼养后天中的先天之"道"，借以返还先天，达到合道长生，就是丹道家修炼的目标。

丹道之"道"的哲学思想，最晚在春秋时期（前 770—前 476）已经产生了，随着历史的发展，不断得到丰富与完善。

（二） 丹道之"理"

丹道之"理"是阐述"道"而指导"法"的理论体系，从发展过程看，是一个开放的、自组织的系统。根据现存资料，其主体采用易理卦象、河洛术数、阴阳五行、同类感应等学说构建。

1. 易理卦象

《易》始创于伏羲氏时期，本是卜筮之作。世代积累，内容逐渐丰盛。古人认为，《易》的原则是由"道"而来的，能够"范围天地""曲成万物"。《系辞

① 《周易正义》卷八《系辞下》，第 364 页下—365 页上。

传上·第四章》云：

> 易与天地准，故能弥纶天地之道。……范围天地之化而不过，曲成万物而不遗，通乎昼夜之道而知，故神无方而易无体。①

《易》是用阴阳、卦象来阐述和解释“道”的，是“道”的解释系统。《系辞传上·第十一章》讲：

> 易有太极，是生两仪，两仪生四象，四象生八卦，八卦定吉凶，吉凶生大业。②

《易传·说卦传》认为，卦象是表达和解释“道”中所蕴含的阴阳、刚柔、仁义之意的，称为易理。《说卦传·第二章》云：

> 昔者圣人之作易也，将以顺性命之理。是以立天之道，曰阴与阳；立地之道，曰柔与刚；立人之道，曰仁与义。兼三才而两之，故易六画而成卦。分阴分阳，迭用柔刚，故易六位而成章。③

丹道援引的易理出于《周易》。丹道名著《周易参同契》讲：

> 若夫至圣，不过伏羲，始画八卦，效法天地。文王帝之宗，结体演爻辞。夫子庶圣雄，十翼以辅之。三君天所挺，迭兴更御时。④（《若夫至圣章》）
>
> 乾坤者，易之门户，众卦之父母。坎离匡廓，运毂正轴，牝牡四卦，以为橐籥。⑤（《乾坤者易之门户章》）

在丹道名著《悟真篇》中，张紫阳也频繁引用易理卦象。如：

> 否泰才交万物盈，屯蒙二卦禀生成。此中得意休求象，若究群爻谩役情。
>
> 取将坎内中心实，点化离宫腹里阴。从此变成乾健体，潜藏飞跃总由心。⑥

由此可知，易理卦象是丹道理论的主要来源之一。

---

① 《周易正义》卷七《系辞上》，第 312 页下—315 上。
② 同上，第 337 页上—340 页下。
③ 《周易正义》卷九《说卦传》，第 383 页上—384 页下。
④ 《周易参同契分章通真义》卷上《若夫至圣章第三十五》，载《道藏》第 20 册，第 142 页上。
⑤ 《周易参同契分章通真义》卷上《乾坤者易之门户章第一》，载《道藏》第 20 册，第 133 页上。
⑥ 《紫阳真人悟真篇注疏》卷五，载《道藏》第 20 册，第 941 页上。

2. 河洛术数

河洛术数也称为《河图》《洛书》，传说其源于伏羲氏时期，主要是用生数与成数来解释和演绎天地（阴阳）五行生化万物的过程（见图 1-1）。《系辞传》云："河出图，洛出书，圣人则之。"①

《易经》中的数理，与河洛术数有关。《系辞传上》云：

> 大衍之数五十，其用四十有九。②
>
> 天数五，地数五，五位相得而各有合。天数二十有五，地数三十，凡天地之数，五十有五。③
>
> 天一地二，天三地四，天五地六，天七地八，天九地十。④

《乾坤凿度》对《易》的术数进行了解释，其中云：

> 天本一而立，一为数源，地配生六，成天地之数，合而成性。天三地八，天七地二，天五地十，天九地四。运五行，先水，次木生火，次土及金。⑤

《尚书大传》对河洛术数也有记载。《尚书大传·五行传》云：

> 天一生水，地二生火，天三生木，地四生金。地六成水，天七成火，地八成木，天九成金，天五生土。⑥

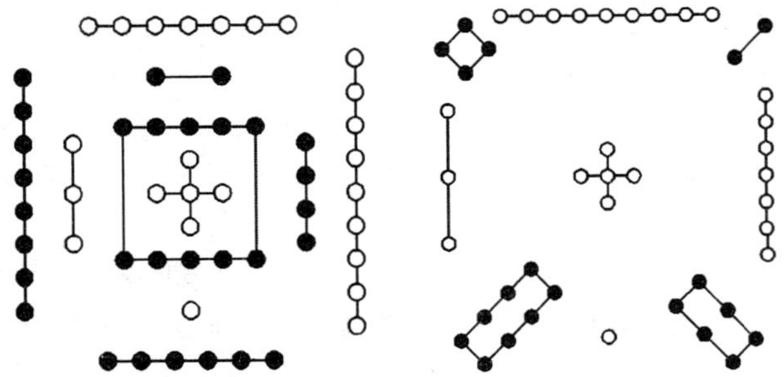

图 1-1　《河图》（左）、《洛书》（右）⑦

---

① 《周易正义》，第 341 页上。
② 同上，第 328 页下。
③ 同上，第 330 页下。
④ 同上，第 337 页上。
⑤ 《〈易纬〉导读》，第 126 页。
⑥ 见清代王闿运的《尚书大传补注》，上海涵芬楼影印版。
⑦ 《易学启蒙》之《本图书第一》，载《周易本义》，第 207 页。

在丹道名著《周易参同契》与《悟真篇》中，有许多运用河洛术数来阐述丹道理论的例子。《周易参同契·太阳流珠章》云：

> 三五与一，天地至精，可以口诀，难以书传。①

所谓“三五与一”，即河洛术数。其中“三五”，就是“三个五”。水的生数为一，金的生数为四，二者之和为五；火的生数为二，木的生数为三，二者之和为五；土的生数本就为五。“一”就是先天虚无一气。“三五与一”，表示由后天返还先天，先天即是“虚无一气”，即是“道”。《悟真篇注疏》卷之三云：

> 三五一都三个字，古今明者实然稀。东三南二同成五，北一西方四共之。戊己自归生数五，三家相见结婴儿。是知太一含真气，十月胎圆入圣基。②

由此可知，河洛术数也是丹道理论的主要来源之一。

3. 阴阳五行

阴阳五行理论，源于上古，到了战国时期，以邹衍③为代表的阴阳家将其完善，形成“五德终始说”“阴阳消息说”。《史记·孟子荀卿列传》云：

> 驺衍……乃深观“阴阳消息”而作怪迂之变，《终始》《大圣》之篇十余万言。其语闳大不经，必先验小物，推而大之，至于无垠。④

《史记·历书》云：

> 是时独有邹衍，明于五德之传，而散消息之分，以显诸侯。⑤

《终始》、“五德之传”指“五德终始说”，“阴阳消息”“消息之分”指“阴阳消息说”。

后来，邹衍的学说被方仙道吸收，成了方士们解释和说明神仙方术的一种理论。《史记·封禅书》云：

---

① 《周易参同契分章通真义》卷中《太阳流珠章第六十八》，载《道藏》第20册，第150页中。
② 《紫阳真人悟真篇注疏》卷三，载《道藏》第2册，第930页下。
③ 《史记》中有些地方也称为“驺衍”。
④ 《史记》卷七十四《孟子荀卿列传第十四》，第7册，第2344页。
⑤ 《史记》卷二十六《历书第四》，第4册，第1259页。

驺衍以阴阳主运显于诸侯，而燕齐海上之方士传其术不能通，然则怪迂阿谀苟合之徒自此兴，不可胜数也。①

《参同契》《悟真篇》等划时代的丹道著作，无不从阴阳五行入手，来构建和阐述丹道理论。对于丹道来说，需要的并非阴阳五行理论本身，而主要是由阴阳五行理论创新的两重天地、同类阴阳等理论。

(1) 两重天地

两重天地，又称为两重阴阳、两重乾坤、四个阴阳等。两重天地的理论首见于《周易参同契》，其中云：

乾坤者，易之门户，众卦之父母。坎离匡廓，运毂正轴。②（《乾坤者易之门户章》）

牝牡四卦，以为橐籥。覆冒阴阳之道，尤工御者准绳墨。③（《牝牡四卦章》）

其中乾、坤为一对阴阳，坎、离为另一对阴阳，此即两重阴阳或“牝牡四卦”。《乾坤设位章第二》云：

天地设位，而易行乎其中。天地者，乾坤之象也；设位者，列阴阳配合之位也；易谓坎离者，乾坤二用。④

《易》以乾坤为体，以坎离为用。

丹道家认为，乾坤即为先天阴阳，本是虚无一气；坎离为后天阴阳，即万物中所含之阴阳。丹道的核心，即运用丹法使后天阴阳返还先天虚无一气。因为整个过程就是“返还”，故称还丹。宋代的《指玄篇》云：

世间无物可开怀，奉劝世人莫自埋。好趁风云真际会，须求鸾凤暗和谐。两重天地谁能配，四个阴阳我会排。会得此玄玄内事，不愁当道有狼豺。⑤

(2) 同类阴阳

同类阴阳，是丹道中以阴阳交感来类比后天返还先天的理论。其中，“类”

① 《史记》卷二十八《封禅书》，第 4 册，第 1369 页。
② 《周易参同契分章通真义》卷上《乾坤者易之门户章第一》，载《道藏》第 20 册，第 133 页上。
③ 《周易参同契分章通真义》卷上《牝牡四卦章第二》，载《道藏》第 20 册，第 133 页中。
④ 《周易参同契分章通真义》卷上《天地设位章第七》，载《道藏》第 20 册，第 134 页中。
⑤ 《白玉蟾全集》第 1 册，第 555 页。

是按五行分类，“阴阳”是在同“类”的事物中分别阴阳。例如，在十天干中，甲乙属木类，甲为阳木，乙为阴木，甲乙为一对同类阴阳。

在丹道中，同类阴阳包括同类相从、阴阳交感两个要点。同类相从源于《易传》，出于《周易参同契》。《乾卦·文言》云：

> 水流湿，火就燥，云从龙，风从虎……本乎天者亲上，本乎地者亲下，则各从其类也。①

《周易参同契》以同类相从解释炼丹时发生的化学反应。《胡粉投火中章》云：

> 欲作服食仙，宜以同类者，植禾当以谷，覆鸡用其卵。……类同者相从，事乖不成宝。②

阴阳交感也源于《易传》，被《周易参同契》引用。《咸卦·彖传》云：

> 柔上而刚下，二气感应以相与……天地感而万物化生，圣人感人心而天下和平。③

阴阳交感也被《周易参同契》用于解释化学反应。《关关雎鸠章》云：

> 窈窕淑女，君子好逑。雄不独处，雌不孤居。④

在讲解内丹时，《周易参同契》运用同类阴阳，来说明还丹过程。其中云：

> 阴阳为度，魂魄所居。阳神日魂，阴神月魄。魂之与魄，互为室宅。性主处内，立置鄞鄂⑤。情主营外，筑垣城郭。城郭完全，人物乃安。爰斯之时，情和乾坤。……九还七返，八归六居。男白女赤，金火相拘。则水定火，五行之初。⑥（《阴阳为度章》）

其中，“阴阳为度，魂魄所居。阳神日魂，阴神月魄”，阴阳即是坤乾，日月喻为离坎。离中之阴即月魄，又称真阴；坎中之阳即日魂，又称真阳。“魂之与魄，互为室宅”，即真阳藏于阴中，真阴藏于阳中。丹道家把坎中真阳称为戊，

---

① 《周易正义》卷一《乾·文言》，第 20 页下。
② 《周易参同契分章通真义》卷上《胡粉投火中章第三十三》，载《道藏》第 20 册，第 141 页中。
③ 《周易正义》卷四《咸·彖辞》，第 163 页下—164 页上。
④ 《周易参同契分章通真义》卷中《关关雎鸠章第七十八》，载《道藏》第 20 册，第 153 页上。
⑤ 鄞鄂，读音 [yín è]，同“垠堮”。
⑥ 《周易参同契分章通真义》卷中《阴阳为度章第六十三》，载《道藏》第 20 册，第 148 页中下。

属阳土；把离中真阴称为己，属阴土；戊和己又称为情和性，属于同类阴阳。“九还七返，八归六居”，六、七、八、九分别代表水、火、木、金的成数，而土含于水火之中，表示后天五行。“九还”指金返生数四，“七返”指火返生数二，“八归”指木返生数三，“六居”指水返生数一，此讲后天返还先天，即类比还丹的过程。“男白女赤，金火相拘。则水定火，五行之初”，指坎中真阳、离中真阴，戊己同类阴阳交感，返还先天——“五行之初”。所以，《名者以定情章》总结为“金来归性初，乃得称还丹”①。

综上可知，阴阳五行理论是丹道用于构建理论体系的主要思想来源。但丹道在阴阳五行理论基础上进行创新，构建了“两重阴阳”“同类阴阳”来阐述还丹过程。

4. 小结

丹道理论主要取材于易理卦象、河洛术数、阴阳五行等学说。这三种学说自成体系又相互融合。其中，阴阳五行学说是丹道理论的核心，以阴阳五行贯通易理卦象、河洛术数，来阐释“道”而指导“法”。阴阳五行学说，源于上古伏羲、黄帝时期，完善于战国末期；易理卦象，源于伏羲，成形于春秋战国时期；河洛术数，源于伏羲时期，应该早于春秋时期成形。由此可知，丹道之“理”所引用的理论最晚出于战国末期，较早的则出于春秋之前。

（三） 丹道之“法”

丹道之“法”，就是由后天有形有质的状态返还到先天虚无一气或“本元之道”的方法或途径。具体来讲，主要包括外丹术和内丹术。

1. 外丹术

外丹术的核心是掌控化学反应，烧炼丹药用于服食，以求延年长生。

外丹术最晚在战国末期已经出现。战国末期齐国人安期生已经掌握炼制“丹金”的技术。到了东汉，阴长生已能在“丹金”的基础上炼制“还丹”。东汉末期的《周易参同契》记载了铅汞作丹、硫汞作丹的方法。六朝时期，《太清金液神丹经》分化出《太清丹经》《黄帝九鼎丹经》，葛洪的《抱朴子》记录了大量外丹丹法，其中丹经十多种、丹品数十种，炼丹过程已程序化。进入唐代，外丹术达到高潮。唐代外丹名著《石药尔雅》，记录的外丹种类多达 97 种，丹名 166 个，丹法 111 种，丹经 98 种，炼丹药物约 169 种，药名约 682 个。此时形成了三个著名的外丹流派，即金砂派、铅汞派和硫汞派。金砂派以炼制和服

① 《周易参同契分章通真义》卷上《名者以定情章第四十》，载《道藏》第 20 册，第 143 页上。

食丹金、丹砂为主；铅汞派则继承《周易参同契》铅汞作丹的方法；硫汞派则继承《周易参同契》硫汞作丹的方法。铅汞派善于构建外丹理论，而硫汞派流传最久。

在古代，由于知识、技术所限，炼出的丹药多含剧毒，服食者大多死亡。外丹术在唐代达到高潮后，随即没落。

2. 内丹术

内丹术是通过性命双修由后天返还先天、达到“合道长生”的方法或途径。内丹修炼的内容为“炁”，核心环节为“神炁合一”返还于“道”，可分为有为之法和无为之法。有为之法主要用于筑基、采药、和合、结丹等过程；无为之法主要用于温养、还丹、超脱、化形等过程。其中又分后天、先天两个阶段。但在不同的时代，内丹术都有创新和发展。

两汉时期的《淮南子》《太平经》《太清金液神丹经·叙》，记载的“三一”之法、胎息之法，已是较为成熟的内丹术。“三一”之法为内丹术提供了炼养“精气神”的方法。胎息之法，则为内丹术提供了温养、还丹的方法。六朝时期，存想之法发展成熟。存想为内丹术提供了移神换鼎、阳神化形之法。

唐末宋初，内丹术经革新而重生，以采药、和合、结丹、温养、超脱等为主的丹法发展成熟。形成了钟吕派、华山派等丹道流派。两宋时期，内丹术中的清净丹法发展到高潮。南宗张紫阳、北宗王重阳，均以三家合参、性命双修为纲要，提出了自己的丹法。南宗以“精气神”为药物，以“真种”为要诀，始于“有为”终于“无为”。北宗以“性命全真”为理念，以“清净”为诀要，安神养炁，以达到“合道全真”。

明清时期，清净丹法与阴阳丹法均大放异彩，二者相互促进，推动了丹法创新与普及。此时清静丹法与两宋相比，趋于简化，其核心不再是“精气神”的递进，而是“先天一气”，丹法要点即招摄、培养、返还“先天一气”。此时阴阳丹法渐显，其原理与清静丹法相同，只是在修炼过程中需要道侣相助。到了清朝后期，清静丹法走出传统模式，出现诸多创新。

综上所述，内丹术的具体方法是在不断发展、创新、完善的，是个开放的体系。随着现代科学的发展，有理由相信，内丹术的发展将会达到新的高潮。

3. 小结

丹法分为内丹术与外丹术。外丹术是炼制药物，假以服食，以期延年长生；内丹术则是以“精气神”为药物，双修性命，以达到归根复命、合道长生。历史上的外丹术由于丹毒致死过多，逐渐废弃。内丹术则随着时代的进步，而不断发展、创新、完善。

三、丹道溯源

要想探索丹道的起源，必须先要说明，具备了什么样的条件，才可以说丹道产生了。

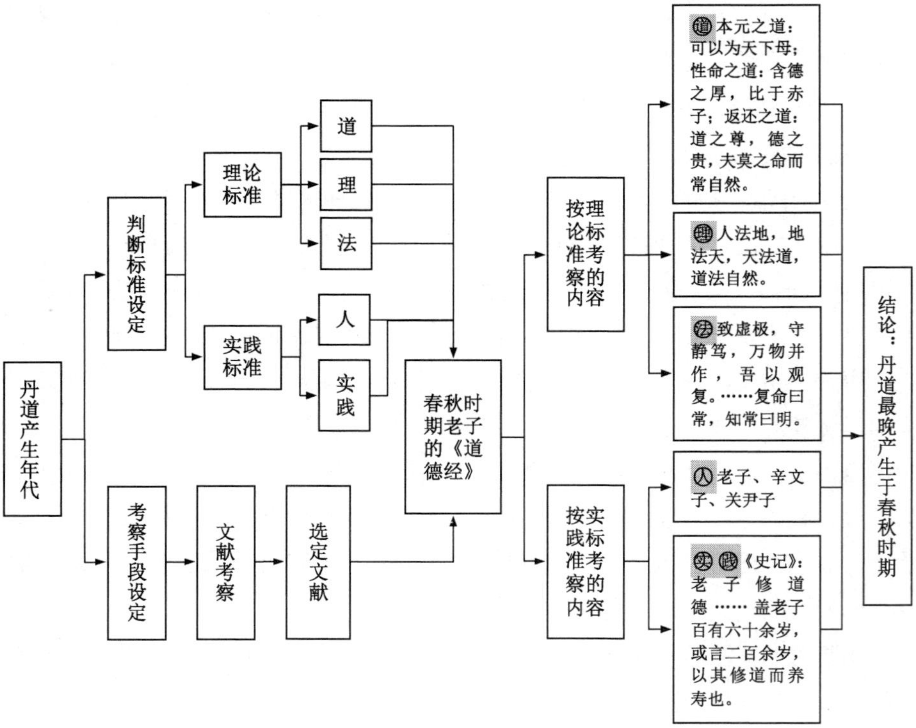

图 1-2　丹道产生年代考察图

（一）丹道产生的判断标准

丹道是一种在系统理论指导下的实践活动。所以，判断丹道产生的标准，包括实践、理论两个方面。从实践上讲，丹道是对“道”的探索、“理”的构建、“法”的实践，三种活动有机联系。从理论上讲，丹道包含三要素，即“道”“理”“法”，三者有机融合。两个标准中，以实践标准为主。如果在某个时代，存在可考的某些人从事丹道实践和理论阐述两方面的活动，那么丹道就在这个时代产生了。

一般情况下，实践早于理论。但从丹道实践留下的实物痕迹入手，寻找证据，考证年代，是很困难的。因为内丹术很难留下实物痕迹。如果由相关文献入手，梳理丹道产生的年代，则容易实现。所以，本处选择从相关文献入手，来研究丹道产生的年代。

（二） 丹道产生年代的探索

在考察丹道产生年代之前，要先大致锁定某个时期的相关文献，确定考察对象。

1. 考察对象的选择

丹道家一致尊崇《道德经》《阴符经》为丹道祖经。北宋张紫阳讲：

> 《阴符》宝字逾三百，《道德》灵文止五千。今古上仙无限数，尽从此处达真诠。①

元代陈致虚讲：

> 金丹之道……求于册者，当以《阴符》《道德》为祖，《金碧》《参同》次之。②

虽然《道德经》《阴符经》均为丹道祖经，但经考证，《道德经》出于春秋时期，而《阴符经》最早出于战国末期③，显然《道德经》早于《阴符经》。考察对象就选定《道德经》。

2. 按理论标准考察

理论标准，即从丹道的三要素——“道”“理”“法”入手，来考察丹道产生的年代。

（1）“道”的层面

“道”的层面，即考察《道德经》中是否有阐述“本元之道”④“性命之道”，以及“性命之道”返还“本元之道”的内容。

---

① 《紫阳真人悟真篇注疏》卷六，载《道藏》第2册，第950页上。

② 《上阳子金丹大要》卷一《虚无》，载《道藏》第24册，第2页下。

③ 见李养正的《有关〈阴符经〉几个疑问的论证》。

④ 张岱年、宫哲兵等学者认为，老子是中国古代哲学本体论的开创者，老子的“道论”是中国古代第一个本体论学说。道是天地的来源，是天地万物的本体。见其论文《论中国哲学史上的学派争论》（张岱年）、《唯道论的创立》（宫哲兵）。

关于“本元之道”，《道德经》云：

道生一，一生二，二生三，三生万物。①（四十二章）

《道德经》认为“道”生万物，这正是“本元之道”的内涵。

关于“本元之道”内化于人及万物而成为“性命之道”。《道德经》讲：

含德之厚，比于赤子。②（五十五章）

所谓“含德”，是含“道”之德，“德”即“道”内化于生命的状态。《道德经》又讲：

道之尊，德之贵，夫莫之命而常自然。③（五十一章）

与《易经》《中庸》不同，《道德经》认为，“本元之道”内化于人及万物，是“莫之命”——“道”没有主体意识。河上公对《道德经》第五十一章解释说：

道之于万物，非但生而已，乃复长养、成孰、覆育，全其性命。④

“道”内化于人及万物为“德”，“德”维系人及万物的衍化，“德”即“性命之道”。

关于“性命之道”返还“本元之道”，《道德经》讲：

知其雄，守其雌，为天下谿。为天下谿，常德不离，复归于婴儿。……知其荣，守其辱，为天下谷。为天下谷，常德乃足，复归于朴。⑤（二十八章）

夫物芸芸，各复归其根。归根曰静，是谓复命。⑥（十六章）

“复命”，即由生命或万物的现状返还到人及万物的原始根据或“赋予”的当下——“本元之道”，即“复归于婴儿”“复归于朴”。因此，《道德经》阐述了“性命之道”返还“本元之道”的思想。

---

① 《老子道德经注校释》，第 117 页。
② 同上，第 145 页。
③ 同上，第 137 页。
④ 《老子道德经河上公章句》卷三《养德第五十一》，第 197 页。
⑤ 《老子道德经注校释》，第 73—74 页。
⑥ 同上，第 35 页。

综上，《道德经》通过“道”与“德”，来阐述“本元之道”内化于生命或万物而成为“性命之道”、“性命之道”返还于“本元之道”的思想，其核心思想强调“无为”。这说明，《道德经》具备丹道的第一要素——“道”。

(2)“理”的层面

“理”的层面，是考察《道德经》中是否具备解释“道”并指导“法”的理论体系，即考察《道德经》中是否具备解释“本元之道”“性命之道”的理论，以及论证“性命之道”返还“本元之道”可能性的内容。

《道德经》讲：

> 道生一，一生二，二生三，三生万物。①（四十二章）
>
> 万物负阴而抱阳，冲气以为和。②（四十二章）
>
> 人法地，地法天，天法道，道法自然。③（二十五章）

以上引文中，第一段即《道德经》对“道生万物”的理论构建，阐释“本元之道”。第二段的“和”，即《道德经》对“道”内化于生命或万物而成为“性命之道”的解释。《道德经》中有两处“曰常”，一处是“知和曰常，知常曰明”，另一处是“复命曰常，知常曰明”，“知和”与“复命”含义相同，“和”与“命”相通。《道德经》的表述中，“性命”为“一”不分，或用“德”，或用“和”。此处的“和”即是从理论上解释“阴阳冲和”而为“一”的“性命之道”。第三段既阐述了由“性命之道”返还“本元之道”的理论，也阐述了“性命之道”返还“本元之道”的步骤。

以上说明，《道德经》具备丹道的第二要素——“理”。

(3)“法”的层面

“法”的层面考察，即考察《道德经》中是否具备丹道实践方法。

《道德经》讲：

> 人法地，地法天，天法道，道法自然。④（二十五章）
>
> 致虚极，守静笃。万物并作，吾以观复。夫物芸芸，各复归其根。归根曰静，是谓复命。复命曰常，知常曰明。⑤（十六章）

---

① 《老子道德经注校释》第117页。
② 同上，第117页。
③ 同上，第62—63页。
④ 同上。
⑤ 同上，第35—36页。

这两段引文是《道德经》中所包含的丹法的重点。第一段讲步骤，第二段讲方法。所谓“人法地”，地是静的，“人法地”的具体方法就是“守静笃”；所谓“地法天”，天是虚的，“地法天”的具体方法就是“致虚极”；所谓“天法道”，“道法自然”，“道”本来如是，只要返还道体即可，具体方法就是“观复”，最终“归根复命”。整个过程就是由“性命之道”返还“本元之道”。

把“道”付诸生命体验或道德实践，是中国古人的一种追求或修养。丹法就是把“道”的哲学理念付诸生命体验或道德实践的方法之一。在丹法没有被神秘化或宗教化之前，仅作为“道”付诸生命体验或道德实践的方法，儒道两家讲述的原则是统一的。例如，《大学》讲：

> 知止而后有定，定而后能静，静而后能安，安而后能虑，虑而后能得。物有本末，事有终始，知所先后，则近道矣。①

《大学》也是由“止静”入手，然后“虑”，“虑”后能“得”以“近道”。“止静”与“守静”义近，“虑”与“观”义近，“得”以“近道”与“归根复命”义近。因此，应该从把“道”的哲学理念付诸生命体验或道德实践的角度去理解和实践丹法。

以上说明，《道德经》具备丹道的第三要素——“法”。

综合可知，《道德经》中具备丹道三要素，而且相互融合。《道德经》符合丹道产生的理论标准。

3. 按实践标准考察

实践方面，即从可考的人物及其丹道实践着手，来确定丹道产生的年代。

《道德经》的作者，是春秋时期的老子，是可考的人物。按照《史记》的记载，老子有具体的丹道实践活动。《史记·老子韩非列传》记载：

> 老子修道德，其学以自隐无名为务。居周久之，见周之衰，乃遂去。至关，关令尹喜曰：“子将隐矣，强为我著书。”于是老子乃著书上下篇，言道德之意五千余言而去，莫知其所终。……盖老子百有六十余岁，或言二百余岁，以其修道而养寿也。②

“老子修道德”“以其修道而养寿也”，充分说明老子从事丹道实践。

不仅如此，老子的弟子，如辛文子、关尹子，不但是春秋时期可考的人物，

① 《四书章句集注》，第3页。
② 《史记》卷六十三《老子韩非列传第三》，第7册，第2141—2142页。

而且也注重丹道实践。辛文子的《文子·道原》云：

> 正汝形，一汝视，天和将至；摄汝知，正汝度，神将来舍，德将为汝容，道将为汝居。

其中的“正汝形，一汝视”“摄汝知，正汝度”是方法，“天和将至”“神将来舍”是结果，“德将为汝容，道将为汝居”就是返还于“道”。

关尹子即关令尹喜，也注重丹道实践。《列子·黄帝》云：

> 列子问关尹曰：“至人潜行不空，蹈火不热，行乎万物之上而不慄。请问何以至于此？”关尹曰：“是纯气之守也，非智巧果敢之列。……壹其性，养其气，含其德，以通乎物之所造。夫若是者，其天守全，其神无郤①，物奚自入焉！……”②

其中的“纯气之守”就是方法，“物之所造”就是“莫之命而常自然”的“道”，“通乎物之所造”就是通达于“道”。能如此实践，就可以达到“其天守全，其神无郤”的结果。

以上说明，春秋时期，已具备可考的人物如老子、辛文子、关尹子等，从事由“性命之道”返还或通达“本元之道”的丹道实践活动。

4. 小结

以上考察结果证实，早在春秋时期，从理论层面看，老子的《道德经》中，已经明确阐述了丹道的三要素；从实践层面看，老子及其弟子，如辛文子、关尹子等，都有具体而明确的丹道实践活动。按照丹道产生的标准判断，最晚在春秋时期，丹道已经产生了。

四、结语

通过对“丹”“内丹”“外丹”等名词内涵的研究可知，内丹最初被称为“气”或“炁”，外丹最初被称为“丹”。从起源的年代来看，内丹术最晚产生于春秋时期，更早可追溯到唐尧时代。外丹术最晚产生于战国末期。从内丹与外丹发展的内在逻辑关系出发，分析较早的丹经《太清金液神丹经》《周易参同契》，可以发现，东汉以前，外丹是用来辅助内丹的，外丹只有通过内丹才能起

---

① 郤，读音［xì］，同“隙”。

② 《列子集释》卷二《黄帝第二》，第 48—51 页。

作用，内丹是丹道的根本。

丹道并非仅是丹法或养生之术，丹道包括“道”“理”“法”三要素，目的在于由“性命之道”升华或超越为“本元之道”。从结构上讲，丹道具备相互支持、相互融合的三个子系统，即“道”“理”“法”。从逻辑上讲，丹道本着突破寿命局限，以求“合道长生”。从本质上讲，丹道是在人与自然、人与人、人与物的关系中，探索生命本质、提高存活质量、突破寿命局限的一项系统工程。丹道本身并非宗教，但长期被宗教利用以支撑其神仙长生的信仰。

丹道最晚产生于春秋时期。判断丹道是否产生，包括实践方面和理论方面的两重标准。春秋时期的老子及其弟子，其著作或学说体系中，明确包含丹道三要素。不仅如此，老子及其弟子辛文子、关尹子等，都有明确的丹道实践活动。据此判断，最晚在春秋时期，丹道已经产生了。

第二节　老子、关尹子、庄子与原始丹道

原始丹道，主要是指在春秋战国至两汉时期，由道家学派阐述和实践的朴素简洁的丹道。按照中国哲学的观点，“道”是不变的，但认识、体证“道”的理论、方法会从初级向高级、简单向复杂发展。原始丹道之所以称为原始，仅是从理论与方法方面来讲。然而，原始丹道所实践的，人由内在的“性命之道”向“本元之道”的超越过程，其本质与任何时期的丹道是一致的。

在先秦时期，原始丹道的发展可以分为两个阶段：一是春秋战国时期老庄道家的原始丹道，二是战国末期至两汉末期方仙道与黄老道的原始丹道。后者将在第二章介绍。

本节内容将以丹道三要素为框架，以老子、关尹子、庄子等人为代表人物，撷取《道德经》《文子》《列子》《庄子》等道家著作中的相关内容，来探索先秦时期的原始丹道。

一、老子与原始丹道

老子的《道德经》是丹道祖经，老子被誉为丹道之祖，老子提出的“道”，是丹道家毕生追求的目标。阐述原始丹道，自然从老子开始。

（一）老子生平

老子，姓李（老①），名耳，字聃，楚苦县厉乡曲仁里（今河南鹿邑县太清宫镇）人，春秋时的贵族，为东周守藏史。《史记·老子韩非列传》记载：

> 老子者，楚苦县厉乡曲仁里人也，姓李氏，名耳，字聃，周守藏室之史也。……老子修道德，其学以自隐无名为务。居周久之，见周之衰，乃遂去。至关，关令尹喜曰："子将隐矣，强为我著书。"于是老子乃著书上下篇，言道德之意五千余言而去，莫知其所终。②

老子的生卒年代不详，其出生年代应早于孔子。《史记·老子韩非列传》记载："孔子适周，将问礼于老子。"③ 所以，老子应与孔子同时而长。古人认为老子大约生于周定王三年（前 604），今人考证老子是公元前 6 世纪后叶至前 5 世纪后叶的人，大约生活于公元前 571—前 471 年④，即东周灵王元年至东周元王五年。

老子生平可证于史迹的有五件事⑤：一是为周守藏室之史；二是孔子问礼于老子；三是周衰后，老子离开东周回到故乡；四是老子西行遇到关尹子；五是《道德经》为老子的著作。老子最终的去向仍然是个谜。

1. 为周守藏室之史

老子为东周"史官"，见于《史记》，书称为"守藏室之史"。

"守藏室之史"到底是什么样的官职？按照唐朝郑康成《周礼注疏》的记载，"府，治藏；史，掌书者"⑥，又"若治官六十，其下府、史，皆大宰辟召，除其课役而使之，非王臣也"⑦。"守藏室之史"不是周天子直接任命的官职，而是由"大宰辟召"。

按《周礼》记载，春官掌管礼制，其下属的天官，"掌祖庙之守藏，与其禁令"⑧。老子是"守藏室之史"，应隶属天府，执掌文书。孔子曾向老子学周礼，应与老子的职务有关。

---

① 唐兰先生、高亨先生认为，老子姓"老"。见唐兰先生的《老的姓名和时代考》、高亨先生的《〈史记·老子传〉笺证》。载《古史辨》第 4 册，第 332—361 页。
② 《史记》卷六十三《老子韩非列传第三》，第 7 册，第 2139—2142 页。
③ 同上，第 2140 页。
④ 参考顾颉刚先生编著的《古史辨》各位学者的论文。
⑤ 内容主要参考高亨先生的《老子注译·关于老子的几个问题》。《老子译注》第 1—10 页。
⑥ 《周礼注疏》卷一《天官冢宰第一》，第 1 册，第 9 页上。
⑦ 同上。
⑧ 《周礼注疏》卷二十《天府》，第 2 册，第 623 页上。

2. 孔子问礼于老子

孔子与老子的会面至少有两次。

第一次会面，在鲁昭公七年（前535），地点是鲁国，孔子十七岁。当时孔子与老子为人送葬，恰逢日食。老子告诉孔子，此时送葬队伍应停靠道路右侧，停止哭泣，静观其变，待日光复明后再前进。《礼记·曾子问》记载：

> 孔子曰："昔者吾从老聃，助葬于巷党，及堩，日有食之。老聃曰：'丘，止柩就道右，止哭以听变。'既明反，而后行。曰：'礼也。'……"①

这次日食，《春秋》记载发生在"昭公七年，四月甲辰朔"②。

第二次会面，在鲁昭公二十四年（前518），地点是雒邑（今河南洛阳），孔子三十四岁。当时东周发生内乱，孔子先西入洛阳向老子学礼，然后东行向苌弘学乐。《史记·孔子世家》记载：

> 鲁南宫敬叔言鲁君曰："请与孔子适周。"鲁君与之一乘车，两马，一竖子俱，适周问礼，盖见老子云。……孔子自周反于鲁，弟子稍益进焉。③

还有第三次会面，待考。《庄子》记载，孔子在陈蔡解困后，又去求学于老子。这次的地点大概在沛地（今江苏沛县），孔子当时约六十三岁，时间在陈蔡之困（前489）解除之后。《史记·孔子世家》记载：

> 孔子迁于蔡三岁，吴伐陈。楚救陈，军于城父。闻孔子在陈蔡之间，楚使人聘孔子。孔子将往拜礼，陈蔡大夫谋曰："孔子贤者，所刺讥皆中诸侯之疾。今者久留陈蔡之间，诸大夫所设行皆非仲尼之意。今楚，大国也，来聘孔子。孔子用于楚，则陈蔡用事大夫危矣。"于是乃相与发徒役围孔子于野。不得行，绝粮。从者病，莫能兴。……于是使子贡至楚。楚昭王兴师迎孔子，然后得免。④

鲁定公十四年（前496），孔子开始周游列国，曾带弟子到达卫、曹、宋、郑、蔡等国。哀公六年（前489），当时"吴伐陈，楚救陈，军于城父。闻孔子在陈蔡之间，楚使人聘孔子"。陈、蔡两国君臣认为孔子入楚不利于本国，于是把孔

---

① 《礼记正义》卷十九《曾子问》，第2册，第716页下—717页上。
② 《春秋左传正义》卷四十四《昭公七年》，第4册，第1421页下—1422页上。
③ 《史记》卷四十七《孔子世家第十七》，第6册，第1909页。
④ 同上，第1930—1932页。

子困于陈蔡之间。后子贡入楚，“楚昭王兴师迎孔子”，才使孔子走出困境。

当时，老子居住沛地，离孔子受困之处较近。“困于陈蔡”的事件可能引发孔子进一步求教于老子的愿望，于是第三次向老子请教。《庄子·天运》云：“孔子行年五十有一①而不闻道，乃南之沛，见老聃。”② 庄子记载的孔子年岁可能有误，又加上《庄子》寓言极多，后人对孔子与老子的这次会面多有质疑。

3 老子离开东周

从周景王二十年（前525）开始，东周发生了前后持续了二十三年的内乱，周王室从此衰败不堪。经历了这次动乱后，老子离开东周雒邑回到故乡。

东周之乱源于争夺王位。《史记·周本纪第四》记载：

> 景王十八年，后太子圣而蚤卒。二十年，景王爱子朝，欲立之。会崩，子丐之党与争立，国人立长子猛为王，子朝攻杀猛。猛为悼王。晋人攻子朝而立丐，是为敬王。敬王元年，晋人入敬王，子朝自立，敬王不得入，居泽。四年，晋率诸侯入敬王于周，子朝为臣，诸侯城周。十六年，子朝之徒复作乱，敬王奔于晋。十七年，晋定公遂入敬王于周。③

在周敬王第二次返回雒邑时，王子朝与其党羽携带周的“典籍”奔逃楚国。《左传·昭公二十六年》记载：

> 十一月，辛酉，晋师克巩。召伯盈逐王子朝。王子朝及召氏之族，毛氏得，尹氏固，南宫嚚④，奉周之典籍，以奔楚。⑤

老子是“守藏室之史”，既然“周之典籍”已被带到楚国，他因此弃官而回自己的故乡。《庄子·天道》中有老子“免而归居”⑥ 之说。这里的“免”，是致仕的意思。

4 老子西行

老子回到故乡后一段时间，避乱至沛地（一说为今江苏沛县，一说为今江苏徐州）居住。

---

① 孔子五十一岁时为鲁定公九年，公元前501年，当时孔子任中都宰，庄子对孔子年岁的叙述可能有误。

② 《庄子今注今译·外篇·天运》，第1册，第438页。

③ 《史记》卷四《周本纪第四》，第1册，第156—157页。

④ 嚚 读音［yín］。

⑤ 《春秋左传正义》卷五十二《昭公二十六年》，第4册，第1694页。

⑥ 《庄子今注今译·外篇·天道》，第1册，第403页。

老子的故乡本属于陈国。公元前568年，楚共王灭陈国置县。公元前529年，楚平王恢复陈国。公元前505年，陈怀公被迫入吴，客死在吴国。再后来几年中，吴国为了称霸中原，需要从陈地打通进入中原的通道，于公元前489年进攻陈国，占领其大部分地区。公元前478年，楚惠王杀陈泯公，灭陈国。老子为避战乱南迁沛地。

老子西行入函谷关大约为周敬王三十二年，即公元前488年。老子西行是从沛地出发的。《庄子·寓言》记载："阳子居南之沛，老聃西游于秦，邀于郊，至于梁而遇老子。"①

5.《道德经》为老子的著作

《史记·老子韩非列传》记载："老子修道德，其学以自隐无名为务。居周久之，见周之衰，乃遂去。至关，关令尹喜曰：'子将隐矣，强为我著书。'于是老子乃著书上下篇，言《道德》之意五千余言而去，莫知其所终。"②

但由于《史记》中对老子、太史儋、老莱子等区分不清，《道德经》是否为老子所著曾引发争议。自从马王堆帛书《道德经》和郭店竹简《道德经》甲、乙、丙出土后，学术界基本确定，《道德经》为老子的著作。

《道德经》绝非一时一地所成。《道德经》的内容多是逻辑严密的格言式文体，不是问答文体，应是老子长期积累的结果。《史记》记载的老子在与关尹子相遇之际即著述"五千余言"，应该不是事实。

6. 老子最终去向

老子的最终去向，依司马迁的观点，"莫知其所终"。庄子的生活年代离老子较近，庄子又崇拜老子学说，他的说法或许可信。《庄子·养生主》云：

> 老聃死，秦失吊之，三号而出。弟子曰："非夫子之友邪？"曰："然。""然则吊焉若此，可乎？"曰："然。始也，吾以为其人也，而今非也。向吾入而吊焉，有老者哭之，如哭其子；少者哭之，如哭其母。彼其所以会之，必有不蕲③言而言，不蕲哭而哭者。是遁天倍情，忘其所受，古者谓之遁天之刑。适来，夫子时也；适去，夫子顺也。安时而处顺，哀乐不能入也，古者谓是帝之县解。"④

---

① 《庄子今注今译·杂篇·寓言》，第2册，第849页。
② 《史记》卷六十三《老子韩非列传第三》，第7册，第2141页。
③ 蕲，读音［qí］，同"祈"。
④ 《庄子今注今译·内篇·养生主》，第1册，第123—124页。

秦失即秦史，是老子好友。老子去世，秦失去吊唁，因此，老子最终在秦国去世，并非不知所终，更非西涉流沙。

（二）老子的主要丹道理论和诀要

丹道家认为，老子《道德经》中已具备丹道的根本原则，这些原则被奉为圭臬。实际上，《道德经》作为先秦哲学的巅峰之作，并非丹道专著，只是其中部分内容为丹道提供了“道”“理”“法”的支撑。本处沿袭丹道家对《道德经》地位的肯定，来梳理老子的丹道理论与诀要。

1. 丹道之“道”——无为长生

老子讲：“道生一，一生二，二生三，三生万物。”① 又讲：“人法地，地法天，天法道，道法自然。”② 道与人及万物之间的关系就此建立。丹道之“道”，是就道与万物关系所体验的道。

(1) 本元之道

老子认为“道”是万物本元，是万物肇始、衍化的根据，具有物质性和规律性。作为肇始万物的“道”，老子讲：

> 谷神不死，是谓玄牝，玄牝之门，是谓天地根。③（六章）

“玄牝”即讲道肇始万物的功能，老子把这一过程抽象为：

> 道生一，一生二，二生三，三生万物。（四十二章）

万物衍化过程中的“道”，是万物繁衍、演进的根据，即“德畜之”。老子认为：

> 道之尊，德之贵，夫莫之命而常自然。故道生之，德畜之：长之、育之、亭之、毒之、养之、覆之。④（五十一章）

“道”在万物肇始、衍化的过程中是无为的，是“莫之命而常自然”。

作为物质性的“道”，老子称其为“恍惚”，是“无状之状”。“道”，虽然“视之不见”“听之不闻”“搏之不可得”，但却仿佛“有象”“有物”“有精”“有信”。老子讲：

---

① 《老子道德经注校释》，第 117 页。
② 同上，第 62—63 页。
③ 同上，第 16 页。
④ 同上，第 137 页。

> 视之不见名曰夷，听之不闻名曰希，搏之不可得名曰微。此三者不可致诘，故混而为一。其上不皦，其下不昧，绳绳不可名，复归于无物，是谓无状之状，无物之象。是为惚恍。①（十四章）
>
> 道之为物，惟恍惟惚。惚兮恍兮，其中有象；恍兮惚兮，其中有物。窈兮冥兮，其中有精；其精甚真，其中有信。②（二十一章）
>
> 有物混成，先天地生。（二十五章）

天地之先，“道”生万物；万物既成，“道”即万物；“道”是万物肇始、衍化的根据。老子讲：

> 大道泛兮，其可左右。万物恃之而生而不辞，功成而不名有。衣养万物而不为主，常无欲，可名于小；万物归焉而不为主，可名为大。③（三十四章）

作为规律性的“道”，老子认为是无为的、独立的、永恒的。老子讲：

> 道常无为而无不为。④（三十七章）
>
> 寂兮寥兮，独立不改，周行而不殆。（二十五章）

若能体认和运用“道”的规律性，万物与“道”的关系就能达到优化状态。老子讲：

> 道常无为而无不为，侯王若能守之，万物将自化。⑤（三十七章）

老子认为，“道”是万物本元，人或万物若能得“道”，就能将各自的功能发挥到恰到好处。老子讲：

> 天得一以清，地得一以宁，神得一以灵，谷得一以盈，万物得一以生，侯王得一以为天下贞。⑥（三十九章）

综上，老子认为，作为“本元之道”，“道”生发和衍化万物，“道”具有物

---

① 《老子道德经注校释》第31页。
② 同上，第52页。
③ 同上，第85页。
④ 同上，第90页。
⑤ 同上，第90—91页。
⑥ 同上，第106页。

质性，“道”最独特的规律即“无为”，这个规律是独立的、永恒的。虽然“本元之道”不可见、不可闻、不可触摸，但可以认知和运用，即“抱一”或“得一”。

(2) 长生之道

“长生之道”是表述“道”与自身、“道”与万物关系以及万物衍化过程的范畴。其中包含三层关系：第一层，“道”与本身的关系；第二层，“道”与万物（包括人）的关系；第三层，万物之间的关系。“长生”也有多重含义：首先，“长生”可理解为永恒长存；其次，“长生”是“道”肇始和维系万物的功能；再次，“长生”指生生不息。

在“道”与自身的关系中，老子认为，“道”不自生，“道”永恒不变。老子讲：

> 天长地久。天地所以能长且久者，以其不自生，故能长生。①（七章）

老子用天地生育万物，来类比“道”是天地万物的根据。天地生化万物而不生出新的天地，即“道”不会生出新的“道”。天地不自生，所以天长地久。“道”不自生，所以“道”永恒，故称“长生”。

在“道”与万物的关系中，老子认为，“道”是万物肇始、衍化的根据。万物以“道”为本体，生生灭灭。从生的角度看，仿佛“道”生万物，故称“长生”。老子云：

> 天下万物生于有，有生于无。②（四十章）
> 道生一，一生二，二生三，三生万物。（四十二章）

其中，“道”体虚无，而生万有，故称“万物生于有，有生于无”。具体地讲，“道”本虚无，从无生有即“道生一”。老子讲：“视之不见名曰夷，听之不闻名曰希，搏之不可得名曰微。此三者不可致诘，故混而为一。”“一”即“混而为一”之“一”，此即庄子讲的“浑沌”。“一生二”，“二”即统一对立之对立范畴，此处应为“天地”③。“天地”生“阴阳”，“天地”以“阴阳”交流而得“和”，“和”与“阴”“阳”并存为“三”，故称为“二生三”。万物皆是因“阴”“阳”之“和”而出生，故称“三生万物”。“一生二，二生三，三生万物”，即

---

① 《老子道德经注校释》，第 19 页。
② 同上，第 110 页。
③ 战国以前，中国哲学中，天地是先于而且大于阴阳的，阴阳源于天地，天地生阴阳二气，天地通过阴阳二气交流。

虚无“道”体衍生万有（物），故称“万物生于有，有生于无”。“道”长生万物，故称“长生”。

就万物衍化过程来讲，老子认为，“有”“无”可以相生。在老子的哲学概念中，有两种内涵的“有”“无”。第一种“无”“有”代表“道”的先天、后天状态。“无”即先天之“道”，本体虚无；“有”即后天之“道”，“道”在万物。例如，“无名天地之始”中的“无”，是“道”体虚无，是天地未兆之先天状态；“有名万物之母”中的“有”，是“道”生万物，是浑沌开辟之后天状态。老子讲：“万物生于有，有生于无。”“无”和“有”是有顺序的，“无”在先而“有”在后。第二种“有”“无”，是并列的，可称为“有有”和“无有”，用来说明“道”在后天“有”的状态下，万物生成乃至万物互生的过程。例如，老子讲“有无相生”，即“有有”和“无有”相生，或者阴阳相生，可理解为二者互为“相生”的条件和原因，“相生”通过“阴阳冲和”来完成。老子讲：

> 万物负阴而抱阳，冲气以为和。①（四十二章）

“有无”之间，或“阴阳”之间，正是通过“冲和”来实现其“生生不息”的功能。万物生生不息，故称“长生”。

综上所述，“长生之道”在“道”自身层面、“道”与万物层面、万物衍化层面均有所指，但含义不同。就“道”本身来讲，“道”不自生而永恒常存，故称“长生之道”。就“道”与万物的关系来讲，“道”长生万物，故称“长生之道”。就万物衍化的角度讲，万物互为衍生的条件，以“道”为本元，生生不息，故称“长生之道”。就丹道来说，由人的生生之“道”，升华为永恒之“道”，才能通往“长生”之道，即“合道长生”。

(3) 性命之道

“性命”源于“道”，是“道”肇始而内化于万物的范畴，老子称为“德”。老子把“道”内化于万物或万物由“道”所得之分称为“德”。老子讲：

> 故道生之，德畜之：长之、育之、亭之、毒之、养之、覆之。生而不有，为而不恃，长而不宰，是谓玄德。②（五十一章）

冯友兰先生讲：“德即物之所得于道，而以成其物者。”③ 张岱年先生认为：“德

① 《老子道德经注校释》，第117页。
② 同上，第137页。
③ 《中国哲学史》第1册，第137页。

是一物所得于道者。德是分，道是全。一物所得于道以成其体者为德。”① “德”为万物由“道”所得之分，“和”则为万物从“道”所生以及自我维持和繁衍的方式。老子讲：

> 道生一，一生二，二生三，三生万物。万物负阴而抱阳，冲气以为和。（四十二章）

“道”生万物，是“道”通过天地阴阳和合之“和”而生万物，万物之“德”由“和”而得于“道”。在“道”生成万物之后，内化于万物的“德”，支撑万物得以维持和繁衍，“德”维持万物的方式是“负阴而抱阳”，“德”繁衍万物的方式是“冲气以为和”，由“和”生出新的个体。

既知老子是用“德”表述性命，就可发现老子在《道德经》中，多处阐述由“德”返“道”的内容。例如，老子讲：

> 知其雄，守其雌，为天下谿。为天下谿，常德不离，复归于婴儿。……知其荣，守其辱，为天下谷。为天下谷，常德乃足，复归于朴。（二十八章）

“婴儿”“朴”代表“道”，“复归于婴儿”“复归于朴”即返还于“道”；“常德”就是为化于万物而合“道”之德。由此可知，老子认为，虽然“德”是万物由“道”所得之分，但“德”可以不离万物本身而复归于“道”。所以，老子讲：

> 夫物芸芸，各复归其根。归根曰静，是谓复命。（十六章）

老子认为，无论是“道”内化于万物而成“德”，还是“德”超越万物本身而合于“道”，都是无为的。老子讲：

> 道生之，德畜之，物形之，势成之。是以万物莫不尊道而贵德。道之尊，德之贵，夫莫之命而常自然。②（五十一章）
>
> 道常无为而无不为。（三十七章）

老子认为，“道”之于万物，是“莫之命而常自然”，“道”没有目的、没有主观意愿，是“无为而无不为”。合“道”之“德”，也是无为的。老子讲：

---

① 《中国哲学大纲》第 1 册，第 69 页。
② 《老子道德经注校释》第 136—137 页。

上德无为而无以为。①（三十八章）

“上德无为”，可以理解为合“道”之“德”是“无为”的。

虽然“道”与“德”皆无为，但由万物内在之“德”返合于“道”，是有为的。老子讲：

为学日益，为道日损。损之又损，以至于无为。②（四十八章）

人法地，地法天，天法道，道法自然。③（二十五章）

致虚极，守静笃。万物并作，吾以观复。（十六章）

其中所讲的“损之又损”“法地”“法天”“致虚”“守静”，都是有为。通过有为达到无为，即由万物内在之“德”返合于“道”。

综上所述，老子用“德”来表述“性命之道”。由“道”内化于万物而成“德”乃至万物以“德”为根据繁衍、进化等，都是无为的。由万物内在的“德”返合于“道”，则要通过有为以达无为。所以，丹道家称丹道始于有为，终于无为。张紫阳讲：

始于有作无人见，乃至无为众始知。但信无为为要妙，孰知有作是根基？④

2. 丹道之“理”——致和复命

丹道之“理”，是用于解释“道”和指导“法”而建立的理论体系。

(1) 释“道”之理

老子在《道德经》中用大量篇幅来阐释“道”。“道”本来不可分，今为方便阐述，把“道”分为三个阶段的“道”。根据“天下万物生于有，有生于无”，“无”即第一阶段的“道”，“有”即第二阶段的“道”，“万物”即第三阶段的“道”。

第一阶段的“道”，老子云：

道冲而用之或不盈。渊兮，似万物之宗。……湛兮，似或存。吾不知谁

① 《老子道德经注校释》，第 93 页。
② 同上，第 127—128 页。
③ 同上，第 64 页。
④ 《紫阳真人悟真篇三注》卷六《七言绝句三十二首》，载《道藏》第 2 册，第 1003 页下。

之子，象帝之先。①（四章）

依老子描述，第一阶段的“道”，其体虚无，其用无穷。老子讲：

谷神不死，是谓玄牝。玄牝之门，是谓天地根。绵绵若存，用之不勤。②（六章）

“道”体虚无，老子喻为“谷”；“道”用无穷，老子喻为“神”；“不死”谓“道”永恒长久，“玄牝”谓“道”生生不息；“道”生天地，故谓“天地根”。第一阶段的“道”，其体虚无、其用无穷、能生万物。

第二阶段的“道”，老子讲：

有物混成，先天地生。（二十五章）

“有物混成”即“道生一”之“一”，老子解释为“视之不见名曰夷，听之不闻名曰希，搏之不可得名曰微。此三者不可致诘，故混而为一”。老子又讲：

故常无，欲以观其妙；常有，欲以观其徼。此两者，同出而异名，同谓之玄。③（一章）

其中的“常无”“常有”即“一生二”之“二”。老子称“此两者，同出而异名”，“此两者”即“常无”“常有”，“同出”即由“一”所生，“异名”即有“无”“有”之异。“常无”“常有”即“一”的统一对立之范畴；“常无”“常有”派生“无有”与“有有”，老子的“有无相生”之“无”“有”即“无有”“有有”。老子又讲：

玄之又玄，众妙之门。④（一章）

“常无”“常有”都是“玄”，即“同谓之玄”。“玄之又玄”，即“常无”“常有”以“阴阳”感应交通，“阴阳”感应交通成“和”，此即“二生三”。“道”通过“和”生出万物、展现妙用，故称“众妙之门”。第二阶段的“道”，又可分为三个阶段：“道”为“一”，即恍惚；“道”为“二”，即“常无”“常有”；“道”为

① 《老子今注今译》，第90页。
② 《老子道德经注校释》，第16页。
③ 《老子今注今译》，第73页。
④ 同上，第2页。

“三”，即和与阴阳并列为三。

第三阶段的“道”，“道”即万物。老子讲：

> 万物负阴而抱阳，冲气以为和。（四十二章）

此即万物肇始之后，维系自身和繁衍个体的“道”，万物即是“道”。此“道”的要点在于“和”，“和”是万物生生不息之关键。

通过把“道”分为三个阶段进行研究，会发现老子阐释了“道”从“无”到“有”，肇造万物并内化于万物的过程，即由“本元之道”成“性命之道”的过程。这既阐释了“道”，也为丹道之“法”提供了理论支持。

(2) 摄“法”之理

老子修养方法的核心理论是“复”。“复”是相对于“道”生万物之“生”的顺序来讲的。老子讲：

> 道生一，一生二，二生三，三生万物。（四十二章）

对与“生”相对的“复”，老子的理论性表达为：

> 人法地，地法天，天法道，道法自然。（二十五章）

老子认为“道”具备“反”——返还的属性，这为“复”的可能性提供了论证，他讲：

> 大曰逝，逝曰远，远曰反。①（二十五章）

其中“反”，就是往复之“复”。这论证了从万物本身返还道体之“复”的可能性。所以老子讲：

> 夫物芸芸，各复归其根。归根曰静，是谓复命。（十六章）

作为丹法的“复”，虽然原理就是“道”本身的“复”，但具有目的性，是要“复”其“道”体，以求“合道长生”。就丹道来讲，老子的“复”可分为三个阶段。

第一阶段，“复”即返还于万物本身的“阴阳冲和”之“和”。万物繁衍，因“和”而生，返还于“和”气，即得生机。老子讲：

---

① 《老子道德经注校释》，第63页。

含德之厚，比于赤子。……终日号而不嗄，和之至也。[①]（五十五章）

老子认为“赤子”或“婴儿”所得“和”气厚重，所以生机旺盛。生命个体如能返还阴阳之“和”（“如婴儿之未孩”[②]），就能生机旺盛。

第二阶段的“复”，则是由生命个体的“和”返还“一生二，二生三”之“一”。老子讲：

天下有始，以为天下母。既得其母，以知其子；既知其子，复守其母，没身不殆。[③]（五十二章）

“道生一”，从“无”到“有”。“一”为本元之“有”，生出万物，故老子讲“有，名万物之母”。“天下母”即“一”，“子”即万物，“复守其母”即返还于“一”。如此则能“没身不殆”。老子讲：

万物得一以生。[④]（三十九章）

万物始于“一”，“一”代表“道”肇造万化的功能，万物若能“复”于“一”，则生机无穷。

第三阶段的“复”，则由“一”返还于“道”。老子讲：

复命曰常，知常曰明。……知常容，容乃公，公乃全，全乃天，天乃道，道乃久，没身不殆。[⑤]（十六章）

此处的“复”，即返还于“一”之后，进一步向“道”返还，通过“常”“容”“公”“全”“天”，最终合“道”长久。

老子认为，这三个阶段的“复”，都是在万物存在的同时而进行的，并不是在生命结束时才发生。所以老子讲“夫物芸芸，各复归其根”。三个阶段的“复”综合起来讲就是“致和复命”。

3. 丹道之“法”——虚静反复

老子把完成“复”的基本法则称为“虚”“静”。老子讲：

---

① 《老子道德经注校释》，第145页。

② 同上，第46页。

③ 同上，第139页。

④ 同上，第106页。

⑤ 《老子今注今译》，第134页。

致虚极，守静笃。万物并作，吾以观复。（十六章）

“静”即“无欲”，“无欲”即能“损”，最终达到“无为合道”。老子讲：

不欲以静，天下将自定。①（三十七章）

为学日益，为道日损。损之又损，以至于无为。无为而无不为。（四十八章）

庄子把老子的“损”衍化为“忘”。《庄子·大宗师》讲：

颜回曰：“回益矣。”仲尼曰：“何谓也？”曰：“回忘仁义矣。”曰：“可矣，犹未也。”他日复见，曰：“回益矣。”曰：“何谓也？”曰：“回忘礼乐矣。”曰：“可矣，犹未也。”他日复见，曰：“回益矣。”曰：“何谓也？”曰：“回坐忘矣。”仲尼蹴然曰：“何谓坐忘？”颜回曰：“堕肢体，黜聪明，离形去知，同于大通，此谓坐忘。”仲尼曰：“同则无好也，化则无常也。而果其贤乎！丘也请从而后也。”②

庄子的“坐忘”就是“不欲以静”，就是“损之又损，以至于无为”，最终“归根曰静，静曰复命”。

“虚”即“无有”，老子认为“虚”中有无限生机、无穷功能。老子讲：

天地之间，其犹橐籥乎？虚而不屈，动而愈出。③（五章）

老子以“橐籥”比喻天地间之虚无，“虚”能纳气，其气周流，所以能“不屈”“愈出”。庄子把“虚”含受道气或元气的情状称为“心斋”。《庄子·人间世》讲：

回曰：“敢问心斋。”仲尼曰：“若一志，无听之以耳而听之以心，无听之以心而听之以气。耳止于听，心止于符。气也者，虚而待物者也。唯道集虚。虚者，心斋也。”④

庄子的“听之以气”就是老子的“致虚极”，因“唯道集虚”，所以“致虚极”则“心止于符”，即心与“道”相应。

在“虚”“静”的总法则下，老子还提出了很多其他方法，如“专气致柔”“魂魄抱一”等。在《道德经》中还含有“身国兼治”的思想，老子讲：

---

① 《老子道德经注校释》第 91 页。
② 《庄子今注今译·内篇·大宗师》，第 1 册，第 240—241 页。
③ 《老子道德经注校释》，第 14 页。
④ 《庄子今注今译·内篇·人间世》，第 1 册，第 139 页。

修之于身，其德乃真；修之于家，其德乃余；修之于乡，其德乃长；修之于国，其德乃丰；修之于天下，其德乃普。（五十四章）

所以，老子的“致虚极”“守静笃”是道德实践和生命体验的方法，是春秋时期为士修身、齐家治国的基本修养。

（三） 小结

在《道德经》中，虽然关于丹道的内容散落在格言式条文中，但老子清晰地阐述了丹道的“道”“理”“法”三要素，并将其有机地融合在一起。在老子之前，没有圣哲提出相对完整的丹道理法，在老子之后，所有的丹道家无不尊法老子。因此，所有丹道流派都尊奉老子为丹道始祖，尊奉《道德经》为丹道祖经。

春秋战国时期，继承和发扬老子学术思想和丹道理法的道家人物，主要有关尹子、辛文子、庚桑子、南荣子、尹文子、士成子、崔瞿子、柏矩子、列子、庄子等十人，后世称为“玄元十子”①。下文则选择关尹子、庄子作为代表，来说明继老子之后，春秋战国时期道家人物的原始丹道。

二、关尹子与原始丹道

春秋时期的函谷关令尹喜，是老子学术思想和丹道理法的主要传人之一。《史记·老子韩非列传》记载：

居周久之，见周之衰，乃遂去。至关，关令尹喜曰：“子将隐矣，强为我著书。”于是老子乃著书上下篇，言道德之意五千余言而去，莫知其所终。

西汉刘向的《列仙传》云：

后周德衰，乃乘青牛车去，入大秦。过函关，关令尹喜待而迎之，知真人也，乃强使著书，作《道德经》上下二卷。②

（一） 关尹子生平

关尹子，名喜，周敬王时大夫，后为函谷关③关令，春秋时期著名道家人物，与老子同时，生卒年代不详。《列仙传·关令尹》记载：

---

① 《玄元十子图》，载《道藏》第 3 册，第 258 页下—261 页下。

② 《列仙传》卷上《老子》，载《道藏》第 5 册，第 65 页中下。

③ 《史记》“索引”“正义”关于“关”的解释，或以为函谷关，或以为散关。见《史记》卷六十三《老子韩非列传第三》。

关令尹喜者，周大夫也。善内学，常服精华，隐德修行，时人莫知。老子西游，喜先见其炁，知有真人当过，物色而遮之，果得老子。老子亦知其奇，为著书授之。①

关尹子的著作为《关尹子》，早就散佚。今本《文始真经》，为唐代或宋代出本。李养正先生在其著作《道教与诸子百家》中讲：

余读《关尹子》，其《七斧篇》中引用一些典故，如“土鬼可语”乃指汉桓帝时方士栾巴咒庐山庙中之泥朔神鬼，使托“土鬼”言祸福的野狸精现形；“杯中钓鱼”乃指东汉末左慈以铜盆贮水，为曹操钓鱼的故事；“豆中摄鬼”乃指晋郭璞撒豆化为赤衣鬼，又以符为神将，——缚鬼投井中的迷信传说；“画门可开”乃指唐吴道子为太宗作泼墨画，画中岩下有洞门，太宗敲门，其门忽开。可见今存的《关尹子》，乃出唐代以后。②

由于关尹子的原著早就散佚，所以，在丹道发展早期，关尹子在道家传承中的地位不明确。历史上，辛文子、庚桑子、列子、庄子等道家人物，在唐、宋两代都受到封赠，唯不见关尹子受封；到了元至元三年（1337），元顺帝才加封关尹子为“无上太初博文文始真君”。

（二） 关尹子的主要丹道理论与诀要

虽然著作散佚，但关尹子的主要思想观点，仍可通过《列子》《庄子》《吕氏春秋》中的相关内容管窥。

1. 丹道之“道” ——太一常无

关于“本元之道”，关尹子提出“造物”的概念，认为万物最初源于“不形”，而终至于“无所化”。这里的“不形”与“无所化”，其含义都是“本元之道”。《庄子·达生》云：

关尹曰：“……则物之造乎不形，而止乎无所化。……”③

此即是说，万物生于“道”，也化于“道”，“道”为万物本体，故为“本元之道”。

关尹子不仅探讨“道”的先天属性——“本元之道”，还注重研究和探索“道”的后天属性——现象背后的本质或本因。《吕氏春秋·审己》记载：

① 《列仙传》卷上《关令尹》，载《道藏》第5册第65页下。
② 《道教与诸子百家》，第49—50页。
③ 《庄子今注今译·外篇·达生》，第1册，第546页。

子列子常射中矣，请之于关尹子。关尹子曰："知子之所以中乎？"答曰："弗知也。"关尹子曰："未可。"退而习之三年，又请。关尹子曰："子知子之所以中乎？"子列子曰："知之矣。"关尹子曰："可矣，守而勿失。"①

虽然关尹子提出"造物"的概念来表示"本元之道"，但这并不意味着关尹子认为"道"是"有为"的，他认为"道"是万物生成、发展和变化的根本依据，"道"在这个过程中是无为的，且"形物自著"。《庄子·天下》云：

关尹曰："在己无居，形物自著。其动若水，其静若镜，其应若响。芴乎若亡，寂乎若清，同焉者和，得焉者失。未尝先人而常随人。"②

在"道"的后天状态下，关尹子把"道"内化于万物的物质属性称为"常无有"，把"道"内化于万物的功能属性称为"太一"。《庄子·天下》云：

以本为精，以物为粗，以有积为不足，澹然独与神明居，古之道术有在于是者。关尹、老聃闻其风而悦之。建之以常无有，主之以太一，以濡弱谦下为表，以空虚不毁万物为实。③

从"性命之道"的角度讲，"常无有"与"命"联系紧密，"太一"与"性"联系紧密。"常无有"就是一种"常无"的"有"，"建之以常无有"，就是万物依靠"常无有"生成，并得其维持。就丹道的范畴来讲，"建之以常无有"，偏重"命"的层面。"太一"就是古人所讲的人格化的"道"，"主"有主宰和保持之义。"主之以太一"，就是"道"的必然性规律展现出来的时候，仿佛有一位"太一"之神在主宰和维持万物的运化。就丹道的范畴来讲，"主之以太一"，偏重"性"的层面。

2. 丹道之"理"——其天守全

关尹子认为，首先，"道"具备完整性和独立性，任何具体事物都不可以代表"道"，所以他讲"在己无居"。其次，"道"是无为的，"道"生万物与万物生化的过程是无为的，所以他讲"形物自著"。

从丹道理论的角度讲，基于"道"的完整性和独立性的特征，关尹子认为人应该"壹性全神"。《庄子·达生》云：

---

① 《吕氏春秋译注·季秋纪第九·审己》第1册，第249页。

② 《庄子今注今译·杂篇·天下》第2册，第1012页。

③ 同上，第1011页。

关尹曰："……壹其性，养其气，合其德，以通乎物之所造。夫若是者，其天守全，其神无郤，物奚自入焉！夫醉者之坠车，虽疾不死。骨节与人同，而犯害与人异，其神全也，乘亦不知也，坠亦不知也，死生惊惧不入乎其胸中，是故迕物而不慴①。彼得全于酒而犹若是，而况得全于天乎！圣人藏于天，故莫之能伤也。"②

其中，"其天守全"，"天"既代表"道"又代表"神"。在这段文字中，"道""天""神"有相同的含义。"守"什么呢？由"壹其性，养其气"可知，"守"的是"气"。"其天守全"，就是神气合一。性命与道为一，就能够全其"道"。"圣人藏于天"，即圣人合于"道"。

由此可知，关尹子丹道之"理"，就是"其天守全"，神气合一，与道长存。

3. 丹道之"法"——壹性养气

从丹道之"法"的角度讲，关尹子丹道的具体实践方法是"壹其性，养其气，合其德"。《庄子・达生》云：

壹其性，养其气，合其德，以通乎物之所造。夫若是者，其天守全，其神无郤，物奚自入焉！

关尹子认为，"太一"代表"道"的必然性，内化于人则表示为"性"或"神"。所以，人能够"壹其性"，就能够合于"太一"。"常无有"代表"道"赋予万物的原始物质，即"气"。因此，人能够"养其气"，自然就能得到"道"的滋养。如果能够做到"壹其性，养其气"，就能够"合其德"。所谓"合其德"，就是合"道"之"德"，就是合道。

（三）小结

虽然现存的关尹子资料极其有限，但还是展现了关尹子朴素的丹道思想、理论与方法。从"道"的角度看，关尹子把"本元之道"称为"造物"；"道"内化于物的原始物质形态称为"常无有"，"道"显示的必然性称为"太一"。从"理"的角度看，关尹子认为"道"具备整体性和独立性，人如果能"壹性全神"，就可以合道。从"法"的角度看，关尹子提出了"壹其性，养其气"最终达到"合其德""圣人藏于天"的原始、朴素的丹道实践方法。

① 迕，读音［wǔ］。慴，读音［shè］。
② 《庄子今注今译・外篇・达生》，第1册，第546页。

三、庄子与原始丹道

战国时期，继承和发扬老子学术的思想家众多，其中最突出、最有影响的要数庄子，庄子是道家学术的中坚力量。庄子的著作，文字优美，结构严谨，思想广邃，寓言深刻，发人深省，对中国文化有极其深远的影响。本处仅从原始丹道的角度，探索《庄子》中的“道”“理”“法”。

（一） 庄子生平

庄子，名周，字子休，宋国蒙县（今安徽蒙城）人，曾作漆园吏，生活于约公元前369—前286年之间，是战国时期最为突出的道家代表人物之一。《史记·老子韩非列传》记载：

> 庄子者，蒙人也，名周。周尝为蒙漆园吏，与梁惠王、齐宣王同时。其学无所不窥，然其要本归于老子之言。故其著书十余万言，大抵率寓言也。……其言洸洋自恣以适己，故自王公大人不能器之。①

《汉书·艺文志》载《庄子》有五十二篇，今本存三十二篇，后世疑为晋代郭象删减。《庄子》文风汪洋恣肆、瑰丽诡谲、超出尘外，思想自然无为、逍遥无待、朴素无华。

（二） 庄子的主要丹道理论与诀要

梳理庄子的丹道理论与诀要主要从《庄子》一书入手。按照学术界的观点，《庄子》内篇确定为庄子所作，外篇与杂篇疑为庄子门人所作。战国时期，庄子必有其人，庄子著作必有其事，庄子的思想与学术必然有人继承。本处假定现存《庄子》，反映了庄子的道家思想学术，至于是否为庄子本人所作，并不重要。

1. 丹道之“道”——道在精神

(1) 本元之道

从“本元之道”的层面看，《庄子》继承老子“道”为万物本元的观点。《庄子·大宗师》讲：

---

① 《史记》卷六十三《老子韩非列传第三》，第7册，第2143—2144页。

> 夫道……生天生地。①

老子曾言“无，名天地之始”，“无”即“道”。《庄子·大宗师》云“生天生地”者，即“本元”之“道”。

又，《庄子·知北游》云：

> 夫昭昭生于冥冥，有伦生于无形，精神生于道，形本生于精，而万物以形相生。②

此即老子“道”生万物之另一版本，不同的是，《庄子·知北游》认为“道”生“精神”，“精”又生“形”，万物以形相生。

以上为《庄子》关于“本元之道”的主要阐述。

(2) 长生之道

长生之道的第一层含义即“道”本身长久。《庄子·大宗师》云：

> 夫道……自本自根，未有天地，自古以固存；……先天地生而不为久，长于上古而不为老。③

其中“固存”“不为久”“不为老”，即恒久之意。由此可知，《庄子·大宗师》认为“道”本身是恒久的。

长生之道的第二层含义即“道”肇生万物，万物乘“道”生生不息。《庄子·知北游》云：

> 精神生于道，形本生于精，而万物以形相生。④

其中“精神生于道，形本生于精”，即“道”肇生万物，“万物以形相生”即万物乘“道”生生不息。《庄子·知北游》阐述的“道”包含“长生之道”的意义。

长生之道的第三层含义即“合道长生”。庄子视生死为一，并不注重长生。仅在阐述“道”的功能时，涉及“合道长生”。《庄子·在宥》讲：

> 至道之精，窈窈冥冥；至道之极，昏昏默默。无视无听，抱神以静，形

---

① 《庄子今注今译·内篇·大宗师》，第1册，第213页。
② 《庄子今注今译·外篇·知北游》，第2册，第656页。
③ 《庄子今注今译·外篇·大宗师》，第1册，第213页。
④ 《庄子今注今译·外篇·知北游》，第2册，第656页。

将自正。必静必清，无劳汝形，无摇汝精，乃可以长生。目无所见，耳无所闻，心无所知，汝神将守形，形乃长生。①

认为“道”是“窈窈冥冥”“昏昏默默”，难以视听的。若能“无视无听”“清静自正”，则“神”“精”“形”可“合道长生”。

综上所述，《庄子》阐述的“道”中包含“长生”之意。

(3) 性命之道

《庄子》把“道”由“泰初”生化人与万物的功能或内涵称为“德”。“德”进一步分化，一方面表现为人与万物将生之际有兆无形之气，称为“命”；另一方面表现为人与万物在生化过程中的必然性，称为“性”。《庄子·天地》讲：

泰初有无，无有无名，一之所起，有一而未形。物得以生，谓之德；未形者有分，且然无间，谓之命；留动而生物，物成生理，谓之形；形体保神，各有仪则，谓之性。性修反德，德至同于初。②

在某些篇章中，《庄子》把“道”内化于人的状态表述为“精神”。“精”通于物质层面，“神”通于心性层面。《庄子·知北游》云：

夫昭昭生于冥冥，有伦生于无形，精神生于道，形本生于精，而万物以形相生。

人通过“精神”可以与“道”沟通，甚至可以返还于“道”。《庄子·列御寇》云：

彼至人者，归精神乎无始，而甘瞑乎无何有之乡。③

其中，“无始”“无何有之乡”即“道”；“归精神乎无始”“甘瞑乎无何有之乡”，即返还于“道”而安住于“道”，即人通过“精神”可以归于“道”。《庄子·天下》云：

彼其充实不可以已，上与造物者游，而下与外死生、无终始者为友。④

① 《庄子今注今译·外篇·在宥》，第 1 册，第 329 页。
② 《庄子今注今译·外篇·天地》，第 1 册，第 363 页。
③ 《庄子今注今译·杂篇列御寇》，第 2 册，第 961 页。
④ 《庄子今注今译·杂篇·天下》，第 2 册，第 1016 页。

其中，“造物者”即“道”，“与造物者游”即合“道”；“外死生、无终始”即长生永久，“与外死生、无终始者为友”即长生不死。这段话就是讲，人通过“精神”返还于“道”，即可由“性命之道”升华为“本元之道”，达到“合道长生”“外生死”“无始终”。

2. 丹道之“理”——天人合一

“理”即释“道”之理、演“法”之理。

从理论上讲，《庄子》认为“道”赋予的“精神”或“性命”形成人与万物个体，即生成人与万物；人与万物也可以通过“道”赋予的“精神”或“性命”返还于“道”。

《庄子》认为，“道”内化于人与万物后称为“德”。“德”进一步分化，人与万物将生之际有兆无形之气，称为“命”；人与万物在衍化过程中的必然性，称为“性”。“性”“命”的本质与“道”相同。《庄子·天地》讲：

> 泰初有无，无有无名，一之所起，有一而未形。物得以生，谓之德；未形者有分，且然无间，谓之命；留动而生物，物成生理，谓之形；形体保神，各有仪则，谓之性。性修反德，德至同于初。同乃虚，虚乃大。合喙鸣，喙鸣合，与天地为合。其合缗缗，若愚若昏，是谓玄德，同乎大顺。①

“性修反德”，即通过修养“性命”可以返还于“德”；“德至同于初”，即“德”达到极致则与“道”合。

从丹道的角度看，以上即《庄子》释“道”之理。

在论证“性命之道”返还“本元之道”的方法时，《庄子》认为“气”是核心。《庄子·知北游》讲：

> 人之生，气之聚也，聚则为生，散则为死。……故曰通天下一气耳。

既然“气”是人与万物的生命现象得以维持的根本，一切养生方法，都应以“气”为重点。

《庄子》以“通天下一气”为核心，提出一系列指导修养方法的理论。《庄子》讲：

> 天地与我并生，而万物与我为一。②（《齐物论》）

---

① 《庄子今注今译·外篇·天地》，第1册，第363页。

② 《庄子今注今译·内篇·齐物论》，第1册，第88页。

道通为一。[①]（《齐物论》）

无始而非卒也，人与天一也。[②]（《山木》）

夫形全精复，与天为一。[③]（《达生》）

通于一而万事毕，无心得而鬼神服。[④]（《天地》）

“一”就是“气”，“天”就是“道”，“形全精复”就是通过修养返还于“气”，“与天为一”即通过“气”与“道”合一。所谓“天人合一”，就是人与道合一的别称。“天人合一”是支撑《庄子》中丹法的主要理论。

就丹道的角度看，以上为《庄子》的演“法”之理。

3. 丹道之“法”——心斋坐忘

既然《庄子》中修养方法的核心是由“气”而合“道”，那么《庄子》中的方法，主要就是一“气”合“道”，具体则为“心斋”“坐忘”。

庄子讲：“唯道集虚。虚者，心斋也。”《庄子·人间世》把“心斋”分为若干步骤：首先，心志专一，“无听之以耳而听之以心，无听之以心而听之以气”；其次，“耳止于听，心止于符”；最后，达到“虚而待物”的状态。《庄子·人间世》讲：

回曰：“敢问心斋。”仲尼曰：“若一志，无听之以耳而听之以心，无听之以心而听之以气。耳止于听，心止于符。气也者，虚而待物者也。唯道集虚。虚者，心斋也。”

“无听之以耳而听之以心，无听之以心而听之以气”，就是收敛心神，去感受“气”。“耳止于听，心止于符”，就是把心安住于能听能觉的本来上，进而让“气”也安住于本来上。“虚而待物”，即本来虚无而又灵明感应，此即“道”。

从丹法的角度讲，“心斋”就是通过耳根自听，以收心回觉而归于“道”体之法。

庄子讲：“离形去知，同于大通，此谓坐忘。”《庄子·大宗师》中的“坐忘”，与《道德经》的“为道日损”是一个道理。《道德经》讲：

故失道而后德，失德而后仁，失仁而后义，失义而后礼。夫礼者，忠信

① 《庄子今注今译·内篇·齐物论》，第1册，第75—76页。
② 《庄子今注今译·外篇·山木》，第2册，第600页。
③ 《庄子今注今译·外篇·达生》，第2册，第543页。
④ 《庄子今注今译·外篇·天地》，第1册，第347页。

之薄而乱之首。前识者，道之华而愚之始。是以大丈夫处其厚，不居其薄；处其实，不居其华。故去彼取此。①（三十八章）

“仁义礼乐”等，老子称为“道之华而愚之始”，是“失道”后不得已的做法。要想返还大道，必须去掉浮华。老子认为学习礼仪，是添增浮华，故称“为学日益”；返还大道，是去除浮华，所以“为道日损”。《道德经》讲：

为学日益，为道日损。损之又损，以至于无为。无为而无不为。（四十八章）

“坐忘”就是“为道日损”的具体方法。庄子在《大宗师》中讲，首先要忘掉“仁义”，其次忘掉“礼乐”，最后忘掉“自己”，最终达到“离形去知，同于大通”。“大通”，即“道通为一”。《庄子·大宗师》讲：

颜回曰：“回益矣。”仲尼曰：“何谓也?”曰：“回忘仁义矣。”曰：“可矣，犹未也。”他日复见，曰：“回益矣。”曰：“何谓也?”曰：“回忘礼乐矣。”曰：“可矣，犹未也。”他日复见，曰：“回益矣。”曰：“何谓也?”曰：“回坐忘矣。”仲尼蹴然曰：“何谓坐忘?”颜回曰：“堕肢体，黜聪明，离形去知，同于大通，此谓坐忘。”仲尼曰：“同则无好也，化则无常也。而果其贤乎！丘也请从而后也。”

《庄子》中的丹道理念与方法非常丰富，除“心斋”“坐忘”外，还有很多，如“天府”“葆光”“浑沌”“灵台”“玄珠”“道枢”“环中”“心养”“照旷”“登假”“宇泰定”“虚室生白”等，这些都成为后世的重要丹诀、效验和追求目标。

（三）小结

《庄子》中的丹道思想、理论、方法非常丰富。在丹道之“道”方面，庄子提出“道”生“精神”，“精”生“形”，“万物以形相生”，“精神”可归于“无始”，“与道为一”。在丹道之“理”方面，庄子把“气”作为理论的核心概念，将“性修反德”和“天人合一”作为核心理论。在具体丹法上，庄子的实践方法非常丰富，主要有“心斋”“坐忘”等。

庄子的思想对后世的魏晋玄学和佛学般若思想有深刻影响，魏晋风流之士大多宗于庄子。魏晋玄学正是以老庄为宗，以“三玄”（《易经》《老子》《庄

---

① 《老子道德经注校释》，第93页。

子》）为纲，而发展起来的哲学思潮。魏晋之时，又是佛教在中国传播的重要时期，许多精通老庄的知识分子加入了译经队伍，老“三玄”就发展成为新三玄（《易》《老子》与《庄子》、般若思想）。

四、结语

把“道”付诸生命体验或道德实践，是中国古人的一种追求或修养。丹道就是把“道”的哲学理念付诸生命体验或道德实践的学术体系。春秋战国时期，以老子、关尹子、庄子为代表的道家人物，均精于“道”的生命体验或道德实践，后世丹道家认为，春秋战国时期，最早的丹道体系已经建立。

从当时百家争鸣的盛况来看，道家著作乃至其中包含的丹道内容，应该比文中所列举的丰富得多。例如，老子的弟子如关尹子、辛文子、庚桑子、杨朱等，都有著作传世。关尹子的弟子列子等，也有著作传世。但是，由于战乱、文字载体等条件的限制，春秋战国时期的道家典籍所剩无几。现存的《关尹子》《文子》《庚桑子》《列子》等，经考证，其内容难以实据。即使现存的《道德经》《庄子》，部分内容也有伪杂之嫌。文中所载内容，均据现存之《道德经》《庄子》而研究，其准确性可能有商榷之处。仅从丹道的角度讲，后世的丹道家所见之《道德经》《庄子》与今人所见相差无几，大义不至于径庭。

第三节　先秦道家哲学与原始丹道

原始丹道能够在春秋战国时期出现，必然有其深厚的思想基础、理论渊源。本节将以春秋战国时期的道家学派为主体，从丹道与道家哲学关系的角度，阐述春秋战国时期的道家学派为原始丹道的产生与发展提供的主要哲学思想和理论，以有助于理解丹道实践映射到哲学层面的原始内涵。

先秦道家哲学理论体系中，与丹道有关的内容主要包括道论、德论、气论、和论、静虚论、反复论、有无论、对待论、天人论等理论体系。道论与德论是总纲。

一、道论与德论

宫哲兵先生认为，先秦时期老子首先提出了道的概念，创立了比较系统的道论。在老子的道论体系中，道是唯一的最高的范畴。①

（一） 道论

根据古代文言的特点，老子的“道”有多重意义。熊铁基先生认为：“关于‘道’的思想开始得很早，在诸子学派形成之前和开始形成以后，都有不少关于‘道’的理论。《老子》中的道，也是就原有的思想进行解释和发挥。诸子皆言道，或指事物的发展规律，或指道德、政治原则……。但有那么一派着重讲道是宇宙万物的本元，同时也讲事物发展规律之道，这就是道家。而第一个明确表达这种思想的就是《老子》。”② 老子既认为“道”是万物的本元，其中一部分与西方哲学所说的本体论意义相同③。老子又认为“道”是万物运化的规律，这个规律是“道”作为万物本元内化于万物而显示出来的特性。对于丹道来说，重点在于讨论作为万物本元的“道”和作为人、万物自身及其相互关系的规律的“道”。

1. 万物本元的“道”

(1) 道生万物

老子认为“道生万物”，道为“万物之宗”。老子讲：

> 道生一，一生二，二生三，三生万物。（四十二章）
>
> 道冲而用之或不盈。渊兮似万物之宗。……吾不知谁之子，象帝之先。（四章）

所谓“象帝之先”就是“道”为万物之始，正如老子所讲：

> 有物混成，先天地生。寂兮寥兮，独立不改，周行而不殆，可以为天下母。（二十五章）

能生万物的“道”，独立长久，所以丹道才追求“合道长生”。

(2) 恍惚之道

老子认为，作为本元的“道”，其情状为“恍惚”，庄子称为“浑沦”“浑沌”“芒芴”“混芒”等。“恍惚”并非真空，而是“其中有象”“其中有物”“其

---

① 见宫哲兵的论文《唯道论的创立》。

② 见熊铁基的论文《从“稷下黄老”到“家人之言”：黄老道家的形成问题》。

③ 张岱年先生讲：“老子是中国古代哲学本体论的开创者，老子的‘道论’是中国古代第一个本体论学说。道是天地的来源，是天地万物的本体。”见其论文《论中国哲学史上的学派争论》。

中有精”“其中有信”。老子讲：

> 孔德之容，唯道是从。道之为物，唯恍唯惚。惚兮恍兮，其中有象；恍兮惚兮，其中有物。窈兮冥兮，其中有精；其精甚真，其中有信。（二十一章）

老子对“恍惚”做出了解释，他说：

> 视之不见名曰夷；听之不闻名曰希；搏之不得名曰微。此三者不可致诘，故混而为一。其上不皦，其下不昧，绳绳不可名，复归于无物，是谓无状之状，无物之象，是谓惚恍。（十四章）

万物由“恍惚”肇始。老子讲“有名万物之母”①，又讲“天下万物生于有，有生于无”。此处的“有”即是“恍惚”。“恍惚”之中饱含生机，丹道正因此才讲究抱元守一，以“恍惚”葆养生机。

（3）道的可知性

老子认为，“道”是非常精微的，“道”可以被认知。老子讲：

> 道之为物，唯恍唯惚。惚兮恍兮，其中有象；恍兮惚兮，其中有物。窈兮冥兮，其中有精；其精甚真，其中有信。（二十一章）

“恍惚”，即“道”之精微情状。“其精甚真，其中有信”，说明“道”有征验，可被认知。

“道”不仅能够被认知，而且可以耦合。在这种语境下，老子把“道”称为“一”。辛文子《道原》载老子曰：“无形者，一之谓也。”② 老子讲：

> 是以圣人抱一为天下式。③（二十二章）
>
> 昔之得一者，天得一以清，地得一以宁，神得一以灵，谷得一以盈，万物得一以生，侯王得一以为天下贞。（三十九章）

因为“道”可知、“道”可以耦合，所以修炼丹道才能“知常曰明”“与道合真”。

---

① 《老子道德经注校释》，第 1 页。
② 《文子疏义》卷一《道原》，第 30 页。
③ 《老子道德经注校释》，第 56 页。

(4) 道化为气

老子、庄子等人，把“道”作为本元物质的“恍惚”状态，称为“气”或“炁”。《庄子·天地》讲：

> 泰初有无，无有无名，一之所起，有一而未形。物得以生，谓之德；未形者有分，且然无间，谓之命；留动而生物，物成生理，谓之形；形体保神，各有仪则，谓之性。

“泰初”即“道”。在道生万物之初，先化生气，庄子称“未形者有分，且然无间”。老子也讲：

> 道生一，一生二，二生三，三生万物。万物负阴而抱阳，冲气以为和。（四十二章）

后世的丹道家，把“道生一”之“一”称为先天真一之气，部分丹道家称此为“丹”。

(5) 可复之道

万物由道肇生之后，仍然可以从道体中获取源源不断的生机，甚至可以返还道体，老子称为“复”。老子讲：

> 致虚极，守静笃。万物并作，吾以观复。夫物芸芸，各复归其根。归根曰静，是谓复命。（十六章）

“万物并作”即万物生生不息，“吾以观复”即观察万物与“道”的关系——万物由“道”生发而复还于“道”。“万物”返还于“道”而再续生机就称为“复”。正因万物可以“复命”，丹道的实践才意义。

2. 作为规律的“道”

“道”的规律性，即“道法自然”，即“无为”。

(1) 道法自然

“道”的规律性，老子表述为“道法自然”。老子讲：

> 人法地，地法天，天法道，道法自然。（二十五章）

所谓“道法自然”就是说“道”的规律性本来就是这样，是“道”本身。

所以，庄子讲：

> 夫道，有情有信，无为无形；可传而不可受，可得而不可见；自本自根，未有天地，自古以固存。①

所谓“自本自根”，就是道以自身为规律、为本元。

“道”的规律，无任何事物可以更改，是独立而永久的。老子讲：

> 寂兮寥兮，独立不改，周行而不殆。（二十五章）

正是“道”的这种特性，丹道才把“道”作为追求目标。

(2) 无为之道

“道法自然”，就是无为。老子认为，“道”没有“主”“宰”的意识，即没有主体意识。万物生生灭灭及其一切现象和过程，都是“道”的显现。老子讲：

> 大道泛兮，其可左右。万物恃之而生而不辞，功成而不名有。（三十四章）
>
> 道生之，德畜之：……生而不有，为而不恃，长而不宰，是谓玄德。（五十一章）

“无为”的本质是“无欲”或“无我”，道家称为“清静”。如果能够“不欲以静”，一切都能够与“道”的本然规律相合，自然“无为而无不为”。老子讲：

> 道常无为而无不为。侯王若能守之，万物将自化。……不欲以静，天下将自定。（三十七章）

因为“道”是无为的，所以丹道的修炼始于有为而终于无为。

(3) 为“无为”

“无为”并非不为。虽然“道”无为，但人不可能无为。老子崇尚的“无为”，就是为“无为”，即乘“道”而为。

“无为”主要是讲述治国的道理，老子讲：“为无为，则无不治。”② 道家讲究“身国兼治”，治国即治身，所以张紫阳的《悟真篇》讲：“大小无伤两国

---

① 《庄子今注今译·内篇·大宗师》，第1册，第213页。

② 《老子道德经注校释》，第8页。

全。"① 老子讲：

是以圣人处无为之事，行不言之教。②（二章）

对于治身，老子强调"为道日损"，"损"即有为，但最终达到无为。老子讲：

为学日益，为道日损。损之又损，以至于无为。（四十八章）

这种为"无为"为丹道通过"有为"达到"无为"提供了理论支撑。

(4)"无为"可学

"无为"并非不可学。老子讲：

为学日益，为道日损。损之又损，以至于无为。无为而无不为。（四十八章）

这段话可理解为，要达"无为"，先要"有为"地学习。通过"为学"，学问长进，狭隘的"自我"逐渐消融，此即为"损"。学识越好，对"道"认识越深刻，则心胸更为宽广，行为越具备包容性，私"我"的"臆见"越少，最终与"道"相合，达到"无为"。

所以，丹道家并非不学习，而是要储备大量的知识，这样才能为修炼丹道、合道无为做好准备。北宋丹道家张紫阳曾讲：

仆幼亲善道，涉猎三教经书，以至刑法书算、医卜战阵、天文地理、吉凶死生之术，靡不留心详究。③

(5) 道的可修性

"道"的规律性与"道"的物质性一样，是可以被认知的。所以，人可以修"道"以合"道"或证"道"，进而"乘道而为"。老子讲：

修之于身，其德乃真；修之于家，其德乃余；修之于乡，其德乃长；修之于国，其德乃丰；修之于天下，其德乃普。（五十四章）

---

① 《紫阳真人悟真篇注疏》卷四，载《道藏》第 2 册，第 935 页中。
② 《老子道德经注校释》，第 6 页。
③ 《紫阳真人悟真篇注疏》卷一，载《道藏》第 2 册，第 914 页下。

对于丹道来说，为“无为”的具体做法就是“虚静”待物、以受“道气”。老子讲：

> 致虚极，守静笃。万物并作，吾以观复。夫物芸芸，各复归其根。归根曰静，是谓复命。复命曰常，知常曰明。（十六章）

庄子讲：

> 若一志，无听之以耳而听之以心，无听之以心而听之以气。听止于耳，心止于符。气也者，虚而待物者也。唯道集虚。虚者，心斋也。

老子把“虚静”待物的状态称为“谷神”。老子讲：

> 谷神不死，是谓玄牝。玄牝之门，是谓天地根。绵绵若存，用之不勤。（六章）

“玄牝”，就是“道”在“无为”中生化万物的所在。粗略地讲，虚无状态下产生的“玄牝”，就是丹道“玄关”的某一层面。

老子把“无我”——“无为”的状态称为“婴儿之未孩”“愚人之心”，如此就能“食母”——“道气”来复，即归根复命。老子讲：

> 众人熙熙，如享太牢，如春登台。我独泊兮其未兆，如婴儿之未孩。儽儽兮若无所归。众人皆有余，而我独若遗。我愚人之心也哉！沌沌兮。俗人昭昭，我独若昏；俗人察察，我独闷闷。澹兮其若海，飂兮若无止，众人皆有以，而我独顽似鄙。我独异于人，而贵食母。①（二十章）

丹道追求的就是“无我”合道，所以，“无为”是丹道的必然原则。“无我”才能“虚静”，“虚静”才能使“道气”来“复”，才能归根复命。

（二）德论

“德”是从于“道”的，庄子讲：“道者，德之钦也。”② 从“道”与“德”的关系上看，“德”有两重含义：一是万物从“道”所得之分；二是合“道”为“德”。“德”的其他含义均从此两点派生。就丹道来讲，“德”是证“道”之分，即不同程度地合“道”。

---

① 《老子道德经注校释》，第46—48页。

② 《庄子今注今译·杂篇·庚桑楚》，第2册，第713页。

1. “道” 的显现为“德”

(1) 显“道”为“德”

“道”为万物本元，“道”生万物而内化于万物称为“德”。庄子认为，“道”最大的“德”就是“生”。《庄子·天地》讲：

> 物得以生，谓之德。①

《庄子·庚桑楚》讲：

> 道者，德之钦也；生者，德之光也。②

老子讲：

> 故道生之，德畜之：长之、育之、亭之、毒之、养之、覆之。（五十一章）

此处所讲，“道”内化于物中，万物因而肇始、繁衍、发展、演化，显现为物区别于其他物或与其他物相互联系的特质或本性，就是所谓的“德”。“德”是“道”在万物身上的显现。

就丹道讲，“德”就是人内在的“道”，所以要通过“虚静”而“性修反德”，“德至同于初”，达到合“道”长生。

(2)“无为”为“德”

既然“德”是内化于万物的“道”，那么“道”的“无为”和“无我”，就通过“德”来显现。

关于“无为”，老子讲：

> 上德无为而无以为；下德为之而有以为。（三十八章）

关于“无我”，老子认为“道”生化万物，万物却不受“道”主宰和恃有，这称为“玄德”。老子讲：

> 道生之，德畜之：……生而不有，为而不恃，长而不宰，是谓玄德。（五十一章）

---

① 《庄子今注今译·外篇·天地》，第 1 册，第 363 页。
② 《庄子今注今译·外篇·庚桑楚》，第 2 册，第 713 页。

庄子引申其义，说："天无私覆，地无私载。"①

(3)"德"的情状

老子认为"道隐无名"②，所以"德"是隐性的，与世人执象而求的"德"是不同的。根据"德"的这种状态，老子讲：

> 上德不德，是以有德；下德不失德，是以无德。③（三十八章）

"上德"自然，无以为德，以其合"道"，故称"有德"。"下德"造作，以为有德，非究竟合"道"之德，故称"无德"。

老子把"德"的这种情状称为"谷""朴"，"谷"即至虚若无，"朴"即浑然如常。老子讲：

> 上德若谷，太白若辱，广德若不足，建德若偷。④（四十一章）
>
> 知其雄，守其雌，为天下谿。为天下谿，常德不离，复归于婴儿。……知其荣，守其辱，为天下谷。为天下谷，常德乃足，复归于朴。（二十八章）

因为"德"的这种情状，所以老子认为"善为士者"是"不可识"的。老子讲：

> 古之善为士者，微妙玄通，深不可识。夫唯不可识，故强为之容。豫兮若冬涉川；犹兮若畏四邻；俨兮其若容；涣兮其若释；敦兮其若朴；旷兮其若谷；混兮其若浊；孰能浊以静之徐清；孰能安以动之徐生。保此道者，不欲盈。夫唯不盈，故能蔽不新成。⑤（十五章）

(4)"德"与"性命"

"道"内化于万物中而为"德"，又进一步细分为"性""命"。《庄子·天地》讲：

> 泰初有无，无有无名，一之所起，有一而未形。物得以生，谓之德；未形者有分，且然无间，谓之命；留动而生物，物成生理，谓之形；形体保神，各有仪则，谓之性。性修反德，德至同于初。同乃虚，虚乃大。合喙鸣，喙

---

① 《庄子今注今译·内篇·大宗师》，第1册，第243页。
② 《老子道德经注校释》，第113页。
③ 《老子道德经注校释》，第93页。
④ 《老子道德经注校释》，第112页。
⑤ 《老子今注今译》，第129页。

鸣合，与天地为合。其合缗缗，若愚若昏，是谓玄德，同乎大顺。

“性修反德”，乃至“玄德”。“玄德”即合“道”之德。此即“性命”源于“道”，“性命”亦可返还于“道”。

老子善于修养，他把自己的生命体验和道德实践描述为：

修之于身，其德乃真；修之于家，其德乃余；修之于乡，其德乃长；修之于国，其德乃丰；修之于天下，其德乃普。（五十四章）

按照老子的原则，丹道家应有家国情怀，服务于社会。而不是离群索居，营苟于“长生”，若那样，就是“益生曰祥”①，会走向反面。

2. 与“道” 相合为“德”

(1) 合“道”为“德”

老子认为，与“道”相合，就是“德”。就人来说，老子常用“赤子”“婴儿”来表述“德”的最高境界。老子讲：

含德之厚，比于赤子。（五十五章）

众人熙熙，如享太牢，如春登台。我独泊兮其未兆，如婴儿之未孩。儽儽兮若无所归。（二十章）

正因此，老子对有志于修养的人讲“专气致柔，能婴儿乎”。

(2) 修“道”之“德”

老子认为“德”是修“道”的所得。老子曰：

修之于身，其德乃真；修之于家，其德乃余；修之于乡，其德乃长；修之于国，其德乃丰；修之于天下，其德乃普。（五十四章）

修“道”则得“道”，老子把得“道”也称为“得一”，“得一”是修道之“德”的重要表现。老子讲：

昔之得一者，天得一以清，地得一以宁，神得一以灵，谷得一以盈，万物得一以生，侯王得一以为天下贞。（三十九章）

对于修养丹道的人来说，“德”即是修道的成果。

① 《老子道德经注校释》，第146页。

(3) 大“德”至和

老子认为，合“道”为“德”，人与“道”相合达到极致，就称为“和”。大“德”至和，就是“孔德之容，惟道是从”。老子讲：

> 含德之厚，比于赤子。蜂虿虺蛇不螫，猛兽不据，攫鸟不搏。骨弱筋柔而握固，未知牝牡之合而全作，精之至也。终日号而不嗄，和之至也。①（五十五章）

“德”是“道”内化于人与万物并维持人与万物生命特征或规律的功能，其最高状态为“和”。辛文子讲：“含阴吐阳而与万物同和者，德也。”② 庄子在《德充符》中讲：“德者，成和之修也。”③ 又在《缮性》中讲：“夫德，和也。”④

对于丹道家来讲，大道中和，至“和”即得“丹”。

(4)“德”可以得

在不同阶段，由于对“道”的认知和体证不同，“德”也不同。老子讲：

> 上德不德，是以有德；下德不失德，是以无德。上德无为而无以为，下德为之而有以为。（三十八章）

因此，对于初修丹道的人来讲，“无为”是不可能的，必须要为“无为”做准备，即“有为”。“有为”就是“下德为之而有以为”。北宋丹道家张紫阳讲：

> 始于有作无人见，乃至无为众始知。但信无为为要妙，孰知有作是根基？

丹道修持达到一定阶段，则不需有为之法，但任自然。老子讲：

> 同于道者，道亦乐得之；同于德者，德亦乐得之。⑤（二十三章）

张紫阳讲：

> 果生枝上终期熟，子在胞中岂有殊。⑥

---

① 《老子道德经注校释》第 145 页。
② 《文子疏义》卷一《道原》，第 78 页。
③ 《庄子今注今译·内篇·德充符》，第 1 册，第 185 页。
④ 《庄子今注今译·外篇·缮性》，第 1 册，第 466 页。
⑤ 《老子道德经注校释》，第 58 页。
⑥ 《紫阳真人悟真篇注疏》卷二，载《道藏》第 2 册，第 924 页下。

二、气论与和论

“气”是“道”由虚无生出的精微，也称为“炁”。“和”是万物达到的优化状态。

（一）气论

气论是先秦道家阐述“道”运载天地、生化万物的重要理论范畴。

1. 恍惚道气

在“道生万物”的过程中，“气”是由了无一物之“道”到有象、有形、有质的“物”之间的中枢，“气”由“道”化生。《列子·天瑞》云：

> 夫有形者生于无形，则天地安从生？故曰：有太易，有太初，有太始，有太素。太易者，未见气也。太初者，气之始也。太始者，形之始也。太素者，质之始也。①

《庄子·至乐》云：

> 察其始而本无生，非徒无生也，而本无形，非徒无形也，而本无气。杂乎芒芴之间，变而有气，气变而有形，形变而有生，今又变而之死，是相与为春秋冬夏四时行也。②

“芒芴”即“恍惚”，是由“道”到“有象”“有物”的中间状态，称为“气”。

丹道把“恍惚”称为“道气”或“炁”，得此即为得“丹”。

2. 生物之气

生物之气，就是肇始并维系万物的“气”。气”是万物共存的物质基础，万物因“气”得以联系。《庄子·知北游》云：

> 人之生，气之聚也，聚则为生，散则为死。……故曰：“通天下一气耳。”

《庄子·则阳》把气分为阴阳二类：

> 是故天地者，形之大者也；阴阳者，气之大者也；道者为之公。③

---

① 《列子集释》卷一《天瑞第一》，第 5—6 页。
② 《庄子今注今译·外篇·至乐》，第 1 册，第 525 页。
③ 《庄子今注今译·杂篇·则阳》，第 2 册，第 795 页。

按照这种分类，老子所谓的“道生一”，“一”即是“恍惚”或“道气”；“一生二”，“二”即“天地”；“二生三”，天地生“阴阳”二气，阴阳交流而生“和气”；“和气”生万物。

对于丹道来说，能够体认和把握“和气”，就能获得对“命”的初步认识。

3. 交流之气

在春秋战国时期，人们认为阴阳源于天地，天地之间以阴阳二气交流。阴阳交流而成和气，则生万物。《庄子·田子方》讲：

> 至阴肃肃，至阳赫赫；肃肃出乎天，赫赫发乎地；两者交通成和而物生焉。①

万物生成后，就形成了万物各自的“气”。万物各自的“气”也分阴阳，万物和阴阳为一，一方面维系自身存在，另一方面繁衍个体。老子云：

> 万物负阴而抱阳，冲气以为和。（四十二章）

对于丹道来说，人具备的阴阳二气，来源于天地。《列子·天瑞》讲：

> 清轻者上为天，浊重者下为地，冲和气者为人；故天地含精，万物化生。②

体认和把握阴阳二气的升降、冲和，是丹道实践的重要原则。《文子·自然》云：

> 天气为魂，地气为魄，反之玄妙，各处其宅，守之勿失，上通太一，太一之精，通合于天。③

4. 气与丹道

就丹道而言，“气”是人内在和一阴阳、外在耦合天地的重要一环。老子说：

> 载营魄抱一，能无离乎？专气致柔，能婴儿乎？④（十章）

---

① 《庄子今注今译·外篇·田子方》，第2册，第623页。
② 《列子集释》卷一《天瑞第一》，第8页。
③ 《文子疏义》卷八《自然》，第361页。
④ 《老子道德经注校释》，第22页。

谷神不死，是谓玄牝。玄牝之门，是谓天地根。绵绵若存，用之不勤。（六章）

关尹子讲：

壹其性，养其气，合其德，以通乎物之所造。

由于“气”的状态仿佛“虚无”，保证“虚无”才能使“气”充分周流，使生机流布。所以，丹道在物质层面强调“虚无”，在精神层面强调无“我”。老子讲：“致虚极，守静笃。”《文子·守平》讲：“圣人食足以充虚接气。”[①] 庄子讲：“唯道集虚，心斋也。”

南宋丹道家翁葆光，认为“丹”就是“真一之气”[②]，清代丹道家刘一明就把先天一气“自虚无中来”[③] 作为要诀。

（二）和论

1. 至一之和

“和”是万物内在以及内在与外在间的优化状态。“和”的状态与“道气恍惚”是一致的、相通的。内在“和”者，《庄子·在宥》云：

天地有官，阴阳有藏，慎守女身，物将自壮。我守其一，以处其和。[④]

内在与外在“和”者，《庄子·天道》讲：

夫明白于天地之德者，此之谓大本大宗，与天和者也；所以均调天下，与人和者也。与人和者，谓之人乐；与天和者，谓之天乐。

庄子把人修养达到的优化状态称为“天和”。《庄子·知北游》云：

若正汝形，一汝视，天和将至；摄汝知，一汝度，神将来舍。德将为汝美，道将为汝居。[⑤]

庄子把由内在“和”而至于内在与外在间的“和”，称为“至一”。《庄子·缮

---

① 《文子疏义》卷三《九守》，第 135 页。
② 《紫阳真人悟真篇注疏》卷三，载《道藏》第 2 册，第 931 页上。
③ 《修真辨难》卷下，载《藏外道书》第 8 册，第 496 页上下。
④ 《庄子今注今译·外篇·在宥》，第 1 册，第 329 页。
⑤ 《庄子今注今译·外篇·知北游》，第 2 册，第 653 页。

性》讲：

古之人在混芒之中，与一世而得澹漠焉。当是时也，阴阳和静，鬼神不扰，四时得节，万物不伤，群生不夭，人虽有知，无所用之，此之谓至一。当是时也，莫之为而常自然。①

“至一”，就是《易经》所讲：

夫“大人”者，与天地合其德，与日月合其明，与四时合其序，与鬼神合其吉凶，先天而天弗违，后天而奉天时。天且弗违，而况于人乎？况于鬼神乎？②

“至一”是丹道家追求的至高境界。

2. 合道之和

“和”即合“道”之“和”，就是“德”，故《庄子》云：“夫德，和也。”③ 老子讲：

含德之厚，比于赤子。……终日号而不嗄，和之至也。（五十五章）

列子对此进行演绎，《列子·天瑞》讲：

其在婴孩，气专志一，和之至也；物不伤焉，德莫加焉。④

庄子认为，安住于“和”的状态，就是丹道修持的目的。《庄子·在宥》中记载广成子对黄帝说：

我守其一，以处其和，故我修身千二百岁矣，吾形未尝衰。⑤

由此可知，“和”就是与“道”合真，这是丹道家追求的目标。

3. 阴阳之和

“和”有阴阳二气交合生发万物之义。老子讲：

① 《庄子今注今译·外篇·缮性》，第1册，第468页。
② 《周易本义》卷九《周易文言传》，第166页。
③ 《庄子今注今译·外篇·缮性》，第1册，第466页。
④ 《列子集释》卷一《天瑞第一》，第21页。
⑤ 《庄子今注今译·外篇·在宥》，第1册，第329页。

万物负阴而抱阳，冲气以为和。（四十二章）

《易经》对此有形象的描述，其中用天地、男女表示阴阳二气，把阴阳二气交合的状态称为“絪缊”“构精”。原文为：

天地絪缊，万物化醇；男女构精，万物化生。

庄子认为，阴阳二气交通成“和”，“和”生发万物。《庄子·田子方》讲：

至阴肃肃，至阳赫赫；肃肃出乎天，赫赫发乎地；两者交通成和而物生焉。

老子、文子等人还指出，阴阳之“和”生发万物，是“道”自然运化的结果，是“无为”的。《文子·精诚》讲：

老子曰：天致其高，地致其厚，日月照，列星朗，阴阳和，非有为焉，正其道而物自然。阴阳四时非生万物也，雨露时降非养草木也，神明接，阴阳和，万物生矣。①

在丹道中，阴阳之“和”，常被称为坎离相交，借以结为丹头，可获取真种。元代丹道家戴起宗讲：

精气不离，故为真种。②

4. 和与丹道

对于丹道来讲，“和”可以分为不同层面的含义。在较低层面，“和”代表有为的“调和”之义，即调和体内阴阳气机，使自己情绪平和。《文子·符言》中，老子讲：

治身养性者，节寝处，适饮食，和喜怒，便动静，内在己者得，而邪气无由入。③

在中级层面，则是阴阳“和合”。即初步和合坎离，得育丹头。老子讲：

① 《文子疏义》卷二《精诚》，第60页。
② 《紫阳真人悟真篇注疏》卷七，载《道藏》第2册第955页上。
③ 《文子疏义》卷四《符言》，第196页。

万物负阴而抱阳，冲气以为和。（四十二章）

较高层次的“和”，则指“合道”，与“道”合真，达到“天和”。关尹子讲：

芴乎若亡，寂乎若清，同焉者和，得焉者失。

《庄子·知北游》讲：

若正汝形，一汝视，天和将至。

最高层次的“和”是“太和万物”① 的“至一”。《庄子·缮性》讲：

当是时也，阴阳和静，鬼神不扰，四时得节，万物不伤，群生不夭，人虽有知，无所用之，此之谓至一。当是时也，莫之为而常自然。

综上，“和”在先秦道家典籍里具有丰富的含义。其中，最根本的含义，就是在“道气”运化的基础上，天地万物达到的一种优化状态。丹道所追求的境界，即太和万物的“至一之和”。

三、静虚论与反复论

静虚是道家体道、处世、修身的重要原则。反复是阐述道“周行而不殆”的法则。对于道家修身来讲，静虚与反复二者联系紧密，“静虚”的目的是“反复”，“反复”的方法是“静虚”。

（一）静虚论

静虚最初源于对“道”体的认知和描述。《文子·道原》讲：

故道者，虚无、平易、清静、柔弱、纯粹素朴，此五者，道之形象也。②

《庄子·列御寇》也讲“太一形虚”③。“虚”并非“无”，而是“道生一”之“一”，是一种接近于“无”的“有”，称为“无有”。

老子根据“道”的形态，把静虚作为体认“道”的法则。老子讲：

---

① 《庄子今注今译·外篇·天运》，第1册，第426、428页。
② 《文子疏义》卷一《道原》，第14页。
③ 《庄子今注今译·杂篇·列御寇》，第2册，第961页。

致虚极，守静笃。万物并作，吾以观复。（十六章）

在具体修身中，寡欲则清静，空明则清虚。老子讲：

不欲以静，天下将自定。（三十七章）

“不欲以静”即寡欲清静，“自定”即自趋安和。老子又讲：

视之不见，名曰夷；听之不闻，名曰希；搏之不得，名曰微。此三者不可致诘，故混而为一。（十四章）

“夷”“希”“微”即“虚”，“混而为一”。《庄子·在宥》讲：

我守其一，以处其和。

“守一”即安住清虚，“和”即合“道”之和。

就丹道来讲，只有在虚静之中，才能体会“道”给生命带来的和悦。庄子说：

言以虚静，推于天地，通于万物，此之谓天乐。①

就丹道的技法来讲，静虚是体会和招摄先天“道气”的关键诀窍。老子讲：

致虚极，守静笃。万物并作，吾以观复。（十六章）

静虚之际，“道气”来复，庄子称为“心斋”。《庄子·人世间》讲：

气也者，虚而待物者也。唯道集虚。虚者，心斋也。

“道气”来复，最初仅为“先天一点动”，然后慢慢充盈。关于“先天一点动”，《庄子·天道》讲：

虚则静，静则动，动则得矣。②

关于慢慢充盈，《文子·九守》云：

---

① 《庄子今注今译·外篇·天道》，第 1 册，第 397 页。
② 同上，第 393 页。

虚静为王，虚无不受，静无不持，知虚静之道，乃能终始。①

如何达到静虚的境界？庄子把干扰人心智的因素，列为四大类，每一类又有六种。庄子认为，达到虚静的方法，就是认识和摈除这二十四种干扰。庄子在《庚桑楚》中讲：

彻志之勃，解心之缪，去德之累，达道之塞。富、贵、显、严、名、利六者，勃志也；容、动、色、理、气、意六者，谬心也；恶、欲、喜、怒、哀、乐六者，累德也；去、就、取、与、知、能六者，塞道也。此四六者不荡胸中则正，正则静，静则明，明则虚，虚则无为而无不为也。②

以上的“四六者”就是各种“欲”，“正”即“不欲”，“静”即清静，“明”即灵应，“虚”即空明，如此则空灵应物而无为。这正是丹道家修道的追求。

（二）反复论

“反”即反向发展，是向原来出发所在的返还。老子讲：

大曰逝，逝曰远，远曰反。（二十五章）

《庄子·天地》讲：

性修反德，德至同于初。

“反”是“道”的力量显现。老子讲：

反者，道之动。③（四十章）
玄德深矣，远矣，与物反矣，然后乃至大顺。④（六十五章）

“复”是归还到原本之义。老子讲：

夫物芸芸，各复归其根。归根曰静，是谓复命。（十六章）

“复命”中的“命”，指“道”对万物的赋予；“复命”即返还于“道”。庄子

---

① 《文子译注》卷三《九守》，第 76 页。
② 《庄子今注今译·杂篇·庚桑楚》，第 2 册，第 713 页。
③ 《老子道德经注校释》，第 110 页。
④ 同上，第 168 页。

《天地》讲："夫明白入素，无为复朴。"[1] 这里"素"与"朴"都是指万物的本元，即"道"；"入素""复朴"即返还于"道"。

对于丹道来讲，"道"赋予人的原始物质为"气"，也称为"命"；"道"赋予人的灵觉为"神"，也称为"性"；"神"与"气"、"性"与"命"相合返还于"道"，就是"归根""复命"。这是丹道追求的主要目标。"反"表示"道"的"力量"，所谓"物极必反"。丹道利用人体的生机变化，在其达到极致之时，运用"反"的力量，和合神气，"复"归于"道"。庄子讲："性修反德，德至同于初。"《周易参同契》引申为："金来归性初，始得称还丹。"[2]

四、有无论与对待论

"有"与"无"是老子在构造"道"生万物模式中最大的一对概念。"对"是指相对或相反的范畴，"待"是指相对或相反范畴之间的联系，"对待论"就是方法论，即辩证法。"有无"是对"道"形态的分类，万物就是在"有无"的"对待"中生成、变化和返还的。

（一） 有无论

有无论，是道家用于阐明"道"生万物和万物相生原则的。在老子的哲学中，有两种"有""无"的概念。

第一种"有""无"表示"道"的先天、后天状态。"无"代表先天之"道"，"有"代表后天之"道"。老子认为，"道"的先天状态是一种"无"。老子讲：

> 道冲而用之或不盈。渊兮似万物之宗。（四章）

老子认为，"有生于无"，"无"是天地之肇始。老子讲：

> 天下万物生于有，有生于无。（四十章）
> 无名天地之始，有名万物之母。（一章）

老子认为，通过一定的方法，如"致虚极，守静笃"，就可以"归根""复命"——耦合"虚无"道体。老子讲：

---

① 《庄子集释·外篇·天地》第 2 册，第 438 页。
② 《周易参同契分章通真义》卷上《名者以定情章第四十》，载《道藏》第 20 册，第 143 页上。

致虚极，守静笃。万物并作，吾以观复。夫物芸芸，各复归其根。归根曰静，静曰复命。（十六章）

由此可知，“无”可生“有”，“有”可返“无”。庄子对此进行发挥，《庄子·至乐》讲：

察其始而本无生，非徒无生也，而本无形，非徒无形也，而本无气。杂乎芒芴之间，变而有气，气变而有形，形变而有生。

庄子认为，“圣人”可由“有”返藏于“无”。《庄子·庚桑楚》讲：

有不能以有为有，必出乎无有，而无有一无有。圣人藏乎是。①

第二种“有”“无”的概念，是用来说明在“道”后天“有”的状态下，万物生成乃至万物互生的过程。此种意义的“有”“无”是并列的，可称为“有有”和“无有”②，或者“阴”和“阳”。在老子的思想中，涉及“有无相生”时，就是指“有有”和“无有”相生。“有有”和“无有”相生，可以理解为“阴”与“阳”相生，或者万物相生。“有有”和“无有”相生，或者“阴”与“阳”相生，包含着二者互为“相生”的条件和原因，最终“相生”必须通过“阴阳冲和”来完成。老子讲：

万物负阴而抱阳，冲气以为和。（四十二章）

这种范畴的“有”“无”或“阴”“阳”存在此消彼长的变化或相互生成的过程，属于“道”的后天状态，老子称为“有无相生”。

对于丹道来讲，第一种“有”“无”主要用于说明丹道的修炼次第、原则和目标，第二种“有”“无”重点用于说明丹道的具体理论和修炼技法。

（二）对待论

对待论，是道家辩证认识事物的方法论。老子认为“道常无为而无不为”，即在“对待”中说明“道”，以及以“道”为准则的治世之道、处世之道、修养之道。

《道德经》通篇均用对待论进行阐述。如《道德经》开章即讲：

---

① 《庄子今注今译·杂篇·庚桑楚》，第2册，第705—706页。

② 本处定义的“无有”与上段引文《庚桑楚》中的“无有”不同。《庚桑楚》中的“无有”是指先天的“无”，本处定义的“无有”是指后天“有”的一种。

道可道，非常道；名可名，非常名。①（一章）

用对待论阐述治世之道的，如：

不尚贤，使民不争；不贵难得之货，使民不为盗；不见可欲，使心不乱。②（三章）

故贵以贱为本，高以下为基。是以侯王自称孤寡不谷。③（三十九章）

用对待论阐述处世之道的，如：

天下皆知美之为美，斯恶已；皆知善之为善，斯不善已。……功成而弗居。夫唯弗居，是以不去。④（二章）

图难于其易，为大于其细。天下难事必作于易，天下大事必作于细。⑤（六十三章）

用对待论阐述修养之道的，如：

致虚极，守静笃，万物并作，吾以观复。夫物芸芸，各复归其根。归根曰静，是谓复命。（十六章）

我有三宝，持而保之。一曰慈，二曰俭，三曰不敢为天下先。慈，故能勇；俭，故能广；不敢为天下先，故能成器长。⑥（六十七章）

对待论在后世丹法中得到普遍应用，丹道家用“阴—阳”“阴中阳—阳中阴”“天—地”“日—月”“水—火”“乾—坤”“坎—离”“剥—复”等来象征性地表述丹道的原理和方法。

五、天人论

中国古人认为，人来源于天地。《黄帝内经》讲：“天地合气，命之曰人。”⑦《列子·天瑞》也讲：

---

① 《老子道德经注校释》，第 1 页。
② 同上，第 8 页。
③ 同上，第 106 页。
④ 同上，第 6—7 页。
⑤ 同上，第 164 页。
⑥ 同上，第 170 页。
⑦ 《黄帝内经素问校注语译·宝命全形论篇第二十五》，第 1 册，第 154 页。

> 精神者，天之分；骨骸者，地之分。属天清而散，属地浊而聚。精神离形，各归其真，故谓之鬼。鬼，归也，归其真宅。①

春秋战国时期的道家学者，特别注重讨论人与天地或“道”的关系，称这种关系为“天人之分”。辛文子讲：“凡学者，能明于天人之分。”② 在当时，道家讨论的“天人之分”主要有两种：一是天人相副，二是天人合一。这里的“天”有两重含义：一是“道”，二是自然界及其各种现象。天人相副中的“天”主要指自然界及其各种现象，天人合一中的“天”主要指的是“道”。

（一）天人相副

老子的弟子辛文子，在其著作《文子》中，最早提出了“天人相副”理论。“天人相副”是对比人的生理现象与天地间的自然现象，认为两者存在对应关系的一种理论。

辛文子认为人的形体、脏腑、精神、情愫与天地间的某些自然现象相类，他在《九守》中讲：

> 头员法天，足方象地，天有四时、五行、九解、三百六十日，人有四支、五藏、九窍、三百六十节。天有风雨寒暑，人有取与喜怒，胆为云，肺为气，脾为风，肾为雨，肝为雷，人与天地相类，而心为之主。耳目者日月也，血气者风雨也……③

《吕氏春秋》《黄帝内经》进一步发展“天人相副”学说，把阴阳五行等引入到“天人相副”的分类中去，把星象、季节、方位、山川、音律、色彩、味道等按照五行分类，列入“天人相副”学说之中。这一发展，为西汉时期的“天人感应”学说奠定了基础。

“天人感应”与“天人相副”不同，前者是在后者的基础上发展起来的。“天人相副”仅描述人与天地之间有一一对应的关系。“天人感应”则包括“天人相副”与“同类感应”。“同类感应”是指人与自然能相互感应而产生一些特定的自然现象或生理现象。“天人相副”“天人感应”等学说，是丹道“两重乾坤”“同类阴阳”等理论的源头。

---

① 《列子集释》卷一《天瑞第一》，第 20 页。
② 《文子疏义》卷十一《上义》，第 463 页。
③ 《文子疏义》卷三《九守》，第 116 页。

（二）天人合一

“天人合一”是由庄子提出的，在“道通为一”的基础上发展而来。庄子在《齐物论》中讲：

> 可乎可，不可乎不可。道行之而成，物谓之而然。恶乎然？然于然。恶乎不然？不然于不然。物固有所然，物固有所可。无物不然，无物不可。故为是举莛与楹，厉与西施，恢恑憰怪，道通为一。①

既然万物与“道”为一，那么人与“道”也能合一，这就是“天人合一”。

庄子的“天人合一”思想包含三重意义。第一重是指天地万物与人的本元为一。庄子在《齐物论》中讲：

> 天地与我并生，而万物与我为一。

这就是说，天地、万物与人的本元都是“道”，所以天地、万物与“我”为一。

第二重是指天地万物与人在其发展变化过程中，都一样是有“道”贯穿其中。庄子在《山木》中讲：

> 无受天损易，无受人益难。无始而非卒也，人与天一也。②

这句话是讲，无论一件事物在发展的过程中发生什么现象，都是“道”的现象，这个“道”在人与天地万物之间是一，所以“人与天一也”。

第三重是指当天地万物与人在复归“道”体的层面时，都是完全一致的。庄子在《达生》中讲：

> 夫形全精复，与天为一。天地者，万物之父母也，合则成体，散则成始。形精不亏，是谓能移；精而又精，反以相天。③

这里庄子所讲的“形精不亏，是谓能移；精而又精，反以相天”，就是丹道的方法和目标，这里的“天”就是“道”。这段话中的“与天为一”“反以相天”，就相当于老子所讲的“归根复命”。

当“天人合一”中的“天”指的是“道”时，“天人合一”与老子所讲的“复归于无极”含义相同。因此，“天人合一”就成为丹道追求的目标。

---

① 《庄子今注今译·外篇·齐物论》，第1册，第75—76页。
② 《庄子今注今译·外篇·山木》，第2册，第600页。
③ 《庄子今注今译·外篇·达生》，第2册，第543页。

六、结语

丹道的产生和发展，离不开独特的思想文化背景。对比世界上的其他地区，在同一文明进程阶段①中，中国先哲们看重的是人的能动作用。这种能动作用，是在观察和体认生命的内在体系、外在体系以及二者之间联系的基础上，才能够落实或发生的。春秋战国时期，以老子、庄子等为代表的道家人物，在观察和认识人能动作用的基础上，抽象出以道论和德论为总纲的道家哲学理论体系。这一理论体系，在当时百家争鸣的思想环境下，在与其他思想流派相互交流的过程中，不断发展和完善。丹道中的原始丹道，正是在这一历史背景下产生的。离开了这一深厚的思想文化背景，丹道是无法产生的。

在不同历史阶段，虽然丹道以不同的名目和形式出现，例如外丹、内丹、符箓、雷法等，但是丹道的核心仍是在探索和体认生命本身的内在体系、生命生存的外在体系以及二者之间的关系。老子、庄子等道家人物的哲学思想，为此提供了恰如其分的指导作用。老庄的道论论证了生命之“道”的本元特征、个体特征与可修性，德论则论证了生命之“道”的现象、功能及其可证的特性。气论、和论则论证了生命本身内在系统和生命生存的外在体系之间的共性，以及二者关系所能达到的“和”的状态。静虚论、反复论则是论证人可以通过以“静”“虚”为原则的方法体系，使生命本身的内在系统假借生命生存的外在系统，以“反”“复”的形式达到与生命本元之道相合的状态。有无论、对待论则论证了生命本身内在系统、生命生存的外在系统及其相互之间各种相对变化的规律，其间包含着丰富的辩证思想。天人相副是从以象比类的角度出发，探索人与自然现象之间的关系。天人合一，则注重探索生命本身的内在体系与生命生存的外在体系高度和合的状态。正是在这些理论的指导下，丹道自其产生之初，就建立了一个开放包容、推陈出新的体系，在后来的发展进程中，又融入了汉儒经学、魏晋玄学、禅宗心性之学、儒家性命之学等，不断自我革新，形成了波澜壮阔的丹道发展历史。

作为丹道产生之源头的哲学思想，从某种意义上决定着丹道体系开放包容、吐故纳新的性质。如果假以时日，丹道必然能够以自身的特点与现代科学融合，吸收现代科学的相关知识并与传统的哲学精华相结合，形成更加适合于现代社会的丹道思想、理论与技法。

---

① 不同地区的人，会经历相同的文明进程阶段，但这些相同特征的文明进程阶段，却不一定在相同的时间阶段。文明进程阶段，不等于以公元纪年为标准的时间阶段。

第二章

文化嬗变：黄老、谶纬、符箓与丹道渐变

两汉时期，始于公元前 202 年，止于公元 220 年。这一时期的文化发展，上承先秦诸子，下启魏晋风流，一改春秋战国以理性思辨为主、百家争鸣的文化潮流，代之而起的是以解释、发展、融合先秦诸子学说为纲要，杂糅以阴阳五行、天人感应、易理卦象、河洛术数、方仙道术的黄老道家和汉儒经学。如果说，春秋战国时期的诸子思想奠定了我国文化的基本精神，那么，两汉时期的儒道之学则构建了我国传统文化的基本框架。

丹道发展是与当时的社会文化背景紧密相关的。在两汉时期，与丹道关系密切的文化发展大约可分为三个阶段：第一阶段西汉初期（前 202—前 135），黄老之学形成并趋于成熟；第二阶段西汉中期至东汉初期（前 136—88），以天人感应和谶纬经学为主的儒家神学体系逐渐形成；第三阶段东汉中期至东汉末期（88—220），方仙道、黄老道与儒家的神道设教、天人感应、谶纬之学等思想相互融合，最终形成了原始道教。丹道在不同阶段，形成了具有不同特点的丹道理法。

在第一阶段，丹道的发展基本延续了先秦时期原始丹道的发展趋势。西汉初期，道家受战国时期稷下学术的影响，在继承和发扬老庄道家思想的基础上，融合了墨家、法家、儒家、名家、阴阳、兵家、农家等思想，在上层形成了以“身国兼治”为主的黄老之学，在民间则形成了汇融“方仙道”的黄老道。此时的丹道，在原始丹道的基础上进一步融合先秦时期流传下来的方

仙道术，把老子所讲的“道”解释为“自然长生之道”①，丹道的追求目标也不再是纯粹的体道合真、归根复命，而有明显的神仙化倾向。这一时期与丹道相关的著作主要有《老子河上公章句》《淮南子》等，尚无独立的丹道著作。

第二阶段，是丹道理论框架形成的重要时期。这一时期，儒家学说杂糅天人相副、阴阳消息、五行生胜、易理卦象、河洛图书、方仙道术等形成了天人感应和谶纬经学的思想体系，汉武帝“罢黜百家、独尊儒术”也标志着融入儒家经学的阴阳五行、易理卦象、河洛图书、方仙道术等得到了官方的承认。此阶段中，更多的黄老学者和神仙方士积极援引各种学说发展丹道理论和技法。汉武帝与汉宣帝时期，方仙道也得到了朝廷的重视，原始丹道与方仙道术进一步融合，吸收了汉代医药学的发展成果以及采矿和冶炼的经验，形成了较为独立的外丹学术，其代表作为《黄帝九鼎丹经》和《太清金液神丹经》。这一时期的阴阳消息、五行生胜等理论，为丹道的发展提供了理论素材，形成了丹道的理论框架。

在第三阶段，丹道被原始道教吸收、运用和发挥，形成了符箓派和丹鼎派并行的局面。这一阶段，丹鼎派的丹道原则是内丹与外丹兼重，《太清金液神丹经》《黄帝九鼎丹经》在少数炼丹家中秘密传承。炼丹家追求肉身不死，认为服食外丹可“白日飞升”“尸解成仙”。加入这一行列的不乏官宦贵族、鸿儒高士，如刘向、阴长生、张道陵、葛玄等。在这些人的提倡下，烧炼外丹成为养生的时尚。东汉末年，融汇黄老、易理、炉火为一的丹道专著——《周易参同契》的诞生，标志着外丹术的发展达到了第一个高潮。符箓派则继承了融阴阳五行、河图洛书、卦象易理、天人感应、方仙道术等为一体的谶纬神学，流传《三皇内文》《五岳真形》等符文，通过内炼真气、外用符箓等方法，达到内丹外用的效果。这些丹道家主要是符箓派道士，他们把丹道隐藏于符箓和科仪之中，通过这种方法吸引徒众，发展道教。总之，在这一阶段，丹道的目的是为了不死成仙，披上了宗教外衣，逐渐神秘化。

综上所述，两汉的文化精神是丹道发展和完善的主要思想、理论来源，只有明白当时的文化背景，才能理清和阐述汉代丹道的主要源流。因此，本章内容先介绍两汉时期的文化发展历程，然后再以丹道的代表人物和代表著作为主线，逐步阐明汉代丹道的发展脉络。

---

① 《老子道德经河上公章句》卷一《体道第一》，第1页。

第一节　文化嬗变与丹道发展

战国末期至两汉，一改以理性思辨为主的文化特征，带有某种神秘主义和体验经验的社会文化逐渐发展起来。两汉丹道的发展，始终与方仙、黄老、谶纬、岐黄、符箓等混融在一起。

方仙道术起源于战国末期燕齐一带，后来通过稷下学宫得到了广泛的传播。方仙道中人一般是怀有各种特殊技术的儒生，当时称为“方士”。部分方士热衷于寻求和炼制长生仙药，这是丹道中外丹的源头。在文化方面，方仙道术对后世影响最大的就是阴阳五行学说。在两汉时期，阴阳五行学说上承伏羲、黄帝，下启天人感应、谶纬神学，构建了一套完整的“道”的解释结构系统，奠定了丹道的理法基础。

黄老学说在继承道家老庄学派的基础上，杂糅百家、萃取精要，更加注重实用主义，一度在西汉政治上大显风采。黄老学说实际上包含两部分，即黄帝学说、老庄学说。方士追认黄帝为方仙学说始祖，宣扬“黄帝且战且学仙”①，最终登假仙界。因此，黄老学说与方仙道术有紧密联系，后二者融为黄老道。黄老道中的著名人物，如河上公、安期生、马明生、阴长生、左慈、于吉等，都是当时的丹道名家，为丹道发展做出诸多贡献。

以谶纬为特征的汉儒经学是在继承《尚书》《春秋》中儒家思想的基础上，融合阴阳消息、五行生胜、易理卦象、河洛术数、天文律历等发展而成的。汉代儒生运用阴阳五行、天文律历、灾异祥瑞等对人事、政治和自然现象进行分类比较，并根据易学同类交感的思想，提出“天人感应”学说，代表作为《春秋繁露》。西汉中期，“天人感应”进一步与易理卦象、河洛术数、方仙道术等融合，形成“谶纬经学”，后经发展，在东汉形成名著《白虎通义》。汉儒经学的发展促进了方仙道术与儒、道两家的融合，促进了汉代原始道教的形成，而丹鼎派、符箓派丹道也寓于其中。

岐黄医道在《汉书》中被认为是方仙道术的一种，是黄帝学说的一部分，后世才将其独列出来。在汉代，医药学的基本理论渐趋成熟，其代表作为《黄帝内经》《难经》《神农本草经》《伤寒杂病论》等，其中的医理和药理为丹道的发展奠定了医药学基础。到了汉末，炼丹家已能区分“丹金”或“药金”与真

① 《汉书》卷二十五上《郊祀志上》，第 4 册，第 1228 页。

金，并掌握“丹金”或“药金”的药性和解毒方法。内丹家也采用“藏象理论”来论证内丹的修炼过程和效果。由于黄老道家强调“身国兼治”，历史上诸多名医本身也是黄老名家，如华佗、董奉、葛玄、葛洪、孙思邈等。

东汉时期，以符箓为主的道教产生了。随着谶纬经学的发展和佛教的传入，黄老道进一步吸收儒家“神道设教”的思想，造作道经，神化老子和《道德经》，最终与方仙道彻底融为一体而发展成为原始道教。原始道教形成后，丹道的理论和实践一度被裹上了重重的宗教外衣，直到唐末五代时期钟吕丹法的出现，丹道才逐渐独立于宗教而形成“教外别传”的诸多流派。

一、神仙方术与方仙道

方术是古代人类探索和认知世界与自身的重要途径之一。李约瑟认为，“科学与方术在早期是不分的”①。从自然科学、人文科学的发展脉络来看，二者的源头均与方术有一定关系。从事方术之人，称为方士。《后汉书·方术列传》记载：

> 仲尼称易有君子之道四焉，曰“筮者尚其占”。占也者，先王所以定祸福，决嫌疑，幽赞于神明，遂知来物者也。若夫阴阳推步之学，往往见于坟记矣。然神经怪牒，玉策金绳，关扃于明灵之府，封縢于瑶坛之上者，靡得而窥也。至乃河洛之文，龟龙之图，箕子之术，师旷之书，纬候之部，钤决之符，皆所以探抽冥赜，参验人区，时有可闻者焉。其流又有风角、遁甲、七政、元气、六日七分、逢占、日者、挺专、须臾、孤虚之术，及望云省气，推处祥妖，时亦有以效于事也。②

这里记述的学术，按今天的专业分类，已经涉及哲学、天文学、气候学、政治学、环境学、医学、化学、物理学、统计学等方面。

按史料记载，战国时期，方士之所以能称为“士”，多因其学问渊博、身怀专业技能，虽然其中良莠不齐，但并非都是“江湖骗子”。《史记·天官书》中记载春秋战国时期的天文学家，往往也被后人称为方士。如：

> 昔之传天数者：高辛之前，重、黎；于唐、虞，羲、和；有夏，昆吾；殷商，巫咸；周室，史佚、苌弘；于宋，子韦；郑则裨灶；在齐，甘公；楚，唐眛；赵，尹皋；魏，石申。③

---

① 《中国科学技术史》，第 36 页。

② 《后汉书》卷八十二上《方术列传七十二上》，第 10 册，第 2703 页。

③ 《史记》卷二十七《天官书第五》，第 4 册，第 1343 页。

有一类方士，向往神仙不老，被称为“神仙方士”，其学术思想体系被称为“方仙道”。从一定意义上讲，方仙道是古人探索世界万物和自身生命规律的重要尝试。

（一）历史上的方士

据《史记·封禅书》记载，与老子同时代的方士是苌弘。苌弘是当时著名的天文学家、音乐家、政治家，有敏锐的政治眼光，甚至用一些方术来巩固东周王室与诸侯的关系。《左传·昭公十一年》记载：

> 景王问于苌弘曰：“今兹诸侯，何实吉，何实凶?”对曰：“蔡凶，此蔡侯般弑其君之岁也，岁在豕韦，弗过此矣，楚将有之然壅也，岁及大梁，蔡复楚凶，天之道也。”①

《汉书·郊祀志下》记载：

> 后五十年，周灵王即位。时诸侯莫朝周，苌弘乃明鬼神事，设射不来。不来者，诸侯之不来朝者也。依物怪，欲以致诸侯。②

《史记·乐书》《礼记·乐记》等记载，苌弘精于音律，与孔子有师徒之谊。

秦始皇时期，方士侯生、卢生等，敢于与秦的暴政对抗。《史记·秦始皇本纪》记载：

> 侯生、卢生相与谋曰：“始皇为人，天性刚戾自用，起诸侯，并天下，意得欲从，以为自古莫及己。专任狱吏，狱吏得亲幸。博士虽七十人，特备员弗用。丞相诸大臣皆受成事，倚辨于上。上乐以刑杀为威，天下畏罪持禄，莫敢尽忠。上不闻过而日骄，下慑伏谩欺以取容。秦法，不得兼方，不验，辄死。然候星气者至三百人，皆良士，畏忌讳谀，不敢端言其过。天下之事无小大皆决于上，上至以衡石量书，日夜有呈，不中呈不得休息。贪于权势至如此，未可为求仙药。”于是乃亡去。始皇闻亡，乃大怒曰：“吾前收天下书不中用者尽去之。悉召文学方术士甚众，欲以兴太平，方士欲练以求奇药。今闻韩众去不报，徐市等费以巨万计，终不得药，徒奸利相告日闻。卢生等吾尊赐之甚厚，今乃诽谤我，以重吾不德也。诸生在咸阳者，吾使人廉问，或为訞言以乱黔首。”于是使御史悉案问诸生，诸生传相告引，乃自除。犯禁

---

① 《春秋左传正义》卷四十五《昭公十一年》，第4册，第1478页上下。

② 《汉书》卷二十五上《郊祀志上》，第4册，第1199页。

者四百六十余人，皆坑之咸阳，使天下知之，以惩后。益发谪徙边。①

方士侯生被捕后，敢于面对秦始皇痛斥其暴政。西汉刘向《说苑·反质》记载：

> 侯生曰："臣闻禹立诽谤之木，欲以知过也。今陛下奢侈失本，淫泆趋末，宫室台阁，连属增累，珠玉重宝，积袭成山，锦绣文采，满府有余；妇女倡优，数巨万人；钟鼓之乐，流漫无穷；酒食珍味，盘错于前；衣服轻暖，舆马文饰，所以自奉，丽靡烂熳，不可胜极。黔首匮竭，民力单尽，尚不自知。又急诽谤，严威克下，下喑上聋，臣等故去。臣等不惜臣之身，惜陛下国之亡耳。闻古之明王，食足以饱，衣足以暖，宫室足以处，舆马足以行，故上不见弃于天，下不见弃于黔首。尧茅茨不剪，采椽不斫，土阶三等，而乐终身者，以其文采之少，而质素之多也。丹朱傲虐，好慢淫，不修理化，遂以不升。今陛下之淫，万丹朱而十昆吾桀纣，臣恐陛下之十亡也，而曾不一存。"
>
> 始皇默然久之，曰："汝何不早言？"侯生曰："陛下之意，方乘青云，飘摇于文章之观。自贤自健，上侮五帝，下凌三王。弃素朴，就末技。陛下亡征见久矣。臣等恐言之无益也，而自取死。故逃而不敢言。今臣必死，故为陛下陈之。虽不能使陛下不亡，欲使陛下自知也。"始皇曰："吾可以变乎？"侯生曰："形已成矣，陛下坐而待亡耳！若陛下欲更之，能若尧与禹乎？不然，无冀也。陛下之佐又非也，臣恐变之不能存也。"始皇喟然而叹，遂释不诛。
>
> 后三年，始皇崩，二世即位，三年而秦亡。②

由此看来，以长生之术接近秦始皇的方士，并非纯粹为了富贵。当时天下初定，六国余威尚在，秦始皇用人特别谨慎。旧属六国而有抱负的士子，曲以方士进身，是想以清静无为的治国理念来纠正严刑峻法之偏。

其实，以方士之名而有益于国家百姓的人，历代不乏，多是饱学之士。《后汉书·方术列传》云：

> 如令温柔敦厚而不愚，斯深于诗者也；疏通知远而不诬，斯深于书者也；极数知变而不诡俗，斯深于数术者也。故曰："苟非其人，道不虚行。"③

历史记载的方士，西周有周文王、太公姜尚、周公姬旦；春秋战国有苌弘、长

① 《史记》卷六《秦始皇本纪第六》，第1册，第258页。
② 《说苑校证》卷二十《反质》，第517—518页。
③ 《后汉书》卷八十二上《方术列传七十二上》，第10册，第2706页。

桑君、扁鹊、邹衍等；秦朝有卢生、侯生等三百余人；两汉时有董仲舒、张衡、班固、朗顗、公孙述、谢夷吾、樊英、杜夔、管辂、甘始、左慈、郄俭、于吉、华佗等；晋时有葛玄、魏华存、郑隐、葛洪、陈训、步熊、韩友等；南北朝有陶弘景、陆法和、王早、许遵、韦文秀、殷绍等；隋唐时期有王远知、李虚中、张果、袁天罡、李白、僧一行、李淳风、叶法善、严善思等；五代至宋有陈抟、徐子平、邵雍、张行成、周克明、楚衍、苏澄隐等；元朝的有耶律楚材、俞竹心等；明代有周颠、刘基、张三丰、张中、袁拱、刘渊、葛乾孙、周述学、邵元节等；清朝有蒋平阶、章攀桂、徐大椿、刘禄、戴尚文、袁树珊等。①

这些人物或出于正史，或出于方志，都是学识广博，精通专门技艺的人。李约瑟的《中国科技史》讲，“方士和早期的科学家一样，都坚信可能通过手工操作来掌握大自然……”② 以李约瑟来看，方士是当时拥有某些专业知识和技术的科学家。

（二） 神仙方士与海上仙药

“方仙道”出于《史记》，始于战国末期，至汉武帝晚年达到高潮。《史记·封禅书》讲：

> 而宋毋忌、正伯侨、充尚、羡门高最后皆燕人，为方仙道，形解销化，依于鬼神之事。③

虽然神仙方士中不乏贞良之士，但也有以“海上仙药”来欺骗帝王之人。战国末期，燕齐一带方士，编造“黄帝且战且学仙”的神话，鼓吹海外岛屿居住神仙，可赐仙药，使人长生。《史记·封禅书》说：

> 自齐威、宣之时，驺子之徒论著终始五德之运，及秦帝而齐人奏之，故始皇采用之。……驺衍以阴阳主运显于诸侯，而燕齐海上之方士传其术不能通，然则怪迂阿谀苟合之徒自此兴，不可胜数也。④

“怪迂阿谀苟合之徒”，即以“仙药”欺诓帝王的神仙方士，他们以神鬼之事、长生之药附会阴阳消息、五运终始学说，蛊惑帝王。受蛊惑的帝王，招纳术士，赐以重金，广兴祭祀，封禅山川，以期获取“仙药”。《史记·封禅书》记载：

---

① 见《方士的历史》第一章内容，第 9—33 页。
② 《中国科学技术史》，第 36 页。
③ 《史记》卷二十八《封禅书》，第 4 册，第 1368—1369 页。
④ 同上。

自威、宣、燕昭使人入海求蓬莱、方丈、瀛洲。此三神山者，其传在勃海中，去人不远；患且至，则船风引而去。盖尝有至者，诸仙人及不死之药皆在焉。其物禽兽尽白，而黄金银为宫阙。未至，望之如云；及到，三神山反居水下。临之，风辄引去，终莫能至云。世主莫不甘心焉。及至秦始皇并天下，至海上，则方士言之不可胜数。始皇自以为至海上而恐不及矣，使人乃赍童男女入海求之。船交海中，皆以风为解，曰未能至，望见之焉。其明年，始皇复游海上，至琅邪，过恒山，从上党归。后三年，游碣石，考入海方士，从上郡归。后五年，始皇南至湘山，遂登会稽，并海上，冀遇海中三神山之奇药。不得，还至沙丘崩。①

《汉书·武帝纪》等记载，由于汉武帝崇信方士，征和二年（前91），发生“巫蛊之案”，牵连众多，皇后与太子均自杀。《汉书·武帝纪》记载：

秋七月，桉道侯韩说、使者江充等掘蛊太子宫。壬午，太子与皇后谋斩充，以节发兵与丞相刘屈氂大战长安，死者数万人。庚寅，太子亡，皇后自杀。初置城门屯兵。更节加黄旄。御史大夫暴胜之、司直田仁坐失纵，胜之自杀，仁要斩。八月辛亥，太子自杀于湖。②

方士的“海上仙药”，纯属骗局。司马迁亲历汉武帝封禅、祠神、求仙等过程，方士之说“终无效验”。他讲：

而方士之候祠神人，入海求蓬莱，终无有验。而公孙卿之候神者，犹以大人迹为解，无其效。天子益怠厌方士之怪迂语矣，然终羁縻不绝，冀遇其真。自此之后，方士言祠神者弥众，然其效可睹矣。③

东汉史学家班固认为，“神仙”就是通过修身养性，达到心志安和、生死为一、无有忧惧的人，方士的荒诞言说，均非圣哲教化。《汉书·艺文志》云：

神仙者，所以保性命之真，而游求于其外者也。聊以荡意平心，同死生之域，而无怵惕于胸中。然而或者专以为务，则诞欺怪迂之文弥以益多，非圣王之所以教也。④

---

① 《史记》卷二十八《封禅书》，第4册，第1369—1370页。
② 《汉书》卷六《武帝纪第六》，第1册，第208—209页。
③ 《史记》卷二十八《封禅书》，第4册，第1403—1404页。
④ 《汉书》卷三十《艺文志》，第6册，第1780页。

（三） 仙药与炼丹术

“海客谈瀛洲，烟涛微茫信难求。”“海上仙药”破灭后，古人由求仙赐药转向自主炼药。就科学探索来讲，算是进步。炼制“不死之药”，就是炼丹术。

上古时期的医药学认为，按一定的方法服用金、石可使人的身体寿命像金、石一样坚固长久。例如，《神农本草经》就把丹砂、石英、云母等二十二种矿物作为上等药品，认为常服上等药品，可轻身成仙。外丹，就是以这些医药学理论为指导，用某些矿物质和金属为原料，按照一定方法进行烧炼而制成的。《抱朴子·金丹》说：

> 夫金丹之为物，烧之愈久，变化愈妙。黄金入火，百炼不消，埋之，毕天不朽。服此二物，炼人身体，故能令人不老不死。①

炼丹术的出现不晚于战国时期。汉武帝时，李少君就炼制“金液”，涂抹食器以求长生。《史记·封禅书》记载：

> 少君言上曰：“祠灶则致物，致物而丹沙可化为黄金，黄金成以为饮食器则益寿……”于是天子始亲祠灶……而事化丹沙诸药齐为黄金矣。

西汉末期到东汉时期，出现了一系列外丹丹经，最具代表性的即《太清金液神丹经》。其中记载了炼丹所需鼎炉的制作方法，密封鼎炉的方法，炼制金液、霜雪、还丹等外丹的方法。《太清金液神丹经》又分化出《太清丹经》《金液丹经》《黄帝九鼎丹经》等。东汉末期，产生了以外丹为主的《周易参同契》，它与《太清金液神丹经》《黄帝九鼎丹经》并列为三大丹经，对六朝乃至隋唐的炼丹术产生了决定性影响。

由此可见，“海上仙药”破灭后，古人由寻找“仙药”改为自炼“仙药”，炼丹术由此滥觞。炼丹术经六朝发展后，在唐代达到高潮，其后逐渐隐没。随着历史的发展，方术逐渐被抛弃，但方仙道的神仙长生信仰却流传下来，成为后来道教信仰的核心。

二、黄老学说与黄老道

由于长年战争，西汉建国时非常贫穷，百姓急待休养。因此，自入关之始，刘邦的汉王集团就采用崇尚简约的道家思想治国。《史记》记载，陆贾向刘邦进

---

① 《抱朴子内篇校释》卷四《金丹》，第 72 页。

言治国的理念，刘邦呵斥说："乃公居马上而得之，安事《诗》《书》!"陆贾答道："居马上得之，宁可以马上治之乎?"① 刘邦醒悟，让陆贾陈述他的观点。陆贾提出"道莫大于无为"② 的道家治国方略，被刘邦采纳。刘邦、萧何相继去世后，曹参为丞相，也用黄老之术治国。《史记·曹相国世家》载：

> 孝惠帝元年，除诸侯相国法，更以参为齐丞相。参之相齐，齐七十城。天下初定，悼惠王富于春秋，参尽召长老诸生，问所以安集百姓，如齐故诸儒以百数，言人人殊，参未知所定。闻胶西有盖公，善治黄老言，使人厚币请之。既见盖公，盖公为言治道贵清静而民自定，推此类具言之。参于是避正堂，舍盖公焉。其治要用黄老术，故相齐九年，齐国安集，大称贤相。③

平息诸吕之乱后，汉文帝即位。汉文帝谙于黄老，亦以道家理念治国。汉景帝当政时，继承这一传统，与百姓休养生息，国家逐渐富裕稳定。这一时期，是汉初五十余年的道家政治时代，史称"文景之治"。

由于官方的提倡和应用，黄老之学得到了普遍重视，产生了大量的黄老著作。

（一）黄老学说

汉初的黄老之学，有别于春秋时期的道家学说，其学术主要源于齐国稷下学宫的黄老学派。黄老学派远追黄帝为道家始祖，并托古造作许多黄帝及黄帝时期的著作，如《黄帝四经》四篇、《黄帝铭》六篇、《黄帝君臣》十篇、《杂黄帝》五十八篇、《力牧》二十二篇、《黄帝泰素》二十篇、《黄帝阴阳》二十五卷、《黄帝诸子论阴阳》二十五卷等④。熊铁基先生认为："黄老，黄帝摆在老子之前，但事实上黄帝书比老子书晚出，黄帝书是后人伪论的，是按《老子》的道论而造作的。汉代人也明明知道，却要以'黄老'名之。"⑤

黄老学派的代表人物，战国时期主要有申不害、韩非、彭蒙、慎到、田骈、捷子、环渊、宋钘、尹文、吕不韦等，西汉时期主要有河上公、陆贾、刘安、汲黯等。其代表作主要有《黄帝四经》《管子》《文子》《计然》《鹖冠子》《申不

① 《史记》卷九十七《郦生陆贾列传第三十七》，第 8 册，第 2699 页。
② 《新语校注》卷上《无为第四》，第 59 页。
③ 《史记》卷五十四《曹相国世家第二十四》，第 6 册，第 2028—2029 页。
④ 《汉书》卷三十《艺文志》，第 6 册，第 1730—1731 页。
⑤ 见熊铁基的论文《从"稷下黄老"到"家人之言"：黄老道家的形成问题》。

害》《韩非子》《田子》《蜎子》《宋子》《慎子》《尹文子》《吕氏春秋》《老子河上公章句》《老子指归》《新语》《淮南子》等。

黄老学派的后期人物虽然继承了老庄学派的主要思想，但更注重道家现实主义的一面，强调“身国兼治”。庄子讲：“道之真以治身，其绪余以为国家，其土苴以治天下。”① 战国至汉初，战争频繁，社会动荡，针对时局，黄老道家提倡法、术、势、利、力等理念，提出“道生法”的理论，崇尚依法治国，因此，也有人称之为“新道家”或“道法家”。黄老道家淡化了春秋道家和儒家的理想主义，提出了许多切实可行的治国思想和方略。司马谈评价黄老道家说：

> 其为术也，因阴阳之大顺，采儒墨之善，撮名法之要，与时迁移，应物变化，立俗施事，无所不宜，指约而易操，事少而功多。②

黄老之学对后世历代王朝的治国理念和主流文化有决定性影响，汉宣帝对其子汉元帝讲：

> 汉家自有制度，本以霸王道杂之，奈何纯任德教，用周政乎！且俗儒不达时宜，好是古非今，使人眩于名实，不知所守，何足委任！③

后世所有的“盛世明主”都是“内用黄老，外示儒术”，所以，黄老之学又被称为“帝王心术”④。

（二） 黄老道

“黄老道”始见于《后汉书》。《后汉书·王涣传》说：“延熹中，桓帝事黄老道，悉毁诸房祀。”⑤ 黄老道是黄老学说与方仙道术初步融合的结果。西汉末期至东汉之初，黄老学说与方仙道的学术界限已经模糊，受汉儒崇拜圣王、神化孔子的启发⑥，黄老道家逐步神化黄帝、老子及其著作⑦，把黄老学术初步神秘化，发明了黄老道。

黄老学说与方仙道有许多相同之处。首先，二者都追认黄帝是其学说体系

① 《庄子今注今译·杂篇·让王》，第 2 册，第 863 页。
② 《史记》卷一百三十《太史公自序第七十》，第 10 册，第 3289 页。
③ 《汉书》卷九《元帝纪第九》，第 1 册，第 277 页。
④ 《中国哲学十九讲》，第 92、94 页。
⑤ 《后汉书》卷七十六《循吏列传第六十六·王涣》，第 9 册，第 2470 页。
⑥ 见宋配韦先生《东汉之宗教》，第 16—17 页。
⑦ 此处观点参考宫哲兵教授的论文《老子与道教》。

的始祖。方仙道称方术源于黄帝，黄帝以方术胜蚩尤。黄老则言“无为而治”源于黄帝，造作黄帝著作。其次，两家学说都崇尚“神仙长生”。方仙道鼓吹“黄帝且战且学仙”，飞升于鼎湖。黄老道家也追求“长生”，把“道”神秘化。再次，两派人物都有强烈的参政愿望。秦汉时期均有大量方士厕身朝堂。黄老道家强调“身国兼治”，有明确的政治主张和治国方略。正因这些共同之处，黄老学说与方仙道逐渐融合，形成黄老道。

东汉时期，老子及其著作受到从帝王到民间的一致崇拜，老子逐渐被神化，《道德经》成了可沟通天地的神章。东汉初期，益州太守王阜撰写《老子圣母碑》神化老子，称“老子者，道也。乃生于无形之先，起于太初之前，行于太素之元，浮游六虚，出入幽明，观混合之未别，窥清浊之未分”①。《后汉书·桓帝纪》记载，桓帝在宫中“数祀浮图、老子”②，并于延熹八年（165）命边韶撰写《老子铭》，称老子能够“离合于混沌之气，与三光为终始，观天作谶，降升斗星，随日九变，与时消息，规矩三光，四灵在旁，存想丹田，太一紫房，道成身化，蝉蜕度世”，“自牺、农以来，世为圣者作师”③。当时民间崇拜黄老也蔚然成风，《老子铭》云：“百姓稍有奉者，后遂转盛。”④ 汉末的《老子想尔注》称“一者道也”，“一散形为气，聚则为太上老君”⑤。至此，老子的神化过程初步完成，他被尊为道教的始祖。

同一时期，《道德经》也被神化成为“通仙致玄”的神章。东汉末期的左慈赞《道德经》云：

> 精进研之，则声参太极。高上遥唱，诸天欢乐，则携契玄人。静思期真，则众妙感会。内观形影，则神气长存。体洽道德，则万神震伏，祸灭九阴，福生十方，安国宁家，孰能知乎？⑥

在当时的社会文化氛围中，本已趋于没落的方仙道，假借黄老学说，融合天人感应、谶纬神学等，在方士裹以方术的宣传下，迎合了不同群体的需求，完成了华丽的转身，形成了汉代的黄老道。

黄老道是道教的原始雏形。黄老道和方仙道一样，没有系统的教义和神仙

---

① 《太平御览》卷一《天部一·太初》，第1册，第4页。
② 《后汉书》卷八十八《西域传第七十八·天竺》，第10册，第2922页。
③ 《全后汉文》卷六十二《老子铭》，第2册，第633页。
④ 同上，第634页。
⑤ 《老子想尔注校注》，第12页。
⑥ 见葛玄的《老子道德经·序》，第2页。出于《四库丛刊初编》第532册，涵芬楼影印版。

体系，所以还不能称之为宗教。到了东汉末年，以黄老道为雏形，以《太平清领书》《老子想尔注》等经典为教义，以“大太平君”或“太一”作为教主，以“方”或“治”作为宗教组织形式，以“三官手书”或“首罪”作为宗教仪式，衍生出了有具体教义和宗教仪式的五斗米道、帛家道、太平道、李家道等，这是历史上的原始道教。

三、阴阳五行与天人相副

“阴阳五行”学说源于上古，战国时期逐渐形成学派。汉代是“阴阳五行”学说发展和完善的重要时期，“阴阳五行”学说也是汉代哲学思想的骨架，无论是政治、宗教、文化，还是天文、地理、医学、战阵、占卜、堪舆等具体技术，都以此为纲要。

从哲学思想的角度看，阴阳五行学说与先秦时期的道家、儒家、墨家等哲学思想不同。先秦时期的道家、儒家、墨家更加注重对“道”本身的探索，“阴阳五行”则注重理论结构和技术法则。虽然如此，“道”与“阴阳五行”却是紧密联系的，“阴阳五行”是“道”的“解释结构系统”，是用来阐明“道”的运化原理和法则的。

先秦时期乃至晚清的各家各派、各个学科领域的人士，不但都从“阴阳五行”中汲取营养为我所用，而且以其自身的创新发明来发展和完善“阴阳五行”学说，使“阴阳五行”学说日益系统化、精致化、完美化，直至最终成为无所不包、系统完整的“宇宙图式”（见表 2-1）。在丹道方面，丹道炼养的“理法”也是根植于“阴阳五行”学说。

表 2-1　阴阳、五行与天、地、人的对应表

<table>
<tr><td>阴阳</td><td>少阳</td><td>太阳</td><td>冲气以为和</td><td>少阴</td><td>太阴</td></tr>
<tr><td>五行</td><td>木曰曲直</td><td>火曰炎上</td><td>土曰稼穑</td><td>金曰从革</td><td>水曰润下</td></tr>
<tr><td>五材</td><td>木</td><td>火</td><td>土</td><td>金</td><td>水</td></tr>
<tr><td>五气</td><td>风</td><td>热</td><td>湿</td><td>燥</td><td>寒</td></tr>
<tr><td rowspan="2">天
（九野）</td><td>东：苍天</td><td>南：炎天</td><td rowspan="2">中：钧天</td><td>西：颢天</td><td>北：玄天</td></tr>
<tr><td>东北：变天</td><td>东南：阳天</td><td>西南：朱天</td><td>西北：幽天</td></tr>
<tr><td rowspan="2">星辰
（二十八宿）</td><td>东：房、心、尾</td><td>南：舆鬼、柳、七星</td><td rowspan="2">中：角、亢、氐</td><td>西：胃、昴、毕</td><td>北：女、虚、危、室</td></tr>
<tr><td>东北：箕、斗、牵牛</td><td>东南：张、翼、轸</td><td>西南：觜巂、参、东井</td><td>西北：东壁、奎、娄</td></tr>
</table>

（续表）

五帝	太皞	炎帝	黄帝	少昊	颛顼
五佐	句芒	朱明	后土	蓐收	玄冥
五星	岁星	荧惑	镇星	太白	晨星
五器	规	衡	绳	矩	权
五官	田	司马	都	理	司空
五季	春	夏	季夏	秋	冬
十二月	正、二	四、五	腊、三、六、九	七、八	十、冬
廿四节气	立春、雨水，惊蛰、春分。	立夏、小满，芒种、夏至。	小寒、大寒，清明、谷雨，小暑、大暑，寒露、霜降。	立秋、处暑，白露、秋分。	立冬、小雪，大雪、冬至。
律	立春-南吕，雨水-夷则，惊蛰-林钟，春分-蕤宾。	立夏-夹钟，小满-太蔟，芒种-大吕，夏至-黄钟。	小寒-应钟，大寒-无射，清明-仲吕，谷雨-姑洗，小暑-大吕，大暑-太蔟，寒露-林钟，霜降-夷则。	立秋-夹钟，处暑-姑洗，白露-仲吕，秋分-蕤宾。	立冬-南吕，小雪-无射，大雪-应钟，冬至-黄钟。
八风	明庶风	景风	清明风、凉风、不周风、条风	阊阖风	广莫风
五方四维	东	南	中（通四方）	西	北
	报德之维	常羊之维		背阳之维	蹄通之维
天干	甲、乙	丙、丁	戊、己	庚、辛	壬、癸
地支	寅、卯	巳、午	辰、戌（阳土）丑、未（阴土）	申、酉	子、亥
五兽	苍龙	朱鸟	黄龙	白虎	玄武
五音	角	徵	宫	商	羽
五色	青（苍）	红（赤、朱）	黄	白	黑
五脏（腑）	肝、胆	心、小肠	脾、胃	肺、大肠	肾、膀胱
五官（人）	眼	舌	口	鼻	耳
五味	酸	苦	甘	辛	咸

资料来源：详见《吕氏春秋》《黄帝内经》《淮南子》《春秋繁露》《白虎通德论》等。

（一）阴阳学说

阴阳之说，源于伏羲的《易》。《易》的卦符“- -”“—”就代表“阴”“阳”。《庄子·天下》讲：“《易》以道阴阳。”①《易传·系辞》说：

① 《庄子今注今译·外篇·天下》，第2册，第983页。

乾坤其易之门邪？乾，阳物也；坤，阴物也；阴阳合德，而刚柔有体，以体天地之撰，以通神明之德。其称名也杂而不越。①

古人认为阴阳的本质是气，阴阳二气交感，四时有序，万物就生长繁荣。《庄子·则阳》云：

阴阳者，气之大者也。

《庄子·田子方》讲：

至阴肃肃，至阳赫赫；肃肃出乎天，赫赫发乎地；两者交通成和而物生焉，或为之纪而莫见其形。

《易传·系辞》说：

天地絪缊，万物化醇；男女构精，万物化生。

若是阴阳不能调和，就会出现灾难。《文子·上德》讲：

天气不下，地气不上，阴阳不通，万物不昌，小人得势，君子消亡，五谷不植，道德内藏。②

阴阳之间存在着阴阳互生、此消彼长的联系，古人称为“阴阳消息”。《文子·上德》云：

阳气盛，变为阴，阴气盛，变为阳。③

这说明阴阳是互生或者互相转化的。辛文子还认为“阳中有阴，阴中有阳”④。

古人多用阴阳消息来解释昼夜交替、寒暑变化、四时推移。《管子·乘马》云：

春秋冬夏，阴阳之推移也。时之短长，阴阳之利用也；日夜之易，阴阳之化也。⑤

① 《周易正义》卷八《系辞下》，第366页上下。
② 《文子疏义》卷六《上德》，第293页。
③ 同上，第295页。
④ 《文子疏义》卷七《微明》，第335页。
⑤ 《管子校注》卷一《乘马第五》，第1册，第85页。

古人还用阴阳消长来解释自然灾害、预测战事。《礼记・月令》云：

孟秋行冬令，则阴气大胜，介虫败谷，戎兵乃来。行春令，则其国乃旱，阳气复还，五谷无实。行夏令，则国多火灾，寒热不节，民多疟疾。①

（二）五行学说

五行之说，源于黄帝。《史记・历书》记载：

盖黄帝考定星历，建立五行，起消息，正闰余，于是有天地神祇物类之官，是谓五官。②

早期记载五行学说的文献为《尚书》。周武王克殷后，向箕子求教，箕子进言“洪范九畴”学说。《尚书・洪范》记载：

初一曰五行。……一曰水，二曰火，三曰木，四曰金，五曰土。水曰润下，火曰炎上，木曰曲直，金曰从革，土爰稼穑。③

古人认为五行的本质也是气。《史记・五帝本纪》云：“轩辕乃修德振兵，治五气。”④ 五气，《史记集解》解释为“五行之气”⑤，《史记索隐》则谓“春甲乙木气、夏丙丁火气之属，是五气也”⑥。用于人，指五脏之气。如《灵枢・五阅五使》云：“五气者，五脏之使也，五时之副也。”⑦

五行之气流行于天地万物，古人除了用五行配五脏、五季⑧，也常将之配用于干支、五方、五色等，从而构建了一套以五行为理论架构的系统学说。《墨子・贵义》记载墨子和日者的对话：

日者曰：“帝以今日杀黑龙于北方，而先生之色黑，不可以北。”子墨子不听，遂北，至淄水，不遂而反焉。日者曰：“我谓先生不可以北。”子墨子曰：“南之人不得北，北之人不得南，其色有黑者，有白者，何故皆不遂也？且帝以甲乙杀青龙于东方，以丙丁杀赤龙于南方，以庚辛杀白龙于西方，以

① 《礼记正义》卷十六《月令》，第2册，第610页下—611页上。
② 《史记》卷二十六《历书第四》，第4册，第1256页。
③ 《尚书正义》卷十二《洪范第六》，第2册，第355页上、第357页上。
④ 《史记》卷一《五帝本纪第一》，第1册，第3页。
⑤ 同上。
⑥ 同上。
⑦ 《黄帝内经灵枢集注》卷十一《五阅五使第三十七》，载《道藏》第21册，第423页。
⑧ 五季，是在春、夏与秋、冬之间有个长夏或季夏。

壬癸杀黑龙于北方。”①

汉代《淮南子》《黄帝内经》《春秋繁露》等典籍更把五行与天象、地理、人体一一对应，形成了一个完整而成熟的理论体系。

关于五行相生、相胜（克）的理论，早在古代的占卜中就已经流行了。《逸周书·周祝解》有“五行必有胜”② 之说，《越绝书·计倪内经》也有“金木水火土更胜”③ 之语，这些表述就是五行相克的意思。《左传》记载昭公三十一年，赵简子召史墨占梦，史墨回答说：“火胜金，故弗克。”④“火胜金”就是火克金之义。《左传》又记载哀公九年，赵鞅子占卦得“遇水适火”，史墨解释说：“水胜火，伐姜则可。”⑤“水胜火”就是水克火之义。由此可知，金克木、木克土、土克水、水克火、火克金等五行相克之说早在春秋战国之时已经成熟。

古人把“五行相生”之说，隐含于五行对应的四（五）季之中。四（五）季有序，阴阳顺时，天地间万物就会繁殖兴旺，充满生机。也就是说，四（五）季依序，春属木、夏属火、季夏属土、秋属金、冬属水，冬去春来，天地间生气流行，这里面就明确包含着水生木、木生火、火生土、土生金、金生水的规律。《管子》的《幼官》《四时》《五行》《轻重己》诸篇，《礼记》的《月令》篇，《吕氏春秋》的“十二纪”诸篇，都明确包含“五行相生”的学说。由此可知，春秋时期就已经出现“五行相生”的思想了。

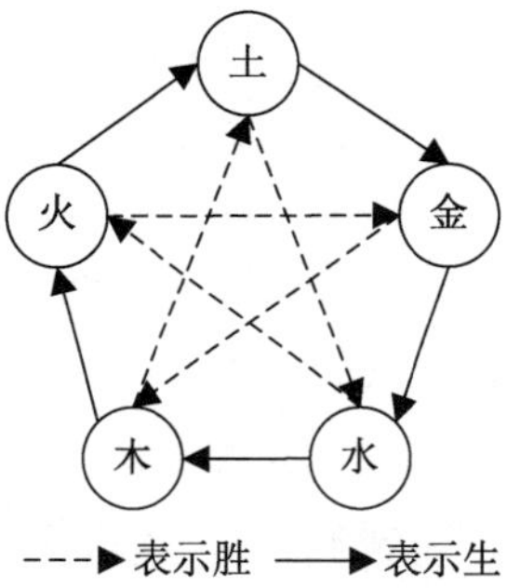

图 2-1　五行生胜图

汉代《淮南子》《春秋繁露》《白虎通德论》《黄帝内经》等进一步完善和发挥了五行学说，不仅把生、克进一步运用到更多领域（见表 2-1），而且还提出了五行之间的乘、侮学说。

（三） 阴阳五行学说

“阴阳”“五行”是和“气”连在一起的一整套哲学概念和理论，“阴阳”和“五行”都是围绕着“气”而展开的，所以“阴阳”学说与“五行”学说逐渐融合为一个系统，成为“阴阳五行”学说（见表 2-1）。辛文子认为阴阳、五行本

① 《墨子校注》卷十二《贵义》，第 2 册，第 689 页。
② 《二十五别史·逸周书》卷九《周祝解第六十七》，第 102 页。
③ 《二十五别史·越绝书》卷四《计倪内经第五》，第 24 页。
④ 《春秋左传正义》卷五十三《昭公三十一年》，第 4 册，第 1752 页下。
⑤ 《春秋左传正义》卷五十八《哀公九年》，第 4 册，第 1901 页上。

是一个体系，贯穿天地万物之中，只是表达出来的理路不同。《文子·自然》讲："道生万物，理于阴阳，化为四时，分为五行，各得其所，与时往来，法度有常。"① 古人认为阴阳五行作为一个整体，综合体现于人身。《礼记·礼运》云："故人者，其天地之德，阴阳之交，鬼神之会，五行之秀气也。"②

"阴阳五行"学说的集大成者是邹衍。邹衍，战国晚期齐国人，曾求学于稷下学宫，后成为阴阳派的领袖。邹衍成名后，被诸侯重视。《史记·孟子荀卿列传》记载：

> 是以驺子重于齐。适梁，惠王郊迎，执宾主之礼。适赵，平原君侧行撇席。如燕，昭王拥彗先驱，请列弟子之座而受业，筑碣石宫，身亲往师之。作《主运》。③

邹衍著述甚丰。《史记·孟子荀卿列传》记载其有《主运》《终始》《大圣》十万余言，《汉书·艺文志》记载有《邹子》四十九篇、《邹子终始》五十六篇，今皆佚失。他所建立的阴阳五行学说，特别是"五德终始"说，是探索自然规律、社会规律的重要尝试，成为战国末期的显学。邹衍的学说对燕齐方仙学说大有影响。

《汉书·刘向传》还记载邹衍著有《重道延命方》，是一部讲丹道养生及方士炼丹的著作，这可能是丹道阴阳五行技法、中医阴阳五行藏象的理论渊源。

（四）天人相副

"阴阳五行"学说给"天人相副"提供了分类标准（见表 2-2），促进了"天人相副"学说的发展和完善。

表 2-2 先秦两汉主要典籍中的天人相副观点

文子	天		天员	四时	五行	九解	三百六十日	风雨寒暑	云气风雨雷	日月	风雨		
	人	法天	头员	四支	五藏	九窍	三百六十节	取与喜怒	胆肺脾肾肝	耳目	血气		
		象地	足方										
	地		地方							踆乌蟾蜍			

① 《文子疏义》卷八《自然》，第 345 页。
② 《礼记正义》卷二十二《礼运》，第 2 册，第 803 页下—804 页上。
③ 《史记》卷七十四《孟子荀卿列传第十四》，第 7 册，第 2345 页。

（续表）

淮南子	天		天圆	四时	五行	九解	三百六十六日	风雨寒暑	云气风雨雷	日月	风雨		
	人	法天	头圆	四支	五藏	九窍	三百六十六节	取与喜怒	胆肺肝肾脾	耳目	血气		
		象地	足方										
	地		地方							踆乌蟾蜍			
黄帝内经	天		天圆	日月	四时	五音六律	天有十日，辰有十二	风雨雷电	冬夏	阴阳	昼夜	列星	岁有十二月
	人	法天	头圆	两目	四肢	五藏六府	人手十指，人有足十指，茎垂以应之，女子不足二节，以抱人形	喜怒声音	寒热	夫妻	卧起	牙齿	人有十二节
		象地	足方	九窍䐃肉	肩膝小节	腋腘高骨		十二经脉	卫气	毫毛	募筋		
	地		地方	九州岛聚邑	高山小山	深谷山石		十二经水	泉脉	草蓂	林木		
春秋繁露	天		天容	星辰	风气	神明	日数、月数	神气	明天类状	日月			
	人	法天	首员	发	鼻口呼吸	胸中达知	小节三百六十六节、大节十二	哀乐喜怒	颈以上者，精神尊严	耳目			
		象地	足方	五藏	空窍进脉	腹胞实虚	形体骨肉		颈而下者，丰厚卑辱				
	地		地象	五行	川谷之象	百物	地厚		土壤之比				

资料来源：根据《文子》《淮南子》《黄帝内经》《春秋繁露》整理。

早在春秋战国时期，天人相副学说已经初现雏形。春秋时期，辛文子提出“天人相副”理论，认为人与天地相类。他在《九守》中讲：

> 头员法天，足方象地，天有四时、五行、九解、三百六十日，人有四支、五藏、九窍、三百六十节。天有风雨寒暑，人有取与喜怒，胆为云，肺为气，脾为风，肾为雨，肝为雷，人与天地相类，而心为之主。耳目者日月也，血气者风雨也……

战国末期的《吕氏春秋·应同》也提出政治、军事、人事等与天地相应。

到了汉代，阴阳五行理论日趋完善，这给天人相副提供了“类”的分析框架，这些思想较为集中地表述在《淮南子》中。《淮南子·本经训》讲："天地宇宙，一人之身。"①《淮南子》的《天文训》《精神训》《本经训》等篇章，把天文、音律、季节、气候、地理、谷物、禽兽与人的身体、情志、精神等一一对应，并依照阴阳五行详加分类，使阴阳五行与天人相副有机地融合在一起。

在医学方面，《黄帝内经》进一步发挥天人相副理论，《宝命全形论》讲：

> 夫人生于地，悬命于天，天地合气，命之曰人。人能应四时者，天地为之父母；知万物者，谓之天子。天有阴阳，人有十二节；天有寒暑，人有虚实。能经天地阴阳之化者，不失四时；知十二节之理者，圣智不能欺也；能存八动之变，五胜更立；能达虚实之数者，独出独入，呿吟至微，秋毫在目。②

《黄帝内经》把天人相副与藏象、经络、脉理等融合为一体，形成我国传统医学的理论基础。到了汉武帝时期，董仲舒在"天人相副"的基础上，提出"天人感应"。

四、天人感应与谶纬经学

汉朝的儒学不同于先秦儒学，往往兼通六经、阴阳、方术，杂糅百家，以"天人感应""谶纬符图"为特征。董仲舒、班固等是这类儒士的代表人物。"天人感应"认为，人的行为与自然现象之间存在一一对应、互为因果的动态关系，把某些特殊的自然现象归因于帝王施政的好坏。"谶纬符图"则把一些个人意向或社会动向附会于某些事物，借以向有关方面施加影响，以达到目的。

（一）"天"的人格化

把"天"人格化或神格化，起源于西周之前，资料最早见于《尚书》。《大禹谟》有"惟德动天，无远弗届"③ 之说，《甘誓》有"天用剿绝其命"④ 之辞《汤誓》讲"有夏多罪，天命殛之"⑤，又说"夏氏有罪，予畏上帝⑥，不敢不正"⑦。商汤推翻夏桀之后，对各方诸侯说："天道福善祸淫，降灾于夏，以彰

---

① 《淮南子校释》卷八《本经训》，第 1 册，第 819 页。
② 《黄帝内经素问校注语译·宝命全形论篇第二十五》，第 1 册，第 154—155 页。
③ 《尚书正义》卷四《大禹谟第三》，第 1 册，第 118 页下。
④ 《尚书正义》卷七《甘誓第二》，第 1 册，第 207 页上。
⑤ 《尚书正义》卷八《汤誓第一》，第 1 册，第 227 页下。
⑥ 此时，"天"的神格化"上帝"已经明显出现在政治文献《尚书》中。
⑦ 《尚书正义》卷八《汤誓第一》，第 1 册，第 228 页上。

厥罪。……尔有善，朕弗敢蔽。罪当朕躬，弗敢自赦，惟简在上帝之心。”①

在“天”人格化或神格化的基础上，“天罚说”“灾异说”“瑞应说”进一步衍生。《尚书·洪范》认为君主施政态度能影响天气，其中云：“曰肃，时雨若；曰乂，时旸若；曰晰，时燠若；曰谋，时寒若；曰圣，时风若。曰咎征：曰狂，恒雨若；曰僭，恒旸若；曰豫，恒燠若；曰急，恒寒若；曰蒙，恒风若。”② 这些学说继起于春秋战国时期的诸子学说。

例如，墨子有“天罚说”。《墨子》中《法仪》云：“爱人利人者，天必福之，恶人贼人者，天必祸之。”③《春秋公羊传》有“灾异说”。《公羊传》中，“何以书？记灾也”出现十六次，“此何以书？记异也”出现三十二次，并把“灾异”归因于帝王的行为。《宣公十五年》云：“上变古易常，应是而有天灾。”④《中庸》也讲：“国家将兴，必有祯祥；国家将亡，必出妖孽。”⑤

除“天罚说”“灾异说”之外，还有“瑞应说”。《吕氏春秋》有“凡帝王者之将兴也，天必先见祥乎下民”，如“黄帝之时，天先见大蚓大蝼”，“及禹之时，天先见草木秋冬不杀”，“及汤之时，天先见金刃生于水”，“及文王之时，天先见火，赤乌衔丹书集于周社”。⑥《吕氏春秋·应同》认为“类固相召，气同则合，声比则应”⑦，所以，“祸福人或召之也”⑧。

“天”人格化或神格化，为“天人感应”的产生提供了条件。

（二） 天人感应

西汉初期，“天人感应”萌芽于黄老道家。河上公讲：“侯王动作能与天相应和，天即降下甘露善瑞也。”⑨ 又说：“人君清净，天气自正，人君多欲，天气烦浊。”⑩ 河上公认为，天气好坏在于人君的政治作为。《淮南子》认为，统治者的政治修养和作为，上通于天，若其不称民情，暴戾枉法，就会出现自然灾害。《天文训》云：

---

① 《尚书正义》卷八《汤诰第三》，第1册，第238页下—240页上。
② 《尚书正义》卷十二《洪范第六》，第2册，第379页上下。
③ 《墨子校注》卷一《法义》，第1册，第30页。
④ 《春秋公羊传注疏》卷十六《宣公十五年》，第2册，第419页下。
⑤ 《四书章句集注》，第33页。
⑥ 《吕氏春秋译注·有始览第一·应同》，第1册，第349—350页。
⑦ 同上，第350页。
⑧ 同上，第351页。
⑨ 《老子道德经河上公章句》卷二《圣德第三十二》，第131页。
⑩ 《老子道德经河上公章句》卷三《鉴远第四十七》，第184页。

人主之情，上通于天。故诛暴则多飘风，枉法令则多虫螟，杀不辜则国赤地，令不收则多淫雨。①

《俶真训》云：

古者至德之世……风雨不毁折，草木不夭……逮至夏桀、殷纣，燔生人，辜谏者……当此之时，峣山崩，三川涸，飞鸟铩翼，走兽挤脚。②

汉武帝时，董仲舒提出“天人感应”，包括人副天数、同类感应、灾异谴告、瑞应奖掖等。

“人副天数”说。董仲舒继承先秦的“天人相副”学说，更注重从人的角度认识天道，提出“人副天数”。《春秋繁露·人副天数》说：

天地之符，阴阳之副，常设于身，身犹天也，数与之相参，故命与之相连也。天以终岁之数，成人之身，故小节三百六十六，副日数也；大节十二分，副月数也；内有五藏，副五行数也；外有四肢，副四时数也；乍视乍瞑，副昼夜也；乍刚乍柔，副冬夏也；乍哀乍乐，副阴阳也；心有计虑，副度数也；行有伦理，副天地也。此皆暗肤着身，与人俱生，比而偶之弇合。于其可数也，副数，不可数者，副类，皆当同而副天一也。是故陈其有形，以著其无形者；拘其可数，以著其不可数者。以此言道之亦宜以类相应，犹其形也，以数相中也。③

“同类感应”说。董仲舒认为人与天地皆有阴阳，可以同类交感。在天人交感中，董仲舒认为人是主动的，人的行为“美事召美类，恶事召恶类，类之相应而起也”，“帝王之将兴也，其美祥亦先见；其将亡也，妖孽亦先见”④。《春秋繁露·同类相动》说：

天有阴阳，人亦有阴阳。天地之阴气起，而人之阴气应之而起，人之阴气起，而天地之阴气亦宜应之而起，其道一也。明于此者，欲致雨则动阴以起阴，欲止雨则动阳以起阳，故致雨非神也。而疑于神者，其理微妙也。非独阴阳之气可以类进退也，虽不祥祸福所从生，亦由是也。无非己先起之，

① 《淮南子校释》卷三《天文训》，第1册，第246页。
② 《淮南子校释》卷二《俶真训》，第1册，第234页。
③ 《春秋繁露今注今译》卷十三《人副天数第五十六》，第327—328页。
④ 《春秋繁露今注今译》卷十三《同类相动第五十七》，第331页。

而物以类应之而动者也。①

“灾异谴告”说。“灾异谴告”说主要认为“国家将有失道之败，而天乃先出灾害以谴告之”。《春秋繁露·必仁且智》云：

> 灾者，天之谴也；异者，天之威也。谴之而不知，乃畏之以威。诗云：“畏天之威。”殆此谓也。凡灾异之本，尽生于国家之失。国家之失乃始萌芽，而天出灾害以谴告之；谴告之，而不知变，乃见怪异以惊骇之；惊骇之，尚不知畏恐，其殃咎乃至。②

《汉书·董仲舒传》记载：

> 臣谨案《春秋》之中，视前世已行之事，以观天人相与之际，甚可畏也。国家将有失道之败，而天乃先出灾害以谴告之，不知自省，又出怪异以警惧之，尚不知变，而伤败乃至。以此见天心之仁爱人君而欲止其乱也。③

“瑞应奖掖”说。董仲舒认为，帝王政道和美，上天就会垂降瑞应以奖掖。《春秋繁露·王道》云：“王正则元气和顺、风雨时、景星见、黄龙下。”④ 又举例说：

> 五帝三王之治天下，不敢有君民之心。什一而税。教以爱，使以忠，敬长老，亲亲而尊尊，不夺民时，使民不过岁三日。民家给人足，无怨望忿怒之患，强弱之难，无谗贼妒疾之人。民修德而美好，被发衔哺而游，不慕富贵，耻恶不犯。父不哭子；兄不哭弟。毒虫不螫，猛兽不搏，抵虫不触。故天为之下甘露，朱草生，醴泉出，风寸时，嘉禾兴，凤凰、麒麟游于郊。⑤

“天人感应”中的“灾异谴告”“瑞应奖掖”都有一定的先验性和预言性，因此，“天人感应”之说进一步与易理卦象、河图洛书、方仙道术等融合，产生了“谶纬”之说。

---

① 《春秋繁露今注今译》卷十三《同类相动第五十七》，第 331 页。
② 《春秋繁露今注今译》卷八《必仁且智第三十》，第 236 页。
③ 《汉书》卷五十六《董仲舒传第二十六》，第 8 册，第 2501—2502 页。
④ 《春秋繁露今注今译》卷四《王道第六》，第 87 页。
⑤ 同上。

（三） 谶纬经学

“谶纬”之说，由来已久。术士认为《河图》《洛书》是“谶”的源头。《论衡·实知》云：“案神怪之言，皆在谶记，所表皆效《图》《书》。”① 《文心雕龙·正纬》也说：“荣《河》温《洛》，是孕图纬。”②

秦始皇时期，方士就以“图书”警示秦之暴政。《史记·秦始皇本记》载：

> 燕人卢生使入海还，以鬼神事，因奏录图书，曰：“亡秦者胡也。”③

“亡秦者胡也”，即方士预言秦亡于胡亥。秦始皇误“胡”为匈奴，派人北修长城。

西汉最著名的“谶纬”验事就是“公孙病已当立”。《汉书》记载：

> 昭帝时，上林苑中大柳树断仆地，一朝起立，生枝叶，有虫食其叶，成文字，曰“公孙病已立”。④（《五行志中之下》）

此事出于元凤三年（前78）正月。五年后，汉昭帝崩，无有子嗣，由霍光立流落于民间的平民、汉武帝废太子刘据的孙子为帝，此人名“病已”，是为汉宣帝。汉宣帝后，“谶纬”大兴，如王莽的《金匮书》、刘秀的《赤伏符》。

东汉光武帝中元元年（56），“宣布图谶于天下”⑤，把谶纬政治化。东汉章帝建初四年（79），朝廷在白虎观召集博士、儒生讨论五经同异，由班固等人将会议内容撰为《白虎通德论》。《白虎通德论》把汉代经学“神学化”，同时把神学“经学化”，其核心即“谶纬”。“谶纬”就此成为显学，普遍流行。

由于“谶纬”之说往往预言朝代兴衰更替，所以，东汉末年逐鹿的群雄，都以“谶纬”神化己方。魏、晋统一后，统治者以“谶纬”蛊惑民心，屡次焚禁，“谶纬”衰微。

五、神道设教与原始道教

道教源于“神道设教”。“神道设教”一词出于《易》，《彖传上·观》云：

---

① 《论衡校释》卷二十六《实知第七十八》，第4册，第1070页。

② 《文心雕龙今译·总论·正纬第四》，第38页。

③ 《史记》卷六《秦始皇本纪第六》，第1册，第252页。

④ 《汉书》卷二十七《五行志》，第5册，第1412页。

⑤ 《后汉书》卷一《光武帝纪第一》，第1册，第84页。

观天之神道，而四时不忒，圣人以神道设教，而天下服矣。①

《易·系辞》云：

一阴一阳之谓道……阴阳不测之谓神。②

“神道”即“天之神道”，就是“天道”。“天道”阴阳不测，世人难识，所以，“圣人以神道设教”，使人有章可循，则万民服化。

（一）神道设教

“神道设教”，本是儒家的一种政治主张，主要通过祭祀宗庙③、天地、社稷等具有实在含义的“神”④，达到人文教化和政治宣传的目的。

“神道设教”之义见于观卦的彖传。《彖传上·观》说：“观，盥而不荐，有孚颙若。”⑤ 此即描述祭祀的场景。《礼记集说》解释道：

祭之为事大矣，其感动民心而忠孝百善生焉，是所兴之事备也。顺民之性而备，其百善者莫大乎祭，非所以为教之本欤？是以圣人尽其性以为道，修其道以为教，端其义以先民而教生焉，是以为之臣、为之民者，虽未率性而忠恕之道行矣。⑥

《国语·楚语下》中记载有楚昭王与子期关于“祭祀”的对话，这段对话对“神道设教”教化和政治目的，做了生动形象的解释。原文为：

王曰：“祀不可以已乎？”对曰：“祀所以昭孝息民、抚国家、定百姓也，不可以已。夫民气纵则底，底则滞，滞久而不振，生乃不殖。其用不从，其生不殖，不可以封。是以古者先王日祭月享，时类岁祀。诸侯舍日，卿大夫舍月，士、庶人舍时。天子遍祀群神品物，诸侯祀天地三辰及其土之山川，卿、大夫祀其礼，士、庶人不过其祖。日月会于龙狵⑦，土气含收，天明昌作，百嘉备舍，群神频行。国于是乎蒸尝，家于是乎尝祀。百

① 《周易正义》卷三《观》，第 115 页上。
② 《周易正义》卷七《系辞上》，第 315 页下—319 页上。
③ 祭祀宗庙的具体形式中，有“立尸”之仪。神道设教的具体形式，参考傅勤家先生的《中国道教史》第 41—46 页。
④ 祭祀的形式、主角在三代有所不同，详见日本学者窪德忠的《道教史》（萧坤华译）第 31—34 页。
⑤ 《周易正义》卷三《观》，第 115 页上。
⑥ 《礼记集说》卷八《丧大记第二十二》，第 268 页。
⑦ 狵，读音［dòu］，二十八宿尾星名。

姓夫妇，择其令辰，奉其牺牲，敬其粢盛，洁其粪除，慎其采服，禋其酒醴，帅其子姓，从其时享，虔其宗祝，道其顺辞，以昭祀其先祖，肃肃济济，如或临之。于是乎合其州乡朋友婚姻，比尔兄弟亲戚。于是乎弭其百苛，殄其谗慝，合其嘉好，结其亲昵，亿其上下，以申固其姓。上所以教民虔也，下所以昭事上也。天子禘郊之事，必自射其牲，王后必自舂其粢。诸侯宗庙之事，必自射牛、刲羊、击豕，夫人必自舂其盛。况其下之人，其谁敢不战战兢兢，以事百神！天子亲舂禘郊之盛，王后亲缲①其服，自公以下至于庶人，其谁敢不齐肃恭敬致力于神！民所以摄固者也，若之何其舍之也！"②

所以，中国历史上的任何朝代都重视"神道设教"。

儒家强调"礼制"，把"神道设教"作为"礼制"的重要内容和表达形式，"神道设教"的主要形式则是祭祀。《子夏易传》讲：

上巽下坤，观下之情而设教也。刚德上行，为天下之大观，得其中正大顺，而巽以从之也。古者先王之治天下，为风之首者，非他也，礼之谓欤。敬，其礼之本欤；宗庙，其敬之大欤；盥，其祭之首欤；取诸洁敬者也。礼也者，物得其履而不谬也。措之天下，无所不行，本于其敬也。敬，发乎情者也。尽则诚信，诚积中而容作于外，施于人而人顺也。敬之尽者莫大于孝，莫大于尊亲，爱之故贵之，贵之故尊之。昔者周公郊祀后稷，以配天宗；祀文王于明堂，以配上帝。是以四海之内，各以其职来祭，天下无不敬其亲者，此不令而民化上矣。宗庙之始者，盥也。得其始，尽其敬诚，其孝然后能事宗庙鬼神也。其先祭也，散斋三日以定志，致斋三日以一虑。其将祭也，侗侗乎恐惧如将见之。诗云"明发不寐，有怀二人"，思之深也。其敬斋也，先祭而告，恸哭反矣，况至于盥乎？盥者，祭之道，可观其首敬也。荐者，养之道。故尽其敬，竭其情，则能备物矣。所以假外物而成孝子之心也，非礼之本也，故不在于荐矣，观其诚信颙若而已，民知其敬上也。圣人申其情，行其事，而成教于天下，虽天子必有尊也，则神道报其情也。此先王设教之端而天下大服也。③

由此可见，"神道设教"的主要形式是祭祀，其中也隐含着天（神）人感应的

① 缲，读音［qiāo］，缝纫。
② 《国语译注》卷十八《楚语下》，第2册，第533—534页。
③ 《子夏易传》卷二，第24—25页。出于《钦定四库全书·经部一·易类》影印版。

思想。

（二）原始道教

在“神道设教”的启发下，一度没落的方仙道[①]，融合黄老学说、天人感应、谶纬之学，在西来佛教的刺激下，迎合当时的社会需要，发展成为原始道教（见图 2-2）。

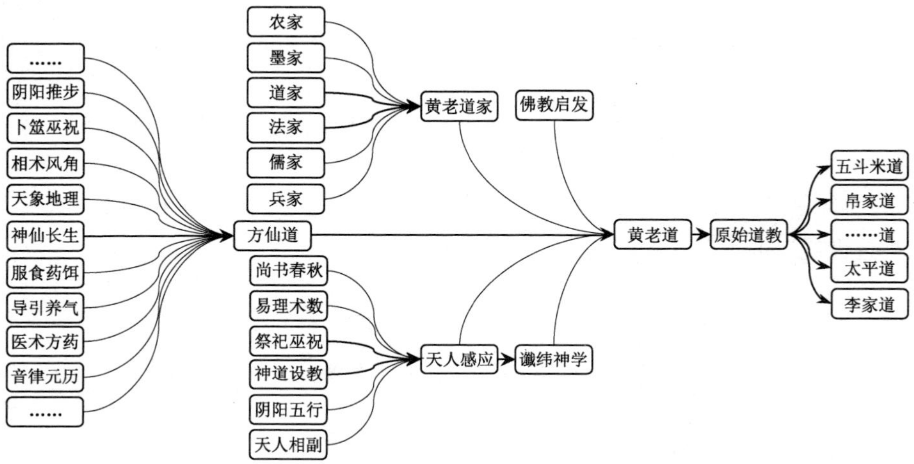

图 2-2　原始道教产生的思想文化背景图[②]

原始道教保留了“神道设教”的真意[③]，对方仙道和黄老道进行了继承、发展和完善，初步建立起了系统的教义和信仰体系。其主要理论和神学体系体现在《太平经》中。汉代流行至少三种版本的《太平经》，其一为西汉成帝时的《包元太平经》[④]，共十二卷；其二为东汉顺帝时的《太平清领书》，计一百七十

---

① 潘雨廷先生认为，仙的概念与黄帝有关，道的概念与老子有关，方仙道是道教的源头。见《道教史发微》，第 21—25 页。

② 图中的内容，主要参考傅勤家先生《中国道教史》、潘雨廷先生《道教史发微》、牟钟鉴先生《中国宗教通史》、卿希泰先生《中国道教史》、胡孚琛先生《道教与仙学》、任继愈先生《中国道教史》、龚鹏程先生《道教新论》、日本学者漥德忠《道教史》等相关内容。其中，“佛教启发”存在争议，这种争议的核心是如何定义原始道教。若认为更早期的神道设教或方仙道、黄老道就是原始道教的话，那么道教的产生与佛教东渐毫无瓜葛。见熊铁基先生的《重新研讨道教起源和产生问题》、李远国教授的《道教成立战国论：论方仙道即道教》。

③ 傅勤家先生讲：“道教之所谓道，其涵义故甚玄奥，但此字实从古代之神道而来。”见《中国道教史》，第 41 页。

④ 《眭两夏侯京翼李传》记载：“初，成帝时，齐人甘忠可诈造《天官历包元太平经》十二卷。”见《汉书》卷七十五《眭两夏侯京翼李传第四十五》，第 10 册，第 3192 页。

卷；其三为东汉顺帝时的《太平洞极经》，计一百四十四卷。《太平经》综合继承了方仙道、黄老道、汉儒神学等多种学说，又加以发明创造，内涵十分丰富。①《后汉书·襄楷传》认为《太平经》是：

> 专以奉天地、顺五行为本，亦有兴国广嗣之术。其文易晓，参同经典。②

葛洪认为《太平经》：

> 专论阴阳、否泰、灾眚之事，有天道，有地道，有人道，云治国者用之，可以长生，此其旨也。③

《太平经》对原始道教的贡献主要有三方面。（一）构建了神仙体系。神仙体系主要包括：（1）最高神明，太平金阙帝晨后圣帝君，号太平真正太一妙气皇天上清金阙后圣九玄帝君，亦称大太平君；（2）一师四辅，一师为太师彭君，四辅分别为上相方诸宫青童君、上保太丹宫南极元君、上傅白山宫太素真君、上宰西城宫④总真王君；（3）司职仙官，有司仙真圣品大夫官等三百六十一人；（4）部属仙曹，从属三万六千人，部领三十六万；（5）成仙种民，则十百千万亿倍。（二）阐述了基本教义。基本教义主要内容有：（1）宇宙生成说；（2）阴阳五行说（包括五运始终说）；（3）天人感应说；（4）神仙信仰说；（5）因果承负说；（6）斋戒首过说；（7）祈福禳灾说；（8）师君治世说；（9）慈俭自力说等。（三）教授了基本道法。基本道法主要包括：（1）兴国广嗣之法；（2）炼气养生之术；（3）立教领众之法；（4）神诀灵符之法；（5）预测救灾之法；（6）健身疗疾之法等。

《太平经》的出现，标志着原始道教的形成。由于《太平经》的基本教理既包含了上层社会的学说，又能迎合下层民众的需求，所以影响非常广泛。在当时，许多原始道教的领袖都以此为经典，聚集信徒，传播教义，甚至为追求“大太平君”所治理的“太平盛世”而建立“二十四治”，试图恢复汉初黄老政治。

---

① 见《〈太平经〉研究：以生命为中心的综合考察》，第10—24页。

② 《后汉书》卷三十下《襄楷》，第4册，第1081页。

③ 《汤用彤学术论文集》，第60页。

④ 按《茅山志》记载，西城山在古益州境内。《茅山志》卷十《上清经述·上清品·上清经箓圣师七传真系之谱·圣师金阙上宰西极西城总真道君》，载《道藏》第5册，第596页下。

六、岐黄之道与丹道医理

早在战国时期，岐黄之道的重要典籍《黄帝内经》已经趋于成形。《黄帝内经》主要记载黄帝与大臣岐伯等人讨论医学的内容。黄帝是方仙道与黄老道公推的鼻祖。传说黄帝遵循道家“身国兼治”的道理，一方面治理国家，另一方面向广成子学习丹道、向岐伯等人学习医学。因此，丹道与医学均可追溯到黄帝这里，故称医、道同源。所以，《黄帝内经》既是医学典籍，也是丹道典籍，其中所述可称为“岐黄医道”。

（一）岐黄医道

到了汉代，基于医疗经验的积累和医学哲学的发展，《黄帝内经》得到进一步完善，趋于成熟。《汉书·艺文志》记载的医经有七部、二百一十六卷。其中《黄帝内经》十八卷、《黄帝外经》三十九卷、《扁鹊内经》九卷、《扁鹊外经》十二卷、《白氏内经》三十八卷、《白氏外经》三十六卷、《白氏旁篇》二十五卷①，现在传世的仅有《黄帝内经》。

《黄帝内经》以道家哲学作为最高指导原则，以阴阳五行为框架，构建天有“五运六气”、地有“五方五味”、人有“五脏六腑”的天人相应系统，把“道”的运化机理与人的生理、病理、保健融合在一起，阐述其“运气学说”“藏象学说”“经络学说”“气穴学说”“病理学说”“脉象学说”“辩证学说”“诊治学说”“针砭学说”等。《黄帝内经》之所以是中医学的祖经，不仅因为其丰富的医学理论与辩证的诊治原则，更因为这是一部系统而深奥的医学哲学论著，体现了“道”在医疗保健方面的具体运用。

《黄帝内经》在其不断的发展和完善过程中，主要有两个理论来源。一是源于对医疗实践经验的总结，二是源于在天、地、人的整体系统（见表 2-3）中对生命规律的观察和体证。这两个来源都非常重要，后者是《黄帝内经》的核心内容。从《素问》中的《上古天真论》来看，《黄帝内经》的理论主要是通过“知道者”② 即实证“生命之道”之人证验而得来的。这些“知道者”，就是《上古天真论》中的“真人”“至人”“圣人”“贤人”。《黄帝内经·上古天真论》云：

---

① 《汉书》卷三十《艺文志第十》，第 6 册，第 1776 页。

② 知道者，就是得道之人。见《黄帝内经·上古天真论》：“上古之人，其知道者，法于阴阳，和于术数，食饮有节，起居有常，不妄作劳，故能形与神俱，而尽终其天年，度百岁乃去。”《黄帝内经素问校注语译·上古天真论第一》，第 1 册，第 2 页。

表 2-3　中医的人天整体观思想要点

阴阳		阴中之阳	阳中之阳	阴中之至阴	阳中之阴	阴中之阴
五行		木曰曲直	火曰炎上	土曰稼穑	金曰从革	水曰润下
天		春、岁星、风	夏、荧惑、热	长夏、镇星、湿	秋、太白、燥	冬、晨星、寒
地		东、木	南、火	中、土	西、金	北、水
生化规律		生	长	化	收	藏
音		角	徵	宫	商	羽
五气	太过	木曰发生	火曰赫曦	土曰敦阜	金曰坚成	水曰流衍
	平	木曰敷和	火曰升明	土曰备化	金曰审平	水曰静顺
	不及	木曰委和	火曰伏明	土曰卑监	金曰从革	水曰涸流
人	五藏	肝	心	脾	肺	肾
	开窍	目	舌	口	鼻	耳
	在体	筋	脉	肉	皮、毛	骨、髓
	其华	爪	面	唇	毛	发
	所藏	魂	神	意、智	魄	精、志
	情志	怒	喜	思	悲	恐
	色	青	赤	黄	白	黑
	味	酸	苦	甘	辛	咸
	臭	臊	焦	香	腥	腐
	液	泪	汗	涎	涕	唾
	所恶	风	热	湿	寒	燥
	数	八	七	五	九	六
	声	呼	笑	歌	哭	呻
五畜、五谷		鸡、麦	羊、黍	牛、稷	马、稻	彘、豆

资料来源：根据《黄帝内经》整理。

黄帝曰：余闻上古有真人者，提挈天地，把握阴阳，呼吸精气，独立守神，肌肉若一，故能寿敝天地，无有终时，此其道生。中古之时，有至人者，淳德全道，和于阴阳，调于四时，去世离俗，积精全神，游行天地之间，视听八达之外，此盖益其寿命而强者也，亦归于真人。其次有圣人者，处天地之和，从八风之理，适嗜欲于世俗之间，无恚嗔之心，行不欲离于世，被服章，举不欲观于俗，外不劳形于事，内无思想之患，以恬愉为务，以自得为功，形体不敝，精神不散，亦可以百数。其次有贤人者，法则天地，象似日月，辩列星辰，逆从阴阳，分别四时，将从上古合同于道，亦可使益寿而有极时。①

其中，“真人”通过“提挈天地，把握阴阳，呼吸精气，独立守神”，使其生命“与道合真”，获得了再生，所以“寿敝天地，无有终时”。“至人”通过调整自身的生理节奏，“和于阴阳，调于四时，去世离俗，积精全神”，也能“益其寿命而强”，但“至人”还不能“独立守神”，勉强可称为“真人”。“圣人”则要调整身心，使精神不散，乘借天地“冲和之气”，寿命“亦可以百数”。“贤人”追寻古代成道者的经验，并通过“法则天地，象似日月，辩列星辰，逆从阴阳，分别四时”来构建“道”的理论，并依此“道”修持，也可使寿命有限地延长。所以，《上古天真论》的这些道理成为丹道的直接理论来源之一。

（二） 岐黄与丹道

《黄帝内经》内容非常丰富，为丹道的发展提供了有力的理论和技法支持。《黄帝内经》中与丹道直接相关的内容主要有：（一）益寿长生学说；（二）生命节律学说；（三）五行藏象学说；（四）正经奇脉学说；（五）五运六气学说。

1. 益寿长生学说

益寿长生是《黄帝内经》最为主要的目标，这与丹道正是殊途同归。《黄帝内经》认为人的健康生活应该是“尽终其天年，度百岁乃去”，甚至“寿敝天地，无有终时”。

《黄帝内经》认为，病是由于人体真气不足，邪气乘机侵入而发作。《评热病论》云：“邪之所凑，其气必虚。”② 人真气虚弱，是因“七情内伤”。“七情”是指“喜怒忧思悲恐惊”。《阴阳应象大论》讲：“人有五藏，化五气，以生喜怒悲忧恐。”③ “七情内伤”是“怒则气上，喜则气缓，悲则气消，恐则气下……惊则气乱……思则气结”④。邪气有六种，就是“风寒暑湿燥火”⑤。《金匮真言论》云：“邪气发病。”⑥《至真大要论》说：“夫百病之生也，皆生于风寒暑湿

① 《黄帝内经素问校注语译·上古天真论篇第一》，第 1 册，第 6—7 页。
② 《黄帝内经素问校注语译·评热病论篇第三十三》，第 1 册，第 198 页。
③ 《黄帝内经素问校注语译·阴阳应象大论篇第五》，第 1 册，第 32 页。
④ 《黄帝内经素问校注语译·举痛论篇第三十九》，第 1 册，第 231—232 页。
⑤ 《黄帝内经素问校注语译·至真大要论篇第七十四》，第 2 册，第 498 页。
⑥ 《黄帝内经素问校注语译·金匮真言论篇第四》，第 1 册，第 22 页。

燥火。"①

由于人的疾病由"内伤七情"和"外感六邪"所致，所以，《上古天真论》就提出："恬淡虚无，真气从之。精神内守，病安从来？"②《本神》更从天地人之大系统中着眼，认为："故智者之养生也，必顺四时而适寒暑，和喜怒而安居处，节阴阳而调刚柔。如是，则僻邪不至，长生久视。"③

"恬淡虚无""精神内守"正是丹道的主要法则，而"长生久视"也正是丹道追求的功效。由此可知，《黄帝内经》在人的病理病因、养生保健方面对丹道炼养有重要的指导意义，二者同源同归。

2. 生命节律学说

生命节律学说是《上古天真论》的主要内容之一，为炼养丹道的人提供指导。《宝命全形论》云："人生于地，悬命于天，天地合气，命之曰人。"④ 即人禀天地真气所生，先天真气的盈虚消长决定着人的生命节律。先天真气藏于肾⑤中，经脏腑滋养化为真精。肾气旺盛，真精秘实，生机饱满，人就健康长寿；同样，在丹道中，水中真金是为药母，母旺则子秀，丹道易成。

真气盛衰所决定的生命节律关系到丹道成就的难易程度。《上古天真论》认为男子的生命节律为八年，女子的生命节律为七年，在生命节律变化中，肾气由盛到平、最终变衰（见表2-4）。据《上古天真论》，男、女分别在十六岁、十四岁之前，阳气充实，肾气旺盛，生机饱满，是生命力最旺盛的时期；此后，阳极阴生，肾气外泄，生机初露。男子到了二十四岁至三十二岁、女子到了二十一岁至二十八岁时，阳施阴受，肾气平和，生机旺盛，是生育的最佳年龄。男子四十岁之后，女子三十五岁之后，阳消阴长，肾气缓虚，生机衰落，身体开始走下坡路。男子到了六十四岁，女子到了四十九岁，阳尽阴藏，肾气衰竭，生机潜隐。

表2-4　生命节律表

节律		肾气	精气	脉气	齿发	生育	面貌	筋骨	身体	卦象
一	七	肾气盛			齿更发长					䷀
	八	肾气实								

① 《黄帝内经素问校注语译·至真大要论篇第七十四》，第2册，第498页。
② 《黄帝内经素问校注语译·上古天真论篇第一》，第1册，第2—3页。
③ 《黄帝内经灵枢集注》卷四《本神第八》，载《道藏》第21册，第398页中。
④ 《黄帝内经素问校注语译·宝命全形论篇第二十五》，第1册，第154页。
⑤ 此肾非解剖学所谓之肾，若与西医对应，勉强可包括神经系统、生殖系统、骨骼系统、泌尿系统等，更为重要的是，中医认为人的心智也属于肾这个系统。

（续表）

节律		肾气	精气	脉气	齿发	生育	面貌	筋骨	身体	卦象
二	七		天癸至	任脉通太冲脉盛		有子				䷫
	八	肾气盛	天癸至			有子				䷀
三	七	肾气平均								䷠
	八	肾气平均			真牙生发长极			筋骨劲强		䷫
四	七				真牙生发长极			筋骨坚	身体盛壮	䷋
	八							筋骨隆盛	肌肉满壮	䷠
五	七			阳明脉衰	发始堕		面始焦			䷓
	八	肾气衰			发堕齿槁					䷋
六	七			三阳脉衰	发始白		面皆焦			䷖
	八			阳气衰竭	发鬓颁白		面焦			䷓
七	七		天癸竭	任脉虚太冲脉衰		无子			形坏	䷁
	八	肾藏衰	天癸竭	肝气衰				筋不能动	形体皆极	䷖
八	八		天癸尽		发白齿去	无子		筋骨解堕	身体重，行步不正	䷁
备注	男不过尽八八，女不过尽七七，而天地之精气皆竭矣。帝曰：夫道者年皆百数，能有子乎。岐伯曰：夫道者能却老而全角，身年虽寿，能生子也。									

资料来源：根据《上古天真论》整理。

丹道最注重人的生机，生命节律学说对丹道炼养有重要意义。

3. 五行藏象学说

五行藏象学说是《黄帝内经》的核心理论之一，是丹道炼养的主要理论依据。《六节藏象论》云：

> 天食人以五气，地食人以五味。五气入鼻，藏于心肺，上使五色修明，音声能彰。五味入口，藏于肠胃，味有所藏，以养五气，气和而生津液相成，神乃自生。①

人的五脏能化合“天之五气”与“地之五味”而成五藏神运，因而冲和天地阴阳，化现生机为人所用。而丹道正是调养人之脏腑精神，使自身阴阳感应天地

① 《黄帝内经素问校注语译·六节藏象论篇第九》，第 1 册，第 60—61 页。

阴阳，冲气为和而成丹头。藏象理论为丹道提供了有力的医学支持。

《六节藏象论》认为人体五脏，在天以应五季五气，在地以应五方五味，在人以应五藏五神。五脏分属阴阳，各藏神志于内，各显精华于外，在体各有职司，与天地同类感应，保持人体自身系统的平衡和与外在自然系统之间的平衡（见表 2-3、表 2-5）。《六节藏象论》云：

表 2-5　五脏六腑与十二正经表

时辰	子	丑	寅	卯	辰	巳	午	未	申	酉	戌	亥
卦象	䷗	䷒	䷊	䷡	䷪	䷀	䷫	䷠	䷋	䷓	䷖	䷁
正经	足少阳胆经	足厥阴肝经	手太阴肺经	手阳明大肠经	足阳明胃经	足太阴脾经	手少阴心经	手太阳小肠经	足太阳膀胱经	足少阴肾经	手厥阴心包经	手少阳三焦经
脏腑	中正之官	将军之官	相辅之官	传道之官	仓廪之官		君主之官	受盛之官	州都之官	作强之官	臣使之官	决渎之官
	决断出焉	谋虑出焉	治节出焉	变化出焉	五味出焉		神明出焉	化物出焉	津液藏焉	伎巧出焉	喜乐出焉	水道出焉
	存、泄胆汁	疏泄、藏血	主气、呼吸、宣发、肃降、通调水道、朝百脉、主治节、调节气血运行	传化糟粕、主津	受纳腐熟水谷	主运化、升清、统血	主血脉、神志	主受盛和化物、泌别清浊	贮尿、排尿	藏精、主生长发育与生殖、主水、主纳气	保护心脏、代心受邪	通行元气、总司气机和气化、为水液运行的道路
	肝之府	与胆相表里	与大肠相表里	肺之府	脾之府	与胃相表里	与小肠相表里	心之府	肾之府	与膀胱相表里	与三焦相表里	心包之府

资料来源：根据《黄帝内经》《难经》等整理。

岐伯曰：心者，生之本，神之变也；其华在面，其充在血脉，为阳中之太阳，通于夏气。肺者，气之本，魄之处也；其华在毛，其充在皮，为阳中之太阴，通于秋气。肾者，主蛰，封藏之本，精之处也；其华在发，其充在骨，为阴中之少阴，通于冬气。肝者，罢极之本，魂之居也；其华在爪，其充在筋，以生血气，其味酸，其色苍，此为阳中之少阳，通于春气。脾、胃、大肠、小肠、三焦、膀胱者，仓廪之本，营之居也，名曰器，能化糟粕，转味而入出者也，其华在唇四白，其充在肌，其味甘，其色黄，此至阴之类，通于土气。凡十一脏，取决于胆也。①

① 《黄帝内经素问校注语译·六节藏象论篇第九》，第 1 册，第 61—62 页。

《五藏生成》认为五脏各有其主，其中云：

心之合脉也，其荣色也，其主肾也。肺之合皮也，其荣毛也，其主心也。肝之合筋也，其荣爪也，其主肺也。脾之合肉也，其荣唇也，其主肝也。肾之合骨也，其荣发也，其主脾也。①

这正为丹道里所讲的“五脏神运”提供了有力的理论支撑，如张紫阳所言：

此法真中妙更真，都缘我独异于人。自知颠倒由离坎，谁识浮沉定主宾。金鼎欲留朱里汞，玉池先下水中银。神功运火非终旦，现出深潭日一轮。②

由此可知，五行藏象学说，不仅是重要的医学理论，而且是丹道的重要理论基础。

4. 正经奇脉学说

经络学说主要包括十二正经与奇经八脉，与五脏六腑紧密相关。

《五藏别论》讲：“所谓五藏者，藏精气而不写（泄）也，故满而不能实。六府者，传化物而不藏，故实而不能满也。”③ 腑藏精于脏，脏主藏精，为阴；脏输气于腑，腑主运化，腑为阳。五脏是肝、心（心包络）、脾、肺、肾；六腑是胆、小肠、胃、大肠、膀胱、三焦。

五脏六腑之间密切联系，十二正经是五脏六腑之间输布精气的通道，脏腑是十二正经的阴阳两极（见表2-5）。古人把十二正经比喻为江河，把脏腑的精气比喻为水，江河满溢的时候，就会把多余的水送入湖泊储存起来。储存脏腑间精微能量的“湖泊”被称为奇经八脉。奇经八脉指“别道奇行”的经脉，有别于“十二正经”，包括督脉、任脉、冲脉、带脉、阴维脉、阳维脉、阴蹻脉、阳蹻脉。奇经八脉对十二正经所连接的脏腑的精气有着蓄积、渗灌的调节作用。解释和发微《灵枢》的《难经》认为：

比于圣人图设沟渠，沟渠满溢，流于深湖，故圣人不能拘通也。而人脉隆盛，入于八脉，而不环周，故十二经亦不能拘之。④

---

① 《黄帝内经素问校注语译·五脏生成篇第十》，第1册，第63页。
② 《紫阳真人悟真篇注疏》卷二，载《道藏》第2册，第923页上。
③ 《黄帝内经素问校注语译·五藏别论篇第十一》，第1册，第70页。
④ 《黄帝八十一难经纂图句解》卷四《奇经八脉》，载《道藏》第21册，第629页上。

丹道正是通过十二正经和奇经八脉，通过脏腑神志阴阳，天地人三元感应，冲和精神，而成就丹胎。丹道尤其重视奇经八脉，“八脉者，先天大道之根”①。八脉之中，首重阴蹻。明代李时珍的《本草纲目》引用张紫阳的《八脉经》云：

> 八脉者，冲脉在风府穴下，督脉在脐后，任脉在脐前，带脉在腰，阴蹻脉在尾闾前、阴囊下，阳蹻脉在尾闾后二节，阴维脉在顶前一寸三分，阳维脉在顶后一寸三分。凡人有此八脉，俱属阴神，闭而不开。惟神仙以阳炁冲开，故能得道。八脉者，先天大道之根，一炁之祖，采之惟在阴蹻为先。此脉才动，诸脉皆通。次督、任、冲三脉，总为经脉造化之源。而阴蹻一脉，散在丹经，其名颇多：曰天根，曰死户，曰复命关，曰酆都鬼户，曰生死根，有神主之，名曰桃康。上通泥丸，下透涌泉，倘能知此，使真炁聚散，皆从此关窍，则天门常开，地户永闭，尻脉周流于一身，贯通上下，和炁自然上朝，阳长阴消，水中火发，雪里花开。所谓“天根月窟闲来往，三十六宫都是春”。得之者，身体轻健，容衰返壮，昏昏默默，如醉如痴，此其验也。要知西南之乡，乃坤地，尾闾之前，膀胱之后，小肠之下，灵龟之上，此乃天地逐日所生炁根，产铅之地也，医家不知有此。②

综上，丹道的精气神炼养虽然以医学的正经奇脉为基础，但又有所发挥和升华，成为丹道独特的正经奇脉系统。

5. 五运六气学说

五运六气学说，是说明流年气候特征对人乃至万物影响的学说，在古代属于天文学，由太史掌握。其具体内容，是采用天干、地支纪年、月、日、时，用阴阳、五行生克之法来说明每年的气候正常交替和异常变化，并得出了五种不同类型的气候（风、热、湿、燥、寒）。“五运”，是木运、火运、土运、金运、水运，“六气”就是风、热（暑）、火、湿、燥、寒，又称厥阴风木气（初气）、少阴君火气（二气）、少阳相火气（三气）、太阴湿土气（四气）、阳明燥金气（五气）、太阳寒水气（终气）。“六气”中，热（暑）、火同属于火，热为“君火”，火为“臣火”，因此，“六气”可合于“五运”，总称“五运六气”。

通过表 2-6、表 2-7 和附表 1、附表 2、附表 3，可以简单地了解五运六气的主要内容。“五运六气”学说是《黄帝内经》构建的关于病理、病因与治疗的庞大理论系统，是中医学的重要指导原则。在丹道方面，五运六气学说为其提

① 语出紫阳真人《八脉经》。见《〈奇经八脉考〉校注》，第 29 页。
② 《〈奇经八脉考〉校注》，第 29—30 页。

供了天、地、人在气运中息息相应的理论支撑。如张紫阳言：

> 夫炼金液还丹者，则难遇而易成。要须洞晓阴阳，深达造化，方能超二气于黄道，会三性于元宫。①

表 2-6　五运简表

五运		木运	火运	土运	金运	水运	注
交运时间		木运交于大寒当日	火运交于春分后十三日	土运交于芒种后十日	金运交于处暑后七日	水运交于立冬后四日	五运各占七十三日零五刻
天元册	天气	苍天之气	丹天之气	黅天之气	素天之气	玄天之气	奎壁戊位角轸己位，戊为天门，己为地户
	星宿	危室柳鬼	牛女奎壁	心尾角轸	亢氐昴毕	张翼娄胃	
	化运	丁壬	戊癸	甲己	乙庚	丙辛	
在天五气		风	热	湿	燥	寒	
在地五行		木	火	土	金	水	
天干		甲乙	丙丁	戊己	庚辛	壬癸	
十干化运		丁壬木运	戊癸火运	甲己土运	乙庚金运	丙辛水运	气候规律
太过		逢六壬年 木运太过 风气流行 脾土受邪	逢六戊年 火运太过 炎暑流行 金肺受邪	逢六甲年 土运太过 雨湿流行 肾水受邪	逢六庚年 金运太过 燥气流行 肝木受邪	逢六丙年 水运太过 寒气流行 邪害心火	太过之年，时未至而气先（大寒）至
不及		逢六丁年 木运不及 燥乃大行 病内舍胠胁外在关节	逢六癸年 火运不及 寒乃大行 病内舍膺胁外在经络	逢六己年 土运不及 风乃大行 病内舍心腹外在肌肉四支	逢六乙年 金运不及 炎火乃行 病内舍膺胁肩背外在皮毛	逢六辛年 水运不及 湿乃大行 病内舍腰脊骨髓外在溪谷踹膝	不及之年，时已至而气后（大寒）至

资料来源：根据《黄帝内经》《淮南子》等整理。

表 2-7　六气简表

五运		木运	火运		土运	金运	水运	注
六气		风—初气	暑—二气	火—三气	湿—四气	燥—五气	寒—终气	暑火同火
地支五行		寅卯	巳	午	辰未戌丑	申酉	亥子	土旺四季
地支化六气	化	巳亥	子午	寅申	丑未	卯酉	辰戌	天即司天 地即在泉 天主上半年 地主下半年
	气	厥阴	少阴	少阳	太阴	阳明	太阳	
	天	厥阴风木	少阴君火	少阳相火	太阴湿土	阳明燥金	太阳寒水	
	地	少阳相火	阳明燥金	厥阴风木	太阳寒水	少阴君火	太阴湿土	

资料来源：根据《黄帝内经》等整理。

---

① 《紫阳真人悟真篇注疏》卷二，载《道藏》第 2 册，第 914 页中下。

以上所述，仅是《黄帝内经》可供丹道借鉴的很少一部分。实际上，古代名医多数兼通丹道，其中许多是丹道大家。奠定我国医学基础的两本经典《神农本草经》和《黄帝内经》都与丹道有直接关系。《神农本草经》是讲药理药性的，对外丹影响很大；《黄帝内经》是讲医理诊治的，对内丹影响很大。古代的医学家中，如扁鹊是方仙道道士，著有《难经》；华佗是黄老道道士，著有《青囊书》；葛洪是灵宝派祖师，著有《金匮药方》《肘后救卒方》；陶弘景是上清派道士，著有《本草经集注》；药王孙思邈是唐代道士，著有《千金方》《太清丹经要诀》（其中记录了火药配方）。由此可知，医道、丹道联系密切，有心于丹道的人，应多多留意。

七、结语

两汉时期，是我国传统文化框架形成的重要时期。这一阶段的文化发展，上承先秦诸子，下启魏晋风流，一改春秋战国以理性思辨为主、百家争鸣之文化潮流，代之而起的是以先秦道家和儒家学说为纲要，杂糅阴阳五行、天人感应、易理卦象、河洛术数、方仙道术的黄老道家和汉儒经学。这些宝贵的文化思想资源，为丹道的发展提供了思想、理论和技法的支撑。

战国末期的方仙道提出的“神仙长生”，成了后世丹道家毕生追求的目标。虽然“海上仙药”纯属子虚乌有，但是炼丹家却因此而开始炼制外丹，丹道家则通过服气、胎息、存神、守一等方法来进行炼养，其共同目标就是“神仙长生”。时至今日，仍有丹道家抱着方仙道的理想孜孜修炼，由此可见方仙道对丹道的影响。

黄老学说上承老庄学说，下开黄老政治，强调身国同治，促进了原始丹道的发展。黄老道家杂糅儒、墨、兵、法、阴阳等为己所用，特别重“术”。重“术”的思想在后世成为丹道修炼主流趋势之一。后世丹道家在遵从“道”的基础上，特别注重丹法，强调通过逆取顺守、同类感应之法结成丹头，最终得以还丹，达到归根复命。

阴阳五行学说和天人感应学说，为丹道的发展提供了方法论支撑。从丹道的发展历史来看，任何时期的炼丹家和丹道家都是运用阴阳五行、天人感应来构建自己的丹道理法。其中，早期最具代表性的丹道著作为《周易参同契》。在《周易参同契》中，作者运用阴阳、五行、天人感应等思想，构建了“两重天地、四个阴阳”“同类相从”等理论，为后世丹道的发展奠定了理论基础。

岐黄医道为丹道的发展奠定了医学基础。岐黄医道的代表作为《黄帝内经》，其中的益寿长生说、生命节律说、五行藏象说等，为丹道的发展提供了医学方面的指导。后世的许多丹道家，同时也是医术精湛的医学家，如葛洪、孙思邈、马丹阳等。

总之，两汉时期的思想文化，为丹道的发展奠定了理论和技法的基础。

第二节　安期生、阴长生、魏伯阳与外丹源流

"神仙、黄白之术"始见于《汉书》，是外丹烧炼的代名词。《汉书·淮南厉王刘长传》记载《淮南子》有"《内篇》二十一篇，《外书》甚众，又为《中篇》八卷，言神仙、黄白之术，亦二十余万言"①。最早可征于信史的炼丹活动发生在汉武帝元光二年（前133）。当时的李少君炼成"金液"，涂抹餐具，以期长寿。《史记·孝武本纪》记载：

> 少君言于上曰："祠灶则致物，致物而丹沙可化为黄金，黄金成以为饮食器则益寿……"于是天子始亲祠灶……而事化丹沙诸药齐为黄金矣。②

在两汉时期，《太清金液神丹经》《黄帝九鼎丹经》《周易参同契》等是最具代表性的外丹经典。

一、《太清金液神丹经》的源流与主要内容

（一）丹经出现的时代

《太清金液神丹经》是现存资料中最早的外丹丹经，《抱朴子》记载其出于"元君"，《云笈七签》记载其源于黄帝，但皆不可信。《太清金液神丹经》出现的时代不会早于传说"海上仙药"的战国末期。

按照现存典籍记载，较为可信的是，《太清金液神丹经》源于安期生。《神仙传·马明生》记载：

① 《汉书》卷四十四《淮南衡山济北王传第十四》，第7册，第2145页。
② 《史记》卷十二《孝武本纪第十二》，第2册，第455页。

> 明生乃随安期先生负笈……安期乃曰：子真有仙骨，何专恭之甚耶！吾所不及也。遂授以《太清金液神丹方》……

《史记》记载，安期生曾献策于项羽，项羽不能用。这说明，安期生应为战国末期至楚汉争雄时期的人物。《史记·田儋列传》云：

> 通善齐人安期生，安期生尝干项羽，项羽不能用其厕。已而项羽欲封此两人，两人终不肯受，亡去。①

以此推知，《太清金液神丹经》记载的外丹丹法出于战国晚期至楚汉争雄之际，大约在公元前 256 年至公元前 202 年之间。

《太清金液神丹经》的丹法原本只是师徒口传，后由东汉末期的阴长生著成文字。《抱朴子·金丹》记载：

> 近代汉末新野阴君，合此“太清丹”得仙。其人本儒生，有才思，善著诗及丹经赞并序，述初学道随师本末，列己所知识之得仙者四十余人，甚分明也。②

阴长生于东汉延光元年（122），将丹经著成文字。《神仙传·阴长生》云：

> 后于平都山白日升天，临去时，著书九篇。……《阴君自序》云：维汉延光元年，新野山北，予受和君③神丹要诀，道成去世，副之名山。如有得者，列为真人。……于是阴君裂黄素写丹经一通，封以文石之函，著嵩山；一通黄柜简，漆书之，封以青玉之函，置大华山；一通黄金之简，刻而书之，封以白银之函，著蜀经山；一通白缣，书之，合为一卷，付弟子，使世世当有所传付。又著书三篇，以示将来。④

这说明，《太清金液神丹经》成文于延光元年（122）。

综上，《太清金液神丹经》的丹法出于战国末期至楚汉之际的安期生，约三百余年后，于东汉延光元年（122）由阴长生著成文字。到了东汉末至魏晋时期，《太清金液神丹经》又分化出《黄帝九鼎丹经》《太清丹经》《金液丹

---

① 《史记》卷四十九《田儋列传第三十四》，第 8 册，第 2649 页。
② 《抱朴子内篇校释》卷四《金丹》，第 77 页。
③ 《神仙传》记载：“马鸣生者，齐国临淄人也。本姓和，字君贤。”见《神仙传校释》卷五《马鸣生》，第 167 页。
④ 《神仙传校释》卷五《阴长生》，第 171—172 页。

经》等。

（二） 丹经的主要传承人物

根据《神仙传》《抱朴子》《云笈七签》《仙鉴》等记载，《太清金液神丹经》的传承脉络大约有四支：第一支是李跻传周义山；第二支安期生传马明（鸣）生、李少君，马明生传阴长生；第三支是左慈传葛玄，葛玄传郑隐，郑隐传葛洪；第四支是张道陵得于嵩山，传于后世。

1. 周义山一脉

周义山一脉，出自阳安君李跻。《紫阳真人周君内传》云：

> 紫阳真人姓周，讳义山，字季通，汝阴人也。汉丞相勃七世之孙……乃登鹤鸣山，遇阳安君，受《金液丹经》《九鼎神丹》。①

阳安君，即战国时期赵国的李跻，为老子第五代孙，战国晚期赵惠文王相、奉阳君李兑之子，被封为阳安君。《新唐书·宗室世系上》记载：

> 李氏出自嬴姓。……生耳，字伯阳，一字聃，周平王时为太史。其后有李宗，字尊祖，魏封于段，为干木大夫。生同，为赵大将军。生兑，为赵相。生跻，赵阳安君。②

李兑为赵惠文王早期的权相，号奉阳君。张福有研究员在《集安出土赵国阳安君青铜短剑及相关问题再探》中讲：

> 公元前288年左右，在秦、齐、赵三强鼎立争夺宋国的情况下，宋国与韩国一样，失去大片土地。这时，魏昭王通过李兑牵线，入赵朝见赵惠文王，把葛孽（今河北肥乡西南）、阴成两地献给赵惠文王做为养邑，又把河阳（即河雍，今河南孟县西）、姑密（当在河阳附近）两地献给奉阳君，作为奉阳君儿子李跻的封地。③

由此可知，李跻生活在赵惠文王时代（前299—前266）。周义山为周勃七世孙，生活在西汉中晚期。李跻与周义山生活年代相差久远，周义山不可能从李跻得授《太清金液神丹经》《黄帝九鼎丹经》。

---

① 《云笈七签》卷一百零六《紫阳真人内传》，载《道藏》第22册，第722页上—723页下。
② 《新唐书》卷七十《宗室世系》，第7册，第1955—1956页。
③ 见张福有的《集安出土赵国阳安君青铜短剑及相关问题再探》。

2. 安期生一脉

安期生一脉，源于河上公。《史记》记载，河上公为安期生之师①，河上公曾注《九都丹经》②。据《神仙传》《云笈七签》等记载，安期生传丹方于马明生、李少君，马明生传阴长生，阴长生将丹方著于文字。

（1）安期生下马明生支脉

《神仙传·马明生》记载安期生传丹经于马明生：

> 明生乃随安期先生负笈……安期乃曰：子真有仙骨，何专恭之甚耶！吾所不及也。遂授以《太清金液神丹方》……

《神仙传》《仙鉴》记载，马明（鸣）生传炼丹术给阴长生。《神仙传·阴长生》记载：

> 阴长生者，新野人也。汉阴皇后之属，少生富贵之门，而不好荣位，专务道术。闻有马鸣生得度世之道，乃寻求，遂与相见，执奴仆之役……如此二十余年，长生不懈怠。……鸣生乃告之曰："子真是能得道者。"乃将长生入青城山中，煮黄土而为金以示之，立坛四面，以《太清神丹经》受之，乃别去。③

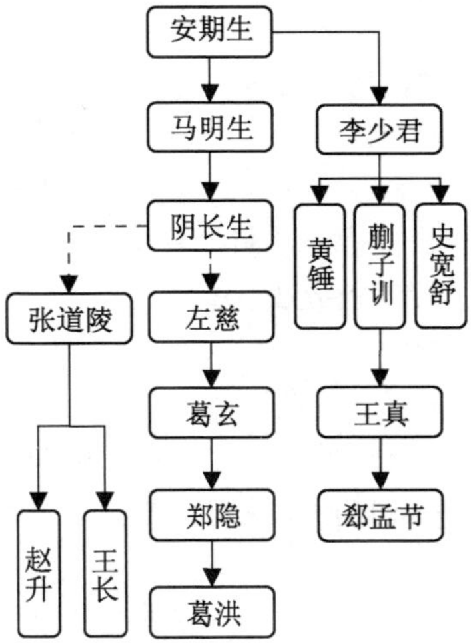

图 2-3 魏晋以前《太清金液神丹经》传承脉络图

（2）安期生下李少君支脉

《史记·封禅书》记载李少君自述："臣尝游海上，见安期生，安期生食巨枣，大如瓜。"④《神仙传·李少君》记载安期生传炼丹术于李少君：

> 先师安期先生，昔所赐金丹之方，信而有征，若按节度、奉法戒，尔乃

---

① 《史记·乐毅列传》载："乐臣公学黄帝、老子，其本师号曰河上丈人，不知其所出。河上丈人教安期生。"见《史记》第7册，第2436页。

② 《〈道藏〉研究论文集》，第21页。

③ 《神仙传校释》卷五《阴长生》，第171页。

④ 《史记》卷十二《孝武本纪第十二》，第2册，第455页。

可备用之焉。①

李少君传蒯子训、黄锤、史宽舒等人，蒯子训传王真，王真传郄孟节②。《神仙传·李少君》记载：

少君当去时，密以六甲左右灵飞术十二事传东郭延，以神丹飞玄之方授少君乡里人蒯子训者，此二人后学道，并得仙。少君又授子训昆仑神州贞形也。③

《史记·封禅书》记载：

居久之，李少君病死。天子以为化去不死，而使黄锤、史宽舒受其方。④

《神仙传·王真》记载：

王真，字叔坚，上党人也。少为郡吏，年七十，乃好道……乃师事蒯子训，子训授其肘后方也。……郄孟节师事真十数年，真以蒸丹小饵法授孟节，得度世。⑤

3. 左慈一脉

《抱朴子》记载，左慈在天柱山得到《太清金液神丹经》和《黄帝九鼎丹经》，后传于葛玄，葛玄传于郑隐，郑隐传于葛洪。《抱朴子·金丹》云：

昔左元放于天柱山中精思，而神人授之金丹仙经……余从祖仙公，又从元放受之。凡受《太清丹经》三卷及《九鼎丹经》一卷、《金液丹经》一卷。余师郑君者，则余从祖仙公之弟子也，又于从祖受之，而家贫无用买药。余亲事之，洒扫积久，乃于马迹山中立坛盟受之，并诸口诀、诀之不书者。江东先无此书，书出于左元放，元放以授余从祖，从祖以授郑君，郑君以授余，故他道士了无知者也。⑥

左慈在天柱山精思得到丹经的说法，可能不实。《太清金液神丹经》在东汉

① 《神仙传校释》卷六《李少君》，第207—208页。
② 郄，姓氏，读音［qiè］。
③ 《神仙传校释》卷六《李少君》，第209页。
④ 《史记》卷十二《孝武本纪第十二》，第2册，第455页。
⑤ 《神仙传校释》卷六《王真》，第217—218页。
⑥ 《抱朴子内篇校释》卷四《金丹》，第71页。

延光元年（122），由阴长生著成文字，存于名山。左慈所得的《太清金液神丹经》应是阴长生一系流传下来的丹经，但其师承不明。

4. 张道陵一脉

《汉天师世家》记载，张天师于嵩山石室得《太清丹经》，后传于弟子赵升与王长。《祖天师传》记载：

> 祖天师，讳道陵，字辅汉，沛丰邑人也。……复往嵩山石室，得《三皇内文》《黄帝九鼎丹书》及《太清丹经》。……遂以神丹及诸经玄秘授升、长。①

张道陵从石室所得之丹经，也应是由阴长生著成文字、存于名山的丹经。

综上可知，两汉魏晋之际，《太清金液神丹经》中的丹法最早出于安期生，由阴长生著成文字，藏于名山。张道陵于嵩山所得，左元放于天柱山所得，应是阴长生藏于名山的《太清金液神丹经》，皆出于安期生的传承。

（三）丹经的主要内容

《太清金液神丹经》最初仅在师徒间口传，至东汉阴长生，著成七言歌诀，多用隐语。

《云笈七签》第六十五卷《金丹部三》载《太清金液神丹经》原文：

> 金液丹华是天经，泰清神仙谅分明，当立精诚乃可营，玩之不休必长生。六一合和相须成，黄金鲜光入华池，名曰金液生羽衣，千变万化无不宜。云华龙膏有八威，却辟众精与魑魅，津入朱儿乃腾飞，所有奉词丑未衰。受我神言宜见随，九老九炁相扶持，千年之鸟水人亡，用汝求生又所攘。太上景电必来降，玄气徘徊为我用，委帛襜襜相缱绻，使汝画一金玉断。弗尊强趋命必陨，神言之教勿笑弄，受经佩身焉可放？乘云豁豁常如梦。雄雌之黄养三宫，泥丸真人自溢充，绛府赤子驾玄龙，丹田君侯常丰隆，三神并悦身不穷。勿使霜华得上通，郁勃九色在釜中。玄黄流精隐幽林，和合阴阳可飞沉，飞则九天沉无深。丹华黄轻必成金，水银铅锡谓楚皇，河上姹女御神龙，流珠之英能延年。华盖神水乃亿千，云液踊跃成雪霜，挹而东拜存真王，陵为山称阳为丹。子含午精明班琏，是用月炁日中官，明朗烛夜永长安，天地争期遂盘桓。传汝亲我无祸患，不相营济殃乃延，冥都书罪自相生，先死父母何其冤！为子祸上考不全，祭书置废于明宣。玄水玉液朱鸟见，终日用之故

① 《汉天师世家》卷二《祖天师传》，载《道藏》第34册，第820页。

不遍。山林石室身自炼，反汝白发童子咽，太和自然不知老。天鼓叩鸣响怀抱，天中之山似头脑，玉酒竞流可大饱，但用挹焉仍寿老。千年一剂谓究竟，丹文玉盛务从敬，见我外旨已除病，何况神经不延命？祸入泄门福入密，科有天禁不可抑，华精庵蔼化仙人。连城大璧愈更坚，长生由是不用牵，子将不信命九洲，秘要思之飞青天。①

文后有注："此《太清金液神丹经》文，本上古书，不可解，阴君作汉字显出之，合有五百六字。"②《云笈七签》同篇载有《太清金液神丹阴君歌》：

金液还丹仙华流，高飞翱翔登天丘。黄赤之物成须臾，当得雄雌纷乱殊，可以腾变致行厨。灵人玉女我为夫，出入无间天同符。其精凝霜善沉浮，汝其震惊必来游。③

后面附有注语："凡六十三字，本亦古书难了，阴君显之。"④ 文后又有说明，认为《太清金液神丹经》分为《金液》和《还丹》两部分，"《太清金液神丹》凡五百七十六字，句凡七字，《金液》凡五百四字，《还丹》凡六十三字。"⑤

（四） 丹经流传的主要地区

《太清金液神丹经》最早应出现在战国末期的齐国琅琊一带。丹经源于安期生，《云笈七签》记载"安期生者，琅邪阜乡人"。琅琊应该是丹经的发源地。

按照《神仙传》《云笈七签》《仙鉴》等记载，在安期生—马明生、李少君—阴长生的传承中，《太清金液神丹经》可能流传在女几山（在河南宜阳）、圆丘山（指北岳，在今河北阜平县常山）、秦庐（即江西九江庐陵县）、太和山（即湖北武当山）、青城山（在四川都江堰）、九嶷山（即苍梧山，在湖南省南部永州市宁远县）、嵩山（在河南登封）、华山（在陕西华阴）、绥山（即二峨山，又称蜀经山，在四川峨眉山市）⑥、泰山（在山东泰安）、平都山（即丰都山，在重庆市丰都县城东北隅）、新野山（今河南南阳新野）、天柱山（在安徽省潜山县）、马迹山（在江苏省无锡市）、霍山（在福建省宁德县⑦）、

① 《太清金液神丹经》卷上《太清金液神丹经文本》，载《道藏》第18册，第750页下—751页上。
② 同上，第751页上中。
③ 同上，第753页中。
④ 《太清金液神丹经》卷中《太清金液神丹经文本》，载《道藏》第18册，第753页中。
⑤ 同上，第754页中。
⑥ "西之女儿，北到圆丘，南至秦庐，潜及青城、九嶷，周游天下。"见《神仙传校释》卷六《马鸣生》，第167页。
⑦ 此处的霍山，并非安徽的霍山（天柱山），而是福建宁德的霍山或霍童山。

蒙秦山（在四川冕宁县）、渠亭山（在四川邛崃市）、云台山（在河南焦作修武县）等地。

二、《黄帝九鼎丹经》的源流与主要内容

《黄帝九鼎丹经》本是《太清金液神丹经》的中卷，后单列出来。《太平御览》引用刘向的《列仙传》云：

> 左慈字元放，庐江人也，明五经，通星气。见汉祚衰微，乃学道，精思，于天柱山得石室中《九丹金液经》，是《太清》中经法也。①

《太平御览》引用陶弘景的《登真隐诀》说：

> 昔黄帝火九鼎于荆山，《太清》中经亦有《九鼎》丹法即是。②

（一）丹经出现的年代

前文已述，东汉延光元年（122），阴长生将《太清金液神丹经》著于文字并藏诸名山。《黄帝九鼎丹经》本是《太清金液神丹经》中卷，单列出来，应在东汉延光元年以后。

按《汉天师世家》记载，张天师得《黄帝九鼎丹经》是在六十岁以后发生的事情③。张天师生于东汉建武十年（34），得《黄帝九鼎丹经》应在公元94年之后。张天师所得，应是阴长生在公元122年撰写之本。按《汉天师世家》记载，张天师羽化于公元156年，《黄帝九鼎丹经》单列的时间应在公元122—156年之间。

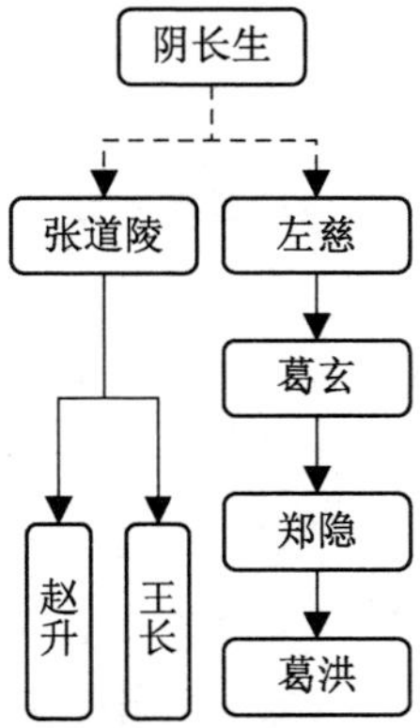

图2-4　魏晋以前《黄帝九鼎丹经》传承脉络图

《黄帝九鼎丹经》总是与《太清金液神丹经》一同出现，其传承体系与《太清金液神丹经》也相同（见图2-4）。

（二）丹经的主要传承人物

《黄帝九鼎丹经》既然为《太清金液神丹经》中经，应出现在阴长生将《太

---

① 《太平御览》卷六百六十三《道部五·地仙》，第6册，第203页。
② 《太平御览》卷六百七十一《道部十三·登真隐诀》，第6册，第254页。
③ 《汉天师世家》卷二《祖天师传》，载《道藏》第34册，第820页中下。

清金液神丹经》著于文字之后。所以，在阴长生以前，还没有《黄帝九鼎丹经》。在阴长生之后，《黄帝九鼎丹经》大致有两个传承脉络，一是张道陵一脉，二是左慈一脉（见图 2-4）。

张道陵一脉，由张天师传于王长、赵升。《汉天师世家》记载，张天师于嵩山石室得《太清丹经》，后传于弟子赵升与王长。左慈一脉，《抱朴子·金丹》记载，由左慈传葛玄，葛玄传郑隐，郑隐传葛洪。

（三）丹经的主要内容

《黄帝九鼎丹经》内容最初见于《抱朴子·金丹》中，原文为：

> 第一之丹名曰丹华。当先作玄黄，用雄黄水、矾石水、戎盐、卤盐、礜石、牡蛎、赤石脂、滑石、胡粉各数十斤，以为六一泥，火之三十六日成，服七之日仙。又以玄膏丸此丹，置猛火上，须臾成黄金。又以二百四十铢合水银百斤火之，亦成黄金。金成者药成也。金不成，更封药而火之，日数如前，无不成也。
>
> 第二之丹名曰神丹，亦曰神符。服之百日仙也。行度水火，以此丹涂足下，步行水上。服之三刀圭，三尸九虫皆即消坏，百病皆愈也。
>
> 第三之丹名曰神丹。服一刀圭，百日仙也。以与六畜吞之，亦终不死。又能辟五兵。服百日，仙人玉女，山川鬼神，皆来侍之，见如人形。
>
> 第四之丹名曰还丹。服一刀圭，百日仙也。朱鸟凤凰，翔覆其上，玉女至傍。以一刀圭合水银一斤火之，立成黄金。以此丹涂钱物用之，即日皆还。以此丹书凡人目上，百鬼走避。
>
> 第五之丹名饵丹。服之三十日，仙也。鬼神来侍，玉女至前。
>
> 第六之丹名炼丹。服之十日，仙也。又以汞合火之，亦成黄金。
>
> 第七之丹名柔丹。服一刀圭，百日仙也。以缺盆汁和服之，九十老翁，亦能有子，与金公合火之，即成黄金。
>
> 第八之丹名伏丹。服之即日仙也。以此丹如枣核许持之，百鬼避之。以丹书门户上，万邪众精不敢前，又辟盗贼虎狼也。
>
> 第九之丹名寒丹。服一刀圭，百日仙也。仙童仙女来侍，飞行轻举，不用羽翼。
>
> 凡此九丹，但得一丹便仙，不在悉作之，作之在人所好者耳。凡服九丹，欲升天则去，欲且止人间亦任意，皆能出入无间，不可得之害矣。①

---

① 《抱朴子内篇校释》卷四《金丹》，第 74—76 页。

到了唐代，有《黄帝九鼎神丹经诀》一书流通，是在《抱朴子》所载《黄帝九鼎丹经》的基础上敷演而来的，集录了自东汉以来的诸多外丹丹法，大概成书于唐贞观八年（634）至显庆四年（659）之间。

（四） 丹经流传的主要地区

在魏晋以前，《黄帝九鼎丹经》总是与《太清金液神丹经》同时出现，所以，《黄帝九鼎丹经》流行的地区与《太清金液神丹经》大致相同。根据《神仙传》《抱朴子》《云笈七签》《仙鉴》等记载，两汉魏晋之际，《黄帝九鼎丹经》已经在山东琅琊、山东泰山、河南宜阳、河南嵩山、河南焦作、河南新野、河北常山、陕西华山、四川峨眉、湖北武当、福建宁德、湖南永州、江苏无锡、江西九江、四川冕宁、四川邛崃、四川青城山、重庆丰都等地传播。

三、《周易参同契》的源流与主要内容

世传《周易参同契》为东汉末年魏伯阳所著，内容隐秘，文字古奥，炼丹家认为其是外丹著作，丹道家则认为是内丹著作，也有调和者认为是内外兼备的丹道著作，可谓智者见智、仁者见仁。也有人认为《周易参同契》的作者并非魏伯阳，而是另有他人，或为阴长生，或为徐从事，或为淳于叔通，这方面的争议与考证至今未休。

（一） 丹经创作的年代

历史上，多数炼丹家和丹道家认为《周易参同契》为魏伯阳所作，魏伯阳为东汉末期会稽士族，《周易参同契》应为东汉末期作品。东晋初期葛洪的《神仙传》记载：

> 伯阳作《参同契》《五行相类》，凡三卷，其说似解《周易》，其实假借爻象，以论作丹之意，而儒者不知神仙之事，反作阴阳注之，殊失大旨也。①

东晋的江淹，酷爱外丹，有诗《赠炼丹法和殷长史》云：

> 身识本烂熳，光曜不可攀。方验《参同契》，金皂炼神丹。②

北齐颜之推在其《颜氏家训》中，对《参同契》也有记载。其中的《书证

① 《神仙传校释》卷二《魏伯阳》，第63—64页。
② 《梁诗》卷三《江淹·赠炼丹法和殷长史》，载《先秦汉魏晋南北朝诗》第2册，第1564页。

篇》云：

> 《参同契》以人负告为造。如此之例，盖数术谬语，假借依附。①

这几则资料说明，魏晋时期《参同契》已经开始流传。在东汉末期到魏晋时期，文献的流通主要依靠手工抄写，流通速度较慢。一部著作，特别是一部比较秘密的丹道著作，从著作完成，到较为流行，这中间需要较长的时间。但从葛洪、江淹、颜之推的资料来看，流行服食的魏晋时期，《周易参同契》已经较为流行。这说明，《周易参同契》的完成时间，要远远早于葛洪、江淹、颜之推等人的记述。

近代学者马叙伦先生认为，在东汉已经有“易纬”名《参同契》②。又说，东汉末虞翻曾注《参同契》③。当代学者潘雨廷先生考证，《周易参同契》在汉顺帝（126—144 在位）末年成于燕间（与徐从事共撰），回会稽后与淳于通又撰写《五相类》(159)，最终成书于桓、灵之间的公元 167 年④。萧汉民先生考证，《周易参同契》的著述在公元 176 年之后⑤。按以上资料，《周易参同契》应是汉代末期作品。

也有学者认为古丹经少用易理，故《周易参同契》可能不是汉代作品。汉代丹经如《太清金液神丹经》《黄帝九鼎丹经》都没有援引易理，《周易参同契》的注解也都是有唐以后的作品，以此断定《周易参同契》是隋唐作品。

古丹经“少用”易理并非实情。首先，今人可见的古丹经本就极少，先秦至两汉的丹经充其量三部而已——《太清金液神丹经》《黄帝九鼎丹经》《周易参同契》，无法“多用”易理。其次，《黄帝九鼎丹经》本属《太清金液神丹经》，二者算是一部，加上《周易参同契》，共两部丹经，其中二分之一采用易理，不算“少用”易理；即使按三部丹经算，其中三分之一采用易理，也不算“少用”易理。再次，按《云笈七签》中记载的阴长生著成文字、尚未分出《黄帝九鼎丹经》的《太清金液神丹经》，其篇幅远小于《周易参同契》，两相对比，采用易理的丹经内容更多，应该是“多用”易理，而非“少用”易理。所以，以“少用”易理断定《周易参同契》不是东汉末期作品，没有说服力。

综上分析，《周易参同契》应为东汉末期作品。

---

① 《颜氏家训集解》卷六《书证第十七》，第 520 页。
② 《读书小记》，第 1 册，第 24 页。
③ 同上。
④ 《道教史发微》，第 62—63 页。
⑤ 《周易参同契研究》，第 13—14 页。

（二）丹经的作者

根据现存典籍的记载和现代学者的研究，《周易参同契》的主要作者可能为魏伯阳、徐从事、淳于叔通等三人。

魏伯阳，名翱，字伯阳，号云牙子①，会稽上虞（今浙江省上虞市）人，祖籍郐国（今河南密县），东汉著名炼丹家和丹道家，大约生活在东汉末期。正史对魏伯阳没有任何记载。最早记载魏伯阳为《周易参同契》作者的典籍是东晋葛洪的《抱朴子》和《神仙传》。《抱朴子》所录的《魏伯阳内经》，就是《周易参同契》。《神仙传》记载：

> 魏伯阳者，吴人也。本高门之子，而性好道术，不肯仕宦，闲居养性，时人莫知之。……伯阳作《参同契》《五行相类》，凡三卷，其说似解《周易》，其实假借爻象，以论作丹之意。②

今人萧汉民先生曾对魏伯阳生平进行了详细的研究，认为魏伯阳可能生活在公元151—221年间。萧汉民先生在《〈周易参同契〉研究》中讲：

> 魏氏，名翔（翱），字伯阳，号云牙子。会稽上虞县人，祖籍郐国（西周侯国，今河南郑州市南密县）。生于汉桓帝元嘉元年，即公元151年。至汉桓帝延熹十年（公元167年），其父魏朗遭党祸被禁锢上虞家中。魏朗之《魏子》可能写作于此时，魏伯阳的儒学功底亦可能于这以后在其父之督导下筑成深厚根基。汉灵帝建宁二年（公元169年），魏伯阳刚成年，魏朗因党祸被害致死，时人尊其为“八俊”之一。汉灵帝熹平五年（公元176年），因党祸牵连家属，魏伯阳在高压下被迫隐循山林修道，时年二十六岁。在十八至二十六岁之间，魏伯阳的生活大致为进修学业，整理父亲遗稿并编辑成《魏子》一书传世，与淳于叔通之交往亦可能在这一时期，因而奠定了后来入山修道之志。宋代人曾慥云：“云牙子游于长白之山，而遇真人告以铅汞之理，龙虎之机焉，遂作书十有八章，言大道也。”游长白山之事无旁证可征，但魏伯阳修道之初造访名山可能性很大，是否一定为长白山也无关紧要。魏伯阳的著作有《参同契》以及为“补塞遗脱”而作的《五相类》各一卷，此外《抱朴子内篇·遐览》载有《魏伯阳内经》一卷。至于著书之时间，至早也应在修道十余年之后，若定四十岁左右著《参同契》一卷，那么《五相类》当在又五年至十年之后。（以五言句为《参同契》、四言句为《五相类》，说

① 《道枢》卷三十四《参同契下篇》，载《道藏》第20册，第785页上。
② 《神仙传校释》卷二《魏伯阳》，第63—64页。

详在第三章。）至于《魏伯阳内经》一卷，内容已不可考，因而成书时间亦难以推测。以终年七十岁计，魏伯阳去世之年约在魏曹丕黄初二年（公元221年）。①

五代彭晓认为，《周易参同契》始作于魏伯阳，青州徐从事隐名注之，由淳于叔通流通于世。彭晓的《参同契解义序》云：

> 魏伯阳，会稽上虞人也。世袭簪裾，惟公不仕。修真潜默，养志虚无。博赡文词，通诸纬候。恬淡守素，唯道是从，每视轩裳如糠粃焉。得古文《龙虎经》，尽获妙旨，乃约《周易》撰《参同契》三篇。又云未尽纤微，复作《补塞遗脱》一篇，继演丹经之玄奥。所述多以寓言借事，隐显异文，密示青州徐从事，徐乃隐名而注之。至后汉桓帝时，公复传授与同郡淳于叔通，遂行于世。②

也有典籍记载，《周易参同契》可能是徐从事、魏伯阳、淳于叔通共同完成的。今人陈国符先生、孟乃昌先生分别考证出容字号无名氏注、署名阴长生注的两种《周易参同契》文本均为唐本，容、阴本的序言都认为《周易参同契》最早出于徐从事，后经魏伯阳和淳于叔通完善。无名氏序云：

> 昔真人号曰《龙虎上经》。龙者，汞也，汞是水银之别名也；虎者，金公也，亦丹砂。赤色曰赤龙，汞白色为白虎。水银为湿银，故称白虎。后魏君改为《参同契》，托在《周易》，谓《易》者有刚柔、表里、君臣、父子、水火、五行，其神丹不出阴阳五行，所以托于《周易》也。经者，常也。常经圣人传授，故曰经也。所以，凌阳子于崆峒山，传与徐从事，徐从事传与淳于君。淳于君仰观卦象，以器象于天地，配以乾坤；以药象于坎离，配以水火，则为日月；以鼎象于大白，亦为镇星；以炉为城郭；余六十卦以定升降消息、阴阳度数、二至加减、翻转鼎器，所以便造篇名《五相类》，类解前文，集后一卷，并前三卷，以表三才、鼎药，以象三光。第一卷以论金汞成形，日月升降；第二卷论增减、十月脱胎；第三卷淳于君撰，重解上、下二卷，疑于始传魏君。③

阴氏序云：

① 《〈周易参同契〉研究》，第13—14页。
② 《周易参同契分章通真义序》，载《道藏》第20册，第131页下。
③ 《周易参同契注》卷上，载《道藏》第20册，第161页下。

> 盖闻《参同契》者，昔是古《龙虎上经》，本出徐真人。徐真人，青州从事，北海人也。后因越上虞人魏伯阳，造《五相类》以解前篇，遂改为《参同契》。更有淳于叔通，补续其类，取象三才，乃为三卷。叔通亲事徐君，习此经，夜寝不寐，仰观乾象而定阴阳，则以乾坤设其交位，卦配日月，托《易》象焉。①

唐玄宗时，绵州昌明县令刘知古的《日月玄枢篇》也有关于《周易参同契》作者的记载，认为《周易参同契》上卷出于徐从事，中卷出于魏伯阳，下卷出于淳于叔通。其原文为：

> 玄光先生曰：徐从事拟龙虎天文而作《参同契》上篇，以传魏君；魏君为作中篇，传于淳于叔通；叔通为制下篇，以表三才之道。②

北宋卢天骥认为，《周易参同契》本为徐从事所著，授予魏伯阳与淳于叔通，魏伯阳撰《五相类》。卢天骥的《参同契五相类秘要》云：

> 昔真人魏伯阳与淳于叔通，受青州徐从事《参同契》及古歌。魏君丹成，撰此《五相类》。后升云而去，令弟子大篆。诸本并无，皆云《参同契》中卷是也，深属浅见矣。且《五相类》者，论诸相类，伏制三黄二宝也，故云五也。③

北宋高象先的《金丹歌》也说：

> 又不闻，叔通、从事、魏伯阳，相将笑入无何乡。准《连山》作《参同契》，留为万古丹中王。④

明末清初的仇兆鳌在《古本参同契集注》云：

> 《契》修金丹，仙传谓魏公丹法，传自阴、徐二真人。考阴君长生，在东汉之季，与魏公先后同时。⑤

徐从事生平不见于正史，仅在阴本《周易参同契》的序中有："徐真人，青

① 《周易参同契序》，载《道藏》第20册，第63页下。
② 《道枢》卷二十六《日月玄枢篇》，载《道藏》第20册，第736页下。
③ 《参同契五相类秘要》，载《道藏》第19册，第86页中。
④ 《真人高象先金丹歌》，载《道藏》第24册，第152页下。
⑤ 《周易参同契集注例言二十条》，载《古本参同契集注》，第31页。

州从事，北海人也。”① 由此仅知，徐氏为东汉时青州从事（是辅助刺史主管文书、察举非法的官职，后称参军），是北海（今山东昌乐）人。魏伯阳在《周易参同契》中有“远客燕间”② 之说，即曾到燕齐一带游学，可能在此遇到徐从事，相互参学，依古文《龙虎经》而作《周易参同契》。曾慥的《道枢》第三十四卷《参同契下篇》讲：

> 云牙子……游于长白之山而遇真人，告以铅汞之理，龙虎之机焉。遂著书十有八章，言大道也。③

淳于叔通，东汉人，名翼，一名斟，字叔通，今浙江上虞人，曾为洛阳市长。袁宏《后汉纪》卷二十二记载：

> 县民故洛阳市长淳于翼学问渊深，大儒旧名，常隐于田里，希见长吏。④

也有典籍记载淳于叔通曾师从徐从事，善于占卜、星象。南朝梁陶弘景在《真诰》中“淳于斟”下注云：

> 《周易参同契》云：桓帝时上虞淳于叔通受术于青州徐从事。仰观乾象，以处灾异，数有效验。以知术故郡举方正，迁洛阳市长。⑤

《开元占经》卷一百二十引《会稽典录》云：

> 淳于翼，字叔通，除洛阳市长。⑥

由以上资料可知，《周易参同契》非为一人一时之作，而是经由青州徐从事、魏伯阳、淳于叔通等人先后完成的。

（三） 丹经的传承源流

《周易参同契》是一部兼述外丹和内丹的丹经，与《太清金液神丹经》《黄帝九鼎丹经》有密切的关系。东汉时期，阴长生将《太清金液神丹经》著成文字，藏于名山，传于多人，其中丹法逐渐流传。《周易参同契》中提到《太清金

---

① 《周易参同契序》，载《道藏》第20册，第63页下。
② 《周易参同契释疑》之《序释疑》，载《道藏》第20册，第270页下。
③ 《道枢》卷三十四《参同契下篇》，载《道藏》第20册，第785页上。
④ 《两汉纪·后汉纪》卷二十二《孝桓皇帝纪下》，第2册，第424页。
⑤ 《真诰》卷十二，载《道藏》第20册，第562页下。
⑥ 《开元占经》卷一百二十《龙鱼虫蛇占》，第2册，第1206页。

液神丹经》《黄帝九鼎丹经》。《周易参同契》说：

> 吾不敢虚说，仿效圣人文。古记题《龙虎》，黄帝美金华。①
> 惟昔圣贤，怀元抱真，服炼九鼎，化迹隐沦。②

其中，“黄帝美金华”“服炼九鼎”分别指《太清金液神丹经》《黄帝九鼎丹经》。

《周易参同契》提及的《龙虎经》可能是《太清金液神丹经》的异名。在丹经中，以虎喻铅、以龙喻汞，铅中金色白、砂中汞色青，金碧龙虎就是白虎、青龙。正如《周易参同契》所讲：

> 偃月法鼎炉，白虎为熬枢；汞日为流珠，青龙与之俱。③

古《龙虎经》也称《金碧龙虎经》，《金碧五相类》传为阴长生所著，《周易参同契》内容的一部分即是《金碧五相类》。

又安期生本琅琊一带人，徐从事为今山东昌乐人，此一带又为当年秦始皇临海寻“仙药”之地，炼丹术在此一带可能传播较广。在当时的科技水平下，外丹丹法不应很多，徐从事所得丹法，应是安期生一系《太清金液神丹经》丹法的别传。徐从事的丹法，与安期生、马明生、阴长生一系应有渊源。

元朝丹道家陈致虚在《金丹大要》中讲：“自河上公五传而至伯阳真人。”④ 明末清初的丹道家仇兆鳌在《古本参同契集注》中云：

> 《契》修金丹，仙传谓魏公丹法，传自阴、徐二真人。考阴君长生，在东汉之季，与魏公先后同时。⑤

由此可知，东汉桓帝时期青州的徐从事，从阴长生处得之丹法，可能为《金碧五相类》，又称《金碧龙虎经》或《龙虎经》，后由魏伯阳、淳于叔通等人进一步注疏，成此《周易参同契》。因此，《周易参同契》传承脉络大概为安期生—马明生—阴长生—徐从事—魏伯阳、淳于叔通（见图 2-5）。

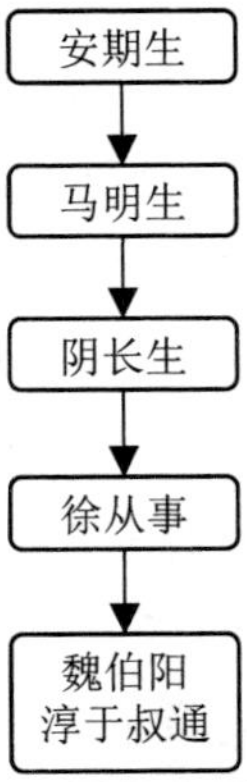

图 2-5 《周易参同契》丹法传承源流图

---

① 《周易参同契分章通真义》卷上《名者以定情章第四十》，载《道藏》第 20 册，第 143 页上。
② 《周易参同契分章通真义》卷下《惟昔圣贤章第七十九》，载《道藏》第 20 册，第 153 页下。
③ 《周易参同契分章通真义》卷上《火记不虚作章第二十九》，载《道藏》第 20 册，第 140 页中。
④ 《上阳子金丹大要》卷一《虚无》，载《道藏》第 24 册，第 2 页下。
⑤ 《周易参同契集注例言二十条》，载《古本参同契集注》，第 31 页。

（四）丹经的主要内容

《周易参同契》是丹道史上第一部参同三家（黄老、易理、炉火）、兼述内外（内外丹）、理法俱备的丹道著作。全书共六千余字，以四言、五言韵文为主，融会阴阳、五行、天文、地理、医理、音律等诸多学科，是一部千古奇书。

1. 外丹炼制

《周易参同契》的核心内容是炼制“还丹”。古人所称的“还丹”，就是纯净的硫化汞（HgS）①，又称朱砂、辰砂、丹砂、赤丹、汞沙，《神农本草经》认为久服丹砂可轻身成仙。唐朝金砂派称纯净的自然朱砂为天然还丹。

《周易参同契》炼制“还丹”分为三步：首先提炼纯净的汞；其次制成铅汞齐或氧化汞；最后把固化的汞或氧化汞配以硫黄等硫化物，在高温下产生纯净的硫化汞。这比《太清金液神丹经》中的丹法进步很多。

《周易参同契》中隐晦难懂的文字，就是描述炼丹过程的化学反应。炼丹过程大致分为以下阶段：（1）用胡粉（碱式碳酸铅，$2PbCO_3 \cdot Pb(OH)_2$）在炉中加热，分解可得氧化铅（PbO），氧化铅（PbO）再与炉中燃料木炭（C）发生还原反应，得金属铅（Pb）。具体反应方程式如下：$2PbCO_2 \cdot Pb(OH)_2 \longrightarrow H_2O + 3PbO + 2CO_2$，$2PbO + C \longrightarrow 2Pb + CO_2$。《胡粉投火章》讲：“胡粉投火中，色坏还为铅。冰雪得温汤，解释成太玄。”②（2）用铅从汞的化合物中置换出汞（Hg）。《胡粉投火章》讲：“金以砂为主，秉和于水银。变化由其真，终始自相因。”③ 铅色内白，五行属金，金能生水；铅色外黑，五行属水。黑色的铅在化学反应中置换出的汞，是液态的，即金生水，所以称“终始自相因”。（3）以铅或铅丹（Pb_3O_4）制伏汞，防止汞在高温中蒸发。第一种方法是用铅和汞制成铅汞齐。《太阳流珠章》讲：“太阳流珠，常欲去人。卒得金华，转而相因，化为白液，凝而至坚。”④《以金为堤防章》中讲：“以金为堤防，水入乃优游。金计有十五，水数亦如之。”⑤ 第二种方法是用铅丹与汞发生化学反应，生产氧化汞（HgO）。《河上姹女章》云：“河上姹女，灵而最神，得火则飞，不见埃尘，鬼隐龙匿，莫知所存。将欲制之，黄芽为根。”⑥ 其化学反应为：$Pb_3O_4 + Hg \longrightarrow 3PbO + HgO$。这种黄色氧化铅和红色氧化汞的混合物，古人也称之为

---

① 《丹道仙术入门》，第 105 页。
② 《周易参同契分章通真义》卷上《胡粉投火章第三十三》，载《道藏》第 20 册，第 141 页中。
③ 同上。
④ 《周易参同契分章通真义》卷中《太阳流珠章第六十八》，载《道藏》第 20 册，第 150 页中。
⑤ 《周易参同契分章通真义》卷上《以金为堤防章第三十七》，载《道藏》第 20 册，第 142 页中。
⑥ 《周易参同契分章通真义》卷中《河上姹女章第七十二》，载《道藏》第 20 册，第 151 页下。

“丹”，这一制丹流派在唐朝被称为“铅汞派”。（4）将汞或氧化汞与硫黄放入鼎器内，加热使之发生化学反应，产生的硫化汞（HgS），就是所谓的“还丹”。《金化为水章》中讲：“金化为水，水性周章，火化为土，水不得行。”① 这是指汞与硫之间的化学反应。《丹砂木精章》中又讲：“丹砂木精，得金乃并，金水合处，木火为侣。四者混沌，列为龙虎，龙阳数奇，虎阴数偶。肝青为父，肺白为母，肾黑为子，离赤为女，脾黄为祖，子午为始。三物一家，都归戊己。”② 这些都是指汞与硫化合成为硫化汞（还丹）的过程。其反应式为：$Hg + S \longrightarrow HgS$ 或 $2HgO + 3S \longrightarrow 2HgS + SO_2$。③

上述的化学反应，都需要不同的鼎器、火候。因此，《周易参同契》单有一章《鼎器妙用章》或《鼎器歌》，曰：“圆三五，寸一分，口四八，两寸唇，长尺二，厚薄均。”④

在当时，魏伯阳等人提出“同类相从”的理论解释化学反应。“类”即按照“阴阳五行”对事物的某种抽象属性进行归“类”。“同类相从”就是五行同类而又分属阴阳的事物之间发生感应，即化学反应或物理性质的改变。例如，《周易参同契》讲：

> 欲作服食仙，宜以同类者，植禾当以谷，覆鸡用其卵。⑤
> 类同者相从，事乖不成宝。⑥
> 推演五行数，较约而不繁。……阴阳相饮食，交感道自然。⑦

2. 内丹炼养

虽然《周易参同契》以外丹为主，但也有专门讲述“内丹”的章节。其中，《辰极受正章》讲：

> 内以养己，安静虚无。原本隐明，内照形躯。闭塞其兑，筑固灵株。三光陆沉，温养子珠，视之不见，近而易求。⑧

《黄中渐通理章》讲：

---

① 《周易参同契分章通真义》卷中《金化为水章第七十五》，载《道藏》第20册，第152页中下。
② 《周易参同契分章通真义》卷中《丹砂木精章第七十六》，载《道藏》第20册，第152页中。
③ 这一段落的化学反应参考胡孚琛先生的《丹道仙术入门》，第121—122页。
④ 《鼎器歌》，载《道藏》第20册，第157页中下。
⑤ 《周易参同契分章通真义》卷上《胡粉投火章第三十三》，载《道藏》第20册，第141页中。
⑥ 同上。
⑦ 《周易参同契分章通真义》卷上《推演五行数章第三十九》，载《道藏》第20册，第143页上。
⑧ 《周易参同契分章通真义》卷上《辰极受正章第二十》，载《道藏》第20册，第137页中下。

黄中渐通理，润泽达肌肤。①

这里所讲的就是内敛耳目，闭塞其兑，安心虚无，返照形躯，内在气脉通达，肌肤自然润泽。这些内丹方法，在《耳目口三宝章》中得到了详细的讲解，原文为：

耳目口三宝，固塞勿发扬。真人潜深渊，浮游守规中，旋曲以视听，开阖皆合同，为己之枢辖，动静不竭穷。离炁内营卫，坎乃不用聪，兑合不以谈，希言顺鸿蒙，三者既关键，缓体处空房。委志归虚无，无念以为常。证难以推移，心专不纵横，寝寐神相抱，觉悟候存亡。颜容浸以润，骨节益坚强。排却众阴邪，然后立正阳。修之不辍休，庶炁云雨行。淫淫若春泽，液液象解冰，从头流达足，究竟复上升，往来洞无极，怫怫被容中。反者道之验，弱者德之柄。耘锄宿污秽，细微得调畅。浊者清之路，昏久则昭明。②

综上可知，《周易参同契》正是运用易理卦象把黄老与炉火、内丹与外丹贯通在一起，所谓“三道由一，俱出径路”，构建了融黄老、易理、炉火为一体的开放的丹道理法体系。《周易参同契》正像《道德经》一样，智者见智、仁者见仁。《周易参同契》开创了隋唐五代内、外丹法的先河，与宋代内丹丹法有渊源关系，张紫阳称之为“万古丹经王”。虽然《周易参同契》可能由多人共同完成，但魏伯阳肯定是主要作者。魏伯阳因此赢得后世丹道家的尊重，后人奉其为“仙师”，尊其为“火龙真人”。

四、结语

炼丹术始于战国末期。《太清金液神丹经》《黄帝九鼎丹经》和《周易参同契》，三者渊源基本一致，多与战国末期的安期生有关。其中《太清金液神丹经》《黄帝九鼎丹经》传承源流基本一致，出于安期生，经由马明生、阴长生的传播，著于文字而流传于世。东汉的张道陵、左慈等都曾获得这两部丹经。东汉末期的《周易参同契》是一部以外丹为主的丹经，是徐从事、魏伯阳、淳于叔通等三人的共同作品。除了以上著名的丹经，在汉代还流行《三十六水法》《淮南万毕术》《淮南鸿宝》（后两者已散佚）。这说明汉代的炼丹术已经发展到一定高度。

① 《周易参同契分章通真义》卷上《黄中渐通理第二十一》，载《道藏》第20册，第138页上。
② 《周易参同契分章通真义》卷中《耳目口三宝章第六十六》，载《道藏》第20册，第149页中。

虽然两汉时期已经出现了以《太清金液神丹经》《黄帝九鼎丹经》《周易参同契》为代表的外丹丹经，但炼丹还受到很多客观条件的限制。许多炼丹家虽得到丹法，但常因条件不备而无法实践，炼丹活动并不频繁。《抱朴子·金丹》记载，左慈虽得丹经口诀，但“会汉末乱，不遑合作”①；《神仙传》记载葛玄仅受丹法，未曾炼丹；郑隐从葛玄处得到丹经口诀，也因“家贫无用买药”②。由此可知，两汉之人虽然崇尚炼丹，但多是奢谈而已。

炼丹术是在“海上仙药”破灭后对“长生”的另一种探索。“海上仙药”与炼丹术相比，前者寄望仙人赐药，后者则通过学习知识、积累经验、注重实践来自主探索炼丹之术，这是一个质的变化和进步。虽然以今天的眼光看，炼丹希求长生十分荒唐，但炼丹家所崇尚的重视知识、积累经验、注重实践的科学精神有重要意义。正因此，炼丹家的探索和实践极大地促进了我国医药学和化学的发展。直到今天，在中国传统药方中，还保留诸多炼丹家“丹丸膏散”的验方，在临床医学上仍发挥着重要作用。

第三节　河上公、《淮南子》、符箓与原始丹道

两汉时期，中国文化的发展充满了神秘主义的气氛，丹道总是与方仙道术、黄老学说、原始道教等混融在一起。西汉初期，黄老学说与方仙道术相互影响、相互渗透。黄老学说吸收方仙道术，把老庄的“归根复命”“深根固蒂”“长生久视”敷演为“神仙长生”之说。河上公、刘安等人是其代表人物，《老子河上公章句》《淮南子》中的修养之法，是此时内丹的主流。东汉时期，在佛教传入的背景下，方仙道、黄老道与谶纬经学进一步融合，形成原始道教。原始道教以符箓行教，把丹道隐入符箓之中，开“符箓派”丹道之先河。张道陵是其代表。

一、河上公与原始丹道

中国古人有信而好古、述而不作的学术习惯，河上公就是典型代表。河上公通过注释《道德经》，表达“身国兼治”的治世主张、修养理念。《老子河上

① 《抱朴子内篇校释》卷四《金丹》，第 71 页。
② 同上。

公章句》是著名的内丹经典。金代丹道家马丹阳讲：

> 学道者，不须广看经书……若河上公注《道德经》，金陵子注《阴符经》，二者时看亦不妨。①

（一） 河上公生平

河上公，姓名不详，战国晚期至西汉初期人，因汉文帝时居于河滨，被称为河上公或河上丈人。《高士传》记载：

> 河上丈人者，不知何国人也，明老子之术。自匿姓名，居河之湄，著《老子河上公章句》，故世号曰河上丈人。当战国之末，诸侯交争，驰说之士，咸以权势相倾，唯丈人隐身修道，老而不亏，传业于安期生，为道家之宗焉。②

河上公是黄老学派的代表人物，其学术流传较广，甚至影响汉初名相曹参。《史记·乐毅列传》载：

> 乐臣公学黄帝、老子，其本师号曰河上丈人。河上丈人教安期生，安期生教毛翕公，毛翕公教乐瑕公，乐瑕公教乐臣公，乐臣公教盖公，盖公教于齐高密、胶西，为曹相国师。③

由此可见，河上公对汉初的政治、文化有一定影响。

东汉末期，河上公被神化。葛玄《老子河上公章句·序》记载，汉文帝曾求学于河上公，河上公授文帝《老子河上公章句》两卷，助其治国。原文为：

> 河上公者，莫知其姓名也。汉孝文皇帝时，结草为庵于河之滨，常读老子《道德经》。文帝好老子之言，诏命诸王公大臣州牧在朝卿士，皆令诵之。不通老子经者，不得陛朝。帝于经中有疑义，人莫能通。侍郎裴楷奏云："陕州河上，有人诵《老子》。"即遣诏使赍所疑义问之。公曰："道尊德贵，非可遥问也。"文帝即驾幸诣之。……河上公即授素书《老子道德经章句》二卷，谓帝曰："熟研究之，所疑自解。余注是经以来，千七百余年，凡传三人，连子四矣。勿示非人。"④

---

① 《丹阳真人语录》，载《道藏》第 23 册，第 704 页中。
② 《太平御览》卷五百零七《遗民部七》，第 5 册，第 39 页。
③ 《史记》卷八十《乐毅列传第二十》，第 7 册，第 2436 页。
④ 《神仙传校释》卷八《河上公》，第 293 页。

（二） 河上公的主要丹道理论与诀要

河上公的《老子河上公章句》表述了“身国兼治”的思想，提出“清静自正”的观点。“清静”即“除欲”，“自正”即“合道”。

1. 丹道之“道” ——道气长生

(1) 本元之道

河上公继承老子的宇宙生成模式，以“道”为万物本元。《老子河上公章句·体道》讲：

> **无名，天地之始。**【无名者谓道，道无形，故不可名也。始者道本也，吐气布化，出于虚无，为天地本始也。】**有名，万物之母。**【有名谓天地。天地有形位、有阴阳、有柔刚，是其有名也。万物母者，天地含气生万物，长大成熟，如母之养子也。】①

“道”本虚无，生天生地，气化阴阳，又生万物。所以，道是天地万物之本元。

河上公更加强调“道气”或“气”在“道生万物”中的作用，认为“万物始生，从道受气”。《老子河上公章句·虚心》讲：

> **道之为物，唯恍唯忽。**【道之于万物，独恍忽往来，于其无所定也。忽兮恍兮，其中有象；道唯忽恍无形，之中独有万物法象。】**恍兮忽兮，其中有物。**【道唯恍忽，其中有一，经营生化，因气立质。】**窈兮冥兮，其中有精，**【道唯窈冥无形，其中有精实，神明相薄，阴阳交会也。】**其精甚真，**【言存精气，其妙甚真，非有饰也。】**其中有信。**【道匿功藏名，其信在中也。】**自古及今，其名不去，**【自，从也。自古至今，道常在不去。】**以阅众甫，**【阅，禀也。甫，始也。言道禀与，万物始生，从道受气。】**吾何以知众甫之然哉？**【吾何以知万物从道受气？】**以此。**【此，今也。以今万物皆得道精气而生，动作起居，非道不然。】②

“道”生“气”，恍惚之中，气分阴阳；阴阳交会，万物始受“道”赋予之“气”，因“气”生质，万物方才成形。河上公认为“万物皆得道精气而生，动作起居，非道不然”。

河上公把“道气”又称为“元气”或“和气”。“元气”，即本元道气。河上公在解释“生而不有”时讲：“元气生万物而不有。”③ 在解释“玄牝之门，是

---

① 《老子道德经河上公章句》卷一《体道第一》，第1—2页。
② 《老子道德经河上公章句》卷二《虚心第二十一》，第86—87页。
③ 《老子道德经河上公章句》卷一《养身第二》，第7页。

谓天地根”时讲：“根，元也。言鼻口之门，是乃通天地之元气所从往来也。”① “和气”，乃滋养万物之气。河上公解释“天地之间”时讲：“天地之间空虚，和气流行，故万物自生。”② 在解释“五音令人耳聋”时讲：“好听五音，则和气去心，不能听无声之声。”③

河上公认为“道气”有生长万物的功能，所以称“道”为“自然生长之道”。《老子河上公章句·体道》云：

> **道可道，**【谓经术政教之道也。】**非常道。**【非自然生长之道也。常道当以无为养神，无事安民，含光藏晖，灭迹匿端，不可称道。】**名可名，**【谓富贵尊荣，高世之名也。】**非常名。**【非自然常在之名也。常名当如婴儿之未言，鸡子之未分，明珠在蚌中，美玉处石间，内虽昭昭，外如愚顽。】**无名，天地之始。**【无名者谓道，道无形，故不可名也。始者道本也，吐气布化，出于虚无，为天地本始也。】**有名，万物之母。**【有名谓天地。天地有形位、有阴阳、有柔刚，是其有名也。万物母者，天地含气生万物，长大成熟，如母之养子也。】④

河上公把老子的“道”解释为“自然生长之道”，也就是说，“道”不仅能生万物，“道”通过“道气”还能滋养万物，使万物生生不息，故称“生长之道”。

(2) 性命之道

河上公没有明确解释“性命之道”，但《老子河上公章句》中有多处涉及“性命”。例如，《老子河上公章句·归根》云：

> **夫物芸芸，**【芸芸者，华叶盛也。】**各复归其根，**【言万物无不枯落，各复反其根而更生也。】**归根曰静，**【静谓根也。根安静柔弱，谦卑处下，故不复死也。】**是谓复命。**【言安静者是为复还性命，使不死也。】⑤

河上公认为，万物都会回归到根本而复还性命；复还性命以达到不死，这是“道”的功能。这可理解为，万物复还的根本，就是“道”，与“道”相合，即可保全性命。

于此可知，河上公认为，性命自然寓于“道”中，返还“本元之道”，性命

① 《老子道德经河上公章句》卷一《成象第六》，第22页。
② 《老子道德经河上公章句》卷一《虚用第五》，第18页。
③ 《老子道德经河上公章句》卷一《检欲第十二》，第45页。
④ 《老子道德经河上公章句》卷一《体道第一》，第1—2页。
⑤ 《老子道德经河上公章句》卷一《归根第十六》，第62—63页。

也就回到了根本。从这一角度来讲，“性命之道”是“本元之道”在人与万物层面的体现，或者讲，“性命之道”是由“本元之道”赋予的。

2. 丹道之“理”——天地玄牝

就丹道理论讲，其核心是“玄牝”。《老子河上公章句·成象》云：

> **谷神不死，**【谷，养也。人能养神则不死也。神，谓五脏之神也。肝藏魂，肺藏魄，心藏神，肾藏精，脾藏志，五藏尽伤，则五神去矣。】**是谓玄牝。**【言不死之道，在于玄牝。玄，天也，于人为鼻。牝，地也，于人为口。天食人以五气，从鼻入藏于心。五气轻微，为精、神、聪、明、音声五性。其鬼曰魂，魂者雄也，主出入于人鼻，与天通，故鼻为玄也。地食人以五味，从口入藏于胃。五味浊辱，为形、骸、骨、肉、血、脉六情。其鬼曰魄，魄者雌也，主出入于人口，与地通，故口为牝也。】**玄牝之门，是谓天地根。**【根，元也。言鼻口之门，是乃通天地之元气所从往来也。】**绵绵若存，**【鼻口呼噏喘息，当绵绵微妙，若可存，复若无有。】**用之不勤。**【用气当宽舒，不当急疾勤劳也。】①

其中表明，河上公运用天人相副的理论，通过解释“玄牝”，将人的口鼻与天地对应。以天地讲，玄是天，牝是地；以人讲，鼻即玄，口即牝。地生五谷，人口食五谷以养命；天有五气，人以鼻食五气以养性。人通过鼻口——玄牝，使自身“元气”与天地“元气”相往来。若能调节呼吸，使之“绵绵微妙，若可存，复若无有”，即可借此返还“本元之道”。

由“玄牝”通达“道”的关键仍是“气”，所以，保爱精气是河上公丹道理论的又一重点。《老子河上公章句·守道》讲：

> **治人，**【谓人君治理人民。】**事天，**【事，用也。当用天道，顺四时。】**莫若啬。**【啬，爱惜也。治国者当爱民财，不为奢泰。治身者当爱精气，不为放逸。】**夫为啬，是谓早服。**【早，先也。服，得也。夫独爱民财，爱精气，则能先得天道也。】**早服谓之重积德。**【先得天道，是谓重积得于己也。】**重积德则无不克，**【克，胜也。重积德于己，则无不胜。】**无不克则莫知其极，**【无不克胜，则莫知有知己德之穷极也。】**莫知其极可以有国。**【莫知己德者有极，则可以有社稷，为民致福。】**有国之母，可以长久。**【国身同也。母，道也。人能保身中之道，使精气不劳，五神不苦，则可以长久。】**是谓深根固蒂，**【人能以气为根，以精为蒂，如树根不深则拔，蒂不坚则落。言当深藏其气，固守其精，使无漏泄。】**长生久视之道。**【深根固蒂者，乃长生久视之道。】②

---

① 《老子道德经河上公章句》卷一《成象第六》，第 22 页。
② 《老子道德经河上公章句》卷三《守道第五十九》，第 230—232 页。

其中讲，人“以气为根”“以精为蒂”，若能固精守气，则能保身中之道。身中之道，即“本元之道”所赋予的“性命之道”。保爱精气，才能保全“性命之道”，通过“玄牝”最终返还“本元之道”。

综上，河上公把“玄牝”作为丹道之“理”的核心，“玄牝”是人身“元气”与天地“元气”联系的枢纽，最终通过“元气”的交流，达到“归根复命”。

3. 丹道之“法” ——虚无养气

河上公的丹道之“法”以保爱精气为基础。《老子河上公章句·安民》讲：

> 不见可欲，【放郑声，远美人。】使心不乱。【不邪淫，不惑乱也。】是以圣人之治，【说圣人治国与治身同也。】虚其心，【除嗜欲，去乱烦。】实其腹，【怀道抱一，守五神也。】弱其志，【和柔谦让，不处权也。】强其骨。【爱精重施，髓满骨坚。】①

河上公以保爱精气为基础，以呼吸行炁、抱一存神之法使人安静柔和，以通达天地元气。《老子河上公章句·成象》讲：

> 玄牝之门，是谓天地根。【根，元也。言鼻口之门，是乃通天地之元气所从往来也。】绵绵若存，【鼻口呼噏喘息，当绵绵微妙，若可存，复若无有。】用之不勤。【用气当宽舒，不当急疾勤劳也。】

在养气的基础上，河上公强调养神。河上公所讲的“神”，在人身层面等同于《黄帝内经》所讲的“心藏神”等理论。《老子河上公章句·成象》讲：

> 谷神不死【谷，养也。人能养神则不死也。神，谓五脏之神也。肝藏魂，肺藏魄，心藏神，肾藏精，脾藏志，五藏尽伤，则五神去矣。】……

养神的具体方法，河上公强调为虚无。《老子河上公章句·无用》讲：

> 三十辐共一毂【古者车三十辐，法月数也。共一毂者，毂中有孔，故众辐共凑之。治身者当除情去欲，使五藏空虚，神乃归之。】② ……

养神的原则，则是无为。《老子河上公章句·体道》讲：

> 道可道【谓经术政教之道也。】非常道。【非自然生长之道也。常道当以无为养神，

① 《老子道德经河上公章句》卷一《安民第三》，第 11 页。
② 《老子道德经河上公章句》卷一《无用第十一》，第 41 页。

无事安民，含光藏晖，灭迹匿端，不可称道。】……

河上公认为，人之“神”可以与“道”相通，甚至“轻举升云”。《老子河上公章句·厌耻》讲：

吾所以有大患者，为吾有身。【吾所以有大患者，为吾有身。有身忧者，勤劳念其饥寒，触情纵欲，则遇祸患也。】及吾无身，吾何有患。【使吾无有身体，得道自然，轻举升云，出入无间，与道通神，当有何患?】①

4. 小结

虽然河上公在秉承老子思想的基础上解释《道德经》，但其思想多出于黄老道家，虽突出“身国兼治”“清静自正”，但夹杂着对“神仙长生”的追求。河上公的丹道理法，与老子、庄子相比，并不高明，是老庄道家与神仙方术融合的产物，或者说，是老庄道家与神仙方术的一个连接通道。

（三） 河上公的丹法传承

河上公的丹法传承不详，从他所处的历史阶段来看，应源于稷下学宫的黄老学派。《史记》记载，河上公传道于琅琊人安期生。安期生精于黄老治国之术，有政治抱负。《史记·田儋列传》记载，安期生曾给项羽献策，项羽不能用。《神仙传》记载，安期生曾于琅琊见秦始皇，进言黄老治国之道，受秦始皇赏识。到了汉武帝时期，安期生就成了神仙人物。《史记》中《孝武皇帝本纪》《封禅书》等多处记载，李少君等方士，鼓吹曾在海上的蓬莱仙山见到安期生。

安期生传道于临淄人马明生，马明生传于南阳新野人阴长生。阴长生的著述很多（也有伪托），如《太清金液神丹经》《金碧五相类参同契》《阴真君金丹诀》《阴真君五精论》《阴真君金木火丹论》等，有人甚至认为《周易参同契》本是阴长生所著，今本《周易参同契》是魏伯阳的注解。明末清初学者仇兆鳌认为，阴长生传丹经于会稽上虞人魏伯阳，魏伯阳撰《周易参同契》，被尊为“万古丹经王”。从以上的传承脉络和变化可知，河上公的丹道，经由安期生等人的进一步发展，转变为内外兼修的丹道体系。这一变化对整个汉代和魏晋南北朝的丹道发展有极大影响。

元代的陈致虚，在《金丹大要仙派》中正式确立了河上公在丹道传承中的地位。陈致虚在《金丹大要》中讲：“自河上公五传而至伯阳真人。”② 其次序

---

① 《老子道德经河上公章句》卷一《厌耻第十三》，第 48—49 页。
② 《上阳子金丹大要》卷一《虚无》，载《道藏》第 24 册，第 2 页下。

为："河上公丈人，安期生真人，马明生真人，阴长生真人，徐从事真人，魏伯阳真人。"①

从河上公在汉代黄老学术和丹道中的传承位置来看，他是一个非常关键的、承前启后的人物，后人尊其为"河上真人"，并建庙祭祀。唐玄宗李隆基有诗赞云："昔闻有耆叟，河上独遗荣。迹与尘嚣隔，心将道德并。讵以天地累，宁为宠辱惊。矫然翔寥廓，如何屈坚贞。玄玄妙门启，肃肃祠宇清。冥漠无先后，那能纪姓名。"②

二、《淮南子》与原始丹道

《淮南子》成书于公元前 139 年，是汉初的黄老道家巨著。熊铁基先生认为，《淮南子》"集黄老道家理论之大成，是黄老道家思想的总结性著作，是黄老道家学派发展的一个新的里程碑"③。《汉书·淮南厉王刘长传》记载《淮南子》有"《内篇》二十一篇，《外书》甚众，又为《中篇》八卷，言神仙、黄白之术，亦二十余万言"④，《汉书·艺文志》记载"淮南内二十一篇，淮南外三十三篇"⑤。可惜《中篇》与《外篇》早已佚失，现《淮南子》仅存《内篇》二十一篇。

（一）《淮南子》的作者

《淮南子》是集体创作的，淮南王刘安是这项创作工程的主持者和资助者。

刘安生于西汉文帝初年（前 179），卒于汉武帝元狩元年（前 122）。刘安为汉高祖刘邦之孙、淮南厉王刘长长子，汉文帝八年（前 172）被封为阜陵侯，汉文帝十六年（前 164）改封淮南王，国都为寿春（安徽省六安市寿县东北部）。刘安广招门客，常有大志，以藏书和好学闻名于当时，深受汉武帝敬重。汉武帝元狩元年（前 122），淮南"八公"之一雷被，告淮南王谋反，刘安畏罪自杀，全家被诛。《汉书·淮南衡山济北王传》记载：

> 淮南王安为人好书，鼓琴，不喜弋猎狗马驰骋，亦欲以行阴德拊循百姓，流名誉。招致宾客方术之士数千人，作为内书二十一篇，外书甚众，又有中篇八卷，言神仙、黄白之术，亦二十余万言。时武帝方好艺文，以

① 《上阳子金丹大要仙派》，载《道藏》第 24 册，第 78 页上。
② 《全唐诗》卷三《经河上公庙》，第 1 册，第 43 页。
③ 见熊铁基先生的《从"稷下黄老"到"家人之言"：黄老道家的形成问题》。
④ 《汉书》卷四十四《淮南衡山济北王传第十四》，第 7 册，第 2145 页。
⑤ 《汉书》卷三十《艺文志第十》，第 6 册，第 1741 页。

安属为诸父，辩博善为文辞，甚尊重之。每为报书及赐，常召司马相如等视草乃遣。初，安入朝，献所作内篇，新出，上爱秘之。使为离骚传，旦受诏，日食时上。又献颂德及长安都国颂。每宴见，谈说得失及方技赋颂，昏莫然后罢。①

《淮南子》的主要创作者为“八公”及“大山、小山”等人。其中，“八公”为苏飞、李尚、左吴、田由、雷被、毛被、伍被、晋昌等八人。东汉的高诱在《淮南子注·叙目》中记载：

与苏飞、李尚、左吴、田由、雷被、毛被、伍被、晋昌等八人，及诸儒大山、小山之徒，共讲论道德，总统仁义，而著此书。②

现代学者罗义俊先生认为，《淮南子》是刘安与“八公”“大山、小山”等儒士学术讨论的记录。他说：

前汉景武时，淮南王安招致宾客方术之士数千人，有苏飞、李尚、左吴、田由、雷被、毛被、伍被、晋昌及诸儒大山、小山之徒，阴阳、儒、道、名、法毕集，各抒己见，讨论长短，互存异说，“共讲论道德，总统仁义。”（高诱《淮南鸿烈解叙》），这实是一次大型的学术聚会，而所著《淮南鸿烈》无异是这次会议的记录整理。可能正是由于各家学说都被记录在内，这才显得内容似乎驳杂了。它反映了聚会明显的私人讲学性质。③

把《淮南子》作为学术讨论的记录，从这个角度囊括《淮南子》的作者，是一个较为公允的方法。

（二）《淮南子》的主要丹道理论与诀要

《淮南子》分为内、中、外三部分，是一部体系庞大、内容驳杂的著作，试图糅合诸子百家。其中，记载神仙、黄白之术的《中篇》早已佚失，丹道仅能从《内篇》中窥见一二。

1. 丹道之“道”——性命之宗

《淮南子》继承和发展了老庄的道论，突出“气”在“道”与万物关系中的作用，并用阴阳消息、五行生胜、天人相副等学说来解释“道”的作用。

① 《汉书》卷四十四《淮南衡山济北王传第十四》，第7册，第2145页。
② 《淮南子校释》之《解叙》，第1页。
③ 《纪念顾颉刚学术论文集》第371页。

(1) 本元之道

《淮南子》继承了先秦道家“道生万物”的宇宙生成模式。《淮南子·天文训》云：

> 道曰规，始于一，一而不生，故分而为阴阳，阴阳合和而万物生。故曰：“一生二，二生三，三生万物。”①

《淮南子》的宇宙生成模式为：“道”—“一”—“二（阴阳）”—“和”—“万物”。其中“一”生出阴阳，而非天地，以阴阳统天地，这是《淮南子》与老子的不同之处。

《淮南子》认为“道”是万物之本体、本因。《淮南子·原道训》云：

> 夫太上之道，生万物而不有，成化像而弗宰，跂行喙息，蠉飞蠕动，待而后生，莫之知德，待之后死，莫之能怨。②

《淮南子》还对“道”的“体”“性”“象”进行了描述。《淮南子》认为“道”难以“声”闻，难以“形”见，难以“言”说，甚至难以“聪辨之智”而知。《淮南子·道应训》云：

> 太清问于无穷曰：“子知道乎?”无穷曰：“吾弗知也。”又问于无为曰：“子知道乎?”无为曰：“吾知道。”“子之知道亦有数乎?”无为曰：“吾知道有数。”曰：“其数奈何?”无为曰：“吾知道之可以弱，可以强；可以柔，可以刚；可以阴，可以阳；可以窈，可以明；可以包裹天地，可以应待无方。此吾所以知道之数也。”太清又问于无始曰：“乡者吾道于无穷，无穷曰：‘吾弗知之。’又问于无为，无为曰：‘吾知道。’曰：‘子之知道亦有数乎?’无为曰：‘吾知道有数。’曰：‘其数奈何?’无为曰：‘吾知道之可以弱，可以强；可以柔，可以刚；可以阴，可以阳；可以窈，可以明；可以包裹天地，可以应待无方。吾所以知道之数也。’若是，则无为知与无穷之弗知，孰是孰非?”无始曰：“弗知之深，而知之浅；弗知内，而知之外；弗知精，而知之粗。”太清仰而叹曰：“然则不知乃知邪？知乃不知邪？孰知知之为弗知，弗知之为知邪?”无始曰：“道不可闻，闻而非也；道不可见，见而非也；道不可言，言而非也。孰知形之不形者乎?”故老子曰：“天下皆知善之为善，斯不善

① 《淮南子校释》卷三《天文训》，第1册，第370页。
② 《淮南子校释》卷一《原道训》，第1册，第2页。

也。”故“知者不言，言者不知”也。①

《淮南子·说山训》云：

魄问于魂曰：“道何以为体？”曰：“以无有为体。”魄曰：“无有有形乎？”魂曰：“无有，何得而闻也？”魂曰：“吾直有所遇之耳。视之无形，听之无声，谓之幽冥。幽冥者，所以喻道，而非道也。”魄曰：“吾闻得之矣。乃内视而自反也。”魂曰：“凡得道者，形不可得而见，名不可得而扬。今汝已有形名矣，何道之所能乎！”魄曰：“言者，独何为者？”“吾将反吾宗矣。”魄反顾，魂忽然不见，反而自存，亦以沦于无形矣。②

这两段话，把“道”分为“道体”“道性”“道象”。“道体”，即是道本身，是“无”。“道性”，即是道的属性，是“可以弱，可以强；可以柔，可以刚；可以阴，可以阳；可以窈，可以明；可以包裹天地，可以应待无方”。“道象”，是道的外貌或迹象，是“不可闻”“不可见”“不可言”。这是《淮南子》对老庄道论的继承和发展。

(2) 性命之道

《淮南子》认为，性命与形体是同时出现的，都源于“宗”，“宗”即是“道”。《淮南子·原道训》云：

夫性命者，与形俱出其宗。形备而性命成，性命成而好憎生矣。③

《淮南子》对“性命”解释是多重的。就“性”来说，有“天性说”“习性说”等。丹道的“性”，类似于“天性说”。《淮南子》中讲：

人生而静，天之性也；感而后动，性之害也。④（《原道训》）
嗜欲者，性之累也。⑤（《原道训》）
性者，所受于天也。⑥（《缪称训》）
率性而行谓之道，得其天性谓之德。⑦（《齐俗训》）

---

① 《淮南子校释》卷十二《道应训》，第2册，第1236页。
② 《淮南子校释》卷十六《说山训》，第2册，第1661页。
③ 《淮南子校释》卷一《原道训》，第1册，第124页。
④ 同上，第38页。
⑤ 同上，第105页。
⑥ 《淮南子校释》卷十《缪称训》，第1册，第1105页。
⑦ 《淮南子校释》卷十一《齐俗训》，第2册，第1135页。

就“命”来说，《淮南子》有“天命说”“命运说”“命令说”或“任命说”等。丹道的“命”，类似于“天命说”，如《淮南子·诠言训》云：

> 原天命，治心术，理好憎，适情性，则治道通矣。①

《淮南子》认为“性命”可以返还于“道”。《精神训》讲：

> 所谓至人也，性合于道也。②

《要略》讲：

> 《精神》者，所以原本人之所由生，而晓寤其形骸九窍，取象与天，合同其血气，与雷霆风雨比类其喜怒，与昼宵寒暑并明，审死生之分，别同异之迹，节动静之机，以反其性命之宗，所以使人爱养其精神，抚静其魂魄，不以物易己，紧守虚无之宅者也。③

《淮南子》中，关于“性命之道”的阐述很少，但也明确指出“夫性命者，与形俱出其宗”，而且通过修养，可以“反其性命之宗”。这些论述虽然非常简单，但基本具备了丹道关于“性命之道”的理论特征。

2. 丹道之“理”——形气神和

虽然《淮南子》内篇并非丹道著作，但其中的理论与中篇应该是一致的，所以，本处仍然从内篇即现存的《淮南子》中探索丹道理论。

(1) 阴阳之理

在讲述人、万物与道的关系方面，《淮南子》吸收了阴阳学说，通过阴阳之道，来阐述这些关系。《淮南子·天文训》讲：

> 道始于虚霩④，虚霩生宇宙，宇宙生气。气有涯垠，清阳者薄靡而为天，重浊者凝滞而为地。清妙之合专易，重浊之凝竭难，故天先成而地后定。天地之袭精为阴阳，阴阳之专精为四时，四时之散精为万物。⑤

《淮南子·精神训》也讲：

---

① 《淮南子校释》卷十四《诠言训》，第2册，第1500页。
② 《淮南子校释》卷七《精神训》，第1册，第758页。
③ 《淮南子校释》卷二十一《要略》，第2册，第2173页。
④ 霩，读音［kuò］，同“廓”。
⑤ 《淮南子校释》卷三《天文训》，第1册，第276页。

古未有天地之时，惟象无形，窈窈冥冥，芒芠漠闵，澒蒙鸿洞，莫知其门。有二神混生，经天营地，孔乎莫知其所终极，滔乎莫知其所止息，于是乃别为阴阳，离为八极，刚柔相成，万物乃形，烦气为虫，精气为人。①

这两段文字，介绍了宇宙生成模式，前者是“道—虚廓—气（清、浊）—天地—阴阳—四时—万物”，后者是“无形—二神—天地—阴阳—万物”。

从丹道的角度来讲，这两种宇宙生成模式中，包含了“两重阴阳”的道理。第一重阴阳，即生天生地之阴阳，如“清阳者薄靡而为天，重浊者凝滞而为地”，又如“有二神混生，经天营地”。其中，“清浊”即对应于阳阴，“二神”也是指阴阳。这重“阴阳”，统一于虚无一气，其中分为“清（阳）、浊（阴）”，老子称为“有物混成，先天地生”，所以，可称为“先天阴阳”。第二重阴阳，为天地所生之阴阳，如“天地之袭精为阴阳”“天气始下，地气始上，阴阳错合”等。这种阴阳，分别内含于不同的事物，能够同类交感，可称为“后天阴阳”。

阴阳，从根本上讲是一种分类或者分析方式，多数情况下是指对“气”的分类。如《淮南子·天文训》中，“积阳之热气生火，火气之精者为日；积阴之寒气为水，水气之精者为月”，“阳气胜则散而为雨露，阴气盛则凝而为霜雪”②。

《淮南子》认为，阴阳二气的本质是相同的，即为“虚廓”或“虚无一气”；阴阳可以互生，阴阳二气可以交感而生成万物。《淮南子》云：

道曰规，始于一，一而不生，故分而为阴阳，阴阳合和而万物生。③（《天文训》）

天地以设，分而为阴阳，阳生于阴，阴生于阳。阴阳相错，四维乃通。④（《天文训》）

夫阳燧取火于日，方诸取露于月，天地之间，巧历不能举其数，手徵忽怳，不能览其光。然以掌握之中，引类于太极之上，而水火可立致者，阴阳同气相动也。⑤（《览冥训》）

---

① 《淮南子校释》卷七《精神训》，第1册，第729页。
② 《淮南子校释》卷三《天文训》，第1册，第276页。
③ 同上，第370页。
④ 同上，第411页。
⑤ 《淮南子校释》卷五《览冥训》，第1册，第653页。

“气”是联系先天阴阳与后天阴阳的物质。《淮南子》认为，人可以通过后天阴阳之气，来达到“和”的状态，借以返还先天阴阳——道体。这就是丹道的核心思想。《淮南子·泰族训》云：

> 王乔、赤松，去尘埃之间，离群慝之纷，吸阴阳之和，食天地之精，呼而出故，吸而入新，蹀虚轻举，乘云游雾，可谓养性矣。①

(2) 生命之理

在《淮南子》中，阐述人生命理论的主要是“形、气、神”。《淮南子》认为，“形”是生命的寄所，“气”是生命的本元，“神”维持生命的秩序。《淮南子·原道训》云：

> 夫形者，生之舍也；气者，生之元也；神者，生之制也。……此三者，不可不慎守也。②

《淮南子》此处的“气”，是“道”所赋予的生命之本元，相当于“命”；“神”，是维持生命秩序的，是“道”的规律性在生命层面的体现，相当于“性”。《淮南子》通过构建“形、气、神”理论来说明“性命之道”，“形、气、神”之说就是后世精、气、神之说的雏形。

《淮南子》认为，“精神通于死生”。就人的生命来说，精神源于天，形体源于地。如果人要使生命返还本元之道，必须法天象地。《淮南子·精神训》云：

> 是故精神者，天之有也；而骨骸者，地之有也。精神入其门，而骨骸反其根，我尚何存？是故圣人法天顺情，不拘于俗，不诱于人，以天为父，以地为母，阴阳为纲，四时为纪。天静以清，地定以宁。万物失之者死，法之者生。夫静漠者，神明之宅也；虚无者，道之所居也。③

《淮南子》认为，人通过法天象地可以返还道本。天常清静，地常宁定，道本虚无，所以，人应该常清常静，以达道本。这就是《淮南子》返本还元的理论。

3. 丹道之“法” ——守一得和

在具体技巧上，《淮南子》提出很多方法，这里根据其方法与后世丹法内涵的联系，来尝试探索。

---

① 《淮南子校释》卷二十《泰族训》，第 2 册，第 2106 页。
② 《淮南子校释》卷一《原道训》，第 1 册，第 140 页。
③ 《淮南子校释》卷七《精神训》，第 1 册，第 729 页。

从总体上讲，《淮南子》强调清静无为。《俶真训》云：

> 静漠恬澹，所以养性也；和愉虚无，所以养德也。外不滑内，则性得其宜；性不动和，则德安其位。养生以经世，抱德以终年，可谓能体道矣。①

《淮南子》记载的众多养生方法中，“守一”“得和”与后世丹法有甚深渊源。所谓“守一”，就是守虚无。《原道训》讲：

> 所谓无形者，一之谓也。所谓一者，无匹合于天下者也。……是故有生于无，实出于虚，天下为之圈，则名实同居。……道者，一立而万物生矣。②

由此可知，《原道训》认为，“一”是“无形”和“虚”，可称之为“虚无”。所以，“守一”就是守虚无。

然而，“虚无”是无法“守”的，《淮南子·原道训》提出“穷无穷，极无极”的法则。《原道训》把“穷无穷，极无极”的结果称为“天解”。《原道训》云：

> 故穷无穷，极无极，照物而不眩，回应而不乏。此之谓天解。……得一之道，而以少正多。③

所谓“得和”，就是达到“和”的状态。“和”，是在阴阳调和的基础上又超越阴阳，是一种优化状态，即从后天阴阳返还先天阴阳。《淮南子·泛论训》云：

> 天地之气莫大于和，和者，阴阳调，日夜分，而生物。春分而生，秋分而成，生之与成，必得和之精。……积阴则沉，积阳则飞，阴阳相接，乃能成和。④

从一定意义上讲，“和”就是阴阳调和而成“一”，庄子称为“天和”“至一”。《淮南子》继承了庄子关于“和”思想，《道应训》曰：

> 啮缺问道于被衣，被衣曰：“正女形，壹女视，天和将至。摄女知，正女度，神将来舍。德将来附若美，而道将为女居。惷乎若新生之犊，而无求其故。”言未卒，啮缺继以仇夷。被衣行歌而去，曰：“形若槁骸，心如死灰。

① 《淮南子校释》卷二《俶真训》，第1册，第255页。
② 《淮南子校释》卷一《原道训》，第1册，第96页。
③ 同上，第66页。
④ 《淮南子校释》卷十三《泛论训》，第2册，第1396页。

直实知，不以故自持。墨墨恢恢，无心可与谋。彼何人哉!”故老子曰：“明白四达，能无以知乎?”①

在《道应训》的这段文字中可以看出，《淮南子》不仅继承了庄子的思想，而且继承了庄子的方法，提出“得和”的方法，即“正女形，壹女视”“摄女知，正女度”。由此可知“正形”“壹视”就是《淮南子》中的“得和”之法。

“守一”“得和”，就是后世丹道中“三一”之法的雏形。《原道训》云：

夫形者，生之舍也；气者，生之元也；神者，生之制也。一失位，则三者伤矣。是故圣人使人各处其位，守其职，而不得相干也。故夫形者非其所安也而处之则废，气不当其所充而用之则泄，神非其所宜而行之则昧。此三者，不可不慎守也。②

由此则资料可知，《原道训》强调“慎守形气神”，具体方法为“将养其神，和弱其气，平夷其形，而与道沈浮俯仰”。如果说“形、气、神”就是精、气、神的雏形，那么守“形、气、神”而合于虚无之道，就是“三一”之法的雏形。东汉末期的《太清金液神丹经·叙》云：

夫三一者，脑、心、脐三处也。上一泥丸君在头中，中一绛宫君在心中，下一丹田君在脐中，存之则炜烨于三府，忽之则幽寂于一身，好生者存之为乐，亡身者废之为欢，是故炜烨寂观三一之乐矣。按仙经云：“子欲长生，三一当明。”道正在于此。

由此可知，《淮南子》中已经包含具体的丹法了。

4. 小结

现存《淮南子》本为内篇，内容相当庞杂，本处仅从丹道的角度进行探索，发现其中包含有原始丹道的三要素。从“道”的角度讲，其中包含“道体”“道性”“道象”等学说；“本元之道”化生道气，气分阴阳，阴阳和合生万物，万物又以其形体内含之阴阳互生；“性”与“命”均源于“道”，通过一定方法，可以“反其性命之宗”。从“理”的角度讲，《淮南子》吸收了战国末期的阴阳五行学说，用阴阳来构建道生万物、乃至万物复还道体的理论；并通过形、气、神来构建丹道理论。从“法”的角度讲，人若能清静无为，守

① 《淮南子校释》卷十二《道应训》，第2册，第1248页。
② 《淮南子校释》卷一《原道训》，第1册，第140页。

一得和，就能够返还道本。其中，守“形、气、神”之法，正是后世丹道“三一”之法的雏形。

三、符箓与原始丹道

符箓本源于方士“作谶”。“作谶”在汉代发展成“谶纬”，道教继承后又发展为“符箓”。炼养有素的丹道家，布气于符篆，符篆在使用者调养身心情志方面有较为显著的功效，这在《旧唐书》与《新唐书》中均有记载。因此，内行丹道、外用符箓是符箓派的炼养方式，可称之为“符箓派丹道”。

（一）张道陵与符箓

最早以符箓立教者，是东汉的张道陵。“符”最早见于《太平经》，而“箓”最早则由“太上老君”授予张道陵。虽然“符”的产生年代比“箓”要早，然而道教认为，无“箓”难以行“符”。因此，符箓派道教是由张道陵实际创建的。

1. 张道陵

张道陵，名陵，字辅汉，道号道陵，生于东汉建武十年（34），羽化于东汉永寿二年（156），道教尊之为祖天师。

东岳真形　南岳真形　中岳真形　西岳真形　北岳真形

图 2-6　五岳真形图①

张天师最初的“符”主要是《制命五岳》《三皇内文》《檄召万灵》及《神虎秘文》。《神仙传》记载：

> 天师张道陵，字辅汉，沛国丰县人也。本太学书生，博采五经。晚乃叹曰：“此无益于年命。”遂学长生之道，得《黄帝九鼎丹经》，修炼于繁阳山，丹成服之，能坐在立亡，渐渐复少。后于万山石室中，得隐书秘文及制命山岳众神之术，行之有验。②

① 《灵宝五岳古本真形图》，载《道藏》第 6 册，第 737—739 页。

② 《神仙传校释》卷五《张道陵》，第 190 页。

这里所说的“隐书秘文”，是《汉天师世家》记载的“《制命五岳》《檄召万灵》及《神虎秘文》《三皇内文》”①。

根据道教仙传，张天师的“箓”源于“太上老君”的授予。《汉天师世家》记载：

> 汉安元年壬午上元，感太上垂车驾五白龙降，谓曰：“……今授汝《三五都功诸品经录》，次授‘三五斩邪雌雄剑’、玉印、鱼鬣衣、二仪交泰冠、通天玉简。……”天师拜谢。②

仙传不足为凭。史载，张天师及其子张衡、孙张鲁制作大量“箓”“符”。《后汉书·刘焉传》载：“初，祖父陵，顺帝时客于蜀，学道鹤鸣山中，造作符书。”③

另外，按照《汉天师世家》记载，张天师精通《道德经》，谙熟“天文地理图书谶纬之秘”④，精修“炼形和气”之术，辟谷少寐，“得出入水火之妙，及养神轻身之术”⑤。这说明，张天师对于丹道、符箓都有造诣。

2. 符箓

符箓源于方士“作谶”。最初，方士用一些隐语“作谶”进行预言。如《史记·秦始皇本纪》记载，秦始皇三十三年（前214），卢生献“谶”。原文为：

> 燕人卢生使入海还，以鬼神事，因奏录图书，曰：“亡秦者胡也。”⑥

其中“图书”，就是“图谶”和“书谶”。秦始皇三十五年（前216），华山有人献“谶”。《史记·秦始皇本纪》记载：

> 秋，使者从关东夜过华阴平舒道，有人持璧遮使者曰：“为吾遗滈池君。”因言曰：“今年祖龙死。”⑦

汉代方士把“谶”称为“符箓”，表示“上天受命”。《后汉书·方术列传上》云：

① 《汉天师世家》卷二《祖天师传》，载《道藏》第34册，第820页中下。
② 同上。
③ 《后汉书》卷七十五《刘焉袁术吕布列传第六十五》，第9册，第2435页。
④ 《汉天师世家》卷二《祖天师传》，载《道藏》第34册，第820页中。
⑤ 同上，第820页下。
⑥ 《史记》卷六《秦始皇本纪第六》，第1册，第252页。
⑦ 同上，第259页。

> 汉自武帝颇好方术，天下怀协道艺之士，莫不负策抵掌，顺风而届焉。后王莽矫用符命，及光武尤信谶言，士之赴趣时宜者，皆骋驰穿凿，争谈之也。故王梁、孙咸名应图箓，越登槐鼎之任，郑兴、贾逵以附同称显，桓谭、尹敏以乖忤沦败，自是习为内学，尚奇文，贵异数，不乏于时矣。①

其中所说的“方术”“符命”“谶言”“图箓”“奇文”“异术”不仅说明“作谶”源于方仙道，也说明，“谶言”“符箓”等在当时与政治信仰——“天命”有紧密关系。

道教的符箓，其喻意已不在政治，而在表达“神仙”的“授命”和“敕令”。《后汉书·方术列传》对此记载颇多。《方术列传下》记载，费长房于壶公处得符箓，“遂能医疗众病，鞭笞百鬼，及驱使社公”，“主地上鬼神”②。《方术列传下》云：“河南有曲圣卿，善为丹书符劾，厌杀鬼神而使命之。”③ 又载：“初，章帝时有寿光侯者，能劾百鬼众魅，令自缚见形。”④

天师道的创始人和革新者都自称得太上老君授“箓”。《汉天师世家》记载，张天师由太上老君授“箓”，管理“二十四治”。北魏时新天师道创始人寇谦之，亦称受太上老君“箓”命，革新天师道。《魏书·释老志》记载：

> 谦之守志嵩岳，精专不懈，以神瑞二年十月乙卯，忽遇大神，乘云驾龙，导从百灵，仙人玉女，左右侍卫，集止山顶，称太上老君。谓谦之曰：“往辛亥年，嵩岳镇灵集仙宫主，表天曹，称自天师张陵去世已来，地上旷诫，修善之人，无所师授。嵩岳道士上谷寇谦之，立身直理，行合自然，才任轨范，首处师位，吾故来观汝，授汝天师之位，赐汝《云中音诵新科之诫》二十卷。号曰‘并进’”。⑤

后世道教符箓中，“箓”和“符”有不同的界定和用途。“箓”继承了“谶纬”中“受命”的内涵，主要有以下含义：

一是真箓，记录天神的名册。《明正一箓第三》云：

> 箓者，亦云箓三天妙气、十方神仙、灵官名号，与奉道之人。⑥

---

① 《后汉书》卷八十二上《方术列传七十二上》，第10册，第2705页。
② 同上，第2744页。
③ 同上，第2749页。
④ 同上。
⑤ 《魏书》卷一零一四《志第二十释老志》，第8册，第3050—3051页。
⑥ 《云笈七签》卷四十五《秘要诀法·明正一箓第三》，载《道藏》第22册，第318页上。

《隋书·经籍志》说：

> 其受道之法，初受《五千文箓》，次受《三洞箓》，次受《洞玄箓》，次受《上清箓》。箓皆素书，纪诸天曹官属佐吏之名有多少……①

二是戒箓，道徒受戒的凭证。《明正一箓第三》云：

> 箓者，戒录情性，止塞愆非，制断恶根，发生道业，从凡入圣，自始及终，先从戒箓，然后登真。②

三是位箓，表示授予道位。《明正一箓第三》载：

> 《修行经》云：生无道位，死为下鬼。若高人俗士，有希道之心，未能舍荣录，初门不可顿受，可受三五阶。若修奉有功，然更迁受。③

又云：

> 《正一箓》流传总二十四阶，今略云一二阶，以明正一之由。正一三五，百五十将军，箓有两阶，每一阶分为七十五将军。上阶云上仙，下阶云上灵，是人身中二仪正神也。④

四是权箓，表示权限。《正一修真略仪》云：

> 箓者，太上神真之灵文，九天众圣之秘言，将以检劾三界官属，御运元元，统握群品，鉴骘罪福，考明功过善恶轻重，纪于简籍校诫宣示之文，掌览灵图，推定阳九百六天元劫数。又当诏令天地万灵，随功役使，分别仙品，众官吏兵，亿乘万骑，仙童玉女，列职主事，驱策给侍之数目，浩劫无穷。太上十方，至真众圣，皆互禀师资，结盟受授，从俗登真，永保生道，渐位于极。⑤

以上是“箓”的主要分类和功用。具体的箓文可参见《道藏》（第28册）中的《太上正一盟威法箓》。

“符”继承了“谶纬”中“真应”的内涵，是一些复合的变形文字（见

① 《隋书》卷三十五《志第三十经籍四·道经》，第4册，第1092页。
② 《云笈七签》卷四十五《秘要诀法·明正一箓第三》，载《道藏》第22册，第318页上。
③ 同上。
④ 同上，第318页上中。
⑤ 《正一修真略仪》，载《道藏》第32册，第175页中。

图 2-7)，具有“符契”“召劾”“檄缴”“敕令”“催发”“厌镇”等含义，一般能够解读并有读音①。按《云笈七签》记载，“符字”来源神秘。《说三元八会六书之法》云：“一者阴阳初分，有三元五德八会之气，以成飞天之书，后撰为八龙云篆明光之章。”②

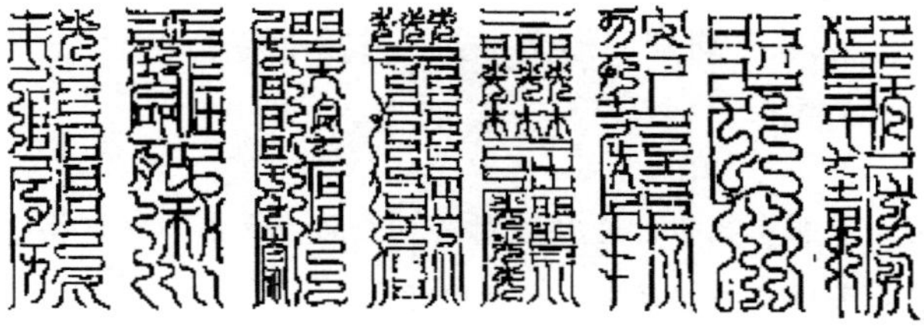

图 2-7 上元八景神真玉符③

“符字”实际上就是汉字的变体及其叠加的复字，也称复文。复字最早出现于《太平经》(见图 2-8)，如卷一百四中的《兴上除害复文》、卷一百五的《令尊者无忧复文》、卷一百六的《德行吉昌复文》、卷一百七的《神佑复文》等。

图 2-8 《太平经》中的复文

“符字”有多种写法。《云笈七签》卷七《三洞经教部·八体六书六文》云：

> 一曰大篆，二曰小篆，三曰刻符，四曰虫书，五曰摹印，六曰署书，七曰

① 王育成教授讲：“晋以前的许多道符应是由字组成，并且是可以识读的。”(《东汉道符释例》) 又讲：“所谓五方或五帝秘篆文，都有其楷写汉字译文，不仅可识而且完全可照楷字一样读出音来……”(《唐宋道教秘篆文释例》)

② 《云笈七签》卷七《三洞经教部·本文·说三元八会六书之法》，载《道藏》第 22 册，第 40 页上。

③ 《洞玄灵宝二十四生图经》，载《道藏》第 34 册，第 339 页。

殳书，八曰隶书。……复有六书：一曰古文，孔子壁中书；二曰奇字，古文异书；三曰篆书；四曰佐书，即隶书；五曰缪篆，所以摹印；六曰鸟篆，翻言也。……六文：一曰象形，日月是也；二曰指事，上下是也；三曰形声，河海是也；四曰会意，武信是也；五曰转注，考老是也；六曰假借，令长是也。①

所谓“鸟篆”或“云篆”均是变形文字。《云笈七签》卷七《三洞经教部·云篆》云：

又有云篆明光之章，为顺形梵书。文别为六十四种，播于三十六天。今经书相传，皆以隶字解天书，相杂而行也。②

不同的“符”具有不同的功效，其内涵可以解读。《云笈七签》卷七《三洞经教部·说三元八会六书之法》云：

八龙云篆之章，皆是天书……一者主召九天上帝校神仙图箓，求仙致真之法；二者主召天宿星官正天分度，保国宁民之道；三者摄制酆都六天之气；四者敕命水帝制召龙鸟也。其诸天内音，一天有八字，三十二天合二百五十六字。论诸天度数期会、大圣真仙名讳位号、所治官府台城处所、神仙变化升降品次、众魔种类、八鬼生死转轮因缘。其十三字是五方元精名号、服御求仙、练神化形、白日腾空之法。余一百二十二字阙元音解。③

《抱朴子·遐览》记载：

昔吴世有介象者，能读符文，知误之与否。有人试取治百病杂符及诸厌劾符，去其签题以示象，皆一一据名之。其有误者，便为人定之。④

道士通过“符”法上契仙真、下应群品，以此来召神劾鬼、趋吉避凶、消灾除病。《云笈七签》卷四十五《秘要诀法·序事第一》云：

符者，三光之灵文，天真之信也。⑤

① 《云笈七签》卷七《三洞经教部·本文·八体六书六文》，载《道藏》第22册，第40页下—41页上。

② 《云笈七签》卷七《三洞经教部·本文·云篆》，载《道藏》第22册，第40页下。

③ 《云笈七签》卷七《三洞经教部·本文·说三元八会六书之法》，载《道藏》第22册，第40页中下。

④ 《抱朴子内篇校释》卷十九《遐览》，第336页。

⑤ 《云笈七签》卷四十五《秘要诀法·明正一箓第三》，载《道藏》第22册，第317页下。

《云笈七签》卷六《三洞经教部》又说：

> 神符者，即龙章凤篆之文，灵迹符书之字是也。神，则不测为义；符，以符契为名。谓此灵迹，神用无方，利益众生，信若符契。①

符箓派道士认为，必须在一定修为的基础上，箓、印、咒、符同时使用才能真正奏效。“符箓”看似无关炼养，但实际上包含丹道之理。

（二）符箓中的丹道

“受箓”即受“元命”，“元命之理”就是“箓”中所喻的丹法。若不知“元命之理”，则所受并非“真箓”。《云笈七签》卷四十五中《明正一箓第三》云：

> 元命者，有身之元命也。知道修其元命，可为真人也。此元命之理稍长，事难具载，临坛受度，师合明示弟子，令识元命之由矣。②

《明王一箓第三》又说：

> 正一三五，混沌元命，真人箓正一法中王也。③

其中所说的“正一三五，混沌元命”就是通过“天人相应”，内炼“身中三丹田为三气”、外应“星汉斗宫之中”，以达到“正神变化，有千二百形影，万二千精光”的效果④。在天人相应之际，外感天阳，内炼身阴，正是符箓派丹道的精髓。

符法的要诀在于“布气”。“行符”必须有内养功夫，以“元命之理”炼养内丹，行符时布气于符字之中。“布气”一词始见于《素问》中《太始天元册》，文曰：

> 太虚廖廓，肇基化元，万物资始，五运终天，布气真灵，惣统坤元。⑤

古人认为，天地失其正气，会有自然灾害；人失其正气，就会有疾病。《西山群仙会真记·养炁》云：

> 形为留炁之舍，炁为保形之符。⑥

---

① 《云笈七签》卷六《三洞经教部·十二部》，载《道藏》第 22 册，第 38 页上。
② 《云笈七签》卷四十五中《明正一箓第三》，载《道藏》第 22 册，第 318 页中下。
③ 同上，第 318 页中。
④ 同上，第 318 页中下。
⑤ 《黄帝内经素问校注语译·天元纪大论篇第六十六》，第 2 册，第 371 页。
⑥ 《西山群仙会真记》卷二《养炁》，载《道藏》第 4 册，第 428 页中。

《素问·评热病论》云：

> 邪之所凑，其气必虚。①

按照符箓派的理论，符法就是运用行法者的箓命，内运五脏元气，外感天地真元，通过符字笔画，凝神布气于符中，以补三元正气之不足。接受符字的人，可用符中之气补足人身元气，已达到葆养精神的效果。

对于精通“元命丹法”的符箓大师，则可用任意载体、手段画符，并不拘泥于任何成法。北宋雷法大师萨守坚有诗云：

> 一点灵光便是符，时人枉费墨和朱。上士得之勤秘守，飞仙也只在工夫。②

“一点灵光”便是“元命”，以此画符，才能达到目的。“元命之理”是符箓丹道的核心。

四、结语

在两汉时期，原始丹道的发展，被神秘主义的文化或宗教裹挟。以河上公为代表的黄老道家通过解释《道德经》，融合老庄思想与神仙方术，把丹道修养寓于其中。《淮南子》是西汉初期“新道家”的代表作，继承了道家“身国兼治”的思想和方法，在治身和养生方面，促进了原始丹道的发展。原始道教之中的符箓派，以符箓为工具，把丹道的功用神化，建立了以“天授箓位”为体系的“元命丹法”。由于这一时期的文化充满神秘色彩，后世的一些丹道流派往往把本派渊源追溯到汉代，如唐代丹道家称述的李八百，元代丹道家称述的王玄甫、钟离权，以及清代闵一得所述的李泥丸，等等。丹道被神秘主义文化或宗教裹挟，可谓祸福相因。其中最不利的影响，就是丹道在较长时期失去了开放明朗的发展轨迹。

① 《黄帝内经素问校注语译·评热病论篇第三十三》，第1册，第198页。
② 《道法会元》卷六十七《内天罡诀法》，载《道藏》第29册，第215页中。

第三章

精思入玄：存想、服气、胎息与丹道仙化

魏晋南北朝，始于曹魏黄初元年（220），止于南陈祯明三年（589），是个政局动荡、战乱频仍的年代。战争、离乱使人身心饱受创伤，人心迫切需要抚慰。在这样的背景下，趋向于虚无超脱的玄学、寄托于神仙拯救的道教，得到了发展和强化。然而，无论是虚无主义的玄学，还是充满奇幻的宗教，给人的感觉都是缥缈的，必须通过一定的具体方法才能产生实在感。丹道的"法"，满足了由虚无到实在的这一需求。因此，在这一时期，丹道之"法"得到了极大的发展。

魏晋南北朝时期，丹道内养与外丹烧炼平分秋色。其中，丹道之"法"主要分为三大体系，即存想、服气、胎息；炼丹术则以狐刚子、葛洪、陶弘景等人最为著名。

存想之法，主要是存思身内诸神，安住身内各部位，以达到精神内守、返朴归真的目的。代表经典主要有《黄庭外景经》《黄庭内景经》及《上清经》三十一卷。《黄庭外景经》在东汉时期就出现了，而《黄庭内景经》大约出现于公元288年。据《真诰》记载，《上清经》三十一卷出于东晋哀帝年间（341—365），由杨羲写出。存想之法，在唐末丹道发展较为成熟时，成为移神换鼎、锻炼阳神的主要方法；在北宋晚期新兴的符箓派中，是雷法的核心。

服气之法，即服食精气，通常配合祝祷、用符、存想等。魏晋南北朝时期，服气的典型代表是"服食五牙法"。"服食五牙法"出于古《灵宝经》。古《灵宝经》即"灵宝五符"，传说出于五帝时期的帝喾，后经大禹写出，藏于山中。依

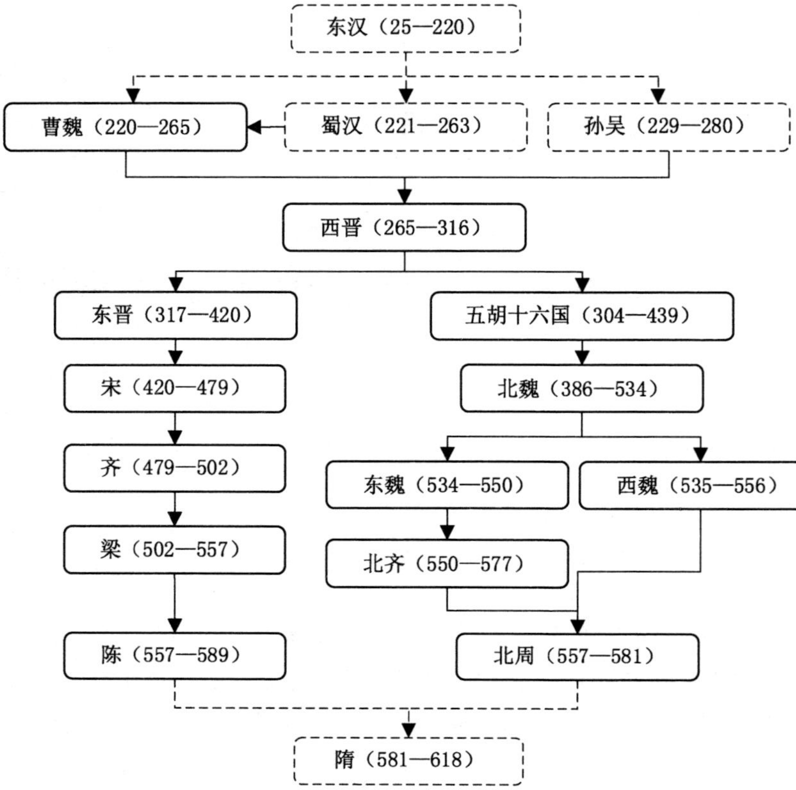

图 3-1　魏晋南北朝朝代更替图

灵宝派说法，“灵宝五符”由葛玄于东汉献帝建安四年（199）写出。服气之法，在后世的丹道中被视为小术，不被重视；但在雷法中继续运用，被发挥到了极致。

胎息之法，是内丹丹法之一。“胎息”之事，《后汉书》已载，在东汉时期已经相对成熟。东晋的《抱朴子》载有《胎息经》，并记述葛玄行胎息能长时潜于水中。唐代幻真先生认为胎息即是内丹，是“不死之道”①。五代时期，陈抟以胎息为蛰龙丹法，名著一时。北宋末期，雷法大兴，多数雷法大师以胎息为内炼之根本。

炼丹术以狐刚子、葛洪、陶弘景等人为代表。狐刚子的著作早已佚失，其观点散见于唐人著作中。葛洪代表作为《抱朴子》，成书于公元 317 年，记载丹法达二十九种之多。葛洪推崇外丹，认为“金丹之为物，烧之愈久，变化愈妙。

① 《云笈七签》卷六十《诸家服气部五·胎息经》，载《道藏》第 22 册，第 425 中下。

黄金入火，百炼不消，埋之，毕天不朽。服此二物，炼人身体，故能令人不老不死”。陶弘景是南北朝时期经验最为丰富的炼丹家。他前后炼丹二十余年，起炉七次，最终成功。但陶弘景并不信任和服食外丹。

总之，魏晋南北朝时期，丹道内养与炼制外丹并行，主要贡献在于丰富和发展了丹法。因此，本章在阐述丹道时，主要以丹道三要素中的“法”为线索，来探索这一时期各种丹道流派的渊源和传承；在阐述炼丹术时，则以葛洪的《抱朴子》为代表作，来说明当时外丹的烧炼程序及其传承人物。

第一节 守一、内视与存想之法源流

魏晋南北朝是个继续发展和创造神仙信仰的年代，期间产生的丹法多被赋予宗教色彩，存想之法就是突出代表。存想之法，以《黄庭外景经》《黄庭内景经》及《上清经》等经典为代表，其法是“存神养气”，以达到“真气内守”“归根复命”。此法主要流行于上清派中。

一、存想之法的思想渊源和发展过程

“存想”，就是存思神明安住于身体的相应部位。唐代丹道家司马承祯的《天隐子·存想》云：“存谓存我之神，想谓想我之身。”①

（一）存想之法的渊源

从思想渊源上看，存想之法的来源有三处，一是春秋时期的《道德经》，二是战国时期的《黄帝内经》，三是两汉时期的“身神”“内神”之说。

《道德经》中，有魂魄抱一的思想，其目的是使人身心合一。存想就是存思神明与身体合一，以达到“抱一”“守一”“得一”的目的。《道德经》：

> 载营魄抱一，能无离乎？（十章）
>
> 昔之得一者，天得一以清，地得一以宁，神得一以灵，谷得一以盈，万物得一以生，侯王得一以为天下贞。（三十九章）

《黄帝内经》认为，疾病是因人真气虚弱、邪气乘虚而入所引起的。这与

① 《天隐子·存想》，载《道藏》第21册，第700页上。

《天隐子·存想》中批评的“凡人目终日视他人，故心亦逐外走，终日接他事，故目亦逐外瞻。营营浮光，未尝复照，奈何不病且夭邪”①，思想一致。《素问·上古天真论》提出“精神内守，病安从来”②，“精神内守”正是存想的主要思想渊源之一。

两汉时期产生的“身神”“内神”之说，为存想之法提供了直接的思想、理论和方法来源。“身神”，就是身上或身内之神，本意指人体五脏六腑等器官或系统的功能，也称“内神”。两汉时期，“身神”“内神”逐渐发展成为有姓字名讳的祝祷之神。当“身神”“内神”由脏腑功能转变成祝祷之神时，存想之法也就随之而产生了。

战国时期的《黄帝内经》，把五脏六腑的功能用神、魄、精、魂、营等来表述。西汉末期出现的《太平经》，把五脏功能称为“内神”，“内神”是人的主要保护神。《太平经》认为，四时、五行之气，在人体内为“五藏神”，近人体者为“五德神”，远人体者为“阳历”或“四时兵马”。“五藏神”是“内神”，与“内神”同体相应的“五德神”“阳历”是“内神”功能的外化。如法画出“内神”形貌，悬挂观思，就能得到“内神”的保护。《太平经》卷七十二云：

> 四时、五行之气来入人腹中，为人五藏精神，其色与天地四时色相应也。画之为人，使其三合，其王气色者盖在外，相气色次之，微气最居其内，使其领袖见之。
>
> 先斋戒，居闲善靖处，思之念之。作其人画像，长短自在。五人者，共居五尺素上为之。使其好善，男思男，女思女，其画像如此矣。……
>
> 此四时、五行精神，入为人五藏神，出为四时、五行神精。其近人者，名为五德之神，与人藏神相似；其远人者，名为阳历，字为四时兵马，可以拱邪，亦随四时气衰盛而行。③

在东汉时期的纬书《龙鱼河图》中，出现了“身神”的观念。《龙鱼河图》中，把发神、耳神、目神、鼻神、齿神等，作为祝祷对象。《龙鱼河图》云：

> 发神名寿长，耳神名娇女，目神名珠映，鼻神名勇庐，齿神名丹朱。夜卧三呼之，有患亦便呼之九过，恶鬼自却。④

---

① 《天隐子·存想》，载《道藏》第21册，第700页上。
② 《黄帝内经素问校注语译·上古天真论篇第一》，第1册，第2—3页。
③ 《太平经合校》卷七十二《斋戒思神救死诀第一百九》，第292页。
④ 《太平御览》卷八百八十一《神鬼部·神部一》，第8册，第73页。

当“身神”“内神”发展成为人的保护神时，存思之法也就随之诞生了。

（二）存想之法的发展过程

存想之法，最初出于西汉末期，其具体方法是“还神”。《太平经》认为，人的“内神”驰游不还，就会生病，必须通过存想“内神”的形状、颜色、相貌来还神于身内。《太平经》卷三十三云：

> 真人问曰：凡人何故数有病乎？神人答曰：故肝神去，出游不时还，目无明也。心神去不在，其唇青白也。肺神去不在，其鼻不通也。肾神去不在，其耳聋也。脾神去不在，令人口不知甘也。头神去不在，令人眴冥也。腹神去不在，令人腹中央甚不调，无所能化也。四肢神去，令人不能自移也。夫神精，其性常居空闲之处，不居污浊之处也。欲思还神，皆当斋戒，悬象香室中，百病消亡，不斋不戒，精神不肯还反人也，皆上天共诉人也。所以人病积多，死者不绝。①

最初的存想之法，要借助图画形象，专注存思。《太平经钞乙部》云：

> 夫人神乃生内，返游于外，游不以时，还为身害，即能追之以还，自治不败也。追之如何，使空室内傍无人，画象随其藏色，与四时气相应，悬之窗光之中而思之。上有藏象，下有十乡，卧即念以近悬象，思之不止，五藏神能报二十四时气，五行神且来救助之，万疾皆愈。②

到了东汉，“还神”之法发展为“唤神”之法。《龙鱼河图》之中，就以呼唤发神、耳神、目神、鼻神、齿神等名讳来却除病邪。东汉张道陵在《灵宝五符序》中也提倡“唤神”之法。其中讲：

> 子欲为道，长生不死，当先存其神，养其根，行其气，呼其名。头发之神七人，字寻长。项上神三人，东王父。脑户中神南极君，字元先。眉间神天灵君。两耳神四人，字娇女。两目神六人，字英明。鼻中神，字通卢。口神，字丹珠。舌神，字丹黄。齿神三十六人，字卫士。喉中神，字虎贲。两眉神，字爵神。两手神，字魄阴。肺神，字鸿鸿。心神，字呴呴。肝神，字临临。胆神，字获获。胃神，字沮沮。脾神，字裨裨。两肾神，字漂漂。脐中神，字玉灵子。丹田中神，字藏精。大肠神，字沌沌。小肠神，字梁梁。

① 《太平经合校》卷三十三，第27页。

② 《太平经钞乙部》，载《太平经合校》，第14页。

阴神，字穷英。女人神，字丹精。两髀神，字阴阴。两膝神，字脰公。两胫神，字随孔子。两足神，字柱天力士。

子瞑欲卧，从上三呼之，竟乃止。若体有疾痛处，皆随痛所，九呼其名，令神治之。正卧瞑目，存其神，所疾立愈。①

存想之法，在东汉末至魏晋时期发展成熟。魏晋时期的存想之法，在继承“存思还神”“唤神还神”的基础上，以诵经、咽津、纳气、存思为引导，形成了系统的“存神填宫”之法。以三一、头部九宫、三丹田、五脏六腑、三元八景二十四真等“身神”“内神”作为存思对象，以“存神填宫”作为主要方法，标志着存想之法发展到了第一个高潮。第二个高潮则在北宋时期，后文详述。

存想之法的代表性经典有《黄庭外景经》《黄庭内景经》及《上清经》等。这些经典出现的年代各不相同。

二、《黄庭外景经》的撰造年代和传承人物

《黄庭外景经》自述出于太上老君，最早称为“老君黄庭经”或“黄庭经”。

（一）《黄庭外景经》的撰造年代

较早记载《黄庭外景经》的典籍有《列仙传》《大道家令戒》。《列仙传》云：

朱璜者，广陵人也。少病毒瘕，就睢山上道士阮丘。丘怜之……与《老君黄庭经》，令日读三过，通之，能思其意。②

《列仙传》的成书年代不晚于东汉之末，其中提及的《老君黄庭经》，即《黄庭外景经》，应出于东汉。

曹魏时期，正一派的《大道家令戒》，也提及《黄庭经》。《大道家令戒》是以大道化身——太上老君的口吻说出的，其中云：

道使末嗣分气治民，汉中四十余年，道禁真正之元，神仙之说，道所施行，何以《想尔》、《妙真》、三灵七言，复不真正，而故谓道欺人，哀哉可伤。……《妙真》自吾所作，《黄庭》三灵七言，皆训喻本经，为《道德》之

① 《太上灵宝五符序》卷上《食日月精之道》，载《道藏》第6册，第321页下—322页上。

② 《列仙传》卷下《朱璜》，载《道藏》第5册，第75页上。

光华。①

这则资料说明，《大道家令戒》中提及的《老子想尔注》《妙真经》《黄庭经》是解释和敷演《道德经》、把《道德经》转化为正一派教理和修炼技法的经典。此处的“《黄庭》三灵七言”就是《黄庭外景经》。

《大道家令戒》作于曹魏正元二年（255），是天师道正一派师君整顿教务和劝化道民的戒令。其中回顾了正一派在汉中一带曾经的辉煌，以及张鲁降曹以后道民迁徙所遭受的痛苦，号召道民顺天应时，继续修道。相关原文为：

> 道以汉安元年五月一日，于蜀郡临邛县渠停赤石城，造出正一盟威之道，与天地券要，立二十四治，分布玄元始气治民。……道使末嗣②分气治民，汉中四十余年，道禁真正之元，神仙之说，道所施行，何以《想尔》、《妙真》、三灵七言，复不真正，而故谓道欺人，哀哉可伤。至义国殒颠，流移死者以万为数，伤人心志。自从流徙以来，分布天下，道乃往往救汝曹之命。……《妙真》自吾所作，《黄庭》三灵七言，皆训喻本经，为《道德》之光华。……诸新故民户，男女老壮，自今正元二年正月七日已去，其能壮事守善，能如要言，臣忠子孝，夫信妇贞，兄敬弟顺，内无二心，便可为善，得种民矣。③

根据这段文字可知，《大道家令戒》中提及的《老子想尔注》《妙真经》和《黄庭经》，是张鲁降曹之前，在巴蜀一带造作的正一派经典。从其中三部经典的排列顺序来看，《老子想尔注》出现最早，《黄庭外景经》较晚。

按照《传授经戒仪注诀》《茅山志》记载，《老子想尔注》为张鲁著作④。《传授经戒仪注诀》云：

> 系师得道，化道西蜀，蜀风浅末，未晓深言，托遘《想尔》，以训初回。⑤

《茅山志》卷九《道山册》云：

---

① 《正一法文天师教戒科经》之《大道家令戒》，载《道藏》第18册，第236页上。

② 末嗣，即天师道正一派系师张鲁。

③ 《正一法文天师教戒科经·大道家令戒》，载《道藏》第18册，第236页中—237页中。

④ 饶宗颐先生对此有深入考证。见《老子想尔注校证》，《饶宗颐二十世纪学术文集》第5册，第422—425页。

⑤ 《传授经戒仪注诀·序次经法第一》，载《道藏》第32册，第170页中。

按《登真隐诀》隐居云，《老子道德经》有玄师杨真人手书张镇南古本。镇南即汉天师第三代系师鲁，魏武表为镇南将军者也。其所谓为五千文者，有五千字也。数系师内经（按：即《老子想尔注》中《道德经》的原文），有四千九百九十九字，由来阙一，是作三十辐应作卅辐，盖从省易文耳，非正体矣。宗门真迹不存，今传五千文为正本，上下二篇不分章。①

《黄庭外景经》虽晚于《老子想尔注》，但也出现在张鲁统治汉中的这一时期，应以降真方式写出。按照《大道家令戒》记载，张鲁以五斗米道统治汉中，大约坚持四十年。张鲁降顺曹操的时间为东汉建安二十年（215），前推四十年，应为公元 176 年。《黄庭外景经》应该出于公元 176—215 年之间。

（二）《黄庭外景经》的传承人物

正一派是道教中的符箓派，其经典传承与授箓有关。《黄庭外景经》涉及诸多神仙名讳、形貌，这正与“箓”相关，只有具有一定箓位的正一道士，才能得授《黄庭外景经》及其修法。

《魏夫人内传》记载，上清派祖师魏华存，初学正一派，曾任祭酒，得《黄庭外景经》传承。据李养正先生的研究，魏华存进一步细化《黄庭外景经》，撰写《黄庭内景经》。他在《魏华存与〈黄庭经〉》一文中讲：

《黄庭外景经》是东汉末至曹魏时方术之士所撰作的五斗米道秘典。魏华存为五斗米道女祭酒，她据有这书的传本，以后经她加以义疏，申演而为兼及女子修炼之法的《黄庭内景经》。

以上资料说明，《黄庭外景经》应该是在正一派内部师君、祭酒等高级道众中传播。

两晋之际，衣冠南渡，正一派逐渐式微，《黄庭外景经》普遍流传，对后世丹道产生重要影响。

三、《黄庭内景经》的撰造年代和传承人物

《黄庭内景经》经文自述出于“太上大道玉宸君”，是上清派的代表性经典之一。《黄庭内景经》的名称是相对于早期的《老君黄庭经》来说的，《黄庭内景经》出现后，原来的《黄庭经》就称为《黄庭外景经》。

① 《茅山志》卷九《道山册·道德经五千文》，载《道藏》第 5 册，第 591 页下。

（一）《黄庭内景经》的撰造年代

根据唐代颜真卿的《魏夫人仙坛碑铭》①、北宋的《太平御览》②、北宋张君房的《云笈七签》③、元刘大彬的《茅山志》④ 等资料记载，《黄庭内景经》由景林真人传授魏华存，时间为西晋武帝太康九年（288）十二月十六日（夏历）。《魏夫人仙坛碑铭》记载：

> 于是景林又授夫人《黄庭内景经》，令昼夜诵读万遍，乃得洞观鬼神，此乃不死之道也。⑤

《太平御览》援引《南岳魏夫人内传》云：

> 季冬月夜半……于是景林真人又授夫人《黄庭内景经》，一名《太上琴心》，一名《大帝金书》，一名《东华玉篇》，令昼夜诵之。⑥

《云笈七签·上清经述》记载：

> 于是季冬之月，夜半清朗……旸谷神王又别授夫人《黄庭内景经》……⑦

具体授经时间，《太平御览》引用《上元宝经》的记载：

> 按王君初降真之时，是晋元康九年冬于汲郡修武县廨内。夫人时应年四十八也。⑧

文中"晋元康九年"，应为太康九年，即西晋武帝太康九年（288）。《茅山志·上清品》记载：

> 以太康九年戊申岁十二月十六日，夜半，感太极真人、青童道君、扶桑

① 此碑铭作于唐代宗大历三年（768）。
② 《太平御览》由北宋李昉、李穆、徐铉等奉敕编纂，始于太平兴国二年（977）三月（夏历），成书于太平兴国八年（983）十月（夏历）。
③ 大致成书于北宋真宗天圣六年（1028）。
④ 大致成书于元泰定元年（1324）。
⑤ 《全唐文》卷三百四十《颜真卿·晋紫虚元君领上真司命南岳夫人魏夫人仙坛碑铭》，第4册，第352页。
⑥ 《太平御览》卷六百七十八《道部二十·传授上》，第6册，第317—318页。
⑦ 《云笈七签》卷四《道教经法传授部·上清经述》，载《道藏》第22册，第20页中—21页中。
⑧ 《太平御览》卷六百七十一《道部十三·上元宝经》，第6册，第256页。

旸谷王景林真人、清虚真人来降。[①]

以上资料说明，魏华存得授上清经典的日期为西晋武帝太康九年（288）十二月十六日（夏历）夜。透过这些仙传，可以推测，《黄庭内景经》由魏华存撰写，经文出于公元288年。

（二）《黄庭内景经》的传承人物

《黄庭内景经》出于上清派祖师魏夫人。根据南朝梁《真诰》、唐代《魏夫人仙坛碑铭》等记载，魏夫人，名华存，字贤安，任城樊邑（今山东微山县）人，晋司徒魏舒[②]之女。魏夫人于曹魏嘉平四年（252）四月初一日生于洛阳，幼而聪慧，加以家学渊源，精通五经百子，犹好老庄岐黄，十分博学。长大后志慕神仙，学习天师道，十五岁即为正一派祭酒。又常服气辟谷，摄生修养。二十四岁，父母强令嫁与怀川郡修武（今河南修武县）令、南阳人刘幼彦[③]。生二子[④]后，即斋戒精修。

西晋武帝太康九年（288），魏夫人感仙人传授《大洞真经》《黄庭内景经》。西晋惠帝元康年间（291—299），魏夫人避乱迁居江西抚州，修道同时，悬壶济世，赢得当地人的普遍尊重。东晋元帝建武二年（318），魏夫人迁居衡山集贤峰下，结庐礼斗，独自清修。历经十六个寒暑的磨炼与苦修，功圆果满，于东晋成帝咸和九年（334）羽化。

魏夫人登真之前，将《黄庭内景经》等传授给长子刘璞；十六年后，即东晋永和六年（350），刘璞传给杨羲。此后，杨羲采用降真的方式，撰造《上清经》三十一卷。《上清经》是对《黄庭内景经》的解释、细化、补充和完善。从此以后，《黄庭内景经》与《上清经》成为上清派的主要经典，在上清派的主要代表人物如许谧、许翙、许黄民、马朗、马罕、陆修静、陶弘景等人中传承。

四、《上清经》的撰造年代和传承人物

根据南朝梁陶弘景《真诰》、北宋张君房《云笈七签》的记载，《上清经》是以

---

① 《茅山志》卷十《上清品·上清经箓圣师七传真系之谱·嗣上清第一代太师》，载《道藏》第5册，第597页中。

② 魏舒（209—290），字阳元，任城樊县人。三国时曹魏及西晋官员，官至司徒。详见《晋书·魏舒传》。

③ 刘乂，字幼彦，南阳涅阳（今河南镇平）人，任太保掾，后出任怀川郡修武令，善为德政，仁风惠著。

④ 长子刘璞，字子成，号道脱，约生于公元280年，仕至侍中、光禄勋，赐爵东昌男，东晋著名书法家，善行、草。次子刘遐，字子嵩，仕至安成太守。

降真的方式，陆续撰造的，其传承人物也较为复杂，需要仔细探索和说明。

（一）《上清经》三十一卷的撰造年代

按《真诰》记载，《上清经》的撰造主要在东晋，但据《云笈七签》，应该是在东汉至魏晋期间陆续撰造，主要集中在东晋时期。这一造经活动，大致分为两个阶段：第一阶段在东晋哀帝兴宁二年（364）以前，第二阶从东晋哀帝兴宁二年（364）正月开始。其中，第二阶段撰造的经典最多，形成了上清经诰体系。

第一阶段，由清灵真人裴玄仁、紫阳真人周义山降嘤，华侨撰造，付与长史许谧。后因华侨泄露冥旨被责，造经活动一度停顿，其后由杨羲继续。华侨所造的经文，仅留下《清灵真人传》《紫阳真人传》。《真诰》卷十九《翼真检第一》记载：

> 又按众真未降杨之前，已令华侨通传音意于长史。华既漏妄被黜，故复使杨令授，而华时文迹都不出世。①

《真诰》卷二十《真胄世谱》记载：

> 华侨者，晋陵冠族，世事俗祷。……渐渐真仙来游……裴清灵、周紫阳至，皆使通传旨意于长史。而侨性轻躁，多漏说冥旨，被责，仍以杨君代之。②

第二阶段，由紫虚元君魏夫人降嘤，杨羲撰造，付与长史许谧及其三子许翙。《真诰》卷十九《翼真检第一》记载：

> 伏寻《上清真经》出世之源，始于晋哀帝兴宁二年太岁甲子，紫虚元君上真司命南岳魏夫人下降，授弟子琅琊王③司徒公府舍人杨某，使作隶字写出，以传护军长史句容许某，并第三息上计掾某某④

由于华侨撰造的经文未曾流传，传世的上清经文，主要出于杨羲之手。《上清经》撰造的时间，应从东晋哀帝兴宁二年（364）正月开始，持续较长一段时期，直至杨羲羽化。杨羲羽化的时间，按《真诰》记载，应为公元386年。《真诰》卷二十记载：

---

① 《真诰》卷十九《真诰叙录》，载《道藏》第20册，第601页下。
② 《真诰》卷二十《真胄世谱》，载《道藏》第20册，第601页下。
③ 琅琊王，即简文帝在东府时，作相王。
④ 《真诰》卷十九《真经始末》，载《道藏》第20册，第601页下。

按《真诰》云：应以太元十一年丙戌去。又云：若不耐风火，可修剑解之道，作告终之术。如此恐以早逝，不必丙戌也。……杨先以永和五年己酉岁，受《中黄制虎豹符》。六年庚戌，又就魏夫人长子刘璞，受《灵宝五符》，时年二十一。兴宁三年乙丑岁，众真降喉，年三十六，真降之所，无正定处。①

这说明，杨羲可能于东晋孝武帝太元十一年（386）去世。那么，以杨羲为主的造经活动大约持续了二十三年（364—386）。

也有许多资料表明，在华侨、杨羲造经之前，《上清经》的说法已经存在，甚至已出现经题、核心内容和主要修法。《云笈七签》之《玄洲上卿苏君传》中有“洞房三元真一之道”、《太上素灵诀》，《太元真人东岳上卿司命真君传》中有“玉佩金珰之道”及《太极玄真之经》《太霄二景隐书》《紫素文》等，《清灵真人裴君传》中有“存奔日月之法”及《太上郁仪文》《太上结璘章》等。《清虚真人王君内传》中有《太上宝文》《八素隐书》《大洞真经》《灵书八道》《紫度炎光》《石精玉马》《神真虎文》《高仙羽玄》凡三十一卷。②

进一步分析《黄庭内景经》的内容，可以看出，《黄庭内景经》是以口诀的方式，传授《上清经》系列经典中的核心内容。《黄庭内景经》出于华侨、杨羲、许谧、许翙等人的造经活动之前。

以上这些说明，杨羲等人撰造的《上清经》系列经典，是对两汉魏晋以来流传经典的一种整合。

综上所述，《上清经》三十一卷，是在魏晋之间逐步撰造和传出的，具体时间是从东晋哀帝二年（364）正月开始，由魏夫人降喉于杨羲，杨羲以隶书写出，传于许谧、许翙，二许又加渲染、传写。以杨羲为主的《上清经》造经活动，大约持续了二十三年，约终止于东晋孝武帝太元十一年（386）。

（二）《上清经》三十一卷的传承人物

根据上清派的仙真传记，与《上清经》三十一卷传承有关的人物主要有西城总真王方平（《太平经》中的上宰西城宫总真王君）、裴玄仁（生于西汉文帝二年，即公元前178年）、周义山（生于西汉昭帝元凤元年，即公元前80年）、茅盈（生于西汉景帝中元五年，即公元前145年）、苏林（羽化于西汉宣帝神爵

① 《真诰》卷二十《真胄世谱》，载《道藏》第20册，第720页下。

② 《云笈七签》卷一百零六《传·清虚真人王君内传》，载《道藏》第22册，第20页中—21页中。

二年，即公元前 60 年）、王褒（生于西汉元帝建昭三年，即公元前 36 年）、魏华存（252—334）、华侨（生卒不详，东晋初期人）、杨羲（330—386）、许谧（305—376）、许翙（341—370）、许黄民（361—429）等。但根据《真诰》中降真啰经的资料分析，除了神仙人物，《上清经》经文的撰造和传承人物主要是杨羲、许谧、许翙、许黄民等。

杨羲，生于东晋成帝咸和五年（330），本是吴地人，后迁句容（今江苏省句容市）。杨羲好道，结交许谧等人，曾担任公府舍人的官职。东晋哀帝兴宁二年前后，杨羲、许谧等人，继华侨之后，开始了《上清经》的降啰撰造活动。杨羲大约在东晋孝武帝太元十一年（386）羽化。由于华侨所撰造的《上清经》未能传世，所以，从真实的人物来看，杨羲为《上清经》传承中的第一人。杨羲被上清派尊为第二代宗师。杨羲的事迹，可参看南朝梁陶弘景的《真诰》、北宋张君房的《云笈七签》、元刘大彬的《茅山志》等。

许谧，一名穆，字思玄，丹阳句容人，生于西晋惠帝永兴二年（305）。许谧生于官宦世家，曾担任郡主薄功曹史，后累官至余姚令、尚书郎、郡中正护军长史、给事中散骑常侍。许谧家族是两晋时期重要的道教家族，族人多数信奉帛家道、天师道。许谧是上清经诰撰造活动的发起者、支持者、主持者、参与者，居功甚伟，被尊为上清派第三代宗师。许谧羽化于东晋孝武帝太元元年（376），事迹见于南朝梁陶弘景的《真诰》、北宋张君房的《云笈七签》、元刘大彬的《茅山志》等。

许翙，字道翔，小名玉斧，为许谧第三子，生于东晋成帝咸康七年辛丑（341）。《真诰》记载许翙“泰和二年丁卯，时年二十七，则是咸宁七年辛卯生也”①。东晋废帝太和二年为公元 367 年，按当时许翙二十七岁计算，许翙应生于公元 341 年，时为东晋成帝咸康七年辛丑，并非咸宁七年辛卯。许翙年仅三十岁，羽化于东晋废帝太和五年（370）。许翙少杨羲十一岁，是继许谧之后降真造经活动的主要支持者和参与者。许翙被尊为上清派第四代宗师。许翙事迹可见于南朝梁陶弘景的《真诰》、北宋张君房的《云笈七签》、元刘大彬的《茅山志》等。

许黄民，字玄文，许翙之子，生于东晋穆帝升平五年（361）。曾仕郡主薄、司农丞、南蛮参军、临沮令，羽化于南朝宋文帝元嘉六年（429）。东晋安帝元兴三年（404），建康（今江苏省南京市）一带发生战乱，许黄民携带“三君手书”（即杨羲、许谧、许翙撰造的经诰）避乱于剡县（今浙江省新昌县）。南朝

① 《真诰》卷二十《真胄世谱》，载《道藏》第 20 册，第 609 页上。

宋文帝元嘉六年（429），许黄民将“三君手书”分藏于东阐马朗、钱塘杜道鞠等人家中。东晋安帝义熙年间（405—418），许黄民又将部分经诰抄传孔默、王灵期、莱买等数人。其中，王灵期曾向许黄民苦求上清经诰，得授后擅加改造，广增五十多篇，流传甚广。许黄民的事迹，可参看南朝梁陶弘景的《真诰》卷十九《翼真检第一·真诰叙录》、卷二十《真胄世谱》。

根据《真诰》中《真经始末》的记载，在许黄民时期，与上清经诰传承有关的人物有马朗、马罕、杜道鞠、孔默、王灵期等人。根据《真诰》卷十九、卷二十的记载，与上清经诰传承有关的主要人物还有王兴、莱买、何道敬、钟义山、殳季真、陆修静、陆瓌文、杜京产、顾欢、戚景玄、朱僧摽、孙游岳等人（见图 3-2）。

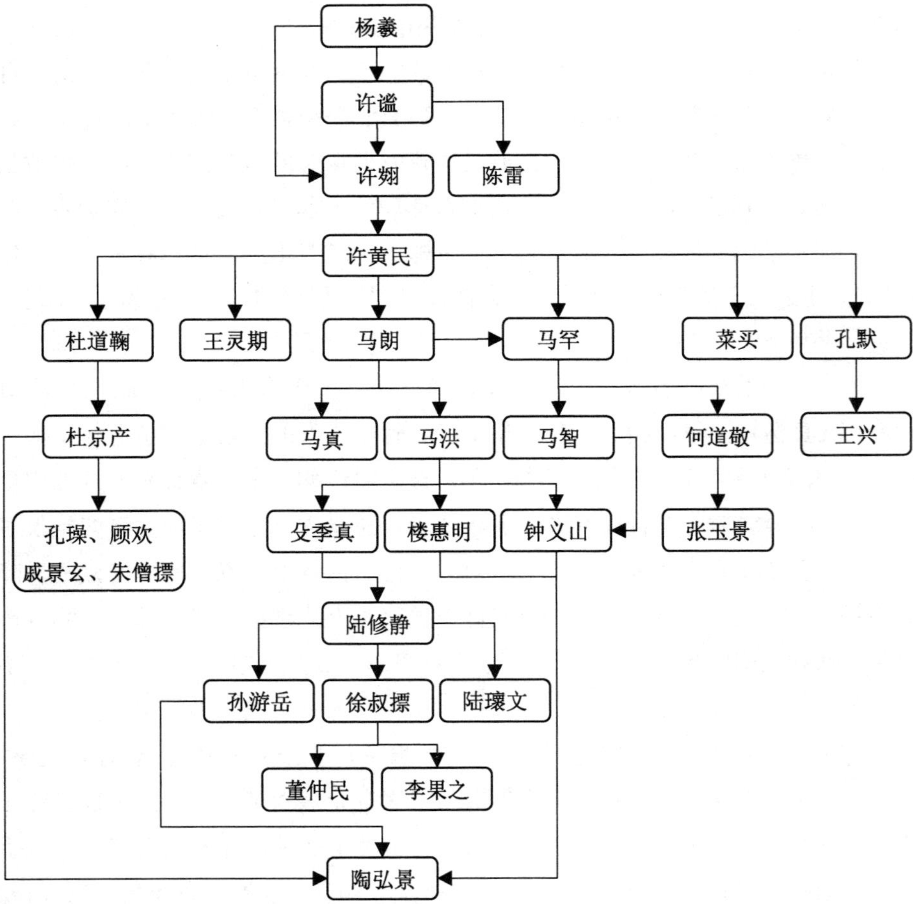

图 3-2　上清经诰主要授受关系图（据《真诰》整理）

南齐永明二年（484），陶弘景师学于孙游岳，得授一些符图。永明六年（488）以后，陶弘景先后访杜京产、钟义山等人，将得到的上清经诰进行甄别和整理，并著作《真诰》，对上清经诰的撰造和流传过程进行了详细的记述。陶弘景长期隐居茅山，传播和修习上清经诰，形成了上清派茅山宗。《陶隐居内传》云：

> 是岁①，东阳孙游岳始授先生道家符图，虽云相承真本，而历经摹写，意所未惬。明年游茅山。……获前真杨、许兴宁中手书。……诚心感跃，如亲睹灵人，乃寻三真往来书疏，知所获者犹多亡阙，更搜访远近，于是启假而东，谒楼惠明于大洪山，遇杜京产于太平山，又寻沙门钟义山于宛山，皆卑辞膝请，获真人手迹十余卷。游历二百余日，乃还都。②

五、存想之法的“身神”系统

到了魏晋南北朝，“身神”系统已非常完善，主要有头部九宫、三丹田、五脏六腑、三元八景二十四真、三一等相互联系的五大系统。

（一）头部九宫

头部“九宫”及其所居“内神”，详见于《大有妙经》《登真隐诀》等。《大有妙经·太上道君守元丹上经》云：

> 两眉间上，却入三分为守寸双田，却入一寸为明堂宫，却入二寸为洞房宫，却入三寸为丹田宫，却入四寸为流珠宫，却入五寸为玉帝宫，明堂上一寸为天庭宫，洞房上一寸为极真宫，丹田上一寸为玄丹宫，流珠宫上一寸为太皇宫。凡一头中有九宫也。③

“九宫”分为上下两层，分别安住不同的“内神”，其名讳、服色、形貌如表3-1所示。其中，明堂、洞房、丹田、流珠、玄丹等五宫所居之“内神”以男性为主；玉帝、天庭、极真、太皇等四宫所居之“内神”以女性为主。男性“内神”称为“雄一”或“雄真一”，女性“内神”称为“雌一”或“雌真一”。

---

① 按《华阳陶隐居内传》中的上下文，“是岁”是指陶弘景二十九岁，应为公元484年。
② 《华阳陶隐居内传》卷上，载《道藏》第5册，第502页中下。
③ 《洞真太上素灵洞元大有妙经·太上道君守元丹上经》，载《道藏》第33册，第404页中。

表 3-1　头部九宫内神简表

宫名		位置	内神及其名讳、服色、形貌		备注
下层	守寸	两眉间上却入三分	左	青房大神，名正心，字初方，着青衣，形如婴孩，手执流金火铃	不属九宫
下层	守寸	两眉间上却入三分	右	紫户大神，名平静，字法王，着紫衣，形如婴孩，手执流金火铃	不属九宫
下层	明堂	两眉间上却入一寸	左	明童真君，讳玄阳，字少青，着绿锦衣，腰带四玉铃，口衔玉镜，镜铃并如赤玉，形如婴儿	
下层	明堂	两眉间上却入一寸	中	明镜神君，讳照精，字四明，着绿锦衣，腰带四玉铃，口衔玉镜，镜铃并如赤玉，形如婴儿	
下层	明堂	两眉间上却入一寸	右	明女真官，讳微阴，字少元，着绿锦衣，腰带四玉铃，口衔玉镜，镜铃并如赤玉，形如婴儿	
下层	洞房	两眉间上却入二寸	左	无英公子，名玄充叔，字合符子，一名元素君，一名神公子	
下层	洞房	两眉间上却入二寸	中	黄老君，名伯桃	
下层	洞房	两眉间上却入二寸	右	白元君，名郁灵标，字玄夷绝，一名朱精，一名启成	
下层	丹田	两眉间上却入三寸	右	帝卿君，讳肇勒精，字仲玄生，一名起非，一名常扶，裸身无衣，貌如婴孩始生，执《大洞真经》，盛以紫玉函	
下层	丹田	两眉间上却入三寸	中	上元真一帝君，讳玄凝天，字三元先，一名伯无上，一名伯史华，裸身无衣，貌如婴孩始生，执《上清神虎符》，盛以青玉函	
下层	流珠	两眉间上却入四寸	流珠真神		
下层	玉帝	两眉间上却入五寸	玉清神母，姓廉，名衔，字荒彦，着玄黄素灵之绶，头戴七称珠玉之髻，冠无极进贤之冠		
上层	天庭	明堂上一寸	上清真女，姓厥，名回，字弼类，着青宝神光锦绣霜罗九色之绶，头戴玉宝飞云之髻，冠玄黄进贤之冠		
上层	极真	洞房上一寸	太极帝妃，姓玄，名虚生，字伯无，著玄罗流光五色凤文绶，头戴七宝玄云之髻，冠无极进贤之冠		
上层	玄丹	丹田上一寸	泥丸太一真君，讳规英，字化玄，貌如婴儿始生，着紫绣锦衣，腰带流火之铃，左手把北斗七星之柄，右手把北辰之纲		
上层	太皇	流珠上一寸	太上君后，姓迁，名含孩，字合延生，着七宝飞精玄光云锦霜罗九色之绶，头戴九玄玉精颓云之髻，冠玄黄无极三宝玉冠		

资料来源：根据《大有妙经》整理。

（二）三丹田

三丹田所居“内神”，早期称为“泥丸真人”“绛府赤子”“丹田君侯”。《太清金液神丹经》卷上云：

雄雌之黄养三宫：泥丸真人自溢充，绛府赤子驾玄龙，丹田君侯常丰隆，三神并悦身不穷。

“三丹田”之说，较早见于《大有妙经》，所居“内神”称为“赤子”“真人”“婴儿”，详见表3-2。《大有妙经·太上大洞守一内经法》云：

太上告曰：两眉间，上丹田也。心绛宫，中丹田也。脐下三寸，下丹田也。合三丹田也。赤子居上丹田宫，真人居中丹田宫，婴儿居下丹田宫。①

表3-2　三丹田内神简表

丹田位置		内神及其名讳、形貌
两眉间上却入三寸为丹田泥丸宫	右	帝卿君，讳肇勒精，字仲玄生，一名起非，一名常扶，裸身无衣，貌如婴孩始生，执《大洞真经》，盛以紫玉函
	中	泥丸天帝上一赤子，讳玄凝天，字三元先，一名伯无上，一名伯史华，位为泥丸天帝君，治在上一宫，裸身无衣，貌如婴孩始生，执《上清神虎符》，盛以青玉函
心为中丹田，号为绛宫，镇心之中央	右	辅皇中卿，讳中光坚，字四化灵，一名幽车伯，一名董史华，裸形无衣，貌如婴孩始生之形，左手执明月珠，圆三寸，光明洞映
	中	中一丹皇，讳神运珠，字子南丹，一名生上伯，一名史云拘，位为绛宫丹皇君，治在心宫，裸形无衣，貌如婴孩始生之形，左手把荧惑星，存之如鸡子正中央色，右手执《雌一高上符》，盛以白玉函
脐下三寸号命门丹田宫	右	保镇弼卿，讳归上明，字谷下玄，一名奉申伯，一名承光生，裸身无衣，貌如婴孩始生之形，左手执明月珠，圆三寸，映洞下关玉茎之内，右手恒执兆之玉茎，常持之不放
	中	下元婴儿，讳始明精，字元阳昌，一名婴儿胎，一名伯史原，位为黄庭元王，裸身无衣，貌如婴孩始生之形，左手把太白星，存之如鸡子色正白，右手执《素灵洞玄大有妙经》，盛以黄玉函

资料来源：根据《大有妙经》整理。

（三）五脏六腑

五脏六腑的“内神”，可见于《黄庭内景经》。《黄庭内景经·心神章第八》集中罗列六腑五藏内神名号，第九至十四章紧接其后，分述六腑五藏功能及其内神特点等。《心神章第八》原文如下：

心神丹元字守灵，肺神皓华字虚成。肝神龙烟字含明，翳郁导烟主浊清。肾神玄冥字育婴，脾神常在字魂停。胆神龙曜字威明。六腑五藏神体精，皆在心内运天经。昼夜存之自长生。②

---

① 《洞真太上素灵洞元大有妙经·太上大洞守一内经法》，载《道藏》第33册，第410页中下。

② 《太上黄庭内景玉经》，载《道藏》第5册，第909页中。

《黄庭内景经》中的脏腑顺序与《黄帝内经·六节藏象论》中的脏腑顺序是完全对应的。《黄帝内经·六节藏象论》云：

心者，生之本，神之变也……肺者，气之本，魄之处也……肾者，主蛰封藏之本，精之处也……肝者，罢极之本，魂之居也……①

由此可知，《黄庭内景经》虽然把脏腑功能神化，却是源于《黄帝内经》。

以上脏腑"内神"与头部九宫"内神"都有联系，脏腑"内神"是九宫"内神"的从属，其间的关系皆由"心神"主宰，故称"六腑五藏神体精，皆在心内运天经"。另外，五脏六腑的"内神"系统还可以参看"三元八景二十四真"。

（四）三元八景二十四真

"三元八景二十四真"，是把人身分为上、中、下三元，其中每一元又分为八种真炁，共计二十四种真炁，为二十四种"内神"。代表经典为《二十四神回元经》《二十四神行事诀》《二十四神图经》等。

据《二十四神图经》记载，每一元的八部"内神"，都配有相应的"符"（图2-7），"三元八景二十四真内神"的具体情况，如表3-3所示。兹举"上元八景内神"为例，其名讳、服色主要如下：

表3-3　三元八景二十四真表

三元	上元	中元	下元
八景二十四真	脑神：名觉元子，字道都	喉神：名百流放，字道通	胃神：名同来育，字道展
	发神：名玄文华，字道衡	肺神：名素灵生，字道平	穷肠神：名兆滕康，字道还
	目神：名虚监生，字道童	心神：名焕阳昌，字道明	大小肠神：名蓬送留，字道厨
	皮肤神：名通众仲，字道连	肝神：名开君童，字道青	胴中神：名受厚勃，字道虚
	项髓神：名灵谟盖，字道周	胆神：名德龙拘，字道放	胸膈神：名广瑛宅，字道仲
	膂神：名益历辅，字道柱	左肾神：名春元真，字道卿	两肋神：名辟瑕马，字道成
	鼻神：名冲龙玉，字道微	右肾神：名象地无，字道生	左阳神：名扶流起，字道圭
	舌神：名始梁峙，字道歧	脾神：字宝元全，字道骞	右阴神：名苞表明，字道生

资料来源：根据《二十四神回元经》《二十四神行事诀》和《二十四神图经》整理。

① 《黄帝内经素问校注语译·六节藏象论篇第九》，第1册，第61—62页。

> 脑神明觉元子，字道都，形长一寸一分，色正白。发神名玄文华，字道衡，形长二寸二分，色玄。皮肤神名通众仲，字道连，形长一寸五分，色黄。目神名虚监生，字道童，形长三寸六分，衣五色。项髓神名灵谟盖，字道周，形长五寸，色白，素衣。膂①神名益历辅，字道柱，形长三寸半，白玉素衣。鼻神名冲龙玉，字道微，形长二寸五分，青白黄色衣。舌神名始梁峙，字道岐，形长七寸，正赤色。②

（五）三一

“三一”，本源于道家“抱元守一”。春秋时期，道家就有“太一”③ 的说法，代表本元之道。到了战国时期，“太一”成了主宰之神的称呼，如《楚辞》中的“东皇太一”。东汉末期的《老子想尔注》认为“一”既是“气”，又是神④。

“三一”出现于东汉时期，即“上一泥丸君”“中一绛宫君”“下一丹田君”。东汉时期的《太清金液神丹经·叙》云：

> 夫三一者，脑、心、脐三处也。上一泥丸君在头中，中一绛宫君在心中，下一丹田君在脐中，存之则炜烨于三府，忽之则幽寂于一身，好生者存之为乐，亡身者废之为欢，是故炜烨寂观三一之乐矣。按仙经云：“子欲长生，三一当明。”道正在于此。

东汉时期的《灵宝五符序》，还提出“天一”“人一”“地一”的“三一”之说。《灵宝五符序》卷上云：

> 天一在华盖下，人一在斗户，地一在日月所游。三一煌煌如明珠，子不守之，生复何求。……三一者，身上之三宫也。头、心、脐，谓之三宫也。⑤

《灵宝五符序》卷下又云：

> 泥丸、绛宫、丹田，是三一之真焉。⑥

到了魏晋，“三一”的含义发生了变化，《上清经》提出“帝一”“雌一”

---

① 膂，读音［lǚ］，指脊椎骨。
② 《太微帝君二十四神回元经》，载《道藏》第 34 册，第 774 页上中。
③ 关尹子讲：“主之以太一”。见《庄子今注今译》第 2 册，第 1011 页。
④ 见韩国高丽大学吴相武教授的论文《从早期〈老子〉注对“一”的解释看汉魏老学的分歧》。
⑤ 《太上灵宝五符序》卷上《食日月精之道》，载《道藏》第 6 册，第 322 页上。
⑥ 《太上灵宝五符序》卷下《太上太一真一之经》，载《道藏》第 6 册，第 342 页上。

“雄一”之说。《上清经》中涉及“三一”之法的，主要有《大洞真经》《雌一妙经》《大有妙经》。《大有妙经·太上大洞守一内经法》云：

> 夫三一之法，观道备于三元，其道奇妙，总合灵篇，天人仙皇，握宝神经。第一之奇，《大洞真经三十九章》；第二奇文，雌一合变，号《大有妙经》；第三玉诀，洞真玄经，三五七九，号《太上素灵》。①

“帝一”出于《大洞真经》。《上清大洞真经·徊风混合帝一秘诀》云：

> ……真人，男形，如始生小儿，身长四寸，号曰大洞帝一尊君，名父宁在，字合母精延，守兆死关……此帝一尊君。②

“雌一”“雄一”出于《大有妙经》和《雌一妙经》。在《大有妙经》中，“雄一”和“雌一”分别是指头部九宫中的男性“内神”和女性“内神”，其名讳、服色、形貌如表3-1所示。在《雌一妙经》中，“雌一”是指头部“洞房”中三尊“内神”：“白素元君”“黄素元君”“紫素元君”。此三元君合而为一、分而为三，又称“太素三元君”。③

《上清经》认为，“三一”之中，“帝一”之法最秘，“雌一”高于“雄一”。

六、存想的具体方法和传承方式

存想之法的本质是通过存神合身以达到神气相抱、性命归根的丹法，其具体方法和传承方式充满了宗教色彩。

（一） 存想的具体方法

魏晋时期的存想之法非常复杂，本处选择较为简捷的存神填宫、存守三一、存奔日月作为代表，略作阐述。其中，存神填宫偏重于内守，存守三一是内外兼顾，存奔日月偏重于外化。

1. 存神填宫

存神填宫，又称“唤神填宫”，是存想方法之核心。今以《登真隐诀》为例来做说明。

《登真隐诀》称“存神填宫”为“填神混化玄真之道”，主要是存想头部九

① 《洞真太上素灵洞元大有妙经·太上大洞守一内经法》，载《道藏》第33册，第410页上。
② 《上清大洞真经》卷六《徊风混合帝一秘诀》，载《道藏》第1册，第554页上。
③ 《洞真高上玉帝大洞雌一玉检五老宝经》，载《道藏》第33册，第382页中。

宫内神。头部九宫，位置详见表3-1。具体方法是，“正坐东向，临目内存身神形色长短大小，呼其名字，还填本宫”。《登真隐诀》卷下《存神别法》云：

> 凡修《黄庭内经》，应依帝君填神混化玄真之道。……读竟，礼祝毕，正坐东向，临目内存身神形色长短大小，呼其名字，还填本宫。①

在“存神填宫”的基础上，还有其他进一步存想的方法。如《登真隐诀》卷上《明堂》云：

> 明童真君，讳玄阳，字少青；明女真君，讳微阴，字少元；明镜神君，讳照精，字四明……若道士恐畏，存三神，使鸣玉铃，使声闻太极；存使吐玉镜赤光，令万丈。存之俱毕，因三呼三君名字，叩齿九通，则千妖伏息，万鬼灭形也。②

2. 存守三一

存守三一，又称“守一”或“守三一”，与丹道关系最为紧密的就是精、气、神“三气共一”的“三一”思想。《太平经钞·癸部》卷十云：

> 三气共一，为神根也。一为精，一为神，一为气，此三者共一位也，本天地人之气。神者受之于天，精者受之于地，气者受之于中和，相与共为一道。③

东汉时期，《太清金液神丹经·叙》将《淮南子》中的“形气神”、《太平经》中的“精气神”与三丹田的“内神”统一起来，为魏晋时期的存守三一奠定了基础。

东晋的《抱朴子》认为“道起于一”，“天得一以清，地得一以宁，人得一以生，神得一以灵”，“一”是“视之不见，听之不闻”。葛洪指出：“‘忽兮恍兮，其中有象；恍兮忽兮，其中有物。’一之谓也。”这说明，葛洪的“一”是以《道德经》为源头的。《抱朴子·地真》记载：

> 人能知一，万事毕。知一者，无一之不知也。不知一者，无一之能知也。道起于一，其贵无偶，各居一处，以象天、地、人，故曰三一也。天得一以清，地得一以宁，人得一以生，神得一以灵。金沉羽浮，山峙川流，视之不见，听之不闻，存之则在，忽之则亡，向之则吉，背之则凶，保之则遐祚罔

---

① 《登真隐诀》卷下《存神别法》，载《道藏》第6册，第617页下—618页上。
② 《登真隐诀》卷上《明堂》，载《道藏》第6册，第608页下—609页上。
③ 《太平经钞·癸部·令人寿治平法》，载《太平经合校》，第728页。

极，失之则命凋气穷。老君曰："忽兮恍兮，其中有象；恍兮忽兮，其中有物。"一之谓也。①

进一步，葛洪引用汉魏以来流行的"仙经"，把三丹田的内神称为"三一"，存守三一就是存守三丹田的内神。《抱朴子·地真》云：

子欲长生，守一当明；思一至饥，一与之粮；思一至渴，一与之浆。一有姓字服色，男长九分，女长六分，或在脐下二寸四分下丹田中，或在心下绛宫金阙中丹田也，或在人两眉间，却行一寸为明堂，二寸为洞房，三寸为上丹田也。②

葛洪还对存守三一的功效进行了夸张地描述。《抱朴子·地真》云：

吾闻之于先师曰："一在北极大渊之中，前有明堂，后有绛宫；巍巍华盖，金楼穹隆；左罡右魁，激波扬空；玄芝被崖，朱草蒙珑；白玉嵯峨，日月垂光；历火过水，经玄涉黄；城阙交错，帷帐琳琅；龙虎列卫，神人在傍；不施不与，一安其所；不迟不疾，一安其室；能暇能豫，一乃不去；守一存真，乃能通神；少欲约食，一乃留息；白刃临颈，思一得生；知一不难，难在于终；守之不失，可以无穷；陆辟恶兽，水却蛟龙；不畏魍魉，挟毒之虫；鬼不敢近，刃不敢中。"此真一之大略也。③

南朝梁陶弘景在《登真隐诀》中记载有"三一守形法"，谓身中上、中、下三元之宫各有灵符，以八节之日服符、存神于丹田之内。《登真隐诀》卷上《真符》云：

上元六符，中元五符，下元五符，涓子剖鲤鱼所获，是太上召三一守形也。立春、春分、立夏、夏至、立秋、秋分、立冬、冬至，始日也，朱书，平旦向王，日吞一符。毕，再拜，祝愿随意。佩头上，盛以锦囊，勿履垮，五年与真一相见。④

魏晋南北朝时期的存守三一，最具特色的是存守"帝一""雌一""雄一"。根据老子的"知其雄，守其雌"，"雌一"高于"雄一"，只有在守"雄一"的基

---

① 《抱朴子内篇校释》卷十八《地真》，第 323 页。
② 同上。
③ 同上，第 324 页。
④ 《登真隐诀》卷上《真符》，载《道藏》第 6 册，第 606 页上。

础上，才可晋守“雌一”。所谓“帝一”，是身内诸神的总集体。“帝一”之法，称为“徊风混合”。按照一定的次第存守“雄一”“雌一”“帝一”，是上清派独有的修真方法。

魏晋以后的存守三一（“雄一”“雌一”“帝一”）之法，与东汉时期的存守三一（婴儿、真人、赤子）之法，虽异然通。《云笈七签》卷五十六的《三一诀》云：

> 修炼元气真神，三一存至者，即精化为神，神化为婴儿，婴儿化为真人，真人化为赤子。赤子乃真一也，一乃帝君也，能统一身，主三万六千神。帝若在身，三万六千神无不在也，故能举其身游帝庭。①

存守三一正是唐宋丹道家所说的“炼精化气、炼气化神、炼神还虚”的雏形。

3. 存奔日月

存奔日月之法，代表经典主要有《上清太上帝君九真中经》《上清八素真经服日月皇华》《太上玉晨郁仪结璘奔日月图》等。《郁仪奔日赤景玉文》《结璘奔月黄景玉章》记载有“日中五帝”与“月中五夫人”的名讳服饰（见表3-4、表3-5）及祝祷、存想方法。

表3-4 日中五帝名讳服饰表

日帝	讳	字	衣	裙	冠
青帝	圆常无	照龙韬	青玉锦帔	苍羽飞华	翠蓉扶晨冠
赤帝	丹灵峙	绿虹映	绛玉锦帔	丹羽飞华	丹扶灵明冠
白帝	皓郁将	回金霞	素玉锦帔	白羽飞华	皓灵扶盖冠
黑帝	澄增停	玄录炎	玄玉锦帔	黑羽飞华	玄山芙蓉冠
黄帝	寿逸皀	飙晖像	黄玉锦帔	黄羽飞华	扶灵紫蓉冠

资料来源：《太上玉晨郁仪奔日赤景玉文》。

具体地讲，郁仪奔日之法，即早晨对初升朝阳或在静室内，调息并吞服日辉与霞光，依次存思“日中五帝”来行者左右及背部，通过祝祷、叩齿、咽津等，再存思车驾自日中来，与五帝同奔日中。此即“乘景奔日郁仪之道”②。结璘奔月之法，与郁仪奔日之法大致相同：傍晚对初升月亮或在静室内，调息吞服月光，依次存思“月中五夫人”来行者左右及背部，最终与月中五夫人奔月

① 《云笈七签》卷五十六《诸家气法部一》，载《道藏》第22册，第389页中。
② 《太上玉晨郁仪奔日赤景玉文》，载《道藏》第34册，第40页上中。

而去。此即“结璘奔月之法”①。

表 3-5　月中五夫人名讳服饰表

月夫人	讳	字	衣	裙	发髻
青帝夫人	娥隐珠	芬艳婴	青琼锦帔	翠龙凤文飞羽	颓云三角髻，余发垂之至腰
赤帝夫人	翳逸寥	宛延虚	丹蕊玉锦帔	朱华凤络飞羽	
白帝夫人	灵素兰	郁连华	白琳四出龙锦帔	素羽鸾章飞华	
黑帝夫人	结连翘	淳属金	玄琅九道云锦帔	黑羽龙文飞华	
黄帝夫人	清荣襟	炅定容	黄云山文锦帔	黄羽龙文飞华	

资料来源：《太上玉晨结璘奔月黄景玉章》。

（二）存想之法的传承方式和传承人物

存想之法主要在上清派的上层道士中传承。在魏晋南北朝时期，其传承人物主要有魏华存、杨羲、许谧、许翙、许黄民、马朗、马罕、陆修静、孙游岳、陶弘景、王远知等人（见图 3-3）。

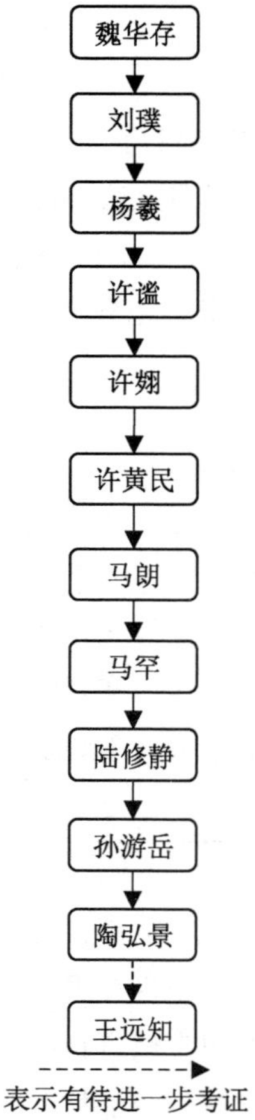

图 3-3　魏晋南北朝时期存想之法的主要传承人物图

七、结语

存想之法的核心是存神合身、混化真气，借以神气相抱、归根复命。唐代司马承祯评其为“诚性存存，众妙之门”，的确是公道之语。

从渊源来看，存想之法，源于春秋时期《道德经》中的“载营魄抱一”、战国时期《黄帝内经》的“精神内守”等思想，具体方法在东汉时期的《太平经》《灵宝五符序》《龙鱼河图》中已经有载。存想之法随着“身神”“内神”系统的发展和完善也不断升级。到了魏晋南北朝时期，存想之法发展到了高潮，形成了《上清经》三十一卷、五大“内神”体系、三种主要技法。

① 《太上玉晨结璘奔月黄景玉章》，载《道藏》第 34 册，第 40 页上中。

存想之法的主要经典有《黄庭外景经》、《黄庭内景经》、《上清经》三十一卷等。其中，《黄庭外景经》由正一派系师张鲁撰造，大约出于公元176—215年之间。《黄庭内景经》由上清派太师魏华存撰造，大约出于公元288年。《上清经》大约在东汉至魏晋时期由多人陆续撰造，内容整合完成是在东晋时期。撰造《上清经》的主要人物为杨羲、许谧和许翙，造经活动持续在公元364—386年。

魏晋南北朝时期，存想之法主要在上清派内部传承，存想之法的传授总是与阶位分明的道箓配合进行。虽然存想之法充满了宗教浪漫主义，但其核心却是神气相抱、混化真气，目的是祛病延年、归根复命、合道长生，如果剥离其宗教成分，部分存想方法，如存守三一，不失为一种上好的丹法。存想之法为唐宋时期的丹道发展提供了丰富的技法准备。

第二节　灵符、五牙与服气之法源流

服气，又称为“食气”“纳气”，即服食或吸纳精微之气，是重要的养生方法。服气不同于行炁。行炁，从浅的层次来说，目的是使气血流畅；从深的层次来讲，是伏气于真息。在相关经典中，服气和行炁常被混用，应细加辨析。

一、服气之法的思想渊源和发展过程

古人认为，服气是一种可以延年益寿，甚至通达神明的方法。《淮南子·墬①形训》云：“食气者神明而寿。”②《服气精义论》讲：“纳气以凝精，保气以炼形。精满而神全，形休而命延。”③

（一）服气之法的思想渊源

服气源于精气致生之说。春秋战国时期，人们认为人与万物均由精微之气所生，精微之气是维系生命的重要因素。老子认为，万物由道所生，阴阳冲和之“和气”维系生命。《黄帝内经》认为，天地阴阳二气媾和而生人，人之形质

① 墬，读音［dì］，同“地”。
② 《淮南子校释》卷四《墬形训》，第1册，第471页。
③ 《服气精义论·服气论》，载《道藏》第18册，第448页下。

源于地（阴），人之精神源于天（阳）。《庄子·知北游》讲："人之生，气之聚也，聚则为生，散则为死。"战国时期的《管子》认为，人与万物之所以生生不息，就是精微之气的作用。《管子·内业》讲：

> 凡物之精，此则为生。下生五谷，上为列星。流于天地之间，谓之鬼神；藏于胸中，谓之圣人。……精也者，气之精者也。①

西汉时期的《淮南子》认为，生命由形、气、神构成，气最为根本。《淮南子·原道训》云：

> 夫形者，生之舍也；气者，生之元也；神者，生之制也。②

服气还源于阴阳五行、天人感应等古代哲学思想。《黄帝内经》认为，人的五脏通于五行之气，应于四季。服气之法，即根据这种思想，按时节、方位、颜色服食精微之气。《黄帝内经·六节藏象论》云：

> 心者……为阳中之太阳，通于夏气。肺者……为阳中之太阴，通于秋气。肾者……为阴中之少阴，通于冬气。肝者……此为阳中之少阳，通于春气。脾、胃、大肠、小肠、三焦、膀胱者……此至阴之类通于土气。③

天人相应认为，人与天地之所以能够感应，是因为"气"的流行。这为服气提供了理论依据。《春秋繁露·人副天数》云：

> 天气上，地气下，人气在其间。春生夏长，百物以兴；秋杀冬收，百物以藏。故莫精于气，莫富于地，莫神于天。天地之精所以生物者，莫贵于人。④

丹道家认为，人之禀赋源于道气，赋形之后，日日衰减。根据阴阳五行同类感应之说，若人能服食精微之气，则可以补充消耗，益寿延年。唐代司马承祯的《服气精义论·服气论》云：

> 夫气者，胎之元也，形之本也。胎既诞矣，而元精已散，形既动矣，

---

① 《管子校注》卷十六《内业第四十九》，第2册，第931页。
② 《淮南子校释》卷一《原道训》，第1册，第140页。
③ 《黄帝内经素问校注语译·六节藏象论篇第九》，第1册，第61—62页。
④ 《春秋繁露今注今译》卷十三《人副天数第五十六》，第327—328页。

而本质渐弊。是故须纳气以凝精，保气以炼形。精满而神全，形休而命延。①

由此可知，服气养生源于精气致生、阴阳五行和天人感应等思想和学说。

（二）服气之法的发展过程

最早的“食气”之说，出于战国时期的《神农本草经》，其中云：

食元气者地不能埋，天不能杀。②（南朝梁陶弘景《养性延命录·教戒篇第一》引《神农经》）

服气之法，可以追溯到更早，如尧舜时期的彭祖，就以吐纳、食气而著称。《庄子·刻意》云：

吹呴呼吸，吐故纳新，熊经鸟申，为寿而已矣，此道引之士，养形之人，彭祖寿考者之所好也。③

东汉王充的《论衡·道虚》云：

食气者，必谓吹呴呼吸，吐故纳新也，昔有彭祖尝行之矣。④

庄子《逍遥游》中描述了一个不食五谷、吸风饮露，以服气养生的仙人。其中云：

藐姑射之山，有神人居焉，肌肤若冰雪，淖约若处子，不食五谷，吸风饮露。⑤

由此可知，服气之法至少在春秋战国时期就是人们熟知的养生方法之一。

西汉时期，许多神仙方士服气而得延年。《云笈七签》记载的涓子、苏林、王方平、茅盈等均采用服气之法，益寿延年。东汉时期，服气之法与祝祷、符箓、咽津等相结合，形成了以“服食五牙法”为主的系列服气、采光之法，这些方法在魏晋南北朝时期达到了高潮。

---

① 《服气精义论·服气论》，载《道藏》第18册，第448页下。
② 《养性延命录》卷上《教戒篇第一》，载《道藏》第18册，第475页上。
③ 《庄子今注今译·外篇·刻意》，第1册，第456页。
④ 《论衡校释》卷七《道虚第二十四》，第2册，第336页。
⑤ 《庄子今注今译·内篇·逍遥游》，第1册，第28页。

魏晋南北朝时期，服气之法的经典很多，主要出自灵宝派、上清派，最具代表性的经典为《灵宝五符》。

二、灵宝派《灵宝五符》的撰造年代和传承人物

灵宝派的服气之法，出于《灵宝五符》，称为“服食五牙法”，即通过佩戴符箓、吞食符箓（见图3-4）来服食五气。

（一）灵宝派《灵宝五符》的撰造年代

《灵宝五符》的出处见于《灵宝五符序》。按陈国符先生《道藏源流考》，认为《灵宝五符序》出于东汉。据《灵宝五符序》记载，《灵宝五符》由帝喾所得，藏于钟山。大禹巡钟山得此灵符，撰为文字，称为《灵宝五符天文》。吴王阖闾得于苞山，后失其所在。其中夹杂吴国当灭的符谶。① 实际上，《灵宝五符》是吴越一带的道士撰造、敷衍的。

葛洪的《抱朴子》对此也有记载，与《灵宝五符序》基本一致，但过滤了过多的神话色彩。陈国符先生认为，《抱朴子·辨问》记载的《灵宝五符》故事出于《越绝书》。武周时期（690—705），杜乂撰写《甄正论》，引《吴越春秋》《越绝书》云：

> 案《吴楚春秋》及《越绝书》咸云：禹治洪水，至牧德之山，见神人焉……神人曰：“我有《灵宝五符》……子能持之，不日而就。”……禹遂用之……事毕，乃藏之于洞庭苞山之穴。至吴王阖闾之时……得此五符……示诸群臣，莫能识之。……令使赍五符以问孔丘……答使者曰：“丘闻之，禹治洪水，于牧德之山遇神人，授以《灵宝五符》……君王所得，无乃是乎？……”先是江左童谣云：“禹治洪水得五符，藏之洞庭之苞山，龙威丈人窃禹书，得吾书者丧国庐。”寻而吴果灭矣。②

查今本《越绝书》，无有以上内容。在《吴越春秋》中，关于大禹得仙书的内容记在《越王无余外传》，并没有提及“灵宝五符”的记载，其中云：

> 禹伤父功不成……乃登山仰天而啸，因梦见赤绣衣男子，自称玄夷苍水使者……谓禹曰：“欲得我山神书者，斋于黄帝岩岳之下，三月庚子，登山发石，金简之书存矣。”禹退又斋，三月庚子，登宛委山，发金简之书，案金简

① 详见《太上灵宝五符序》，载《道藏》第6册，第315页中—317页下。
② 《甄正论》卷中，载《大正新修大藏经》第52册，第564页上中。

> 玉字，得通水之理。①

根据历史记载，越王无余为大禹六世孙少康之庶子，创建越国。到了勾践时期，越国几被吴国所灭，越人于是搬出祖宗大禹，振奋精神。采石所现的“灵宝五符”，可能是大禹治水时测算山川、辨定地势的方法和工具，时人不识，讹为神话。越人趁机制造吴国当灭的谶言，道士据此造作《灵宝五符》的传承故事。

《灵宝五符序》还记载，华子期得授《灵宝五符》于西汉初期的角里先生②，乐子长得授《灵宝五符》于霍林仙人。《灵宝五符序》卷上云：

> 华子期者，九江人也。少好仙道，入山隐迹，采服草药，栖身林阜二十余年。忽遇角里先生，乃授之仙隐灵宝方：一曰《河图隐存符》，二曰《伊雒飞龟》，三曰《平衡》。③

《灵宝要诀》载：

> 《灵宝要诀》，霍林仙人授乐子长，隐于劳盛山之阴。④

以上两则资料中的第一则，角里先生为西汉初期人，当时尚没有出现以复文方式构造的符篆。《太平经》是第一部载有复文符篆的道教经典。在西汉末期，《太平经》的早期版本才出现。不仅如此，《灵宝五符》中载有“五方符命”（图 3-4），其中复文符篆构造远比《太平经》中的复文（图 2-8）要复杂得多、成熟得多。《灵宝五符》的出现不应早于东汉末期。所以，角里先生不可能传授《灵宝五符》。

东方灵宝符命　南方灵宝符命　中央灵宝符命　西方灵宝符命　北方灵宝符命

图 3-4　灵宝五符图⑤

① 《吴越春秋》卷六《越王无余外传》，载《二十五别史》第 2 册，第 56—57 页。
② 甪，读音［lù］。角里先生，名周术，西汉初期“商山四皓”之一。
③ 《太上灵宝五符序》卷上，载《道藏》第 6 册，第 318 页中。
④ 《太上灵宝五符序》卷上《灵宝要诀》，载《道藏》第 6 册，第 319 页下。
⑤ 《太上灵宝五符序》卷下《九天灵书三天真宝》，载《道藏》第 6 册，第 338 页中—339 页上。

第二则资料中的“霍林”，即道教三十六小洞天之第一洞天——霍童山洞，在今福建宁德；“仙人”指韩众①。乐子长为齐国人，但未明是何时的“齐”。道教把霍童山作为洞天，较早见载于《抱朴子》，应是衣冠南渡后形成的，乐子长得授《灵宝五符》故事出现不应早于西晋。另外，“八石灵芝”之说，流行于魏晋南北朝时期。因此，这则资料是魏晋南北朝时期的人撰造的，添加入《灵宝五符序》中。其中的《灵宝五符》，也应该不早于东汉末期。

东晋葛洪《神仙传》还记载，太极真人传授葛玄《灵宝五符》。《神仙传·葛玄》云：

> 玄勤奉斋科，感老君与太极真人，降于天台山，授玄《灵宝》等经三十六卷。②

《云笈七签》卷六《三洞经教部》记载：

> 时太极真人徐来勒，与三真人以己卯年③正月降天台山，传《灵宝经》以授葛玄。玄传郑思远，思远以《灵宝》及三洞诸经付玄从弟少傅奚④，奚付子护军悌，悌付子洪，洪即抱朴子也。又于马迹山诣思远告盟奉受。洪又于晋建元二年三月三日于罗浮山付弟子安海君望、世⑤等。后从孙巢甫，晋隆安元年传道士任延庆、徐灵期，遂行于世。今所传者，即黄帝、帝喾、禹、葛玄所受者。⑥

这两则内容说明，灵宝派所传的《灵宝五符》，最早可能在东汉献帝建安四年(199)，由葛玄以降嘏的名义撰造。

（二）灵宝派《灵宝五符》的传承人物

据《云笈七签》记载，灵宝派认为《灵宝五符》出于东汉末期的徐来勒，徐传葛玄，玄传郑隐，郑传葛奚，奚传葛悌，悌传葛洪，葛洪又盟受于郑隐，并传于葛望、葛世，后传于葛巢甫，葛巢甫传于任延庆、徐灵期，后传于葛粲，

---

① 《仙鉴·乐子长》载：真君名子长，齐人也。少好道，至霍林遇仙人韩众，受灵宝符。《道藏》第5册，第296页下。

② 《神仙传校释》卷八《葛玄》，第269页。

③ 葛玄，生于公元164，卒于公元244年，其间，仅有一个己卯年，就是东汉献帝建安四年，公元199年。

④ 葛奚，葛玄堂弟，葛洪祖父，有些文献记为“葛系”。

⑤ 葛望、葛世，葛洪侄子。

⑥ 《云笈七签》卷六《三洞经教部·三洞并序》，载《道藏》第22册，第32页下—33页上。

葛粲传于陆修静等（如图 3-5）。

实际上，灵宝派所传的《灵宝经》三十六卷，是以古《灵宝经》或《灵宝五符》为依托，由灵宝派道士，特别是葛巢甫、任延庆、徐灵期等人陆续撰造的。南朝梁陶弘景的《真诰》卷十九《真诰叙录》记载：

> 复有王灵期者，才思绮拔，志规敷道，见葛巢甫造构《灵宝》，风教大行，深所忿嫉。①

又，陈国符先生在《道藏源流考》中讲：

> 今之《灵宝经》，东晋末叶葛巢甫（葛洪从孙）所造。至宋文明二帝时，陆修静更增修，立成仪轨。于是灵宝之教，大行于世。②

由此可知，以古《灵宝经》或《灵宝五符》为依托的灵宝派《灵宝经》三十六卷造经活动大约发生在东晋末年至刘宋初年（401—420）。后《灵宝经》系列经典传到陆修静手中，陆修静进一步加以撰造和完善，才形成今天所见的《灵宝经》系列经典。

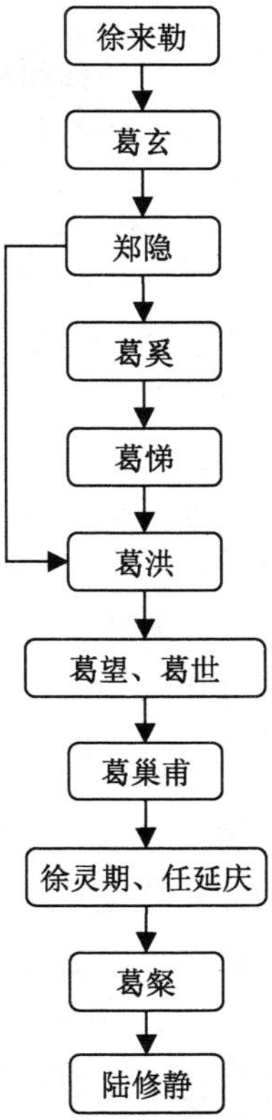

图 3-5　魏晋南北朝时期灵宝派《灵宝五符》传承源流

三、上清派《灵宝五符》的撰造年代和传承人物

上清派的服气经典较多，但经常把行炁与服气混为一谈。细考上清派的服气之法，仍是以《灵宝五符》中的“服食五牙法”为核心，发挥而来的。但按上清派的传承之说，《灵宝五符》出处与灵宝派所述大不相同。除了《灵宝五符》，上清派有大量关于服食日月星辰精气的经典，都出于《上清经》三十一卷系列，主要由杨羲、许谧、许翙等人撰造，在前文已经详述，此处不赘。本节仅就《灵宝五符》来详细说明。

① 《真诰》卷十九《真诰叙录》，载《道藏》第 20 册，第 604 页中。

② 《道藏源流考》，第 66 页。

（一）上清派《灵宝五符》的撰造年代

上清派传说，《灵宝五符》源于"上宰西城宫总真王君"①，陶弘景的《上清握中诀》卷下记载有《王君传行事诀》，其中云：

> 生气时，坐卧任意，叩齿九通，阴祝曰：东方青牙，紫云流霞，三素徘徊，玄霜玉罗，服食晨晖，饮以朝华。舌舐接上唇外，取津咽液三十过。次叩齿九通，祝曰：南方朱丹，霞晖太微，九道绛烟，散布景辉，服食灵晨，饮以丹池。舌舐接下唇外，取津咽液三十过。次叩齿九通，祝曰：西方明石，飞霞金液，服食太明，素云之精，饮以玉液，神华启灵，使我登虚，上升高清。舌舐上唇内，取津咽液三十过。次叩齿九通，祝曰：北方玄滋，庆灵启胎，绿霞敷晨，紫盖苍旗，服食丹华，饮以琼饴。舌舐下唇内，取津咽液三十过。次叩齿九通，祝曰：戊己之元，黄素五云，四霞紫观，八景九晨，二明激晖，七曜灵尊，和精灌气，服食中元，琳华龙胎，饮以醴泉。舌漱满口中，齿舌间里通匝，取津液，随咽之四十过。夜半后皆可行。②

按《列仙传》记载，"王君"名远字方平，为清虚真人王褒之师。按《太平御览》中《南岳魏夫人内传》记载，王褒为魏华存之师。以此推之，《灵宝五符》由王君授予王褒，王褒授予魏华存。实际上，王方平、王褒都是神仙人物，不可为信，因此，上清派《灵宝五符》可能是魏华存传出。但观各种典籍中留下的魏夫人传记，并未有关于《灵宝五符》的记载。所以，王君传《灵宝五符》之说，大概是上清派后人追述的。

又，陶弘景《真诰》卷二十《真胄世谱》记载：

> 杨先以永和五年己酉岁，受《中黄制虎豹符》。六年庚戌，又就魏夫人长子刘璞，受《灵宝五符》，时年二十一。③

如果此则资料为实，则上清派的《灵宝五符》在公元350年传出，可能由杨羲从他处获得。周冶博士的《南岳夫人魏华存新考》云：

> 刘璞历任庾亮（289—340）司马、温峤（288—329）司马、侍中，后仕至光禄勋，赐爵东昌男。考《内传》记其为侍中时，"传法于司徒琅琊王舍人杨羲、护军长史许穆、穆子玉斧，并皆升仙"。既言一杨二许升仙，当为后人所增衍。颇疑此处本云杨羲就其受《灵宝五符》时事，则永和六年（350）刘

① 《太平经》中的神仙，是"一师四辅"之一。

② 《上清握中诀》卷下《王君传行事诀》，载《道藏》第2册，第909页上。

③ 《真诰》卷二十《真胄世谱》，载《道藏》第20册，第720页下。

璞尚任侍中，其年已七十上下。①

由此可知，杨羲由魏华存长子刘璞处得授《灵宝五符》之说，实不可考。杨羲的《灵宝五符》可能与《中黄制虎豹符》同时获得，都出于灵宝派经典。《中黄制虎豹符》本出于灵宝派经典《太上八威策文》，其中所载的《太上八威策》原本附在《灵宝五符》之后，用以“制虎豹山精”。杨羲得到这些内容后，将《太上八威策》称为《中黄制虎豹符》。所谓中黄，就是上清派所称的“中黄老君”，与此处所说的“太上”是同一含义。由此可知，上清派杨羲所获得的《灵宝五符》本出于灵宝派。《太平御览》云：

今灵宝五符，后有一符，名《太上八威策》，以制虎豹山精也。②

上述资料说明，上清派的《灵宝五符》是杨羲与许谧、许翙等人从灵宝派道士那里获取的，另加以修饰，形成了上清派的《灵宝五符》。

（二）上清派《灵宝五符》的传承人物

根据南朝梁陶弘景的《真诰》记载，杨羲传《灵宝五符》于灵宝派道士葛粲，葛粲传陆修静，陆修静传孙游岳、梅令文。《真诰》云：

杨书《灵宝五符》一卷，本在句容葛粲间，泰始某年，葛以示陆先生。陆既敷述《真文赤书》《人鸟》《五符》等教授，施行已广，不欲复显出奇迹，因以绢物与葛请取，甚加隐闭。顾公闻而苦求一看，遂不令见。唯以传东阳孙游岳及女弟子梅令文。③

综合分析此节资料，上清派的《灵宝五符》大约出现于公元350年，是杨羲从灵宝派道士那里获取的，经过修饰，形成了上清派的《灵宝五符》。杨羲修饰的《灵宝五符》经数人流转后，被灵宝派道士葛粲得到。葛粲后授与陆静修，陆静修授上清派道士孙游岳、梅令文，孙游岳为陶弘景之师，陶弘景因以得授（详见图3-6）。

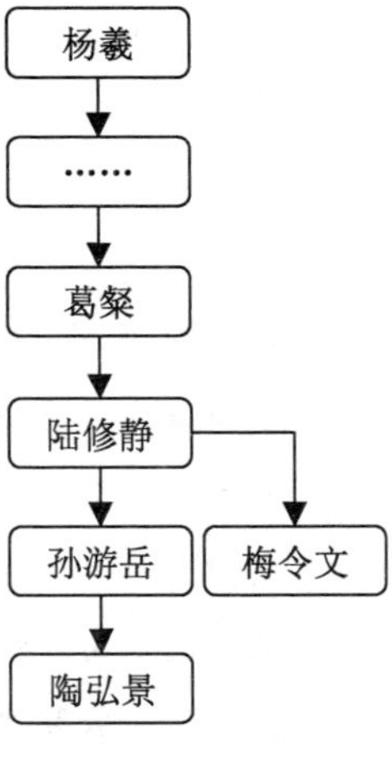

图3-6　魏晋南北朝时期上清派《灵宝五符》传承源流

① 见周冶的《南岳夫人魏华存新考》。
② 《太平御览》卷六百七十三《道部十五·仙经下》，第6册，第272页。
③ 《真诰》卷二十《真经始末》，载《道藏》第20册，第606页中。

四、服气的具体方法

魏晋南北朝时期的服气方法主要可分为服食五牙法、服食日月法、服食星辰法等三大类。

（一）服食五牙法

服食五牙法，就是服食五方真气。《灵宝五符序》云："漱华池，食五芽，而不休者，便成仙人矣。"① 具体方法中还有五帝官将的名号、祝祷的咒语、佩戴的符文、真气的色状及其与五脏的关系、纳气的方法等。不同的传承流派，在这些具体方面有一定差别。

1. 灵宝派的服食五牙法

灵宝派的服食五牙法主要见于《灵宝五符序》《元始五老赤书玉篇真文天书经》《太上洞玄灵宝赤书玉诀妙经》。

(1) 五帝官将名号

在《灵宝五符序》中，五帝官将名号传为"夏禹撰出天文中字，会稽南山之阳所演集"②。《灵宝五符序·灵宝五帝官将号》云：

> 东方灵威仰，号曰苍帝，其神甲乙，服色尚青，驾苍龙，建青旗，气为木，星为岁，从群神九十万人，上和春气，下生万物。
>
> 南方赤飘弩，号曰赤帝，其神丙丁，服色尚赤，驾赤龙，建朱旗，气为火，星为荧惑，从群神三十万人，上和夏气，下长万物。
>
> 中央含枢纽，号曰黄帝，其神戊己，服色尚黄，驾黄龙，建黄旗，气为土，星为镇，从群神十二万人，下和土气，上戴九天。
>
> 西方曜魄宝，号曰白帝，其神庚辛，服色尚白，驾白龙，建素旗，气为金，星为太白，从群神七十万人，上和秋气，下收万物。
>
> 北方隐侯局，号曰黑帝，其神壬癸，服色尚玄，驾黑龙，建皂旗，气为水，星为辰，从群神五十万人，上和冬气，下藏万物。③

在《元始五老赤书玉篇真文天书经》中，五帝名号被描述得非常细致，甚至五帝居住的宫室、对应的山岳等也都有描述，本处仅列其名讳、服饰、官将

---

① 《太上灵宝五符序》卷下《太上太一真一之经》，载《道藏》第6册，第342页中。
② 《太上灵宝五符序》卷上《灵宝五帝官将号》，载《道藏》第6册，第319页中。
③ 同上，第319页下。

等。《元始五老灵宝官号》云：

> 东方安宝华林青灵始老，号曰苍帝，姓焰，讳开明，字灵威仰。头戴青精玉冠，衣九炁青羽飞衣。常驾苍龙，建鶉旗，从神甲乙官将九十万人。
>
> 南方焚宝昌阳丹灵真老，号曰赤帝，姓洞浮，讳极炎，字赤熛弩。头戴赤精玉冠，衣三炁丹羽飞衣，常驾丹龙，建朱旗，从神丙丁官将三十万人。
>
> 中央玉宝元灵元老，号曰黄帝，姓通班，讳元氏，字含枢纽。头戴黄精玉冠，衣五色飞衣，常驾黄龙，建黄旗，从神戊己官将十二万人。
>
> 西方七宝金门皓灵皇老，号曰白帝，姓上金，讳昌开，字曜魄宝，一字白招拒。头戴白精玉冠，衣白羽飞衣，常驾白龙，建素旗，从神庚辛官将七十万人。
>
> 北方洞阴朔单郁绝五灵玄老，号曰黑帝，姓黑节，讳灵会，字隐侯局，一字叶光纪。头戴玄精玉冠，衣玄羽飞衣，常驾黑龙，建皂旗，从神壬癸官将五十万人。①

(2) 五牙真气

真气的色状主要是指五方真气的颜色、状态、功效，以及对应人体的脏腑等。在《灵宝五符序》中，“五牙真气”出于《仙人挹服五方诸天气经》，节选如下：

> 东方青牙九气之天，其气烟如春草之始萌，其光如晖日之初隆。
>
> 南方朱丹三气之天，其气烟如绛云之苞白日，其光如玄玉之映流渊。
>
> 中央元洞大帝之山……其烟如云，径炁九天。……其光如飞景之罗朝日，其明如朗月之照幽城。
>
> 西方明石七气之天，其气烟如明月之落于景云，其光如幽夜之睹于明珠。
>
> 北方玄滋五气之天，其气烟如飘风之激于炎林，其光如流星之堕于洪波。②

《元始五老赤书玉篇真文天书经》所载的“五牙真气”可能本出于《仙人挹服五方诸天气经》，其内容节选如下：

> 东方……其炁如春草之始萌，其光如晖日之初降。
>
> 南方……其气如降云之包日，其光如玄玉之瑛渊。

---

① 《元始五老赤书玉篇真文天书经》卷上《元始五老灵宝官号》，载《道藏》第1册，第784页中下。
② 《太上灵宝五符序》卷上《仙人挹服五方诸天气经》，载《道藏》第6册，第318页中—319页中。

> 中央……其烟如云，径烝九天。……太上无极，下生神灵。其光如飞景之罗朝日，其明如朗月之照幽域。
>
> 西方……其气如明月之落于景云，其光如幽夜之睹于明珠。
>
> 北方……其气如飔风之激于炎林，其光如流星之堕于洪波。①

(3) 服气的方法

《灵宝五符序》记载的服食五牙法比较简单，主要包括祝祷、漱咽、纳气。《灵宝五符序》卷下记载：

> 向旦密咒曰：东方青芽，服食青芽，饮以朝华。已咒，舌料上齿之表，舐唇漱口，满而咽之三。
>
> 次咒曰：南方朱丹，服食朱丹，饮以丹池。已咒，舌料下齿表，舐唇漱口，咽之三。
>
> 次咒曰：中央戊己，昂昂泰山，服食精气，饮以醴泉。已咒，舌刺舌上玄膺取玉泉，舐唇咽之三。
>
> 次咒曰：西方明石，服食明石，饮以灵液。已咒，以舌料齿上，舐唇咽之三，辄一叩齿七下，都毕，又叩五下，合三十六下也。
>
> 次咒曰：北方玄滋，服食玄滋，饮以玉饴。已咒，以舌料舌下，舐唇咽之三，毕，因以鼻内气极而徐放之，令过五以上，真道毕矣。②

《太上洞玄灵宝赤书玉诀妙经》卷下记载的服食五牙法较为复杂。但仔细分析其内容，可以发现，其方法是以《灵宝五符序·九天灵书三天真宝》为基础，揉进《灵宝五符序·仙人挹服五方诸天气经》描述五牙真气的内容，加入《元始五老赤书玉篇真文天书经》中的符文复字，以及存思五帝官将、祝祷真言，综合而成。③ 其文冗长繁复，不再引述。

2. 上清派的服食五牙法

上清派的服食五牙法，也源于《灵宝五符序》，其具体内容则进行了再创造。其经典主要有《太极真人神仙经》《洞真太上青牙始生经》等。

(1) 五帝官将名号

上清派的服食五牙法非常简单，没有具体的五帝官将名讳，但言“五神”

---

① 《元始五老赤书玉篇真文天书经》，载《道藏》第1册，第784页中—785页下。

② 《太上灵宝五符序》卷下，载《道藏》第6册，第324页中下。

③ 详见《太上洞玄灵宝赤书玉诀妙经》卷下，载《道藏》第6册，第195页下—198页下。

“五帝”“五星”“五岳”。《洞真太上青牙始生经》的相关表述如下：

青牙始生，西王母所修，传太谷先生黄童真人谷希子。太极真人封一通于岱宗之山，七千年三传，有玄名紫简，当得此文，百年内有其人者，亦听三传。修行五年，三尸消灭，五神安镇，五帝交游，逍遥三清也。

东方青牙，元象苍天，中为岁星，流为木精，下为太山，镇人肝府。

南方朱牙，元象丹天，中为荧惑，流为火精，下为衡霍，镇人心府。

中央黄牙，元象黄天，中为镇星，流为土精，下为嵩高，镇人脾府。

西方素牙，元象素天，中为太白，流为金精，下为华山，镇人肺府。

北方玄牙，元象玄天，中为辰星，流为水精，下为恒岳，镇人肾府。①

(2) 五牙真气

按照《洞真太上青牙始生经》的内容，上清派对五牙真气的描述也相对简单，其中云：

东方青牙……其炁始生，如春草之初萌，其光启耀，如晖日之发芒。

南方朱牙……其炁始生，始绛云之包白日，其光肇照，如玄玉之映丹渊。

中央黄牙……其炁如黄罗之裹红云，其光如紫烟之笼落日。

西方素牙……其炁如景云之络明月，其光如幽夜之睹明珠。

北方玄牙……其炁如素烟之回玉树，其光如流星之赴洪波。②

(3) 服气的方法

上清派的服气方法，除了继承《灵宝五符序》中“服食五牙法”，还有“服食四极云牙法”。唐代司马承祯的《服气精义论》详细记述了上清派的“服食五牙法”，《服气精义论·服真五牙法》云：

每以清旦密咒曰：东方青牙，服食青牙，饮以朝华。祝讫，舌料上齿表，舐唇漱口，满而咽之三。南方朱丹，服食朱丹，饮以丹池。祝讫，舌料下齿表，舐唇漱口，满而咽之三。中央戊己，昂昂太山，服食精气，饮以醴泉。祝讫，舌料上玄膺，取玉水舐唇漱口，满而咽之三。西方明石，服食明石，饮以灵液。祝讫，舌料上齿内，舐唇漱口，满而咽之三。北方玄滋，服食玄滋，饮以玉饴。祝讫，舌料齿下内，舐唇漱口，满而咽之三。都数已毕，纳气极而徐徐放之，令五过，以上真道毕矣。意调诸方，亦宜纳气各依其数，

① 《洞真太上青牙始生经》，载《道藏》第 33 册，第 637 页下—638 页上。

② 同上。

即东方九，南方三，中央十二，西方七，北方五。又先师益中央醴泉，祝曰：白石岩岩以次行，源泉涌洞以玉浆，饮之长生，寿命益长①。

在上清派的服气法中，“服食四极云牙法”最具特色，其中结合了上清派一贯的存想之法，把服气与存想结合在一起。“服食四极云牙法”具体如下：

凡服气皆先行五牙以通五藏，然后依常法乃佳②。东方青色，入通于肝，开窍于目，在形为脉。南方赤色，入通于心，开窍于舌，在形为血。中央黄色，入通于脾，开窍于口，在形为肉。西方白色，入通于肺，开窍于鼻，在形为皮。北方黑色，入通于肾，开窍于二阴，在形为骨。又肺为五城之华盖第一，肺居心上，对胸，有六叶，色如缟映红，肺脉出于少阳。【在手大指之端内侧，去爪甲二分许，陷者之中。】③ 心居肺下肝上，对鸠尾下一寸。色如缟映绛，心脉出于中冲。【在手中指之端，去爪甲二分许，陷者之中。】肝在心下小近后。右四叶，左三叶，色如缟映绀，肝脉出于大敦。【在足大指端，乃三毛之中。】脾正掩脐上，近前横覆胃，色如缟映紫，脾脉出于隐白。【在足大指端侧，去爪甲角如韭叶。】左肾右肾前对脐，搏④著腰脊。色如缟映紫，左为正肾，以配五藏。右为命门，男以藏精，女以系胞。肾脉出为涌泉。【在足心陷者之中。】凡服五牙之气者，皆宜思入其藏，使其液宣通，各依所主，既可以周流形体，亦可以攻疗疾病。令服青牙者，思气入肝中，见青气氲氲，青液融融分明，良久乃见足大敦之气，修服而至，会于脉中，流散诸脉，上通于目然。次服诸方，仍宜以丑后澡漱冠服，入别室焚香，坐向其方，静虑澄心，注想而为之。⑤

此法出于魏华存秘传的《太极真人神仙经》。

《洞真太上青牙始生经》也记载有“服食五方生气”之法，与《灵宝五符序》中记载的方法大同小异，原文不赘。⑥

综上资料可知，服食五牙法源于五行思想。五行之色分青、赤、黄、白、

---

① 此句《道藏》（第18册）为“白石岩岩次，行源涌洞，以玉浆饮之，长生寿命益长”，《云笈七签》为“白石岩岩以次行，源泉涌洞以玉浆，饮之长生，寿命益长”。此处采用《云笈七签》补正。

② 此句《道藏》（第18册）为“然后依常法又佳”，《云笈七签》为“然后依常法乃佳”。此处采用《云笈七签》补正。

③ 本段文字【】中的内容，乃依《云笈七签》补正。

④ 原文为“博”，今依《云笈七签》改为“搏”。

⑤ 《服气精义论·服真五牙法》，《道藏》第18册，第447页下—448页下。

⑥ 《洞真太上青牙始生经》，《道藏》第33册，第637页下—638页上。

黑，五行方位为东、南、中、西、北，对应的五脏分别为肝、心、脾、肺、肾，又按照五行生克乘侮分五行之数为生数、壮数、老数①，其中都一一对应。由此可知，服气之法中的神秘思想仍源于五行。

（二） 服食日月法

服食日月法，又称服食日月精气法、服食日月皇华法，源于古人对日月光明的崇拜。灵宝派的服食日月法，主要记录在《灵宝五符序》中；另外，在《抱朴子》中记载有《食日月精经》《日月厨食经》《日精经》，但未见具体内容。上清派记载服食日月法的经典较多，主要有《洞真上清青要紫书金根众经》《上清太上帝君九真中经》《洞真太上八素真经》《上清黄气阳精三道顺行经》《上清洞真天宝大洞三景宝箓》《上清明堂元真经诀》《洞真太一帝君太丹隐书洞真玄经》等。

1. 灵宝派服食日月法

灵宝派的服食日月法出于《灵宝五符序》，一为《食日月精之道》，二为《食日月星之法》。二者差异不大，均是先存思祝祷，然后观想日月精气由口鼻或其他部位进入身体内相应的脏腑。

其中，《食日月精之道》云：

> 常以月一日、三日、五日、七日、九日、十五日，日初出时，披发向日……日精正赤黄气，来在目前，入口中，咽之二九，以手摩送之。
>
> 常以月十五日，向月咒曰："月君元阴，与我合德，俱养丹田中小童子。"因瞑目自念，月白黄精气，来在目前，入口中，咽之三七而止，以手摩送之，下至丹田中止。②

《食日月星之法》云：

> 常以月一日、三日、五日、七日、九日、十五日，日出时至日中，食先念心中有日，日中有玄盖，盖下有小童正赤，赤气遍身中身外九重，思气满头，从顶出，上升天，绕日九重。……因思日精来下，入鼻孔口中，咽之三九，满心中。
>
> 常以十五日夜半时，向月再拜……因思月白气黄精来下，入鼻口中，咽

① 五行有生、壮、老数：木生数三，壮数八，老数九；火生数二，壮数七，老数一；土生数五，壮数十，老数三；金生数四，壮数九，老数七；水生数一，壮数六，老数五。

② 《太上灵宝五符序》卷上《食日月精之道》，载《道藏》第6册，第320页下—321页上。

之三七而止。月精托肾根，长生矣。①

2. 上清派服食日月法

上清派的服食日月法比较复杂，其中包括存思、祝祷、纳气、咽津等。《服食日月皇华诀》记载有“采日华飞根之道”，先用符文咒水，然后饮用此水，并用此水沐浴，之后存想服食日中之气。其中云：

夫欲采日华飞根之道，未至一日，当清斋烧香，取井华之水九斗，露于中庭，书石景九炼水母玉符，置于水中……露水中庭一宿，到明日正中时，取所露水一升，向日服之。……便仰向引日精四十五咽止。以余水沐浴通身，竟还室内，西向叩齿二十四通，冥目思见日中五色流霞，皆来下接绕一身，五色流霞之中，自复有紫气大如目童者，累重数十圜，焕耀五色之内，与五气俱来下，入兆口中，便引气四十五咽。咽毕，又咽液九过……毕，心拜日门九过止。此采日根飞华太阳之精，玄古妙道。②

“采月皇华之道”则是先用符文咒东井之水，饮用此水，并用此水沐浴后，存想服食月中之气。其中云：

夫欲采月皇华之道，当以月临东井之日，清旦取井华之水一瓮，露于中庭，夜半书阳精玉胎炼仙之符，置于水中……取水一升，向月服之，便握固，存月中五色流精，皆来冠接一身，五色之中，又有月光黄气大如目童，累重数十，在月精五色之内，并从口中而入洞房，匝五藏，便向月吞精五十咽，咽液十过，又叩齿十通……毕，以余水洗浴，浴讫还室，东向服阳精玉胎炼仙符，又叩齿十二通……毕，咽气五十过止。此服月华之道，元始妙法。③

《服食日月皇华诀》还记载有“采日月飞华之道”，主要是观想左右眼上分别有紫日、黄月，思日月紫黄二气降注人身。“采日月飞华”云：

凡上学之士，采日月飞华，暮卧当叩齿三十六通，握固冥目，思日中紫光在左眼之上，月中黄气在右眼之上，晃晃烁烁，洞明头面之境……能恒行之一年，则日中司命，月中五星，以真灵之辉，飞皇之华，降受兆身，面有

① 《太上灵宝五符序》卷上《夏禹授钟山真人食日月星之法》，载《道藏》第6册，第323页上中。
② 《洞真太上八素真经服食日月皇华诀》，载《道藏》第33册，第478页。
③ 同上，第478页下—479页上。

金容，头生紫光。九年不亏，飞行太空。上妙之道，勿传非真。①

《上清黄气阳精三道顺行经》载有服食日、月、北斗之气法，合称“黄气阳精三道”。其内容繁杂，包括符文复字、祝祷礼拜、叩齿咽津、饵丹服气等内容，此处不赘。

另外，南朝梁陶弘景的《登真隐诀》载有“服日月芒法”。与《上清经》系列经典中所载的服日月精气法不同，“服日月芒法”注重内在存思。具体方法：白日存想日在心中，日芒上照口齿，然后返回下照脏腑，吐气咽津；夜晚存想月在泥丸，光芒下照，照彻脏腑，然后缓缓吐气、咽津。

《登真隐诀》还载有“吸日精法”，传为裴玄仁传授，方法较为简捷。原文为：

> 欲得延年，当洗面精心，日出二丈，面向日，口吐死气，鼻吸日精，须鼻得嚏便止，是为气通，以补精复胎，长生之方也。
>
> 欲使心正，常当以日出三丈，错手著两肩上，以日当心，心中觉暖，则心正矣。常能行之佳。②

（三） 服食星辰法

服食星辰法，就是服食星辰精气的方法，源于古人对星辰的崇拜，主要包括服食五星精气法、服食北斗真气法。

1. 灵宝派服食星辰法

灵宝派服食星辰法的主要经典为《灵宝五符序》。灵宝派的服食五牙真气法中，通常也会提出五牙真气对应的星辰，如东方岁星、南方荧惑星、中央镇星、西方太白星、北方晨星，服食精气，通常也包含服食星辰精气。《灵宝五符序·灵宝五帝官将号》云：

> 东方灵威仰，号曰青帝……气为木，星为岁。
>
> 南方赤飘弩，号曰赤帝……气为火，星为荧惑。
>
> 中央含枢纽，号曰黄帝……气为土，星为镇。
>
> 西方曜魄宝，号曰白帝……气为金，星为太白。
>
> 北方隐侯局，号曰黑帝……气为水，星为辰。③

---

① 《洞真太上八素真经服食日月皇华诀》，载《道藏》第33册，第479页中。
② 《登真隐诀》卷中，载《道藏》第6册，第615页下—616页上。
③ 《太上灵宝五符序》卷上《灵宝五帝官将号》，载《道藏》第6册，第319页下。

《灵宝五符序》中也载有专门服食星辰精气之法。《食日月精之道》云：

> 第八食星玄气来下，青白丹黄。常用有星夕初夜之时，入室瞑目，春存岁星之精青气，下入口中，而咽之九十气止；夏存荧惑之精赤气，下入口中，而咽之三十气止；秋存太白星之精白气，下入口中，而咽之七十气止；冬存辰星之精黑气，下入口中，而咽之五十气止；四季之月二日，存镇星之精黄气，下入口中，十二咽之止。四季月，十二月、三月、六月、九月是也。用月二日为之，内视精心，自见其气。真人曰："食星之气，与天相暨。"①

《灵宝五符序》卷上还记载有服食北极太皇星精气法。《食日月星之法》云：

> 常以日出、晡时、日中、夜半，上念北极太皇星。……因念星精来下，在两眉之间，流入鼻孔口中，咽之三五，思气满心胆脾中。②

东晋葛洪的《抱朴子》中，也记载有独立的服食五星精气之法。其法很简单，应该是把祝祷、存思等内容都略去了。《抱朴子·杂应》云：

> 或春向东食岁星青气，使入肝；夏服荧惑赤气，使入心；四季之月食镇星黄气，使入脾；秋食太白白气，使入肺；冬服辰星黑气，使入肾。③

2. 上清派的服食星辰法

上清派服食星辰精气法的经典主要有《洞真太上八素真经精耀三景妙诀》《上清太上八素真经》《太上飞步五星经》等，其法各有偏重，或服食五星精气，或服食北斗真气。

(1) 服食五星精气法

五星即木星（岁星）、火星（荧惑）、土星（镇星）、金星（太白）、水星（晨星），如图 3-7 所示，代表星辰中的五行精华。

《精耀三景妙诀》中记载的服食五星精气法，先存思五星格局和方位，并根据具体的日期、时辰来决定服食精气的方位、颜色和次数。其中《服五方五星法》云：

---

① 《太上灵宝五符序》卷上《食日月精之道》，载《道藏》第 6 册，第 322 页中下。
② 《太上灵宝五符序》卷上《夏禹授钟山真人食日月星之法》，载《道藏》第 6 册第 323 页上中。
③ 《抱朴子内篇校释》卷十五《杂应》，第 1 册，第 267 页。

> 常以五王之日，六丁之时，精严入室，烧香存神，临目闭气，叩齿二十五通，咽液二十五过，和心平气，正身静止，见岁星青气、荧惑赤气、太白白气、辰星黑气、镇星黄气，各在其方。……乃向王方，先咽王气，次咽相生，周遍乃止。咽各依王数，东九、南八、维三、西六、北五。都毕，又叩齿二十五通，咽液二十五过。②

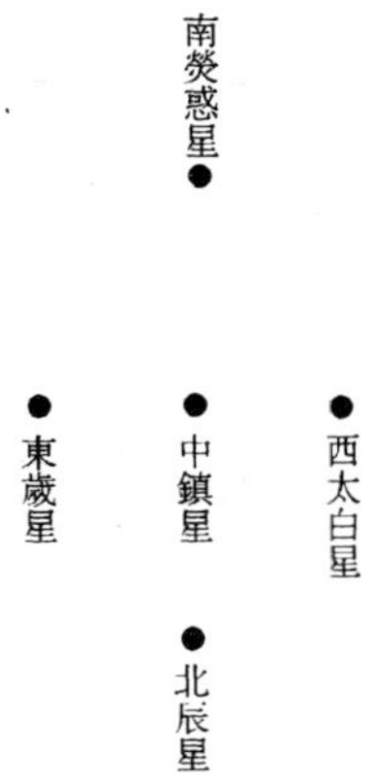

图 3-7　五星布局图①

《上清太上八素真经》《太上飞步五星经》等经典中，虽然也涉及五星精气，但其目的是为了飞奔五星，并非纯粹的服食精气，故此处不再赘述。

(2) 服食北斗真气法

服食北斗真气法，就是以北斗九星作为存思对象，用意念招摄真气服食的方法。古人认为北斗共有九星，除了常见的七颗星，还有隐而不显之左辅、右弼两颗星。上清派的服食北斗真气法载于《精耀三景妙诀》《太上飞行九晨玉经》《上清天关三图经》《上清五常变通万化郁冥经》等，其中，除了《精耀三景妙诀》，其他记载的都是飞奔北斗或天庭的方法。

《精耀三景妙诀·服北斗九星法》云：

> 常以正月、四月、七月、十月，四孟之月上旬，九日平旦；又以二月、五月、八月、十一月，四仲之中旬，十九日之正中；又以三月、六月、九月、十二月，四季之下旬，二十九日之夜半，一月一日，三过行之。平旦中及夜，中及夜至旦，夜及旦至中。……临目闭气，叩齿九通，存见九星宫府神君，威容端正，侍卫翼然。第一阳明神人，吐青气之光。第二阴精神人，吐黑气之光。第三真人神人，吐黄气之光。第四玄冥神人，吐赤气之光。第五丹元神人，吐白气之光。第六北极神人，吐绿气之光。第七天关神人，吐绛气之光。第八辅星神人，吐碧气之光。第九弼星神人，吐玄气之光。九气各从星中，下

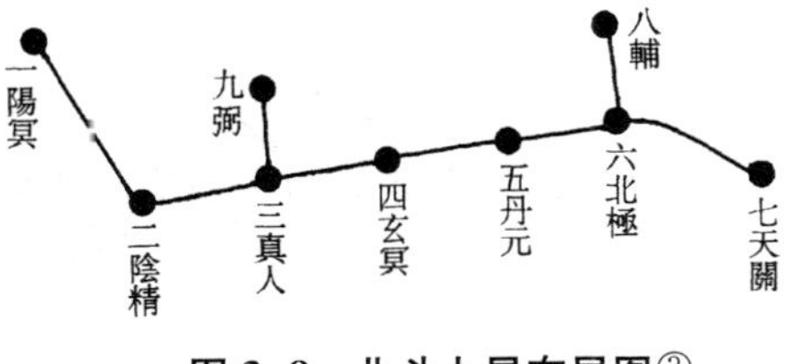

图 3-8　北斗九星布局图③

① 此图出于《洞真太上八素真经精耀三景妙诀》，载《道藏》第 33 册，第 467 页中。
② 《洞真太上八素真经精耀三景妙诀·服五星法》，载《道藏》第 33 册，第 467 页中。
③ 此图出于《洞真太上八素真经精耀三景妙诀》，载《道藏》第 33 册，第 466 页下。

吐兆口中，随次而吐，极气吞之，无极微微通，细细吐故气，仍渐渐纳新气九色，咽之都竟，叩齿九通，坐卧行息，动静适人。①

（四）服食云霞法

服食云霞之法，就是存思服食云雾霞光的方法，在服食五牙之法中已有雏形。例如，在描述五牙真气时，常用“云”“烟”等词来描述。上清派在《洞真太上青牙始生经》中对五牙真气的描述也相对简单，其中云：

> 东方青牙……其炁始生，如春草之初萌，其光启耀，如晖日之发芒。
> 南方朱牙……其炁始生，始绛云之包白日，其光肇照，如玄玉之映丹渊。
> 中央黄牙……其炁如黄罗之裹红云，其光如紫烟之笼落日。
> 西方素牙……其炁如景云之络明月，其光如幽夜之睹明珠。
> 北方玄牙……其炁如素烟之回玉树，其光如流星之赴洪波。

南朝梁陶弘景的《真诰》记载“餐霞”之法，但未明具体方法。《真诰》卷二《运题象第二》记载：

> 日者霞之实，霞者日之精。君唯闻服日实之法，未见知餐霞之精也。夫餐霞之经甚秘，致霞之道甚易。此谓体生玉光，霞映上清之法也。②

《真诰》卷十《上清真人冯延寿口诀》云：

> 昔有道士王仲甫者……恒吸引二景餐霞之法。四十余年，都不觉益，其子亦服之，足一十八年，白日升天。③

《登真隐诀》还记载“服雾法”：存思五脏之气，出口中而盘桓面上，与山中洁净的云雾融合，然后吞服。《登真隐诀》卷中云：

> 常以平旦，于寝静之中，坐卧任己，先闭目内视，仿佛如见五藏。毕，口呼出气二十四过，临目为之，使目见五色之气相缠绕。在面上郁然，咽入口内此五色气五十过。毕，咽液六十过。……毕，又叩齿七通，咽液七过，乃开目，事讫。④

---

① 《洞真太上八素真经精耀三景妙诀·服北斗七星法》，载《道藏》第33册，第466页下—467页上。
② 《真诰》卷二《运题象第二》，载《道藏》第20册，第498页下。
③ 《真诰》卷十《上清真人冯延寿口诀》，载《道藏》第20册，第551页上。
④ 《登真隐诀》卷中，载《道藏》第6册，第616页中下。

按照《真诰》中“日者霞之实，霞者日之精”的说法，在多数经典中，服食云霞法总是和服食五牙法、服食日月星辰法混融在一起，很少单列。

五、结语

服气之法，源于古人精气致生的思想。古人认为，人与万物都由精气化生。《易传》云：“天地絪缊，万物化醇；男女构精，万物化生。”两汉乃至魏晋南北朝时期，古人根据阴阳五行的生、壮、老和消、长、生、克等理论，撷取天人感应、谶纬图书的神秘主义思想，创造符文复字、箓书真诰、神仙体系，按照《黄帝内经》中的五行藏象学说，提出通过佩戴箓书、吞食符文、存思祝祷等方法来沟通和服食五牙、日月、星辰、云霞等精微之气，以葆驻生机、调和五脏、延年益寿，甚至期以登假仙界。具体地说，服气之法，其理论渊源主要在于阴阳五行、五行藏象、天人感应、谶纬符箓等，其方法则源于古代的导引行气之法。

服气之法为魏晋南北朝时期道教的灵宝派、上清派普遍奉行，其最初的经典主要是出于东汉时期的《灵宝五符序》（简称《灵宝五符》或古《灵宝经》），后来各派道士在《灵宝五符》的基础上撰造各种服气的经典。在魏晋南北朝时期，主要流行的服气方法有服食五牙法、服食日月法、服食星辰法、服食云霞法等。其具体方法，有的复杂，有的简单。如服食五牙法，简单的方法，就是服食五方五色精气补益五脏之气；复杂的方法，则是存思祝祷五帝官将、佩戴或吞服灵宝五符，在特定的日期和时辰，朝一定的方位按照一定的次数叩齿、咽津、纳气。到了南北朝末期，服气方法已经简化。

魏晋南北朝时期的丹法，是以存想为主的，服气之法是配合存想的。

第三节 行炁、闭息与胎息之法源流

胎息，是以胎儿在母体不呼不吸的状态作为模仿对象，通过调息、行炁等步骤，进而达到伏炁丹田、启动真息的一种丹法。

“胎息”之法，信史可征。早在西汉时期，就有李少君的再传弟子王真，善行胎息、辟谷，年逾百岁，貌似五十，不绝房事。王真弟子郄孟节，得王真之传，能够“结气不息”，辟谷五到十年。东汉末期，郄孟节受曹操征用，成为方士领袖。《后汉书·方术列传》记载：

> 王真、郄孟节者，皆上党人也。王真年且百岁，视之面有光泽，似未五十者。自云："周流登五岳名山，悉能行胎息、胎食之方，嗽舌下泉咽之，不绝房室。"孟节能含枣核，不食可至五年十年。又能结气不息，身不动摇，状若死人，可至百日、半年。亦有室家。为人质谨不妄言，似士君子。曹操使领诸方士焉。①

《神仙传·王真》记载：

> 真受诀，施行胎息胎食炼形之方，甚有验断。②

东晋时期已流行诸多与胎息有关的丹经，《抱朴子·遐览》记载有《食六气经》《胎息经》《行炁治病经》等。

胎息是魏晋南北朝时期唯一没有被过度神化的内养方法，对隋唐时期的丹法影响很大，唐人将胎息称为"内丹"。唐代幻真先生的《〈胎息经〉注》讲：

> 修道者，常伏其炁于脐下，守其神于身内，神炁相合而生玄胎，玄胎既结，乃自生身，即为内丹，不死之道也。③

本节将从思想渊源、发展过程、传承流派和具体技法等四个方面，来探索和说明胎息的源流。

一、胎息之法的思想渊源与发展过程

胎息源于古人对胎儿呼吸的认识。古人根据自己非常局限的观察和思考，认为胎儿在母腹内不呼不吸，却能生长发育，主要是依靠"胎息"或"真息"。据此，古人认为，仅凭后天呼吸，人终会趋于死亡；若能返还胎息，就可恢复生机、不老长生。从胎息的发展过程来看，古人并不是一开始就认识和掌握了胎息的方法，而是由调息、行炁发展为伏炁、闭炁，最后成为胎息或真息。其思想渊源，应为春秋时期的道家思想。

---

① 《后汉书》卷八十二《方技列传第七十二》，第10册，第2750—2751页。
② 《神仙传校释》卷六《王真》，第217页。
③ 《〈胎息经〉注》，载《道藏》第2册，第868页下。

（一）胎息之法的思想渊源

胎息源于先秦道家崇尚“虚无”的思想。道家人物如老子、庄子等，认为“虚无”生育万有，“虚无”充满生机。保持“虚无”，就能获得生生不息的功能。老子认为，道本虚无，但能化生万物。静守虚无，能够常葆生机，归根复命。《道德经》云：

> 致虚极，守静笃。万物并作，吾以观复。夫物芸芸，各复归其根。归根曰静，是谓复命。（十六章）

老子认为，达到虚极静笃的方法有多种，调息、行炁是众法之一。通过调息，使真炁充盈，以达虚无，固守生机，犹如婴儿。《道德经》云：

> 专气致柔，能婴儿乎？（十章）

专气致柔，就是通过调息以达到真炁充盈的状态。

庄子提出“踵息”“心斋”等法，以致虚无。其中，“踵息”之法，注重调息、行炁。《大宗师》云：

> 真人之息以踵，众人之息以喉。①

真人，就是合道证真之人。真人能够合道，是因其行“踵息”之法，归于虚无。庄子在《人间世》中提出“心斋”之法。《人间世》云：

> 若一志，无听之以耳而听之以心，无听之以心而听之以气。听止于耳，心止于符。气也者，虚而待物者也。唯道集虚。虚者，心斋也。

“听止于耳，心止于符”，就是心息相依的伏炁之法。通过伏炁，激发真息，进入与道相合的虚无状态，就是“唯道集虚”。

调息、行炁等方法也出于神仙方士的养生之术。

战国时期的《行炁玉佩铭》，即行炁之法。《行炁玉佩铭》的思想来源不明确，从“顺则生，逆则死”的说法看，应源于房中术。《行炁玉佩铭》云：

> 行炁，吞则蓄，蓄则伸，伸则下，下则定，定则固，固则萌，萌则长，长则退，退则天。天几舂在上，地几舂在下。顺则生，逆则死。

---

① 《庄子今注今译·内篇·大宗师》，第1册，第456页。

两汉时期，气化宇宙的思想普遍流行，人们认为生命由气维持。河上公认为，道体虚无，吐气布化，天地万物生于其中。《老子河上公章句·体道》云：

> 始者道本也，吐气布化，出于虚无，为天地本始也。……万物母者，天地含气生万物，长大成熟，如母之养子也。

《淮南子》认为，道生虚无，虚无生宇宙，宇宙生气，气生万物。《淮南子·天文训》讲：

> 道始生虚廓，虚廓生宇宙，宇宙生气。气有涯垠，清阳者薄靡而为天，重浊者凝滞而为地。清妙之合专易，重浊之凝竭难，故天先成而地后定。天地之袭精为阴阳，阴阳之专精为四时，四时之散精为万物。①

东汉初期的严遵，认为人与万物的形质，由气化生。《老子指归》卷二云：

> 夫天人之生也，形因于气，气因于和，和因于神明，神明因于道德，道德因于自然。②

基于气化万物的思想，两汉时期的《太平经》提出了自然之气（天道之气）、消息之气（阴阳之气），二者对人作用不同。得自然之气，使人长生；呼吸阴阳之气，使人趋向死亡。修道之人，应当返还自然之气，如婴儿处于胎胞之中。《太平经》云：

> 请问胎中之子，不食而炁者何也？天道乃有自然之炁，乃有消息之炁。凡在胞中，且而得炁者，是天道自然之炁也；及其已生，嘘吸阴阳而炁者，是消息之炁也。人而守道力学，反自然之炁者生也，守消息之炁者死矣。故夫得真道者，乃能内炁，外不炁也。以是内炁养其性，然后能反婴儿，复其命也。故当习内炁以内养其形体。请问胞中之子，不食而取炁。在腹中，自然之炁。已生，呼吸阴阳之炁。守道力学，反自然之炁。反自然之炁，心若婴儿，即生矣。随呼吸阴阳之炁，即死矣。③

由此可知，“胎息”直接源于汉代的《太平经》。

---

① 《淮南子校释》卷三《天文训》，第1册，第276页。
② 《老子指归》卷二《道生一篇》，第17页。
③ 《太平经合校》卷一百二十，第699—670页。

（二）胎息之法的发展过程

胎息之法是由调息、行炁等方法发展而来的。调息是通过口鼻呼吸达到气血流畅或进入伏息、伏炁的方法。按照《庄子》的记载，调息之法早在上古时期已被彭祖掌握，达到了祛病延寿的目的。《庄子·刻意》云：

> 吹呴呼吸，吐故纳新，熊经鸟申，为寿而已矣，此道引之士，养形之人，彭祖寿考者之所好也。

战国时期，行炁之法趋于成熟，并可以使人进入伏炁状态。在行炁方面，庄子提出“踵息”；在伏炁方面，提出“心斋”。

两汉时期，“胎息”已经出现，记录“胎息”理论与方法的经典——《太平经》已经流传。

魏晋时期，“胎息”的方法已经成熟，是一套由调息、行炁到伏炁、胎息的系统方法。葛洪的《抱朴子·释滞》云：

> 其大要者，胎息而已。得胎息者，能不以鼻口嘘吸，如在胞胎之中，则道成矣。
>
> 初学行炁，鼻中引炁而闭之，阴以心数至一百二十，乃以口微吐之，及引之，皆不欲令己耳闻其炁出入之声，常令入多出少，以鸿毛著鼻口之上，吐炁而鸿毛不动为候也。渐习转增其心数，久久可以至千，至千则老者更少，日还一日矣。
>
> 夫行炁当以生炁之时，勿以死炁之时也。……一日一夜有十二时，其从半夜以至日中六时为生炁，从日中至夜半六时为死炁。……又行炁大要，不欲多食，及食生菜肥鲜之物，令人炁强难闭。又禁恚怒，多恚怒则炁乱，既不得溢，或令人发咳，故鲜有能为者也。
>
> 予从祖仙公，每大醉及夏天盛热，辄入深渊之底，一日许乃出者，正以能闭炁胎息故耳。①

南北朝时期，《太清调气经》的出现，标志着“胎息”的理论与方法均已经成熟。“胎息”包含两重内涵：一是得先天真气，二是服先天真气。《太清调气经》将两重内涵融合，其中“初受正气”“受元气变化”的“正气”“元气”即是得先天真气；“今人所服者……服内气耳”，即是服先天真气。《太清调气经》云：

---

① 《抱朴子内篇校释》卷八《释滞》，第149—150页。

夫服气者，本名胎息。胎息者，如婴儿在母腹中十个月，不食而能长养成就，骨细筋柔，握固守一。为初受正气，无思无念，兀然凝寂，受元气变化，开节脏腑，皆是自然。忽出母腹，即吸纳外气而有啼叫之声，即知干湿饥饿，似有所念，即失元气。今人所服者，如婴儿在母腹，是名胎息，服内气耳。①

南北朝末期，出现了专门讲述“胎息”之法的经典——《高上玉皇胎息经》。《高上玉皇胎息经》提出了“结胎”的概念，标志着“胎息”成为内丹丹法。

二、《胎息经》的撰造年代与传承人物

魏晋南北朝时期与胎息有关的经典主要有《胎息经》《食六气经》《行气治病经》《服气经》《太上养生胎息气经》《太清调气经》《高上玉皇胎息经》等。今以《抱朴子》记载的《胎息经》作为代表，来说明胎息经典的撰造年代和传承人物。

（一）《胎息经》的撰造年代

关于《胎息经》的记载，最早出现于《抱朴子·遐览》，仅有其名。就《抱朴子》对胎息法的介绍来看，主要是“闭气”或“伏炁”，还不能称为“胎息”。《抱朴子·释滞》云：

初学行炁，鼻中引炁而闭之，阴以心数至一百二十，乃以口微吐之，及引之，皆不欲令己耳闻其炁出入之声，常令入多出少，以鸿毛著鼻口之上，吐炁而鸿毛不动为候也。

就南北朝时期的《高上玉皇胎息经》内容来看，其中强调“神”与“气”的关系，强调“结胎”。《高上玉皇胎息经》云：

胎从伏气中结，气从有胎中息。气入身来为之生，神去离形为之死。知神气可以长生，固守虚无以养神气。神行即气行，神住即气住。若欲长生，神气相注。心不动念，无来无去，不出不入，自然常住。勤而行之，是真道路。②

① 《太清调气经》，载《道藏》第18册，第406页下。
② 《高上玉皇胎息经》，载《道藏》第1册，第748页下。

《抱朴子》中的胎息方法，没有强调“神”与“气”的关系，也没有强调“结胎”，突出的仅是“闭气”。由此可知，《抱朴子》中的《胎息经》并非晚出的《高上玉皇胎息经》。

根据《抱朴子·自叙》和《晋书·葛洪传》的记载，葛洪所得的经书和秘文，主要源于郑隐（字思远）和鲍靓（字太玄，又称鲍玄）。《晋书·葛洪传》记载：

> 洪就隐学，悉得其法焉。后师事南海太守上党鲍玄。……
>
> 太安中，石冰作乱，吴兴太守顾祕为义军都督，与周玘等起兵讨之，祕檄洪为将兵都尉，攻冰别率，破之，迁伏波将军。冰平，洪不论功赏，径至洛阳，欲搜求异书以广其学。①

按《晋书》记载，太安年间（302—303），石冰作乱，葛洪平叛立功，被封为伏波将军。葛洪辞爵散金，前往洛阳搜求异书。但《抱朴子·自叙》记载，此事因战乱未能成行。《抱朴子》中所记载的经典，主要出于郑隐、鲍靓。《抱朴子·自叙》云：

> 事平，洪投戈释甲，径诣洛阳，欲广寻异书，了不论战功。……正遇上国大乱，北道不通。而陈敏又反于江东，归途隔塞。②

又《抱朴子·遐览》云：

> 余晚充郑君门人，请见方书……唯余见受《金丹》之经及《三皇内文》《枕中五行记》。……他书虽不具得，皆疏其名，今将为子说之，后生好书者，可以广索也。③

葛洪在郑隐处所见经典名称具载《抱朴子·遐览》中，共二百零四部，第八十五部即为《胎息经》④。

在《抱朴子·遐览》中，葛洪对其师郑隐有较为详细的记载，郑隐八十余岁时，白发返青，颜色丰润，体力轻便，精神饱满，应是内丹有成之人。⑤ 郑隐的道法源于葛玄。《云笈七签》记载：

---

① 《晋书》卷七十二《列传第四十二》，第 6 册，第 1911 页。
② 《抱朴子外篇自叙》，载《抱朴子内篇校释》，第 375 页。
③ 《抱朴子内篇校释》卷十九《遐览》，第 332—333 页。
④ 同上，第 334 页。
⑤ 同上，第 331—332 页。

郑思远，少为书生，善律历候纬。晚师葛孝先，受《正一法文》《三皇内文》《五岳真形图》《太清金液经》《洞玄五符》。①

《抱朴子》亦记载，葛玄善闭气，能入水一日②。由此推断，郑隐的《胎息经》应源于葛玄。葛玄之师为左慈。《神仙传·葛玄》记载：

葛玄，字孝先，丹阳人也。……从仙人左慈，受《九丹》《金液》仙经。③

左慈为曹操时期的方士。《后汉书·方术列传》记载：

左慈字元放，庐江人也，少有神道。尝在司空曹操坐，操从容顾众宾曰："今日高会，珍羞略备，所少吴松江鲈鱼耳。"放于下坐应曰："此可得也。"因求铜盘贮水，以竹竿饵钓于盘中，须臾引一鲈鱼出。操大拊掌笑，会者皆惊。④

葛洪《神仙传·左慈》记载：

左慈者，字元放，庐江人也。……曹公闻而召之，闭一室中，使人守视，断其谷食，日与二升水，期年乃出之，颜色如故。⑤

综合以上资料可知，左慈精通方术，兼通辟谷服食，曾为曹操手下方士。葛玄所著的《断谷服食方》，其内容可能源于左慈的教授，其中可能有闭气、胎息之法。

葛洪收藏经典的另一来源为鲍靓，鲍靓的传承源于阴长生、左慈。鲍靓曾师从阴长生，得授道诀。《晋书》记载：

鲍靓，字太玄，东海人也。……靓学兼内外，明天文河洛书，稍迁南阳中部都尉，为南海太守⑥。……靓尝见仙人阴君，授道诀，百余岁卒。⑦

---

① 《云笈七签》卷一百一十《传·郑思远》，载《道藏》第22册，第751页上。
② 《抱朴子内篇校释》卷八《释滞》，第149页。
③ 《神仙传校释》卷八《葛玄》，第269页。
④ 《后汉书》卷八十二《方技列传第七十二·左慈》，第10册，第2747页。
⑤ 《神仙传校释》卷八《左慈》，第275页。
⑥ 考《广东通志》卷五十六，晋怀帝司马炽永嘉年间（307—313），鲍靓为南海太守。
⑦ 《晋书》卷九十五《列传六十五·鲍靓》，第8册，第2482页。

按《仙鉴·鲍靓》记载，除了阴长生，鲍靓还师从谌姆、左慈等人。《仙鉴·鲍靓》云：

> 鲍靓，字太玄，陈留人也。……得秘法悟真理，受真仙要诀于谌姆。……靓学明经术纬候，师左元放……晋元帝大兴元年，靓暂往江东，于蒋山北道见一人……其人曰："吾仙人阴长生也，太上使赤城。君有心于道，故得见我尔。"靓即下马拜问寒温，未及有所陈，阴君曰："此地复十年当交兵流血。"后苏峻之乱，果足十年。又云："君慕道久矣，吾当度尔。《仙法》：考得仙者，尸解为妙，上尸解用刀，下尸解用竹木，皆以神丹染笔，书《太上太玄阴生符》于刀刃左右，须臾便灭。所书者面目死于床上矣，其真身遁去，勿复还家，家人谓刀是其人也。用竹木如刀之法。"阴君乃传靓此道。①

考鲍靓从谌姆、左慈、阴长生处所得法要，均未明确涉及胎息之法。

综上可知，葛洪在《抱朴子》中明确郑隐藏有《胎息经》。按《抱朴子》记载，葛玄精通胎息，葛玄为郑隐师。所以，郑隐所藏《胎息经》应源于葛玄。葛玄羽化于公元244年，此《胎息经》应出现于公元244年以前。

（二）《胎息经》的传承人物

前节已分析，《抱朴子》所载《胎息经》，源于葛玄。葛玄传郑隐，郑隐传葛洪。

三、胎息的具体方法

胎息之法可分为行炁、伏炁、结胎、胎息等四个步骤。

（一）行炁

按《抱朴子》记载，行炁之法以鼻吸气，然后闭气，心中默数至一百二十，然后以口吐出，整个过程不应有呼吸声音。行炁的具体时间是在子时至巳时。②

葛洪认为，行炁功成可致神化。《抱朴子·释滞》云：

> 善用炁者，嘘水，水为之逆流数步；嘘火，火为之灭；嘘虎狼，虎狼伏而不得动起；嘘蛇虺，蛇虺蟠而不能去。若他人为兵刃所伤，嘘之血即止；闻有为毒虫所中，虽不见其人，遥为嘘祝我之手，男嘘我左，女嘘我右，而

① 《历世真仙体道通鉴》卷二十一《鲍靓》，载《道藏》第5册，第222页上下。

② 《抱朴子内篇校释》卷八《释滞》，第149—150页。

彼人虽在百里之外，即时皆愈矣。又中恶急疾，但吞三九之炁，亦登时差也。①

葛洪认为行炁时要注意饮食和情绪。《抱朴子·释滞》云：

但人性多躁，少能安静以修其道耳。又行炁大要，不欲多食，及食生菜肥鲜之物，令人炁强难闭。又禁恚怒，多恚怒则炁乱，既不得溢，或令人发咳，故鲜有能为者也。②

上清派也崇尚“行炁”，但行炁时辰与《抱朴子》不同，认为顺序为单数的时辰是阳（生）时，即子、寅、辰、午、申、戌。③ 陶弘景的《养性延命录》载有“六字诀”行炁法：

凡行炁，以鼻内气，以口吐气，微而引之，名曰长息。内气有一，吐气有六。内气一者，谓吸也；吐气六者，谓吹、呼、唏、呵、嘘、呬，皆出气也。凡人之息，一呼一吸，元有此数。欲为长息吐气之法，时寒可吹，温可呼，委曲治病，吹以去热，呼以去风，唏以去烦，呵以下气，嘘以散滞，呬以解极。凡人极者，则多嘘呬。道家行炁，多不欲嘘呬。嘘呬者，长息之心也。④

《太清调气经》也记载有行炁之法。经中批评了以往繁琐的行炁方法，提出绝缘息念、服食和气的方法。《太清调气经》云：

取生气趁五方，以心面相当，存思想念，初从东方青气，次南方赤气，次西方白气，次北方黑气，次念中央黄气，皆须以心想念五方气色，服之。此即非正也。……夫服气者，先以无思无虑，绝缘息念，即兀然和气自至，因而咽之，各归其位，无所不定。⑤

《高上玉皇胎息经》记载的行炁方法，在《太清调气经》基础上更进一步，提出“固守虚无以养气”。《高上玉皇胎息经》云：

---

① 《抱朴子内篇校释》卷八《释滞》，第 150 页。
② 同上。
③ 《太上养生胎息气经·六阳时法》，载《道藏》第 18 册，第 401 页上。
④ 《养性延命录》卷下《服气疗病篇第四》，载《道藏》第 18 册，第 481 页下—482 页上。
⑤ 《太清调气经》，载《道藏》第 18 册，第 404 页上。

气入身来为之生，神去离形为之死。知神气可以长生，固守虚无以养神气。

综上，行炁方法由《抱朴子》的数息行炁之法，发展为《太清调气经》中的服食和气之法，最终发展为“固守虚无以养气”。

（二） 伏炁

从方法次第上看，行炁之后是伏炁。但在实际操作中，伏炁是行炁的自然结果，不一定有严格的时间界限。

《抱朴子》记载的行炁，目的是伏炁或闭气。检验是否达到伏炁或闭气的方法，是用鸿毛放在口鼻上，以鸿毛不动为准。《太清调气经》记载的伏炁方法，是在服食“和气”后，将“和气”安置在身体内一定的部位。两种经典关于“伏炁”的内涵阐释不同。

《高上玉皇胎息经》认为，伏炁是结胎和胎息的前奏，所以非常重视伏炁。气依神行，神行则气行，神住则气住。若要伏炁，先要神住。《高上玉皇胎息经》云：

胎从伏气中结，气从有胎中息。气入身来为之生，神去离形为之死。知神气可以长生，固守虚无以养神气。神行即气行，神住即气住。

综上，伏炁就是气住或“闭气”，是介于行炁与结胎或胎息之间的状态。

（三） 结胎和胎息

在进入胎息的过程中，结胎和胎息没有明显的界限。一般情况下，结胎和胎息是同时发生的。但是，在不同的经典中，胎息的内涵不同，所以，结胎与胎息的区分标准也不同。

1. 胎息的内涵

胎息，就《太平经》来说，是返还“自然之气”，即返还道气。《太平经》云：

请问胎中之子，不食而炁者何也？天道乃有自然之炁，乃有消息之炁。凡在胞中，且而得炁者，是天道自然之炁也；及其已生，嘘吸阴阳而炁者，是消息之炁也。人而守道力学，反自然之炁者生也，守消息之炁者死矣。故夫得真道者，乃能内炁，外不炁也。以是内炁养其性，然后能反婴儿，复其命也。

对于《抱朴子》来说，胎息就是不以口鼻呼吸，或许就是闭气。《释滞》云：

> 得胎息者，能不以鼻口嘘吸，如在胞胎之中，则道成矣。

《太清调气经》的“胎息”内涵比较含糊，认为“胎息”不是“服内气”，而是“含受元气”。《太清调气经》中的相关表述为：

> 胎息者，如婴儿在母腹中十个月，不食而能长养成就，骨细筋柔，握固守一，为初受正气，无思无念，兀然凝寂，受元气变化，开节脏腑，皆是自然。忽出母腹，即吸纳外气而有啼叫之声，即知干湿饥饿，似有所念，即失元气。今人所服者，如婴儿在母腹，是名胎息，服内气耳。旧经云鼻引外气服者，深非正法也。①

《高上玉皇胎息经》则认为，通过行炁、伏炁，然后会出现真炁结胎的情况，到了此时，自然神气相守，气住念止。神气相守、气住念止的状态，就是“胎息”。《高上玉皇胎息经》云：

> 胎从伏气中结，气从有胎中息。……神行即气行，神住即气住。若欲长生，神气相注。心不动念，无来无去，不出不入，自然常住。

以上不同经典对胎息内涵的界定不同，《抱朴子》中的“胎息”是闭气之义，《太清调气经》中的“胎息”是含受元气之义，二者均非后世所讲“胎息”。《太平经》中的“胎息”是返还“自然之气”之义，《高上玉皇胎息经》中的“胎息”则是神气相守、气住念止之义。对比来说，《太平经》中的“胎息”内涵更为深刻和丰富，有趋向“归根复命”的意义；《高上玉皇胎息经》中的“胎息”有“结胎”和“胎息”两重含义，其中“结胎”就是“神气相注”，“胎息”就是“心不动念，无来无去，不出不入，自然常住”，有后世丹道中“结丹”的内涵，但就“归根复命”来说，尚未涉及。

今人所说“胎息”，即《高上玉皇胎息经》之“胎息”，有丹道中“结丹”的内涵。《太平经》所言之“胎息”，则是“还丹”。

2. 胎息的方法

今据《高上玉皇胎息经》来说明“胎息”的方法。《高上玉皇胎息经》中强

---

① 《太清调气经》，载《道藏》第18册，第406页下。

调神与炁的关系，在此之中讲解胎息之法。《高上玉皇胎息经》云：

> 胎从伏气中结，气从有胎中息。气入身来为之生，神去离形为之死。知神气可以长生，固守虚无以养神气。神行即气行，神住即气住。若欲长生，神气相注。心不动念，无来无去，不出不入，自然常住。勤而行之，是真道路。

从文中内容可知，《高上玉皇胎息经》中的“胎息”大致分为“伏炁丹田”“神气相注”“自然常住”等三个步骤。其中，“神气相注”就是结胎，“自然常住”就是胎息。也就是说，修习胎息的人在实践行炁、伏炁并成功之后，就会对神与炁有一定的体验。通过神气相守，就会达到“结胎”，即经中所言“胎从伏气中结”。唐代幻真先生的《胎息经注》讲：

> 修道者，常伏其炁于脐下，守其神于身内，神炁相合而生玄胎，玄胎既结，乃自生身，即为内丹，不死之道也。

“结胎”精熟以后，会达到气住念止的境界，这就是“胎息”，即经文中所言“心不动念，无来无去，不出不入，自然常住”。

四、结语

胎息源于春秋战国时期道家贵守虚无的思想。道家人物如老子、庄子等，认为“虚无”充满生机、化育万有。“虚无”可以合道，能获得生生不息的功能，道家人物采用调息、行炁、伏炁、胎息等方法达此目的。“胎息”之法，直接源于东汉时期的《太平经》，其中提出自然之气（天道之气）、消息之气（阴阳之气），自然之气使人长生，消息之气使人趋亡。修道之人，当返还自然之气，如婴儿处胎中。魏晋时期，《抱朴子》中载有简单的“胎息”之法。南北朝末期出现的《高上玉皇胎息经》，标志着胎息已发展成熟。以《抱朴子》中的《胎息经》而论，《胎息经》可能源于“葛玄—郑隐—葛洪”这一传承体系，其撰造年代最迟不晚于公元244年。

就“胎息”的内涵来讲，《抱朴子》中的“胎息”是闭气之义，《太清调气经》中的“胎息”主要是“含受元气”之义，二者均非后世所言“胎息”。《太平经》中的“胎息”是返还“自然之气”之义，《高上玉皇胎息经》中的“胎息”则是神气相守、气住念止之义。二者相较，《太平经》中的“胎息”内涵更为深刻和丰富，有与“归根复命”趋同的意义；《高上玉皇胎息经》中的“胎息”有“结胎”和“胎息”两重含义，其中“结胎”就是“神气相注”，“胎息”就是“心不动念，无来无去，不出不入，自然常住”，有后世丹道中“结丹”的内涵，但就“归根复命”（还丹）来说，尚未涉及。

胎息是最为朴素、有效的内炼方法，对后世影响极大。唐代的幻真先生，称胎息为内丹。五代时期，丹道华山派的创始人陈抟，精通胎息之术，称之为蛰龙丹法。北宋时期，著名的女性丹道家曹文逸，在《灵源大道歌》中讲：“我为诸君说端的，命蒂原来在真息。”① 不仅如此，胎息之法对北宋时期的雷法也有很大影响。雷法名著《道法会元》卷一《清微道法枢纽》讲：“收为胎息用为窍，道法之中真要妙。”② 由此可知，胎息是魏晋南北朝时期对后世影响最大的丹法。

第四节　狐刚子、葛洪、陶弘景与外丹发展状况

魏晋南北朝时期，炼丹家除了继承《太清金液神丹经》《黄帝九鼎丹经》，还通过实践，增加了诸多外丹丹法和丹经。这些外丹丹经和丹法的出现，标志着外丹在魏晋南北朝时期得到了进一步发展。这一时期也出现了许多著名的炼丹家，如狐刚子、左慈、葛玄、鲍靓、郭璞、郑隐、葛洪、皇甫谧、陶弘景等。这一时期的外丹传承源流，据《抱朴子》记载，是以左慈—葛玄—郑隐—葛洪等人的授受关系为主线，但据其他典籍记载，还有一些不为人熟知的流派，如魏伯阳—狐刚子—左慈—葛玄等的授受关系。

一、外丹发展的特点

与两汉相比，魏晋南北朝时期的外丹发展有明显变化，主要表现为：(1) 强化服食金丹成仙的信仰；(2) 外丹经典趋于多样化；(3) 炼丹技术趋于程序化；(4) 对外丹的效果评价出现分歧。

（一）强化金丹信仰

魏晋南北朝时期，在神仙长生信仰方面，炼丹家独崇金丹。这一时期，虽然也有人服食五芝、药水、草药、青精饭、五石散等，但炼丹家认为，唯有服

① 《灵源大道歌》，载《藏外道书》第6册，第128页上。
② 《道法会元》卷一《清微道法枢纽》，载《道藏》第28册，第674页下。

食金丹，才能长生成仙。

1. 服食方面独崇金丹

两汉时期或者更早，许多神仙方士崇尚服食，借以实现神仙长生的梦想。成书于东汉的《列仙传》，记载有70多位神仙人物，其中23位是服食成仙的。这些人物占《列仙传》人物总数的33%。这说明，两汉时期，方士认为通过简单的服食可以实现神仙长生的梦想。

魏晋南北朝时期，以葛洪为代表的炼丹家认为，唯有服食金液还丹才能神仙长生。《抱朴子》讲，草木之属，埋则腐烂，烧则成灰；诸小杂丹，胜于草药，但不及金丹。唯有金丹，才能令人神仙长生。《抱朴子·金丹》云：

> 然服他药万斛，为能有小益，而终不能使人遂长生也。……夫金丹之为物，烧之愈久，变化愈妙。黄金入火，百炼不消，埋之，毕天不朽。服此二物，炼人身体，故能令人不老不死。……又云，虽呼吸道引，及服草木之药，可得延年，不免于死也；服神丹令人寿无穷已。①

由此可知，魏晋时期，在服食方面，以葛洪为代表的炼丹家独崇金丹。

2. 唯有金丹能致长生

两汉时期的外丹丹经，主要为《太清金液神丹经》《黄帝九鼎丹经》《周易参同契》等。这些经典都强调内炼与外丹兼顾，外丹是通过内丹起作用的。

到了魏晋南北朝时期，炼丹家则独崇金丹，认为只有外丹才可神仙不老。《抱朴子·金丹》讲：

> 余考览养性之书，鸠集久视之方，曾所披涉篇卷，以千计矣，莫不皆以还丹、金液为大要者焉。然则此二事，盖仙道之极也。服此而不仙，则古来无仙矣。②

在论及外丹与内炼的关系时，虽然葛洪也引用《仙经》的说法——“服丹守一，与天相毕，还精胎息，延寿无极。此皆至道要言也”。但是，葛洪认为，这些守一、还精、胎息之术，仅能固形延年，唯有金丹才能使人成仙。《抱朴子·地真》云：

① 《抱朴子内篇校释》卷四《金丹》，第71—74页。
② 同上，第70页。

> 夫长生仙方，则唯有金丹；守形却恶，则独有真一。①

《抱朴子·极言》又云：

> 不得金丹……不得仙也。……思身神，守真一，则止可令内疾不起，风湿不犯耳。②

葛洪认为，“九丹金液，最是仙主”，“宝精爱炁”“小药延年”“道术辟恶”只是基础或准备工作。“小药”是指“金丹”之外的其他服食品。《抱朴子·微旨》云：

> 九丹金液，最是仙主。然事大费重，不可卒办也。宝精爱炁，最其急也，并将服小药以延年命，学近术以辟邪恶，乃可渐阶精微矣。③

在《抱朴子》的其他内容中，葛洪也认为，唯有服食金丹最为重要，其他的辅助功夫似乎可以省略。例如，在《抱朴子·杂应》中，葛洪认为，辟谷虽能使金丹生效增速，但不用辟谷，金丹的效力照样不减。《抱朴子·杂应》云：

> 若欲服金丹大药，先不食百许日为快。若不能者，正尔服之，但得仙小迟耳，无大妨也。④

由以上内容可知，魏晋南北朝时期，以葛洪为代表的炼丹家，认为不需内丹，仅凭外丹就能长生。

（二） 炼丹术进一步发展

从两汉到魏晋南北朝，炼丹技术得到进一步发展，主要表现在两个方面：一是同一源流的炼丹术趋于细化，二是不同源流的炼丹术得以汇融。本处采用《太清金液神丹经》的发展变化过程，来说明第一种情况；用《抱朴子·金丹》记载的丹经和丹法品目，来说明第二种情况。

1. 同一源流的炼丹术趋于细化

《太清金液神丹经》本出于“安期生—马明生、李少君—阴长生”一系。西汉时期，这一体系的炼丹家无法区分“金液还丹”与“神丹”。东汉时期，阴长

---

① 《抱朴子内篇校释》卷十八《地真》，第 324 页。
② 《抱朴子内篇校释》卷十三《极言》，第 243 页。
③ 《抱朴子内篇校释》卷六《微旨》，第 124 页。
④ 《抱朴子内篇校释》卷十五《杂应》，第 266 页。

生能够区分并炼制“金液还丹”与“神丹”。东汉末期至两晋，从《太清金液神丹经》中分化出《黄帝九鼎丹经》，并把分化后剩余的《太清金液神丹经》进一步细化为《太清丹经》《金液丹经》。这些都证明，同一源流的炼丹术趋于细化。

西汉初期的李少君，为汉武帝炼制“金液”，涂于餐具，用于养生。东汉时期，阴长生不但能够炼制“金液还丹”，而且能够把“金液还丹”进一步炼成“神丹”，形成了炼制“金液”“金液还丹”“神丹”等逐步递进的炼丹术。在《太清金液神丹经》中，阴长生对“金液”的制作方法进行了详细的描述。其法如下：(1) 制造“六一泥”；(2) 用水银和铅炼制“玄黄”；(3) 用“玄黄”、胡粉、越丹砂、雄黄、雌黄炼制“金液之华”；(4) 用一铢“金液之华”合水银一斤炼制“药金”，用来验证前面炼制的“金液之华”是否真的为“金液”。①“金液还丹”再经炼制，成为紫色霜状物质，称为“神丹”。②

东汉后期，《太清金液神丹经》中分化出《黄帝九鼎丹经》，分化后的《太清金液神丹经》仅有炼制“金液”“神丹”的方法，《黄帝九鼎丹经》则介绍炼制“还丹”的方法。魏晋南北朝时期，《太清金液神丹经》《黄帝九鼎丹经》进一步分化，分为《太清丹经》《九鼎丹经》《金液丹经》《九光丹》等系列丹经。其中，《太清丹经》主炼“神丹”，炼制技术为“九转”之法，“神丹”细化为九种丹品。《金液丹经》主炼“金丹”。《九鼎丹经》更加细致，炼制包括“还丹”“神丹”在内的九种丹。③

以上内容说明，自西汉到魏晋时期，炼丹术有了极大的发展。炼丹家在原有炼丹术的基础上，根据自己掌握的经验，推陈出新，不断把传承的炼丹术细化。同一源流炼丹术细化的过程，就是炼丹术更加专业的过程，也是炼丹术发展的见证。

2. 不同源流的炼丹术得以汇总

汉末至魏晋时期，除了安期生一系的《太清经液神丹经》外，还产生了大量其他源流的炼丹术。一些炼丹家，如葛洪，将其汇总起来，促使不同来源的炼丹术得以淘汰、融合和发展。

根据东晋葛洪《抱朴子》的记载，除了由《太清金液神丹经》衍生出《太清丹经》《九鼎丹经》《金液丹经》《九光丹（法）》，还有《五灵丹经》《岷山丹法》《务成子丹法》《羡门子丹法》《立成丹（法）》《取伏丹法》《赤松子丹法》

---

① 这些内容乃根据《太清经液神丹经》总结。
② 《太清金液神丹经》卷中，载《道藏》第 18 册，第 753 页中下。
③ 《抱朴子内篇校释》卷四《金丹》，第 74—76 页。

《石先生丹法》《康风子丹法》《崔文子丹法》《刘元丹法》《乐子长丹法》《李文丹法》《尹子丹法》《太乙招魂魄丹法》《采女丹法》《稷丘子丹法》《墨子丹法》《张子和丹法》《绮里丹法》《玉柱丹法》《肘后丹法》《李公丹法》《刘生丹法》《王君丹法》《陈生丹法》《韩终丹法》等。《抱朴子》中汇总的炼丹术共有三十一种。

另外，根据《道藏》中的相关资料，这一时期还有《五金粉图诀》《狐刚子万金诀》《金石还丹术》《太清经天师口诀》《上清九真中经内诀》《太极真人九转还丹经要诀》《九转流珠神仙九丹经》《神仙养生秘术》等。

这些都向世人昭示着魏晋时期炼丹术的繁荣。

（三） 炼丹过程程式化

魏晋南北朝时期，炼丹家将炼丹过程程式化。具体地讲，炼丹过程主要包括前期准备工作、炼制外丹、服食内炼等三个阶段。本处以《抱朴子》为主，参考《云笈七签》的相关内容，大致阐述魏晋南北朝时期的外丹炼制与服食程序。

1. 炼制外丹的准备工作

按《抱朴子》的记载，炼丹的准备工作可略分为：盟誓、选侣、择地、斋戒、备药、安炉立鼎等。

“盟誓”是传授丹经或丹法的仪式。在传授丹经或丹法之前，炼丹家要对弟子进行考察。考察结束后，对于合格的弟子，炼丹家将按照一定的仪式传授其丹经或丹法。仪式的核心环节就是歃血盟誓。《抱朴子·勤求》云：

> 是以道家之所至秘而重者，莫过乎长生之方也。故血盟乃传，传非其人，戒在天罚。①

“选侣”就是选择炼丹的参与人员。参与人员可分为物资、钱财资助者和人力资助者。一般情况下，选择参与人员的第一个条件，是要具备“仙骨”。但什么是“仙骨”？炼丹家没有明确。《抱朴子·金丹》云：

> 无神仙之骨，亦不可得见此道也。合丹当于名山之中，无人之地，结伴不过三人。②

① 《抱朴子内篇校释》卷十四《勤求》，第252页。
② 《抱朴子内篇校释》卷四《金丹》，第74页。

《抱朴子·金丹》还提出，参与炼丹人员，必须清心寡欲、勤俭淡泊。《太清金液神丹经》云：

凡人唯知美食好衣，声色富贵而已，恣心尽欲，奄忽终殁之徒，慎无以神丹告之，令其笑道谤真。①

“择地”即选择炼丹地点。一方面，择地要避开闹市、刀兵、灾害、人事等干扰，为炼丹、内养、服食做好准备。另一方面，是为了保证炼丹所用的药物在炮制和配伍过程中保持纯净。葛洪之师郑隐讲：

作药者若不绝迹幽僻之地，令俗间愚人得经过闻见之，则诸神便责作药者之不遵承经戒，致令恶人有谤毁之言，则不复佑助人，而邪气得进，药不成也。②

葛洪列举了炼丹家公认合适的炼丹场所，多是名山大川或道教认为的洞天福地。《抱朴子·金丹》云：

古之道士，飞炼神药，必入名山。又按《入山经》，可以精思，修饵其药，有太华、恒、霍、嵩少、太白、终南、女几、地肺、王屋、抱犊、安邱、衡灊、青城、峨嵋、云台、罗浮、阳驾、黄金、大小天台、盖竹、括苍、四望山，皆是正神在其中。其上皆生芝草，可以避大兵大水，不但中以合药也。若有道者登之，则此山之神必助之为福。其药必此诸山者，海中大岛屿亦可合药。③

古人把炼丹当做宗教活动，要求必须保持虔诚和洁净的身心，特别注重“斋戒”。葛洪讲：

合丹当于名山之中……先斋百日，沐浴五香，致加精洁。④

又讲：

必入名山之中，斋戒百日，不食五辛生鱼，不与俗人相见，尔乃可作大

---

① 《抱朴子内篇校释》卷四《金丹》，第76页。
② 同上，第84页。
③ 同上，第85页。
④ 同上，第74页。

药。作药须成乃解斋，不但初作时斋也。①

这说明斋戒是从炼丹准备工作前百日开始，直至炼丹成功后结束。实际上，“斋戒”是炼丹家的内炼过程，因为服食外丹必须要有内练功夫才可能成功。

“备药”就是采备、选择和炮制药物。炼丹所需的药材多是矿石、草药、金属等，可见于《抱朴子·仙药》②。采药既要注意产药的地点也要注意采药的方法。葛洪在《仙药》中讲，“石象芝生于海隅名山”③“玉脂芝生于有玉之山”④“雄黄当得武都山”⑤。采药之后，还要对药物进行炮制⑥。药物备好以后，按照一定比例配齐，准备合药炼丹。

“安炉立鼎”是炼丹准备工作的核心，在选定地点、造好炉鼎后，则是安炉、立鼎、制泥。安炉，是指筑造和安立炼丹所用的火炉，详见《造铸诀》⑦。立鼎，是指铸造和安装炼丹所用的器皿。按照材质分，有土釜、铜釜、铁釜等；按照构造分，有既济鼎、未济鼎、悬胎鼎。详见《炉鼎火候品》⑧。制泥主要指制作“六一泥”，用于密封，详见《抱朴子·金丹》⑨。

2. 外丹的烧炼过程

烧炼过程是炼丹的核心，主要讲究的是“行火”，炼成之后还要“祭药”。

“行火”就是按照一定规律在不同时间用不同火温来烧炼丹药。在烧炼的过程中，不但要注意时间、火候、药物变化及药物、火力的加减，有时候还需要换鼎。《云笈七签》记载有《火候诀》《运火诀》等。古人认为天为阳，火取天象，以应阳。《火候诀》云：

> 夫用火之诀，亦象乎阴阳二十四气，七十二候。五日为一候，三候为一气，二气为一月。七十二候则应二十四气，为十二月。十二月为一周年，阴阳运足矣而丹成。夫起火之时，取十一月甲子日夜半甲子时动火，从子门起，火五日，用炭三两，须常有熟炭三两在其炉中，不得增少；次开丑门，发火五日，用炭四两；次开寅门，下火五日，用炭五两；次开卯门，著火五日，

---

① 《抱朴子内篇校释》卷四《金丹》，第84—85页。
② 《抱朴子内篇校释》卷十一《仙药》，第196页。
③ 同上，第197页。
④ 同上，第198页。
⑤ 同上，第203页。
⑥ 《云笈七签》卷六十八《金丹部六·炼麻腴法》，载《道藏》第22册，第471页上。
⑦ 《云笈七签》卷六十八《金丹部六·炉鼎火候品》，载《道藏》第22册，第475页中。
⑧ 同上。
⑨ 《抱朴子内篇校释》卷四《金丹》，第74页。

用炭六两；次开辰门，著火五日，用炭七两；次开巳门，著火五日，用炭八两。此六门是阳门，火须竖安炭，如阳气后发动。次至午门，火五日，用炭九两；次开未门，著火五日，用炭八两；次开申门，著火五日，用炭七两；次开酉门，著火五日，用炭六两；次开戌门，著火五日，用炭五两；次开亥门，著火五日，用炭四两。此六门火须横安炭，亦象于阴阳气候。从子门起火至亥门，周旋十二时门，终计用炭七十二两，在炉应七十二候之数，则成四象十二候。六十日两月为一转，则开看之，更添石硫黄二两，和紫金砂于钵中，以玉槌研之半日，却入鼎中，封闭固济，依前每门五日，运火烧之。①

《运火诀》则讲究在不同的火候阶段之间加入一些药物，以保证炼制的丹药不断升级。《运火诀》云：

还从甲子日子时于子门起火……六十日足……则候炉中火歇开看之，色如褐土，金星灿然而在。又添石硫黄二两，和砂重研，却入鼎固济之。又依前运火，同遭十二门。每门五日为一候。……终十二门六十日足，候鼎寒开看，色微欲紫。又添石硫黄二两，出金砂和研令相合，则却入鼎中固济之，亦依前，门门五日火候。……足，寒之开看，其合砂色渐转金紫，光色若星，璀灿流辉。又添石硫黄二两，出金砂于钵中和硫黄熟研，却入于鼎中固济，令紧密，视之上下无罅漏泄，然后依前，门门运火。……炭在炉中，旋绕其鼎，积运烧之六十日，数增于第四转炭二十四两。其炉内鼎四外紫气回绕，看之如雾。候寒开鼎，见金砂色转化为紫光之丹，丹内红星点点，似欲轻涌。更添石硫黄二两，和于钵中，熟研半日，则却入鼎中封固济，然后依气候运武火，一转还丹。……足，其炉鼎中紫气连天，日月失辉，山河震岌，乃是丹成之候也。歇炉出鼎，于香坛之上寒之，然后开看。其丹赫然轻飞，脱离于质，如芙蓉花九层，连于鼎盖之上下，五日分毫无失。其鼎内有滞灰二十四两，如紫金色。②

“祭药”，是在合药和丹成之时所做的祭祀。合药时的祭祀在《抱朴子》《云笈七签》中均有记载。《抱朴子·金丹》讲：“九丹者，长生之要……合时又当祭，祭自有图法一卷也。”③《云笈七签》卷六十五《祭受法》云：“祭受之法，用

① 《云笈七签》卷六十八《金丹部六·炉鼎火候品》，载《道藏》第22册，第475页中下。

② 同上，第475页下—477页上。

③ 《抱朴子内篇校释》卷四《金丹》，第74页。

好清酒一斗八升，千年沉一斤，水人三头。……”① 炼丹成功时也要祭祀。《抱朴子》所载《太清金液神丹经》云：“金成，取百斤先设大祭。……”② 古人无法理解化学反应，因而敬畏和崇拜，“祭药”就源于此。

3. 服食外丹前的内炼

服食外丹必须先进行“内炼”。“内炼”是指在整个炼丹过程中，主持者、参与者、服食者都必须进行的修炼。这是内丹丹法的主要来源之一。《周易参同契》中有《炼己章》，就是讲述内炼的。魏晋南北朝时期，内炼方法主要有：存神守一、导引行炁、服气辟谷等。从《太清金液神丹经》可知，外丹是为了辅助内丹的，外丹必假借内丹才能产生功效。因此，若要服食丹药成功，除了外丹的作用，其内丹功夫必须达到一定程度才行。

二、外丹传承流派

魏晋南北朝时期，外丹传承主要有狐刚子一系、葛洪一系、陶弘景一系，但以左慈—葛玄—郑隐—葛洪等人的授受关系为主线。

（一） 狐刚子一系

狐刚子，本名丘，又名胡罡子、胡刚子、狐罡子、胡罡之、狐子，狐刚子是后人对他的尊称。根据《太清经天师口诀》《黄帝九鼎神丹经诀》《龙虎元旨》等资料，似乎可以断定狐刚子为东汉末期人，师学于魏伯阳，授外丹丹法于左慈、葛玄等人，留下著作《狐刚子万金诀》《五金粉图诀》等。但其中存在诸多可疑之处。

关于狐刚子生活的年代，学术界大概有东汉末期说和晋代说两种。较早记载狐刚子的资料为《太清经天师口诀》，其中讲：

> 赤松子曰：汝善谛听，今日授汝胡刚子具说药物分剂，作之委要也。③

《太清经天师口诀》约出于南北朝时期④。其中的“赤松子”，在魏晋以前文献中，记载有两位，一是神农时期的雨师⑤；二是皇初平，字赤松子⑥。神农时期

---

① 《云笈七签》卷六十五《金丹部六·祭受法》，载《道藏》第 22 册，第 457 页上。
② 《抱朴子内篇校释》卷四《金丹》，第 76—77 页。
③ 《太清经天师口诀·赤松子肘后药诀》，载《道藏》第 18 册，第 788 页下。
④ 见《中华道藏》第 18 册，第 31 页上，其中云：“太清经天师口诀。撰人不详，约出于南北朝。”
⑤ 《列仙传》卷上《赤松子》，载《道藏》第 5 册，第 64 页中。
⑥ 《神仙传校释》卷二《皇初平》，第 41 页。

的赤松子，是祈雨师，无论是时代还是职业，都与炼丹术关系不大。《神仙传》成书于东晋元帝建武元年（317）①，其中记载的赤松子，最晚为西晋人。若赤松子传狐刚子丹诀为实，则狐刚子与赤松子（皇初平）为同时代的人，也是西晋时期人。

《黄帝九鼎神丹经诀》记载狐刚子传丹诀于左慈、葛玄等人，由此可以推断狐刚子应为东汉末人，但其中疑点甚多。《黄帝九鼎神丹经诀》卷三记载狐刚子传授葛玄《万金诀》及仙法。原文为：

> 狐丘先生授葛仙公曰："命属仙星，名录继我。今故授汝《万金诀》等，及修仙法，汝依而用之。……"②

又，《黄帝九鼎神丹经诀》记载狐刚子曾传授左慈"七宝未央丸"丹诀。《黄帝九鼎神丹经诀》卷七《明守一闭邪及釜鼎丹屋·六一泥法》云：

> 以左元放所授狐刚子"七宝未央丸"，其泥釜药，乃用紫石英、白石、赤石脂、牡蛎粉、白滑石，各二十斤为泥，捣波法亦妙，录付于六一数内，唯用三味。③

如果狐刚子传授左元放、葛玄之事为实，在《抱朴子》中应有记载。查葛洪的《抱朴子》《神仙传》等，未见任何相关内容。以此可知，狐刚子传授左慈、葛玄丹诀之说，是后人附会。以上分析说明，东晋以前，炼丹界并不知有狐刚子其人。

又有《龙虎元旨》，其中记载有魏伯阳与狐刚子的授受关系。《龙虎元旨》撰造于中唐稍晚时期，约公元 838 年左右④。其中云：

> 狐刚子曰："黄芽何物为之？"魏公曰："用铅不用铅，五金生于铅。铅是

---

① 《中华道教大辞典》，第 419 页。

② 《黄帝九鼎神丹经诀》卷三《明择师受诀不藉真人法》，载《道藏》第 18 册，第 804 页上。

③ 《黄帝九鼎神丹经诀》卷七《明守一闭邪及釜鼎丹屋·六一泥法》，载《道藏》第 18 册，第 814 页下。

④ 见《道藏》第 24 册，第 174 页上。《龙虎元旨》篇末《太上诫词》云："东岳董师元于贞元五年（789），受之于罗浮山隐士青霞子，贞元十九年（803）传授剑州司马张陶，开成三年（838）京师传族弟李汾，长契五年传成君隐士，口诀不载于文，秘之秘之。"由这段话可知，此文作者，应在族弟李汾得授后作。此文内容，最早出于"贞元五年"，即公元 789 年。查唐代以来年号，无"长契"，应是"长庆"之讹。"长庆"为唐穆宗李恒年号，仅有四年。应该是作者不知当时已改元，所以，所谓的"长契五年"应为唐穆宗李恒"宝庆元年"，即公元 825 年。此文内容应在公元 789 年出现，最早在公元 838 年成文。应出于中唐稍晚时期。

> 五金之筋髓，七宝之良媒，八石之尊主。五金切忌铅，不得误用之。铅精铅精，炼铅而成。”①

这则记载找不到任何旁证。当时炼丹家都非常崇拜魏伯阳、狐刚子，这条魏伯阳与狐刚子的授受关系，不排除是杜撰。

综上所述，狐刚子本人的历史真实性、狐刚子生活的年代及其外丹传承源流，尚待进一步考证。

（二）葛洪一系

葛洪一系，是魏晋时期传承最为明确的外丹流派。

1. 葛洪生平

葛洪，字稚川，号抱朴子，生于晋武帝太康四年（283），丹阳句容（今江苏镇江句容县）人。祖父葛奚，有经国之才，仕吴官至大鸿胪、辅吴将军，封吴寿县侯。父亲葛悌，以孝友著称，为士人表率，仕吴累官为会稽太守，仕晋为邵陵太守，葛洪为其第三子。葛洪十三岁丧父，家道中落，伐薪卖柴自给，一生苦读好学，善于拣择学问，志节长存，道德高尚。《晋书·葛洪传》记载：

> 葛洪，字稚川，丹阳句容人也。祖奚，吴大鸿胪。父悌，吴平后入晋，为邵陵太守。洪少好学，家贫，躬自伐薪以贸纸笔，夜辄写书诵习，遂以儒学知名。②

《抱朴子·自叙》记载：

> 洪者，君之弟三子也。生晚，为二亲所娇饶，不早见督以书史。年十有三，而慈父见背，夙失庭训。饥寒困瘁，躬执耕穑，承星履草，密勿畴袭。又累遭兵火，先人典籍荡尽。农隙之暇无所读，乃负笈徒步行借。又卒于一家，少得全部之书。益破功日伐薪卖之，以给纸笔。就营田园处，以柴火写书。坐此之故，不得早涉艺文。常乏纸，每所写，反覆有字，人鲜能读也。年十六，始读《孝经》《论语》《诗》《易》。贫乏无以远寻师友，孤陋寡闻，明浅思短，大义多所不通。但贪广览，于众书乃无不暗诵精持。曾所披涉，自正经、诸史、百家之言，下至短杂文章，近万卷。……其河洛图纬，一视

① 《龙虎元旨》，载《道藏》第24册，第172页下—173页上。
② 《晋书》卷七十二《列传第四十二》，第6册，第1911页。

便止，不得留意也。不喜星书及算术、九宫、三棋、太一、飞符之属，了不从焉，由其苦人而少气味也。晚学风角、望气、三元、遁甲、六壬、太一之法，粗知其旨，又不研精。亦计此辈率是为人用之事，同出身情，无急以此自劳役，不如省子书之有益，遂又废焉。①

葛洪之从祖父就是葛玄，当时被尊称为“仙公”。郑隐为葛玄弟子。由于这种关系，葛洪在十六岁就师从郑隐②，学习各种方术，最主要的就是炼丹术。由于葛洪身体羸弱、聪慧好学，郑隐常留他在身边抄写丹经秘方，因此葛洪独得郑隐黄白长生之学。《晋书·葛洪传》记载：

从祖玄，吴时学道得仙，号曰葛仙公，以其练丹秘术授弟子郑隐。洪就隐学，悉得其法焉。③

又《抱朴子·遐览》云：

昔者幸遇明师郑君，但恨弟子不慧，不足以钻至坚极弥高耳。于时虽充门人之洒扫，既才识短浅，又年尚少壮，意思不专，俗情未尽，不能大有所得，以为巨恨耳。

余晚充郑君门人，请见方书……乃先以道家训教戒书不要者近百卷，稍稍示余。……然弟子五十余人，唯余见受《金丹》之经及《三皇内文》《枕中五行记》，其余人乃有不得一观此书之首题者矣。④

西晋太安元年（302），因战乱频起，郑隐率众弟子入霍山避世炼丹。二十岁的葛洪因受顾祕征召，辞别郑隐。《抱朴子·遐览》记载：

太安元年，知季世之乱，江南将鼎沸，乃负笈持仙药之仆，将入室弟子，东投霍山⑤，莫知所在。⑥

据《晋书》和《抱朴子·自叙》记载，晋惠帝太安二年（303），二十一岁的葛洪，接受吴兴太守顾祕之邀，担任平叛重任。葛洪治军严谨，不贪财帛，分功

① 《抱朴子外篇自叙》，载《抱朴子内篇校释》，第370—371页。
② 见丁宏武的《葛洪年表》。
③ 《晋书》卷七十二《列传第四十二》，第6册，第1911页。
④ 《抱朴子内篇校释》卷十九《遐览》，第331—333页。
⑤ 此处，用“东投霍山”，“霍山”应指福建霍童山。
⑥ 《抱朴子内篇校释》卷十九《遐览》，第331—333页。

与人，在平定石冰之乱中功绩突出，被封为“伏波将军”。《晋书·葛洪传》记载：

> 太安中，石冰作乱，吴兴太守顾祕为义军都督，与周玘①等起兵讨之，祕檄洪为将兵都尉，攻冰别率，破之，迁伏波将军。

《抱朴子·自叙》记载：

> 昔大安中，石冰作乱，六州之地，柯振叶靡，违正党逆。义军大都督邀洪为将兵都尉，累见敦迫。既桑梓恐虏，祸深忧大，古人有急疾之义。又畏军法，不敢任志。遂募合数百人，与诸军旅进。曾攻贼之别将，破之日，钱帛山积，珍玩蔽地。诸军莫不放兵收拾财物，继毂连担。洪独约令所领，不得妄离行阵。士有摭得众者，洪即斩之以徇。于是无敢委杖。而果有伏贼数百，出伤诸军。诸军悉发，无部队，皆人马负重，无复战心。遂致惊乱，死伤狼藉，殆欲不振。独洪军整齐毂张，无所损伤。以救诸军之大崩，洪有力焉。后别战，斩贼小帅，多获甲首，而献捷幕府。于是大都督加洪伏波将军。例给布百匹。诸将多封闭之，或送还家。而洪分赐将士，及施知故之贫者。余之十匹，又径以市肉酤酒，以飨将吏。于时窃擅一日之美谈焉。
>
> 事平，洪投戈释甲，径诣洛阳，欲广寻异书，了不论战功。窃慕鲁连不受聊城之金，包胥不纳存楚之赏，成功不处之义焉。正遇上国大乱，北道不通。而陈敏又反于江东，归途隔塞。②

平叛之后，葛洪效古时申包胥、鲁仲连高义，置功不居，准备前往洛阳收集异书。但因“上国大乱，北道不通”“陈敏又反于江东，归途隔塞”，因而在徐、豫、荆、襄一带周旋。期间，葛洪结识嵇含③。光熙元年（306），葛洪二十四岁，广州刺史嵇含荐葛洪为参军，但因嵇含遇刺而作罢，于是稽留广州，遂于当年开始撰写《抱朴子》。《抱朴子·自叙》云：

> 会有故人谯国嵇君道，见用为广州刺史。乃表请洪为参军。虽非所乐，然利可避地于南，故黾勉就焉。见遣先行催兵，而君道于后遇害，遂停广州。频为节将见邀用，皆不就。永惟富贵可以渐得而不可顿合，其间屑屑，亦足

① 玘，读音［qǐ］。
② 《抱朴子外篇自叙》，载《抱朴子内篇校释》，第375页。
③ 《晋书》记载，嵇含字君道，是嵇康兄嵇喜的孙子；曾在荆襄一带任职，与葛洪探讨学问。

以劳人。……先所作子书内、外篇，幸已用功夫，聊复撰次，以示将来云尔。①

稽留期间，葛洪结识鲍靓。永嘉六年（312），三十岁的葛洪拜鲍靓（260—330）为师。鲍靓对葛洪非常器重，将女儿鲍姑嫁葛洪为妻，倾其所学授予葛洪。鲍靓与鲍姑皆精通医术，从此葛洪医术得到了极大提高，成为一代名医。《晋书·葛洪传》记载：

后师事南海太守上党鲍玄。玄亦内学，逆占将来，见洪深重之，以女妻洪。洪传玄业，兼综练医术，凡所著撰，皆精核是非，而才章富赡。②

胡孚琛先生在《魏晋神仙道教：〈抱朴子内篇〉研究》中讲：

鲍靓字太玄，琅琊人，汉司隶鲍宣之后，晋怀帝永嘉六年为南海太守，与在广州罗浮山隐居修道的葛洪相往来，有时语论达旦，并以女妻葛洪。③

有些道教典籍还显示，葛洪早年曾经到过扶南国（今柬埔寨一带的古国名）。《太清金液神丹经·抱朴子序述》云：

余少欲学道，志游遐外。昔以少暇，因旅南行。初谓观交岭而已。有缘之便，遂到扶南。④

建兴三年（315），三十三岁的葛洪荐名琅琊王丞相府。建武元年（317），三十五岁的葛洪被辟为掾⑤，并于当年完成巨著《抱朴子》。太兴元年（318），葛洪三十六岁，晋元帝赐爵关中侯。咸和初（326），四十四岁的葛洪因生活所迫，补州主簿，后转司徒掾。咸和三年（328），四十六岁的葛洪任咨议参军。《晋书·葛洪传》记载：

元帝为丞相，辟为掾。以平贼功，赐爵关内侯。咸和初，司徒导召补州主簿，转司徒掾，迁咨议参军。⑥

---

① 《抱朴子外篇自叙》，载《抱朴子内篇校释》，第375—376页。

② 《晋书》卷七十二《列传第四十二》，第6册，第1911页。

③ 《魏晋神仙道教：〈抱朴子内篇〉研究》，第107—108页。

④ 《太清金液神丹经》卷下《抱朴子序述》，载《道藏》第18册，第757页上。

⑤ 掾，读音［yuàn］，官名，掾与史常合称。汉衙署分曹办事，曹有掾与史，掾为长而史次之，不同等级的衙署都有椽史。汉掾史由主官自行辟任。

⑥ 《晋书》卷七十二《列传第四十二》，第6册，第1911页。

咸和七年（332），五十岁的葛洪闻交趾产丹砂，请为句漏令。行至广州，为刺史邓岱（岳）① 强留，就栖于罗浮山从事炼丹。《晋书·葛洪传》记载：

> 闻交阯出丹，求为句漏令。帝以洪资高，不许。洪曰："非欲为荣，以有丹耳。"帝从之。洪遂将子侄俱行。至广州，刺史邓岳留不听去，洪乃止罗浮山炼丹。②

建元元年（343）三月三日（夏历），葛洪在罗浮山以灵宝经法等经典付与侄子葛望、葛世等，静坐羽化，世寿六十一岁③。《晋书·葛洪传》记载：

> 洪博闻深洽，江左绝伦。著述篇章富于班马，又精辩玄赜，析理入微。后忽与岳疏云："当远行寻师，克期便发。"岳得疏，狼狈往别。而洪坐至日中，兀然若睡而卒，岳至，遂不及见。④

葛洪是丹道史上经历最为丰富和学问最为突出的丹道家。葛洪一生能文善武，外儒内道，精通医术，集多家学问于一身，著述甚丰，于乱世中尽量贡献自身的学问与力量。葛洪数次出仕，家境清贫，却能分功与人、散财与众，足见其人品修养。葛洪的学问主要集中在《抱朴子》内外篇中。葛洪在中医的内科、外科、医药等方面，也有非常突出的贡献，他的《金匮药方》（一百卷，已佚）、《肘后要急方》（四卷）等都是医学名著。《晋书·葛洪传》记载：

> 其自序曰：……世儒徒知服膺周孔，莫信神仙之书，不但大而笑之，又将谤毁真正。故予所著子（书），言"黄白"之事，名曰《内篇》；其余驳难通释，名曰《外篇》；大凡内外一百一十六篇。虽不足藏诸名山，且欲缄之金匮，以示识者。自号抱朴子，因以名书。其余所著碑诔诗赋百卷，移檄章表三十卷，神仙良吏隐逸集异等传各十卷，又抄五经史汉百家之言方技杂事三百一十卷，金匮药方一百卷，肘后要急方四卷。⑤

2. 葛洪的外丹传承源流

葛洪的外丹传承源流，在《抱朴子》中有清晰的记载。葛洪自述，昔日左慈精思天柱山中，感神人授"金丹仙经"。葛洪的从祖父葛玄，师从左慈，得授

---

① 邓岱，原名邓岳，因避东晋康帝司马岳的名号而改名为岱。
② 《晋书》卷七十二《列传第四十二》，第 6 册，第 1911—1912 页。
③ 见丁宏武的《葛洪卒年考》《葛洪年表》。
④ 《晋书》卷七十二《列传第四十二》，第 6 册，第 1913 页。
⑤ 同上，第 1912—1913 页。

《太清丹经》三卷、《九鼎丹经》一卷、《金液丹经》一卷。郑隐师学于葛玄，而葛洪则师学于郑隐。《抱朴子·金丹》云：

> 昔左元放于天柱山中精思，而神人授之“金丹仙经”，会汉末乱，不遑合作，而避地来渡江东，志欲投名山以修斯道。余从祖仙公，又从元放受之。凡受《太清丹经》三卷及《九鼎丹经》一卷、《金液丹经》一卷。余师郑君者，则余从祖仙公之弟子也，又于从祖受之，而家贫无用买药。余亲事之，洒扫积久，乃于马迹山中立坛盟受之，并诸口诀、诀之不书者。江东先无此书，书出于左元放，元放以授余从祖，从祖以授郑君，郑君以授余，故他道士了无知者也。

在《抱朴子·黄白》中，葛洪还记载，郑隐曾授他黄白之术，主要为《黄白中经》五卷。《抱朴子·黄白》云：

> 余昔从郑公受《九丹》及《金银液经》，因复求受《黄白中经》五卷。①

在《抱朴子·遐览》中，葛洪较为详细地叙述了他师从郑隐的经过。通过葛洪的描述，可知郑隐原本儒士，博文好学、文武兼修、娴于音律、爱护弟子，他精通内外之学，在八十余岁时，返还年轻时的相貌。葛洪正是师从郑隐，方才得到内外丹法及符箓。《抱朴子·遐览》云：

> 郑君时年出八十，先发鬓班白，数年间又黑，颜色丰悦，能引强弩射百步，步行日数百里，饮酒二斗不醉。每上山，体力轻便，登危越险，年少追之，多所不及。饮食与凡人不异，不见其绝谷。余问先随之弟子黄章，言郑君尝从豫章还，于掘沟浦中，连值大风。又闻前多劫贼，同侣攀留郑君，以须后伴，人人皆以粮少，郑君推米以恤诸人，己不复食，五十日亦不饥。又不见其所施为，不知以何事也。火下细书，过少年人。性解音律，善鼓琴，闲坐，侍坐数人，口答谘问，言不辍响，而耳并料听，左右操弦者，教遣长短，无毫厘差过也。
>
> 余晚充郑君门人，请见方书，告余曰：要道不过尺素，上足以度世，不用多也。然博涉之后，远胜于不见矣。既悟人意，又可得浅近之术，以防初学未成者诸患也。……
>
> 郑君本大儒士也，晚而好道，由以《礼记》《尚书》教授不绝。其体望高

① 《抱朴子内篇校释》卷十六《黄白》，第 283 页。

亮，风格方整，接见之者皆肃然。每有谘问，常待其温颜，不敢轻锐也。……然弟子五十余人，唯余见受金丹之经及《三皇内文》《枕中五行记》。其余人，乃有不得一观此书之首题者矣。①

根据以上资料可知，葛洪的外丹传承源流为“左慈—葛玄—郑隐—葛洪”（参考图 2-3、图 2-4）。根据《云笈七签》《道教义枢》等典籍记载，葛洪去世前，在罗浮山将灵宝经法、外丹术等授予葛望、葛世等人，此二人是否有炼丹实践，则不可知。《道教义枢》卷二《三洞义第五》云：

洪号抱朴子，以晋建元二年②三月三日于罗浮山付弟子海安君望、世等。至从孙巢甫，以晋隆安之末，传道士任延庆、徐灵期之徒，相传于世，于今不绝。③

（三） 陶弘景一系

陶弘景是上清派茅山宗的实际开创者。梁武帝天监三年（504），陶弘景受梁武帝萧衍委托，开始炼丹。前后烧炼七次，花费二十余年时间，最终炼成了《九转神丹升虚上经》所记载的“九转丹”。由此可知，陶弘景是南北朝时期一位有丰富实践经验的炼丹家。

1. 陶弘景生平

陶弘景，字通明，号华阳隐居，生于南朝刘宋孝建三年（456），丹阳秣陵（今江苏南京）人。陶弘景出于江东名门，其祖父陶隆，在刘宋时封晋安侯；其父陶贞宝（亦作陶贞），医术精湛，博通经史，官至江夏孝昌相。陶弘景自幼好学，才识渊博。《南史·隐逸传》记载：

陶弘景，字通明，丹阳秣陵人也。祖隆，王府参军。父贞，孝昌令。……以宋孝建三年景申岁夏至日生。幼有异操，年四五岁，恒以荻为笔，画灰中学书。……读书万余卷，一事不知，以为深耻。善琴棋，工草隶。未弱冠，齐高帝作相，引为诸王侍读，除奉朝请。④

南齐时，陶弘景已名满朝野。永明十年（492），陶弘景三十六岁，因政治

① 《抱朴子内篇校释》卷十九《遐览》，第 331—333 页。
② 应为“建元元年”，见丁宏武《葛洪年表》。
③ 《道教义枢》卷二《三洞义第五》，载《道藏》第 24 册，第 813 页下。
④ 《南史》卷七十六《列传第六十六·陶弘景》，第 6 册，第 1897 页。

上不得意①、“家贫，求宰县不遂”而辞朝入山，公卿车马相送。陶弘景辞朝后，自号“华阳隐居”，入茅山开馆授徒，成为上清派茅山宗的实际开创者。《南史·隐逸传》云：

> 家贫，求宰县不遂。永明十年，脱朝服挂神武门，上表辞禄。……及发，公卿祖之征虏亭，供帐甚盛，车马填咽，咸云宋、齐以来未有斯事。于是止于句容之句曲山。……乃中山立馆，自号华阳陶隐居。人间书札，即以隐居代名。②

陶弘景早年与梁武帝萧衍相识，支持梁武帝的武装政变，并在萧衍建国时建议国号为“梁”。所以，梁武帝十分赏识陶弘景，经常向他咨询政要，并多次劝他入朝为官，时人称其为“山中宰相”。《南史·隐逸传》云：

> 齐末为歌曰“水丑木”为“梁”字。及梁武兵至新林，遣弟子戴猛之假道奉表。及闻议禅代，弘景援引图谶，数处皆成“梁”字，令弟子进之。武帝既早与之游，及即位后，恩礼愈笃，书问不绝，冠盖相望。……帝手敕招之，锡以鹿皮巾。后屡加礼聘，并不出，唯画作两牛，一牛散放水草之间，一牛着金笼头，有人执绳，以杖驱之。武帝笑曰：“此人无所不作，欲学曳尾之龟，岂有可致之理。”国家每有吉凶征讨大事，无不前以咨询。月中常有数信，时人谓为山中宰相。③

陶弘景少年时代就志慕神仙，成年后，遍访杨羲、许谧、许翙等人的《上清经》真迹。南朝刘宋大明八年（464），陶弘景十岁，阅读《神仙传》，萌生出尘之志。南齐永明五年（487），三十二岁的陶弘景师从孙游岳学习道家符箓。永明六年（488），陶弘景开始寻访“三君手书”（杨羲、许谧、许翙的《上清经》手迹）。《南史·隐逸传》记载：

> 年十岁，得葛洪《神仙传》，昼夜研寻，便有养生之志。④

《华阳陶隐居内传》记载：

> 是岁东阳孙游岳始授先生道家符图，虽云相承真本，而历经摹写，意所未

① 见唐代贾嵩的《华阳陶隐居内传》：“永明中五过启禄，得辄差舛。”《道藏》第5册，第509页下。
② 《南史》卷七十六《列传第六十六·陶弘景》，第6册，第1897页。
③ 同上，第1898—1899页。
④ 同上。

惬。明年游茅山。【《本起录》云：戊辰年①始往茅山，按先生木披访经法，而拂衣长往，经始于是行也。】获前真杨、许兴宁中手书。……诚心感跃，如亲睹灵人，乃寻三真往来书疏，知所获者犹多亡阙，更搜访远近，于是启假而东，谒楼惠明于大洪山，遇杜京产于太平山，又寻沙门钟义山于宛山，皆卑辞膝请，获真人手迹十余卷。游历二百余日，乃还都。……未几复往，更求遗迹，多有所得。②

按《华阳陶隐居内传》记载，梁武帝天监三年（504），陶弘景受梁武帝萧衍委托，开始炼丹。陶弘景从众多丹法中谨慎选择，最终决定采用上清派《九转神丹升虚上经》中所载丹法炼丹。从天监四年（505）开始炼丹，经历六次失败，直到普通六年（524）方才炼成，前后共花费二十年时间。《南史·隐逸传》记载：

遍历名山，寻访仙药。……弘景既得神符秘诀，以为神丹可成，而苦无药物，帝给黄金、朱砂、曾青、雄黄等。后合飞丹，色如霜雪，服之体轻。及帝服飞丹有验，益敬重之。③

陶弘景一生多才多艺，除了精通道术，他在算术、医术、书法、文学、天文等方面造诣都很高深，留下许多著作。《华阳陶隐居内传》载：

先生在世所著书：《学苑》一百卷，《孝经论语序注》十二卷，《三礼序》一卷，《汪尚书毛诗序》一卷，《孝子内外集》四卷，《玉匮记》三卷，《三国志赞述》一卷，《抱朴子注》二十卷，《世语阙字》二卷，《古今州郡记》三卷，《续临川康王世说》二卷，《撰太公孙昊书略注》二卷，《员仪集要》三卷，《七曜新旧术数》二卷，《风雨水旱饥疫占要》一卷，《卜筮略要》一卷，《灵奇秘奥》一卷，《举百事吉凶历》一卷，《算数艺术杂事》一卷，右一百六十六卷。

先生在山所著书：《登真隐诀》二十四卷，《真绌婴》十卷，《本草经注》七卷，《肘后百一方》三卷，《梦书》一卷，《效验施用药方》五卷，《集金丹黄白方》一卷，《服云母诸石方》一卷，《服食草木杂药法》一卷，《断谷秘方》一卷，《消除三尸要法》一卷，《服气导引》一卷，《人问却灾患法》一卷。右五十七卷。④

《南史·隐逸传》云：

---

① 即公元488年，南朝齐武帝永明六年。
② 《华阳陶隐居内传》卷上，载《道藏》第5册，第502页中下。
③ 《南史》卷七十六《列传第六十六·陶弘景》，第6册，第1899页。
④ 《华阳陶隐居内传》卷上，载《道藏》第5册，第509页上中。

所著《学苑》百卷，《孝经论语集注》《帝代年历》《本草集注》《效验方》《肘后百一方》《古今州郡记》《图像集要》及《玉匮记》《七曜新旧术疏》《占候》《合丹法式》，共秘密不传，及撰而未讫又十部，唯弟子得之。①

陶弘景一生颇富传奇，可谓是佛道兼通、佛道双修的丹道家。《南史·隐逸传》还记载：

弘景为人圆通谦谨，出处冥会，心如明镜，遇物便了。言无烦舛，有亦随觉。……天监四年，移居积金东涧。弘景善辟谷导引之法，自隐处四十许年，年逾八十而有壮容。仙书云："眼方者寿千岁。"弘景末年一眼有时而方。……曾梦佛授其菩提记云，名为胜力菩萨。乃诣鄮县阿育王塔自誓受五大戒。②

南朝萧梁大同二年（536），陶弘景预知时至，克日羽化，时年八十一岁。其弟子遵其遗嘱，以佛道二家的衣冠入殓简葬③。梁帝诏赠"中散大夫"，谥曰"贞白先生"。

在丹道史上，陶弘景是佛道儒三家参同的第一人。参同诸家的传统，是从汉末开始的，魏伯阳等人参同老庄、周易、炼丹术等，著作《周易参同契》。在葛洪一系的传承中，葛玄、郑隐、葛洪等人，也有儒道参同的特点。陶弘景参同三家，对后世丹道家有重要启发意义，也成为丹道发展和传承的重要传统和特色。以此来看，陶弘景在丹道史上有重要意义。

2. 陶弘景的外丹传承源流

天监三年（504），梁武帝萧衍要求陶弘景为自己炼丹，陶弘景本不注重外丹，对李少君之类的故事并不认可，但因皇命难违，只好开始了炼丹准备工作。经过对比，陶弘景选择了《九转神丹升虚上经》中记载的丹法进行炼制。《华阳陶隐居内传》卷中云：

天监三年，夜梦有人云："丹亦可得作。"是夕帝亦梦人云："有志无具，于何轻举？式歌汉武帝。"久之方悟，登使舍人黄陆告先生："想刀圭未就，

---

① 《南史》卷七十六《列传第六十六·陶弘景》，第6册，第1900页。

② 同上，第1898—1899页。

③ 《南史·隐逸传》记载："遗令：'既没不须沐浴，不须施床，止两重席于地，因所著旧衣，上加生裤裙及臂衣靺冠巾法服。左肘箓铃，右肘药铃，佩符络左腋下。绕腰穿环结于前，钗符于髻上。通以大袈裟覆衾蒙首足。明器有车马。道人道士并在门中，道人左，道士右。百日内夜常然灯，旦常香火。'弟子遵而行之。诏赠太中大夫，谥曰贞白先生。"《南史》第6册，第1898—1899页。

三大丹有阙，宜及真人，真心无难言也。”先生初难之：“吾宁学少君邪?”帝复以梦旨告焉，乃命弟子陆逸冲、潘渊文开积金岭东，以为转炼之所，凿石通涧水东流矣。

先生以谓丹品，盖多黄帝九鼎九丹、王君虹景、左慈九华、五灵七变、神精召魂之属。或方法舛略，难可凭用。或品例卑近，不得高通。复有二金液，亦营合有碍。高真上法有四，而四药未显。琅玕①渊重，曲晨精妙，唯九转所用药石，皆可寻求。制方之体，辞无浮长，历然可解，乃缄愿毕志。②

之所以选择《九转神丹升虚上经》记载的丹法，是因此法出于上清派传承。《太平御览·道部十三》中记载：

《登真隐诀》曰：太极真人昔以神方一首传长里先生。先生姓薛，自号长里，周武王时人也。先生以传西城总真王君，即金阙圣君之上宰也。按饳饭方受西梁真人所传，时在大宛北谷。今长里传九转，乃周初间，是为授服饳饭，三四百年后乃合此丹。盖司命《剑经》序也。总真王君传太元真人，即东卿司命茅大君也。以汉武帝天汉三年授之，时年四十八。后又以付二弟，并各赐成丹一剂。司命既传二弟而不载于此，当以王命君使付，非正次传授也。自二君以后，惟定录与杨君使示许长史并掾，乃至于今。③

陶弘景采用的《九转神丹升虚上经》，由太极真人传长里先生，长里传西城总真王君，王君传太元真人茅盈，茅盈传其弟茅固、茅衷，后又降嘐杨羲、许谧。这个传承故事，仅可作为神话传说来看待。《九转神丹升虚上经》的真实来源，应该是杨羲、许谧在降嘐、撰造上清派经典的过程中，根据当时流行的《太清金液神丹经》《黄帝九鼎丹经》等外丹经诀撰造的。以上资料，仅说明《九转神丹升虚上经》是上清派外丹丹经，陶弘景更加注重和信任上清派的经典。

由此可知，陶弘景的外丹传承源于杨羲、许谧以来的上清派（见图 3-2)。

三、炼丹家对外丹的态度

魏晋南北朝时期，炼丹家对外丹的态度并不相同，可分为三类：第一类认为只有服食外丹才能长生；第二类认为服食外丹只是长生的途径之一；第三类认为外丹不能使人长生。

---

① 琅玕，读音［láng gān］，本义为仙珠，此处指琅玕丹。

② 《华阳陶隐居内传》卷中，载《道藏》第 5 册，第 505 页中—506 页上。

③ 《太平御览》卷 671《道部十三》，第 6 册，第 254 页。

（一）坚信服食外丹可以长生

魏晋南北朝时期，葛洪是坚信服食外丹可以长生的代表。《抱朴子·金丹》讲：

> 然服他药万斛，为能有小益，而终不能使人遂长生也。……夫金丹之为物……故能令人不老不死。……又云，虽呼吸道引，及服草木之药，可得延年，不免于死也；服神丹令人寿无穷已。

葛洪坚信唯有金丹能致神仙长生，为了炼丹，他弃朝廷要职不为。咸和七年（332），五十岁的葛洪闻交趾产丹砂，上书东晋成帝司马衍，求为句漏①令。晋成帝惜其才，不许。葛洪申明炼丹之志，朝廷才予放行。最终，在广州受刺史邓岳挽留，于罗浮山炼丹，直至终老。

虽然葛洪坚信金丹长生，但他及其师承中，均无确切的炼丹和饵丹经验。据《抱朴子》记载，葛洪二十岁以前就师从郑隐，郑隐无资炼丹，后归隐霍山，不知所终。葛洪完成《抱朴子》的时间为公元 317 年，他的炼丹实践是在公元 332 年之后，《抱朴子》中的外丹内容，尚未验证。顺着葛洪的外丹传承再向前考察，没有资料证实左慈、葛玄有实际的炼丹和饵丹经验。以此而论，《抱朴子》中对外丹功效的描述，仅是一种信仰而已。

（二）服食外丹仅是长生众术之一

观服食外丹为长生众术之一的炼丹家代表为葛玄。据葛洪的《抱朴子》记载，葛玄师承左慈，得授《太清丹经》《九鼎丹经》《金液丹经》等外丹经典。然而，从现有的资料考察，葛玄没有确切的炼丹实践。葛玄被尊为“仙公”，实非因炼丹之术，而是因他精修斋法，撰造《灵宝五符》。葛洪为葛玄从孙，他在《神仙传》中记载葛玄的修炼方法应可信，其中云：

> 玄勤奉斋科，感老君与太极真人，降于天台山，授玄《灵宝》等经三十六卷。久之，太上又与三真人……出《洞元》《大洞》等经三十六卷，及上清斋二法……灵宝斋六法……及洞神、太一、涂炭等斋并戒法等件。悉遵太上之命。修炼勤苦不怠。②

以此来看，葛玄主修的是“斋法”，而不是金丹之术。

---

① 今广西壮族自治区北流县东北 15 公里。

② 《神仙传校释》卷八《葛玄》，第 269—270 页。

另外，葛玄精通胎息、闭气之术，其内修功夫非常高超。《抱朴子·释滞》云：

> 予从祖仙公，每大醉及夏天盛热，辄入深渊之底，一日许乃出者，正以能闭炁胎息故耳。

就葛洪的记载来看，葛玄选择并精修的方法并非外丹，而是胎息与斋法。但也没有资料证明葛玄反对外丹。因此，可以这样说，葛玄认为外丹仅是长生众术之一，并非唯一途径。

（三） 怀疑服食外丹可以长生

陶弘景是南北朝时期质疑外丹的代表。《华阳陶隐居内传》记载，陶弘景早年也醉心外丹，希图升举。《华阳陶隐居内传》卷中云：

> 先生有乘云御龙心。自云年十二时，于渠阁法书中见郗愔①以黄素写太清诸丹法，乃忻然有志。②

梁武帝天监三年（504），陶弘景受萧衍委托，开始炼丹。陶弘景在经历了两次失败后，改名王整，离开茅山，以求理想的炼丹之所，但没有成功。天监十一年（512）十月（夏历），梁武帝命司徒慧明，督促陶弘景回到茅山。陶弘景在茅山又烧炼五次，直到普通六年（524）方才炼成，前后共花费二十年时间。《华阳陶隐居内传》卷中记载：

> 四年春，先生出居岭东，使王法明守上馆，陆逸冲居下馆，潘渊文、许灵真、杨超远从焉。是岁有事于炉燧。明年元日，开鼎无成。重九复燧，亟多不偶。限竟开鼎，复无成。……自南霍还，鼎事累营，皆不谐。……普通五年，复涂鼎起火。明年正旦甲子开鼎，光炁照烛，动心焕目，形质似前者，而加以彩虹杂色。始天监四年初有志于此，及是凡七营乃成。③

陶弘景质疑饵丹飞升之说。他十八岁学上清经法之后，就感慨说："奚况饵毒丹求遁去乎？"④ 梁武帝萧衍皈依佛法后，笃信上清的陶弘景与梁武帝的关系非常尴尬。当萧衍命其炼丹时，因推脱不掉，陶弘景又以炼丹的名义远遁浙江、

---

① 郗愔，读音［chī yīn］，字方回，东晋大臣，书圣王羲之的内弟。
② 《华阳陶隐居内传》卷中，载《道藏》第5册，第508页上。
③ 同上，第505页上—508页下。
④ 同上，第508页上。

福建，甚至海中孤岛，但被梁武帝派使者追回。[①] 回到茅山后，在第六次炼丹结束时，他以神人的口气感慨说："世中岂复有白日升天人？渐服自可知。"[②] 这表明他彻底放弃了外丹长生之说。在第七次炼丹中，陶弘景得到了可验于丹经的结果。由于此时陶弘景已抛弃外丹信仰，所以，他并未饵丹，也未进献梁武帝。《晋书·陶弘景传》记载"天监中，献丹于武帝"[③]，并非真实。

陶弘景的炼丹经历，在魏晋南北朝时期的炼丹家中，是稀有难得的。东晋的葛洪，也有实际炼丹经验，咸和七年（332），他在罗浮山开始炼丹，直到去世。葛洪实际炼丹的时间，最多有十二年（332—343）。而陶弘景前后炼丹七次，共二十年，并得到成丹。因此，从炼丹经验来看，葛洪难与陶弘景相比。但陶弘景却明确质疑外丹。这说明，在魏晋南北朝时期，炼丹家对外丹的态度并不一致。在肯定服食外丹可以成仙方面，葛洪是突出的代表；在质疑外丹方面，陶弘景是突出的代表。

四、结语

炼丹术本源于早期的冶炼之术，后经神仙方士附会，代替海上仙药，成为在物质层面探索神仙长生的途径。

魏晋南北朝时期，炼丹术得到进一步发展，同一源流的炼丹术不断细化，不同源流的炼丹术得以汇融。同一源流的炼丹术，如《太清金液神丹经》，在东汉末期细化为《太清金液神丹经》《黄帝九鼎丹经》，魏晋时期进一步细化为《太清丹经》《九鼎丹经》《金液丹经》《九光丹》等系列丹经。不仅如此，早期的《太清金液神丹经》仅记载有"金液还丹"与"神丹"，魏晋时期发展为丹华（金液）、神丹（神符）、还丹、饵丹、炼丹、柔丹、伏丹、寒丹等。魏晋时期，不同源流的炼丹术得以汇总、淘汰、融合。《抱朴子》中记载的丹经和丹法就多达三十一种，葛洪对这些炼丹术进行了评判和汇融。在炼丹术取得进步的背景下，魏晋时期，以葛洪为代表的炼丹家，虔信服食金丹可以长生，甚至在长生众术中独崇金丹。在这种狂热信仰的推动下，炼丹过程得以程式化。

从传承流派来看，魏晋南北朝时期，大概存在三个较为著名的外丹流派。其一为狐刚子一系，存在很多疑点，不能肯定实有。其二为葛洪一系，这一传承为"左慈—葛玄—郑隐—葛洪"（参考图 2-3、图 2-4）。其三为陶弘景一系，

① 《华阳陶隐居内传》卷中，载《道藏》第 5 册，第 506 页中—508 页中。
② 同上，第 508 页中。
③ 《南史》卷七十六《列传第六十六·陶弘景》，第 6 册，第 1899 页。

这一传承主要依附《上清经》三十一卷流传（见图 3-2）。

魏晋南北朝时期，炼丹家对于外丹的态度也有分化。以葛洪为代表的炼丹家，虔信服食金丹可以长生，独崇金丹。以葛玄为代表的炼丹家，没有明确反对外丹，但选择修炼其他长生之术。以陶弘景为代表的炼丹家，虽然炼丹经验丰富，但反对外丹，即使炼成，也不服食。

其实，所谓的"金丹"，是用"五金八石"① "三黄四神"② 等金属、矿物，通过烧炼，制成丹药，用于服食，以求长生。这些五金八石、三黄四神，其实都有很大的毒性，服食者难逃一死。《玄解录》云：

> 夫学炼金液还丹，并服丹砂、硫黄并诸乳石等药，世人苦求得之，将为便成至药，不得深浅，竟学服饵，皆觅长生不死者也。并不悟金丹并诸石药各有本性，怀大毒在其中，道士服之，从羲、轩已来，万不存一，未有不死者。③

又说：

> 缘毒成结在其中，纵令千销万化，毒终不出。④

可见服食金丹，不能使人成仙，反会促人速死。北魏道武帝拓跋珪，用死囚验丹，悉数毒死。北齐文宣帝高洋，将丹药存放起来，要临终再用。南朝梁的陶弘景面对所炼的丹药，不敢服用，自我感叹说："世中岂复有白日升天人?!"

魏晋南北朝时，还风行"五石散"（寒食药）⑤。《晋书・皇甫谧传》记载皇甫谧自述服食"五石散"后的症状：

> 臣以尫弊，迷于道趣……又服寒食药，违错节度，辛苦荼毒，于今七年。隆冬裸袒食冰，当暑烦闷，加之咳逆，或若温虐，或类伤寒，浮气流肿，四

① 五金，是指黄金（Au）、白银（Ag）、赤金（即赤铜 Cu）、青金（即铅 Pb）、白腊（即锡 Sn）或黑金（即铁 Fe）等；另外，五金又分为阴金与阳金，阳金是指朱砂、雄黄、雌黄、硫黄、白上黄。八石，系指丹砂（HgS）、雄黄（As_4S_4）、雌黄（As_2S_3）、硫黄（S）、信石（砒霜 As_2O_3）、空青（碱式碳酸铜 $Cu(OH)_2 \cdot CuCO_3$）、石胆（$CuSO_4 \cdot 5H_2O$）、消石（KNO_3）、磁石（Fe_3O_4）、礜石（FeAsS）、硇砂（NH_4Cl）等。见胡孚琛先生的《丹道仙学入门》，第105—106 页。

② 三黄，指雄黄（As_2S 或 As_3S_2）、雌黄（As_2S_3）、硫磺（S）等。四神，指朱砂（HgS）、水银（Hg）、铅（Pb）、硝（KNO_3）等。见胡孚琛先生的《丹道仙学入门》，第 105—106 页。

③ 《云笈七签》卷六十四《金丹部二・玄解录》，载《道藏》第 22 册，第 448 页下。

④ 同上，第 449 页上。

⑤ 石钟乳、石硫黄、白石英、紫石英、赤石脂等五味药物配制的药粉。

肢酸重。于今困劣，救命呼噏，父兄见出，妻息长诀。仰迫天威，扶舆就道，所苦加焉，不任进路，委身待罪，伏枕叹息。①

隋唐时期的医学家、炼丹家孙思邈言：

自皇甫士安以降，有进饵者，无不发背解体而取颠覆。余自有识性以来，亲见朝野人士，遭者不一。所以宁食野葛，不服五石，明其大大猛毒，不可不慎也。有识者遇此方即须焚之，勿久留也。②

然而，在崇信外丹的炼丹家推动下，外丹之术在唐代达到高潮，上至皇帝，下至百官，多有信奉服丹延寿长生之说，致使许多人癫狂残废，甚至暴亡。从那以后，以外丹为主的长生梦想走到了穷途。有心栽花花不成，无心插柳柳成荫。虽然炼丹术不能圆神仙方士的长生之梦，但却促进了医药学、物理、化学等自然科学的发展。

---

① 《晋书》卷五十一《列传第二十一·皇甫谧》，第5册，第1415页。
② 《备急千金要方校释》，第519页。

第四章

革旧鼎新：金丹、毒药、内丹与丹道革新

隋唐五代，自隋开皇元年（581）始，至后周显德七年（960）终，共计380年。期间，自唐贞观元年（627）到唐天宝十四载（755）是我国封建社会经济文化相当繁荣的时期。繁荣的社会经济、开放的文化观念，形成了勇于探索和创新的氛围，为炼丹术的发展和丹道的革新提供了有力的支撑。

盛唐时代，炼丹术达到了顶峰。炼丹需要四个方面的准备：一是专业人员，即炼丹家；二是炼丹设备，即炉灶、鼎器、辅助设施等；三是各种药物，多是当时稀有珍贵之物，有些还需进口；四是设定程式，即炼丹的程序。如果没有一定经济实力，炼丹家纵然拥有万卷丹经，也是兀自嗟叹而已。唐代在政治、经济、文化、宗教等方面恰好都满足了以上条件。唐高祖李渊追认老子为其宗祖，把道教列为国教，朝廷甚至公开招募、支持部分道士炼丹。朝野知名的炼丹家一度高达千人。

频繁的炼丹活动推动了外丹理论和技术的发展，形成了卷帙浩繁的外丹典籍，衍生出诸多外丹流派。中唐时期的《石药尔雅》记载丹经多达98部，丹法111个，丹种97种，丹名166个，药物大约169味，药名大约682个。外丹理论按其主用药物，可分为三派：金砂派、铅汞派、硫汞派。金砂派崇尚服食黄金、丹砂，又可细分为金派和砂派，形成于唐朝前期。金砂派代表人物中，姓名可考的主要有孙思邈、陈少微、张果、张九垓等。其中陈少微、张果属于砂派，张九垓属于金派。铅汞派沿袭《周易参同契》的风格，善于构建玄妙繁琐的理论，主张以铅、汞炼丹，形成于唐朝前期。其代表人物主要有苏元朗、孟

要甫、金竹坡、张玄德等。硫汞派源于金砂派，形成于晚唐五代时期，在北宋仍有延续。该派主张以硫、汞制丹，成丹就是丹砂（硫化汞）。这一派留下许多经典，但人物多不可考。

唐代的炼丹家对丹毒已有初步的认识，但长生的欲望常使人忽视丹毒的危害。唐朝帝王多数崇尚外丹，但服食外丹并没有给帝王们带来长寿，而是猝死或残疾。在唐朝的二十一位皇帝中，有一半左右都是直接或间接由外丹丹毒致死。唐朝的衰亡从某种程度上讲，与帝王们崇尚外丹有关。上有所好，下必效之。唐代的许多官员和文士，也崇尚服食外丹，然而用外丹者，无不遭其荼毒。在残酷的现实面前，朝野人士对金丹仙药有了清醒的认识，炼丹术逐渐被冷落，神仙长生之说受到严峻的挑战，道教的长生信仰岌岌可危。

在这场危机中，发源于东晋时期的上清派，在维系道教信仰方面起到了中流砥柱的作用。隋唐时代，以王远知、潘师正、司马承祯、吴筠等为代表的上清派道士，不尚金丹、怪诞之说，精演老庄玄学，注重内修，兼用符箓，形成了一个独具特色的内丹流派。上清派的传承和信仰体系清晰，代表人物厚德博识，因而备受唐皇室的尊崇。以司马承祯的《坐忘论》《天隐子》为代表的上清派内修丹法，给当时盛行外丹的丹道界和道教界吹来一股清风，在一定程度上维系了道教的长生信仰和宗教地位。

为了探索长生之道和维系长生的信仰，丹道家在中唐时期掀起了一场丹道革新运动。“内丹”是相对“外丹”来说的。唐代中期之前，丹道家的主要内炼方法是“存想”“服气”“胎息”，并以“胎息”为内丹。当外丹长生梦想破灭后，丹道家在原有的“存想”“胎息”等基础上，以老子的深根固蒂、长生久视、归根复命之道为指导，引用外丹理论来构建内丹理论，把此前的“坐忘”“心斋”“抱一”“胎息”“存想”等方法都融于其中，完成了一场具有重大创新意义的丹道革新运动。自此以后，西汉末期以来的以外丹为主的炼养之术，逐渐被内丹丹法所取代。革新后的内丹理论在表述上沿用外丹理论术语，但是赋予了新的含义。后世根据这些术语特征，仍然把新兴的内丹流派称为“丹鼎派”，也是为了有别于“符箓派”。内丹革新的成功，使道教的长生信仰得以延续，至金元时期，形成了以丹道为主的新兴道教流派。

到了晚唐五代时期，以内丹为主的丹道理论和技法渐趋系统化，形成了不同的丹法传承流派，其中最为著名的是钟吕派和华山派。

钟吕派的代表人物主要有钟离权、吕洞宾、刘海蟾、施肩吾，丹道著作主要有《灵宝毕法》和《钟吕传道集》。《灵宝毕法》把丹法分为三乘，把丹道成果分为三类（人仙、地仙、天仙）。具体丹法有十门，即“匹配阴阳”“聚散水火”“交媾龙虎”“烧丹炼药”“肘后飞晶”“玉液还丹”“金液还丹”“朝元炼气”“内观交换”“超脱分形”。《钟吕传道集》在《灵宝毕法》的基础上，把道果细分为五类（增加了“鬼仙”“神仙”），把丹法扩展为十二门（增加了“玉液炼形”“金液炼形”）。两部著作的丹道理法完全一致。钟吕派主要在民间传播，其丹道理论既包含丹法体系又包含信仰体系，在北宋时期就形成了广泛的信仰基础，逐渐成为两宋金元新道教的理论和信仰主体。后世所谓的“少阳派”，实际上就是由钟吕派演化而来的。

华山派的代表人物主要有陈抟、贾德升、种放、张无梦等。陈抟的丹道理论和实践分为两个阶段。第一阶段是在武当山隐居期间，主要以胎息为主，丹道家称为“蛰龙丹法”和“锁鼻飞精术”。第二阶段是在华山隐居期间，陈抟与吕洞宾、刘海蟾交往，受到钟吕丹法的影响。陈抟对丹道的贡献主要在第二阶段，他以老子“复归于无极”的思想，融合易学理论，创建了《无极图》丹道理论。《无极图》模拟易学的宇宙生成理论，提出“逆则成仙”，把丹法分为五个步骤，即“得窍”“炼己”“和合”“得药”“脱胎成仙”。陈抟的丹法主要被贾德升、种放、张无梦等传承和弘扬。华山派主要在上层知识分子中传播，北宋末期逐渐隐没。

本章内容分为三节，分述隋唐五代时期外丹的发展和没落、丹道的继承与革新、丹法的主要传承流派。

第一节　延生、促死与外丹的发展

外丹的发展，离不开经济实力的支持。隋文帝于开皇九年（589）灭南陈，重新统一了中国，结束了长达二百七十多年（317—589）的分裂和战乱。隋炀帝大业七年（611）至唐高祖武德七年（624），经历十四年的战乱，国家趋于稳定。唐高祖李渊和唐太宗李世民励精图治，至贞观年间（627—649），天下大治，出现了唐代的第一个繁荣时期。继此之后，经由唐高宗、武则天、唐玄宗的治理，唐朝的繁荣走向巅峰，史称开元盛世（713—741）。唐朝的前期（755年以前），政治稳定，经济发达，民族融合，国际交流频繁，思想文化空前繁荣，在这样的社会背景下，耗资不菲的金丹、黄白之术也得到了前所未有的发展。

唐高祖武德三年（620），李渊追认老子为宗祖，把道教奉为国教。道士通过炼制金丹、黄金①，传授符箓来获取统治者的青睐，统治者则通过道教来神化自己的统治，并期望用金丹实现长生梦想，甚至通过道士炼金来充实国库。与前代帝王相比，唐朝皇帝更加迷恋金丹，经常支持炼丹活动。虽然服食金丹屡有亡命，但炼丹家的热情并没有降低，反而总结经验，拓展理论，掀起一个又一个炼丹高潮。

唐高宗时，朝廷召集百余名炼丹家炼制黄金。《旧唐书·叶法善传》记载：

> 时高宗令广征诸方道术之士，合炼黄白。②

唐宣宗大中年间（847—860），著名的炼丹家有数千人。尚书纥干臮③，雕印数千本丹经，寄送精于炼丹的人士。这说明，在当时有名气的炼丹家有数千人之多。唐人范摅《云溪友议》卷十记载：

> 纥干尚书泉（按：泉应为臮），苦求龙虎之丹，十五余年。及镇江右，乃大延方术之士。乃作《刘弘传》④，雕印数千本，以寄中朝及四海精心烧炼之者。⑤

唐朝后期（755 年以后），虽然社会经济大不如前，但帝王依然迷恋金丹，因此，炼丹术并未停止发展，直到五代末期才逐渐衰落。但是炼丹术并没有就此结束，直到今天，仍有人在研究与实践。

本节将从外丹的经典、理论、流派、代表人物、丹毒等五个方面来阐述隋唐五代时期外丹的发展状况。

一、外丹典籍的繁荣

隋唐五代时期，炼丹家撰造了大量外丹经典。其中，一类是对原有经典的补充、完善和发展；另一类则是当时炼丹家新著的经典，此类经典在外丹技术和理论方面均有较大突破。

第一类经典的代表是《黄帝九鼎神丹经诀》。早在魏晋南北朝时期，炼丹术

① 这种黄金一般被称为丹金或药金，其实质是二硫化锡（SnS_2）。唐太宗时，曾命令道士成弼炼制“黄金”，并流通此“黄金”。由于颜色很好，世人认为是足成之金，称为“成弼金”。武则天时曾用此黄金赏赐大臣。见胡孚琛先生的《丹道仙术入门》，第 101、123 页。

② 《旧唐书》卷一百九十一《方伎·叶法善》，第 16 册，第 5107 页。

③ 纥干臮，生活在唐文宗、唐武宗时期，官至尚书。纥，读音［hé］；臮，读音［jì］。

④ 刘弘，又名刘泓，当时著名的炼丹家。见《玄解录》。

⑤ 《云溪友议》卷十《纥于尚书》，载《笔记小说大观》第 1 册，第 84 页上。

还非常保密，丹经数量较少、内容简单，除书面文字之外，还有口诀，仅在师徒间口授。到了隋唐时期，炼丹术部分公开，其中的药物配伍、剂量和火候都被追加记录在原有丹经之内。《黄帝九鼎丹经》出于东汉，到了东晋，《抱朴子》中记载的《黄帝九鼎丹经》，仅有一篇，共772字。其中，既没有记载药物的配伍和剂量，也没有鼎炉的形状与尺寸，更没有火候和炼制步骤。撰集于唐高宗时期①的《黄帝九鼎神丹经诀》，是《黄帝九鼎丹经》的扩写本，其中详细记载了药物配伍和剂量、鼎炉的铸造方法和尺寸、行火的步骤和火候的把握方法、杀除药毒和丹毒的方法、验丹的方法等，甚至咒语、符箓，无不囊括。现存于《云笈七签·金丹部》中的《黄帝九鼎神丹经诀》，共有二十余卷，约65 000字，是《抱朴子》所载丹经的80多倍。

第二类经典，在正史、道藏中有大量记载。《隋书》记录外丹服食类经籍39种②，《旧唐书》与《新唐书》记载外丹服食类经籍41种③。根据陈国符先生的考证，《正统道藏》收录的外丹丹经中，属于隋唐五代编纂的可能有47部，其名目为：《太清石壁记》《青霞子十六转大丹（法）》《丹阳术》《孙真人备急千金方》《白云仙人灵草歌》《太上洞玄大丹诀》《阴真君金石五相类》《太上卫灵神化九转丹砂》《蓬莱山西灶还丹歌》《龙虎还丹诀》《大洞炼真宝经修伏灵砂妙诀》《大洞炼真宝经九还金丹妙诀》《太古土兑经》《灵宝众真丹诀》《玉洞大神丹砂真要诀》《升仙大丹九转灵砂诀》《葛仙翁九转灵砂大丹（法）》《黄帝九鼎神丹经诀》《孙真人丹经》《轩辕黄帝水经药法》《丹房镜元》《金石灵砂论》《金丹秘要参同录》《换骨留形丹（法）》《葛仙翁紫霄丹经》《太上圣祖金丹秘诀》《玄解录》《涌泉匮法》《龙虎还丹诀》《铅汞甲庚至宝集成》《诸真论还丹诀》《灵砂七返篇》《太清丹经要诀》《阴长生周易参同契注》《张真人金石灵砂论》《玉清隐书》《太虚丹经》《神丹方》《铁粉论》《红铅入黑铅诀》《金石薄五九数诀》《太虚丹经》《上清经真丹秘要》《通玄秘术》《金液还丹百问诀》《真元妙道要略》《日华子点庚法》。④

隋唐时期，对外丹发展有总结意义的经典为《石药尔雅》。唐宪宗元和元年（806），西蜀江源（今四川松潘）人梅彪（约756—820）⑤ 完成的外丹名著《石

① 当代学者韩吉绍博士认为成书于唐贞观八年至显庆四年间（634—659）。

② 《隋书》卷三十四《志第二十九·经籍三》。

③ 见《旧唐书》卷四十七《志第二十七·经籍下》、《新唐书》卷五十九《志第四十九·艺文三》。与《隋书》相比，新增加的外丹丹经为《太清神仙服食经》《太清玉石丹药要集》《太一铁胤神丹方》。

④ 见陈国符的《〈道藏〉研究论文集》。

⑤ 见陈云的《试论唐五代时期巴蜀金丹道的成就》。

药尔雅》[1]，是一部外丹大辞典，其中记录的外丹种类多达97种，丹名166个[2]，丹法111种，丹经98种，炼丹药物约169种，药名约682个，不包括那些属于秘诀尚未披露的[3]。与《石药尔雅》相比，东晋葛洪《抱朴子》中记载的丹名、丹法只有30多种，完整丹经只有3部。

这些卷帙浩繁的外丹典籍，向世人证明，隋唐五代时期外丹的发展达到高潮。

二、外丹延生理论的发展

外丹延生理论，是指炼丹家构造的、说服人们相信服食外丹能够长生乃至成仙的理论。与前代相比，隋唐五代时期的外丹延生理论有极大创新和发展。

（一）“假物自固”论

“假物自固”是金砂派的外丹延生理论。所谓“假物自固”，是炼丹家们根据玉石、黄金、丹砂等坚固长久、焚烧不坏、循环再生的物理、化学特性，认为这种坚固、长久的特性可使人体坚固长久，以至于不老不死。

“假物自固”的思想源于《神农本草经》。根据《问经堂丛书》影印本，《神农本草经·上经》中的“玉石部”，包括了炼丹所用的主要药物。其中，玉泉“久服耐寒暑，不饥渴，不老神仙”；丹砂“久服神明不老”；水银“久服神仙不死”；空青“久服轻身延年不老”；曾青“久服轻身不老”；白青“久服通神明、轻身延年不老”；云母、朴硝、滑石、白石英“轻身延年”；矾石“炼饵服之，轻身不老增年”；紫石“久服温中、轻身、延年”；青石、赤石、黄石、白石、黑石脂等“各随五色补五脏”“轻身，延年”；太一禹余粮久服“轻身飞行千里神仙”；禹余粮服之“不饥、轻身、延年”；雄黄食之“轻身神仙”；石胆“久服增寿神仙”；雌黄久服“轻身、增年、不老”；铅丹“炼化还成九光，久服通神明”。这些都是假借外物来使自身健康长久、甚至不老成仙的重要例证。

“假物自固”出于《抱朴子》。《抱朴子·金丹》云：

> 夫金丹之为物，烧之愈久，变化愈妙。黄金入火，百炼不消，埋之，毕天不朽。服此二物，炼人身体，故能令人不老不死。此盖假求于外物以自

① 见《道藏》第19册收录唐代梅彪撰写的《石药尔雅》。

② 其中有同种异名者。

③ 见《石药尔雅》卷上：“至药，元君不许妄传，为盟誓重，此不敢载矣。”《道藏》第19册，第63页下。

坚固。

葛洪提出“假求于外物以自坚固”。有了“假物自固”的观点，就有了“金石延年”的说法。《抱朴子·仙药》中说：

《玉经》曰：服金者寿如金，服玉者寿如玉也。又曰：服玄真者，其命不极。玄真者，玉之别名也。①

隋唐时期，金砂派继承和发展“假物自固”论，强调服食黄金、丹砂。金砂派代表人物张九垓，主张服食药金，他列举了众多用于服食的药金名目。《张真人金石灵砂论·黄金篇》云：

老聃流星金，黄帝楼鼎金，马君红金，阴君马蹄金，狐刚子河车金，安期先生赤黄金，金娄先生还丹金，刘安马蹄金，茅君紫铅金，东园公上田青龙金，李少君煎泥金，范蠡紫丹金，徐君点化金。②

（二）“自然还丹”论

“自然还丹”之说，也源于金砂派。所谓“自然还丹”，就是自然所生的丹砂。古人认为丹砂源于天地自然，饱含天地精气，是太阳至精③。因此，服食丹砂阳精，制伏体内阴气，能够长生不死。

金砂派的陈少微、铅汞派的张玄德都认为丹砂为“自然还丹”。陈少微认为，丹砂是自然之还丹，万灵之主，造化之根，神明之本。陈少微把自然丹砂分为上、中、下三品，在上品中又分为天座、金座、玉座等三座④。陈少微甚至认为，这些极品的丹砂是生在虚无缥缈之间，由仙人掌管。

张玄德认为，丹砂受天地长久孕育，饱含日月阴阳之炁，是上仙天人之自然还丹⑤。铅汞所炼大丹，符合自然还丹之法度，服之可以长生。

“自然还丹”论本质上是“假物自固”论的引申和延续。

（三）“阴阳得类”论

“阴阳得类”之说出于《周易参同契》，是金砂派、铅汞派、硫汞派共同遵

① 《抱朴子内篇校释》卷十一《仙药》，第204页。
② 《张真人金石灵砂论·黄金篇》，载《道藏》第19册，第5页上中。
③ 《大洞炼真宝经修伏灵砂妙诀序》，载《道藏》第19册，第13页中。
④ 《大洞炼真宝经修伏灵砂妙诀·灵砂七返篇·第一返丹砂》，载《道藏》第19册，第15页上。
⑤ 《云笈七签》卷六十六《金丹部四》之《丹论诀旨心照五篇·大还丹宗旨第四》，载《道藏》第22册，第463页中下。

循的外丹延生理论。“类”是指炼丹家所定义的事物的抽象属性。炼丹家认为黄金“性不败朽”，以此“类”推，黄金可使人“寿命得长久”①。《周易参同契》讲：“以类补自然，物成易陶冶。”②

炼丹家首先把药物按“阴阳”“五行”分“类”，然后再按“阴阳消长”“五行生胜”来解释炼丹中的化学变化。《周易参同契》讲：

> 推演五行数，较约而不繁。举水以激火，奄然灭光明。日月相薄蚀，常在朔望间。水盛坎侵阳，火衰离昼昏。阴阳相饮食，交感道自然。③

根据天人感应理论，炼丹家认为以丹药为媒介，可以使人体内在的阴阳五行系统与外在的阴阳五行系统发生同类交感，使人体达到长生不死。为实现这一目的，炼丹家精心论证丹药原料的阴阳五行属性，反复调整丹药试剂的配伍与剂量，以保障丹药中“天地阴阳精华”能够为人体所吸收，以制伏人体阴质、保全人身魂魄，使人长生不死。

唐代金砂派代表人物张九垓认为，阴阳负抱、有无相生、魂魄相守是长生之理。他认为，人身形骸为“有”，身内的魂魄神明为“无”，这与丹药中黄金、白银之“有”和水银、雄黄之“无”同类相应。以黄金、白银和水银、雄黄制成的金丹，服之能使“阴阳和合，二气相生”“以有制无，以无生有”，故能长生。详见《张真人金石灵砂论》④。金砂派的另一代表人物陈少微认为，体内的阴类物质使人消亡，阳类物质使人固寿长生。若以纯阳之金丹制伏体内阴质，就能得阳精而长生不死。详见《大洞炼真宝经修伏灵砂妙诀》⑤。

（四）“三才相盗”论

“三才相盗”，出于《黄帝阴符经》，是指天地、人、万物之间相互制约、相互依存的关系。万物在天地间随着岁月的流逝，终至朽败、消散，此为“天地，万物之盗”；人贪取万物，不惜自伐心神精气，此为“万物，人之盗”；人掌握万物之特性，为我所用，此所谓“人，万物之盗”。古人认为，若能掌握天地、人与万物之间的规律（盗机），就能够获取天地、万物的精华而致长生（君子得之固躬），但如果过于贪求则终致祸患（小人得之轻命）。《黄帝阴符经》云：

---

① 《周易参同契分章通真义》卷上《巨胜尚延年章第三十二》，载《道藏》第20册，第141页上。
② 《周易参同契分章通真义》卷上《胡粉投火章第三十三》，载《道藏》第20册，第141页中。
③ 《周易参同契分章通真义》卷上《推演五行数章第三十九》，载《道藏》第20册，第143页上。
④ 《张真人金石灵砂论·释紫粉篇》，载《道藏》第19册，第5页上—8页上。
⑤ 《大洞炼真宝经修伏灵砂妙诀序》，载《道藏》第19册，第13页中—21页下。

> 天地，万物之盗。万物，人之盗。人，万物之盗。三盗既宜，三才既安。……其盗机也，天下莫能见，莫能知。君子得之固躬，小人得之轻命。①

铅汞派炼丹家借用“三才相盗”来构建和阐释外丹延生理论。铅汞派代表人物金竹坡认为，长生之道就是“天盗地，地盗人，人盗万物，三才相盗之道”，“外丹欲以变化，生生而不穷，非得此三才相吞相盗交和之理”②。金竹坡的《大丹铅汞论》云：

> 天盗地，地盗人，人盗万物，三才相盗之道，外丹之术，莫不由是乎。③

金竹坡认为，在诸多可选的药物中，唯有铅、银、汞符合“三才相盗”之道。他说：“铅盗天之炁，银盗铅之炁，汞盗银之炁。”以铅汞为伍配炼的大丹，“以铅为祖，以银为母，以汞为妇，以铅用银，是感先天一元之炁也”④。

按照金竹坡“三才相盗”的延生理论，大丹“形神俱妙，与道合真之理，方与天地造化，异事而同其源”，服食大丹，能够“克意于内庭而上之，遂使此心立于无患之寿域，臻于长生之药地”⑤。

（五）“五行颠倒”论

“五行颠倒”论是由“三才相盗”论衍生的。“五行颠倒”也源于《黄帝阴符经》，经中云：“故天有五贼，见之者昌。”⑥ 所谓“五贼”，是指在五行相生中隐含着子盗其母之义。例如，《阴符经》说：“火生于木，祸发必克。”⑦ 木能生火，火发则木亡，此即子盗其母、火为木“贼”。按照此理，若要不死，除非不生。若能“五行颠倒”，子归其母，就可以长生，这就是《周易参同契》所讲的“金来归性初”⑧。

金竹坡在《大丹铅汞论》中讲：

> 铅属阴，黑色，而为玄武，其卦为坎，位属北方壬癸之水，水能生金。水中有金，其色白，而为白虎，其卦为兑，西方庚辛金也。汞属阳，色青，

---

① 《黄帝阴符经》，载《道藏》第 1 册，第 821 页中。
② 《大丹铅汞论·外丹大乘济物利人肥身养道》，载《道藏》第 19 册，第 290 页中。
③ 同上。
④ 同上。
⑤ 同上，第 291 页上。
⑥ 《黄帝阴符经》，载《道藏》第 1 册，第 821 页中。
⑦ 同上。
⑧ 《周易参同契分章通真义》卷上《推演五行数章第三十九》，载《道藏》第 20 册，第 143 页上。

而为青龙，其卦为震位，禀东方甲乙之木。木能生火，故砂中有汞，其色赤，而为朱雀，其卦为离，南方丙丁火也。……土者何也？硫黄是也，黄婆也，黄芽也。①

铅块的外表由于受到氧化而变黑，五行属水；内部没有氧化的铅为银白色，五行属金。此即水中含金。按照五行相生理论，金为水之母，水为金之子，金含水中，就是母隐子胎。既然铅五行属水，其卦为坎（☵），阴内含阳。从外表黑色的铅块中提取出的银白色纯铅，被炼丹家称为先天真阳。

朱砂红色，五行属火；从朱砂中炼出的水银，其色泛青，五行属木。木为火之母，火为木之子。从朱砂中提炼出水银，由子返母。朱砂五行属火，其卦为离（☲）；朱砂本为固态，从中提炼的水银却是液态，液态藏在固态中，阳内含阴。从朱砂中提炼的液态汞，被炼丹家称为先天真阴。

以金竹坡为代表的炼丹家认为，水生金、火生木，从五行相生的角度来看，都是子生母，所以称为五行颠倒。铅（水含金）、朱砂（火含木）与硫磺（土）配合炼成的丹药，蕴含着由子返母的哲理，又包含着先天真阴真阳。炼丹家认为，这正符合老子“我独异于人，而贵食母”② 的哲理。所以，炼丹家认为，服食经这种五行颠倒理论指导炼制的丹药，就可归根复命、返本还源，以达到长生不死。

“五行颠倒”理论后来发展成为“五行攒簇”理论，对后世的内丹丹理有深刻的影响，成为丹道的主要理论之一。

（六） 对外丹延生理论的简评

隋唐五代的炼丹家之所以构造、发展、完善和信仰这些金丹延生理论，一方面出于对长生之道的执着信仰和不懈探索，另一方面也源于社会上层对炼丹术的支持。从当时的背景看，除了盲目信仰，这些炼丹家，大胆假设，谨慎实验，也是怀着一种科学精神，进行探索。但是，以抽象、笼统的哲学理论所构造的外丹延生理论，都仅是一种猜测和解释，与炼丹术中包含的物理和化学理论相差甚远。

例如，所谓的“假物自固”，就是“服金者寿如金，服玉者寿如玉”。其实，这种理论之所以被人相信，除了黄金、美玉的物理性质，还因为黄金与美玉非常珍贵，常人难以得到，因而难以验证金玉延年的真伪。又如“自然还丹”理

① 《大丹铅汞论·第一》，载《道藏》第19册，第288页上。
② 《老子道德经注校释》，第48页。

论，认为天生的丹砂就是神仙服食的药饵。瑰丽红艳的天然丹砂，其主要成分为硫化汞，小剂量使用有镇静安神、去疮消肿的功效，多用则会中毒而亡，并非延生不死的神药。

“阴阳得类”“三才相盗”“五行颠倒”之说，无法解释炼丹过程的物理变化和化学反应，更难论证和说明炼成的丹药有长生不死的功效。

三、外丹流派及其代表人物

隋唐五代时期的炼丹术可分为金砂派、铅汞派、硫汞派等三大流派。其中，金砂派渊源最长；铅汞派派系最大，影响也最大；硫汞派本出于金砂派，到唐朝中晚期才自成一派，宋代以后仍有延续。

（一）金砂派

金砂派崇尚服食黄金（药金）、丹砂，姓名可考的代表人物主要有孙思邈、陈少微、张九垓、张果、孟诜、刘道合等人。

1. 孙思邈

孙思邈，隋唐隐士，京兆华原（今陕西铜川市耀州区）人。孙思邈少小聪颖，精通老庄、诸子、佛学。《旧唐书·孙思邈传》记载：

> 孙思邈，京兆华原人也。七岁就学，日诵千余言。弱冠，善谈庄、老及百家之说，兼好释典。①

孙思邈生于隋开皇元年辛丑（581），卒于唐高宗永淳元年壬戌（682），世寿一百零二岁，是隋唐时期著名的医学家、药学家、炼丹家。《〈备急千金要方〉考证》云：

> 卢照邻《病梨树赋序》，称癸酉岁于长安见思邈，自云开皇辛酉岁生，今年九十二。则思邈生于隋朝。照邻乃思邈之弟子，记其师言，必不妄。惟以《隋书》考之，开皇纪号凡二十年，止于庚申，次年辛酉，已改元仁寿，与史殊不相符。又由唐高宗咸亨四年癸酉上推九十二年，为开皇二年壬寅，实非辛酉，干支亦不相应。然自癸酉上推九十三年，正得开皇元年辛丑。盖《照邻集》传写讹异，以辛丑为辛酉，以九十三为九十二也。史又称思邈卒于永淳元年，年百余岁，自是年上推至开皇辛丑，正一百二年，数亦相合。则生

① 《旧唐书》卷一百九十一《方伎·孙思邈》，第16册，第5094页。

于后周，隐居不仕之说，为史误审矣。①

《旧唐书·孙思邈传》记载：

思邈自云开皇辛酉岁生，至今年九十三矣；询之乡里，咸云数百岁人。……永淳元年卒。②

孙思邈的外丹代表作为《太清丹经要诀》，其中记录诸多丹名、丹方、丹法，多用丹砂、黄金为药物，这正是金砂派的特点。他在《太一玉粉丹法》中用朱砂一斤，《太一三使丹法》中用朱砂十两，《造紫游丹法》中用朱砂五两，《造小还丹法》其实就是炼制丹砂的方法。《太清丹经要诀》中记有《造金丹法》，是服用黄金的方法，其法用黄金碎末八两、水银八两、雄黄一斤、雌黄一斤配炼成丹。

孙思邈在炼丹术转为医用方面做出了重要贡献。在《太清丹经要诀并序》中，孙思邈表达了要把炼丹方法引入医药方剂学的意愿：

余历观远古方书，佥云：身生羽翼、飞行轻举者，莫不皆因服丹。每咏言斯事，未尝不切慕于心。但恨神道悬邈，云迹疏绝，徒望青天，莫知升举。始验还丹伏火之术，玉醴金液之方，淡乎难窥，杳焉靡测，自非阴德，何能感之？是以五灵三使之药，九光七曜之丹，如此之方，其道差近。此来握玩，久而弥笃，虽艰远而必造，纵小道而亦求。不惮始终之劳，讵辞朝夕之倦？研穷不已，冀有异闻。良以天道无私，亲听因之而启。不违其愿，不夺其志，报施功效，其何速欤！岂自炫其所能，趋利世间之意？意在救疾济危也。③

孙思邈于大业年间（605—618），以丹砂、曾青、雄黄、雌黄、磁石、金牙制“砒霜”为配伍，炼制“太一神精丹”，这是世界医学史上最早使用砒霜治疟疾的良方。

孙思邈开创了外丹入医药的先河。唐代以后，部分丹方经医学临床试验后成为经典的药方，保留在医药学典籍中。

2. 陈少微

陈少微，衡岳道士，著名炼丹家，生卒年代不详。陈少微的主要外丹著作

---

① 《中国医籍考》，第671页。

② 《旧唐书》卷一百九十一《方伎·孙思邈》，第16册，第5096页。

③ 《云笈七签》卷七十一《金丹部九·太清丹经要诀并序》，载《道藏》第22册，第492页中。

为《大洞炼真宝经九还金丹砂诀》《大洞炼真宝经修伏丹砂妙诀》。陈国符先生认为，这两部丹经撰写于武周长安二年（702）至肃宗乾元三年（760）间。陈国符先生还考证，张果窃取陈少微的著作，将经名换为“玉洞大神丹砂真要诀”，献于唐玄宗。按《新唐书·方技传》记载，张果于开元二十一年（733）觐见唐玄宗。这说明，陈少微的著作应该成书于唐玄宗开元二十一年之前。陈少微在《大洞炼真宝经修伏灵砂妙诀》自序中说“开元之初”得丹诀著书，开元之初为公元713年。假定陈少微著书是六十岁左右，世寿百岁，他大约生活在公元654—753年之间。

陈少微是金砂派中砂派的著名代表人物，他极力提倡服食丹砂，但反对服食包括黄金在内的五金。陈少微认为丹砂是“自然之还丹”“万灵之主，造化之根，神明之本”“太阳之至精”“正阳之主”“神仙服饵之药”，服用丹砂“可以还魂反魄”，“所以长生”。① 陈少微还根据丹砂的产地、矿源、丹砂外貌，将丹砂分为“玉座”“金座”“天座”三种②。

陈少微推崇服食丹砂，却反对服食黄金。他认为“五金阴毒之甚，服之久皆伤肌败骨，促寿损命”，“铆③石、五金，俱受五阴神之气结，亦分为五类之形。形质顽狠，志性沈滞”④。

张果，也是砂派的代表之一。陈国符先生认为，张果的外丹丹经是窃取陈少微的，他的观点与陈少微相同，不再赘述。

3. 张九垓

张九垓，号隐居，又号浑沦子，生卒不详。《新唐书·艺文志》记载：“张隐居《庄子指要》三十三篇，名九垓，号浑沦子，代、德时人。”⑤ 唐代宗李豫，于公元762—779年在位。唐德宗李适，于公元779—805年在位。假设张九垓世寿一百岁，他大约生活在公元706—805年之间。

张九垓是金砂派中金派的中坚人物，代表作为《张真人金石灵砂论》。他推崇服食黄金、白汞、白银、黑铅等金属，也吸收和采用铅汞派的观点。张九垓认为黄金是“日之精”“太阳之正气，日之魂，象三魂也”，服食黄金，“通神轻身，能利五藏，逐邪气，杀鬼魅，久服者皮肤金色”⑥。张九垓列举了众多服食

① 《大洞炼真宝经修伏灵砂妙诀序》，载《道藏》第19册，第13页中。
② 《大洞炼真宝经修伏灵砂妙诀·灵砂七返篇·第一返丹砂》，载《道藏》第19册，第15页上。
③ 铆，读音［mǎo］。
④ 《大洞炼真宝经九还金丹妙诀·阳金变通品第六》，载《道藏》第19册，第24页下—25页上。
⑤ 《新唐书》卷五十九《志四十九·艺文三》，第5册，第1518页。
⑥ 《张真人金石灵砂论·黄金篇》，载《道藏》第19册，第5页上。

药金成仙的人物，《黄金篇》云：

> 老聃流星金，黄帝楼鼎金，马君红金，阴君马蹄金，狐刚子河车金，安期先生赤黄金，金娄先生（按：即黔娄先生）还丹金，刘安马蹄金，茅君紫铅金，东园公上田青龙金，李少君煎泥金，范蠡紫丹金，徐君点化金。

其中所述，多数为炼丹家臆造。

张九垓反对直接服用丹砂，强调丹砂需经炼制后才可使用。他在《朱砂篇》中讲：

> 光明砂，紫砂，昔贤服之者甚众，而求度世长生者，未之有也。①

但他重视丹砂，提倡用丹砂炼制还丹。《释还丹篇》云：

> 言还丹者，朱砂生汞，汞返成砂，砂返出汞。又曰白金黄石，合而成金，金成赤色，还如真金，故名还丹。②

张九垓还吸收了铅汞派的观点，主张铅汞合用炼制还丹。

（二）铅汞派

铅汞派炼丹方法至少可追溯到两汉，是隋唐五代外丹流派中最大的一支，对内丹理论影响也最大。铅汞派中可述姓名的代表人物有唐朝的苏元朗、孟要甫、金竹坡，五代的张玄德③。

1. 苏元朗

苏元朗，号青霞子，籍贯、生卒不详。晚唐时期的成君，为苏元朗的再传弟子，撰有《龙虎元旨》，其中的《太上诫词》云：

> 东岳董师元于贞元五年，受之于罗浮山隐士青霞子。贞元十九年，传受剑州司马张陶。开成三年，京师传族弟李汾。长契④（按：应为长庆）五年，传成君隐士，口诀不载于文，秘之秘之。

---

① 《张真人金石灵砂论·朱砂篇》，载《道藏》第19册，第5页下。

② 《张真人金石灵砂论·释还丹篇》，载《道藏》第19册，第7页上。

③ 依胡孚琛先生的《丹道仙术入门》，此派还有柳泌、赵归真、郭虚舟、乐真人、金陵子等人。见《丹道仙术入门》，第100页。

④ 查唐代以来年号，无“长契”，应是“长庆”之讹。“长庆”为唐穆宗李恒年号，仅有四年。应该是作者不知当时已改元，所以，所谓的“长契五年”应为唐穆宗李恒“宝庆元年”，即公元825年。此文内容应在公元789年出现，最早在公元838年成文。应出于中唐稍晚时期。

明代陈梿的《罗浮志》，记载苏元朗为汉代人，曾于罗浮山炼丹，不知所终①。康熙五十五年（1716）成书的《罗浮山志会编》记载，苏元朗生于西晋，学道于句曲，隋时居于罗浮山，世寿三百余岁。《罗浮山志会编》记载：

苏元朗者，不知何许人也，尝学道于句曲，得司命（按：即茅盈）真秘，遂成地仙。生于晋太康时，隋开皇中来居罗浮，年已三百余岁矣。居青霞谷，修炼大丹，自号青霞子。作《太清石壁记》及所授《茅君歌》。又发明“太（大）易丹道”，为《宝藏论》。弟子从游者闻朱真人服芝得仙，竞论灵芝：“春青、夏赤、秋白、冬黑，惟黄芝独产于嵩高，远不可得。”元朗笑曰：“灵芝在汝八景中，盍向黄房求诸！谚云‘天地之先，无根灵草，一意制度，产成至宝’②，此之谓也。”乃著《旨道篇》示之，自此道徒始知内丹矣。又以《古文龙虎经》《周易参同契》《金碧潜通秘诀》三书文繁义隐，乃纂为《龙虎金液还丹通元论》，归神丹于心炼。③

综合对比以上资料，《龙虎元旨》撰于唐代，本是苏元朗再传弟子记述，其中关于苏元朗的内容，应比《罗浮山志会编》可靠。由此推之，苏元朗至少活到唐德宗贞元五年（789），假如他世寿百岁，苏元朗的生活时期应该在公元680—789年。

《新唐书·艺文志》记载有“《玄晋苏元明（朗）太清石壁记》三卷，乾元中（758—760），剑州司马纂，失名”④。根据《龙虎元旨》记载，剑州司马应为张陶。《太清石壁记》是一部外丹著作，收录在《正统道藏·洞神部·众术类》，题为楚泽先生编。其中共记55种丹法，并非以“铅汞”为主。由此可知，《道藏》收录的《太清石壁记》并非苏元朗的《太清石壁记》。

虽然已无法查到苏元朗的完整外丹著作，但在后人的《诸家神品丹法》中可以见到诸多“青霞子”的外丹口诀。由其口诀可知，苏元朗的确是铅汞派的主要倡导人。《诸家神品丹法》卷二记载：

青霞子曰：黄芽不是铅，须向铅中作。欲得识黄芽，不离铅中物。汞者水银，从朱砂所得，有形而无质，吸银黑而凝体，故号曰真汞。感日之精黑

① 《罗浮志》卷四《神仙》记载：“苏元朗，不知何许人。尝于罗浮山青霞谷修炼大丹，后得道，不知所终。”《藏外道书》第19册，第13页下。

② 见元代陈冲素的《陈虚白规中指南》卷上，载《道藏》第4册，第389页中。

③ 《罗浮山志会编》卷四《人物志·仙一·苏元朗》，载《藏外道书》第19册，第144页上。

④ 《新唐书》卷五十九《志四十九·艺文三》，第5册，第1521页。

而生，是太阳之真火也。若能制伏为丹，服食岂不能固命乎。真汞者必用水银，更无他说。……青霞子曰：铅是芽之母，芽是铅之子。既至得金华，遂舍铅不使。汞本无形，若气之状，性全阳而形全阴，以百斛入于釜中，煎而干之，显兹元质，种入铅中，吸铅精气，而变其质，谓之黄芽，岂不是从无而有质也。①

不仅如此，苏元朗还以易理比喻火候，创新外丹行火理论。古来炼丹，认为火候最难把握，“万卷丹经，秘在火候”②。各家学说，秘而不通，或说三年，或说九年、十二年不等。苏元朗将火候之秘尽行公布。《诸家神品丹法》卷二云：

青霞子曰：从子至申，谓之九还，即此理也。自酉至亥，是退阳数而归阴位。丹家不筹，故云三年。九年者，自子至申九个月，以一月为一年，亦是降其阳数，九还之义也。故云九年。十二年者，为一年全升降阴阳之数，尽其一岁，故云十二年，所用一月为一年者，明知以一时为一月也。一日十二时，一月计三百六十时，以应三百六十日，以一月为一年。此则先圣惑其后人，秘惜至事，元法只是一年。

青霞子曰：未闻妇人怀胎，二年三年而生者，所谓火候一年十二月，五日为一候，四十五日为一节，古人托易以象焉。易有六十四卦，以乾坤为鼎，坎离为药，以四卦为崇籥，余六十卦以为运火之数。始起于屯蒙，终于未济。每日用两卦，一月三十日，计用六十卦。终而复始，朝屯暮蒙，十个月结胎成药，两个月温养，如母养乳子之状，十个月方坚熟。火初起十一月一日，六十日养炁结胎成药，至正月运节度卦火。自寅至申谓之七返，从子至申谓之九还。火旺在午，墓在戌，功毕在亥。火起一阳生十一月复，十二月临，正月泰，二月大壮，三月夬，四月乾，五月垢，六月遁，七月否，八月观，九月剥，十月坤，炼药成丹，功毕一年。此则大纲所说。③

苏元朗提倡的这种火候理论，被后世的内丹流派吸收，成为内丹“火候”理论的重要组成部分。

2. 孟要甫

孟要甫，号玄真子，撰有《金丹秘要参同录》等，收在宋人所集的《诸家

---

① 《者家神品丹法》卷二，载《道藏》第 19 册，第 220 页下—221 页上。

② 同上，第 222 页上。

③ 同上，第 222 页中下。

神品丹法》卷二中。

关于孟要甫的生卒年代，可根据以下内容考证。《诸家神品丹法》卷二中，孟要甫自序其著作云：

> 予以弱冠，因读丹经，稍知旨趣。……前后二十余年，幸遇至人传授药物……今将所得真诀，写录于后……号为《金丹秘要参同录》。①

这说明，孟要甫在四十多岁时著作《金丹秘要参同录》。据陈国符先生的考证，《金丹秘要参同录》大概作于唐宪宗元和元年（806）至五代末年（960）间，假定孟要甫世寿百岁，则其大约生活在公元791—890年之间。

作为铅汞派的代表人物，孟要甫认为铅、汞、火候为金丹之要。孟要甫说：

> 铅汞者，是天地之至宝，日月之灵气，法象谓之龙虎，一切万物之内，唯有铅汞可造还丹，余皆非法。②

孟要甫认为“火候用一阴一阳”，“用周易为准”。《金丹秘要参同录》云：

> 大凡修制铅汞，火候为先，阴阳炉鼎为次。且喻还丹，以十一月一阳初动，用火五日一候。阴转火起于复卦，终于坤卦，自然阴阳合理，气候无差。况铅汞有经，为凭火候，用周易为准。③

孟要甫反对采用“五金八石”等物炼丹。他在《金丹秘要参同录》说：

> 凡用五金八石一切有质，并非至法。阴真君曰：有质不堪为伴侣，纵强修制服伤人。学丹之士切宜慎之。④

值得特别说明的是，孟要甫不赞成黄老无为之说，认为外丹是唯一长生之路。他自述道：

> 予每读《道德经》五千言，黄庭内、外景，皆说无为之理，唯明其性，而患有形也。形者，性之宅舍，苟若无形，性着何处。切谓无能生有，有能生形。既有此因，何不固之？然行无为之道，死后却生，争似还丹之术，生前不死。盖还丹者，有为之真法也。若能至心修炼，丹就而通圣通灵。一刀

① 《诸家神品丹法》卷二，载《道藏》第19册，第220页上。
② 同上，第221页上。
③ 同上，第220页下。
④ 同上，第220页下。

圭入腹，永固其形，名标玉籍，位列神仙，玄教中无以比伦者也。①

由以上内容可知，孟要甫虽然继承和发展了《周易参同契》中铅汞、易理、炉火等丹法，但并不认可黄老无为之理，这是孟要甫与苏元朗不同之处。

3. 金竹坡

金竹坡，唐代人，铅汞派的代表人物，其著作为《大丹铅汞论》。考其著作中有《阴符经》“三才相盗”的思想，并引用“钟离先生”的话，应该是唐朝晚期或五代时期人。

金竹坡崇尚以铅汞作丹。其《大丹铅汞论第一》云：“夫大丹之术，出乎铅汞。”② 金竹坡认为，铅汞是日月精华，五金八石因之而生，二者交感生成还丹。

金竹坡在其著作中提出了“铅汞相制”“五行颠倒”“三家相见”“三姓会元”“三才相盗”“水火既济”“四象五行”等外丹理论。“铅汞相制”，是指铅与汞相遇生成铅汞齐。《大丹铅汞论》云：

以铅制汞，得汞中之宝，而汞伏于铅，得水中之金，而铅始见。以铅制汞，以汞制丹，曰铅曰汞，不偏其用。曰汞曰铅，不专其用。③

“五行颠倒”，是指五行逆生。五行相生之说，本来是木生火、金生水。炼丹家偏要水生金、火生木，称为“五行颠倒”。《大丹铅汞论》云：

五行颠倒术，龙从火里出；五行不顺行，虎向水中生。④

“三家相见”，以水喻铅，是水中藏金之象；以火喻砂，是火中生木之象；以土喻硫黄，是黄婆作意；金水为一家，木火为一家，土为一家，三家相见结为金丹。《大丹铅汞论》云：

铅汞制伏，黄婆会遇，外丹夫何远之有！⑤

其中，铅中之金为婴儿，又称白虎；砂中之汞为姹女，又称青龙，硫磺为黄婆，

① 《诸家神品丹法》卷二，载《道藏》第19册，第223页中。
② 《大丹铅汞论·第一》，载《道藏》第19册，第288页中。
③ 同上，第288页下。
④ 同上，第288页中。
⑤ 同上，第288页下。

三者结为龙虎大丹。《脱养婴儿》云：

> 夫婴儿姹女，虽同其源，实易其体。姹女者，未结胎。婴儿者，已结秀。婴儿既产，能神能圣，能通能变，运用无方，变化莫测。在天为白雪，在世为铅壶，在人则为粉霜，神仙比之为姹女，不过一水银尔。①

又《外丹大乘济物利人肥身养道》云：

> 土者何也，硫黄是也，黄婆也，黄芽也。②

“三姓会元”，三姓为母砂、灵砂、朱砂，三者混而为一，又称为“三姓会于元宫”。《大丹铅汞论第四》云：

> 三姓会于元宫：母砂、灵砂、朱砂，谓之三姓。用母砂包灵砂，入铅黄太乙匮养死。次以灵砂包朱砂，又以母砂包灵砂，入铅黄太乙匮内，养七日。母在灵在朱在，谓之三在，混而为一，谓之四象。乃神仙之秘法，为世上之至珍。③

“三才相盗”，是指天地、人、万物之间的关系，本出于《阴符经》，金竹坡借喻丹理。《外丹大乘济物利人肥身养道》云：

> 天盗地，地盗人，人盗万物，三才相盗之道，外丹之术，莫不由是乎。……铅盗天之炁，银盗铅之炁，汞盗银之炁，互相盗窃，其理一也。④

“水火既济”，本是《易》中一卦“既济”（䷾），在这里，水喻铅，火喻汞，铅汞降伏，为水火既济。《大丹铅汞论》云：

> （铅汞）同归神鼎，封固牢密，埋入神炉，水火既济，运用抽添，铅得汞而降，汞得铅而伏，乃为龙虎大丹。⑤

“四象五行”，“四象”是指黑铅象玄武，白金象白虎，丹砂象朱雀，水银象青龙；“五行”乃是黑铅为水，白金为金，丹砂为火，水银为木，硫黄为土。《大

---

① 《大丹铅汞论·脱养婴儿》，载《道藏》第19册，第289页下—290页上。
② 《大丹铅汞论·外丹大乘济物利人肥身养道》，载《道藏》第19册，第290页下。
③ 《大丹铅汞论·第四》，载《道藏》第19册，第289页上。
④ 《大丹铅汞论·外丹大乘济物利人肥身养道》，载《道藏》第19册，第290页中。
⑤ 《大丹铅汞论·第三》，载《道藏》第19册，第288页下。

丹铅汞论》云：

且铅属阴，黑色，而为玄武，其卦为坎，位属北方壬癸之水，水能生金。水中有金，其色白，而为白虎，其卦为兑，西方庚辛金也。汞属阳，色青，而为青龙，其卦为震位，禀东方甲乙之木。木能生火，故砂中有汞，其色赤，而为朱雀，其卦为离，南方丙丁火也。以是论之，则坎为水，为月，为铅。离为火，为日，为汞。①

金竹坡的外丹理论不仅丰富了隋唐时期的外丹学说，其中的“铅汞相制”“五行颠倒”“三家相见”“三姓会元”“三才相盗”“水火既济”“四象五行”还被钟吕内丹学派吸收，成为构建内丹理法的重要术语。

4. 张玄德

铅汞派著名人物还有张玄德，其代表作为《丹论诀旨心鉴》。胡孚琛先生主编的《中华道教大辞典》考证张玄德为五代宋初道士②。张继禹道长主编的《中华道藏》认为张玄德为晚唐五代人③。综合两种说法，按百岁世寿计算，张玄德大概生活在公元878—979年之间。

张玄德认为只有铅汞堪作大丹，如果掺杂“四黄八石”，就会产生大毒。《丹论诀旨心鉴》云：

夫铅汞，大丹之根，五行之本，八石之主。④

张玄德反对采用“四黄八石”炼丹。《丹论诀旨心鉴》载：

即知大丹之妙，唯铅汞二物为至药也，非用四黄八石。若大丹有石药之气入二物中，即有大毒，凡言死。水银固生人，即须阴阳之气，水火结成为大丹，服之长生。若用矾石、硫黄、硇砂等，煐伏为药，服之有大毒，久久损人，乃有食铜坏铁之功，岂堪服食？矾石有杀虎之能，此可为深戒。⑤

张玄德还告诫后人：

① 《大丹铅汞论·第一》，载《道藏》第19册，第288页中。
② 《中华道教大辞典》，第375页。
③ 见《丹论诀旨心鉴》，载《中华道藏》第19册，第191页。
④ 《丹论诀旨心鉴·明辩章第二》，载《道藏》第19册，第341页中。
⑤ 《丹论诀旨心鉴·序诀章第一》，载《道藏》第19册，第340页下。

大凡学得传受一小法，即言世人少双，将丹与人服之，倏有夭横之毙，深可哀之。①

张玄德与其他铅汞派人物一样，善于运用易理卦象、阴阳五行来构造外丹理法。《丹论诀旨心鉴》云：

用铅八两，为阳为乾为（白）虎；又水银八两，为阴为坤为青龙，此二物能变化。……故言乾坤刚柔，配合龙虎，八两属乾，八两属坤，一两有四分，分有六铢，一分应一卦，一两应四卦，八两有三十二卦。乾八以应三十二卦，坤八亦应三十二卦，合六十四卦，道之本也。二八共一斤，以应六十四卦，铢有三百八十四，象一年三百六十日。②

张玄德在卦爻的基础上还引入了河洛图书之数来说明外丹丹法。河图、洛书本是谶纬之学，依此将五行之水、木、火、土、金各分为“生数”“成数”，并用这些数字配合五行属性，来解释和预测天地万物的变化和发展规律。河图、洛书与易理卦象、阴阳五行一样，属于古人为解释“道”而构建的理论系统。《丹论诀旨心鉴·明辩章第二》云：

铅亦阴也，本黑，水一也，一阴也，又一交阳也。水银木三也，朱砂为火，火数二，火中阴也。③

张玄德认为铅色黑（氧化铅），五行属水，为阴，按河洛之数，水的生数为一，成数为六；水银青色，五行属木，为阳，按河洛之数，木的生数为三，成数为七。铅中出银，银色白，属金，生数为四，成数为九；汞能成砂，砂色红，属火，生数为二，成数为七。炼丹之法，用其生数。铅与银同属阴，生数合为五；砂与汞同属阳，生数相合也是五；与土相合，土的生数也是五，合起来共为十五。十五之月圆满，炼丹家认为这是纯阳之象，比喻丹成，服之体成纯阳而成仙。

张玄德引入河洛之数喻炼丹理论，也被后世丹道家继承。北宋的张平叔在《悟真篇》中讲：“三五一都三个字，古今明者实然稀。东三南二同成五，北一西方四共之。戊己自居生数五，三家相见结婴儿。”

① 《丹论诀旨心鉴·序诀章第一》，载《道藏》第19册，第340页下。
② 《丹论诀旨心鉴·明辩章第二》，载《道藏》第19册，第342页上中。
③ 同上，第342页中。

（三） 硫汞派

硫汞派与金砂派有重要理论渊源，其硫汞飞炼之法主要来源于金砂派。硫汞派代表人物不详，其丹法散见于不同丹经中。该派认为，硫黄为阳，汞为阴，阴阳和合犹如夫妇，产成大丹（HgS），服之长生。也有硫与汞单用、单服的案例。

1. 孙思邈与硫汞派

孙思邈《太清丹经要诀》记载的《造小还丹法》中就有硫汞合炼之法。其法以“水银一斤，石硫黄四两”为配伍，“飞炼如朱色，依大丹法出毒了，研如粉”。[①] 另记载有单服硫黄之法，其方为《造流珠丹法》。《太清丹经要诀·造流珠丹法》云：

> 用硫黄一斤，铛中以小麻油煮之，取黑为度；即用灰汁煮之，去油讫，即研盐，于铛中伏之，用六一泥固济铛口，以文火经一日两夜，又用武火渐加，以铛赤为度。去火，待寒出药，清水淘去盐味，取酒七升，蜜半升，亦云一升蜜，一如紫精丹法煮之，三日三夜。出药，清水淘去酒味，曝干捣筛，以枣穰丸之，更捣五六千杵，至万尤佳。丸如梧桐子大。空心服，每日三十丸，觉热即减至十五丸，长年服者，每日只可五丸。所有冷风等病，无不愈者，忌蒜、米醋。[②]

2. 陈少微与硫汞派

陈少微认为硫黄“禀纯阳火”，是阳性的。《大洞炼真宝经九还金丹妙诀》云：

> 石硫黄，本出波斯南明之境，禀纯阳火，石之精气，结而成质。[③]

陈少微认为汞是离火之金，是阴性的。《大洞炼真宝经修伏灵砂妙诀序》云：

> 丹者，是金感于火，名之为丹。汞者，是火去于金，而名之为汞。丹者受阳精而候足，汞即离本质而体不全。[④]

---

① 《云笈七签》卷七十一《金丹部九》之《太清丹经要诀·造小还丹法》，载《道藏》第22册，第496页上。

② 《云笈七签》卷七十一《金丹部九》之《太清丹经要诀·造流珠丹法》，载《道藏》第22册，第498页上中。

③ 《大洞炼真宝经九还金丹妙诀·修金合药品第三》，载《道藏》第19册，第24页上。

④ 《大洞炼真宝经修伏灵砂妙诀序》，载《道藏》第19册，第24页中下。

陈少微认为硫磺“能添阳益精，反浊归清”，能够制服汞中阴毒；陈少微因之而造《炼汞诀》。《炼汞诀》云：

> 取汞一斤、石硫黄三两，先捣研为粉，致于瓷钵中，下着微火，续续下汞，急手研之，令为青砂。后便将入于瓷瓶中，其瓶子可受一升，以黄土泥紧泥其瓶子外，可厚二分，以盖合之，紧密固济。致之炉中，用炭一斤，于瓶子四面养之三日。瓶子四面，长须有一斤炭，三日后，便以武火烧之，可用炭十斤，分为两分，每一上炭五斤，烧其瓶子。忽有青焰透出，即以稀泥急涂之，莫令焰出，炭尽为候。候寒开之，其汞则化成紫砂，分毫无欠。①

陈少微的理论虽然为硫汞派提供了支持，但陈少微本人反对纯以硫汞作丹②。

3. 张九垓与硫汞派

张九垓特别推崇水银，认为“水银生万物……善治万品，而生群类也”，“度世不死，必基于汞”③。张九垓还推崇雄黄，认为“雄黄为君，服之通神”④。张九垓在《释紫粉篇》中记述以水银、硫黄，炼制小还丹。《张真人金石灵砂论·释紫粉篇》云：

> 水银、硫黄，烧成小还丹，伏火名紫粉小还丹。服之，止虚热，压惊痒。⑤

4. 张陶与硫汞派

晚唐时期的《太清石壁记》(题为楚泽先生编撰)，记有硫汞丹法。《罗浮山志》记载《太清石壁记》本为隋初苏元朗（青霞子）所撰，但《新唐书·艺文志》则记载：

> 《玄晋苏元明太清石壁记》三卷，乾元中，剑州司马纂，失名。⑥

剑州司马姓名可考于《龙虎元旨》。《龙虎元旨》由董师元传授、成君撰写，其

① 《云笈七签》卷六十八《金丹部六》之《九还金丹二章·炼汞添金出砂品第二》，载《道藏》第22册，第472页下。
② 《大洞炼真宝经修伏灵砂妙诀序》，载《道藏》第19册，第14页中。
③ 《张真人金石灵砂论·真汞篇》，载《道藏》第19册，第6页中。
④ 《张真人金石灵砂论·雄黄篇》，载《道藏》第19册，第5页下。
⑤ 《张真人金石灵砂论·释紫粉篇》，载《道藏》第19册，第6页下。
⑥ 《新唐书》卷五十九《志四十九·艺文三》，第5册，第1521页。

末后有《太上诫词》云：

东岳董师元于贞元五年，受之于罗浮山隐士青霞子（按：即苏元朗）。贞元十九年，传受剑州司马张陶。

根据以上内容可知，《太清石壁记》的撰造者为剑州司马张陶，撰写于贞元年间（785—805）。

《太清石壁记》收录有《太一小还丹方》，以一斤水银、五两硫黄制成丹药（HgS），丹名“太精丹”“朝景丹”“凝霞丹”“落晖丹”，这是《道藏》记载最为清晰的硫汞丹法。①《太清石壁记》还记载有单用硫黄、雄黄和主用四黄的丹法。单服硫黄的丹方有《太一硫黄丹方》②，单服雄黄的丹方有《太一雄黄丹》③，主用四黄的丹方为《龙朱丹法》④。

进入宋代，金砂派和铅汞派在炼丹术中的地位逐渐被硫汞派取代，主要原因是硫汞所结的丹药（HgS）毒性较小，不容易危及生命。宋代的《灵砂大丹秘诀·抱一圣胎灵砂》云：

硫黄本太阳之精，水银本太阴之气，阳魂死而阴魄亡，乃夫妇之合情，阴阳之顺气。无功无行，吝财弃命，不贤不礼之人，秘之不可闻视。⑤

以上资料说明，硫汞派对唐代以后的炼丹术仍有较大影响。

四、对丹毒的认识及解法

（一）隋唐以前对丹毒的认识

东汉末年的《古诗十九首》就有“服食求神仙，多为药所误”⑥之句，这说明至少在东汉末期，人们就清醒地认识到丹药的毒性。托名狐刚子的炼丹家，谆谆告诫服食者应注意丹毒，他说：

故狐子云：五金尽火毒，若不调炼其毒作粉，假令变化，得成神丹大药，

① 《太清石壁记》卷上《太一小还丹方》，载《道藏》第18册，第765页中下。
② 《太清石壁记》卷上《太一硫黄丹方》，载《道藏》第18册，第765页下。
③ 同上，第766页中。
④ 《太清石壁记》卷上《龙朱丹法》，载《道藏》第18册，第766页上。
⑤ 《灵砂大丹秘诀·抱一圣胎灵砂》，载《道藏》第19册，第44页下。
⑥ 《昭明文选》卷二十九《古诗十九首》，第3册，第1977页。

其毒未尽去者，久事服饵，少违诫禁，即返杀人。①

北魏道武帝拓跋珪（371—409）也支持炼丹，但他得到成丹后，令死囚试服，“多死无验”。《魏书·释老志》记载：

太祖好老子之言，诵咏不倦。天兴中，仪曹郎董谧，因献服食仙经数十篇，于是置仙人博士，立仙坊，煮炼百药，封西山以供其薪蒸。令死罪者试服之，非其本心，多死无验。②

南北朝时期，炼丹家已把丹毒载于丹经。南朝梁陶弘景把金丹称为“毒丹”③，并把累年所炼的丹药全部埋藏。这一时期的《太清经天师口诀》云：

一切金银多毒，若不精炼，恐煮畏伤人。④

虽然历史上饵丹致死的案例众多，但隋唐五代的炼丹家仍然不减炼丹热情，只是更加谨慎地辨别丹毒而已。

（二）隋唐时期对丹毒的认识

隋唐五代的诸多丹经已明确记载了丹药的毒性，并告诫服食者应谨慎从事。

《黄帝九鼎神丹经诀》是唐人撰集的外丹著作，其中综述“五金三汞，九铅八石，皆有毒”⑤，并提出“末既有毒，本岂无毒”。但是，《黄帝九鼎神丹经诀》的撰集者又极力推崇炼丹。可能其本人并未真实炼丹，撰集此书是为了向迷恋金丹的皇帝邀宠。

唐代另一本揭示丹药毒性的著名丹经为《玄解录》，也称为《悬解录》或《雁门公妙解录》。此经撰造于唐宣宗大中九年（855），经中明确指出金丹、石药怀有大毒，服食者万不存一。《玄解录》云：

夫学炼金液还丹，并服丹砂硫黄，兼诸乳石等药。世人苦求得之，将为便成至药，不知深浅，竞学服饵，皆觅长生不死者也。并不悟金丹并诸石药，各有本性，怀大毒在其中，道士服之，从羲、轩已来，万不存一，未有不

---

① 《黄帝九鼎神丹经诀》卷三《明择师受诀不藉真人法》，载《道藏》第18册，第804页上。
② 《魏书》卷一百一十四《志第二十·释老志》，第8册，第3049页。
③ 《华阳陶隐居内传》卷中，载《道藏》第5册，第508页上。
④ 《太清经天师口诀·度灾灵飞散法第一》，载《道藏》第18册，第789页中。
⑤ 《黄帝九鼎神丹经诀》卷三《明择师受诀不藉真人法》，载《道藏》第18册，第804页上。

死者。①

又云：

> 又不知药有至毒，造丹成后，世人只知余甘制河车，磁石引针，硫黄干水银，将谓制金丹了便无毒矣。假如先贤炼秋石，以地霜结为石，能引生汞，亦能制金石毒，亦能壮金石毒。如有服者，中路毒发，不可禁止，必见死矣。②

隋唐五代时期的炼丹家，一方面认为丹药“本末”皆有毒，无论怎样炼制，成丹都会有毒；另一面却援引各种理论来论证丹药可益寿保命、甚至神仙长生。究其原因，一是因为“饵丹长生”的信念先入为主，二是缺乏正确的思维方法。

（三）炼丹家提出的解毒方法

面对丹毒，炼丹家提出各种解毒的方法，称为“杀毒”。

南北朝时期，炼丹家提出了杀毒方法。《太清经天师口诀》记载的杀毒共有十一道工序，包括“铅炼金法”“水银炼金法”“玄水炼法”“石灰汁炼法”“消毒灰炼法”“消毒灰蒸炼法”“消毒灰炒炼法”“醋炼法”“石汁法”“消毒灰法”“烧理石作灰法”③。唐人撰集的《黄帝九鼎神丹经诀》记载有“水法去毒”“杀铅毒法”“杀丹阳铜毒法”“杀鍮石毒法”“杀铁锋精毒法”④。

隋唐以后，炼丹家受阴阳五行思想的影响，把药物按阴阳、五行属性分类，以阴阳相制、五行生克之理来杀毒。唐代的陈少微认为，五金性阴，各怀阴毒；四黄性阳，含阳火之毒。以四黄中包含的阳火可以炼除五金的阴毒⑤。陈少微还认为铅黑属水，所以，铅粉可以消除四黄的火毒。张九垓也采用这种理论杀毒。他认为，黄金性属太阳，单服金粉，阳火之毒太重，能销人骨髓。白汞性属太阴，可用白汞与黄金合炼，消除金中阳毒⑥。

唐代的许多炼丹家也像孙思邈一样，精于医道，主张采用草药解毒。东晋的葛洪、南朝梁的陶弘景等都精于医道，一为医病，二为解丹毒。唐代的炼丹家尝试用草药解毒。如《玄解录》，尝试采用“伏龙肝汁”“甘草汤”“生绿豆

---

① 《云笈七签》卷六十四《金丹部二·玄解录》，载《道藏》第22册，第448页下。
② 同上，第448页下—449页上。
③ 《太清经天师口诀·度灾灵飞散法第一》，载《道藏》第18册，第789页。
④ 《黄帝九鼎神丹经诀》卷十五《明诸石药之精灵》，载《道藏》第18册，第848页下—851页上。
⑤ 《大洞炼真宝经九还金丹妙诀·中三品陈五石之金品第四》，载《道藏》第19册，第24页上中。
⑥ 《张真人金石灵砂论·黄金篇》，载《道藏》第19册，第5页上。

汁”“守仙五子丸”来解除丹毒。《玄解录·辨金石药并去毒诀》云：“如有人误服者，忽觉发动不安，但急服伏龙肝汁并甘草汤、生绿豆汁乃立定，少见命终。”①《玄解录》还记有《守仙五子丸方》，用“余甘子，覆盆子，菟丝子，五味子，车前子”及枸杞叶汁、莲子草汁、杏仁末与酒（银器中合炼）、地黄汁、真酥、鹿角胶（炙捣末）配炼成药，服用百日，可去金石药毒②。

1965年，南京象山东晋王氏墓出土的文物中有外丹200多粒，主要是丹砂③，化学成分为硫化汞（HgS）④。1970年，在西安南郊出土大量唐代炼丹器具和原料，其中用于炼丹的药物共计13.225公斤⑤，都是重金属或含有砷之类的有毒矿物。这足以证明，炼丹所用的原料都有较大的毒性，加上当时的技术有限，炼制的成丹不但有毒，而且夹杂许多有毒副产品。因此，服食金丹者，无一不遭荼毒。

五、外丹术的没落

丹药几乎都有剧毒。所谓的服食成仙或不知所终，多数是服丹暴亡罢了。胡孚琛先生讲：“盖汉代外丹黄白术经书，乃在少数道士间师徒秘传，金丹药物价钱昂贵，不易实行，偶有道士服丹药致死，人们也认为是‘尸解’升仙了。”⑥

（一） 外丹致死人命的案例

外丹烧炼颇费资财，一般方士无力炼丹。自秦汉以来，支持炼丹的多是皇帝。许多皇帝受方士蛊惑，死于小小的丹药。

按正史记载，第一个饵丹致死的是晋哀帝。《晋书·哀帝本纪》记载：

---

① 《云笈七签》卷六十四《金丹部二·玄解录》，载《道藏》第22册，第450页中。

② 同上，第450页下。

③ 明代名医缪希雍（约1546—1627），在其著作《神农本草经疏》中讲：“丹砂为八石之主，故列石部之首。体中含汞，汞味本辛，故能杀虫、杀精魅。宜乎《药性论》谓其有大毒，若经伏火，及一切烹炼，则毒等砒、硇，服之必毙。自唐以来，上而人主，下而缙绅，曾服斯药，鲜克免者。戒之！戒之！”《缪希雍医学全书》，第74页。

④ 见南京市文物保管委员会的《南京象山东晋王丹虎墓和二、四号墓发掘简报》。

⑤ 其中，黄（金）粉787克，上上乳678克，次上乳606克，次乳947克，井砂444克，光明碎红砂852克，光明紫砂（上上）660克，大粒光明砂746克，次光明砂720克，红光明砂1 415克，朱砂2 688克，白英505克，紫英2 177克。详见陕西省博物馆文管会革委会写作小组编的《西安南郊何家村发现唐代窖藏文物》。

⑥ 《丹道仙术入门》，第98页。

辛未，帝不悆①。帝雅好黄老，断谷，饵长生药，服食过多，遂中毒，不识万机。②

北魏的道武帝拓跋珪（371—409）也深信丹药。《魏书·释老志》记载：

天兴中，仪曹郎董谧因献服食仙经数十篇。于是置仙人博士，立仙坊，煮炼百药，封西山以供其薪蒸。令死罪者试服之，非其本心，多死无验。……久之，太祖意少懈，乃止。

《华阳陶隐居内传》记载，南朝梁武帝萧衍曾令陶弘景为其炼丹，但陶弘景认为丹药有毒，将丹药尽数埋藏。

唐代帝王最迷恋丹药，因丹致死者最多。

唐太宗李世民本是一代明君，竟然死于丹药之毒，年仅五十二岁。贞观二十二年（648），王玄策出使天竺带回方士那逻迩娑婆寐，唐太宗服食其炼制的丹药，暴疾而崩。《旧唐书·西戎传》记载：

右御率府长史王元策，奉使天竺，得方士那罗迩娑婆寐。自言寿二百岁，云有长生之术。太宗深加礼敬，馆之于金飙门内。造延年之药……药成，服竟不效。③

《宪宗本纪》记载：

文皇帝服胡僧药，遂致暴疾不救。④

唐高宗李治身患风疾，显庆中（656—661）征献方士和丹药。《旧唐书·叶法善传》记载：

时高宗令广征诸方道术之士，合炼黄白。法善上言："金丹难就，徒费财物，有亏政理，请核其真伪。"帝然其言，因令法善试之，由是乃出九十余人，因一切罢之。⑤

后有胡僧献药，高宗将服，被郝处俊劝阻。《旧唐书·郝处俊传》记载：

---

① 悆，读音［yù］，舒适之义。不悆，即"不豫"，即身体不适。
② 《晋书》卷八《帝纪第八·哀帝》，第1册，第208—209页。
③ 《旧唐书》卷一百九十八《列传第一百四十八·西戎·天竺》，第16册，第5308页。
④ 《旧唐书》卷十四《本纪第十四·宪宗》，第2册，第432页。
⑤ 《旧唐书》卷一百九十一《方伎·叶法善》，第16册，第5107页。

又有胡僧卢伽阿逸多受诏合长年药，高宗将饵之。处俊谏曰："修短有命，未闻万乘之主，轻服蕃夷之药。昔贞观末年，先帝令婆罗门僧那罗迩娑寐①依其本国旧方合长生药。胡人有异术，征求灵草秘石，历年而成。先帝服之，竟无异效，大渐之际，名医莫知所为。时议者归罪于胡人，将申显戮，又恐取笑夷狄，法遂不行。龟镜若是，惟陛下深察。"高宗纳之，但加卢伽为怀化大将军，不服其药。②

唐高宗又令道士刘道合炼丹上进，服用没有什么效果，方得幸免。《旧唐书·刘道合传》记载：

高宗又令道合合还丹，丹成而上之。咸亨中，卒。及帝营奉天宫，迁道合之殡室，弟子开棺将改葬，其尸惟有空皮，而背上开拆，有似蝉蜕，尽失其齿骨，众谓尸解。高宗闻之，不悦，曰："刘师为我合丹，自服仙去。其所进者，亦无异焉！"③

一代女皇武则天，也迷恋丹药。公元 698 年，武则天请胡超僧炼丹，耗时三年乃成。唐人张鷟④的《朝野佥载》记载：

周圣历年中，洪州有胡超僧出家学道，隐白鹤山，微有法术，自云数百岁。则天使合长生药，所费巨万，三年乃成。自进药于三阳宫，则天服之，以为神妙，望与彭祖同寿，改元为久视元年。放超还山，赏赐甚厚。服药之后三年而则天崩。⑤

可见武则天也可能是死于丹药中毒。

唐玄宗李隆基初即皇位就召方士炼丹药，甚至准备把公主下嫁给方士张果。《旧唐书·张果传》记载：

玄宗初即位，亲访理道及神仙方药之事，及闻变化不测而疑之。有邢和璞者，善算人而知夭寿善恶。玄宗令算果，则懵然莫知其甲子。又有师夜光者……乃怀中出神仙药，微红，傅坠齿之断。复寐良久，齿皆出矣，粲然洁

---

① 与《旧唐书·西戎传》记载相比，此处"那罗迩娑寐"少一"婆"字，全称应为"那罗迩娑婆寐"。

② 《旧唐书》卷八十四《列传第三十四·郝处俊》，第 8 册，第 2799 页。

③ 《旧唐书》卷一百九十二《列传第一百四十二·隐逸·刘道合》，第 16 册，第 5127 页。

④ 鷟，读音［zhuó］。张鷟，盛唐时人，历仕五帝（唐高宗、武则天、唐中宗、唐睿宗、唐玄宗）。

⑤ 《朝野佥载》卷五，载《唐宋史料笔记丛刊》第 115 页。

白，玄宗方信之。玄宗好神仙，而欲果尚公主。……果大笑，竟不奉诏。①

唐宪宗李纯服食丹药后性情狂躁，暴卒，年仅四十二岁。《旧唐书·穆宗本纪》记载：

宪宗未年，锐于服饵，皇甫镈与李道古荐术人柳泌、僧大通待诏翰林。泌于台州为上炼神丹，上服之，日加躁渴，遽弃万国。②

唐穆宗李恒为唐宪宗之子，即位之初，杖杀为宪宗进食丹药的道士柳泌、僧人大通。然而，数年以后，穆宗重蹈宪宗覆辙，服食丹药中风而死，年仅三十岁。《旧唐书·穆宗本纪》记载：

诏曰：山人柳泌轻怀左道。上惑先朝。固求牧人，贵欲疑众，自知虚诞，仍更遁逃。僧大通医方不精，药术皆妄。既延祸衅，俱是奸邪。邦国固有常刑，人神所宜共弃，付京兆府决杖处死。③

清代赵翼的《廿二史札记》论道：

乃未几听僧惟贤、道士赵归真之说，亦饵金石。有处士张皋上书切谏，诏求之，皋已去，不可得，寻而上崩。是穆宗又明知之而故蹈之也。④

穆宗之后，敬宗李湛仍不省悟，继续访异人、炼丹药。《旧唐书·敬宗本纪》记载：

戊午，遣中使往湖南、江南等道及天台山采药。时有道士刘从政者，说以长生久视之道，请于天下求访异人，冀获灵药。⑤

唐武宗李炎崇信道士赵归真，灭佛崇道，服丹药后喜怒失常，暴卒，年仅三十三岁。《旧唐书·武宗本纪》记载：

三月壬寅，上不豫，制改御名炎。帝重方士，颇服食修摄，亲受法箓。至是药躁，喜怒失常，疾既笃，旬日不能言。宰相李德裕等请见，不许。中

① 《旧唐书》卷一百九十二《列传第一百四十一·方伎·张果》，第16册，第5106—5107页。
② 《旧唐书》卷十六《本纪第十六·穆宗》，第2册，第476页。
③ 同上。
④ 《廿二史札记校证》卷十九《唐诸帝多饵丹药》，第398页。
⑤ 《旧唐书》卷十七《本纪第十七·敬宗》，第2册，第516页。

外莫知安否，人情危惧。是月二十三日，宣遗诏，以皇太叔光王柩前即位。是日崩，时年三十三。①

唐宣宗李忱也好服饵丹药，并向孟州刺史韦澳讨问丹方。韦澳虽然奉道，但认为金石有毒，丹药致命，劝阻宣宗饵丹。《旧唐书·韦澳传》记载：

大中十二年，检校工部尚书，兼孟州刺史，充河阳三城怀孟泽节度等使，辞于内殿。上曰："卿自求便，我不去卿。"在河阳累年，中使王居方使魏州，令传诏旨谓澳曰："久别无恙，知卿奉道，得何药术，可具居方口奏。"澳因中使上章陈谢，又曰："方士殊不可听，金石有毒，切不宜服食。"帝嘉其忠，将召之，而帝厌代。②

宣宗不听韦澳进言，服太医李玄伯所进丹药，疽生于背而死，世寿五十。《新唐书·毕諴传③》记载：

太医李玄伯者，帝所喜，以钱七十万聘之，夫妇日自进食，得其欢心，乃进之帝，嬖幸冠后宫。玄伯又治丹剂以进，帝饵之，疽生于背。懿宗立，收玄伯及方士王岳、虞芝等，俱诛死。④

虽然唐朝皇帝服丹而亡的前事不远，但五代时期的皇帝却不以为鉴，仍有服丹促崩者。后梁太祖朱温，服方山道人庞九经所献丹药，遭人弑杀。五代蜀国何光远的《鉴戒录》卷一记载：

又梁朝方山道人，自号庞九经，身长七尺，不知年几百岁。每于石室修气，经年绝食。太祖往往遣使赐乳头香及茶药而已。忽一日诏入内殿，求延生之术。……庞乃于肘后解一青瓢子，取金丹二粒，进曰："望陛下清素守真百日，方可饵之。不然者，反恶耳。"上既深信，庞得归山。后帝久患石淋，忽宣至药服食，眉发立堕，头背生痈。及至弥留，为颍王所弑。⑤

南唐烈祖李昪，服食丹药，发痈暴卒。宋人史温的《钓矶立谈》记载：

上尝服金石药，疽剧将崩，呼元宗登御榻，啮其指，至血出，戒之曰：

---

① 《旧唐书》卷十八《本纪第十七·武宗》，第2册，第610页。

② 《旧唐书》卷一百五十八《列传第一百八·韦澳》，第13册，第4177页。

③ 諴，读音［xián］。毕諴，唐宣宗、懿宗时人，官至宰相。

④ 《新唐书》卷一百八十三《列传第一百八·毕諴》，第17册，第5380页。

⑤ 《鉴戒录》卷一《九转验》，载《五代史书汇编》第10册，第5873—5874页。

“他日北方当有事，勿忘吾言。”①

上有所好，下必效之。由于唐朝多数皇帝迷恋丹药，朝野人士也追慕效仿，甚至普及妇孺。李白有诗云：

> 拙妻好乘鸾，娇女爱飞鹤，提携访神仙，从此炼金药。②

这些人中，以文才著称的，有王勃、卢照邻、李白、白居易、元稹、韩愈等。白居易有诗云：

> 退之（按：韩愈）服硫黄，一病讫不痊。微之（按：元稹）炼秋石，未老身溘然。杜子（按：杜元颖）得丹诀，终日断腥膻。崔君（按：崔玄亮）夸药力，经冬不衣绵。或疾或暴夭，悉不过中年。唯予不服食，老命反迟延。③

官宦出身的，有李于、归登、李虚中、李逊、李建、孟简、卢坦、李道古、杜伏威、李抱真、张去非、程太虚、杜元颖、崔玄亮等。张籍有诗《哭丘长史》云：

> 曾是先皇殿上臣，丹砂久服不成真。常骑马在嘶空枥，自作书留别故人。诗句遍传天下口，朝衣偏送地中身。最悲昨日同游处，看却春风树树新。④

（二）外丹长生梦想的破灭

海上仙药之说，金丹、黄白之术，始于战国末期，后由秦始皇、汉武帝的追捧，再经魏晋时期炼丹家的渲染，到了唐代蔚然成风，信奉者把服食丹药作为通向长生仙道的桥梁。

汉代以来传世的《太清金液神丹经》《黄帝九鼎丹经》等，除了书面文字，还有师承口诀，被秘为至宝，从未见到可考的饵丹验证。东晋的葛洪，在《抱朴子》中极力推崇金丹，但实际上，在完成《抱朴子》之前，葛洪从未进行炼丹实践，更谈不上对饵丹长生的验证。据有关资料看，古来炼丹家和服食者的结果多是“不知所终”“时隐时现”“白日飞升”等，这实际上都是共同信仰者的传说或讳饰之辞⑤。

---

① 《钓矶立谈》，载《五代史书汇编》第9册，第5011—5012页。
② 《全唐诗》卷一百八十四《题嵩山逸人元丹丘山居》，第3册，第1881页。
③ 《全唐诗》卷四百五十二《思旧》，第7册，第5137页。
④ 《全唐诗》卷三八五《哭丘长史》，第6册，第4345页。
⑤ 见《丹道仙术入门》，第98—101页。

唐代以来，丹药逐渐走出秘密修炼的深山，被帝王贵胄、官宦富豪、名人才子青睐。炼丹活动和服食效果，或被帝王起居所注，或被野史笔记所录。服丹而卒的事例，斑斑见于史册。由此可知，那些所谓“不知所终”“时隐时现”“白日飞升”的服丹者大部分是受毒而亡。

从秦始皇时期的“海上仙药”到唐代的“金石丹药”，长达十一个世纪服丹不死的幻想，在残酷的现实面前一一破灭。伴随着金丹长生大梦的苏醒，外丹术逐渐没落，炼丹家开始由外丹转向内丹，丹道革新悄然兴起。

六、结语

确知有生必死，给人类带来最为根本的悲观情愫。畏死求生，又是人类普遍的本能倾向。服食外丹期求长生，本是其中的一个尝试。

隋唐时期，民富国强。在皇室和达官贵人的支持下，炼丹家进行了丰富多样的炼丹实践。在这一背景下，炼丹家完善和撰造了大量的外丹经典，构建了系统的外丹延生理论，衍生出三家著名的外丹流派，出现了许多著名的炼丹家。这些炼丹家，认识到外丹的毒性，并提出了诸多去除丹毒的方法。但是，在当时的科技水平下，无论如何杀毒，丹毒都无法彻底去除。因此，无论是尊贵的天子，还是风流的才子，乃至平庸的凡夫，凡服食丹药者都或深或浅地遭其荼毒。

在残酷的现实面前，人们对炼丹与饵药产生怀疑，把探索长生之道的重心由外丹转向了内丹。

第二节　继承、创新与丹道革新

隋唐五代时期，反复上演的饵丹致死的悲剧，给道教神仙长生的信仰以致命打击，同时也招致儒、佛二家的强烈抨击。头脑清醒的丹道家转向老庄原典，继承“深根固蒂”“长生久视”“魂魄抱一”“专气致柔”“心斋坐忘”等理论与方法，吸收佛家“不生不灭”的空性学说、儒家“穷理尽性以至于命”的性命学说，承袭《周易参同契》融通“大易”“黄老”“炉火”的做法，援引和重构外丹理论与术语，创新“内丹”理论与方法，掀起了一场丹道革新运动。

一、内丹的出处

“丹”本指丹砂，炼丹家借以描述橘红色的外丹。“内丹”一词是外丹的引申。在唐代及其以前的文献中，有“内丹”“神丹”“玄珠”“阴丹”之说，这些与后人所说的内丹含义是否相符，还需详加辨别。

（一）“内丹”之说

南北朝时期，已有“内丹”之说，但出于佛门经典。到了中唐时期，“内丹”才见于道教典籍。其中比较著名的有张果的《太上九要心印妙经》、幻真先生的《胎息经注》、吴筠撰序的《内丹九章经》。

1. 慧思禅师“内丹”说

在历史上，最先提出“内丹”一词的并非是道家或道教人物，而是佛教天台宗的第二代祖师南岳慧思禅师。慧思禅师，俗姓李，汝阳武津（今河南上蔡）人，一生精修法华三昧，弘扬印度佛学大师龙树一脉的中观学说。其弟子智者大师（智颢）继承衣钵，创立佛教天台宗。

南陈永定二年（558）慧思禅师入山修行，作《立誓愿文》，提出“内丹”一词。其原文为：

> 我今入山修习苦行，忏悔破戒障道重罪。今身及先身是罪悉忏悔。为护法故求长寿命，不愿生天及余趣。愿诸贤圣佐助我，得好芝草及神丹。疗治众病除饥渴，常得经行修诸禅。愿得深山寂静处，足神丹药修此愿。借外丹力修内丹，欲安众生先自安。①

慧思大师的“借外丹力修内丹”就是希望得到炼丹家所说的“外丹”“神丹药”“芝草”等，来获得长寿和健康，以便有足够的时间证得佛果。所以，慧思大师的“内丹”是佛门道果之义。

2. 许旌阳“内丹”说

也有人认为，“内丹”一词最早出于许旌阳的《灵剑子》。许旌阳，东晋人，名逊，字敬之，南昌（今江西南昌）人，净明道祖师。

相传，许旌阳有《灵剑子》一部。《灵剑子·服气第三》中说：

---

① 《南岳思大禅师立誓愿文》，载《大正新修大藏经》第46册，第791页下。

凡服气调咽用内气，号曰内丹。①

《灵剑子·松沙记第六》又说：

学道之士，初广布阴骘，先行炁攻，持内丹长生久视之法。②

《灵剑子》所讲的“内丹”实际上是“胎息”，《灵剑子·服气第三》云：

胎息者，想婴儿而成焉，而号冲和，冲和则元和矣。出入呼吸之间，三元之内，毛发之中，无不通透。③

《灵剑子》认胎息为“内丹”，这正是隋唐时期的“内丹”含义。如果《灵剑子》出于东晋，其中的“内丹”说应该最早。但后人考证《灵剑子》为宋代作品，并非许旌阳所作。

3. 幻真先生“内丹”说

唐代幻真先生著有《胎息经注》，这本著作也许比张果的著作还要早。他在《胎息经注》中讲：

修道者，常伏其炁于脐下，守其神于身内，神炁相合而生玄胎，玄胎既结，乃自生身，即为内丹，不死之道也。

幻真先生还在《胎息铭》中讲：

假名胎息，实曰内丹。非只治病，决定延年。久久行之，名列上仙。④

由此可知，“内丹”一词在唐朝中期就已频繁出现，此时的“内丹”多数指“胎息”。

4. 张果“内丹”说

唐玄宗时期的张果，是丹道革新的关键人物。他主张内外兼修，提出“其内丹不得外丹则不成，其外丹不得内丹则无主。内丹者，真一之气；外丹者，五谷之气”⑤。张果所说的“内丹”是指“真一之气”。

---

① 《灵剑子·服气第三》，载《道藏》第10册，第665页中。
② 《灵剑子·松沙记第六》，载《道藏》第10册，第667页中。
③ 《灵剑子·服气第三》，载《道藏》第10册，第663页中下。
④ 《胎息铭》，载《道藏》第2册，第869页中。
⑤ 《太上九要心印妙经·七返还丹简要》，载《道藏》第4册，第313页上。

张果在《太上九要心印妙经》中解释“真一之气”：

> 真乃人之神，一者人之气。长以神抱于气，气抱于神，神气相抱，固于气海，造化神龟，乃人之命也。神乃人之性也，性者南方赤蛇，命乃北方黑龟，其龟蛇相缠，二气相吞，贯通一气，流行上下，无所不通，真抱元守一之道也。①

张果解释的“真一之气”，已经包含了性命双修返还于道的内涵，是真正意义的“内丹”。

5. 吴筠“内丹”说

吴筠（约698—778）是上清派著名道士，生活在唐朝中期稍后，曾为《南统大君内丹九章经》撰写前、后序言，其中提到“内丹”。《南统大君内丹九章经·序》云：

> 予于开元中著《玄纲论》及《养形论》行于世，诏授江州刺史，辞而不受，晦迹隐于骊山，养胎息。至元和中游淮西，过王师讨蔡贼吴元济，避乱东之于岳，遇李谪仙以斯术授予曰：此南统大君之生门也，入其门则我命在我。九章象阳之爻数也，其文略，其事简，实学道之渐阶，为求生之真路也。又曰：“内丹”者，即此也。吾今授汝，慎勿泄无器识罔神灵之徒，否则罹灾矣。九章之旨，许度后人，但不授中下之才者尔。故录为之序引。唐元和戊戌吴筠序。②

《南统大君内丹九章经·后序》云：

> 予四十年方遂一第，既知命寡，遂慕寻真，讨究仙经，莫得生理，因南访茅君修真之迹，登茅巅，入石室，先得《元道真经》，即太上道君归根复本、号而不嗄之理也。乃执其理十余年，惟攻胎息，续用既劳，睡乎非眼前之睫也。后再游，逢老叟曰：汝欲学仙乎？学仙者从尘入真，如炼矿而镕金也，何不先求命术，以延其生，后修阴德，登其渐阶乎？天仙也者，功感上天，诏授锡命，乃遂轻举而为仙人也。虽达仙境，犹炼真气，气与神并，故曰神仙。……嘱曰：此即所求之鱼兔也，道非身外，宝之！宝之！乃录其言为序以纪之，仍目之曰“内丹神诀”矣。吴筠序。③

---

① 《太上九要心印妙经·真一秘要》，载《道藏》第4册，第311页中。

② 《南统大君内丹九章经·序》，载《道藏》第23册，第683页上。

③ 《南统大君内丹九章经·后序》，载《道藏》第23册，第684页中上。

观《南统大君内丹九章经》的内容，其中强调神气合一为“内丹”。《南统大君内丹九章经·贤愚异实章第一》认为，“集神以为道，神集则内丹成”。原文为：

> 故吾之道，非升天之道，集神以为道，神集则内丹成，存其形。①

《南统大君内丹九章经·习近则生章第八》认为，神集则灵，气清则轻，人因此而全生。原文为：

> 大君曰：神集则灵，气清则轻。神集气清，是谓守形，是谓全生。②

《南统大君内丹九章经·七曜感通章第九》认为，“神得真气，百灵皆护”。原文为：

> 故曰：我不寻真，真必相随，神得真气，百灵皆护。③

通篇看来，其中既有存神、行炁等上清派的内修学说，又有“神气合一”的“内丹”之说。以此看来，《南统大君内丹九章经》是上清派由存神、胎息等内修方法向“神气合一”过渡的经典。

但是，此经的序言作于唐代元和戊戌年（818），吴筠已经去世多年，其中记载吴筠的事迹，多与史实不符。因此，这两篇序言应是后人假托。

（二）“神丹心炼”之说

“神丹心炼”就是以外丹的药物和鼎炉比喻人的精神和身躯，运用心意锻炼精气神的内丹方法。

康熙五十五年（1716年）成书的《罗浮山志会编》记载，苏元朗提出“神丹心炼”之说。《罗浮山志会编》记载：

> 苏元朗者，不知何许人也，尝学道于句曲……作《太清石壁记》及所授《茅君歌》。又发明“太（大）易丹道”，为《宝藏论》。弟子从游者闻朱真人服芝得仙，竞论灵芝：“春青、夏赤、秋白、冬黑，惟黄芝独产于崧高，远不可得。”元朗笑曰：“灵芝在汝八景中，盍向黄房求诸！谚云‘天地之先，无根灵草，一意制度，产成至宝’，此之谓也。”乃著《旨道篇》示之，自此道

① 《南统大君内丹九章经·贤愚异实章第一》，载《道藏》第23册，第683页中。
② 《南统大君内丹九章经·习近则生章第八》，载《道藏》第23册，第684页上。
③ 《南统大君内丹九章经·七曜感通章第九》，载《道藏》第23册，第684页上。

徒始知内丹矣。又以《古文龙虎经》《周易参同契》《金碧潜通秘诀》三书文繁义隐，乃纂为《龙虎金液还丹通元论》，归神丹于心炼。

成书于明代嘉靖年间（1522—1566）的《罗浮志》（陈梿编纂）卷四记载：

苏元朗，不知何许人。尝于罗浮山青霞谷修炼大丹，后得道，不知所终。

对比《罗浮山志会编》和明代陈梿《罗浮志》中的相关内容，会发现《罗浮山志会编》中关于苏元朗的内容，是后人所加。而且，《罗浮山志会编》中关于“内丹”的内容，部分出于宋元时期丹道家的著作。例如，“天地之先，无根灵草，一意制度，产成至宝”，出于元代陈虚白的《规中指南·药物》。

又其中提及的《龙虎元旨》（即《龙虎金液还丹通元论》），题为董师元传授、成君撰写，其末后有《太上诫词》云：

东岳董师元于贞元五年，受之于罗浮山隐士青霞子。贞元十九年，传受剑州司马张陶。开成三年，京师传族弟李汾。长契五年，传成君隐士。口诀不载于文，秘之秘之。

但无论是《龙虎原旨》，还是《太清石壁记》（《新唐书》记载为剑州司马撰），都是外丹丹经，没有丝毫关于“神丹心炼”的记载。综上可知，“神丹心炼”之说出于苏元朗，没有可考的依据。

（三）“阴丹”之说

东晋葛洪《抱朴子》中有“阴丹”之说，实际上是指房中术。《抱朴子·微旨》云：

人不可以阴阳不交，坐致疾患。若欲纵情恣欲，不能节宣，则伐年命。善其术者，则能却走马以补脑，还阴丹以朱肠（旸）①，采玉液于金池，引三五于华梁，令人老有美色，终其所禀之天年。②

《抱朴子·极言》又云：

若年尚少壮而知还年，服阴丹以补脑，采玉液于长谷者，不服药物，亦

① 原文为“肠”字，考上下文，应为“旸”字之讹。

② 《抱朴子内篇校释》卷六《微旨》，第129页。

> 不失三百岁也，但不得仙耳。①

葛洪这里所说的阴丹，可能与后世的阴阳丹法有渊源关系。

《云笈七签》中也有“阴丹”之说，则并非房中术，实指“内丹”。其中卷六十三《玄辨元君辨金虎铅汞造鼎入金秘真肘后方上篇》云：

> 在人身田中，心为火藏，在肺下，其数一；肾为水藏，双居命门，其数二。足明火一水二，为道之祖。悟者修行，神仙不难。玄珠优游于赤水中，胚结成胎。还丹亦生于玄一，因阳发腾为流珠。足明三五与一，天地之至精，变化须臾。且如内修得一者，阴丹气也，气能存生。②

这里所说的“阴丹”即“气”，“气能存生”，正如《通幽诀》所讲“气能存生，内丹也”③，所以，此处的“阴丹”是指“内丹”。

《玄辨元君辨金虎铅汞造鼎入金秘真肘后方上篇》大概撰述于唐代中晚期，因此，等同清净丹法“内丹”的“阴丹”之说④，产生于唐朝中晚期。

（四）小结

先秦时期，并没有“内丹”的概念，丹道家用“气”来表示“内丹”。外丹主要是为追求肉体的长生，并非为了体道合真，某些炼丹家甚至反对“无为”等老庄思想。隋唐时期，外丹在达到高潮后逐渐没落，“内丹”逐渐凸显。“内丹”把“道”放在首位，所以称为“丹道”。

虽然历史上早有“内丹”之说，但丹道的“内丹”出于唐代中期的《太上九要心印妙经》。“内丹”，就其最终目的来说并非是为了结丹，而是为了体证“道”，期望能够归根复命、与道合真。因为“道”是“先天地而生”，而且“天长地久”，那么与“道”合真，就能够自然长生。因此，从理论上讲，“内丹”超越了外丹追求的肉身“不死长生”。由于“内丹”既能让人健康长寿，又能避免丹毒之害，还能支撑神仙长生的信仰，所以“内丹”代替了外丹在长生探索中的地位。

“内丹”在发展过程中，除了以道家学说为支撑外，还吸收了佛家空性学说和儒家性命学说，追求内在的性命之道与外在的自然之道相统一，即“合道全

---

① 《抱朴子内篇校释》卷十三《微旨》，第 245 页。

② 《云笈七签》卷六十三《金丹部一·玄辨元君辨金虎铅汞造鼎入金秘真肘后方上篇》，载《道藏》第 22 册，第 442 页上中。

③ 《通幽诀》，载《道藏》第 19 册，第 155 页下。

④ 隋唐时期，还有《王屋真人口授阴丹秘诀灵篇》，其中提到的“阴丹”是后世阴阳丹法的渊源。

真”。唐代兴起的由外丹之“术”转向内丹之“道”的变革，实际上是继续了老庄道家对神仙方术的变革，因此称之为“丹道革新”。

二、丹道革新的代表人物与贡献

丹道革新，是指在探索长生之法的进程中，由外丹之术转向内丹之道的变革。丹道革新始于中唐，持续到五代。到了北宋，内丹的地位正式确定下来。丹道革新的代表人物中，可考的很少。按照年代和姓名可考的标准，在浩长的丹道历史中，选择一些人物，简介如下。

（一）张果

1. 张果生平

张果，生卒不详。武周时期隐居于中条山，开元二十一年（733），唐玄宗诏之入宫，后请辞归隐，入居恒山，唐玄宗赐号通玄先生。《旧唐书·张果传》记载：

> 张果者，不知何许人也。则天时，隐于中条山，往来汾、晋间，时人传其有长年秘术，自云年数百岁矣。……开元二十一年，恒州刺史韦济以状奏闻。……果乃随峤至东都，肩舆入东宫中。……玄宗好神仙，而欲果尚公主。……果大笑，竟不奉诏。……后恳辞归山……不知所之。①

张果是精通道家、旁通佛学、内外丹兼修的人物，这是他成为丹道革新者的重要基础。在道家方面，张果能够熟练运用老庄学说来解释、发挥和构建丹道理论，著有《道体论》《三论元旨·道宗章》《阴符经玄解》等。在佛家方面，张果吸收佛教义学，在他的著作中，既有禅宗的“心印”等名词，又有天台宗“空假中”的止观思想，甚至直接引用《金刚经》的原句“凡所有相，皆是虚妄”。在外丹方面，张果是金砂派的代表人物之一，相关著作为《玉洞大神丹砂真要诀》，其中大量援引《周易参同契》的观点，来说明炼丹术。在内丹方面，他融抱元守一、服气胎息、丹鼎龙虎为一体，构建了较为完整的丹道理论，主要著作有《太上九要心印妙经》《玄珠歌》《金虎白龙诗》与《张果先生服气法》等。

从现存的文献看，张果虽然没有明确反对外丹，但他的内丹著作明显多于

① 《日唐书》卷一百九十二《列传第一百四十一·方伎·张果》，第 16 册，第 5106—5107 页。

外丹，这至少说明，他的态度正从外丹向内丹方面转变，是个典型的由炼丹术向内丹丹道过渡的人物。张果虽然深受唐玄宗崇信，并向唐玄宗进献了外丹丹经，但他并没有鼓吹外丹能够使人不死长生，而是告诫唐玄宗丹药有毒，并进献解丹毒的《守仙五子丸方》①。在内丹方面，张果的丹道思想和理论集中反映在《太上九要心印妙经》中。

2. 张果在丹道革新中的贡献

张果的丹道革新思想集中体现在《太上九要心印妙经》中。在思想上，张果上承老子“得一”“守一”之说，采撷魏晋时期的“真一”之说，构建“性命之道”返还“本元之道”的丹道思想。在理论上，张果上承《周易参同契》的理论构建方法，采用中唐以前铅汞派的理论和术语，重构内丹理论与术语，提出铅汞相投、坎离交合、魂魄抱一的丹道理论。具体如下：

在思想方面，张果引申老子的思想，用“得一”之“一”表述“本元之道”。从“得一”中引述“真一”的思想，用“真”表示“神”或“性”，用“一”表示“气”或“命”，“真一”就是“神气合一”，也就是“性命之道”。人若能“神气相抱”，就能达到“抱元守一”，也就是由“性命之道”返还“本元之道”。②

在理论上，张果引用了铅汞派的外丹术语和理论来构造内丹理论。张果用日、铅、离代表人之“魂”，用月、汞、坎代表人之“魄”，用铅汞相投、坎离交合代表魂魄抱一、性命归根，提出用周天火候锻炼而成大丹。在阐述这个道理的过程中，张果模仿《周易参同契》的手法，引用日月、魂魄、铅汞、炉火、卦象等理论来说明炼丹的原理和过程。③ 详见《太上九要心印妙经·日魂月魄真要》。

不仅如此，张果在构建丹道理论方面，还创造性引用《黄帝阴符经》的理论来阐述自己的观点。张果认为《黄帝阴符经》的“神仙抱一章”就是“炼神”之道，“富国安民章”就是“炼气”之法，“强兵战胜章”就是“炼精”之术。④ 详见《太上九要心印妙经·三一机要》。

张果在继承魏晋时期“三一”之说的基础上，把“神”与“性”、“气”与“命”等同看待，并把“神”与“心”、“气”与“肾”连接起来，使内丹之道在

---

① 见《云笈七签》卷六十四《金丹部二·玄解录》。
② 《太上九要心印妙经·真一秘要》，载《道藏》第4册，第311页中。
③ 《太上九要心印妙经·日魂月魄真要》，载《道藏》第4册，第312页中下。
④ 《太上九要心印妙经·三一机要》，载《道藏》第4册，第312页上。

实践中有下手之处。《太上九要心印妙经·橐籥秘要》云：

> 神者，心之主；气者，肾之本，是以圣人返本还元。还元者，补髓也，补髓之机，还元之道，命乃了矣！圣人立法，曰假一神调气，借一气定神，神气调定，方晓动静。动者气也，气者命也；静者性也，性乃神也，神不离气，气不离神，神气不相离，道本自然也。①

张果丹道革新的突出贡献在于继承和发展了老子的“得一”“守一”学说，用外丹的术语与理论来构建内丹理论。但是，张果的丹道革新本质上是对“胎息”之法的重新解释，还没有达到宋元时期丹道的思想和理论水平。《太上九要心印妙经·九还一气总要》云：

> 一气者，胎息也。胎乃藏神之府。息乃胎化，元因息生。息因神为胎，胎不得息则不成，息不得神则无主，神乃息之主，息乃胎之根，胎乃息之宅，神乃胎之真。在腹之中谓之胎，一呼一吸谓之息，故名胎息也。胎者，形中气之子；息者，形中神之母。形中子母，何不存守？存守者，存其神而守其气。……内气为阳，外气为阴，内气不出，外气不入，神符气定。外气符即为至宝，内气符即成金丹。②

由以上内容可知，张果引用老子的“得一”来立论，建立代表“道体”的“真一”概念，并把“真一”定义为“神气”“性命”，认为神气抱一、性命归元即是归根复命的还丹。然后，张果进一步援引《黄帝阴符经》、《周易参同契》、“胎息”等理论、观点和方法，把外丹理论纳入到内丹理法中来，完成了外丹向内丹转变的过程，因此，张果是中唐时期丹道革新中的突出代表。

（二）司马承祯

1. 司马承祯生平

司马承祯，生于唐贞观二十一年（647），字子微，法号道隐，自号天台白云子，唐代河内温（今河南温县）人，师从潘师正，为陶弘景三传弟子，上清派茅山宗第十二代宗师。《旧唐书·司马承祯传》记载：

> 道士司马承祯，字子微。河内温人，周晋州刺史、琅邪公裔玄孙。少好学，薄于为吏，遂为道士。事潘师正，传其符箓及辟谷、导引、服饵之术。

① 《太上九要心印妙经·橐籥秘要》，载《道藏》第4册，第311页上中。
② 《太上九要心印妙经·九还一气总要》，载《道藏》第4册，第313页中下。

师正特赏异之，谓曰："我自陶隐居传正一之法，至汝四叶矣。"①

司马承祯深通道家修身、治世之学，曾受武则天、唐睿宗、唐玄宗等召见，诸帝均予以极高的评价。《旧唐书·司马承祯传》记载：

承祯尝遍游名山，乃止于天台山。则天闻其名，召至都，降手敕以赞美之。及将还，敕麟台监李峤饯之于洛桥之东。

景云二年，睿宗令其兄承祎就天台山追之至京，引入宫中……承祯固辞还山，仍赐宝琴一张，及霞纹帔而遣之，朝中词人赠诗者百余人。

开元九年，玄宗又遣使迎入京，亲受法箓，前后赏赐甚厚。十年，驾还西都，承祯又请还天台山，玄宗赋诗以遣之。十五年，又召至都。玄宗令承祯于王屋山自选形胜，置坛室以居焉。②

开元乙亥岁（735）六月十八日（夏历），司马承祯羽化于王屋山阳台观，世寿八十九岁。唐代卫凭③的《唐王屋山中岩台正一先生庙碣》记载：

岁乙亥，夏六月十八日，顾谓近侍曰："吾已受职玄都，不复得住。"遂部署封检，将若远适。迨昏，有赤云缭绕，摩地而来，箫声泠然，乘空而去，众咸惊骇，谓必上升。遽奓④户而入，已蜕形矣。越二十一日，群弟子相与瘗⑤杖舄⑥于西北之松台，制赠银青光禄大夫，谥曰贞一，并上自制碑，申宠章也。⑦

《旧唐书》的记载，则少一些神话色彩。其中云：

是岁，卒于王屋山，时年八十九。其弟子表称："死之日，有双鹤绕坛，及白云从坛中涌出，上连于天，而师容色如生。"玄宗深叹之，乃下制曰："混成不测，入寥自化。虽独立有象，而至极则冥。故王屋山道士司马子微，心依道胜，理会玄远，遍游名山，密契仙洞。存观其妙，逍遥得意之场；亡复其根，宴息无何之境。固以名登真格，位在灵官。林壑未改，遐霄已旷；

① 《旧唐书》卷一百九十二《列传第一百四十二·隐逸·司马承祯》，第16册，第5127页。
② 同上，第5127—5128页。
③ 依《全唐文》卷三百零六，作者为卫凭。
④ 奓，读音［zhà］，打开。
⑤ 瘗，读音［yì］，掩埋。
⑥ 舄，读音［xì］，鞋子。
⑦ 《全唐文》卷三百零六《唐王屋山中岩台正一先生庙碣》，第4册，第3019页上。

言念高烈，有怆于怀。宜赠徽章，用光丹箓。可银青光禄大夫，号真一先生。”仍为亲制碑文。

按《唐王屋山中岩台正一先生庙碣》的记载，司马承祯羽化后，经二十一日彻底尸解，没有留下肉身，其弟子所建的是衣冠冢。由此可知，司马承祯作为由外丹为主向内丹为主转变阶段的代表人物，以独步当时的内丹工夫，以及在道教中的领袖地位，对丹道革新产生了巨大、积极的影响。

司马承祯一生精修上清道法，多才多艺，是上清派承前启后的一位宗师，也是陶弘景之后，在丹道理论与技法上参同佛道儒的杰出人物。司马承祯文学造诣高深，与陈子昂、卢藏用、宋之问、王适、毕构、李白、孟浩然、王维、贺知章相互唱和，被称为“仙宗十友”。司马承祯还擅长书法，其篆书自为一体，号“金翦书”。司马承祯还精于铸造，先后向唐睿宗、唐玄宗赠送自己铸造的宝剑、铜镜等①。司马承祯著述甚多，有《修真秘旨》十二篇，《修真秘旨事目历》《坐忘论》《修真养气诀》《服气精义论》《采服松叶等法》《洞玄灵宝五岳名山朝仪经》各一卷，《上清天地宫府图经》二卷，《天隐子》八篇，《太上升玄经注》《太上升玄消灾护命妙经颂》《上清含象剑鉴图》《上清侍帝晨桐柏真人真图赞》《素琴传》《道体论》各一卷。

2. 司马承祯在丹道革新中的贡献

在丹道革新方面，司马承祯的突出贡献在于汲取老庄原始丹道的内容，把老子的“道论”，庄子的“坐忘”“心斋”等，进一步发展和完善，形成了《坐忘论》《天隐子》等丹道名著。司马承祯的这些著作和内修取向，对中唐时期的丹道革新产生了重要影响。

《坐忘论》是最能体现司马承祯丹道革新思想的一部著作。在《坐忘论》中，司马承祯继承了庄子提出的“坐忘”，并加以创新和完善，形成了一个次第分明、理论完整、技法明确的丹道修证法门。此处就以《坐忘论》为例，来探索司马承祯的丹道革新思想。

司马承祯以“道”立论，认为“至道超于色味”，“真性隔于可欲”，若要达到“闻希微”“听罔象”的体道之境，“坐忘”是最好的选择。《坐忘论·敬信一》云：

① 《全唐文》卷十九《赐司马承祯三敕》，第 1 册，第 223—224 页；《全唐文》卷三十七《答司马承祯进铸含象镜剑图批》，第 1 册，第 407 页；《全唐诗》卷三《答司马承祯上剑镜》，第 1 册，第 32 页。

况至道超于色味，真性隔于可欲，而能闻希微以悬信，听罔象而不惑者哉。如人闻坐忘之言，信是修道之要，敬仰尊重，决定无疑者，加之勤行，得道必矣。①

对于“坐忘”本身，司马承祯引申了庄子“坐忘”的含义，认为“坐忘”是“与道冥一”。《庄子·大宗师》讲：

仲尼蹴然曰：“何谓坐忘?”颜回曰：“堕肢体，黜聪明，离形去知，同于大通，此谓坐忘。”

司马承祯解释“坐忘”为：

夫坐忘者，何所不忘哉。内不觉其一身，外不知乎宇宙，与道冥一，万虑皆遗。②

司马承祯认为，欲要“与道冥一”，第一应该“敬信”。《坐忘论·敬信一》云：

夫信者道之根，敬者德之蒂，根深则道可长，蒂固则德可茂。……如人闻坐忘之言，信是修道之要，敬仰尊重，决定无疑者，加之勤行，得道必矣。③

第二是“断缘”，谓断除俗事，其心自安。《坐忘论·断缘二》云：

断有为俗事之缘也。弃事则形不劳，无为则心自安，恬简日就，尘累日薄，迹弥远俗，心弥近道，至圣至神，孰不由此乎。④

第三是“收心”，就是心不着一物，这是进入虚无的关键。《坐忘论·收心三》云：

夫心者一身之主，百神之帅，静则生慧，动则成昏。……所以学道之初，要须安坐，收心离境，住无所有。因住无所有，不着一物，自入虚无，心乃

① 《坐忘论·敬信一》，载《道藏》第22册，第892页中。
② 同上。
③ 同上。
④ 《坐忘论·断缘二》，载《道藏》第22册，第892页下。

合道。①

第四为“简事”，就是要分清事情的轻重缓急，尽量避免为不必要的事情分神。《坐忘论·简事四》云：

外求诸物，内明诸己，知生之有分，不务分之所无，识事之有当，不任事之非当。任非当则伤于智，力务过分则弊于形神。身且不安，何能及道。是以修道之人，莫若断简事物，知其闲要，较量轻重，识其去取，非要非重，皆应绝之。②

第五为“真观”，就是观事物变化之先机。《坐忘论·真观五》云：

夫真观者，智士之先鉴，能人之善察，究傥来之祸福，详动静之吉凶，得见机前，因之造适，深祈卫足，窃务全生，自始至末，行无遗累，理不违此者，谓之真观。然一餐一寝，俱为损益之源，一行一言，堪成祸福之本。虽则③巧持其末，不如拙诫其本。观本知末，又非躁竞之情。是故收心简事，日损有为，体静心闲，方可观妙。④

第六为“泰定”，是指“收心”达到极致，心不逐外缘，淡泊寂然。《坐忘论·泰定六》云：

夫定者，出俗之极地，致道之初基，习静之成功，持安之毕事。形如槁木，心若死灰，无感无求，寂泊之至，无心于定，而无所不定，故曰“泰定”。⑤

第七为“得道”，就是“形随道通，与神合一”，“身与道同，则无时而不存；心与道同，则无法而不通；耳与道同，则无声而不闻；眼与道同，则无色而不见”⑥。《坐忘论·得道七》云：

夫道者，神异之物，灵而有性，虚而无象，随迎不测，影响莫求，不知所以然而然，通生无匮谓之道。至圣得之于古，妙法传之于今，循名究理，

① 《坐忘论·收心三》，载《道藏》第22册，第892页下—893页上。
② 《坐忘论·简事四》，载《道藏》第22册，第894页中。
③ 《道藏》中此字为“作”，今从《全唐文》改为“则”。
④ 《坐忘论·真观五》，载《道藏》第22册，第894页下。
⑤ 《坐忘论·泰定六》，载《道藏》第22册，第896页上。
⑥ 《坐忘论·得道七》，载《道藏》第22册，第897页上。

全然有实。上士纯信，克己勤行，虚心谷神，唯道来集。道有深力，徐易形神，形随道通，与神合一，谓之神人。神性虚融，体无变灭，形与道同，故无生死。隐则形同于神，显则神同于气，所以蹈水火而无害，对日月而无影，存亡在己，出入无间，身为滓质，犹至虚妙，况其灵智益深益远乎。①

为了保证以上七种次第修法的落实，司马承祯又提出三戒。《坐忘论·坐忘枢翼》云：

若有心归至道，深生信慕，先受三戒，依戒修行，在终如始，乃得真道。其三戒者，一曰简缘，二曰无欲，三曰静心。勤行此三戒，而无懈退，则无心求道而道自来。②

司马承祯还提出了验道的方法。司马承祯引用了孙思邈《存神炼气铭》的“五时七候”以验证修道效果。《坐忘论·坐忘枢翼》云：

夫得道之人，心有五时，身有七候。心有五时者，一动多静少；二动静相半；三静多动少；四无事则静，事触还动；五心与道合，触而不动。心至此地，始得安乐，罪垢灭尽，无复烦恼。身有七候者，一举动顺时，容色和悦；二夙疾普消，身心轻爽；三填补夭伤，还元复命；四延数千岁，名曰仙人；五炼形为气，名曰真人；六炼气成神，名曰神人；七炼神合道，名曰至人。其于鉴力，随候益明，得至道成，慧乃圆备。③

司马承祯认为，这些验道的标准非常重要。他说：

虽久学定心，身无五时七候者，促龄秽质，色谢归空，自云慧觉，复称成道，求诸通理，实所未然，可谓谬矣。④

通篇看来，司马承祯的《坐忘论》，实际上是以性立命的修法。其中既包含老子“谷神不死”“为道日损”“观妙观徼”的思想和理论，也包括庄子“坐忘”“心斋”“宇泰定”的理论与方法，还融合了上清派的“存神”之法，甚至凸显着佛道双融的特点。司马承祯在丹道史上第一次提出了次第严谨分明、理论系统完善、技法平实有效的修证体系。

---

① 《坐忘论·得道七》，载《道藏》第22册，第896页下。
② 《坐忘论·坐忘枢翼》，载《道藏》第22册，第897页中。
③ 同上，第897页下—898页上。
④ 同上，第898页上。

在外丹盛行的唐代，司马承祯以对丹道理论和实践的卓越贡献，以及他当时的社会地位和宗教领袖的身份，的确算得上是促使外丹向内丹改革的中坚力量。

（三） 吴筠

1. 吴筠生平

吴筠，字贞节，号宗玄先生，华州华阴（今陕西华阴）人。举进士不第，入中岳嵩山师事潘师正，成为上清派道士，是司马承祯的同门师弟，大约生活在公元698—778年之间。

吴筠本是儒生，富有文才，精通内修，善于奏对，深得唐玄宗赏识，是唐玄宗时期的著名道士之一。《旧唐书·吴筠传》记载：

> 玄宗闻其名，遣使征之。既至，与语甚悦，令待诏翰林。帝问以道法，对曰："道法之精，无如五千言，其诸枝词蔓说，徒费纸札耳！"又问神仙修炼之事，对曰："此野人之事，当以岁月功行求之，非人主之所宜适意。"每与缁黄列坐，朝臣启奏，筠之所陈，但名教世务而已，间之以讽咏，以达其诚。玄宗深重之。①

吴筠的传世著作主要有《宗玄先生玄纲论》《宗玄先生文集》等。

2. 吴筠在丹道革新中的贡献

吴筠远承老庄道家，以老子的道论和德论为出发点，来阐明本元之道生化人与万物、人通过性情返还大道的机制。

吴筠认为，道为万物本元，"非道无以生，非德无以成"，继承了老子的自然之道即为"本元之道"的思想。《宗玄先生玄纲论·道德章第一》云：

> 道者何也？虚无之系，造化之根，神明之本，天地之源，其大无外，其微无内，浩旷无端，杳冥无对，至幽靡察而大明垂光，至静无心而品物有方，混漠无形，寂寥无声，万象以之生，五音以之成，生者有极，成者必亏，生生成成，今古不移，此之谓道也。
>
> 德者何也？天地所禀，阴阳所资，经以五行，纬以四时，牧之以君，训之以师，幽明动植，咸畅其宜，泽流无穷，群生不知谢其功，惠加无极，百姓不知赖其力，此之谓德也。

① 《旧唐书》卷一百九十二《列传第一百四十二·隐逸·吴筠》，第16册，第5129页。

然则通而生之之谓道，道固无名焉。畜而成之之谓德，德固无称焉。尝试论之，天地人物，灵仙鬼神，非道无以生，非德无以成。生者不知其始，成者不见其终，探奥索隐，莫窥其宗，入有之末，出无之先，莫究其朕，谓之自然。自然者，道德之常，天地之纲也。①

吴筠认为，人的“性命”由道赋予。人的“情”生于“性”，若“情”能返还于“性”，则命“气”自化，返还于“本元之道”。具体地讲，吴筠认为“生我者道，禀我者神”，若能无为，则“情反于道”而“气自化”，人就可以“返我之宗，复与道同”。《宗玄先生玄纲论·性情章第五》云：

夫生我者道，禀我者神，而寿夭去留，匪由于己，何也？以性动为情，情反于道，故为化机所运，不能自持也。将超迹于存亡之域，栖心于自得之乡，道可以为师，神可以为友，何为其然乎？夫道与神，无为而气自化，无虑而物自成，入于品汇之中，出乎生死之表。故君子黜嗜欲，隳聪明，视无色，听无声，恬澹纯粹，体和神清，虚夷忘身，乃合至精。此所谓返我之宗，复与道同。与道同，则造化莫能移，鬼神莫能知，而况于人乎。②

在具体的修炼方法上，吴筠主要用魏晋以来的符箓派道教，特别是上清派的修炼方法，并批评服气、导引、药饵等事。《宗玄先生玄纲论·学则有序章第十一》云：

道虽无方，学则有序。故始于“正一”，次于“洞神”，栖于“灵宝”，息于“洞真”。皆以至静为宗，精思为用，斋戒为务，慈惠为先。故非至静则神不凝，非精思则感不彻，非斋戒则真不应，非慈惠则功不成。神凝感彻、真应功成者，是谓陟初仙之阶矣。然后吐纳以炼藏，导引以和体，怡神以宝章，润骨以琼醴，皆承奉师诀，研味真奥，则气液通畅，形神合同，不必金丹玉芝，可俟云骈羽盖矣。若独以嘘吸为妙，屈伸为要，药饵为事，杂术为利者，可谓知养形不知宝神矣。不知宝神者，假使寿同龟鹤，终无冀于神仙矣。③

吴筠认为，最好的方法是以虚静合道。《宗玄先生玄纲论·虚明合元章第十三》云：

① 《宗玄先生玄纲论·道德章第一》，载《道藏》第23册，第674页中。
② 《宗玄先生玄纲论·性情章第五》，载《道藏》第23册，第675页中。
③ 《宗玄先生玄纲论·学则有序章第十一》，载《道藏》第23册，第677页上中。

道不欲有心，有心则真气不集。又不欲苦忘心，苦忘心则客邪来舍。在于平和恬澹，澄静精微，虚明合元，有感必应。应而勿取，真伪斯分。故我心不倾，则物无不正。动念有属，则物无不邪。邪正之来，在我而已。虽所尚虚漠遗形能虑，非精感遐彻，则不能通玄致真。故上学之士，息于存念者，阴尸之气胜也。忻于勤锐者，阳和之神胜也。一息一勤者，其战未决也。决之者在于克节励操，务违懈慢之意，使精专无辍于斯，须久于其事者，则尸销而神王。神王者，谓之阳胜。阳胜者，道其邻乎。①

在《宗玄先生文集·形神可固论》中，吴筠依“道”立论，分为《守道》《服炁》《养形》《守神》等四部分来说明内修之道。在《守道》中，吴筠认为“道”是天地万物的本元，“人能守之，天地如掌”②。在《服炁》中，吴筠贬斥魏晋时期的服炁方法，强调只有胎息才能服食元炁，并认为炁就是神③。在《养形》中，他认为人与天地同分道炁，炁即是神，“形之与神，常思养之”④。《守神》中讲：“夫人生成，分一炁而为身，禀一国之象，有炁存之，有神居之，然后安焉。”⑤ 所以，人要守神才能长生。

总体上来讲，吴筠是用春秋时期的老庄道家思想来构建丹道理论，其具体方法仍是以上清派的服炁、存神、胎息为主，反对单一强调服食金丹的思想。吴筠认为，内修之法的精华是“胎息”。吴筠的这些思想、理论、观点，在外丹繁荣的中唐时期，是非常可贵的，为引导外丹向内丹转化提供了思想、理论和方法的支持。

（四）小结

中唐时期的丹道革新是一个众多人物参与的创新活动，但是，载于《道藏》而又征于信史者，仅有张果、司马承祯和吴筠三人而已。中唐时的丹道革新，从形式上讲，是由主炼外丹转向主修内丹；从内容上讲，是继承先秦道家学说、援引外丹理论，整合魏晋时期的存神、胎息等内修方法，构建和创新内丹理论；从方法上讲，由鼎炉药物的外炼，转向以身心为鼎炉、以神气为药物、以心意来锻炼的内修，认为神气抱一、性命归元即是还丹；从目标上讲，放弃外丹追求肉身不死的梦想，转向体证老庄“归根复命”之道，提倡体道全真、合道长

---

① 《宗玄先生玄纲论·虚明合元章第十三》，载《道藏》第23册，第677页中下。
② 《宗玄先生文集》卷中《守道》，载《道藏》第23册，第663页中。
③ 《宗玄先生文集》卷中《服炁》，载《道藏》第23册，第664页上。
④ 《宗玄先生文集》卷中《养形》，载《道藏》第23册，第664页中。
⑤ 《宗玄先生文集》卷中《守神》，载《道藏》第23册，第664页中。

生。由于内丹的目的是为了体证大道，故而称为丹道。

三、丹道革新的主要理论来源

丹道革新理论大概有两个来源，一是唐代以前本有的丹道理论，二是外丹理论。

（一） 丹道革新继承的传统理论

先秦时期，《道德经》中有“致虚守静”“魂魄抱一”“专气致柔”等法，《庄子》中有“心斋”“坐忘”等法。战国时期，神仙方士有《行炁玉佩铭》，记载行炁之法。两汉时期，有“悬象还神”“存守三一”等法，魏晋南北朝时期有“存神注思”“服气胎息”等法。为方便阐述，隋唐之前的内修方法可归为四类，即魂魄抱一、胎息归元、心斋坐忘、内视存神。本段按此分类进行阐述。

1. 魂魄抱一

“魂魄抱一”出于《道德经》，是保持内在精神统一、达到归根复命的重要方法。炼丹术没落后，丹道家以外丹理论重构“魂魄抱一”，并将其引入内丹领域，成为丹道革新的理论来源之一。

老子云：“载营魄抱一，能无离乎？”《文子·自然》说：

> 天气为魂，地气为魄，反之玄妙，各处其宅，守之勿失，上通太一，太一之精，通合于天。

河上公认为魂魄抱一能够炼养太和精气，是得道延年的重要方法。《老子河上公章句》说：

> 载营魄【营魄，魂魄也。人载魂魄之上得以生，当爱养之。喜怒亡魂，卒惊伤魄。魂在肝，魄在肺。美酒甘肴，腐人肝肺。故魂静志道不乱，魄安得寿延年也。】抱一，能无离乎。【言人能抱一，使不离于身，则长存。一者，道始所生，太和之精气也。】①

《淮南子》对“魂魄抱一”说有所发展，魂魄安处、精神内守就可以达到生死为一而无变。《淮南子·精神训》说：

> 魂魄处其宅，而精神守其根，死生无变于己，故曰至神。②

---

① 《老子道德经河上公章句》卷一《能为第十》，第 34 页。
② 《淮南子校释》卷七《精神训》，第 1 册，第 755 页。

《周易参同契》，把魂魄引入炼丹术，以铅中之白金（白虎）喻魄，以砂中之水银（青龙）喻魂，以魂魄抱一、阴阳相制，比喻结为大丹。《周易参同契》云：

> 偃月法炉鼎，白虎为熬枢；汞日为流珠，青龙与之俱。举东以合西，魂魄自相拘。上弦兑数八，下弦艮亦八，两弦合其精，乾坤体乃成。二八应一斤，易道正不倾。①

葛洪认为外丹能够拘魂制魄，使人永生。《抱朴子·论仙》云：

> 人无贤愚，皆知己身之有魂魄，魂魄分去则人病，尽去则人死。②

《抱朴子》记有“太乙招魂魄丹”③“召魂小丹”④等外丹丹法，认为其“拘魂制魄，骨填体轻，故能策风云以腾虚，并混舆而永生也”⑤。

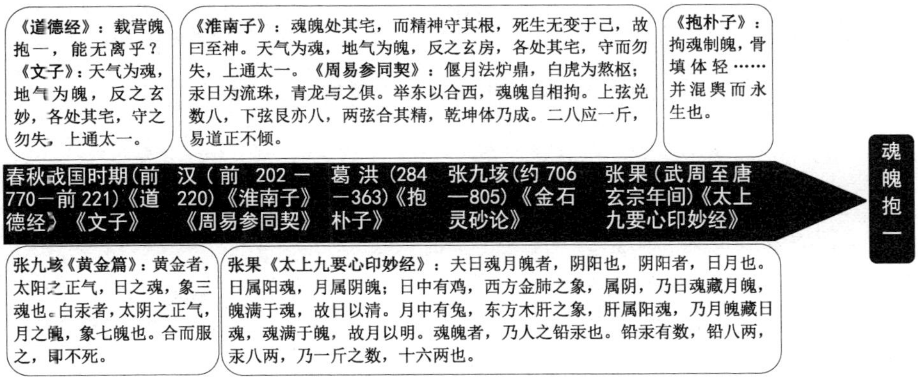

图 4-1 “魂魄抱一”的理论发展过程

唐代的炼丹家援引《周易参同契》的观点，认为铅汞相制犹如魂魄抱一，能够延寿致仙。炼丹家用“性”（姹女）、“情”（婴儿）来比喻“魄”（砂中汞）、“魂”（铅中银），认为汞为木、银为金，以“硫黄”五行属土喻为“黄婆”“神意”，使三家相见，结为金丹。这将“魂魄抱一”之说推到了外丹理论顶点。

宋代施肩吾的《钟吕传道集》也借用魂魄之说阐述内丹丹法，但他的观点

① 《周易参同契分章通真义》卷上《火记不虚作章第二十九》，载《道藏》第20册，第140页中。
② 《抱朴子内篇校释》卷二《论仙》，第21页。
③ 《抱朴子内篇校释》卷四《金丹》，第81页。
④ 《抱朴子内篇校释》卷五《至理》，第112页。
⑤ 同上，第111页。

与前人不同，并非魂魄抱一，而是以日魂（阳气）炼月魄（阴质），以达到阴尽阳纯。其中《钟吕传道集·论日月第四》云：

修持之士，若以取法于天地，自可长生而不死。若比日月之躔度，往来交合，止于月受日魂，以阳变阴。阴尽阳纯。月华莹净。消除暗魄，如日之光辉，照耀于上下。当此时，如人之修炼，以气成神，脱质升仙，炼就纯阳之作也。①

纵观丹道历史，最初的老子“魂魄抱一”学说，由炼丹家发展为“铅汞相投”“魂魄相合”说，最终经由中唐丹道家的创新与发展，成为内丹的“神炁抱一”“性命全真”之说，并成为丹道革新的重要成果。

2. 行炁胎息

行炁胎息源于《道德经》，其中有“专气致柔，能婴儿乎”。老子的弟子亢仓子（又名亢桑子、庚桑子）云：“我体合于心，心合于气，气合于神，神合于无。”②

“行炁”一词，最早见于战国时期的《行炁玉佩铭》，其中云：

行炁……顺则生，逆则死。

后来，行炁发展成为“胎息”。

“胎息”之法较早见于《太平经》，“胎息”一词则征于《后汉书》，《后汉书·方术列传》记载：

王真年且百岁，……自云：“周流登五岳名山，悉能行胎息服食之方，嗽舌下泉咽之，不绝房室。”

《仙鉴》记载以胎息著称的人有皇化、王谷神、皮玄耀、黄敬、许迈、时荷、萧灵、李珏、聂师道等九人，其中多是魏晋以前的人。

东晋葛洪认为“行炁”的“大要”是“胎息”。《抱朴子·释滞》讲：

故行炁或可以治百病，或可以入瘟疫，或可以禁蛇虎，或可以止疮血，或可以居水中，或可以行水上，或可以辟饥渴，或可以延年命。其大要者，

① 《钟吕传道集·论日月》，载《道藏》第4册，第661页上。
② 《列子集释》卷四《仲尼》，第118—119页。

胎息而已。得胎息者，能不以鼻口嘘吸，如在胞胎之中，则道成矣。①

《抱朴子·对俗》云："还精胎息，延寿无极。"② 南北朝时期已有《高上玉皇胎息经》，此时胎息之法已经成熟。

中唐时期的张果对"胎息"的理论和方法进行了创新和发展，认为"胎息"可达"真一"之道，并通过魂魄、神气、性命等一系列概念，从理论上把"胎息"与"内丹"等同起来，完成了"胎息"向"内丹"转变的理论过程。"胎息"成为丹道的理论来源之一。唐代以胎息为内丹，是胎息经典产生最多的年代，主要有《胎息精微论》《胎息经注》《幻真先生服内元气诀》《太上养生胎息气经》《胎息抱一歌》《延陵先生集新旧服气经》《真一金丹诀》《尹真人服元气术》《达摩胎息诀》《太清调气经》《服气精义论》等。

由以上内容可知，"胎息"之法在唐朝之前已经成熟，经由张果等人的发挥和理论创新，胎息被引入内丹，成为丹道革新的重要理论组成部分。

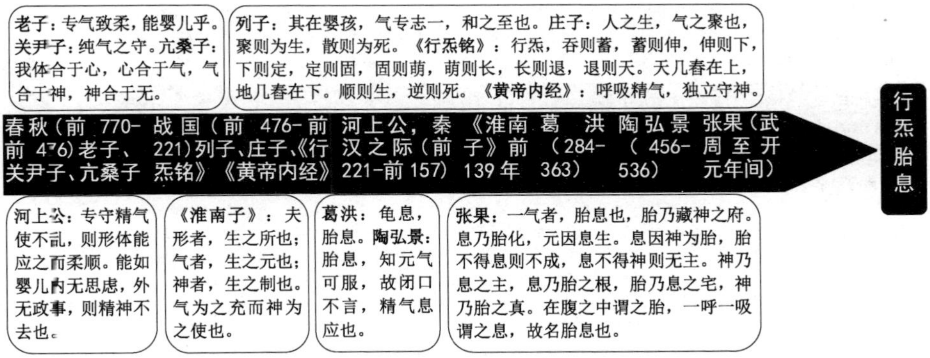

图 4-2 "行炁胎息"的理论发展过程

3. 心斋坐忘

心斋与坐忘都源于《庄子》。这两种方法，都是庄子用来体证大道的途径。《庄子·人间世》云：

回曰："敢问心斋。"仲尼曰："若一志，无听之以耳而听之以心，无听之以心而听之以气。听止于耳，心止于符。气也者，虚而待物者也。唯道集虚。虚者，心斋也。"

---

① 《抱朴子内篇校释》卷八《释滞》，第149页。

② 《抱朴子内篇校释》卷三《对俗》，第47页。

《庄子·大宗师》云：

> 仲尼蹴然曰："何谓坐忘?"颜回曰："堕肢体，黜聪明，离形去知，同于大通，此谓坐忘。"

西汉的《淮南子》把庄子的"坐忘"进一步引申，认为通过"坐忘"可以自见本性。《淮南子·齐俗训》讲：

> 夫性，亦人之斗极也。有以自见也，则不失物之情；无以自见，则动而惑营。譬若陇西之游，愈躁愈沉。孔子谓颜回曰："吾服汝也忘，而汝服于我也亦忘。虽然，汝虽忘乎吾，犹有不忘者存。"孔子知其本也。①

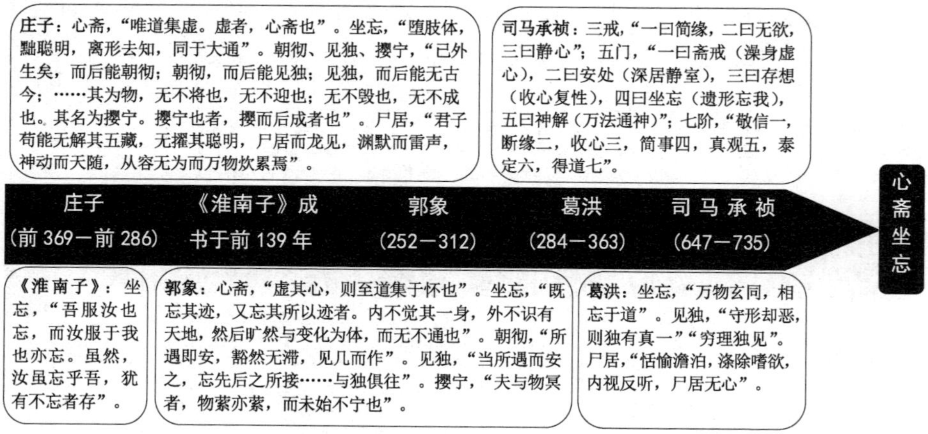

图4-3 "心斋坐忘"的理论发展过程

东晋时期的葛洪在《抱朴子·论仙》中有"学仙之法，欲得恬愉澹泊，涤除嗜欲，内视反听，尸居无心"② 之句，其中的"尸居无心"就是"坐忘"。

唐代司马承祯的《天隐子》《坐忘论》《服气精义论》三篇名著，可谓是唐代继承和发扬老庄丹道的不朽之作。司马承祯在《天隐子》中进一步发挥和完善"坐忘"，他综合儒家的《易》学、道家的《老》《庄》、佛家的"定慧"，把"神仙长生"之道分为五门：

> 一曰斋戒，二曰安处，三曰存想，四曰坐忘，五曰神解。……是故习此

---

① 《淮南子校释》卷十一《齐俗训》，第2册，第1158页。

② 《抱朴子内篇校释》卷二《论仙》，第7页。

五渐之门者，了一则渐次至二，了二则渐次至三，了三则渐次至四，了四则渐次至五，神仙成矣。①

其中，“坐忘”就是“彼我两忘，了无所照”，司马承祯解释说：

因存想而得也，因存想而忘也。行道而不见其行，非坐之义乎？有见而不行其见，非忘之义乎？何谓不行？曰心不动故。何谓不见？曰形都泯。故天隐子瞑而不视。或者悟道，乃退曰：道果在我矣。我果何人哉？天隐子果何人哉？于是彼我两忘，了无所照。②

《天隐子》的《神解》一章，既是对前面四门的总结，又是对修道结果的解释。司马承祯说：

一斋戒，谓之信解【士无信心，即不能解】。二安处，谓之闲解【言无闲心，即不能解】。三存想，谓之慧解【言无慧心，即不能解】。四坐忘，谓之定解【言无定心，即不能解】。信、定、闲、慧四门通神，谓之神解。故神之为义，不行而至，不疾而速，阴阳变通，天地长久，兼三才而言谓之易【《系辞》曰：易穷则变，变则通，通则久】。齐万物而言，谓之道德【老子《道经》《德经》是也】。本一性而言，谓之真如。天隐子生乎易中，死乎易中；动因万物，静因万物；邪由一性，真由一性。是以生死、动静、邪真，吾皆以神而解之。在人谓之仙矣，在天曰天仙，在地曰地仙。故神仙之道，五归一门，谓五渐终同归于仙矣。③

司马承祯还著有《坐忘论》。《天隐子》与《坐忘论》是司马承祯对丹道革新的重要贡献，他在继承传统、创新丹道、接引后学中显示了圆融的智慧。司马承祯参同老庄、易学、佛学，把庄子的心斋与坐忘发挥到极致，著成次第分明、理法圆融的丹经。他的著作，既是丹经中的极品，更是丹道中佛道儒三家参同的典范之作。

4. 内视存神

内视存神之法，源于《道德经》《黄帝内经》《太平经》等。《道德经》云：“深根固蒂，长生久视之道。”④《素问·上古天真论》云：“精神内守，病安从来。”

---

① 《天隐子·渐门》，载《道藏》第21册，第699页中下。
② 《天隐子·坐忘》，载《道藏》第21册，第700页中。
③ 《天隐子·神解》，载《道藏》第21册，第700页中下。
④ 《老子道德经校释》，第156页。

西汉末期出现的《太平经》，记载有“守一明法”。其法，向内存视光明如火珠，渐渐神气凝住，光明通达。原文为：

> 守一明之法，长寿之根也。万神可祖，出光明之门。守一精明之时，若火始生时，急守之勿失。始正赤，终正白，久久正青。洞明绝远复远，还以治一，内无不明也。百病除去，守之无懈，可谓万岁之术也。守一明之法，明有日出之光，日中之明，此第一善得天之寿也。①

《太平经》还有“悬象还神法”，此法认为人体内有四季之神，悬挂神明画像，向内存视这些神明，可使人魂神安宁。“悬象还神法”原文为：

> 夫神生于内，春，青童子十。夏，赤童子十。秋，白童子十。冬，黑童子十。四季，黄童子十二。此男子藏神也，女神亦如此数。男思男，女思女，皆以一尺为法。画使好，令人爱之。不能乐禁，即魂神速还。②

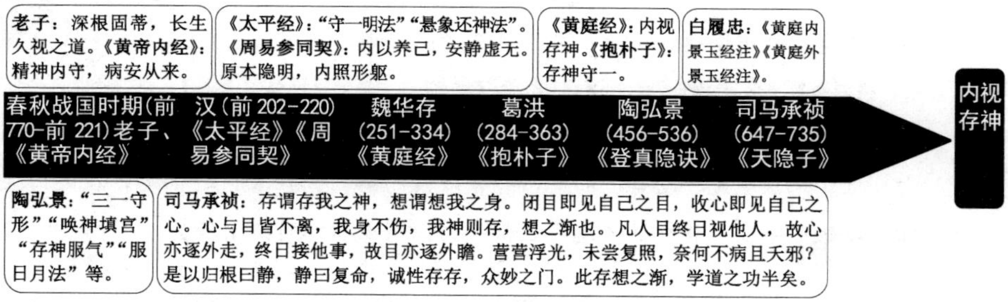

图 4-4 “内视存神”理论发展过程

东汉末期的《周易参同契》也有“内以养己，安静虚无。原本隐明，内照形躯”③ 之句。

内视存神之法成熟于晋朝，其代表作为《黄庭内景经》。《黄庭内景经》中的主要丹法即“存思”“观窍”等。“存思”即是“存神”，就是观想一定的景象，并把景象安住在身体某一部位。白履忠注“神盖童子生紫烟”云：

> 观照存思，假目为事。下文云眉号华盖覆明珠。华盖即神盖，谓眉也。

① 《太平经合校》卷 18—34，第 16 页。
② 同上，第 22 页。
③ 《周易参同契分章通真义》卷上《辰极受正章第二十》，载《道藏》第 20 册，第 137 页中下。

明珠，目童子也。紫烟，目精妙之气。①

“观窍”即是“内视”，就是通过一定的方法，把意念系于身体的某一部位。《黄庭内景经》讲的就是通过“存神”把“道气”显化的“光象”安布于身体内的某些部位，即“内视存神”。

南朝梁陶弘景本是上清派大师，他继承了魏夫人《黄庭经》内视存神之法，提出“三一守形”“唤神填宫”“存神服气”“服日月法”等法。唐代的白履忠是内视存神之法的倡导者，他和他的门人分别著有《黄庭内景玉经注》和《黄庭外景玉经注》，把《黄庭经》的内视存神之法讲解得十分清晰。

唐代的上清派大师司马承祯也是内视存神之法的大成者，他把内视存神之法发挥到了极致，认为通过内视存神可以达到归根复命、体证大道的境界。司马承祯的《天隐子》中有《存想》一篇，原文为：

存谓存我之神，想谓想我之身。闭目即见自己之目，收心即见自己之心。心与目皆不离，我身不伤，我神则存，想之渐也。凡人目终日视他人，故心亦逐外走，终日接他事，故目亦逐外瞻。营营浮光，未尝复照，奈何不病且夭邪？是以归根曰静，静曰复命，诚性存存，众妙之门。此存想之渐，学道之功半矣。②

经由丹道家的不懈努力和创新发展，唐代以后，内视存神逐渐发展成保养圣胎、移神换鼎、生化阳神的重要方法，成为丹道革新的核心成果之一。

（二）丹道革新继承的外丹理法

丹道革新中，丹道家主要继承和融汇了阴阳得类、水火既济、三家相见、五行攒簇等外丹理法。

1. 阴阳得类

《周易参同契》中“阴阳得类”的内容集中在《胡粉投火章》中，其原文为：

欲作伏食仙，宜以同类者，植禾当以谷，覆鸡用其卵。以类补自然，物成易陶冶。鱼目岂为珠？蓬蒿不成槚。类同者相从，事乖不成宝。燕雀不生

① 《黄庭内景玉经注·上清章第一》，载《道藏》第4册，第845页上。
② 《天隐子·存想》，载《道藏》第21册，第700页上。

凤，狐兔不乳马。水流不炎上，火动不润下。①

所谓“同类”，即是按阴阳和五行分类，属性相同的称为“同类”。如丹道所讲的“水”，卦象为“坎（☵）”，天一生水，坎中之实本从乾体而来，阴阳分类中属“阳”，五行分类中属“土”。“火”，卦象为“离（☲）”，地二生火，离中之虚从坤位上来，阴阳分类中属“阴”，五行分类中属“土”。由此可知，水中真阳本属阳土，火中真阴本属阴土，既属同类、又分阴阳，正是“阴阳得类方交感”。

丹道家借用《周易参同契》的思想，把人的心火、肾水喻为离、坎，离中阴、坎中阳，源于乾、坤之体，为乾、坤之用，属于“同类阴阳”，故可以交感而成还丹。坎离交感，才能使人的性命还归乾坤本体，也就是归根复命、与道合真。

2. 水火既济

既济本是《易》中一卦，因卦象为内离外坎，故称水火既济。《周易参同契》中《推演五行数章》讲：

日月相薄蚀，常在朔望间。水盛坎侵阳，火衰离昼昏。阴阳相饮食，交感道自然。名者以定情，字者以性言。金来归性初，乃得称还丹。②

其中所讲的“日月相薄蚀”“阴阳相饮食，交感道自然”，就是指水火既济、同类交感。

丹道家进一步发挥，认为性情悦和，寂然不动，就是水火相济的境界。丹道家借用《周易参同契》的话，以汞喻情识，称为“太阳流珠”，称真气为“金华”，义指铅中之金。“太阳流珠”是离中一阴，念念迁流，时时妄动，“恒欲去人”。“金华”是坎中一阳。用此一阳制彼一阴，就能够锁心猿、栓意马。《周易参同契》讲：

太阳流珠，常欲去人。卒得金华，转而相因，化为白液，凝而至坚。

3. 三家相见

“三家相见”与“水火既济”有一定的交叉。水火既济是从阴阳相制的角度来讲，三家相见则从五行生克的角度来讲。

---

① 《周易参同契分章通真义》卷上《胡粉投火章第三十三》，载《道藏》第20册，第141页中。
② 《周易参同契分章通真义》卷上《推演五行数章第三十九》，载《道藏》第20册，第143页上。

《周易参同契》认为，金能生水，水性不定，火能生土，土能止水，三家相见，表示结丹。《金化为水章》讲：

> 金化为水，水性周章，火化为土，水不得行。①

这就是讲水、火、土三家相见的道理。又《金化为水章》中讲“子午合三”“三五和谐”“三性合会”，都是在详细阐述三家相见的内容。原文为：

> 子午数合三，戊己号称五。三五既和谐，八石正纲纪。呼吸相含育，伫思为夫妇。黄土金之父，流珠水之子。水以土为鬼，土镇水不起。朱雀为火精，执平调胜负。水盛火消灭，俱死归厚土。三性即合会，本性共祖宗。②

丹道家则援引《周易参同契》的思想，认为水火包含戊己之土，戊己同类交感、性情相合，即为三家相见。

4. 五行攒簇

五行攒簇是指四象会于中宫，中者，土之性也。《周易参同契》中《丹砂木精章》讲：

> 丹砂木精，得金乃并，金水合处，木火为侣。四者混沌，列为龙虎，龙阳数奇，虎阴数偶。肝青为父，肺白为母，肾黑为子，离赤为女，脾黄为祖，子午为始。三物一家，都归戊己。③

金水属阴，因为同类，故能“合处”；木火为阳，因为同类，故能“为侣”；“三物一家，都归戊己”，戊土为阳，己土为阴，金水、木火各随其类共归戊己中宫，阴阳交感，结为丹胎。这就是五行攒簇。

丹道家一方面援引《周易参同契》的观点，另一方面也借鉴医学的思想，认为肝藏魂，肺藏魄，心主神，肾主精，脾主意，通过意的撮合，使人的魂魄精神和合全真，这也称为五行攒簇。

以上是简单总结丹道从炼丹术继承而来的主要理论，其内在、细致的内容很多，在此难以一一详述。

---

① 《周易参同契分章通真义》卷中《金化为水章第七十五》，载《道藏》第20册，第152页中下。
② 《周易参同契分章通真义》卷上《子午数合三章第三十一》，载《道藏》第20册，第140页下。
③ 《周易参同契分章通真义》卷中《丹砂木精章第七十六》，载《道藏》第20册，第152页中。

（三） 小结

从古到今，丹道家所追求的“道”的本质并没有变化，但是，追求和体认“道”的理论和技术却在不断发展和完善，对“道”体认的深度和广度也在不断发展。因此，人们所能讲述出来的“道”也就有一定差别。以此而论，丹道总是在继承前人学说的基础上，结合时代特征而不断创新、发展，形成新的理论和技法。

唐朝中期的丹道革新，一方面继承和发展了唐代以前已经存在的丹道理法，另一方面也吸收和借鉴了外丹的理论和术语。从继承和创新的角度看，唐代中期的丹道家主要继承了“魂魄抱一”“行炁胎息”“心斋坐忘”“内视存神”等方法，并在此基础上，提出“神气合一”“返还性情”等理论，推动了中唐时期的丹道革新。从吸收和借鉴的角度看，中唐时期的丹道家主要吸收了“阴阳得类”“水火既济”“三家相见”“五行攒簇”等外丹理法，并加以引申，为构建内丹理法所用。

除了以上的内容外，唐代丹道还吸收了儒家的性命学说、佛家的止观学说和心性学说，加以发挥，崇尚性命双修、止观双运，并把道家“无生而长生”与佛家“无生而生生”的哲理逐渐融合起来。

综上可知，丹道理论并非凭空而来，而是由人们长期实践、抽象、创新、发展而来的。某种丹道学说可能是一定历史阶段的集大成者，但没有任何一种丹道学说是顶级的终结者。我们更不可能回归到古人那里，认为修炼丹道就能成为不死长生的神仙。丹道的效果，需要适当科学手段，客观验证。只有和现代科学结合起来研究和发展，丹道才能对人的身心健康发挥更加积极的作用。

四、丹道革新的主要成果

隋唐以前的主要丹道理法是魂魄抱一、行炁胎息、心斋坐忘、内视存神等，中唐的丹道革新对此进行重构和创新，主要成果是在胎息、坐忘、丹鼎等方面的引申和发展。丹道革新的成果对两宋金元时期丹道的发展产生了决定性的影响。

（一） 胎息

隋唐五代时期，胎息已从繁琐的“行炁”或“服气”中独立出来，成为简便而成熟的丹法。这一时期产生了众多与胎息相关的经典，现录入《道藏》的主要有《南统大君内丹九章经》（吴筠）、《形神可固论》（吴筠）、《太上洞玄灵宝三一五气真经》、《太清中黄真经》、《太清元道真经》、《太上老君元道真经注解》（隐芝内秀注）、《真气还元铭》（强名子）、《老子说五厨经注》（尹愔）、《胎息精微论》、《神气养形论》、《服气精义论》（司马承祯）、《修真精义杂论》（司马承祯）、《显道经》、《高上玉皇胎息经》、《胎息经注》（幻真先生）、《幼真先生服内元炁诀》（康仲熊）、《嵩山太无先生气经》（李奉时）、《长生胎元神用经》（朗肇注）、《先生集新旧服气经》（延陵先生）、《太清调气经》、《太清风露经》、《太清导引养生经》、《太上老君养生诀》、《太上养生胎息气经》、《胎息抱一歌》、《气法要妙至诀》、《上清司命茅真君修行指迷诀》、《神仙食炁金匮妙录》（京里先生）、《太玄宝典》、《玄珠心镜注》（王损之）、《枕中记》（孙思邈）、《摄生纂录》（王仲丘）、《四气摄生图》、《养生咏玄集》、《保生要录》（蒲虔贯）等，共35部。

中唐时期的张果，把胎息的理论创新推上高潮。他在《太上九要心印妙经》中阐明关于胎息的几个理论要点：

第一，真一。真一在形而上的层面表示“道体”，在形而下的层面表示“神气”“性命”，认为“神气”“性命”通过胎息可返于“道体”。① 详见《太上九要心印妙经·真一秘要》。

第二，橐籥。橐籥描述了人的“心”“肾”与“神”“气”乃至“性”“命”的关系，为胎息进化为内丹丹法奠定了理论基础。② 详见《太上九要心印妙经·橐籥秘要》。

第三，引入丹鼎炉火、易理卦象、五行藏象、天文规律等理论，创造性地把胎息融入到丹鼎派内丹理论中。张果在《太上九要心印妙经·三五一枢要》中，提出“三五一”理论，把“三阳”“五行”“一气”联系起来，运用鼎器、炉火、卦爻、行炁、丹田、气脉、内气、外气等概念阐明胎息中包含的丹道思想、理论、方法。③ 在《太上九要心印妙经·日魂月魄真要》中，张果运用外丹的铅汞、易学的坎离、天象的日月类比人的神气和魂魄，论述胎息与外丹结丹的原理是一样的，所以把胎息称为“内丹”。④ 在《太上九要心印妙经·八卦朝元统要》中，张果运用易理卦象，对应阴阳五行，构建理论体系，论证胎息与道的关系。⑤

第四，论证胎息即是“金丹”。张果提出“一气”即是“无形”之火，可用

---

① 《太上九要心印妙经·真一秘要》，载《道藏》第4册，第311页中。
② 《太上九要心印妙经·橐籥秘要》，载《道藏》第4册，第311页上中。
③ 《太上九要心印妙经·三五一枢要》，载《道藏》第4册，第311页下。
④ 《太上九要心印妙经·日魂月魄真要》，载《道藏》第4册，第312页中下。
⑤ 《太上九要心印妙经·八卦朝元统要》，载《道藏》第4册，第313页上。

于丹田炼丹。《太上九要心印妙经·日用五行的要》云：

> 性命相固，共成一气。一气者，火也，其火无形，发之有焰，此火只可炼丹。①

《日用五行的要》又云：

> 五行者，心主神，肝主魂，脾主意，肾主志，肺主魄，五行聚而化为丹也。聚之诀曰：专于一神，志于一意，守于魂魄，会于丹田。②

在《七返还丹简要》中，张果提出“七返还丹”的概念，认为返七窍之声色香味于内，神气抱一即是还丹③。在《九还一气总要》中，张果进一步论证“神气”与“胎息”的关系，提出了“子母相守”“神气相符”即是“金丹”的理论④。

张果对胎息理论的革新超越了幻真先生对《胎息经》的解释，把胎息与内丹真正融通起来。张果的上述理论，是中唐丹道革新的重要成果。

（二） 坐忘

坐忘本出于《庄子》。到了唐代，先后有王晖、通玄先生、司马承祯等多人，发挥老庄义理，援引佛门心性、止观之学，形成了一套次第可依、理法圆融的坐忘理论，并形成大量经典。《道藏》关于坐忘的经典主要有《南统大君内丹九章经》（吴筠）、《玄珠论》（王晖）、《道体论》（通玄先生）、《坐忘论》（司马承祯）、《天隐子》（司马承祯）、《形神可固论》（吴筠）、《宗玄先生玄纲论》（吴筠）、《三论元旨》、《大道论》（周固朴）、《老子说五厨经注》（尹愔）、《神气养形论》、《玄珠心镜注》（王损之）等共 12 部。其中特别是司马承祯的《坐忘论》，义理简明，次第清晰，理法圆融，易于实践，可谓把庄子的坐忘发挥到了极处，是一部迈古超今的丹道著作，是唐朝中期对丹道理论有重大贡献的著作之一。

庄子的坐忘，实际上即是道家的止观。司马承祯的《坐忘论》就是把庄子的坐忘演绎成一门次第分明的止观方法。《坐忘论》分为七门：敬信、断缘、收心、简事、真观、泰定、得道。前面章节已经阐述，此处不赘。

---

① 《太上九要心印妙经·日用五行的要》，载《道藏》第 4 册，第 312 页下。
② 同上。
③ 《太上九要心印妙经·七返还丹简要》，载《道藏》第 4 册，第 312 页下。
④ 《太上九要心印妙经·九还一气总要》，载《道藏》第 4 册，第 313 页中。

司马承祯关于坐忘的理论对后世的丹道产生了重要影响。一是他能够融通道家与佛家的典籍和理论来共同说明丹道，但又不失道家的立场，开启了后世丹道融通三教、倡导心性的先河。二是他的理论逻辑严密、次第分明，惯于采用简单的道理和易行的方法来指导和完成对道的体证。他不提倡旁引易理卦象、阴阳五行、河洛术数等来构建玄之又玄的丹道理论，充分体现了道家“大道至简”的朴素风貌。司马承祯的这一作风，既源于深厚的学问功底，也源于他圆融通达的道家修养。他对丹道的理论贡献更是空前绝后。

（三） 丹鼎

丹鼎是丹鼎派的简称。道教产生之初，把崇尚符箓的称为符箓派，把主张炼丹的称为丹鼎派。到了中唐时期，外丹逐渐没落，一些丹道家援引外丹理论与术语，创新和构建内丹理法，因此而形成的内丹流派也被称为丹鼎派。对于内丹来说，“丹鼎”是一种丹道理法的构建与表述模式。

内丹的丹鼎派虽然起于中唐，但其理法源于《周易参同契》。《周易参同契》的理法构建和表述模式是融通“大易”“黄老”“炉火”，中唐的丹道革新者继承了这一模式，其突出特征是援引易理卦象、阴阳五行、河洛术数、鼎炉药物等来类比和阐明内丹理法。这一时期产生了大量内丹丹鼎派经典，现收录在《道藏》中的主要有《太上九要心印妙经》（张果）、《玄珠歌》（张果）、《太清元极至妙神珠玉颗经》、《太上长文大洞灵宝幽玄上品妙经》、《太上长文大洞灵宝幽玄上品妙经发挥》、《混元八景真经》、《大还丹金虎白龙论》（还阳子）、《大还丹照鉴》、《紫元君授道传心法》、《巨胜歌》（柳冲用）、《破迷正道歌》（钟离权）、《太上洞真凝神修行经诀》（钟离权）、《秘传正阳真人灵宝毕法》（钟离权撰，吕洞宾传）、《阴真君还丹歌注》（陈抟）、《陈先生内丹诀》（陈朴）、《金液大丹诗》、《固气还神九转琼丹论》、《内丹赋》、《证道歌》、《擒玄赋》、《龙虎手鉴图》、《形神可固论》（吴筠）、《宗玄先生纲论》（吴筠）、《纯阳真人混成集》（吕嵒）、《太玄宝典》、《养生咏玄集》、《敲爻歌》（吕嵒）、《入药镜》（崔希范）等，共 28 部，这些都是唐代丹道家们对丹鼎派丹道理论的重要贡献。

中唐时期的张果，是内外丹兼通的丹道家，他在《太上九要心印妙经》中引入丹鼎炉火、易理卦象、阴阳五行、人体藏象、天文历法等来构建自己的丹道理论。张果在《太上九要心印妙经·三五一枢要》中，提出“火候”理论。《三五一枢要》云：

> 以精为民火，以气为臣火，以心为君火。……三火既定，并会丹田，聚

烧金鼎，返炼五行，运于一气，绵绵一昼一夜，一万三千五百息，按周天三百八十四爻，气血行八百一十丈，脉行五十度，此乃周天，方为火候。①

在《太上九要心印妙经·日魂月魄真要》中，张果运用外丹的铅汞、易学的卦象、天象的日月来类比人的神气和魂魄，以阐述内丹原理。《日魂月魄真要》云：

日属阳魂，月属阴魄。……魂魄者，乃人之铅汞也。铅汞有数，铅八两，汞八两，乃一斤之数，十六两也。……魂魄者，人之神气也。神者好静，气者好动，动静常在坎离之间。②

在《太上九要心印妙经·八卦朝元统要》中，张果运用易理卦象对应阴阳五行，构建理论体系，论证内丹与道的关系。《八卦朝元统要》云：

夫八卦者，以心肾为坎离。坎离为阴阳，阳即魂也，阴即魄也。魂者，以应东方甲乙木，谓之青龙。魄者，以应西方庚辛金，谓之白虎。因坎离生龙虎，乃成四象，内分八卦。八卦者，东方甲乙木。甲主乾，乙主坤，木生丙丁。丙主艮，丁主兑，艮兑合序，为一气者，火也。火生戊已，戊已无形，分于四季，内生庚辛。庚主震，辛主巽，合而为一者，金也。金生壬癸，壬主离，癸主坎。坎离者，阴阳也。阴阳者，内外也。内气为阳，外气为阴。阴阳升降，动静自然，非神所作，乃天地冲和之气，常在坎离之间，绵绵昼夜，息息无穷。此乃八卦还元归根之道也。"③

在《太上九要心印妙经·日用五行的要》中，张果引用五行藏象理论，阐述五行相聚化为内丹。《日用五行的要》云：

神伏气在，气在神，神在形，三物皆在，复归真一，万事毕矣！又五行者，心主神，肝主魂，脾主意，肾主志，肺主魄，五行聚而化为丹也。聚之诀日：专于一神，志于一意，守于魂魄，会于丹田。魂魄者，人之神气也，气乃命也，神乃性也，一性固命，一命固性，性命相固，共成一气。一气者，火也，其火无形，发之有焰，此火只可炼丹，不可别用，若能内守真火，聚而不散者，真抱元守一之道也。④

---

① 《太上九要心印妙经·三五一枢要》，载《道藏》第4册，第311页下。
② 《太上九要心印妙经·日魂月魄真要》，载《道藏》第4册，第312页中下。
③ 《太上九要心印妙经·八卦朝元统要》，载《道藏》第4册，第313页上。
④ 《太上九要心印妙经·日用五行的要》，载《道藏》第4册，第312页下。

另有晚唐时期的《太清元极至妙神珠玉颗经》，文辞优美、理法圆融，是丹鼎派的代表经典。将其原文列出一部分，以供读者参考。其卷首为：

> 太阳流珠，主人之阳也；太阴玄珠，主人之阴也。阴阳符合，冲和应用，然后白金施，红雪配，精血住，真胎结，始孕男女。夫男子者，应天之尊炁，女子者，应地之卑炁。儿女符合而生，阴阳俯仰而降。始为一炁而化，五行而用；方得三田并位，五气开图；顺四时而长四肢，定八方而随八卦；阴阳府藏，皆象天地；岂不因气候而生？岂不因造化而立？至于人之修养，亦依天地同徒。欲炼大药金丹，不离阴阳造化；须凭周天应用，甲子运移，爻象减加，火符进退。阳生复内，阴发遘中。定否泰于寅申，进乾坤于巳亥，火加水减，阴卷阳舒，运九还合金木之爻，转七返在水火之象。真炁一十六两，布在三百八十四爻之中。大药火候一斤，分于周易六十四卦之内。须得君臣定位，夫妇同和，主客尊卑，皆随火候，尺寸与铢两，皆同升斗，与爻辞不异。列天地五十五数，皆在炉中；分昼夜一百刻中，尽在鼎内。水中白虎，感月魄而成形；火内青龙，含日光而应象。炼药须分四序，进火全在八门。三光气会，煎熬百道红浆，十二楼前，锻炼一池白雪。转八琼于脊膂之道，运一气上泥丸之宫。玄珠落处，池中开一朵紫金莲；圣石飞来，鼎内长万道白玉笋。①

丹鼎派善于发挥老庄义理，以药物喻精神，借丹鼎指身心，用卦爻与天象类比阴阳消长和火候进退，来阐述内丹与道的关系，论证丹道可使人归根复命、合道全真。这一理论构建和表述方法，是中唐丹道革新的重要理论贡献，对后世丹道理论产生了决定性影响。

五、结语

唐高祖李渊以老子为始祖，唐高宗李治、唐玄宗李隆基都宗奉其说，给老子频上封号，并将道教定为国教，老子的著作也得到了充分的重视。上元元年（674）十二月，唐高宗还诏令王公百僚诵习《道德经》；开元二十一年（733）正月，唐玄宗诏科举加试《道德经》策。唐朝对《道德经》的重视，促进了道家学说的普及，为外丹向内丹的转变奠定了道家文化基础。另外，唐朝经济、文化非常繁荣，儒家、佛家与道家文化之间的交流也为丹道的发展带来了新的思潮。

① 《太清元极至妙神珠玉颗经》，载《道藏》第18册，第654页上中。

神仙长生是道教最具特色和吸引力的亮点，但频发的外丹致死案例，不断挑战和动摇道教的这一信仰，唐代的道士不得不寻找新的途径来维持道教的神仙长生学说。唐代以前，道家文化本有的“深根固蒂”“长生久视”“魂魄抱一”“专气致柔”“归根复命”“坐忘心斋”等理论与方法，《太平经》《黄庭经》《上清经》等又有的“存神内视”“抱元守一”“服气胎息”之法，受到了重视。为了维持道教的信仰，突破外丹造成的困境，丹道家重构和革新以前的内炼丹法，形成新了的丹道理法，这就是发生在中唐时期的丹道革新。

在丹道革新过程中，丹道家在继承和发展原有丹法的同时，受《周易参同契》的启发，吸收外丹理论与术语来构建内丹理论，这一内丹流派也被称为丹鼎派。丹鼎派的核心理论也同炼丹术一样，一方面用书面方式以非常抽象的哲学理论和思辨方法来记述丹道理法，另一方面用口诀的形式把关键的诀窍通过师徒口传保留下来，这使丹道的理论与实践逐渐割裂。在其外围的人无法领会其中有益的内容，而步入其中的人常常终老也无法得到口诀。因此，丹鼎派在唐代及其以后很长一段时间都无法有效传播和发展，总是局限在极少数人的手中。

也有人认为只有以铅汞、坎离、龙虎、鼎炉等术语为特征的丹鼎派内养体系才能称为丹道，这种观点值得商榷。丹鼎派的理论主要是借用外丹术语与理论来构建内丹理法，特别是采用铅汞、坎离等来比喻人的神气。如果丹道家在这之前没有感受过神气的变化规律和还丹过程，那么他们就无法用铅汞来说明内丹理论。既然他们是借用外丹术语与理论来类比和说明内丹理论，那么在采用铅汞、坎离等外丹术语和理论构建内丹理法之前，这些人应该已经体会到了神气变化规律和还丹过程。由此可知，在此之前，丹道已经存在了。丹道的内容非常丰富，丹鼎派丹道仅是唐代中期丹道革新之中，因借用外丹术语与理论而构建起来的一套内丹理法体系而已。

第三节　司马承祯、吕洞宾、陈抟及其丹道传承流派

中唐以来，丹道的传承逐渐形成较为清晰的流派，其中较早的是上清派。上清派传至陶弘景时，声教大显。北魏昙鸾，是佛教净土宗大师，因注解经典

过劳而伤气，特请梁武帝帮助，南行向陶弘景求道，北归后著《调气论》①。唐代的潘师正、司马承祯师徒，继承了上清派传统，学养兼优，品德高尚，形成了以《坐忘论》《天隐子》为代表作的丹道流派。晚唐五代，钟离权、吕洞宾、刘海蟾等人创立了钟吕派。钟吕派继承了中唐丹道革新的成果，并在此基础上创新发展，为宋元时期丹道的繁荣奠定了基础。五代至北宋初期，陈抟开创了华山派。陈抟主修胎息，精通易理，师学钟吕，把老子“复归于无极”“归根复命”等思想与易学融合创新，形成了以《无极图》为代表作的华山派丹法。华山派产生之初就与钟吕派渊源甚深，后世二宗丹法逐渐合流，成为两宋以后丹法的正宗。

本节内容重点介绍上清派、钟吕派、华山派等丹法传承流派。

一、上清派

上清派开宗以来就崇尚内修，不事外丹，以《黄庭经》《上清经》为主的“内视存神”等法是上清派丹法的核心。到了隋唐时期，上清派的代表人物，如潘师正、司马承祯等，创新性地发展老庄道学，形成了不同于南北朝时期其他丹法的上清派丹法。

（一）代表人物

隋唐时期，对上清派有突出贡献的代表人物为王远知、潘师正、司马承祯等。王远知崇尚内修，精通玄学，善于术数。潘师正精修存神内视之法，融会佛教思想，培养了一批优秀弟子。司马承祯是上清派的改革家，他淡化了神仙信仰，简化了存想之法，从道家原典出发，援引佛教定慧之学，重构上清派的内修方法，形成了隋唐时期上清派新的丹道理法。

1. 王远知

王远知（528—635），字德广，祖籍琅玡临沂（今山东省临沂市），后迁徙至扬州（今江苏南京江宁区），是上清派茅山宗第十代宗师。王远知是山东士族，生于官宦世家，祖父王景贤任南朝梁江州刺史；父亲王昙选，任南陈扬州刺史；母亲为南梁驾部郎中丁超之女。王远知自幼聪敏，博综群书，学识渊博。

王远知精通玄学，崇尚内修，著有《易总》。据《唐国师升真先生王法主真人立观碑》记载，王远知师从国师宗道先生臧矜，臧矜为玄学大师。王远知还

① 《续高僧传》卷六《魏西河石壁谷玄中寺释昙鸾传》，载《大正新修大藏经》第50册，第470页上中下。

善于预测，广受推崇。后王远知钦敬陶弘景的修养与成就，遂入茅山，精研陶弘景留下的上清派道法，成为上清派道士。

由于王远知才学卓越、道风清高，受到朝野的普遍尊重。王远知历经南陈、隋、初唐，先后受到陈宣帝、隋炀帝、唐太宗的召见，隋炀帝与唐太宗均执弟子之礼。贞观九年（635），王远知去世；调露二年（680），唐高宗追赠王远知太中大夫，谥曰升真先生。嗣圣元年（684），唐中宗又追赠金紫光禄大夫，改谥升玄先生。唐玄宗时又于太平观造影堂，纪念王远知。其弟子众多，以潘师正、徐道邈最为著名。

2. 潘师正

潘师正（586—684），字子真，赵州赞皇（今河北赞皇县）人，上清派茅山宗第十一代宗师。潘师正生于官宦之家，自幼母亲口授《道德经》，精通儒家六经。潘师正为人纯孝，十三岁丧母，晕厥良久。葬母后，守孝墓侧，孝名闻于远近。隋大业（605—618）中，入茅山师从王远知，王远知“尽以道门隐诀及符箓授之”①。王远知去世后，潘师正又入嵩山师从刘爱道，从此隐居于嵩山逍遥谷，避世修炼，“积二十余年，但服松叶饮水而已”②。

潘师正继承茅山宗传统，崇尚内修，受当时佛家禅修风气的影响，昼夜长坐绳床。他还兼通道家和佛教理论，以“道性”融通“佛性”学说，构建道家内修理论。潘师正还劝说唐高宗淡远玄术，留心政治。《茅山志》记载，上元三年（676），唐高宗请作符书，潘师正辞以不解，高宗甚为叹异。由于潘师正学识渊博，不尚怪诞之说，为人平和低调，备受唐高宗和武则天的尊崇。调露元年（679），高宗再次亲临嵩岳访问潘师正，并以皇帝的车驾迎送潘师正。后又于逍遥谷敕建崇唐观、精思院以供养潘师正，并时有召对。《茅山志》记载：

> 上元三年，高宗幸东都，礼嵩岳，召见先生，请作符书，辞不解。又问山中所须，答曰：茂松清泉，臣之所须，此中不乏。帝异之。调露初，再祀嵩，帝乃幸逍遥谷，见薜荔绳床将朽败，余无火粒之具，唯两瓢贮青飿饭③耳，因即其地敕建崇唐观。明年春，又以步辇致先生于洛城西宫，仍敕

① 《旧唐书》卷一百九十二《列传第一百四十二・隐逸・潘师正》，第16册，第5126页。

② 同上。

③ 飿，读音［xùn］。青飿饭，又名青精饭、乌饭、乌精饭、乌米饭，是道家服食常用食品。其法以南烛草汁浸米，蒸熟后晒干，米粒紧致如珠，容易储存和携带。食用时，以适量青精饭用少许滚水略煮即可。（宋）林洪《山家清供》具载制法。

改嵩阳观为奉天宫。每手韶，具弟子姓名咨白，自是乘舆屡陟山阿。①

永淳元年（684），潘师正羽化于嵩山，诏赠太中大夫，谥体玄先生。潘师正弟子众多，以韦法昭、司马承祯、郭嵩真等最为著名。

3. 司马承祯

司马承祯（647—735），字子微，唐代河内温（今河南温县）人，上清派茅山宗第十二代宗师，是上清派著名的丹道家。司马承祯出身于官宦世家，为后周琅琊公司马裔玄孙。

司马承祯自幼好学，后入嵩山师事潘师正，得授上清经箓。司马承祯先后隐居天台山、王屋山潜心修炼。景云二年（711），唐睿宗召入宫廷问以阴阳术数之事，司马承祯对曰："为道日损，损之又损，以至于无为。夫心目所知见，每损之尚不能已，况攻异端而增智虑哉！"睿宗又问："治身则尔，治国若何？"司马承祯回答说："国犹身也。故游心于淡，合气于漠，与物自然而无容私焉，则天下治。"② 开元九年（721），唐玄宗召司马承祯入京授箓，厚加赏赐。开元十五年（727），唐玄宗诏赐司马承祯居于王屋山③。开元二十三年（735），司马承祯羽化于王屋山。

司马承祯不尚外丹与方外怪诞之说，在内修上简化了程序复杂、充满神仙色彩的存神内视之法，回归老庄道家的原始丹道，并用《老》《庄》为基础理论来重构上清派道法，形成了著名的丹道著作《坐忘论》和《天隐子》。

（二） 唐代上清派丹法特点

1. 回归老庄原典

隋唐时期，上清派大师以精通老庄原典而著称。王远知精通三玄，潘师正自幼诵习《老子》，司马承祯则老庄并举。在内修上，他们推崇老庄。司马承祯讲：

观夫修炼形气，养和心虚，归根契于伯阳，遗照齐于庄叟。长生久视，无出是书。④

---

① 《茅山志》卷十一《上志品》，载《道藏》第5册，第601页上。

② 《旧唐书》卷一百九十二《列传第一百四十二·隐逸·司马承祯》，第16册，第5127—5128页。

③ 王屋山为道教传说的"小有洞天"，位居十大洞天之首，清虚真人王褒居此，是上清派发祥之地。

④ 《天隐子序》，载《道藏》第21册，第699页上。

“归根”就是“归根复命”，“伯阳”是指老子。“遗照”就是“心斋坐忘”，“庄叟”是指庄子。司马承祯认为，丹法的原则都超不出老子、庄子著作的内容，这是他崇尚老庄原典的重要原因。

但司马承祯并不是简单地回归老庄原典，而是在不失《道德经》和《庄子》元旨的前提下，根据时代特征，撷取老庄原典重构和阐明丹道理法。司马承祯的《坐忘论》就是本于《庄子·大宗师》的“堕支体，黜聪明，离形去智，同于大通，是谓坐忘”。但经他重新诠释，敷演发挥，就形成了一套系统完整、朴素高超的内丹修法。

在《坐忘论》的每个章节中，司马承祯都能信手拈取《道德经》和《庄子》的经典原句，作为自己丹道理论的来源和论据。在《敬信》中，引用《道德经》“信不足焉，有不信”，并用“深根固蒂”来说明“敬信”对于修“长生久视之道”的重要意义。在《断缘》中，引用《道德经》“塞其兑，闭其门，终身不勤”来解释“断缘”与修道的关系，并引用《庄子》的“不将不迎，无为交俗之情”“无为谋府，无为事任，无为知主”作为“断缘”的具体方法和心态。在《收心》中，用“夫物芸芸，各归其根，归根曰静，静曰复命，复命曰常，知常曰明”来解释“收心”与“归根”的关系。在《真观》中用“常无欲，以观其妙”来解释“真观”的深义。在《泰定》中，引述庄子的“宇泰定”，并解释为“宇则心也，天光则发慧也。心为道之器宇，虚静至极则，道居而慧生，慧出本性，非适今有，故曰天光”。在《得道》中，引用老子的“同于道者，道亦（乐）得之”来解释“得道”的含义。

采用老庄原典来构建丹道理论，是隋唐时期上清派丹道创新的突出特点。

2. 简化丹道技法

司马承祯放弃了繁琐的存想之法，采用“损之又损”的“坐忘”之法，这种革新，可谓直追丹道根本。

依据《黄庭经》《上清经》的传统，上清派丹法要求从头上守寸开始依次存想九宫之神，然后依次存视脏腑之神，并在上中下三元二十四部中不断往复。按照潘师正对唐高宗讲授的方法，还要观想中宫之神，给上宫和下宫之神喂养饮食。上清派传统的内修方法过于复杂和繁琐。

方法过于复杂和繁琐，会使人重视“术”而忽视“道”，这与丹道提倡的“归根复命”是相悖的，司马承祯的丹法改革正是基于此。在《坐忘论》和《天隐子》中，司马承祯反复强调以证道为目的，简化技法，回归“道”源。他的《坐忘论》，从老庄原始著作中汲取精华，以老子的“为道日损，损之又损，以至于无为”为原理，发展和完善庄子的“坐忘”，将其分为七个次第，循序渐进，简单易行，是简化丹道技法的优秀成果。

3. 融通止观学说

在南北朝时期，原本以《易经》《道德经》《庄子》为主的“旧三玄”逐渐被以《易经》、“老庄”、“般若”为主的“新三玄”取代，这一变化过程持续到隋唐时期。上清派的大师们都精通“玄学”，善于援佛入道、以易释道，融通三家来说明丹道理论。司马承祯在《天隐子》中解释“神解”说：

> 信、定、闲、慧四门通神，谓之神解。故神之为义，不行而至，不疾而速，阴阳变通，天地长久，兼三才而言谓之易【《系辞》曰：易穷则变，变则通，通则久】。齐万物而言，谓之道德【老子《道经》《德经》是也】。本一性而言，谓之真如。①

其中的“易”“道德”“真如”，是司马承祯运用“新三玄”的体现，这种融合是司马承祯著作的特色。

司马承祯的丹法，深受佛家定慧的启发，充满了止观义味。止观，是佛家修持的纲要。佛教天台宗智者大师讲：

> 若夫泥洹之法，入乃多途，论其急要，不出止观二法。所以然者，止乃伏结之初门，观是断惑之正要。②

隋唐时期，佛教天台宗非常繁荣。上清派大师司马承祯早年就在天台山修行，在一定程度上接受了佛教止观学说，正因此，他以老庄理论为主，融合止观次第，著作了《坐忘论》《天隐子》。在《坐忘论》中，到处可见“止观”“定慧”等字眼与理论。在《收心》中，司马承祯讲：“夫心者，一身之主，百神之帅，静则生慧，动则成昏。”③ 在《泰定》中讲：“定而不动，慧而不用，为无道过，故得深证真常。”④ 在《坐忘枢翼》中，还用定慧勘破幻境。原文为：

> 善巧方便，唯能入定，发慧迟速，则不由人。勿于定中急急求慧，求慧则伤定，伤定则无慧。定不求慧，而慧自生，此真慧也。慧而不用，实智若愚，益资定慧，双美无极。若定中念想，则有多感，众邪百魅，随心

---

① 真如，是佛教的重要术语。

② 《修习止观坐禅法要》，载《大正新修大藏经》第46册，第462页中。

③ 《坐忘论·收心三》，载《道藏》第22册，第892页下—893页上。

④ 《坐忘论·泰定六》，载《道藏》第22册，第896页上。

应现，真人老君，神异诡怪，是其祥也。唯定心之，豁然无覆，定心之下，旷然无基，旧业永消，新业不造，无所缠碍，迥脱尘网，行而久之，自然得道。①

《坐忘论》除了援引止观的义理外，还广征佛门典故。在《真观》中，有“欲渡于海，事资船舫，渡海若讫，理自不留”② 之句，源于《金刚经》。《金刚经》讲：“知我说法，如筏喻者。法尚应舍，何况非法。”③ 在《信解》中，有“怀宝求宝”，这则典故出于《妙法莲华经》。《妙法莲华经・五百弟子受记品》云：

世尊，譬如有人至亲友家，醉酒而卧。是时亲友官事当行，以无价宝珠、系其衣里，与之而去。其人醉卧，都不觉知。起已、游行，到于他国。为衣食故，勤力求索，甚大艰难，若少有所得，便以为足。于后，亲友会遇见之，而作是言：“咄哉！丈夫！何为衣食乃至如是？我昔欲令汝得安乐，五欲自恣，于某年月日，以无价宝珠，系汝衣里，今故现在。而汝不知，勤苦忧恼，以求自活，甚为痴也。汝今可以此宝，贸易所需，常可如意，无所乏短。”④

安史之乱后，随着唐王朝的衰落，上清派丹法逐渐隐而不显，原有的符箓和《黄庭经》《上清经》等经典则继续流传下去。

二、钟吕派

钟吕派是晚唐五代时期形成的丹法传承流派。钟吕派继承了中唐时期以张果为代表的丹道革新成果，并将之发展和完善为一套次第完整、理法兼备的内丹修法。钟吕派善于把复杂丹法简化为口诀，便于传播，五代以后的丹法基本上都与钟吕派有渊源关系。

（一）代表人物

晚唐五代时期，钟吕派的开创和代表人物主要有钟离权、吕洞宾、刘海蟾等。准确地讲，这一时期钟吕派代表人物的身份都只是隐士，而非道士。

① 《坐忘论・坐忘枢翼》，载《道藏》第 22 册，第 897 页下。
② 《坐忘论・真观五》，载《道藏》第 22 册，第 894 页下。
③ 《金刚般若波罗蜜经》，载《大正新修大藏经》第 8 册，第 749 页中。
④ 《妙法莲华经》卷四《八百弟子授记品第八》，载《大正新修大藏经》第 9 册，第 29 页中上。

1. 钟离权

"坐卧常携酒一壶，不教双眼识皇都。乾坤许大无名姓，疏散人中一丈夫。"① 这首诗是钟吕派丹道创始人——钟离权的《题长安酒肆壁三绝句》之一。诗句中透露出钟离权身世的扑朔迷离。

(1) 钟离权生平

钟离权，复姓钟离，权为其名，后改名觉，字寂道，号和谷子，一号正阳子，又号云房先生，京兆咸阳（今陕西咸阳）人②，是晚唐五代内丹丹法的奠基人，后人尊其为正阳真人。

钟离权的生卒年代一直是个迷，存在很大争议。据金元时期全真道士秦志安的《金莲正宗记》(1241)、赵道一的《仙鉴》(1294)、刘志玄的《金莲正宗像传》(1327) 记载，钟离权经历了"东汉末—魏—晋—隋—唐—五代—北宋"，这种说法颇具仙传色彩。金元以后的典籍，多记载钟离权为东汉末期人，其身份为将军或谏议大夫。《金莲正宗记》云：

> 仕至左谏议大夫，因表李坚边事不当，谪为南康知军。汉灭之后，复仕于晋。及武帝时，与偏将周处同领兵事，屡出征讨，已而失利，逃于乱山，不知所往。……至唐文宗开成年间，因游庐山，遇吕公洞宾，授以天遁剑法，自称天下都散汉。③

《仙鉴·钟离权》云：

> 【仕汉至谏议大夫。因表李坚边事，谪官江南。汉祚既终，历魏仕晋。】及壮，仕晋为大将。④

《仙鉴·钟离简》还记载：

> 钟离简，后汉人。为郎中，与弟权俱入华山三峰得道。⑤

《金莲正宗仙源像传》云：

> （钟离权）仕汉为将军，兵失利，遁入终南山，遇东华帝君授以至

① 《全唐诗》卷八百六十《题长安酒肆壁三绝句》，第 12 册，第 9787 页。

② 《万世真仙体道通鉴》卷三十二《钟离权》，载《道藏》第 5 册，第 276 页中。

③ 《金莲正宗记》卷一《正阳钟离真人》，载《道藏》第 3 册，第 345 页上。

④ 《万世真仙体道通鉴》卷三十二《钟离权》，载《道藏》第 5 册，第 276 页中。

⑤ 《万世真仙体道通鉴》卷二十《钟离简》，载《道藏》第 5 册，第 218 页下。

道。……咸阳周曲湾正阳宫，即其故居也。①

作为丹道家的钟离权，出现在唐末五代时期。唐武宗会昌年间（841—846），吕洞宾在长安酒肆遇到钟离权，得授《灵宝毕法》②。钟离权在《灵宝毕法序》中说：

大道圣言，不敢私入一己用，传洞宾足下，道成勿秘，当诒③后来之士。④

《宋朝事实类苑》（1145）记载钟离权为五代人。《宋朝事实类苑》第三十五卷云：

邢州开元寺一僧院壁，有五代时隐士钟离权草书诗二绝，笔势遒逸，诗句亦佳。……后刘从广知邢州，访此寺，遂命刊勒此诗于石。⑤

两宋交替之际计有功的《唐诗纪事》（1224）记载钟离权为晚唐人。《唐诗纪事·钟离权》云：

邢州开元寺有唐钟离权处士二诗，其一云："得道高僧不易逢，几时归去愿相从。自言住处连沧海，别是蓬莱第一峰。"其二云："莫厌追欢笑语频，寻思离乱好伤神。闲来屈指从头数，得见清平有几人？"⑥

《宋史》还记载，转运小吏王老志遇钟离先生并得授丹药。此事在北宋晚期，因钟离权不事炼丹，此"钟离先生"有待细考。《宋史·方技传》云：

王老志……遇异人于丐中，自言："吾所谓钟离先生也。"予之丹。⑦

根据以上资料，参考以往生平可考的丹道家，推测即使钟离权修道长寿，他生活的年代，也不可能跨越东汉至北宋晚期这么长的时间。又，钟离权题邢州开元寺的诗中，充满对五代十国战乱和流离的无奈。由此可以大致推断，钟

① 《金莲正宗仙源像传·正阳子》，载《道藏》第3册，第370页中。
② 《历世真仙体道通鉴》卷四十五《吕嵒》，载《道藏》第5册，第358页上。
③ 诒，读音［yí］，此处为"传授"之义。
④ 《秘传正阳真人灵宝毕法·序》，载《道藏》第28册，第349页下—350页上。
⑤ 《宋朝事实类苑》卷三十五《钟离权》，第1册，第448页。
⑥ 《唐诗纪事》卷七十《钟离权》，第2册，第1046页。
⑦ 《宋史》卷四百六十二《列传第二百二十一·方技下·王老志》，第39册，第13527页。

离权为晚唐时期出生的人，直到北宋初期才羽化。

(2) 钟离权的丹法来源

钟离权的丹法来源，与身世一样，难以确考。在《灵宝毕法序》中，钟离权自叙：

> 仆志慕前贤，心怀大道。不意运起刀兵，时危世乱。始以逃生，寄迹江湖岩谷，退而识性留心，惟存清净希夷。历看丹经，累参道友，止言养命之小端，不说真仙之大道。因于终南山石壁间，获收《灵宝经》三十卷，上部《金诰书》，元始所著；中部《玉书录》，元皇所述；下部《真源义》，太上所传。共数千字。①

这段序言说明，钟离权为了学习丹道，曾经“累参道友”，最终于终南山石壁间获《灵宝经》三十卷。这段话充满神话色彩，但也不难发现，《灵宝毕法》是钟离权在多年参学和修道的基础上，根据经验和见闻撰写的。

根据钟吕派后世传人的说法，钟离权丹法的来源和三个人有关，一是“碧眼胡僧”，二是“上仙王玄甫”，三是“华阳真人”。

在丹道中，“碧眼胡僧”，既可指佛门高僧，也可指坎中真阳②。如果指佛门高僧，则说明钟离权曾经受到高僧的接引和教授。《仙鉴·钟离权》云：

> 乃遇一胡僧，鬅③头拂额，体挂草结之衣。引行数里，到一村庄，曰：“此东华先生成道之所，将军可以歇泊。”揖别而退。【一云遇一僧人，遂问，而无语，以手遥指东南庙宇。门前见二衣青道者，遂问：“此何方也？”答曰：“此紫府少阳帝君所居也。”】真人未敢惊动庄中，良久忽闻人语云：“此碧眼胡僧，饶舌相挠。”④

碧眼胡僧接引之事，在钟离权开元寺的题诗中可以得证，诗中讲：“得道高僧不易逢，几时归去愿相从。”后来的道教典籍中，可能出于门派之见，道士们在引用时将其改为“得道真仙不易逢”。对于丹道家来说，“高僧”“真仙”都是指得道高士，具体称呼则无所谓。

“上仙王玄甫”，本是道教中掌管仙籍的东华帝君（上清派称为青童君），是先天神仙，不假修炼，全真道出现后，赋予其姓氏。《金莲正宗仙源像传》云：

---

① 《秘传正阳真人灵宝毕法·序》，载《道藏》第 28 册，第 349 页下。

② 《太上九要心印妙经·九还一气总要》云：“水中有气，名曰神气，又曰碧眼胡僧，号曰真人。”《道藏》第 4 册，第 313 页中。

③ 鬅，读音［péng］，形容头发松散。鬅头即蓬头。

④ 《历世真仙体道通鉴》卷三十二《钟离权》，载《道藏》第 5 册，第 276 页中下。

帝君姓王，不知其名，世代地理皆莫详。得太上之道，隐昆嵛山，号东华帝君。复居五台山紫府洞天，或称紫府少阳君。后示现于终南山凝阳洞，以道授钟离子。又按《仙传拾遗》云："帝君盖青阳之元气，万神之先也，居太晨之宫，紫云为盖，青云为城，仙僚万亿，校录仙籍，以禀命于老君。"所谓王姓者，乃尊高贵上之称，非其氏族也。斯言盖得之欤。①

据《金莲正宗仙源像传》《金莲正宗记》《仙鉴》等记载，钟离权兵败失利，遁入终南山，遇东华帝君，得授丹诀。《金莲正宗仙源像传·正阳子》云：

仕汉为将军，兵失利，遁入终南山，遇东华帝君授以至道。②

"华阳真人"，也是道教中的神仙。钟吕派丹道南宗祖师白玉蟾认为，钟离权的丹法源于华阳真人李亚（李真多）。白玉蟾在《题张紫阳薛紫贤真人像》中讲：

昔李亚以金汞刀圭火符之诀，传之钟离权。③

又，白玉蟾跋《施华阳文集》云：

李真多以太乙刀圭火符之诀，传之钟离权，钟离权传之吕洞宾。④

元代《仙鉴·钟离权》综合了南北二宗的说法，其中说：

首遇上仙王玄甫，得长生诀。再遇华阳真人，传太乙刀圭，火符内丹，洞晓玄玄之道。⑤

虽然钟吕派后世弟子列出了钟离权的师承，但无论怎么讲，钟离权本人没有留下任何师承的资料，东华帝君和华阳真人都是后世弟子为了叙述源流而追认的。所以，钟离权丹法的师承正像他的身世一样是个谜。

2. 吕洞宾

"昔年曾遇火龙君，一剑相传伴此身。天地山河从结沫，星辰日月任停轮。

① 《金莲正宗仙源像传·东华帝君》，载《道藏》第3册，第370页上。
② 《金莲正宗仙源像传·正阳子》，载《道藏》第3册，第370页中。
③ 《白玉蟾全集》，第34页。
④ 《历世真仙体道通鉴》卷四十五《施肩吾》，载《道藏》第5册，第359页中。
⑤ 《历世真仙体道通鉴》卷三十一《钟离权》，载《道藏》第5册，第276页下。

须知本性绵多劫，空向人间历万春。昨夜钟离传一语，六天宫殿欲成尘。”① 这是《全唐诗》中收录吕洞宾的一首诗，记述了他师从钟离权和火龙真人学习丹法的际遇。

(1) 吕洞宾生平

吕洞宾，名嵒，字洞宾，号纯阳子，是晚唐五代著名的丹道家。清代闵一得在《金盖心灯》中，称老子为“丹道之祖”、吕洞宾为“丹道之宗”，可见吕洞宾在丹道传承中的崇高地位。

吕洞宾与钟离权一样，生卒年代不详，大约生于晚唐，羽化于北宋初年。世传吕洞宾生于唐德宗贞元十二年（796）或贞元十四年（798），都未必可靠。《金莲正宗仙源像传》云：

> 师姓吕名嵒，字洞宾，号纯阳子，蒲州蒲坂县永乐镇招贤里人也，生于唐德宗贞元丙子四月十四日。②

《仙鉴·吕洞宾》云：

> 贞元十二年丙子四月十四日，生于林檎树下。③

南宋吴曾的《能改斋漫录》转述《吕洞宾传》云：

> 《雅言系述》有《吕洞宾传》云：关右人，咸通初，举进士不第。值黄巢之乱为梗④，携家隐居终南，学老子法云。以此知洞宾乃唐末人。⑤

又，《宋史·陈抟传》记载：

> 关西逸人吕洞宾有剑术，百余岁而童颜，步履轻疾。⑥

综合以上内容，吕洞宾应为晚唐时期的人，按世寿“百余岁”推测，其应经历了五代，到北宋初期羽化。

关于吕洞宾身世的传说很多，北宋以来的典籍多数记载其为吕渭之孙、吕

---

① 《全唐诗》卷八百五十六《得火龙真人剑法》，第 12 册，第 9738 页。
② 《金莲正宗仙源像传·纯阳子》，载《道藏》第 3 册，第 370 页下。
③ 《历世真仙体道通鉴》卷四十五《吕嵒》，载《道藏》第 5 册，第 358 页上。
④ 黄巢之乱波及关中的时间为公元 880—882 年。
⑤ 《能改斋漫录》卷十八《吕洞宾唐末人》，第 2 册，第 503 页。
⑥ 《宋史》卷四百五十七《列传第二百一十六·隐逸上·陈抟》，第 38 册，第 13421—13422 页。

让之子。北宋范致明的《岳阳风土记》记载：

> 岳阳楼上有吕先生留题云：朝游北越暮苍梧，袖里青蛇胆气粗。三入岳阳人不识，朗吟飞过洞庭湖。今不见当时墨迹，但有刻石耳。先生名岩，字洞宾，河中府人，唐礼部尚书渭之孙。渭四子，温、恭、俭、让，让终海州刺史，先生海州出也。会昌中，两举进士不第，即有栖隐之志。去游庐山，遇异人授剑术，得长生不死之诀。多游湘潭鄂岳间，或卖纸墨于市，以混俗人，莫之识也。①

《旧唐书》和《新唐书》均载有《吕渭传》，吕渭（735—800）是河中府（今山西永济）人，官至礼部侍郎。吕渭有四子，名温、恭、俭、让，皆有美才。温官至户部员外郎，恭、俭皆官至侍御史，让官至太子右庶子。

20 世纪 30 年代，在今洛阳市孟津区平乐镇翟泉村出土了《吕让墓志铭》②，似乎让吕洞宾的身份更加明朗。此方墓志铭，题为“长男焕撰，第四男炫书”。节其文如下：

> 先府君讳让，字逊叔，其先炎帝之胤也。……公五子，长曰焕，抱病无□，永负慈训，长号向天，泪尽继血；次曰焜，前乡贡进士，克嗣门业，能成家道；次曰煜，曰炫，修文绍进，已获时誉；季曰烜，不幸染劳疾，先公十有二旬而夭。女四人，二人早亡，二人在室。嗣子焜等恭以前训，不假词于人，泣以焕无以报罔极之恩，推为撰述，执笔泣血。③

由此方墓志铭可知，吕让长男为吕焕，没有成家。次子吕焜，为吕让嗣子，继承家业。三子吕煜，四子吕炫。五子吕烜，早夭。墓志铭由吕焜撰写，吕炫书丹，葬礼由嗣子吕焜主持。独未言三子吕煜，吕洞宾应为吕煜，嵒、洞宾是其隐居后的名字。

根据《旧唐书·吕渭传》的记载，“长庆以后，李德裕党盛，吕氏诸子无至达官者”④。也就是说，唐穆宗长庆（821—824）以后，吕氏子孙没有再出仕的人。《吕让墓志铭》中记载，仅有次子吕焜为“乡贡进士”，也未言出仕，其余诸子未有功名。这一说法与北宋范致明的《岳阳风土记》、南宋吴曾的《能改斋

---

① 《岳阳风土记》，第 8—9 页。

② 全称为《唐故中散大夫秘书监致仕上柱国赐紫金鱼袋赠左散骑常侍东平吕府君墓志铭并序》，现存洛阳市博物馆。

③ 《吕让墓志铭》，洛阳市博物馆。

④ 《旧唐书》卷一百三十七《列传第八十七·吕渭》，第 11 册，第 3770 页。

漫录》的记述相符，说明吕洞宾没有中进士。

然而，据《吕让墓志铭》，既然吕让出生于公元792年，吕洞宾为吕让之子，不应生于公元796年或798年。因此，吕洞宾的出生年代，有待细考。

(2) 吕洞宾的丹法来源

吕洞宾的丹法，主要得授于钟离权，其他的师承还有火龙真人、崔希范、苦竹先生等人。

记载吕洞宾师承为钟离权、苦竹先生的主要有《灵宝毕法序》《淮海集》《能改斋漫录》《苕溪渔隐丛话后集》《仙鉴》等。《灵宝毕法序》云：

> 大道圣言，不敢私入一己用，传洞宾足下，道成勿秘，当诒后来之士。

北宋秦观的《淮海集》卷二十五《魏景传》中说：

> （魏景）遇华山元翁，从授炼丹铸剑长生之术。元翁名碧天，其师曰刘海蟾。海蟾之师曰吕洞宾。洞宾之师曰钟离权。自权至景凡五世矣。①

南宋吴曾的《能改斋漫录》转述“吕洞宾自传”云：

> 因游华山，遇钟离，传授金丹大药之方；复遇苦竹真人，方能驱使鬼神；再遇钟离，尽获希夷之妙旨。②

南宋胡仔的《苕溪渔隐丛话后集》引用“吕洞宾自传”云：

> 吾乃京兆人，唐末累举进士不第，因游华山，遇钟离子，传授延命之术，寻遇苦竹真人，传授日月交并之法。再遇钟离，尽获金丹之妙。吾得年五十，道始成。③

记载吕洞宾师承为崔希范的主要有《道枢》《仙鉴》等。南宋曾慥④的《道枢》卷十三《指玄篇》也记载：

> 纯阳子曰：吾得子崔子【名希范】之言，而后知龙阳也，出乎离；虎阴也，

---

① 《淮海集笺注》卷二十五《魏景传》，第2册，第825页。

② 《能改斋漫录》卷十八《吕洞宾传神仙之法》，第2册，第504页。

③ 《苕溪渔隐丛话后集》卷三十八《回仙》，第305页。

④ 慥，读音［zào］。

生乎坎；二者会而为道本焉。①

《道枢》卷三十七《入药镜中篇》亦云：

其后纯阳子【吕洞宾】尝闻之于崔公而叹曰："吾知修行有据，性命无差，道成其中矣。"②

《仙鉴》卷四十五记载：

复于僖宗广明元年③，遇崔公，传入药镜，即知修行性命，不差毫发。④

又《纯阳真人浑成集》有吕洞宾诗云：

因看崔公《入药镜》，令人心地转分明。⑤

记载吕洞宾师学于火龙真人的主要有《仙鉴》，其中卷三十一记载：

后有唐进士吕绍先，屡举不第，乃纵游天下。首于庐山遇火龙真人，传剑法。⑥

综合以上资料可知，吕洞宾的丹法主要源于钟离权、火龙真人、苦竹真人，最终因阅读崔希范的《入药镜》而证知自己的修道心得。其中，火龙真人、苦竹真人，均不知何许人⑦。崔希范，晚唐五代之人，号至一真人，生卒不详。在《修真十书·天元入药镜》有题记："唐庚子岁望日至一真人崔希范述。"⑧

吕洞宾也兼习佛教禅宗。北宋华阳子施肩吾的《西山群仙会真记》记述：

吕先生言，幼习儒业，长好性宗，修天爵而弃人爵，鄙顽空而悟真空。天爵止于人事，真空不离因缘。⑨

---

① 《道枢》卷十三《指玄篇》，载《道藏》第 20 册，第 673 页中。

② 《道枢》卷三十七《入药镜中篇》，载《道藏》第 20 册，第 812 页上。

③ 即公元 880 年。

④ 《历世真仙体道通鉴》卷四十五《吕嵒》，载《道藏》第 5 册，第 358 页中。

⑤ 《全唐诗》卷八百五十七《吕岩二》，第 12 册，第 9747 页。

⑥ 《历世真仙体道通鉴》卷三十二《钟离权》，载《道藏》第 5 册，第 276 页下。

⑦ 《吕祖全书》谓火龙真人是唐末五代人，姓郑名思远，其实不可考。葛洪之师郑隐，字思远，后人号为火龙真人。

⑧ 《修真十书之杂著捷径》卷二十一《天元入药镜》，载《道藏》第 4 册，第 702 页中。

⑨ 《西山群仙会真记》卷一《识道》，载《道藏》第 4 册，第 422 页下。

其中所讲的“天爵”即是仙道，“性宗”就是禅宗。善于吸收禅宗的明心见性之说，正是后来钟吕派南北二宗的突出特点。

3. 刘海蟾

刘海蟾是钟吕派创始人物之一，是钟吕派得以在北宋广泛传播的关键人物。

(1) 刘海蟾生平

刘海蟾，本名操，字昭远，得道后改名玄英，字宗成，号海蟾子，五代时期幽州广阳郡（今北京丰台区宛平）人。十六岁中进士，后官居相位。因钟离权点化而弃官修道。《金莲正宗仙源像传》记载：

> 师姓刘名操，字宗成，号海蟾子，燕山人也。年十六登辽之甲科，仕至上相。嗜性命之学，未究玄蕴，忽有道人来谒，师以宾礼延之，问其姓名，默而不答，惟索鸡卵十，金钱十，以金钱置案上，累叠十卵不坠。师叹曰：“危哉。”道人曰：“公身命俱危，更甚于此。”师复问曰：“如何是不危底?”道人乃敛鸡卵，金钱掷之于地，长笑而去。师于是顿悟，因夜宴，尽碎宝器，明日解相印，易道衣，佯狂歌舞，远游秦川。复遇前次道人授以丹诀，方知是正阳子也。①

《仙鉴》记载：

> 刘玄英字宗成，号海蟾子。初名操，字昭远，后得道改称焉。燕地广陵人也【一云大辽人】。以明经擢第，仕燕主刘守光为相，素喜性命之说，钦崇黄老之教。一日忽有道人来谒，海蟾乃邀坐堂上，待以宾礼。问其氏族名字，俱不对，但自称正阳子。海蟾顺风请益，道人为演清静无为之宗、金液还丹之要。既竟，乃索鸡卵十枚，金钱十文。以一文置之几上，累十卵于钱，若浮图之状。海蟾惊异之，叹曰：危哉。道人曰：人居荣禄之场，履忧患之地，其危有甚于此者。复以尽其钱擘②破为二，掷之，遂辞而去。海蟾因此大悟。是夜命家人设宴，弃掷金玉。翌早解印辞朝，易服从道，有诗云：抛离火宅三千指，屏去门兵十万家。纪当时之实也。③

刘海蟾自此“抛离火宅三千指，屏去门兵十万家”，弃官入道。后又遇吕洞宾，得金丹秘旨，与陈抟、张无梦、种放等为方外道友。

① 《金莲正宗仙源像传·海蟾子》，载《道藏》第3册，第371页中。
② 擘，读音［bāi］，同“掰”。
③ 《历世真仙体道通鉴》卷四十九《刘玄英》，载《道藏》第5册，第383页中下。

刘海蟾的生卒年代不详。在《金莲正宗记》中有刘海蟾的诗歌：

余缘太岁生燕地，忆昔三光分秀气。丱①角圆明霜雪心，十六早登科甲第。纡朱怀紫金章贵，各各绮罗轻挂体。而今位极掌丝纶，倏忽从前春一寐。昨宵家宴至三更，儿女夫人并侍婢，被予佯醉拨杯盘，击碎珊瑚珍玉器。儿女嫌，夫人恶，忘却从前衣食乐。来朝朝退怒犹存，些儿小过无推托。因此事，方省悟，前有轮回谁救度，退官纳印弃荣华，慷慨身心求出路。②

按照古代星象分野的知识，燕地应星为“析木”，应辰为“寅”，所以，刘海蟾的生年地支应该是“寅”。另外，刘海蟾十六岁已中进士，后来为五代燕主刘守光的宰相，刘守光于公元911—913年在位，所以地支为“寅”的年份必然在公元911—913年之前，而且至少向前推过十六年。唐昭宗乾宁元年即公元894年为甲寅年，若刘海蟾生于此时，于公元911年辛未仅有十八岁，这与当时身居相位、“儿女嫌，夫人恶”可能不符。再向前推，唐僖宗中和二年即公元882年为壬寅年，若生此时，于公元911年为三十岁，这个年龄大致相当。因此，如果刘海蟾的诗歌属实，而且在刘守光时当过宰相的话，他应该生于公元882年或者更早的870年。刘海蟾的去世年份很难考证，包括野史笔记在内的资料都是一鳞半爪。而且，在北宋时还有另外两人刘易、刘哲亦自号海蟾，许多记载将其混淆在一起，给考证带来难度。

(2) 刘海蟾丹法来源

刘海蟾的丹法师承约有三人，一是钟离权，二是吕洞宾，三是陈抟。

以钟离权为刘海蟾之师的记载，见于《金莲正宗仙源像传》《金莲正宗记》《仙鉴》等，均说刘海蟾受钟离权点化，得授丹法，隐于终南、太华修炼。

记载吕洞宾为刘海蟾之师的有北宋秦观的《淮海集》、元代赵道一的《仙鉴》。《淮海集·魏景传》记载：

（魏景）遇华山元翁，从授炼丹铸剑长生之术。元翁名碧天，其师曰刘海蟾。海蟾之师曰吕洞宾。洞宾之师曰钟离权。自权至景凡五世矣。

《仙鉴》则记载有两种说法，一云刘海蟾受教于钟离权，一云受教于吕洞宾。《仙鉴·刘玄英》记载：

---

① 丱，读音［guàn］。

② 《金莲正宗记》卷一《刘海蟾真人》，载《道藏》第3册，第347页。

> 刘玄英字宗成，号海蟾子。……一日忽有道人来谒……但自称正阳子。海蟾顺风请益，道人为演清静无为之宗、金液还丹之要。……海蟾因此大悟。……一云为燕丞相，一旦遽悟，弃官学道。后遇吕洞宾，得金丹之秘旨。

若按金代王重阳在《了了歌》中所述的“汉正阳兮为的祖，唐纯阳兮做师父。燕国海蟾兮是叔主，终南重阳兮弟子聚”①，刘海蟾应为钟离权弟子，与吕洞宾的关系是亦师亦友。

记载刘海蟾之师为陈抟的有北宋贾善翔的《高道传》，现已佚失。南宋彭耜的《道德真经集注杂说》引用《高道传》的记载，云刘海蟾与张无梦、种放结为道友，师事陈抟。原文为：

> 张无梦字灵隐，号鸿濛子。……入华山与种放、刘海蟾结方外友，事陈希夷先生，无梦多得微旨。②

《仙鉴》亦载：

> 复结张无梦、种放访陈希夷先生，为方外友。③

但按《三丰全集》中《道派》记载，刘海蟾为陈抟之师。《道派》云：

> 再按文始一派，至麻衣而传希夷；少阳一派，刘海蟾亦以丹法传希夷，两派于斯一汇。④

这则说明，刘海蟾与陈抟在丹道上可能互为师友。

刘海蟾留下的丹道著作为《还金篇》二卷，载于《宋史》，但大部分已佚失。宋人曾慥的《道枢》有《还金篇》的摘录。

（二）钟吕丹法的主要理论

晚唐五代时期，钟吕派丹法的主要典籍有《灵宝毕法》《钟吕传道集》和《还金篇》（已佚失）。另外，还有吕洞宾的诗词著作，但经学者考证，其中多数属于后人委托（按：多数是降授或扶乩所得）之作，本处不作考证。

《灵宝毕法》序言中，钟离权自述将其授予吕洞宾，故又名《钟离授吕公灵

① 《重阳全真集》卷九《了了歌》，载《道藏》第25册，第736页上。
② 《道德真经集注》之《杂说上》，载《道藏》第13册，第255页中。
③ 《历世真仙体道通鉴》卷四十九《刘玄英》，载《道藏》第5册，第383页中下。
④ 《三丰全集》，第23页。

宝毕法》。南宋郑樵的《通志·艺文略》、尤袤《遂初堂书目》对此书均有著录。《钟吕传道集》题为“正阳真人钟离权云房述，纯阳真人喦吕洞宾集，华阳真人施肩吾希圣传”①。南宋目录学家陈振孙的《直斋书录解题》记载《钟吕传道集》为“施肩吾撰”。《钟吕传道集》与《灵宝毕法》拥有同一思想体系，前者是对后者的梳理和解释。《灵宝毕法》《钟吕传道集》奠定了宋元丹道的理论基础，后世丹道家多自称源于“钟吕”。

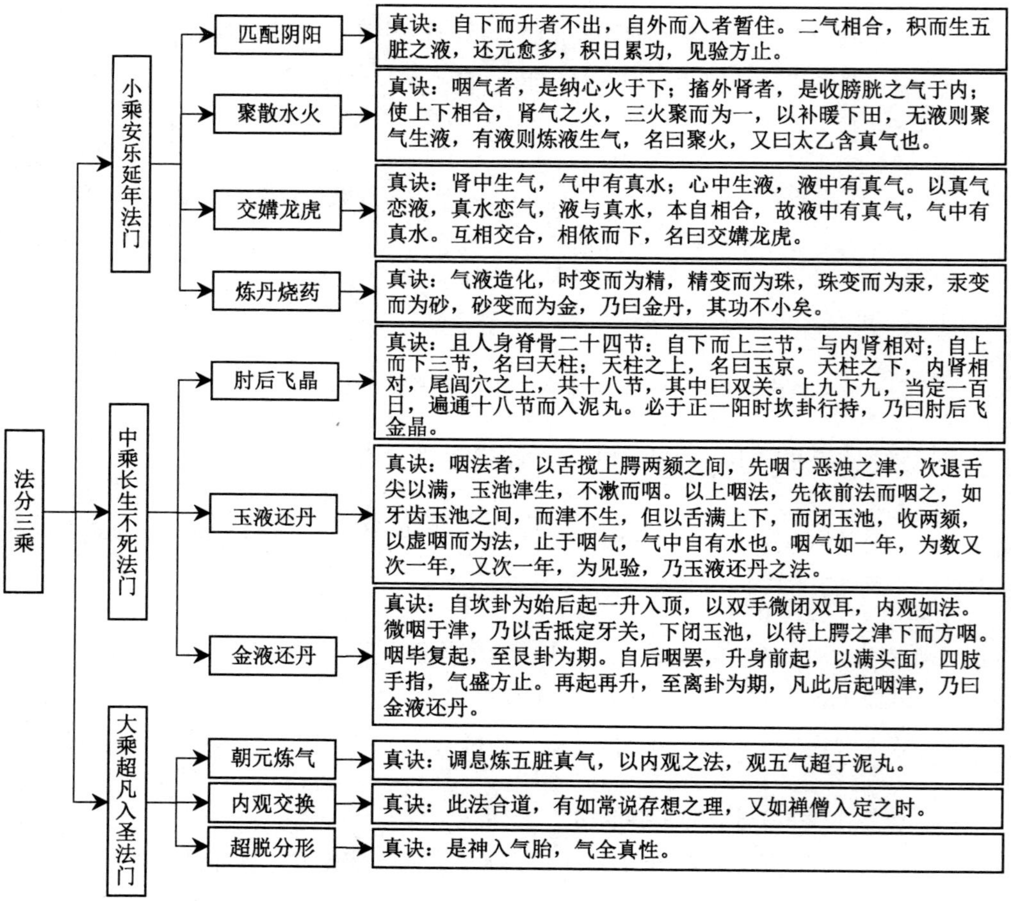

图 4-5　《灵宝毕法》内容结构图

以《灵宝毕法》为例，其全部丹法分为三乘三道、十门。所谓“三乘”，就是法分三乘——“小乘安乐延年法”“中乘长生不死法”“大乘超凡入圣法”。所谓“三道”，就是仙分三道——“人仙”“地仙”“天仙”。所谓“十门”，“小乘”

① 《钟吕传道集》，载《道藏》第 4 册，第 656 页下。

分为“四门”，即“匹配阴阳”“聚散水火”“交媾龙虎”“烧丹炼药”；“中乘”分为“三门”，即“肘后飞晶”“玉液还丹”“金液还丹”；“大乘”分为“三门”，即“朝元炼气”“内观交换”“超脱分形”。每一门下又分为“金诰”“玉书”“真源”“比喻”“真诀”“道要”等不同的内容，其中“金诰”“玉书”“真源”主要讲述丹法的原理，“真诀”主要讲授丹法，“比喻”主要采用天人感应的理论说明人与道的关系，“道要”则说明丹法的要领与效验。

《钟吕传道集》在《灵宝毕法》的基础上，把“仙分三道”发展为“仙分五道”——鬼仙、人仙、地仙、神仙、天仙；把“十门”又细分为“十二科”，即“匹配阴阳”“聚散水火”“交媾龙虎”“烧丹炼药”“肘后飞晶”“玉液还丹”“玉液炼形”“金液还丹”“金液炼形”“朝元炼气”“内观交换”“超脱分形”等十二科。《灵宝毕法》的具体内容结构见图 4-5。

整体上讲，《灵宝毕法》与《钟吕传道集》理论内容非常丰富，继承和综合了行炁胎息、内视存神、丹鼎龙虎等理论和方法，使三者成为一个结构完整、理法兼备、次第分明的丹道理论体系。《灵宝毕法》与《钟吕传道集》最突出的特征是将内丹隐名、术语、诀要表露无遗，既不隐秘也不模糊，不像后世丹经那样隐晦不明，这在丹道著作中实属罕见。

三、华山派

华山派有新老之分。老华山派也称希夷派，为陈抟及其弟子开创。新华山派为北七真之郝大通开创，是北宗支脉。此处所讲的华山派，就是陈抟开创的老华山派。

（一）代表人物

华山派的代表人物主要是陈抟及其嫡传弟子贾德升、种放、张无梦等。

1. 陈抟

“十年踪迹走红尘，回首青山入梦频。紫绶纵荣争及睡，朱门虽富不如贫。愁闻剑戟扶危主，闷听笙歌聒醉人。携取旧书归旧隐，野花啼鸟一般春。”① 这首陈抟的诗，既描述了他所处的时代特征，也记述了他的丹法与成就。

（1）陈抟生平

陈抟，字图南，号扶摇子，亳州真源（今安徽亳州）人。陈抟的出生年代

① 《全宋诗》卷一《归隐》，第 1 册，第 9 页。

不详，羽化于宋太宗端拱二年（989）。《仙鉴》记载他世寿一百一十八岁，由此推知陈抟生于唐德宗咸通十三年（872）。宋代庞觉《希夷先生传》记载陈抟享年近二百岁，依此则生于唐德宗年间（780—804）。

陈抟的学道经历是先儒后道。《宋史·陈抟传》记载，陈抟非常聪慧，少时攻读经史百家，“一见成诵，悉无遗忘”，长大后才华横溢，颇负诗名。后唐长兴年间（930—933），赴考落第，遂游心世外，不慕仕途。曾受孙君仿、鹿皮处士指引，入武当山九室岩隐居，精研易理老庄，并学习丹道，服气辟谷历二十余年，在此完成了由儒入道的转变。后晋天福年间（936—944），陈抟入蜀游历，于邛州天庆观师从何昌一，得授“锁鼻飞精术”，并结识著名丹道家谭峭。后周显德年间（954—960），陈传由武当山迁居华山。《仙鉴》记载，在华山期间，陈抟曾与李琪、吕洞宾、女真毛女、麻衣道者、李八百、钟离权、白鹿先生李阮、谭峭等人常相往来。

陈抟精通丹道，一生著述甚丰。《宋史·陈抟传》记载，除《指玄篇》外，还有《三峰寓言》《高阳集》《钓潭集》，诗六百余首。《宋史·艺文志》记载陈抟撰《易龙图》一卷、《九室指玄篇》一卷、《钓潭集》二卷、《人伦风鉴》一卷。《仙鉴》记载陈抟隐居武当期间著《指玄篇》八十一章、《入室还丹诗》五十首、《钓潭集》万余字。但这些著作，多已散佚。《道藏》中收录有陈抟的《阴真君还丹歌注》一卷；曾慥《道枢》载有陈抟的《观空篇》。除了丹道，陈抟还精通易学。

由于陈抟学识高明，好读经史百家之言，早年有政治抱负①。先后受过后唐明宗、后周世宗、宋太宗的召见，均以官禄相留，陈抟辞而不受，归隐山林。这些不同朝代的君主们先后赐陈抟号为清虚处士、白云先生、希夷先生等。

（2）陈抟的丹法来源

关于陈抟丹法的师承，有多种说法，其中主要的师承为武当“五老”、邛州何昌一、麻衣道人、吕洞宾、刘海蟾等。

《仙鉴》记载，陈抟隐居武当期间，曾向“五老”学习“蛰龙丹法”，后游历四川的邛州、普州、青城山、峨眉山等地，与谭峭师从何昌一学习“锁鼻飞精术”。

《仙鉴》记载，陈抟的易学和丹道师承中，还有麻衣道人，陈抟从麻衣道人处得授《正易心法》。《三丰全集·道派》也记载，陈抟之师为麻衣道人。《道

① 见丁培仁教授的《求实集》，第112—119页。

派》记载：

> 大道渊源，始于老子。一传尹文始……今特就文始言之，文始传麻衣，麻衣传希夷，希夷传火龙，火龙传三丰。①

元代张辂《太华希夷志》则记载吕洞宾为陈抟之师。《太华希夷志》云：

> 陈尧佐知华州，一日谒希夷先生。坐室与语。少顷有一道士风姿英爽，目如点漆，真神仙中人也。径入坐次，希夷急避尊位。略话数语，皆方外之事。须臾，豹囊中取枣一枚与尧佐，却而不受。希夷起，接啖之。不久，辞去，送于观外。复会坐，尧佐曰："此何人？"希夷曰："即洞宾也。"尧佐悔愕不语。②

其中，吕洞宾来陈抟处"径入坐次"，而陈抟"急避尊位"；吕洞宾告辞时，陈抟"送于观外"。可见陈抟对吕洞宾极其尊重，对其执弟子礼。

《三丰全集·道派》还记载陈抟师从刘海蟾得授少阳派丹法。《道派》云：

> 再按文始一派，至麻衣而传希夷；少阳一派，刘海蟾亦以丹法传希夷，两派于斯一汇。

另据《宋史》和《仙鉴》的记载，李琪、女真毛女、白鹿先生李阮、谭峭等与陈抟可能都是师友关系。

根据《高道传》《宋史》《仙鉴》《道派》等记载，陈抟的传人主要有贾德升、张无梦、种放等人。陈抟的老庄之学主要传于张无梦，张无梦传陈景元，陈景元作《道德经藏室纂微》和《庄子注》，是宋朝著名老庄学者。

(3) 陈抟易学源流

陈抟的易学思想主要源于麻衣道人。《佛祖统纪》卷四十四云：

> 处士陈抟，受《易》于麻衣道者，得所述《正易心法》四十二章，理极天人，历诋先儒之失。③

史载，陈抟欲度钱若水修道，请其师麻衣道人为其看相。《邵氏闻见录》卷七记载：

---

① 《三丰全集》，第 23 页。
② 《太华希夷志》卷下，载《道藏》第 5 册，第 740 页上中。
③ 《佛祖统纪校注》卷四十四《法运通塞志第十七之十·宋》，第 3 册，第 1021 页。

钱若水为举子时，见陈希夷于华山。希夷曰："明日当再来。"若水如期往，见有一老僧与希夷拥地炉坐。僧熟视若水，久之不语，以火箸画灰作"做不得"三字，徐曰："急流中勇退人也。"若水辞去，希夷不复留。后若水登科为枢密副使，年才四十致政。希夷初谓若水有仙风道骨，意未决，命老僧者观之。僧云"做不得"故不复留。然急流中勇退，去神仙不远矣。老僧，麻衣道者也，希夷素所尊礼云。①

此则故事在《宋史·钱若水传》中也有相应记载：

若水幼聪悟，十岁能属文。华山陈抟见之，谓曰："子神清，可以学道；不然，当富贵，但忌太速尔。"②

麻衣道人，山西榆次（今山西晋中市）人，俗姓卜，法名法济，于五台山出家，常往来于山西、陕西之间。相关地方志记载，麻衣道人常驻锡潞州紫岩寺，曾驻华山石室，授陈抟易理和相术，宋仁宗天圣初年（1023）于紫岩寺圆寂。其事迹见于《搜神秘览》（北宋）、《邵氏闻见录》（北宋）、《佛祖统纪》（南宋）、《太华希夷志》（元）、《陕西通志》（清）、《山西通志》（清）等。③

麻衣道人传授陈抟的《正易心法》、"河洛秘诀"，是在历代大儒梳理易学思想的基础上，引入佛教心生万法的观念，融会老庄、佛学、岐黄、占卜为一体，另开"先天易学"之蹊径。南宋张栻评《正易心法》云：

南轩张氏曰：呜呼！此真麻衣道者之书也。其说独本于羲皇之画，推乾坤之自然，考卦脉之流动，论反对变复之际。深矣，其自得者欤！希夷隐君实传其学，二公高视尘外，皆有长往不来之愿，抑列御寇、庄周之徒欤。虽然，概以吾圣门之法，则未也。形而下者谓之器。或者有未察欤。其说曰："六十四卦，惟乾与坤，本之自然，是名真体。"又曰："六子重卦，乾坤杂气，悉是假合，无有定实。"余则以为，六子重卦，皆乾坤杂气之妙用，真实自然，非假合也。希夷述其说曰："学者当于羲皇心地上驰骋，无于周孔脚迹下盘旋。"予则以为，学易者须于周孔脚迹下寻求，然后羲皇心地上可得而识。推此可概见矣。然其书之传，固非牵于文义、凿于私意者所可同年而语也。④

---

① 《邵氏闻见录》卷七《陈抟》，第70页。
② 《宋史》卷二百六十六《列传第二十五·钱若水》，第26册，第9165—9166页。
③ 详见国威的《麻衣道者考论》。
④ 《易图明辨》第5册，第22页。

陈抟的易学著述主要有《麻衣道者正易心法注》《易龙图序》《太极阴阳说》《火珠林》和《太极图》《先天方圆图》等。

陈抟的易学主要传于种放，继种放之后，陈抟易学在宋儒中传播（见图4-6），为宋代理学的形成起到推动作用。《宋史·朱震传》记载：

> 震经学深醇，有《汉上易解》云："陈抟以《先天图》传种放，放传穆修，穆修传李之才，之才传邵雍。放以《河图》《洛书》传李溉，溉传许坚，许坚传范谔昌，谔昌传刘牧。穆修以《太极图》传周敦颐，敦颐传程颢、程颐。是时，张载讲学于二程、邵雍之间。故雍著《皇极经世书》，牧陈'天地五十有五之数'，敦颐作《通书》，程颐著《易传》，载造《太和》《参两》篇。"①

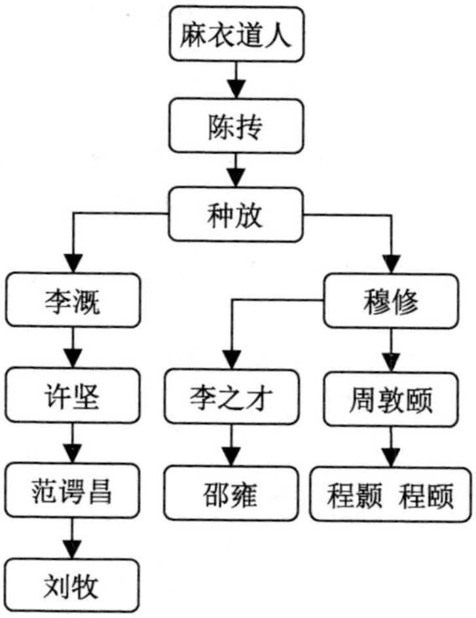

图4-6　陈抟易学源流图

2. 贾德升

贾德（得）升为陈抟传法弟子，继承陈抟在华山的地位。历史上关于贾德升的资料很少，仅《宋史·陈抟传》《全宋文》有可考的资料。《宋史·陈抟传》记载：

> 端拱初，忽谓弟子贾德升曰："汝可于张超谷凿石为室，吾将憩焉。"②

《全宋文》中的《韩国长公主设醮题记》《韩国长公主祷谢题记》记载，宋真宗曾于公元1010年请贾德升为韩国长公主建醮祛病。《韩国长公主设醮题记》记载：

> 大中祥符三年，岁在庚戌，三月庚辰朔七日丙戌，入内内侍省内侍高班张怀则，奉宣为韩国长公主消灾祈福于西岳庙。请道士二七人，修建灵宝道场三昼夜。散日设五岳谢恩大醮一座，□刊于石□记。云台观悟真大师贾得

① 《宋史》卷四百三十五《列传第一百九十二·儒林五·朱震》，第37册，第12908页。
② 《宋史》卷四百五十七《列传第二百一十六·隐逸上·陈抟》，第38册，第13421页。

升题。①

《韩国长公主祷谢题记》记载：

> 入内内侍省高班张怀则，为韩国长公主疾愈承命再来祷谢岩灵。请道士二七人，开启灵宝道场三昼夜。散日设清醮壹座，行事礼毕而退。时大中祥符三年四月□八日。悟真大师贾得升题记。勾当人员二人，通引官周宝，右都押衙李元吉、虞候傅□。②

《仙鉴·陈抟》记载，陈抟羽化后，贾德升奉陈抟遗表入朝，蒙宋太宗接见和赏赐，并赐号“悟真”。后宋真宗驾临华山，召见贾德升，赐予丰厚。《仙鉴·陈抟》云：

> 又草奏疏，人莫见其言，遣贾得升并龟鹤鞍马诣阙以进。上独览久之，以龟鹤鞍马复赐得升，仍赐紫服，并赐号曰悟真。又予钱五百万，俾营北极殿，以终其志。③

虽然关于贾德升的资料较少，但以《宋史》和《全宋文》中的碑记，可以证实，在陈抟羽化后，贾德升接掌华山道教，被宋太宗封为悟真大师，并在宋真宗大中祥符三年（1010）为韩国公主设醮祛病。由此可知，贾德升为陈抟以后华山派的重要代表。

贾德升的丹法源于陈抟，此处不再赘述。

3. 种放

种放，字明逸，河南洛阳（今河南洛阳）人，生于后周世宗显德二年（955），卒于宋真宗大中祥符八年（1015）。

《宋史》记载，种放少时即好道，常游历嵩山和华山，向陈抟学习辟谷之法和易学。其父去世后，种放奉母隐居终南山豹林谷，馆讲自给。种放一生未娶，以孝行闻于朝廷，朝廷赐以官爵。种放及其亲属有不法之行，皆因受到宋真宗的庇护而未受追究，但知情者对其不齿。宋真宗大中祥符八年（1015）十一月乙丑，自知时至，与弟子行酒告别，世寿六十一岁，葬于终南。

---

① 《全宋文》卷二百七十三“贾得升”，第13册，第389页。
② 同上，第390页。
③ 《历世真仙体道通鉴》卷四十七《陈抟》，载《道藏》第5册，第731页下。

种放精于易学，将陈抟的《先天图》与《河图洛书》分别传于穆修与李溉，北宋时期的周敦颐、邵康节、二程等易学皆宗于此。种放著有《蒙书》十卷、《嗣禹说》、《表孟子上下篇》、《太一祠录》等。并曾向宋真宗奏议朝政，《宋史》记载：

> 上尝语近臣曰："放为朕言事甚众，但外廷无知者。"因出所上《时议》十三篇，其目曰：《议道》《议德》《议刑》《议器》《议文武》《议制度》《议教化》《议赏罚》《议官司》《议军政》《议狱讼》《议征赋》《议邪正》。①

4. 张无梦

张无梦，字灵隐，号鸿蒙子，凤翔府盩厔（今陕西周至）人。五代北宋时期道士，生卒年代不详，世寿九十九岁，大约卒于宋神宗时期。②

张无梦师从陈抟，学习玄学（《老》《庄》《易》）和丹道。南宋彭耜的《道德真经集注杂说》引用《高道传·张无梦》云：

> 好清虚，穷《老》《易》。入华山与刘海蟾、种放结方外友，事陈希夷先生。无梦多得微旨。久之，入天台山。③

张无梦后游天台山，居琼台观十余年，著有《还元篇》。天禧元年（1017），由宰相王钦若（王冀公）④ 引荐，张无梦为宋真宗讲解《周易》和《还元篇》，受到宋真宗的敬仰，赐号"畅饮先生"，并作诗歌送别⑤。《三洞群仙录》卷五引述《高道传·张无梦》云：

> 道士张无梦号鸿蒙子，尝游天台，登赤城，庐于琼台，行赤松导引、安期还丹之法。真宗召对讲《易》，即说谦卦，上问曰："独说谦卦，何也?"曰："方大有之时，宜守之以谦。"复命讲《还元篇》，无梦曰："国犹身也，心无为则气和，和则万神结矣，心有为则气乱，乱则英华散矣，此还元之大旨也。"上说其说，锡安处士先生号。⑥

---

① 《宋史》卷四百五十七《列传第二百一十六·隐逸上·种放》，第38册，第13427页。
② 《历世真仙体道通鉴》卷四十八《张无梦》，载《道藏》第5册，第375页中—376页上。
③ 《道德真经集注》之《杂说上》，载《道藏》第13册，第255页中。
④ 王钦若（962—1025），于北宋真宗、仁宗朝两度为相。宋真宗天禧元年（1017）为相时，曲迎真宗，力主封禅。
⑤ 《历世真仙体道通鉴》卷四十八《张无梦》，载《道藏》第5册，第375页下。
⑥ 《三洞群仙录》卷五，载《道藏》第32册，第263页中下。

根据《仙鉴》的记载，张无梦在天台琼台观大约住了二三十年，后归故乡盩厔（周至），隐居终南山鹤池。据此，后世认为他是楼观派高道。后来，张无梦又到河南、湖南、湖北一带云游。到了晚年，张无梦住在金陵保宁、寿宁佛舍。九十九岁时，羽化于金陵。《仙鉴·张无梦》记载：

> 无梦年九十九，终于金陵。经三日，项中有白气，勃勃然出，高三尺余，移时方散。乃就棺，肢体柔软，指甲不青，心胸尚暖。史君玉琪，遣吏藏于悟空禅师塔前。①

张无梦的丹法源于陈抟，但由于他长期云游参学，其丹法必然还有其他源流。张无梦的丹法以主静为基础，融通佛道，提出：

> 心无为则气和，气和则万宝结矣；心有为则气乱，气乱则英华散矣。游玄牝之门，访赤水之珠者，必放旷天倪、囚千邪、剪万异，归乎抱朴守静，静之复静，以至于一。一者，道之用也；道者，一之体也。一之与道，盖自然而然者焉。是以至神无方，至道无体，无为而无不为，斯合于理矣。故得其道者，见造化之功迹、鬼神之妙，而无所不变焉。②

张无梦著有《还元篇》《琼台诗集》等。其弟子中著名者有陈景元。

（二）华山派丹法的主要理论

陈抟开创的华山派丹法有两条主线，一是胎息，称为“蛰龙丹法”“锁鼻术”；二是模仿《易经》中的宇宙生成论，融合《道德经》中“复归于无极”及“归根曰静，静曰复命”的丹道思想，继承唐代丹道革新的成果，重新构建丹道理论。

蛰龙丹法和锁鼻术都是对胎息的发展和完善。陈抟的蛰龙丹法得授于“武当五老”。《仙鉴》记载，陈抟隐居武当九室岩期间，曾学服气辟谷之术，其师为五位老叟——五气龙君，所以这个方法就称为“蛰龙法”。实际上，所谓“蛰龙”就是“潜龙在渊”。《抱朴子》记载，葛玄在酷夏或饮酒后会沉入潭底，一日方出。葛玄的这种方法就是“蛰龙法”，在当时称为“胎息”。锁鼻术与蛰龙法一样，都是一种停止外呼吸的胎息法。陈抟的锁鼻术得授于邛州天庆观何昌一，称为“锁鼻飞精术”。“锁鼻飞精术”可分为“锁鼻术”和“飞精术”。所谓“锁鼻术”，是借鉴“观鼻端白”的调息法门而来；所谓“飞精术”就是“肘后

① 《历世真仙体道通鉴》卷四十八《张无梦》，载《道藏》第5册，第376页上。
② 《道枢》卷十三《鸿濛篇》，载《道藏》第20册，第674页下。

飞晶"。二者融为一体，就是"锁鼻飞精术"。

陈抟用《先天图》《无极图》等易学理论来构建丹道理法，提出了"顺则成人，逆则成仙"理论。陈抟的《无极图》① 有顺、逆两种解释，顺是宇宙万物的生成论。陈抟以"无极"为宇宙本原，宇宙万物的生成经过五个过程，即：无极而太极；阴静而阳动；五气顺布；顺以生人；化生万物。所谓逆，一是指逆反自然过程，盗天地之生机；二是指颠倒水火，由未济达到既济。对于丹道来说，逆是炼养内丹的方法，也有五个阶段，即：得窍；炼己；和合；得药；脱胎还虚。《无极图》共分五圈，炼丹筑基，最下"〇"即"冥心太无"，待真气震动，然后炼精化气、炼气化神、炼神化虚、复归无极（见图 4-7）②。陈抟还融汇佛教禅观，提倡"观心"，其《观空篇》云："知色不色，知空不空，于是真空一变而生真道，真道一变而生真神，真神一变而物无不备矣，是为神仙矣。"③

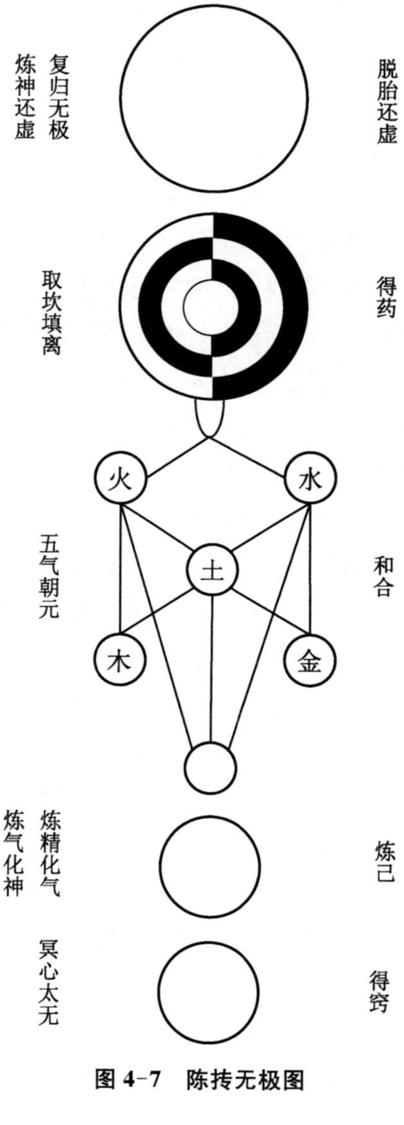

图 4-7　陈抟无极图

综上所述，陈抟不仅继承了唐代流行的胎息，还继承了中唐时期丹道革新的成果。他创新了魏晋时期的三玄——《老》《庄》《易》，融入佛门心法，来构建丹道理论。把老庄、易理与佛门心法融为一体，是陈抟对丹道的最大贡献。陈抟可谓丹道史上承唐启宋的集大成者④，也是用图示方法来表述丹道的第一人。

---

① 陈抟《无极图》源流，详见卢国龙教授的论文《陈传的〈易〉〈老〉之学及〈无极图〉思想探源》。

② 此图引自束景南先生的论文《唐宋道教太极图的两大系统》。

③ 《道枢》卷十《观空篇》，载《道藏》第 20 册，第 662 页上。

④ 胡孚琛先生认为，北宋时期的张无梦、刘海蟾、张紫阳、陈景元，皆得陈抟丹法真传。见《丹道仙术入门》，第 140 页。

四、结语

虽然隋唐五代时期有三个较为著名的丹法传承流派，但是传到宋代以后并有重大影响的是钟吕派、华山派。特别是钟吕派，其丹法的产生与传播，不仅继承了中唐以来丹道革新的成果，而且形成了丹道与仙道合一的长生信仰体系，顺利地解决了由外丹引发的道教信仰危机。

钟吕派在晚唐兴起后，对后世丹道的发展和传播产生了广泛影响，成为后世丹道的“宗门”。从后人整理和撰集的《吕祖全书》来看，钟吕派丹道走的是民间传播路线，北宋时期已经形成了内丹特色鲜明的吕祖信仰。由于吕祖信仰的流行，历代都有丹道家以吕洞宾的名义来传播丹法，这使钟吕派在后世产生了广泛的影响。南宋李简易的《玉溪子丹经指要》中录有《混元仙派图》，记载钟吕派丹法的传承体系，在南宋末期该派已有十传弟子，前后有八十余人，都是可考的丹道大家，其中有南宗、北宗的创始人及其弟子，还有三十代天师张继先。到了明清时期，民间产生的东派、西派，也自称得吕洞宾传授，都以钟吕派为渊源。清代著名丹道家闵小艮所著的《金盖心灯》中载有《道谱源流图》，把老子列为丹道之祖，把吕洞宾列为丹道之宗，确立了钟吕传承在丹道史上无可替代的地位。

钟吕丹道在宋以后之所以能一统天下，不仅在于钟吕派有较为成熟的理论体系和切实可行的操作方法，还因为钟吕派建立了丹道与仙道合而为一的信仰体系。钟吕派的仙道与符箓派的仙道不同。符箓派中有正一、灵宝、上清、净明等，其神仙体系各有不同，相当庞杂，各奇其说，难于统一。钟吕派的仙道，既不反对符箓派已建立的神仙体系，也不罗列本派神仙名号，而是把丹道有成者称为神仙。在《灵宝毕法》中，钟离权继承自汉代以来的仙道传说，把丹道道果分为人仙、地仙、天仙，对应于小乘、中乘、大乘的丹道法门，把丹道丹法与仙道信仰紧密联系起来。只要修持丹道，神仙长生可谓人人有份，个个能成，这满足了大众的信仰诉求。在北宋时期，钟离权与吕洞宾已经被当作神仙，在道观、民间，甚至在禅寺中受到香火供奉。钟吕派的丹道与仙道合一，重塑了道教的长生信仰体系，促进了道教的革新与发展。

与钟吕派所走的民间路线和宗教路线不同，华山派走的是上层路线和学术路线。在当时，华山派的地位犹如唐朝中期及其以前的上清派，其代表人物中，无论是陈抟，还是贾德升、种放、张无梦，都曾受到当时国主的召见和诰封，并得到丰厚的赏赐。华山派的开派人物陈抟，在五代时期已经受到后唐明宗、后周世宗的召见和封赠，到了北宋，更受到宋太宗的崇敬，当时许多官员和文士更是不远千里到华山拜见陈抟或致书陈抟，愿充弟子之列。陈抟之后，贾德升、种放、张无梦也受到宋室的尊崇。贾德升主持的华山道观是宋太宗敕建，成为皇家道场。贾德升经常为皇家和国事举行斋醮。种放虽然隐于终南，但被朝廷征召为官员，权倾一时，甚至屡遭弹劾也不被宋廷加罪。张无梦为宋真宗讲授易理和《还元篇》，被真宗封为“著作佐郎”，厚加赏赐。由此可知，华山派的开创者和传人与朝廷、达官、士人的关系密切，其丹法主要在上层知识分子中传播。

华山派的代表人物都有深厚的学养，是当时丹道中的“义学派”，他们的理念更容易被当时的知识分子接受。也许正是这个原因，华山派的易理之学在当时要远比华山派的丹道更加有影响力。北宋理学开创者，如周敦颐、邵康节、张载、程颢、程颐等人，其易学和修养之法都与陈抟有深厚的渊源。特别是邵康节，除了根据《先天图》衍化而著述《皇极经世书》，还精通丹道之理。他的《观物吟》云：“耳目聪明男子身，鸿钧赋予不为贫。因探月窟方知物，未蹑天根岂识人？乾遇巽时观月窟，地逢雷处看天根。天根月窟闲来往，三十六宫都是春。”① 在北宋相当长的一段时期，华山派都很兴盛，直到北宋末期才逐渐隐没。

在晚唐五代时期，丹道的传播地区主要集中在陕西关中的终南山、华山一带。早在先秦时期，这里就有老子与关尹子栖息的楼观，是诸家丹法的源头。唐末五代及宋初又有钟离权、吕洞宾、刘海蟾、陈抟、贾德升、种放、张无梦等往来于终南山与华山之间，勤事炼养。钟离权得《灵宝毕法》于终南山，开钟吕一派；陈抟以蛰龙丹法高卧华山，开华山一派。由于钟吕派和华山派的开创和传播，使得唐代丹道革新后的丹道思想、理论和技法逐渐成熟，终南山和华山也成为丹道的发祥地，特别是终南山，被视为丹道圣地。北宋的张紫阳曾在终南山紫阳洞修行，并在陕西邠县秘授石杏林《悟真篇》，石杏林隐于终南山北麓的鄠县修行，并在此传道于薛道光，肇丹道南宗之始。北宋末期、金代初期的王重阳，在终南山北麓的甘河上，遇吕洞宾、刘海蟾等人，得授丹诀，与和玉蟾、李灵阳在此结庐修行，后传授北七真，开丹道北宗先河。

① 《伊川击壤集》卷十六《观物吟》，第205—206页。

第五章

脱粗出秀：南宗、北宗、雷法与丹道重生

两宋金元时期，自宋太祖赵匡胤建隆元年（960）开始，至元惠宗至正二十八年（1368）结束，共计约409年。期间，在中国疆域内建国的主要有宋、大理、吐蕃、回鹘、西夏、辽、金、西辽、蒙古、元等，虽然局部战争不断，但在黄河流域、长江流域、岭南地区都先后经历了较长的稳定时期。经济、文化的相对繁荣，朝廷对道教的重视和保护，为丹道的发展和传播提供了社会环境。这一时期，丹道的发展远承唐代丹道革新的余绪，脱粗出秀，理法趋于圆融。此时的丹道，在思想上注重三家合参，在理论上突出性命双修，在技法上讲究有为合法、无为合道，优秀丹道家辈出。两宋金元是丹道发展史上最为辉煌的时期。

在五代及北宋早期，丹道家钟离权、吕洞宾、刘海蟾及其弟子四处传播丹法，人称钟吕派；陈抟及其弟子贾德升、种放、张无梦在陕西关中、浙江天台一带传播丹法和玄学，人称华山派；吕洞宾弟子施肩吾在江西南昌一带传播丹法，人称西山派。这些丹道家的活动为两宋时期的丹道繁荣奠定了坚实的基础。

在北宋神宗时期（1068—1085），浙江天台人张紫阳（984—1082）在继承钟吕派、华山派丹法基础上，融入禅门宗旨，撰写了丹道的划时代著作《悟真篇》。张紫阳在思想上注重儒道释三家合参；在理论上撷取《道德经》《阴符经》《周易参同契》等经典的精华；在实践上淡化神仙信仰，提倡先命后性，性命双修。在公元1077年以后，张紫阳的丹道思想、理论和技法被石杏林、薛紫贤、

陈泥丸、白玉蟾等人递相传授，并得以发展和完善。在陈泥丸、白玉蟾时期，南宗丹道中融入了雷法，形成了“静则金丹，动则霹雳”的传承特色。南宗在白玉蟾手中发扬光大，他追述南宗传承源于钟吕派之刘海蟾，一改历代祖师秘密传授的风格，开建靖庐，广授徒众，形成了南宗教团。张紫阳开创的丹道流派主要在长江流域和岭南地区传播，人称此派为钟吕派丹道南宗，张紫阳被尊为南宗初祖。

在金朝大定年间（1161—1189），陕西咸阳人王重阳（1112—1170）自称遇见吕洞宾、刘海蟾等，得授丹法。王重阳宣扬三教合一，提倡以性立命，崇尚清静无为，以《道德经》《心经》《孝经》为主要经典，以道会的方式传播丹道，开创钟吕派丹道北宗。王重阳在传播丹道的同时，还继承和发扬了钟吕派丹道与仙道合一的传统，建立了以“全真性命”为宗旨、以“东华帝君”为教主的道教教团，人称全真道。王重阳羽化后，其弟子马丹阳、谭处端、刘处玄、丘处机、王处一、郝大通、孙不二等人，各自弘化一方，广泛传播北宗丹道。到了元代，以丘处机为掌教的全真道得到了元廷的支持，其丹法在全国迅速传播。这一系被称为钟吕派丹道北宗，王重阳为开山祖师。

北宗丹法南传后，南北二宗趋于合流，其中又产生了新的丹道理论流派——中派。中派的创始人为李道纯，是白玉蟾的再传弟子。李道纯虽为南宗传人，但崇尚北宗“全真性命”的理念。他综合了南北二宗的丹道思想和理论，用“中”的思想贯通丹道理论，把儒道释三家的性命学说融会贯通，后人称其丹道理论为“中派”。中派仅是一个丹道理论流派，并非一个独立于南北二宗、另立谱系的丹道流派。后世把理论上与李道纯趋同的丹道家，如尹真人高弟、闵一得、黄元吉等人，都归入中派之中。

在北宋后期乃至元代，还盛行与丹道关系密切的雷法。雷法也被称为新符箓派，是唐代中期以来丹道、符箓、密法等融合的结晶。雷法的肇端可追溯于唐代的北帝派或地祇法，主要代表人物为邓紫阳、叶法善等；到了北宋时期，原本以正一、灵宝、上清为主的符箓道教，引入趋于成熟的内丹理论和技法，融合符箓，讲究“内用丹道，外用符箓”，形成了较为成熟雷法体系。北宋末期，宋徽宗赵佶崇尚道术，神霄雷法道士王文卿、林灵素等被举荐入朝，封为“侍宸”，神霄雷法因而大行。南宋末期至元代，雷法以神霄、清微、天心等最为著名。

本章内容分为四部分，分别介绍南北二宗丹道的代表人物及其传承源流、雷法的主要思想理论及其传承源流、其他影响较大的丹道流派。

第一节　张紫阳与丹道南宗

北宋皇帝中，宋太祖、宋太宗、宋真宗都善于利用道教来巩固自己的统治。特别是宋真宗，模仿唐高祖李渊，追认神仙赵玄朗为皇室宗祖，借以缓和国内矛盾与边疆战事。无论统治者基于什么目的，道教都借着帝王的支持，在北宋时期得到进一步发展。北宋晚期，以雷法为代表的道教新兴符箓派趋于繁荣。在这种背景下，宋徽宗陷入道教神话不可自拔，徽钦二帝终至北狩无归。南宋时期，统治者以宋徽宗崇道误国为鉴，不再过多支持庞大的道教教团，在北宋末期大兴的符箓派道教逐渐收敛，以内丹为主的道教团体逐渐兴起。其中，最早也最为著名的就是以张紫阳为开山祖师的钟吕派丹道南宗。

钟吕派丹道南宗是历史上第一个传承源流相对明晰的丹道流派。南宗的创始人为张紫阳，其后继者为石杏林，石杏林传薛紫贤，薛紫贤传陈翠虚，陈翠虚传白玉蟾，白玉蟾创建了以南宗丹法和雷法为特色的道教教团。张紫阳、石杏林、薛紫贤、陈翠虚、白玉蟾被称为南宗五祖。

一、张紫阳与《悟真篇》

张紫阳是北宋时期最著名的丹道家，他的生平富有传奇色彩。白玉蟾的《高祖圣师天台紫阳真人赞》云：“元丰一皂吏，三番遭配隶。空余《悟真篇》，带些铅汞气。”①

（一）张紫阳生平

张紫阳，名伯端，字平叔，后改名用诚。张紫阳的身份，仅是一名丹道家，并非道士。

北宋时期，浙江天台一带佛道儒三家都非常兴盛。魏晋时期的符箓派修法、五代至宋初的钟吕派和华山派丹法在此传播；佛教的天台宗、禅宗在此开坛；宋儒理学家也在此开讲。北宋太宗太平兴国八年（984）②，张紫阳出生于浙江

① 《白真人集》卷七《高祖圣师天台紫阳真人赞》，载《道藏精华》第46册，第982页。

② 关于张紫阳的出生年份，南宋翁葆光认为是北宋太宗雍熙四年（987），元初赵道一认为是北宋太宗太平兴国八年（984）。

天台县①。后为府吏时，在当时的台州州郡（今浙江临海县）璎珞街②安家③，也有典籍称之为临海人。在这样的文化环境中，张紫阳除了学习孔孟之道，还广涉百家，兼治三教，在少年时期奠定了深厚广博的文化基础。张紫阳在《悟真篇序》中说：

> 仆幼亲善道，涉猎三教经书，以至刑法、书算、医卜、战阵、天文、地理、吉凶、死生之术，靡不留心详究。

陆思诚在《悟真篇记》④ 中，称张紫阳“少业进士”⑤。翁葆光在《悟真篇注释序》中说，张紫阳少时曾“肄业辟雍”“不第”⑥。也就是说，张紫阳曾在汴梁（今河南开封）学习⑦，后举进士不第，遂为府吏。

张紫阳早年就接触到华山派、钟吕派丹法。他在《悟真篇》中写道：“梦谒西华到九天，真人授我《指玄篇》。其中简易无多语，只是教人炼汞铅。”⑧ 诗中的“西华”、《指玄篇》并非虚指，隐居华山的陈抟著有《九室指玄篇》（已佚

① 《悟真篇记》，载《道藏》第 2 册，第 968 页下。
② 《张真人本末》，载《道藏》第 2 册，第 1024 页上。
③ 元代王真一《张真人本末》记载：“紫阳真人，乃天台缨络街人。”临海县有缨络街而天台县无，此说应指临海县璎珞街。［康熙］《临海县志》记载：“张用诚，邑人，字平叔。为府吏，性嗜鱼。在官办事，家送膳至。”（［康熙］《临海县志》，第 924 页。）以此推论，张紫阳作府吏时，安家在州郡，所以家人才能送饭到府衙。
④ 撰于公元 1173 年前。
⑤ 《悟真篇记》，载《道藏》第 2 册，第 911 页下。
⑥ 《悟真篇注释序》，载《道藏》第 2 册，第 968 页下。
⑦ 关于张紫阳最早的资料，可见于蔡襄（1012—1067）《端明集》卷三十七之《杨公明墓表》：“予友杨公明，景佑元年（1034）登进士第，籍名下吏部铨。将补官，辄病。其年某月日终于京师，其友张平叔用浮屠法火之而归其家。以某年月日，葬于皂洋之北山。呜呼！人孰不贵子之禄，不逮其身！人孰不寿子之年，止于二十有七！天乎命耶！予莫得而悲之。惟子之志不得伸而利于人者，最可悲也。予幼学于乡序，及长，举进士，与公明并研席者数年。公明居一室，方床环列册书而饮食寝休于其中。蚤夜读诵不休，群居谈噱终日，过耳若无人笑语者。于是博通经史。予观公明而自省，日益修励，即戏言小失亦愧公明之知者，予之道获益于公明也久矣。间尝语予曰：‘今世取士失其方，而仕者多所矜伐智诈以为材能，位通禄厚，侈心夸欲，纵肆使其风流沾染于下，婾靡败烂。我曹傥得志，正当立诚苦节，以代磨世俗。’予甚器其言而未知其为利之博也。自予入官，奔走四方。游京师，观世俗态状，益思其所以语我者。呜呼！公明亡矣。予思其言，则矍然检己之所为，使公明且存其规我者岂少哉！此所以不独为今世惜也。公明讳晕，五代祖某，唐末因官入闽，兵乱不还，留居泉州之惠安县。父处士君辅，以善行隐于乡。妻陈氏，一男尚幼。嗟乎！公明之不显，匪予谁咎！词以纾哀，刻之墓下，后千万年，指此丘曰：‘贤者之宅，无敢或坏。’庆历四年（1044）三月二十二日记。”由此可见，公元 1034 年，张紫阳曾在京城汴梁游学。
⑧ 《紫阳真人悟真篇注疏》卷六，载《道藏》第 2 册，第 951 页中。

失)。张紫阳还有《西江月》词云:“自从钟吕著斯功,尔后谁能继踵?”① 表达了张紫阳对钟、吕的仰慕。这些经历说明,他在成都遇异人之前,在丹道上已有一定造诣。

大概在公元1053—1062年之间,七十多岁②的张紫阳在做府吏期间,“坐累谪岭南兵籍”③,被发配充军到今广西桂林。北宋仁宗嘉祐元年(1056)至英宗治平元年(1064)期间,张紫阳主要在广西桂林一带活动。在此,张紫阳结识刘仲远④,并在北宋嘉祐末年(1063)赠刘仲远丹诗——《赠白龙洞刘道人歌》⑤,其中包含非常简明的丹诀。

张紫阳在未遇“真人”之时,已学习许多丹法,他一一罗列,并作评述,认为皆非上乘。《悟真篇序》云:

> 如炼五芽之气,服七耀之光,注想按摩,纳清吐浊,念经持咒,噗水叱符,叩齿集神,休妻绝粒,存神闭息,运眉间之思补脑还精,习房中之术以至服炼金石草木之类,皆易遇而难成。已上诸法,于修身之道,率多灭裂,故施力虽多,而求效莫验。⑥

北宋英宗治平元年(1064),八十一岁的张紫阳遇到了生命中的贵人——桂州帅陆诜⑦(1012—1070)。陆诜非常赏识张紫阳的才学,聘其为幕僚,参赞军务。张紫阳从此追随陆诜,累职为“四川节度制置使安抚司参议”⑧。陆诜之孙陆思诚的《悟真篇记》记载:

> 张平叔先生者,天台人。少业进士,坐累谪岭南兵籍。治平中,先大父

---

① 《悟真篇浅解》,第158页。

② 根据马晓燕博士的论文《宋代对高龄罪犯的刑律减免》(《史志学刊》,2015(3):39—24.),宋律对70岁以上79岁以下的流刑罪犯处刑很轻,七十岁以上的老人,如果犯流罪以下的罪行,可使用赎刑,无力支付赎铜的可直接放免。如果犯有加役流、反逆缘坐流、会赦犹流者,在服刑期间免除劳役。八十岁以上的高龄罪犯,“无家口同流者,放免”。张紫阳在流配之地还能交游传道于刘仲远,说明他是免除劳役的。以此而论,张紫阳“坐累谪岭南兵籍”(陆思诚《悟真篇记》)时,应在70—79岁之间。

③ 《悟真篇记》,载《道藏》第2册,第968页下。

④ 见《道家金石略·张平叔真人歌》:“刘君讳景,字仲远,桂林人也,嘉祐末得是歌,解化于此岩。”《道家金石略》,第349页。

⑤ 《道家金石略》,第348页。

⑥ 《悟真篇序》,载《道藏》第2册,第914页中。

⑦ 诜,读音[shēn]。

⑧ 《张真人本末》,载《道藏》第2册,第1024页上。

龙图公诜帅桂林，取置帐下典机事。公移他镇，皆以自随。①

北宋英宗治平元年（1064）以后，张紫阳一直追随陆诜，直至北宋神宗熙宁三年（1070）陆诜在成都去世。按照《宋史・陆诜传》记载，在此期间，张紫阳追随陆诜到过今广西桂林、陕西延安和青涧、甘肃天水、陕西凤县、河北晋州、四川成都等地。

北宋神宗熙宁己酉岁（1069），张紫阳已经八十六岁，他在成都天回寺②得遇"真人"传授丹诀。张紫阳在《悟真篇》自序中讲："后至熙宁己酉岁，因随龙图陆公入成都，以夙志不回，初诚愈恪。遂感真人授金丹、药物、火候之诀，其言甚简，其要不繁，可谓指流知源，语一悟百，雾开日莹，尘尽鉴明，校之仙经，若合符契。"③

张紫阳所遇的"真人"究竟为谁，他本人从未交代。北宋晚期的陆思诚猜测为刘海蟾，南宋时期的翁葆光则认为是青城丈人。陆思诚的《悟真篇记》云：

先公帅秦，阳平王箴衮臣在幕府，因言其兄冲熙先生学道，遇刘海蟾，得金丹之术。冲熙谓举世道人无能达此者，独张平叔知之。……余时年少气锐，虽闻其说，不甚介意，亦不省所谓平叔者为何人。迩来年运日往，志气日衰，稍以黄老方士之术自治。……复序其所从来，得之成都异人者，岂非海蟾耶？且冲熙成丹之难，及于世之所谓道人者，无所许可，唯平叔一人而已。④

翁葆光在《悟真篇注疏序》中讲：

晚年遇青城丈人于成都，尽得金丹妙旨⑤

青城丈人是传说中的神仙人物，而刘海蟾是生活在五代至北宋前期的丹道家，相较而言，陆思诚的"刘海蟾"说比翁葆光的"青城丈人"说更为可信。除以上两说之外，还有"西华真人"说⑥、"西华夫人"说⑦，但这两种说法在丹道

① 《悟真篇记》，载《道藏》第 2 册，第 968 页下。
② 《张真人本末》："平叔先生，旧名伯端，始于成都宿天回寺，遇异人，改名用成。"载《道藏》第 2 册，第 1024 页上。
③ 《悟真篇序》，载《道藏》第 2 册，第 914 页中。
④ 《悟真篇记》，载《道藏》第 2 册，第 968 页下—969 页上。
⑤ 《紫阳真人悟真篇注疏》卷一《序》，载《道藏》第 2 册，第 911 页下。
⑥ 见（南宋）陈与行的《跋陈泥丸真人翠虚篇》，载《道藏精华》第 46 册，第 1162 页。
⑦ 见（南宋）王庆升的《三极至命筌蹄》，载《道藏》第 4 册，第 937 页上。

界都不是主流。

宋神宗熙宁三年（1070），陆诜卒于成都，张紫阳平静的生活再次被打破。张紫阳因充军而隶属军籍，因此不得不返回桂州军，或另投长官。《悟真篇记》记载：

> 最后公薨于成都，平叔转徙秦陇，久之，事扶风马默处厚①于河东。②

张紫阳如何从成都到河东马处厚（1020—1100）的任所，陆思诚没有交代，仅用“转徙秦陇，久之”一笔带过。张紫阳“转徙秦陇”的时间大约为公元1070—1077年。公元1077年，张紫阳在传道期间触怒凤州（治所在今陕西凤县凤州镇）知州，罪坐黥窜。发配时，途经凤翔府杏林驿（在今陕西扶风县）。时值隆冬，大雪纷飞，张紫阳与杏林驿人石泰（石杏林）③ 在驿站酒肆邂逅。石杏林与邠州④知州为故交，帮助张紫阳脱去“黥窜”之罪。《悟真篇本末事迹》记载：

> 凤州太守⑤怒按以事，坐黥窜。经由邠境，会天大雪，与护送者俱饮酒村肆。吾适肆中，既揖而坐，见邀同席，吾笑顾此众：“客方欢，彼客未成饮，盍来相就。”于是会饮酒酣，问其故，具以告。吾念之曰：“邠守，故人也，乐善忘势，不远百里，能迂玉趾。有因缘，可免此行。”平叔恳诸护送者，许之诺，遂复丁邠。吾为之先，一见获免。平叔德之，曰：“此恩不报，岂人也哉！子平生学道无所得闻，今将丹法用传于子以成道。”吾再拜谢，仰受付嘱。⑥

张紫阳得脱“黥窜”之罪的具体时间已不可确考，但最迟应在公元1078年。张紫阳遇到石杏林时，《悟真篇》已经完成，后序是传道石杏林后才撰写的。张紫阳曾得其师授记，丹诀只可授予助他脱罪之人。但张紫阳担心无人信他，遂撰写《悟真篇》以取信于人。书成之后，逐渐传播，学人来访，才有了

---

① “扶风马默处厚”，马默，字处厚，本是扶风马氏（汉代伏波将军马援）之后。

② 《悟真篇记》，载《道藏》第2册，第968页下。

③ 后世人以地名尊称石泰为石杏林，本文以后章节中都沿袭这一称呼。

④ 辖域包括现在陕西的彬县、长武、旬邑、永寿等县，治所在今天的彬县。

⑤ 此时的凤州太守应为种谔。按《宋史》的《陆诜传》《赵禼［xiè］传》《种谔传》，在守陕北青涧城时，种谔因违军事调度而遭陆诜弹劾，当时张伯端为陆诜幕僚。陆诜去世后，张伯端因身在军籍，辗转秦陇凤州一带，另觅安身之主，另一方面也修行传道，恰逢种谔及陆诜之子陆师闵也在这一带。张伯端年近九旬所获的“黥窜”之罪，可能与这些人物事件的交织有关联。

⑥ 《薛紫贤事迹》，载《道藏》第2册，第1024页下。

“三传非人，三遭祸患”。遇石杏林助其脱罪后，才幡然醒悟。授诀石杏林后，张紫阳就发誓不再传道。《悟真篇后序》中说：

> 仆自己酉岁，于成都遇师授以丹法。当年主公倾背。自后三传非人，三遭祸患，皆不逾两旬。近方追忆，师之所戒云：“异日有汝解缰脱锁者，当直授之，余皆不许。”尔后，欲解名籍，而患此道，人不之信，遂撰此《悟真篇》，叙丹药之本末。既成，而求学者辏集而来。观其意勤，渠心不忍恼，乃释而授之……初、再罹祸患，心犹未知，竟至于三，乃省前过。……自今以往①，当钳口结舌，虽鼎镬在前，刀剑加项，亦无复敢言矣。②

张紫阳与石杏林邂逅时的场景是大雪纷飞，而这篇后序，完成于“元丰改元戊午岁（1078）仲夏月（夏历五月）戊寅日”③。由此推断，张紫阳在邠州得脱罪籍的时间应为公元1077—1078年间的冬春之季。

宋神宗熙宁二年（1069），张紫阳在成都天回寺遇异人得授丹诀；宋神宗熙宁八年（1075）初步完成《悟真篇》。在这七年时间内，张紫阳彻证了他理想中的金丹大道。至宋神宗元丰元年（1078）五月最终完成《悟真篇》，张紫阳已经是九十五岁高龄了。

陆思诚记载张紫阳“事扶风马默处厚于河东”之说，让人颇费猜疑。根据《宋史》和《续资治通鉴长编》（以下简称《长编》）的记载，宋代设河东路，马默在河东路辖区内任职两次。一为怀州通判。宋神宗时期，怀州④属于河东东路，马默在此任职时间为治平三年九月（夏历）至熙宁元年（1066—1068）。一为河东转运使。马默的任职时间为元祐元年十一月至元祐三年五月（夏历）（1086—1088）。这两段时间，张紫阳都不可能到马默的任所去，所以，陆思诚的“河东”之说应非实指。在熙宁元年（1068）以后，马默先后在登州、曹州、济州、兖州等地任职，后还朝中，任三司帐司。由此可知，当马默在山东一带任职时，张紫阳前去投靠。后马默受诏还朝时，张紫阳将《悟真篇》托付马默刊印流通。《悟真篇记》云：

> 处厚被召，临行平叔以此书授之，曰：“平生所学，尽在是矣。愿公流

---

① 即传道石杏林以后。
② 《悟真篇后序》，载《道藏》第2册，第968页上中。
③ 《悟真篇后序》，载《道藏精华》第27册，第386页。
④ 北宋的怀州，治所在今河南沁阳，包括修武、武陟、博爱、焦作等地。

布，当有因书而会意者。”[①]

据《宋史》《长编》等记载，公元 1081 年，马默任广南西路转运副使，张紫阳依附马默南行。南宋志磐《佛祖统纪》云：“侍郎马默漕广南，复从之游。”[②] 返回故乡，张紫阳在台州与临海交界的百步岭筑庐隐居。北宋神宗元丰五年（1082）三月十五日（一说三月初五日），张紫阳坐化于百步岭，享年九十九岁[③]。留《尸解颂》云：

四大欲散，浮云已空，一灵妙有，法界圆通。[④]

按《悟真篇后序》，张紫阳直授丹诀的弟子仅石杏林一人。《悟真篇后序》记载张紫阳师父的授记：“异日有汝解缰脱锁者，当直授之，余皆不许。”《〈悟真篇〉本末事迹》记载石杏林助张紫阳解脱“黥窜”之罪，张紫阳把丹诀尽数传于石杏林。《悟真篇记》记载张紫阳嘱咐马默流布《悟真篇》，但张紫阳没有给马默传授具体丹法和口诀。《悟真篇记》中“默意坦夫能知其术”[⑤] 就是证明。所以，得张紫阳真传者仅石杏林一人。

（二）《悟真篇》的主要思想、理论、技法

《悟真篇》初成书于公元 1075 年，后经完善，最终成书于公元 1078 年，是丹道史上的划时代著作，其思想深邃、理论完整、技法明确、结构严谨、文辞优美，决定了后世丹道发展的方向。

1. 指导思想

《悟真篇》采撷佛、道、儒三家思想精华，围绕性命学说来指导丹道修炼。

(1) 三家合参

《悟真篇序》开篇即讲“人身难得，光阴易迁”，以“无常”警示学人。张紫阳认为佛、道、儒三家学说都有解决“无常”的方法，但各有千秋。

佛家“以空寂为宗”，优点是“若顿悟圆通，则直超彼岸”，但“如有习漏未尽，则尚徇于有生”。《悟真篇序》云：

---

① 《悟真篇记》，载《道藏》第 2 册，第 968 页下。
② 《佛祖统纪》卷四十五《张用成》，载《大正新修大藏经》第 49 册，第 417 页中。
③ 按南宋翁葆光的说法，张紫阳世寿九十六岁。
④ 《历世真仙体道通鉴》卷四十九《张用成》，载《道藏》第 5 册，第 383 页下。
⑤ 《悟真篇记》，载《道藏》第 2 册，第 968 页下。

> 释氏以空寂为宗，若顿悟圆通，则直超彼岸。如有习漏未尽，则尚徇于有生。①

道家“以炼养为真”，其优点为“若得其要枢，则立跻圣位”，然而，“如其未明本性，其犹滞于幻形”。《悟真篇序》云：

> 老氏以炼养为真，若得其枢要，则立跻圣位。如其未明本性，则犹滞于幻形。②

儒家“但以命术寓诸易象，性法混诸微言耳”，虽然“极臻乎性命之奥”，然而“无为之道未尝显言”。《悟真篇序》云：

> 其次《周易》有穷理尽性至命之辞，《鲁语》有毋意必固我之说，此又仲尼极臻乎性命之奥也。然其言之常略而不至于详者何也？盖欲序正人伦、施仁义礼乐有为之教，故于无为之道，未尝显言。但以命术寓诸易象，以性法混诸微言故耳。③

由此可知，参同三教，从中撷取精华，用于指导丹道炼养，是《悟真篇》的思想核心。

(2) 顿渐兼顾

不同于以往的丹道家，张紫阳另辟蹊径，从顿门和渐门的角度，论证双修性命的重要性。

张紫阳以“体道明心”为顿门。《悟真篇后序》讲：

> 窃以人之生也，皆缘妄情而有其身，有其身则有患。若无其身，患从何有？夫欲免夫患者，莫若体夫至道。欲体夫至道，莫若明夫本心。故心者，道之体也；道者，心之用也。人能察心观性，则圆明之体自现，无为之用自成，不假施功，顿超彼岸。……达人心若明镜，鉴而不纳，随机应物，故能胜物而无伤也，此所谓至上至真之妙道也。④

---

① 《悟真篇序》，载《道藏》第2册，第914页上。
② 同上。
③ 同上。
④ 《悟真篇后序》，载《道藏》第2册，第967页下。

张紫阳认为“体道明心”能够“顿超彼岸”“决定无生”①，但他又讲，“此道至妙至微，世人根性迷钝，执其有身，而恶死悦生，故卒难了悟”。所以，对于多数人来说，修持丹道必须从渐门入手。

张紫阳以“修生之术”为渐门。《悟真篇后序》云：

> 奈何此道至妙至微，世人根性迷钝，执其有身，而恶死悦生，故卒难了悟。黄老悲其贪著，乃以修生之术顺其所欲，渐次导之。②

张紫阳认为，渐门因人“恶死悦生”而设教，“以修生之术顺其所欲，渐次导之。以修生之要在金丹，金丹之要在神水、华池，故《道德》《阴符》之教得以盛行于世，盖人悦其生也”③，渐门是首先固命、然后证道。

由此可知，张紫阳认为“修生之术”只是丹道的一部分，只有达到“归根复命”“复归于无极”，双融性命，才是完整的丹道。

(3) 性命双修

张紫阳认为，道门长于修命，禅门长于修性，丹道应该兼取两家之长，性命双修。

张紫阳把《悟真篇》分为两部分，前一部分讲“养命固形之术”，后一部分讲“达本明性之道”。《悟真篇序》讲：

> 仆既遇真筌，安敢隐默，罄所得成律诗九九八十一首，号曰《悟真篇》。内七言四韵一十六首，以表二八之数。绝句六十四首，按《周易》诸卦。五言一首，以象太一。续添《西江月》一十二首，以周岁律。其如鼎器尊卑、药物斤两、火候进退、主客后先、存亡有无、吉凶晦吝，悉备其中矣。及乎篇集既成之后，又觉其中惟谈养命固形之术，而于本源真觉之性有所未究，遂玩佛书及《传灯录》，至于祖师有击竹而悟者，乃形于歌、颂、诗、曲、杂言三十二首，今附之卷末，庶几达本明性之道尽于此矣。④

《悟真篇》中的八十一首律诗和十二首《西江月》词，都是在阐述“养命固形之术”或“修生之术”，后人称为《悟真内篇》；歌、颂、诗、曲、杂言三十二首，

① 见《悟真篇后序》：“此非心镜朗然，神珠廓明，则何以使诸相顿离，纤尘不染，心源自在，决定无生者哉！”
② 《悟真篇后序》，载《道藏》第2册，第967页下。
③ 同上，第967页下—968页上。
④ 《悟真篇序》，载《道藏》第2册，第915页上。

是在阐明“达本明性之道”或“无生”之理，后人称为《悟真外篇》。

张紫阳有一首《西江月》对此总结道：“丹是色身至宝，炼成变化无穷。更能性上究真宗，决了无生妙用。”①

2. 理论体系

张紫阳的丹道理论体系，主要源于《周易参同契》，可综述为“三五与一”。《周易参同契·太阳流珠章》云：

> 三五与一，天地至精，可以口诀，难以书传。

“三五与一”，是借用河洛术数的道理。水的成数为六，生数为一；金的成数为九，生数为四；火的成数为七，生数为二；木的成数为八，生数为三；土的成数为十，生数为五。“金水合处”，二者生数之和为五；“木火为侣”，二者生数之和为五；土的生数本就为五；此即“三五”。“与一”，就是三家相见、五气朝元，返还先天一气。“三五与一”，表示由后天返还先天，即还丹过程。这也是张紫阳的丹道理论框架。《悟真篇》讲：

> 三五一都三个字，古今明者实然稀。东三南二同成五，北一西方四共之。戊己自归生数五，三家相见结婴儿。是知太一含真气，十月胎圆入圣基。

在《河图》《洛书》中，金与水为一家，故称“金水合处”；木与火为一家，故称“木火为侣”。水为坎（☵），也称为铅，在丹道中代表肾中之精；坎（☵）中真阳，也称金，在丹道中代表气。炼精化气，即由阴中生阳、水中出金、铅中出银。火为离（☲），也称为砂，在丹道中代表心中之识。炼己还神，即由阳中生阴、火中生木、砂中生汞。气在精中，称为华池、玉蕊、婴儿、戊（阳）土等。砂中之汞，称为神水、水银、姹女、己（阴）土等。戊（阳）土、己（阴）土同类相从，阴阳冲和，如婴儿姹女匹配夫妇，结成真种，栽培于丹田。丹道强调由后天返还先天，后天是成数，先天为生数，故用生数。“金水”生数和为五，“木火”生数和为五，“土”的生数亦为五，故称“三五”。“三五与一”，即以符号抽象地表示炼丹的理论。张紫阳讲：

> 木生火，金生水，水火须分前后队。要辨浮沉识主宾，铅银砂汞方交会。②

---

① 《紫阳真人悟真篇注疏》卷八，载《道藏》第2册，第967页上。

② 同上，第964页中。

偃月炉中玉蕊生，朱砂鼎内水银平。只因火力调和后，种得黄芽渐长成。①

二物会时性情合，五行全处龙虎蟠。本因戊己为媒娉，遂使夫妻镇合欢。②

赤龙黑虎各西东，四象交加戊己中。复姤自兹能运用，金丹谁道不成功。③

离坎若还无戊己，虽含四象不成丹。只缘彼此怀真土，遂使金丹有返还。④

阴阳冲和，获得真种，需要的时间并不长。但培育真种，完成丹道修炼，还需要一个较长的过程。张紫阳讲：

不识玄中颠倒颠，争知火里好栽莲。牵将白虎归家养，产下明珠似月圆。

谩守药炉看火候，但安神息任天然。群阴剥尽丹成熟，跳出樊笼寿万年。⑤

3. 方法体系

《悟真篇》的方法主要来源于《道德经》《阴符经》等，张紫阳讲："《阴符》宝字逾三百，《道德》灵文止五千。今古上仙无限数，尽于此处达真诠。"综合《悟真篇》的内容，其丹法可谓"始于有为，终于无为"。张紫阳讲："始于有作无人见，乃至无为众始知。但信无为为要妙，孰知有作是根基?"有为得机，无为合道。

(1) 有为得机

"有为"则用"颠倒"，即老子的"反"或"返"。老子讲："与物反矣，然后乃至大顺。"又讲："我独异于人，而贵食母。"张紫阳将"颠倒"引申为子母颠倒、阴阳颠倒、宾主颠倒等，用于说明丹法。张紫阳讲：

此法真中妙更真，都缘我独异于人。自知颠倒由坎离，谁识浮沉定主宾。

金鼎欲留朱里汞，玉池先下水中银。神功运火非终旦，现出深潭日一轮。

---

① 《紫阳真人悟真篇讲义》卷三，载《道藏》第3册，第43页上。
② 《紫阳真人悟真篇讲义》卷二，载《道藏》第3册，第37页中。
③ 《紫阳真人悟真篇讲义》卷三，载《道藏》第3册，第46页上。
④ 同上，第45页中。
⑤ 《紫阳真人悟真篇注疏》卷三，载《道藏》第2册，第928页中。

“坎离颠倒”，即子母颠倒。坎中出金，即水生金；离中出木，即火生木。由子生母，故为子母颠倒。张紫阳讲：

> 震龙汞自出离宫，兑虎铅生在坎方。二物总因儿产母，五行全要入中央。①

“浮沉”，水性阴，本润下而反逆升成阳；火性阳，本炎上而反顺降为阴。此为阴阳颠倒。又，离为火属阳，而所用者为离中之阴；坎为水属阴，而所用者为坎中之阳。此为阴阳颠倒。张紫阳讲：

> 木生火，金生水，水火须分前后队。要辨浮沉识主宾，铅银砂汞方交会。（《悟真篇注疏》卷八）
>
> 日居离位反为女，坎配蟾宫却是男。不会个中颠倒意，休将管见事高谈。②

“主宾”，坎中生气，为宾为彼，反而先行；离本主神，为主为我，反而后随。此即宾主颠倒。张紫阳讲：

> 用将须分左右军，饶他为主我为宾。劝君临阵休轻敌，恐丧吾家无价珍。③

若会“颠倒”，则能得丹。张紫阳讲：

> 不识玄中颠倒颠，争知火里好栽莲。牵将白虎归家养，产下明珠似月圆。

“颠倒”的内涵是“逆向获取”，《阴符经》称为“盗”或“贼”。《阴符经》讲：

> 天地，万物之盗；万物，人之盗；人，万物之盗也。

张紫阳讲：

> 三才相盗食其时，《道德》《阴符》显圣机。④

---

① 《紫阳真人悟真篇讲义》卷五，载《道藏》第3册，第52页下。
② 《紫阳真人悟真篇注疏》卷四，载《道藏》第2册，第933页下。
③ 《紫阳真人悟真篇注疏》卷五，载《道藏》第2册，第939页下。
④ 《紫阳真人悟真篇讲义》卷五，载《道藏》第3册，第54页下。

《阴符经》讲："天有五贼，见之者昌。""五贼"即五行相生相克的关系。所生者为生者之贼，克者为能克者之贼。张紫阳引申而用之，《悟真篇》云：

> 先且观天明五贼，次须察地以安民。民安国富当求战，战罢方能见圣人。①

"盗"或"贼"有其"机"，识其机而用之，则是丹道的原则。《阴符经》讲：

> 其盗机也，天下莫能见，莫能知。君子得之固躬，小人得之轻命。

所以，张紫阳讲：

> 天地盈虚自有时，审能消息始知机。由来庚甲申明令，杀尽三尸道可期。②

(2) 无为合道

"无为"是得了"根基"之后的事情。老子讲："无为而无不为。"又讲："为无为，则无不治。""根基"又称为"真种子"，张紫阳讲：

> 鼎内若无真种子，犹将水火煮空铛。③

得了"真种子"之后，张紫阳讲：

> 要知炼养还丹法，宜向家园下种栽。不假吹嘘并着力，自然果熟脱真胎。④

"不假吹嘘并着力"之"自然"，就是"无为"。

"无为"并非不为，而是要"持盈保泰""止安防危"。张紫阳讲：

> 未炼还丹须急炼，炼了还须知止足。若也持盈未已心，不免一朝遭殆辱。⑤
>
> 兔鸡之月及其时，刑德临门药象之。到此金砂宜沐浴，若还加火必

① 《紫阳真人悟真篇注疏》卷六，载《道藏》第2册，第950页上。
② 同上，第948页下。
③ 《紫阳真人悟真篇注疏》卷四，载《道藏》第2册，第934页下。
④ 《紫阳真人悟真篇讲义》卷五，载《道藏》第3册，第52页下。
⑤ 同上。

倾危。①

"无为"主要是温养"丹胎"的过程，其"持盈保泰""止妄防危"也是"无为"乘道而已，并无其他。张紫阳讲：

万物芸芸各返根，归根复命即常存。知常妙道人难会，妄作招凶往往闻。②

得了"真种子"，温养"丹胎"的过程，是自然而然的，犹如果熟枝上、子成母腹。张紫阳讲：

果生枝上终期熟，子在胞中岂有殊。

"有为"的目的是"无为"。"有为"获得"根基""真种"，然后"无为"乘自然之道而返还自然之道。所以，张紫阳讲：

万化既安诸虑息，百骸俱理证无为。③

虽然"道"无为，没有主体意识、没有目的，但修道的人有主体意识、有目的。人的"有为"，其背后仍然是"道"的无为，若非如此，"有为"无效。人的"无为"有主体意识、有目标、有拣择，是通过为"无为"——乘"道"而为以达到目的。丹道家所谓的"合道"，是合自己想要的"道"。丹道修炼，就是乘"道"而为以返还于自己想要的"道"，此即丹法。

丹道著作一般都用隐语写成，《悟真篇》也不例外。清代傅金铨的《悟真四注》云：

丹经有微言，有显言，有正言，有疑似之言，有比喻之言，有影射之言，有旁敲侧击之言。有丹理，有口诀。似神龙隐现，出没不测，东露一鳞，西露一爪，所以读者必须细心寻求也。④

《悟真篇》的丹道思想、理论和方法，极其丰富，因行文的缘故，本处研究仅能管窥一斑。

---

① 《紫阳真人悟真篇讲义》卷四，载《道藏》第3册，第49页下。
② 《紫阳真人悟真篇讲义》卷五，载《道藏》第3册，第53页中。
③ 《紫阳真人悟真篇注疏》卷六，载《道藏》第2册，第950页下。
④ 《悟真篇浅解》，第258页。

二、丹道南宗的传承源流

南宗传承源流在白玉蟾手中始得阐明。白玉蟾在《题张紫阳薛紫贤真人像》中讲：

> 昔李亚以金汞刀圭火符之诀，传之钟离权，权以是传吕岩叟，岩叟以是传之刘海蟾，刘传之张伯端，张于难中感杏林石泰之德，因以传之。泰，邠州人也，事成，游毗陵，授之于蜀僧道光。光之门有行者道楠，号为陈泥丸，即先师也。①

根据这一题述，则南宗丹法的传承脉络为“李亚—钟离权—吕洞宾—刘海蟾—张紫阳—石杏林—薛紫贤—陈泥丸—白玉蟾”。

（一） 南宗传承祖师生平

在南宗的传承祖师中，钟离权、吕洞宾、刘海蟾、张紫阳的生平前节已述，此处不赘。至于祖师李亚，或谓汉末的李八百，或谓李八百之妹李脱或李真多，或谓八仙之一的李铁拐，均属猜测，白玉蟾并无确指。李亚应是白玉蟾构建传承体系中的神仙人物，并非人间实有之人。因此，此处介绍的南宗祖师依顺序为石杏林（翠玄）、薛道光（紫贤）、陈泥丸（翠虚）、白玉蟾（紫清），南五祖以后的不作介绍。

1. 石杏林

石杏林是南宗第二代宗师，道成后，著《还源篇》，传丹法于薛道光。关于石杏林的生平资料极少，主要见于《悟真篇本末事迹》《仙鉴》。

石杏林，名泰，字得之，号翠玄子，北宋真宗乾兴元年（1022）生于常州（今江苏常州），也有说为邠州人（今陕西彬县一带）。石杏林曾为“凤翔府扶风县杏林驿人”，因此，后人称以地名表示尊重。石杏林在《还源篇序》中自述：

> 泰素慕真宗，遍游胜境，参传正法，愿以济世为心；专一存三，尤以养生为重。……昔年于驿中遇先师紫阳张真人，以简易之语不过半句，其证验之效只在片时，知仙之可学，私自生欢喜。②

公元1077—1078年间，石杏林助张紫阳脱“黥窜”之罪，张紫阳遂将《悟

① 《白玉蟾全集》，第34页。
② 《还原篇序》，载《道藏》第24册，第212页上。

真篇》及其丹法要诀尽数传于石杏林。石杏林得法后，隐居在凤翔府一带修行，且于扶风县杏林驿当差，一直过着“隐于野”的生活。

北宋徽宗崇宁五年（1106），石杏林八十五岁，薛紫贤在今陕西眉县青镇（今陕西眉县板芽镇清湫村①）遇到石杏林，拜其为师，得授诀要。《薛紫贤事迹》记载：

> 崇宁丙戌岁冬，寓郿县青镇，听讲佛事，适遇凤翔府扶风县杏林驿人石泰字得之，年八十五矣，绿发朱颜，神宇不凡，夜事缝纫。道源（薛紫贤）密察焉，心因异之，偶举张平叔诗曲，石攫然，（薛紫贤）曰：“识斯人乎？”（石杏林）曰：“吾师也。”……道源闻石泰说是语已，稽首皈依，请因受业，卒学大丹，及复受得口诀真要。②

《仙鉴》记载，石杏林世寿一百三十七岁，于南宋高宗绍兴二十八年（1158）八月十五日羽化，留颂云：

> 雷破泥丸穴，真身驾火龙，不知谁下手，打破太虚空。③

2. 薛紫贤

薛紫贤是南宗第三代宗师。薛紫贤，一名式，一名道源，字太原，生于北宋神宗元丰元年（1078），曾出家为僧，法号紫贤，又号毗陵。关于薛紫贤的籍贯，一说为陕府（今河南陕县）鸡足山人，一说为阆州（今四川阆中）人。《薛紫贤事迹》记载：

> 道源姓薛名式，陕府鸡足山人也。尝为僧，法号紫贤。④

《仙鉴》记载：

> 薛道光，一名式，一名道源，陕府鸡足山人也。一云阆州人，字太原。尝为僧，法号紫贤，一号毗陵禅师。⑤

白玉蟾《题张紫阳薛紫贤真人像》也有“蜀僧”之说，考其源，北宋亡后，薛

---

① 据《郿县志》，青镇为清湫镇，今陕西省眉县板芽镇清秋村。
② 《薛紫贤事迹》，载《道藏》第2册，第1024页下。
③ 《历世真仙体道通鉴》卷四十九《石泰》，载《道藏》第5册，第384页下。
④ 《薛紫贤事迹》，载《道藏》第2册，第1024页中。
⑤ 《历世真仙体道通鉴》卷四十九《薛道光》，载《道藏》第5册，第384页下。

道光可能在阆中驻锡。所以，世人讹传薛紫贤是四川阆中人。

薛紫贤早年为禅僧，云游长安（今西安市）参学，曾于开福寺长老修严、如环等座下参禅。一日，薛紫贤闻人用桔槔汲水，豁然解悟，说偈云：

> 轧轧相从响发时，不从他得豁然知。桔槔说得无生曲，井底沉蛇舞拓枝。①

薛紫贤的见地得到了长老修严、如环的印可。《薛紫贤事迹》讲：

> 云游长安，留开福寺，参长老修严，严与道眼因缘，金鸡未鸣，如何后这音响。又参僧如环，如何是超佛祖之谈，糊饼圆陀陀地。闻桔槔顿有省悟，有颂曰："轧轧相从响发时，不从他得豁然知。桔槔说得无生曲，井底沉蛇舞拓枝。"二老然之。自尔顿悟无上秘密、圆明真实法要，机锋迅速，宗说兼通，且复雅志金丹道养。②

北宋徽宗崇宁五年（1106）冬，二十九岁的薛紫贤得遇石杏林，"稽首皈依，请因受业"，遂为南宗弟子。

早期南宗弟子多为在家人，经济拮据，闭关专修则需资助。如张紫阳，曾在陆诜、马默等人帐下为幕僚。薛紫贤纵然是出家人，若无居士供养，也难专心办道。石杏林初传丹诀后，嘱咐薛紫贤说："往通邑大都，依有德有力者，可即图之。"③ 于是，薛紫贤得诀后，投奔开封张环卫，入圜办道。白玉蟾《四山法语》说：

> 张平叔得马都运④而后事遂，薛道光得张环卫而后丹成。⑤

北宋徽宗宣和二年（1120），薛紫贤四十三岁，石杏林已九十九岁，薛紫贤到今江苏常州再次拜见石杏林，得授全部丹诀。薛紫贤在《还丹复命篇序》自述：

> 宣和庚子岁得至人口诀。⑥

---

① 《薛紫贤事迹》，载《道藏》第 2 册，第 1024 页中。
② 同上，第 1024 页中下。
③ 同上，第 1024 页下。
④ 指马默。
⑤ 《紫阳真人悟真篇注疏·序》，载《道藏》第 2 册，第 911 页中。
⑥ 《还丹复命篇序》，载《道藏》第 24 册，第 191 页上。

后薛紫贤在常州（今江苏常州）、嘉州（今四川乐山）等地修行，陈泥丸在嘉州遇到薛紫贤，得授丹法。

南宋光宗绍熙二年（1191），薛紫贤一百一十四岁，当年九月初九日在四川羽化，留颂云：

> 铁马奔入海，泥蛇飞上天。蓬莱三岛路，元不在西边。①

薛紫贤留下的著作有《还丹复命篇》《丹髓歌》等。

3. 陈泥丸

陈泥丸为南宗第四代宗师。陈泥丸，名楠，字南木，号翠虚，为惠州博罗（今广东惠州博罗县）人，也有说为琼州（今海南省）人，因用泥丸为人疗疾而得号“泥丸”。南宋陈与行《跋陈泥丸真人翠虚篇》（1217）云：

> 先生陈氏子，讳楠，字南木，惠州博罗人，以盘栊箍桶为业，浮湛俗间，人无知者。……人以疾苦，撮土与之，随疗而愈，故俗呼陈泥丸。先生其自号，则翠虚翁也。西华真人传之张紫阳。张传之石翠元，石传之薛紫贤，薛传之陈翠虚。②

陈泥丸生年不详，自幼学道于薛紫贤。白玉蟾《翠虚陈真人得法记》记载：

> 先生姓陈名楠，字南木，号翠虚翁。家世为琼州人。幼年师事薛道光，得太乙火符之秘。丹道既成，复归桑梓，以箍桶为业，混迹民间。③

陈泥丸得授丹法后回到故乡惠州，隐居民间以箍桶为业，并以符法和丹功为人疗疾，远近闻名。

南宗丹脉到陈泥丸之时，风气有所转变。一是陈泥丸引雷法入南宗传承。陈泥丸的雷法约有两种，即《高上景霄三五混合都天大雷琅书》《太上三五邵阳铁面火车五雷大法》，二者皆属神霄法系。陈泥丸得到《高上景霄三五混合都天大雷琅书》的时间为南宋宁宗嘉定元年（1208）。白玉蟾《翠虚陈真人得法记》记载：

> 嘉定戊辰，游黎母山，遇一道人，笑谓先生曰：“子得薛紫贤太乙火符之旨，但未知太乙雷霆之法，亦可惜也。”先生谓道人曰：“某慕道而已，不欲

① 《历世真仙体道通鉴》卷四十九《薛道光》，载《道藏》第5册，第385页上。
② 《跋陈泥丸真人翠虚篇》，载《白玉蟾全集》（校注本）第954页。
③ 《道法会元》卷一百零八《翠虚真人得法记》，载《道藏》第29册，第483页中。

> 多学，以分其志。”道人笑曰：“子何其愚也。独善一身，不能功及人物，神仙不取。是故张正一战鬼于西川，许敬之斩蛇施药，古今所传，不可诬也。”先生稽首而言曰：“山野一贫如许，安得质信，以传此法?”道人首肯而言曰：“得人即传，又焉用利。子能信奉，施功及众，即吾之功。”引至岩石之下，开一石穴，取《都天大雷法》付之。……临行顾谓陈君曰：“吾非凡人，即雷部都督辛忠义也。吾师汪真人亲授玉清真王付度，今付与汝。”回首蹑身云端，目送不见其处。①

由“吾师汪真人亲授玉清真王付度”可知，此法源于唐代汪火君，属神霄雷法。

陈泥丸得到《太上三五邵阳铁面火车五雷大法》的时间，应与《高上景霄三五混合都天大雷琅书》同时。《道法会元》记载：

> 昔邵阳将军得遇六波天君，密付此印，同雷部辛天君于海南授与陈泥丸真人，传流至此。②

《太上三五邵阳铁面火车五雷大法》也应属于神霄法系，其“主法”为“高上神霄玉清真王长生大帝”。《道法会元》卷一百二十二的《太上三五邵阳铁面火车五雷大法》云：

> 高上神霄玉清真王长生大帝。
> 雷霆都司元命真人。
> 九州都仙太史高明大使神功妙济真君。③

二是陈泥丸打破南宗历代单传一人的局面，传丹法于多人。在陈泥丸之前，鉴于张紫阳“三传非人，三遭祸患”④，石杏林、薛紫贤都不曾广传丹法。陈泥丸则不然，他认为张紫阳“三遭祸患”，是因为“彼一时自无眼力，又况运心不普”⑤。“自无眼力”指鉴人不准，“运心不普”即道心不广。陈泥丸传丹法于多人，姓名可考者有鞠九思⑥、沙道昭⑦、白玉蟾。南宋陈与行与白玉蟾有交往，

---

① 《道法会元》卷一百零八《翠虚真人得法记》，载《道藏》第 29 册，第 483 页中下。
② 《道法会元》卷一百二十三《太上三五邵阳铁面火车五雷大法》，载《道藏》第 29 册，第 594 页下。
③ 《道法会元》卷一百二十二《太上三五邵阳铁面火车五雷大法》，载《道藏》第 29 册，第 583 页上。
④ 《悟真篇后序》，载《道藏》第 2 册，第 968 页上。
⑤ 《白玉蟾全集》，第 145 页。
⑥ 鞠九思，号九霞子，生卒不详。陈楠的《翠虚篇》中有《水调歌头·赠九霞子鞠九思》。《仙鉴》卷四十九《朱橘》记载，鞠九思传道于朱橘，朱橘有弟子郑孺子。《罗浮山志》记载，郑孺子后又师学于白玉蟾。
⑦ 沙道昭，号蛰虚子，生卒不详。陈楠的《翠虚篇》中有《鹊桥仙·赠蛰虚子沙道昭》。

他在《跋陈泥丸真人翠虚篇》中讲：

> 翠虚之门，有鞠九思、沙道昭、白玉蟾，皆心传口授其高弟也。是三人者，不可得而见，幸白公岁一逢焉。①

三是刊印丹经、雷书。陈泥丸鼓励弟子白玉蟾辑刊丹经、雷书，说："散行天下，使修仙之士可以寻文揣义，妙理昭然，是乃天授矣。何必乎笔舌之传之哉!"② 又说："吾将点化天下神仙，苟获罪者，天其不夭乎！经云：'我命在我，不在于天。'何谴之有?"③ 在陈泥丸的支持和鼓励下，白玉蟾整理、刊印了大批丹道、雷法经典，为南宗传承做出了重要贡献。自陈泥丸之后，南宗才形成了道教教团。

南宋宁宗开禧元年（1205）八月中秋夜，陈泥丸传丹法于白玉蟾。白玉蟾《必竟恁地歌》云：

> 开禧元年中秋夜，焚香跪地口相传。揭④尔行持三两日，天地日月软如绵。忽然嚼得虚空破，始知钟吕皆参玄。⑤

南宋宁宗嘉定五年（1212），陈泥丸传雷法于白玉蟾。白玉蟾在《翠虚陈真人得法记》中讲：

> 嘉定壬申，先生不鄙，以付玉蟾。⑥

南宋宁宗嘉定四年（1211），陈泥丸羽化于漳州。陈与行的《跋陈泥丸真人翠虚篇》记载：

> 嘉定四年春，作颂言出世意。四月，赴鹤会于朝阳，执事者以其茹荤膻恶涕，坐之户外。适有持片竹若箍桶者入，呼之起，与喧争。至危桥，俱溺而逝。道家所谓水解云。⑦

但是，从白玉蟾的《谢仙师寄书词》来看，陈泥丸水解后还曾数次出现，

---

① 《跋陈泥丸真人翠虚篇》，载《白玉蟾全集》（校注本），第 955 页。
② 《白玉蟾全集》，第 145 页。
③ 同上。
④ 揭，读音［qiè］，语气助词。
⑤ 《白玉蟾全集》，第 724 页。
⑥ 《道法会元》卷一百零八《翠虚真人得法记》，载《道藏》第 29 册，第 483 页下。
⑦ 《跋陈泥丸真人翠虚篇》，载《白玉蟾全集》（校注本），第 954 页。

一是嘉定五年（1212），二是嘉定六年（1213）“秋月之夕”，三是嘉定八年（1215）“春雨之天”。《谢仙师寄书词》云：

> 恭惟圣师泥丸翠虚真人，拓世英雄，补天手段。心传云雨深深旨，手握雷霆赫赫权。顾玉蟾三代感师恩，十年侍真驭。说刀圭于癸酉秋月之夕，尽归于乙亥春雨之天。终身怀大宝于杳冥，永劫守玄珠之清净。①

陈泥丸的丹道著作为《翠虚篇》，雷法著作为《太上三五邵阳铁面火车五雷大法》《高上景霄三五混合都天大雷琅书》。

4. 白玉蟾

白玉蟾为南宗第五代宗师。白玉蟾本姓葛，名长庚，字如晦，自号玉蟾，出生于海南琼州（今海南海口市秀英区石山镇典读村），祖父名葛有兴，父亲名葛振业。白玉蟾幼年丧父，其母改嫁雷州白氏，遂改姓白。《海琼玉蟾先生事实》云：

> 姓葛名长庚，字白叟，先世为福建之闽清人。母梦食一物如蟾蜍，觉而分娩。大父有兴董教琼琯，绍熙（兴）甲寅三月十五日生于琼州。七岁能诗赋，背诵九经。父亡，母改适。……至雷州，继白氏后，改姓白……②

也有典籍记载，白玉蟾本姓诸葛，名猛。元代薛师淳的《洞玄玉枢雷霆大法·事实》记载：

> 宗师白真人，海琼人也，元姓诸葛，名猛。生而聪明，长而奇异。睹石火之无光，叹白驹之过隙，遂舍富贵而志慕神仙，混名曰白玉蟾，盖欲隐其姓名也。③

白玉蟾祖父葛有兴主管琼州的教育，白玉蟾幼承庭训，聪慧异常。《武夷山志》记载：

> 白玉蟾，字如晦，号琼琯，又号云外子，本姓葛，名长庚。祖有兴，闽清人，司训琼州。绍兴初，玉蟾生于琼。父殁，适白氏，因冒其姓。幼敏慧，十岁应神童科，命赋织机诗，即应声曰：“山河大地作织机，百花如锦柳如

---

① 《谢仙师寄书词》，载《白玉蟾全集》（校注本），第644页。

② 《白玉蟾全集》，第987页。

③ 《道法会元》卷一百四十七《洞玄玉枢雷霆大法·事实》，载《道藏》第29册，第763页下。

丝。虚空白处做一匹，日月双梭天外飞。”①

白玉蟾的出生年代有两说，一说生于南宋光宗绍熙甲寅年（1194）三月十五日（夏历），一说则为南宋高宗绍兴甲寅年（1134）。二说相差一个甲子，虽年代悬殊，但各有其据。

绍熙说者，依据白玉蟾弟子彭耜②的《海琼玉蟾先生事实》，其中记载：“先生姓葛……是生于琼，盖绍熙甲寅三月之十五日也。”③《海琼玉蟾先生事实》还说：“绍定己丑（1229）冬，或传先生解化于盱江。先生尝有诗云：‘待我年当三十六，青云白鹤是归期。’以岁计之，似若相符。”④由此判断，白玉蟾生于公元1194年。

绍兴说者，最早见于明弘治年间（1488—1505）衷仲孺的《武夷山志》，其中记载：“绍兴初，玉蟾生于琼。”⑤明代史家何乔远（1558—1631）的《闽书》记载：“是生于琼，盖绍兴甲寅三月十五日也。”其中引用《鹤林彭耜传》云：

> 先生姓葛，讳长庚，字白叟，福之闽清人也。母梦食一物如蟾蜍，觉而分娩。时大父有兴董教琼管（按：应为琯），是生于琼，盖绍兴甲寅三月之十五日。⑥

这种生辰说法，也可见证于白玉蟾的诗词著作当中。白玉蟾在《水调歌头·自述十首》中说：“虽是蓬头垢面，今已九旬来地，尚且是童颜。”⑦《谢仙师寄书词》云：“玉蟾素志未回，初诚宿恪，自嗟蒲柳之质，几近桑榆之年，老颊犹红，如有神仙之分；嫩须再黑，始归道德之源。”⑧《兰陵王》词中讲：“应可惜年华。辜负时候。九十韶光那得久。问芍药觅醉，牡丹索笑。三万六千，能几度，君知否？”⑨《书怀》云：“韶光九十去无几，春雨春烟销翠芜。”⑩这些诗句都说明白玉蟾年过九旬，与绍兴说正好相合。

两说对比，“绍熙”说疑点更多。《海琼玉蟾先生事实》中的“绍熙甲寅

---

① 《武夷山志》卷十八《白玉蟾》，载《藏外道书》第33册，第289页上。
② 耜，读音[sì]。
③ 《白玉蟾全集》，第987页。
④ 同上，第988页。
⑤ 《武夷山志》卷十八《白玉蟾》，载《藏外道书》第33册，第289页上。
⑥ 《闽书》卷四《方域志·闽清县·芹山》，第1册，第89页。
⑦ 《白玉蟾全集》，第437页。
⑧ 同上，第168页。
⑨ 同上，第920—921页。
⑩ 《白玉蟾全集》（校注本），第378页。

(1194)”，应为“绍兴甲寅（1134）”之误。明万历朝何乔远《闽书》用《鹤林彭耜传》的绍兴说，清雍正朝郑方坤撰集的《全闽诗话》中，有《羽士缁流》，其中亦标明引用彭耜的《白玉蟾传》，说：“先生姓葛，讳长庚，字白叟，福之闽清人。母梦食一物如蟾蜍，觉而分娩。时大父董教琼管，是生于琼，盖绍兴甲寅三月之十五日。”① 这说明，“绍兴”说本出于彭耜，《海琼玉蟾先生事实》中的“绍熙”说，应为传抄之误。另外，《全宋诗》录有白玉蟾的《别李仁甫》。李仁甫，名焘，号巽岩，生于政和五年（1115），卒于淳熙十一年（1184）。此诗写于公元1184年以前，这说明白玉蟾生于公元1194年的说法不可信。

至于“待我年当三十六，青云白鹤是归期”之说，明永乐朝陈琏廷在《增补罗浮山志》中讲：

> 考耜为玉蟾弟子，所纪当实，蟾生绍兴甲寅，至绍定己丑，计九十六岁。云三十六岁者，除去一甲子也。②

以上研究说明，后世所传“绍熙”乃是“绍兴”之误。至于“待我年当三十六，青云白鹤是归期”，这是道门的甲子余数纪寿法。白玉蟾实际上生于公元1134年。

少年时期的白玉蟾本怀报国之志。当时宋朝屡遭外族侵略，白玉蟾学习兵法纵横之术，还习练剑术骑射，以图报国。白玉蟾在《长歌行》诗中云：

> 幼时气宇壮，长日文彩鲜。琴剑微暖席，江湖动经年。③

白玉蟾大约在十六岁时，“任侠杀人，亡命之武夷”④。白玉蟾在《华阳吟三十首》中说：

> 家在琼崖万里遥，此身来往似孤舟。夜来梦趁西风去，目断家山空泪流。⑤

离家出走后，白玉蟾先后参禅、学道，经历了长期辛酸的云游生活。他在《云游歌》中讲：

① 《全闽诗话》，第529页。
② 《罗浮志补》卷七《白玉蟾》，载《藏外道书》第32册，第715页上。
③ 《白玉蟾全集》，第629页。
④ 《江西通志》卷一百八十记载：“白玉蟾，姓葛名长庚，尝任侠杀人，亡命之武夷。”
⑤ 《白玉蟾全集》，第855页。

云游难，云游难，万里水烟四海宽。说着这般滋味苦，教人怎不鼻头酸。①

根据白玉蟾《云游歌》的描述，其云游路线是：琼州—广东—漳城—兴化军（莆田）—罗源兴福寺—宁德霍童支提山—剑浦—建宁—武夷山—龙虎山上清宫—江南东西路—荆湖南北—两浙路—西蜀—广州罗浮—江淮。

在经历了辛苦的云游参学后，公元1205年，即白玉蟾七十二岁时，他在陈泥丸处得授丹法。《必竟恁地歌》记载了白玉蟾学习南宗丹法的心路历程。白玉蟾在《必竟恁地歌》中讲，他早年并不相信丹道，更不相信与符箓、神仙相关的雷法。他说：

我生不信有神仙，亦不知有大罗天。那堪见人说蓬莱，掩面却笑渠风颠。七返还丹多不实，往往将谓人虚传。世传神仙能飞升，又道不死延万年。肉既无翅必坠地，人无百岁安可延？满眼且见生死俱，死生生死相循旋。②

自从遇见陈泥丸后，他觉得丹法可学，仙道可期。他讲：

翠虚真人与我言，他所见识大不然。恐人缘浅赋分薄，自无寿命归黄泉。人身只有三般物，精神与气常保全。其精不是交感精，乃是玉皇口中涎；其气即非呼吸气，乃知却是太素烟；其神即非思虑神，可与元始相比肩。我闻其言我亦怖，且怖且疑且擎拳。但知即日动止间，一物相处常团圆。此物根蒂乃精气，精气恐是身中填。岂知此精此神气，根于父母未生前。三者未尝相反离，结为一块大无边。人之生死空自尔，此物湛寂何伤焉。吾将矍然以自思，老者必不虚其言。是我将有可受业，渠必以此示言诠。③

白玉蟾理解了陈泥丸的丹法后，在南宋宁宗开禧元年（1205）八月中秋夜，正式拜师，得授丹法，经过实践后，得到了意想不到的效果。他讲：

开禧元年中秋夜，焚香跪地口相传。揭尔行持三两日，天地日月软如绵。忽然嚼得虚空破，始知钟吕皆参玄。

在《必竟恁地歌》中，白玉蟾说明他得授丹法时已非“少年”，并且自我策励，要圆满“八百”与“三千”功行。他讲：

---

① 《白玉蟾全集》，第714页。
② 同上，第724页。
③ 同上。

吾之少年早留心，必不至此犹尘缘。且念八百与三千，云鹤相将来翩翩。①

白玉蟾不仅是南宗丹法的集大成者，还是南宋神霄雷法的一代宗师。雷法是符箓与丹道融合的产物。符箓派内丹主张通过修炼元命，由外及内；丹鼎派内丹，则主张通过双修性命，由内及外；但最高境界都是要“内外圆通”“与道合真”。北宋末期，符箓派中的雷法趋于成熟，将丹道与符箓融为一体，既讲究注思、存神、丹术的修炼，又讲究符箓、诀印、咒法的配合。两宋时期流行的雷法主要有神霄、清微、天心等派系。

公元1212年，白玉蟾从陈泥丸处得授《高上景霄三五混合都天大雷琅书》。白玉蟾在《翠虚陈真人得法记》讲：

嘉定壬申，先生不鄙，以付玉蟾。今以授之鹤林。得人即传，非人勿示，以有天机。②

除此“都天大雷法”之外，白玉蟾还从辛天君处得授《洞玄玉枢雷霆大法》、从陈泥丸处得授《太上三五邵阳铁面火车五雷大法》、从上官真人处得授《先天雷晶隐书》。《洞玄玉枢雷霆大法·事实》云：

宗师白真人……一日，云游至广南山路，遇一人衣服褴褛，问白君曰：“子将何之?”白君曰：“愿见明师，参传道法。”遂与之同宿大慈寺傍旅店。饮酒之余，双目火光照耀上下，褴褛之衣变为皂袍，语白君曰：“吾乃雷霆猛吏辛某也。汝宿有仙骨，心存济利，吾故变相示汝。”击案三声，而刘帅立现。辛君曰：“此将司雷霆风雨之权，掌枢机二台之职，护帝驾出入，能救民疾苦，事无大小，叩之即应。今以授汝。其职则上殿卷帘大将军、九天云路护驾使、枢机二台节制使、神霄玉枢洞玄执律苍牙铁面刘神君，其法则名《洞玄玉枢雷法》。”后又于海上倚玉阑干，授以洞玄之秘。白君得法于陈泥丸，得法于辛天君，皆神仙聚会，非偶然也。③

《先天雷晶隐书·道妙》云：

此法侍宸（王文卿）所秘，本古玉枢三帅，至宣和时内藏所禁，不许妄

① 《白玉蟾全集》，第724—725页。
② 《道法会元》卷一百零八《翠虚真人得法记》，载《道藏》第29册，第483页下。
③ 《道法会元》卷一百四十七《洞玄玉枢雷霆大法·事实》，载《道藏》第29册，第763页下。

传。独上官祖师家传，得此以付之先师铁壁邹公、玉蟾白君。①

白玉蟾的羽化年代是个谜。彭鹤林《海琼玉蟾先生事实》说：

绍定己丑冬，或传先生解化于盱江，先生尝有诗云："待我年当三十六，青云白鹤是归期。"以岁计之，似若相符。逾年人皆见于陇蜀，又未当有死。②

按彭鹤林之说，白玉蟾似乎羽化于公元1229年，但他又进行了否定。宋末俞琰的《席上腐谈》记载：

维阳陈字宗道，号抱一子，有《立命篇》，绍定庚寅白玉蟾跋。③

绍定庚寅为公元1230年，是彭鹤林所说白玉蟾羽化的第二年。元人虞集的《景霄雷书后序》说：

琼崖先生白玉蟾系接紫阳，隐显莫测，今百数十年，八九十岁人多曾见之，江右遗墨尤多。④

元代赵道一的《仙鉴》干脆说："后纵游名山，莫知所之。或云尸解于海丰县。"⑤ 海丰县为今广东汕尾市北部。

白玉蟾一生著述非常丰富，传世的主要有《玉隆集》《上清集》《武夷集》《道德经章句注》等，后由其弟子彭耜辑为《海琼玉蟾先生文集》。又有谢显道等编录的《海琼白真人语录》、彭耜编的《海琼问道集》等，《道法会元》还收录有白玉蟾多篇雷法著作。

南宗丹法传到白玉蟾之时，理论与技法均达到了相当高度。白玉蟾的《修仙辨惑论》云：

玉蟾曰："读丹经许多年，如在荆棘中行，今日尘净鉴明，云开月皎，总万法而归一，包万幻以归真，以未知正在于何处下手用功也?"陈泥丸云："善哉问也！夫炼丹之要，以身为坛炉鼎灶，以心为神室，以端坐习定为采

---

① 《道法会元》卷八十四《先天雷晶隐书·道妙》，载《道藏》第29册，第341页中。
② 《白玉蟾全集》，第988页。
③ 见《丛书集成初编》，第322册。
④ 《道法会元》卷一百零八《景霄雷书后序》，载《道藏》第29册，第484页上。
⑤ 《历世真仙体道通鉴》卷四十九《白玉蟾》，载《道藏》第5册，第386页中。

取，以操持照顾为行火，以作止为进退，以断续不专为防堤，以运用为抽添，以真气薰蒸为沐浴，以息念为养火，以制伏身心为野战，以凝神聚气为守城，以忘机绝虑为生杀，以念头起处为玄牝，以打成一块为交结，以归根复命为丹成，以移神为换鼎，以身外有身为脱胎，以返本还源为真空，以打破虚空为了当，故能聚而成形，散则成气，去来无碍，逍遥自然矣。”①

白玉蟾弟子众多，姓名可考的有彭耜、留元长、孟煦、谢显道、张云友、叶古熙、赵牧夫、詹继瑞、陈守默、潘常吉、周希清、金志阳、胡士简、罗致大、洪知常、陈知白、方碧虚、林自然、桃源子、王金蟾、廖蟾辉、沈白蟾等。其中，最为著名的弟子为彭耜（1185—?）。

彭耜号鹤林，著有《道德真经集注》《道德真经集注释文》《道德真经集注杂说》等，是研究老学的重要资料。彭鹤林虽然擅长符箓，但他认为这并非大道正统，他在《道德真经集注序》中讲：

若夫秦汉方术之士所谓丹灶、奇技、符篆小数，尽举而归之道家，此道之绪余土苴者耳。学者当于此而有悟焉，则凿开混沌，剖破藩篱，以之治世则反朴而还淳，以之出世则超凡而入圣，然后知孔老无异法。②

彭耜与其弟子林伯谦等人创建“鹤林靖”，在福建福州一带传播南宗丹法与雷法，后世称为“鹤林宗”。

（二）南宗传承源流

在白玉蟾之前，张紫阳乃至陈泥丸都不曾明确祖述源流，只是隐于民间，埋头修持丹道。到了白玉蟾才追述源流。白玉蟾在《题张紫阳薛紫贤真人像》中说：

昔李亚以金汞刀圭火符之诀，传之钟离权，权以是传吕岩叟，岩叟以是传之刘海蟾，刘传之张伯端，张于难中感杏林石泰之德，因以传之。泰，邠州人也，事成，游毗陵，授之于蜀僧道光。光之门有行者道楠，号为陈泥丸，即先师也。

按照白玉蟾的描述，南宗传承体系为：华阳真人李亚—钟离权—吕洞宾—刘海蟾—张紫阳—石杏林—薛道光—陈泥丸—白玉蟾（见图 5-1）。

南宗的全称应该为钟吕派丹道南宗，所谓“南宗”，是相对于金大定年间王

① 《修仙辨惑论》，载《白玉蟾全集》（校注本），第 107—109 页。
② 《道德真经集注序》，载《道藏》第 13 册，第 106 页中。

重阳创立的“北宗”来说的。王重阳的《了了歌》讲：

> 汉正阳兮为的祖，唐纯阳兮做师父。燕国海蟾兮是叔主，终南重阳兮弟子聚。

由此可知，王重阳的丹法也来源于钟吕派。由于张紫阳、王重阳两系丹法源头的共同性，后世为了便于区分，将张紫阳一系称为钟吕派丹道南宗，王重阳一系称为钟吕派丹道北宗。

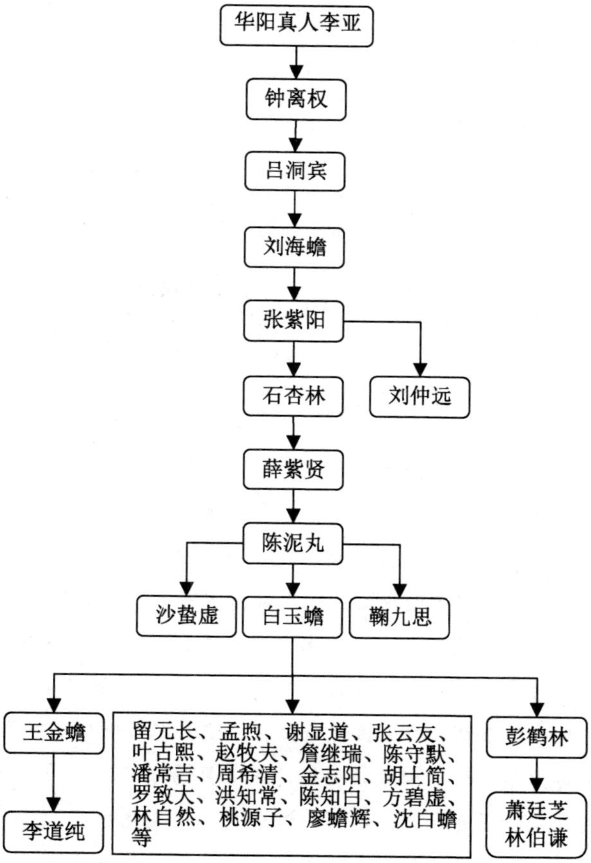

图 5-1　丹道南宗传承源流图

也有学者认为，张紫阳、王重阳的丹法源于刘海蟾、吕洞宾之说无法考证。但从丹法特征来看，张紫阳与王重阳的丹法，都是在继承钟吕派丹法的基础上发展而来的。所以，张紫阳与王重阳的丹法源于钟吕派之说是可信的。至于是否为吕洞宾、刘海蟾本人所传，很难考证。

三、南宗的支脉流派

按照现存的丹道典籍，如《悟真篇》《悟真篇记》《青华秘文》《悟真篇注释》等记载，在张紫阳名下，除了正统嫡传的石杏林一系，还有至少四条支脉。四条支脉中，刘仲远一脉见于《悟真篇》，马处厚一脉见于《悟真篇记》，王邦叔一脉见于《青华秘文》，刘永年一脉见于翁葆光的《悟真篇》三注和龙眉子的《金液还丹印证图》等。

（一）刘仲远支脉

刘仲远，名景，字仲远，生于公元967年，今广西桂林人。桂林刘仙岩石刻《桂林刘真人传迹》记载：

> 仙翁姓刘，名景，字仲远，桂林人也。……天台张平叔真人赠以长歌，叙以神仙造化之妙，公警悟，即与平叔、施肩吾从游，人莫知其契也。①

《桂林刘真人传迹》中的“天台张平叔真人赠以长歌”，与《悟真篇》记载相符。嘉祐末年（1063），张紫阳授刘仲远丹法，并赠丹歌——《赠白龙洞刘道人歌》，其内容为：

> 玉走金飞两曜忙，始闻花发又秋霜。徒夸籛寿千来岁，也似云中一电光。一电光，何太速，百年都来三万日，其间寒暑互煎熬，不觉童颜暗中失。纵有儿孙满眼前，却成恩爱转牵缠。及乎精竭身枯朽，谁解教君暂驻延。暂驻延，既无计，不免将身归逝水。但看古往圣贤人，几个解留身在世？身在世，也有方，只为时人没度量。竞向山中寻草木，伏铅制汞点丹阳。点丹阳，事迥别，须向坎中求赤血。捉来离位制阴精，配合调和有时节。时节正，用媒人，金公姹女结亲姻，金公偏好骑白虎，姹女常驾赤龙身，虎来静坐秋山里，龙向潭中奋身起。两兽相逢战一场，波浪奔腾如鼎沸。黄婆丁老助威灵，撼动乾坤走神鬼。须臾战罢云雨收，种个玄珠在泥底，从此根芽渐长成，随时灌溉抱真精。十月脱胎吞入口，不觉凡身已有灵。此个事，世间稀，不是等闲人得知。夙世若无仙骨分，容易如何得遇之。得遇之，宜便炼，都缘光景急如箭。要取鱼时须结罾，莫只临川空叹羡。闻君知药已多年，何不收心炼汞铅。莫教烛被风吹灭，六道轮回莫怨天。近来世上人多诈，尽著布衣称道者。问他金木是何般，噤口不言如害哑。却云伏气与休粮，别有门庭道路长。

① 《道家金石略》，第365页。

> 君不见，破迷歌里说，太一含真法最良，莫怪言辞多狂劣，只教时人难鉴别，惟君心与我心同，方敢倾怀向君说。①

从丹歌的最后一句可知，张紫阳当时把刘仲远当做知己，于是把丹诀传授与他。

刘仲远羽化于公元1085年，世寿一百一十八岁，传法弟子为逍遥子。

> 元丰八年②九月告其子曰："此形不可恃，吾亡日，当以火化。"一夕，无恙而逝。……后百余日，廉州合浦还珠驿密授东山逍遥子《金玄秘要诀》，并至家书于桂林。人知公尸解化矣，寿年一百一十八岁。③

从《桂林刘真人传迹》的"即与平叔、施肩吾从游"来看，刘仲远与当时的西山派丹道家施肩吾也有往来。

根据以上分析，刘仲远确实为张紫阳早期的一个传法弟子。

（二）马默支脉

马默（字处厚）一脉，仅得《悟真篇》真本，未得丹诀。陆思诚的《悟真篇记》记载：

> 处厚被召，临行平叔以此书授之，曰："平生所学，尽在是矣。愿公流布，当有因书而会意者。"默为司农少卿，南阳张公履坦夫为寺主簿，坦夫曰："吾龙图公之子婿也。"默意坦夫能知其术，遂以书传之坦夫。坦夫复以传先考宝文公。余时童丱，在傍窃取而读之不能通也。……学者当知此书传之寖广，独吾家之本为真。盖平叔之所亲授者也。余虽得之，愿力不足，当求同志者共成之。④

当时，张紫阳为马默幕僚，后马默受诏入京，张紫阳托付马默刊印《悟真篇》。马默赠《悟真篇》于陆诜的女婿张履，张履又转与陆诜之子陆师闵，陆师闵之子陆思诚继承了《悟真篇》。从马默"意坦夫能知其术"，到陆思诚"窃取而读之不能通也"，可知马默等人未得张紫阳传承，仅得《悟真篇》真本而已。

因此，马默等人算不上是南宗支脉。

---

① 《悟真篇浅解》，第170页。
② 宋神宗年号，公元1085年。
③ 《道家金石略》，第365—366页。
④ 《悟真篇记》，载《道藏》第2册，第968页下。

（三）王邦叔支脉

王邦叔得法经历见于《玉清金笥①青华秘文金宝内炼丹诀》。有些版本的《青华秘文》题记为“紫阳真人张伯端撰”“远师真人王邦叔授”“东和希古渔人刘元一受”。《青华秘文·序》云：

> 远师真人王邦叔，不知何许人也。时年十九，侍紫阳真人为弟子。见九年，不知大道之自然，亦不请问。一日侍师至罗浮观，先生曰：“子之从我，不为不久。于金丹之诀，略不顾及，然而从我何为？”邦叔再拜，曰：“非不顾世，自揣玄微，必无此分。”先生曰：“善！自太极既分之后，一点灵光，人人有之。贤者不加多，愚者不减少。似子所言，是蔽其明也。吁！可哀也哉！”邦叔不觉涕泗交颐，顿首百拜，悲不能起。先生曰：“子去静室中，思吾此语，有所觉则急来。”邦叔拜辞，逐去幽房静室中静思。至夜，紫阳先生再诣其室坐处，叩寝门。邦叔闻之，移而出迎。先生微笑曰：“吾一寻汝，便见头目。尔两日寻他，不得其有然。”遂灭所执之烛炀而退。邦叔大寤，坐五鼓，大悟，通体汗流。待旦以颂呈先生：“月照长江风浪息，鱼龙遁迹水太平。个中谁唱真仙子，声满座空万籁清。”先生览之，问曰：“谁唱谁听？”邦叔遂答以诗曰：“莫问谁，莫问谁。一声高了一声低。阿谁唱，阿谁听。横竖大千说不尽。先生有意度迷徒，急撞灵台安宝镜。镜明澄静万缘空，百万丝条处处通。斗转星移人睡定，觉来红日正当中。”先生遂出《金丹图》传与邦叔，遂止罗浮，后十三年坐化。②

《青华秘文》序言描述了一个生动的师徒授受场景，但实际上，《青华秘文》纯属后人托古之作③。从《悟真篇》的前后序言可知，张紫阳不但没有受“箓”，甚至反对符箓，他不信天命——“一粒灵丹吞入腹，始知我命不由天”。至于《玉清金笥青华秘文金宝内炼丹诀》，从题目上看，是佩箓之人撰写，其内容还有道士忏谢的“表奏”，这些都不是张紫阳的做派。而且，《表奏》中表明，《青华秘文》是“青华真人”所传。由此可知，《青华秘文》并非张紫阳的作品，而是某些道士为了神化丹法来源而造作的。

既然《青华秘文》非张紫阳所授，王邦叔也就不是张紫阳弟子。虽然如此，并不排除王邦叔是张紫阳的私淑弟子，《青华秘文》所载丹诀仍有参考价值。

---

① 笥，读音［sì］。
② 《玉清金笥青华秘文金宝内炼丹法题辞》，载《藏外道书》第6册，第136页上下。
③ 王沐先生在《〈悟真篇〉浅解》中对此有论证。见《〈悟真篇〉浅解》，第4页。

（四）刘永年支脉

刘永年支脉散载于翁葆光的著作《悟真篇注疏》《悟真篇注释》《紫阳真人悟真直指详说三乘秘要》和龙眉子的《金液还丹印证图》中。

《悟真篇注疏》中有陈达灵序，其中说：

> 悟真仙翁闻道于青城之上，饵丹于荆湖之间。一传而广益子出焉，再传而无名子出焉。①

后有元代戴起宗注疏：

> 刘永年，自号顺理广益子，于绍兴壬申年刊行《参同契分章通真义》。其自序云："……永年绍兴戊午尝遇至人，亲授口诀，仍训永年，但看《参同契》与我诀俱同。永年谨依师旨，观阅道理昭然，以此无惑。"②

翁葆光的再传弟子龙眉子，在其著作《金液还丹印证图》中对翁葆光的传承也有记载。龙眉子在《金液还丹印证图·后识》中云：

> 余师若一子尝曰："曾问我师无名子，翁先生云：'吾师乃广益顺理子刘真人，祖偕悟真仙翁，肄业辟雍，惟翁不第，夙植灵根，学道道遂。后因念其同舍之有孙，时在绍兴戊午，刘遇悟真，得其道。愿力不能成，遂刊彭真人《参同契义疏》③，隐于市朝，方便接引。既谐同志，乾道戊已岁（按：应为癸巳岁，即公元 1173 年）④，成道于虎丘山之下。叨窃仙恩，误蒙真荫。绍兴中⑤于浙江跨浦桥，承真人之颜陶铸，赀⑥力素无，未克成就，日夜遑遑，已逾三纪。尝因中秋有感云："手握天机六六秋，年年此夕不胜忧。神功妙道三人就，黍粒灵元二八修。信道灶炉须福地，要知钱鹤上扬州。谁能假我扶摇便，一举同迁在十洲。我之志，概可见矣！尔其勉诸！"因遂授道，实淳熙庚戌岁⑦也。造丹合和，未宜尽传，后有所指。庚申岁，复过寺簿卢公于姑苏，始诀其秘，盖庐亦刘所授也。'"⑧

---

① 《悟真篇注（陈达灵）序》，载《道藏》第 2 册，第 911 页上中。
② 《悟真篇注（陈达灵）序（戴起宗疏）》，载《道藏》第 2 册，第 911 页中。
③ 刘永年刊行五代时期彭晓《参同契分章通真义》在绍兴壬午年（1162）。
④ 按其后文讲"手握天机六六秋"，从绍兴戊午（1138）算起，第 36 年应为乾道癸巳（1173）。
⑤ 此处"绍兴中"即是指绍兴戊午（1138）。
⑥ 赀，读音［zī］，同"资"。
⑦ 淳熙（1174—1189）为南宋孝宗赵昚年号，期间没有"庚戌岁"，也无后文所讲的"庚申岁"，疑"庚"为"戊"之误。淳熙年间有戊戌岁（1178），有戊申岁（1188）。
⑧ 《金液还丹印证图·后识》，载《道藏》第 3 册，第 109 页上中。

龙眉子之师为若一子，若一子之师为无名子翁葆光，翁葆光之师为广益子刘永年。《后识》给出若干信息，一是刘广益祖父曾与张紫阳“肆业辟雍”；二是刘广益于绍兴戊午（1138）在浙江跨浦桥得遇张紫阳；三是刘广益于乾道癸巳（1173）成道；四是刘广益于淳熙年间（约1178）授道于翁葆光。

此处有几个疑点：一是刘永年在《参同契分章通真义》序中并未明确所遇“至人”是张紫阳；二是绍兴戊午为公元1138年，其时张紫阳已经坐化五十余年；三是刘永年为什么不刊印《悟真篇》而去刊行《周易参同契》?

从《悟真篇》后序来看，张紫阳曾“三传非人，三遭祸患”，传道石泰后，即缄口不传，马默即是其例。所以，张紫阳亲授刘永年之说，即使张紫阳在世，也不可能。《悟真篇》后序讲：

> 伯端向己酉岁，于成都遇师授丹法。自后三传非人，三遭祸患，皆不逾两旬。近忆师之所戒，云：“异日有与汝解缰脱锁者，当宜授之，余不许。”……初再罹祸患，心犹未知，竟至于三，乃省前过。……自今以往，当钳口结舌，虽鼎镬居前，刀剑加项，亦无复敢言矣。此《悟真篇》中，所歌咏大丹药物火候，细微之旨，无不备悉。好事者须有仙骨，观之则智虑启明，可以寻文解义，岂须伯端区区之口授？如此，乃天之所赐，非伯端之辄传也。

然而，由《悟真篇》后序可知，张紫阳遇石泰之前，曾传道于他人。张紫阳传道石泰之后，仅留传《悟真篇》，冀望“有仙骨”者“寻文解义”，资其自学，无须亲授。所以，刘永年所得，一是可能出于张紫阳遇石泰之前所传法系，二是可能由参悟《悟真篇》所得。

历史上，多数丹道家也把刘永年一系归为南宗支脉，其所传为龙虎丹法。但因疑点颇多，有待学界进一步考证。

四、结语

南宗一派肇端于张紫阳，名著于白玉蟾。自公元1078年左右张紫阳传法于石杏林，南宗历代祖师均“同尘和光”“大隐混俗”，不提倡出家。至陈泥丸时，更是“招邀徒弟走市廛①，醉酒饱肉成群火”，甚至参加道会时被人拒于门外。白玉蟾也是“时又蓬头赤足以入廛市，时又青巾野服以游宫观”。夏宗禹在《悟真篇讲义》中称：“有志之士若能精勤修炼，初无贵贱之别，在朝不妨为治国平

① 廛，读音［chán］。

天下之事，在市不失为士农工商之业。”① 到了白玉蟾时期，大兴雷法，鼓励弟子多建靖庐，才形成了具有一定规模的南宗教团。虽然南宗教团形成于南宋，但多数人并非是出家的道士。进入元代之后，北宗的教团不但形成，而且在朝廷的支持下不断扩张。这种背景下，南北二宗逐渐合流，部分南宗传人开始过上了出家人的生活。

南宗建立的丹道理论和技法体系，对后世丹道产生了决定性影响，以至于南宗嫡传之外的丹道家，无论是清净流派还是阴阳流派，都争相引用《悟真篇》的理论来支持自己的立场和观点。另外，以陈泥丸、白玉蟾、彭耜等人为代表的雷法传承，促进了丹道对符箓派的改革，将丹道内修与符箓外用有机地融合在一起，进一步推动了南宋时期雷法的发展。

特别值得一提的是，虽然《悟真篇》是一部丹道著作，但对禅宗的修持理论有独到的见解，也得到了禅门的肯定和提倡，许多禅人也推崇《悟真篇》。清代被章嘉国师印证开悟、以“圆明居士”自居的雍正皇帝，将《悟真篇》的部分内容编入《御选语录》，并敕封张紫阳为“大慈圆通禅仙紫阳真人”，这说明张紫阳的造诣得到了禅门的肯定。

第二节 王重阳与丹道北宗

自唐代中期丹道革新以来，丹道的思想、理论和方法不断发展和完善，内丹长生之道逐渐取代了外丹烧炼之术。到了唐末五代，以钟离权、吕洞宾、陈抟、刘海蟾等为代表的丹道家，卓然特立，形成了以口诀传承为特色的丹道体系。这些丹道家既没有创建新的神仙信仰体系，也没有形成教团，更没有稳定的经济来源。他们的行迹看似行云流水、缥缈洒脱，实则流浪乞讨，生活没有着落。

以南宗为例，南宗的开创者张紫阳，为了有稳定的生活以完成丹道的修炼，先后在陆诜、马默等人帐下为幕僚，最后连自己的著作《悟真篇》也无资流通，不得不托付于马默。张紫阳的继承者石杏林，长期作杏林驿人，八十五岁高龄尚且夜事缝纫。薛道光得法后，到开封依止张环卫才了却大事因缘。陈泥丸得诀后，作箍桶匠以谋生活。白玉蟾少年即行脚流浪，随处乞讨，甚至被和尚、

① 《紫阳真人悟真篇讲义》，载《道藏》第 3 册，第 57 页下。

道士辱骂呵斥，道成后才以符箓斋醮应付生活。丹道家们拮据的经济条件和流浪的生活状态限制着丹道的传播和发展。

北宗创始人王重阳在修炼丹道之初就注意到这个问题。他在得授丹诀后，就出家住于墓庵，乞化度日，并在墓庵周围种四株棠棣，以表其“混四海道风为一家”的立教大愿。王重阳到山东行化期间，建立了“金莲会”“玉华会”“平等会”“三光会”“七宝会”等全真道团，并在此基础上著述《重阳立教十五论》，明确建立丹道教团的宗旨。在王重阳及其道友和玉蟾、李灵阳的倡导下，经由全真七子的相继努力，到了元代，北宗终于建立了相对完善的丹道理论方法、丛林参学制度、神仙信仰体系等，在黄河流域创立了历史上第一个以丹道炼养为主的道教支派——全真道。在元代，全真道受到了朝廷的支持，给北宗丹道家提供了稳定的生活和参学条件，保证了北宗丹道的习炼和传播，最终使北宗丹脉遍布天下。

虽然从表面上看，北宗丹道的参学和传播都离不开全真道，但从实际传教过程来看，正是因为丹道，全真道才能够立足并得以传播。本节的要点在于研究北宗的丹道，即使涉及全真道，也是为了说明丹道，并不在于讨论全真道。另外，本节所讲的北宗丹道，主要是指元末南北合宗之前王重阳与全真七子所创立和传播的丹道，以示与明清以龙门派为正宗的丹道的区别。

一、王重阳与全真七子

陕西关中的终南山和华山一带，历来都是丹道家隐居和修炼的福地。唐末五代的钟离权、吕洞宾、陈抟、刘海蟾、张无梦等，北宋时期的张紫阳、石杏林、薛道光等，都曾在这一带参学和传道。出生在关中咸阳的王重阳，就是在终南山北麓遇至人传授丹诀，开启了丹道北宗之学，创立了全真道。

与南五祖的传记资料相比，王重阳与北七真的传记资料相对完整和详实。记载王重阳与全真七子生平资料的典籍主要有金人完颜璹[①]的《全真教祖碑》（1225）、元代秦志安的《金莲正宗记》（1241）、元代李道谦的《七真年谱》（1271）与《甘水仙源录》（1288）、元代谢西蟾与刘志玄的《金莲正宗像传》（1327）等。

（一）王重阳生平

王重阳，原名中孚，字允卿，生于北宋徽宗政和二年壬辰（1112）十二月

① 璹，读音［shú］。完颜璹，金朝皇族，金哀宗时封为密国公。

二十二日（夏历），陕西咸阳大魏村（今陕西省咸阳市秦都区）人。《金莲正宗记·重阳王真人》记载：

> 其为人也，骨木雄壮，气象浑厚，眼大于口，髯过于腹，声如钟，面如玉，清风飘飘，紫气郁郁，有湖海之相焉。膂力倍人，才名拔俗，蚤通经史，晚习弓刀。①

王重阳青年时期也曾热衷功名。金天会九年（1131），王重阳二十岁。当时，金朝通过傀儡政权刘齐②管辖陕西关中地区，设京兆府学，王重阳入京兆府学学习，并参加当年的春闱，但由于文章迕考官之意而被黜。《金莲正宗记》云：

> 当废齐阜昌间，献赋春官，迕意而黜。复试武举，遂中甲科。③

金天眷元年（1138），王重阳二十七岁，前往应试武举，中甲科，改名德威，字世雄。《全真教祖碑》记载：

> 弱冠，修进士举业，籍京兆府学，又善武略。圣朝天眷间，收复陕西，英豪获用，真人于是捐文场，应武举，易名德威，字世雄，其志足可以知。④

王重阳家中资财丰厚，富甲乡里。王重阳曾经“以粟贷贫人，惠之者半”⑤。公元1131年前后，陕西关中地区岁逢饥馑，王重阳家被饥民抢劫一空。王重阳祖父报官，抓获贼首和饥民。王重阳念贼众为饥贫所逼，劝说官府将其全数释放。《全真教祖碑》记载：

> 会废齐摄事，秦民未附，岁又饥馑，时有群寇，劫真人家财一空，其大父诉之统府，大索于邻里三百余户，其所亡者金币，颇复得焉。又获贼之渠魁，真人勉之曰：“此乃乡党饥荒，譬如乞诸其邻者，亦非真盗也，安忍陷于死地？”纵舍使去。里人以此敬仰真人愈甚。咸阳、醴泉二邑，赖真人

① 《金莲正宗记》卷二《重阳王真人》，载《道藏》第3册，第348页上。

② 刘齐，为北宋叛臣、原济南知府刘豫在金国扶植下所建立的傀儡政权，始于公元1130年7月，废于公元1137年11月。

③ 《金莲正宗记》卷二《重阳王真人》，载《道藏》第3册，第348页上。

④ 《道家金石略》，第450—451页。

⑤ 同上。

得安。①

此后，王重阳于刘蒋村②（今陕西户县祖庵镇）创建别业自居，不再过问家事。

公元1159—1160年，将届知天命的王重阳后三次遇到隐修的丹道家，得授丹诀。从此以后，王重阳开始修炼丹道。

金正隆四年（1159），时任甘河镇酒监的王重阳，目睹社会动荡，民不聊生，自己虽有文武之才却无法施展，因此，常醉行于酒肆、屠户之间，自称“王害风”。这年六月十五日（夏历），王重阳得授丹诀。《全真教祖碑》记载：

> 正隆己卯季夏既望，于甘河镇，醉中啖肉，有两衣毡者，继至屠肆中，其二人形质一同，真人惊异，从至僻处，虔祷作礼。其二仙徐而言曰：“此子可教矣。”遂授以口诀。其后愈狂，咏诗曰：“四旬八上始遭逢，口诀传来便有功。”③

从此以后，王重阳离家出走，开始了乞讨为生的修道生活。《金莲正宗记·重阳真人》记载：

> 时正隆己卯四十有八岁也，甘河桥上过屠门，嗜毡根而大嚼焉。有二道者各披白毡，忽从南方翛④然而来，烟霞态度，霄汉精神，观厥眉宇，大抵相类。先生不觉惊起趋进，俯首前揖，相与语言皆出世语，涤尘浣垢，蠲⑤膏剔盲，如醉而醒，如瘖而鸣，密授真诀，更名曰嚞⑥，字曰知明，号曰重阳子。……由是之后，落魄不羁，乞食于市，短蓑破瓢，眠冰卧雪，有诗曰：“四十八上始遭逢，口诀传来便有功。一粒金丹色愈好，玉京山上显殷红。”⑦

金正隆五年（1160），王重阳又两次遇到异人。第一次，王重阳与一道人同宿，道人邀他前去听讲《阴符》《道德》二经。《金莲正宗记》记载：

---

① 《道家金石略》，第450—451页。
② 王重阳也把刘蒋村称为水竹村。
③ 《道家金石略》，第451页。
④ 翛，读音［xiāo］。
⑤ 蠲，读音［juān］。
⑥ 嚞，读音［zhé］。
⑦ 《金莲正宗记》卷二《重阳王真人》，载《道藏》第3册，第348页上中。

> 明年庚辰，有一道者同宿，月中乃言曰："吾居西北大山之中，彼间有人善于谈演，《阴符》《道德》尤所精通。闻君平昔好此二经，胡不相从，试往观听。"先生踌躇未之能决，道者忽起，抛拄杖，乘风而去。①

第二次，是在八月中秋，王重阳遇前番道人于礼泉县酒肆中，道人授他《五篇灵文》。《金莲正宗记》记载：

> 比及中秋，过醴泉县，再遇道者，趋而拜之，忻然相邀入于酒馆，共饮之次，问其乡里，答曰："蒲坂永乐是所居也。"又问年甲几何，答曰："春秋二十有二。"复问其族，默而不言，遂索毫楮②书秘语五篇，使之详读。先生读之数过，方悟妙理。戒之曰："天机不可轻泄。"即令投之火中。道者曰："速往东海，丘刘谭中有一俊马，可以擒之。言毕不知所在。"③

由道人所答"蒲坂永乐是所居也"，后人疑此为吕洞宾。

大定元年（1161），五十岁的王重阳来到南时村（今西安市鄠邑区祖庵镇成道宫村），"凿圹丈余，封高数尺，以活死人目之，坐于墓中"④。《金莲正宗记》云：

> 先生遂归刘蒋，自构一庵，题其榜曰："活死人墓。"又以纸牌立于墓上，曰："王害风灵位。"自作诗曰："活死人兮王嚞乖，水云别是一般谐，道名唤作'重阳子'，谑号称为'没地理'。来者路，不忘怀，行瓒⑤须是挂灵牌。"⑥

此时的王重阳，已有建立丹道教团的设想。他在墓庵四隅各植棠棣一株，人问其故，答曰："吾将来使四海教风为一家耳。"⑦ 在南时村的墓庵中坐圜两年多后，大定三年（1163）秋，五十二岁的王重阳走出墓庵，回到刘蒋村，与道友和玉蟾、李灵阳结伴共修。

大定四年（1164），五十三岁的王重阳在甘河岸边又遇到异人。《七真年谱》记载：

---

① 《金莲正宗记》卷二《重阳王真人》，载《道藏》第3册，第348页中。
② 楮，读音［chǔ］，本指造纸原料，这里代表纸。
③ 《金莲正宗记》卷二《重阳王真人》，载《道藏》第3册，第348页中。
④ 《七真年谱》，载《道藏》第3册，第381页下。
⑤ 瓒，读音［zàn］，古代祭祀时用的玉勺子。行瓒，就是祭祀。
⑥ 《金莲正宗记》卷二《重阳王真人》，载《道藏》第3册，第348页下。
⑦ 《七真年谱》，载《道藏》第3册，第381页下。

大定四年甲申，重阳祖师年五十三。师《全真集》自序云：余尝从甘河携酒一葫欲归庵，道逢一先生叫云："害风肯与我酒吃否?"余与之，先生一引而尽，却令余以葫取河水。余取得水授与先生，先生复授余，令余饮之，乃仙酎①也。又曰："子识刘海蟾否?"余曰："但尝见画像耳。"先生笑之而去。②

《七真年谱》的记载，暗示此道人为刘海蟾。《金莲正宗记》则直接说明此道人为刘海蟾，但显然此条记载不准确，因为刘海蟾不会自称"海蟾公"。《金莲正宗记》云：

他日，又携酒一壶立于路次，有道人呼曰："害风害风，将汝酒来。"先生应声，与之一饮而竭。却遣先生以空壶就甘河中取水，令自饮之，其味极佳，真仙酎也。道人告曰："吾海蟾公也。"③

大定七年（1167）四月，五十六岁的王重阳焚烧茅庵，告别道友，东行传道。五月，经邙山上清宫。闰七月，抵宁海州（今山东烟台市牟平区），住马丹阳家。公元1167—1169年期间，王重阳在宁海州、登州、莱州等地建立七宝会、金莲会、三光会、玉华会、平等会，弘传丹法，广授徒众，著名者即"全真七子"。期间，王重阳亲自撰《三州五会化缘榜》，阐述丹道，开创教门。《三州五会化缘榜》的内容为：

窃以平等者，道德之祖，清静之元首。看莱州终归平等，为玉花金莲之根本，作三光七宝之宗源。普济群生，遍拔黎庶，银艳冲盈于八极，彩霞蒸满于十方。渐生良因，用投吉化，有缘固蒂，无果重生。人人愿吐于黄芽，个个不游于黑路。夫玉花者，乃气之宗。金莲者，乃神之祖。气神相结，谓之神仙。《阴符经》云：神是气之子，气是神之母，子母相见，得做神仙。起置玉花金莲社，在于两州，务要诸公认真性、养真气。诸公不晓根源，尽学旁门小术，此乃是作福养身之法，并不干修性命入道之事。稍为失错，转乖人道。诸公如要修行，饥来吃饭，睡来合眼，也莫打坐，也莫学道。只用尘凡事屏除，只用心中清静两个字，其余都不是修行。诸公各怀聪慧，每斋场中细细省悟，庶几不流落于他门功行，乃别有真功真行。晋真人云：若要真功者，须是澄心定意，打叠神情，无动无作，真清真静，抱元守一，存神固气，乃真功也。若要真行者，须是修仁蕴德，济贫救苦，见人患难，常行拯

① 酎，读音［zhòu］。
② 《七真年谱》，载《道藏》第3册，第381页下—382页上。
③ 《金莲正宗记》卷二《重阳王真人》，载《道藏》第3册，第348页下。

救之心，或化诱善人入道修行，所行之事先人后己，与万物无私，乃真行也。伏愿诸公早垂照鉴。①

大定十年（1170）正月初四日，王重阳付教务于马钰，在开封②羽化，世寿五十八岁。王重阳的一生，最有意义的就是九年修道、两年传道。九年修道，四十八岁至五十岁，混俗散修；五十岁至五十三岁，墓庵专修；五十三岁至五十六岁，结伴共修。两年传道，五十六岁至五十八岁，行程五千余里③，仅用不足两年，就创立了中国历史上最大的道教流派——全真道。王重阳之所以能够建立如此功业，关键在于他的丹道。

王重阳的丹道思想和具体丹法主要保留在他的诗词著作中。他的遗著，被其弟子撰集为《重阳立教十五论》《重阳全真集》《重阳教化集》《重阳分梨十化集》《重阳真人授丹阳二十四诀》等。

（二） 全真七子生平

全真七子为马钰、谭处端、刘处玄、丘处机、王处一、郝大通、孙不二等，他们在继承和发展王重阳丹法的同时，有选择地融合传统道教的斋醮科仪，形成了以丹道清修为主，以斋醮法事为辅的出家清修道教团体。

1. 马丹阳

马钰，号丹阳，原名从义，字宜甫，生于宋徽宗宣和五年（1123），宁海（今山东烟台市牟平区）人。马丹阳的祖父马华叟，为人信义，慈善好施。马丹阳父亲马希贤，教子有方，子孙中有三人中进士。马丹阳排行第二，从小就生长在富裕的书香门第。《金莲正宗记·丹阳马真人》记载：

先生宁海人也，号曰丹阳子。祖讳觉，字华叟，通五经，为人信义，言无宿诺。……父讳师扬，字希贤，姿貌魁秀，沉静有度量。生子五人，取仁义礼智信为名，号曰五常。马氏之坊甚富于赀，故号曰马半州。弟侄三人，皆擢进士。……先生，第二子也，讳从义，字宜甫，癸卯岁五月二十日（夏历）子时生。④

---

① 《重阳教化集》卷三《三州五会化缘榜》，载《道藏》第 25 册，第 788 页中下。

② 《七真年谱》记载：大定九年十月，王重阳带领马丹阳、谭处端、刘处玄、丘处机等四位弟子，至汴梁寓瓷器王氏旅邸中。《道藏》第 3 册第 382 页下。

③ 按两宋时期的道路状况，由今西安鄠邑区成道宫村到山东烟台牟平区，再游历诸州传道，后西归止于开封，大约五千余里。

④ 《金莲正宗记》卷三《丹阳马真人》，载《道藏》第 3 册，第 352 页下—353 页上。

大定七年（1167）闰七月十六日（夏历），四十五岁的马丹阳在遇仙亭赏秋，巧遇由终南山千里而来的王重阳，邀入家中，待以师礼。《金莲正宗记·丹阳马真人》记载：

> 中元后一日，重阳真人自终南抵东牟，径入遇仙亭，先生问曰："从何方而来？"曰："路远数千，特来扶醉人耳①。"众皆异其言。又问："何名为道？"曰："五行不到处，父母未生时。"相与谈玄，不觉席上生风。遂礼请真人还居家庭。②

大定八年（1168）二月初八日，四十六岁的马丹阳经过王重阳的"分梨十化"，决心出家修道。出家后，改名钰，字玄宝，号丹阳子③。接下来的两年中，马丹阳离家随侍王重阳，进行传教活动。

大定十年（1170）正月，王重阳仙逝，将教务托付马丹阳。《七真年谱》记载：

> 大定十年庚寅，重阳祖师于正月初四日召丹阳、长真、长春立于榻下，时长生適去，曰："丹阳已得道，长真已知道，吾无虑矣。处机所学，一听丹阳。处玄，长真当管领之。吾今赴师真之约耳。"④

王重阳羽化后，马丹阳入关中乞化，卜地安葬王重阳遗蜕。《金莲正宗记·丹阳马真人》记载：

> 真人羽飞之后，先生引徒入京兆，乞自然钱，得数十千，复相约东行，取真人金骨改葬于终南。头梳三髻，心丧六年，默坐环堵。夫三髻者，有三吉字，乃真人之讳也，故尊而戴之。先生志如铁石，行若冰霜，纵横阐化十有三年。服不衣绢，手不拈钱，夜则露宿，人怜其寒，答曰："莫讶三冬不盖被，曾留一点在丹田。"⑤

大定十四年（1174），五十二岁的马丹阳结束了三年守丧，入圜办道，至大定十八年（1178）八月初一日出圜，后于大定十九年、二十年、二十一年多次

---

① 此前，马丹阳有诗云："抱元守一是功夫，懒汉如今一也无。终日衔杯畅神思，醉中却有那人扶。"

② 《金莲正宗记》卷三《丹阳马真人》，载《道藏》第3册，第353页下。

③ 《七真年谱》，载《道藏》第3册，第382页中。

④ 同上，第382页下—383页上。

⑤ 《金莲正宗记》卷三《丹阳马真人》，载《道藏》第3册，第354页中。

入圜精修丹道，并在关中及山东主持全真教务。

大定二十三年（1183），马丹阳于莱阳县（今山东省莱阳市）羽化，世寿六十一岁。

马丹阳继承和发展了王重阳的丹法，注重养气，强调清净无为。《丹阳真人语录》中讲：

> 虽歌词中每咏龙虎婴姹，皆寄言尔。是以要道之妙，不过养炁。……学道者无他，务在养气而已。夫心液下降，肾气上升，至于脾，元炁氤氲不散，则丹聚矣。若肝与肺，往来之路也。习静至久，当自知之。苟不养炁，虽挟泰山超北海，非道也。①

又讲：

> 清净者，清为清其心源，净为净其炁海。心源清则外物不能挠，故情定而神明生焉。炁海净则邪欲不能干，故精全而腹实矣。是以澄心如澄水，养炁如养儿，炁秀则神灵，神灵则炁变，乃清净所致也。若行有心有为之功，则有尽之术法也。若行无心无为之理，乃无尽之清虚也。……无为者，不思不虑也。爱欲嗔怒，积畜利害，其间虽有为而常无为，虽涉事而常无事。何况专一清心，净意养气，全神飘游于逍遥之地，入于无何有之乡。②

马丹阳注重实修。《金莲正宗记》与《七真年谱》记载马丹阳多次入圜精修，他在刘蒋村安葬王重阳后，专修六年，其中三年在圜内，后在回山东途中，又多次入圜。马丹阳讲：

> 学道者，不须广看经书，乱人心思，妨人道业。若河上公注《道德经》，金陵子注《阴符经》，二者时看亦不妨。亦不如一切不读，觜卢都③地养气，最为上策。④

马丹阳的著作主要有《丹阳真人语录》《丹阳真人直言》《丹阳神光灿》《洞玄金玉集》《渐悟集》等。

---

① 《丹阳真人语录》，载《道藏》第23册，第702页中。
② 同上，第703页下。
③ 觜，读音［zī］。觜卢都，金代山东登州一带方言，此处可理解为“浑浑然”。
④ 《丹阳真人语录》，载《道藏》第23册，第704页中。

2. 谭处端

谭处端，原名玉，字伯玉，生于宋徽宗宣和五年（1123），宁海（今山东烟台市牟平区）人，其家以孝义著称。《金莲正宗记·长真谭真人》讲：

> 先生讳玉，字伯玉，谭其姓也，世居宁海。为人慷慨，识度不凡，孝义传家，甚为乡里所重。①

金代范德裕的《水云集序》云：

> 谭公先生，名处端，号长真子，吾乡大族也。生而颖悟，识度不凡，善草隶书，为人刚正有操行，乡里敬惮之。②

谭伯玉因治病而向王重阳学习丹法。青年时期，谭伯玉“尝因醉卧途中，遇雪感风痹之疾”。大定七年（1167）冬，王重阳住马丹阳家中，谭伯玉去求王重阳疗疾，王重阳以丹功将其治愈。此后，四十五岁的谭伯玉即追随王重阳出家，改名处端，字通正，号长真子。③ 王重阳授丹诀云：

> 超出阴阳造化关，一心向道莫回还。清虚本是真仙路，只要安居养内颜。④

从此，谭处端开始了丹道修炼。大定八年（1168），四十六岁的谭处端辞别乡里，随侍王重阳传道。大定十年（1170）正月，在开封瓷器王氏旅店，王重阳印可谭处端“已知道”，并嘱咐他负责指导刘处玄修炼丹道。大定十一年（1171），谭处端与马丹阳、刘处玄、丘处机等人将王重阳安葬在刘蒋村，共守墓三年。大定十四年（1174），马、谭、刘、丘四人守墓三年后，相互申明志愿，珍重告别，各到一方修道弘化。《七真年谱》记载：

> 于鄠县⑤秦渡镇（今陕西户县秦渡镇）真武庙月夜共坐，各言其志，丹阳斗贫，长真斗是，长生斗志，长春斗闲，翼旦乃别。⑥

与众人告别后，五十二岁的谭处端携刘处玄来到洛阳，以朝元宫为住所，

---

① 《金莲正宗记》卷四《长真谭真人》，载《道藏》第3册，第357页上。
② 《水云集序》，载《道藏》第25册，第845页上。
③ 《金莲正宗记》卷四《长真谭真人》，载《道藏》第3册，第357页上。
④ 同上。
⑤ 鄠，读音［hù］。鄠县，即今西安市鄠邑区。
⑥ 《七真年谱》，载《道藏》第3册，第383页中。

云游传教，广收门徒。大定二十五年（1185），六十三岁的谭处端羽化于洛阳朝元宫。谭处端的丹道著作主要有《水云集》。

3. 刘处玄

刘处玄，皇统七年（1147）生于山东东莱（今山东掖县）武官庄，幼年丧父，以奉母至孝而闻名。

大定九年（1169）九月，王重阳带领马丹阳、谭处端、丘处机到莱州行化，二十三岁的刘处玄拜王重阳为师出家，道名处玄，字通妙，号长生子。大定十年（1170）正月，王重阳在开封去世前嘱咐谭处端指导刘处玄修炼丹道。后刘处玄与马丹阳、谭处端、丘处机入陕西化缘，回开封扶王重阳灵柩归葬刘蒋村，又守墓三年。大定十四年（1174），二十八岁的刘处玄到洛阳，隐于喧嚣的市集，潜心修炼。大定十八年（1178），三十二岁的刘处玄迁居洛阳东北云溪洞。大定二十一年（1181）秋，三十五岁的刘处玄东归莱州，第二年，在武官故居建庵自居。承安二年（1197），金章宗召见刘处玄，居北京天长观。承安三年（1198）三月赐还故园灵虚观。

泰和三年（1203），刘处玄在东莱武官庄灵虚观逝世，享年五十七岁。留下的著作主要有《仙乐集》《黄庭内景玉经注》《黄帝阴符经注》《无为清静长生真人至真语录》。

4. 丘处机

丘处机，金熙宗皇统八年（1148）生于登州栖霞县（今山东栖霞市）。丘处机自幼好道，“非长生久视之说不道也，非骖鸾跨凤之语不咏也”①，二十岁之前就隐居昆嵛山。《金莲正宗仙源像传》记载：

> 幼聪敏，日记千余言。未弱冠即学道，隐昆嵛山。②

金世宗大定七年（1167）九月，二十岁的丘处机到全真堂拜王重阳为师，王重阳为其取名处机，字通密，号长春子③，并赠以诗云：

---

① 《金莲正宗记》卷四《长春丘真人》，载《道藏》第3册，第359页上。

② 《金莲正宗仙源像传·长春子》，载《道藏》第3册，第376页中。

③ 《七真年谱》，载《道藏》第3册，第382页中。另外，在明代，也有一“长春真人”，原名刘渊然。《明史·方技》记载：“刘渊然者，赣县人。幼为祥符宫道士，颇能呼召风雷。洪武二十六年，太祖闻其名，召至，赐号高道，馆朝天宫。永乐中，从至北京。仁宗立，赐号长春真人，给二品印诰，与正一真人等。”在《道藏》与其他文献中，有些混淆了丘处机与刘渊然。读者应细辨之。

> 细密金鳞戏碧流，能寻香饵会吞钩。被予缓缓收纶线，拽入蓬莱永自由。①

大定十年（1170）正月，王重阳嘱咐马丹阳指导丘处机修行。马、谭、刘、丘守孝三年后，大定十四年（1174）秋，二十七岁的丘处机到磻溪②穴居精修。《长春真人本行碑》记载：

> 师乃入磻溪穴居，日乞一食，行则一蓑，虽箪瓢不置也，人谓之蓑衣先生，昼夜不寐者六年。既而隐陇州龙门山七年，如在磻溪时，其志道如此。③

大定二十年（1180）春，三十三岁的丘处机到龙门洞（今陕西陇县龙门洞）苦修，前后共七年。

大定二十六年（1186）冬，受京兆统军迎请，三十九岁的丘处机下龙门山，主持终南祖庵（今西安鄠邑区祖庵镇重阳宫）。大定二十八年（1188）二月，四十一岁的丘处机奉召入京。《长春真人本行碑》记载：

> 京兆统军夹谷公奉疏请还祖师之旧隐。师既至，构祖堂轮奂，佘悉称是，诸方谓之祖庵，玄风愈振。二十八年春，师以道德升闻，征赴京师，官建庵于万宁宫之西，以便咨访。夏五月召见于长松岛，秋七月复见。师剖析至理，进瑶台第一层曲，眷遇至渥。翌日遣中使赐上林桃，师不食茶果十余年，至是取其一啖之，重上赐也。八月得旨还终南，仍赐钱十万，表辞之。尔后复居祖庵。④

明昌二年（1191），四十四岁的丘处机回到故乡栖霞县，“乃大建琳宫，敕赐其额曰太虚，气象雄伟，为东方道林之冠”⑤。

公元1219年，七十二岁的丘处机居莱州昊天观，十二月，成吉思汗遣近侍刘仲禄持诏请丘处机西行。公元1220年春，丘处机以七十三岁的高龄开始了西行壮举，有诗云：

---

① 《金莲正宗记》卷四《长春丘真人》，载《道藏》第3册，第359页中。
② 磻，读音［pán］。磻溪在陕西省宝鸡市陈仓区。
③ 《道家金石略》，第457页。
④ 同上。
⑤ 《道家金石略》，第457页。

十年兵火万民愁，千万中无一二留。去岁幸逢慈诏下，今春须索冒寒游。不辞岭北三千里，仍念山东二百州。穷急漏诛残喘在，早教身命得消忧。①

丘处机是为了免生民于涂炭才毅然西行。时经两年多，公元1222年四月（夏历），七十五岁的丘处机到达今阿富汗兴都库什山，在雪山南麓见到成吉思汗。

丘处机在成吉思汗的军营中停留大约一年，他与成吉思汗会谈的内容，由耶律楚材记于《玄风庆会录》中，其核心为"卫生之道"和"治国之道。""卫生之道"如下：

夫神为子，气为母。气经目为泪，经鼻为脓，经舌为津，经外为汗，经内为血，经骨为髓，经肾为精。气全则生，气亡则死。气盛则壮，气衰则老。常使气不散，则如子之有父母。气散则如子丧父母，何恃何怙？夫神气同体，精髓一源，陛下试一月静寝，必觉精神清爽，筋骨强健。古人云：服药千朝，不如独卧一宵。药为草，精为髓，去髓添草，有何益哉？譬如囊中贮之金，旋去金而添铁，久之金尽，囊虽满，空遗铁耳。服药之理，夫何异乎？②

"治国之道"如下：

山东、河北天下美地，多出嘉禾美蔬，鱼盐丝茧，以给四方之用。自古得之者为大国。所以历代有国家者，惟争此地耳。今民有兵火相继流散未集，宜差知彼中仔细事务者，能干官，规措勾当，与免三年税赋，使军国足丝帛之用，黔黎获苏息之安，一举而两得之。兹亦安民祈福之一端耳。自天佑之，言无不利也。③

丘处机的西行，在一定程度上实现了他拯救百姓免于兵火的目的。他劝谏成吉思汗敬天爱民、轻赋薄税、止杀寡欲，史称"一言止杀"。《元史·释老传》记载：

太祖时方西征，日事攻战，处机每言欲一天下者，必在乎不嗜杀

① 《金莲正宗记》卷四《长春丘真人》，载《道藏》第3册，第359页下。
② 《玄风庆会录》，载《道藏》第3册，第389页中。
③ 同上，第390页中。

人。……时国兵践蹂中原，河南、北尤甚，民罹俘戮，无所逃命。处机还燕，使其徒持牒招求于战伐之余，由是为人奴者得复为良，与濒死而得更生者，毋虑二三万人。中州人至今称道之。①

公元1223年三月（夏历），七十六岁的丘处机东归。公元1224年春，丘处机回到燕京（今北京），住进天长观，掌管天下道教。丘处机的“止杀安民”之谏为全真道赢来了皇眷和民望，在他的手中，全真道逐渐步入了鼎盛时期。随着全真道的发展，北宗丹道在道俗之间也广泛传播。

公元1227年七月初九日（夏历），八十岁的丘处机于北京白云观葆光堂端坐而逝，留颂云：

生死朝昏事一般，幻泡出没水长闲。微光现处跳乌兔，玄量开时纳海山。挥斥八纮如咫尺，吹嘘万有似机闲。狂辞落笔成尘垢，寄在时人妄听间。②

丘处机留世著作有《鸣道集》《磻溪集》等。

5. 王处一

王处一，生于皇统二年（1142），宁海东牟（今山东乳山市）人。幼年丧父，事母至孝。少年慕道，不论婚娶，居家修道。元代姚燧撰写的《玉阳体玄广度真人王宗师道行碑》（1307）记载：

真人王姓，名处一，宁海东牟人，以金熙宗皇统壬戌三月十八日母梦丹霞被身而生。七岁，无疾死而复生，由是若知死生说。……妻之，不可。遂与母皆为老氏法。③

大定八年（1168）二月，二十七岁的王处一到全真庵拜王重阳为师出家，改名处一，号玉阳子。大定九年（1169）春，王处一入查山隐修。经过九年的苦修，王处一丹道大成。《王宗师道行碑》记载：

后居云光洞，志行确苦，尝俯大壑，一足跂立，观者目瞚毛竖，舌挢然而不能下，称为铁脚仙。洞居九年，制练形魂。丘长春为诗颂曰：“九夏迎阳

---

① 《元史》卷二百零二《列传第八十九·释老传·丘处机》，第15册，第4524—4525页。
② 《金莲正宗仙源像传·长春子》，载《道藏》第3册，第377页中。
③ 《道家金石略》，第718页。

立，三冬抱雪眠。”①

大定二十七年（1187），金世宗召四十六岁的王处一入燕京，咨询养生之道，王处一答云：“含精以养神，端拱以无为。”② 王处一丹道造诣非常高深，《金莲正宗记》《金莲正宗仙源像传》《王宗师道行碑》等均记载，金世宗召见王处一时，赐以鸩酒，王处一甘之如饴，终不能害。《金莲正宗记·玉阳王真人》记载：

> 适大定戊申岁，世宗闻其道价甚高……以为先生非真仙也，鸩酒可以验之。上以为然，乃赐之三杯。先生饮讫，殊不烦躁，终莫能害。上乃惊谢，赐之金冠法服，驷马安车，敕建全真堂以居之，仍御书额。③

公元1217年四月，王处一自行沐浴，无疾而逝，享年七十六岁，有著作《云光集》留世。

6. 郝大通

郝大通，名升，天眷三年（1140）生于宁海州（今山东烟台市牟平区）。郝大通事母至孝，自幼好道，精通卜筮。《广宁通玄太古真人郝宗师道行碑》（1285）云：

> 师姓郝，名大通，字太古，道号广宁子，宁海人。家故饶财，为州首户。兄俊彦登进士第，官至朝列大夫、昌邑县令。师初讳升，少孤，事母孝，禀赋颖异，识度夷旷，萧然有出尘之资。读书喜易，研精尤甚，因洞晓阴阳律历之术，不乐仕进，慕司马季主、严君平之为人，以卜筮自晦。④

大定七年（1167）秋，二十八岁的郝大通与王重阳相遇，王重阳以机锋诱掖郝大通，遂结道缘。《金莲正宗记》记载：

> 大定丁亥秋，货卜于市，士大夫环列而坐，重阳最后至，背面而坐。金先生曰：“何不回头？”重阳曰：“只恐先生不肯回头。”先生颇惊，遽起作礼，

---

① 《道家金石略》，第718页。
② 《金莲正宗仙源像传·玉阳子》，载《道藏》第3册，第378页上。
③ 《金莲正宗记》卷五《玉阳王真人》，载《道藏》第3册，第362页中。
④ 《道家金石略》，第672页。

赴他所闲话，往来问答，如石投水。①

郝大通事母至孝，母亲去世后，大定八年（1168）三月，二十九岁的郝大通到昆嵛山烟霞洞，拜王重阳为师出家，得名璘，号恬然子。《金莲正宗仙源像传》记载：

大定七年丁亥秋，重阳至宁海游行于市，见师言动不凡，思有以感发之。一日至卜肆，背肆而坐，师曰："请先生回头。"重阳曰："君何不回头耶？"师悚然惊异。重阳去，师即闭卜肆，至马氏南园全真庵中谒重阳请教，重阳授以二词，师大悟，不觉下拜。以有母老，未即入道。明年戊子，母捐馆。三月，师乃弃家入昆嵛山烟霞洞受业为弟子，重阳纳之，训名璘，号恬然子。乃解袖衣，去其袖而与之曰："勿患无袖，汝当自成。"②

郝大通拜王重阳为师后，曾两遇异人。大定十二年（1172），三十三岁的郝大通西游岐山（今陕西岐山），遇异人，授名大通，字太古，号广宁子③。大定二十二年（1182），四十三岁的郝大通过滦城（今河北滦城县），又遇神人，得授《大易秘义》，自此深通易理④。

大定十五年（1175），三十六岁的郝大通到沃州（今河北赵县）苦修六年多，终于成道。《郝宗师道行碑》记载：

十五年，坐于沃州石桥之下，缄口不语，河水泛溢身不少移，水亦弗及。人馈之食则食，无则已。虽祁寒盛暑，兀然无变，身槁木而心死灰，如是者六年。⑤

崇庆元年（1212）腊月，郝大通于宁海州无疾端坐而逝，世寿七十三岁。留世著作有《太古集》。

7. 孙不二

孙不二，名富春，宋徽宗宣和元年（1119）生于宁海（今山东烟台市牟平区），十五岁嫁与马丹阳。《金莲正宗记》记载：

---

① 《金莲正宗记》卷五《广宁郝真人》，载《道藏》第3册，第363页中。
② 《金莲正宗仙源像传·广宁郝真人》，载《道藏》第3册，第378页下—379页上。
③ 《七真年谱》，载《道藏》第3册，第383页上。
④ 《金莲正宗仙源像传·广宁郝真人》，载《道藏》第3册，第379页上。
⑤ 《道家金石略》，第672页。

性甚聪慧，在闺房中礼法严谨，素善翰墨，尤工吟咏。既笄①，适马氏生三子，皆教之以义方。②

大定九年（1169）端阳，五十一岁的孙不二到宁海金莲堂拜王重阳为师出家，改名不二，号清静散人。大定十年（1170）春，五十二岁的孙不二在金莲堂入圜静修③。大定十二年（1172）春，五十四岁的孙不二，自毁容貌④，西行入关中，在京兆（今陕西西安）赵蓬莱宅中与马丹阳相见，交流丹法，马丹阳赠以《炼丹砂》一首。《金莲正宗记》云：

逮壬辰之春首，亦抵京兆赵蓬莱宅中，与丹阳相见，参同妙旨，转涉理窟。丹阳乃赠之以《炼丹砂》曰："奉报富春姑，休要随予，而今非妇亦非夫。各自修完真面目，脱免三涂、炼气莫教粗，上下宽舒，绵绵似有却如无。个里灵童，调引动，得赴仙都。"仙姑谢而受之，相别东西，各处一方，炼心环堵。⑤

告别马丹阳后，孙不二别居苦修，终成大道。大定十五年（1175）夏，五十七岁的孙不二西行到刘蒋村祖庵致醮。大定十九年（1179），六十一岁的孙不二东行洛阳，居风仙姑洞传道。

大定二十二年（1182）十二月（夏历），孙不二于洛阳无疾枕肱而逝，享年六十四岁。留《卜算子》云：

握固披衣候，水火频交媾。万道霞光海底生，一撞三关透。　仙乐频频奏，常饮醍醐酒。妙药都无顷刻间，九转丹砂就。⑥

孙不二的传世著作有《孙不二元君法语》。

二、北宗的主要丹道思想与理论

金元时期，北宗基本上保持着王重阳与全真七子所创立之丹道的原始面貌。

---

① 笄，读音［jī］，古代女性用的簪子。古代女子十五岁，称为"及笄"，通常表示可以婚嫁的年龄。
② 《金莲正宗记》卷五《清净散人》，载《道藏》第3册，第364页中。
③ 《金莲正宗仙源像传·清静散人》，载《道藏》第3册，第379页下。
④ 《金莲正宗记》卷五《清净散人》，载《道藏》第3册，第364页下。
⑤ 同上。
⑥ 同上。

王重阳的丹法著作主要有《重阳全真集》（以下简称《全真集》）、《重阳立教十五论》（以下简称《立教十五论》）、《重阳授丹阳二十四诀》（以下简称《二十四诀》）等，王重阳的很多丹道思想和理论还反映在七真丹道著作中，七真的主要丹道著作有《丹阳真人语录》《水云集》《长生真人语录》《长春真人语录》《云光集》《太古集》《孙不二元君法语》等。

（一） 指导思想

“三家合参”是北宗丹道的主导思想。丹道从最初产生，就是一个开放的思想、理论、方法体系，在发展过程中不断吸收和整合不同时代、地区的思想文化、科学技术，为我所用。“三家合参”得以引入丹道，正是缘于丹道本身的特点。

早在中唐时期，以司马承祯为代表的丹道家，就融合老庄、易理、止观于《坐忘论》《天隐子》中。北宋张紫阳的《悟真篇》，参同道、佛、儒三家性命学说，落实于丹道中，成为后世丹道家“三家合参”的典范。“三家合参”并非“三教合一”。“三家合参”，既淡化了佛家浓厚的宗教色彩，又抛弃了儒家刻板的礼教思想，是从“三教”中撷取精华用于丹道实践。

北宗王重阳丹道指导思想的核心就是“三家合参”。王重阳在《金关玉锁诀》中讲：

> 太上为祖，释迦为宗，夫子为科牌。①

又在《全真集》中讲：

> 儒门释户道相通，三教从来一祖风。②

北宗丹道家认为道就是“金丹之道”、佛就是“心性之道”、儒就是“天人之道”，这三者在丹道家看来是相通的。因此，王重阳认为“三家”可在“道”上参同，主张“三家合参”。

（二） 主要理论

“三家合参”对于北宗来说，重点是“禅道合修”，是道家的“金丹之道”和禅宗的“心性之道”合修。王重阳在《答战公问先释后道》中讲：

---

① 《重阳真人金关五锁诀》，载《道藏》第 25 册，第 803 页上。

② 《重阳全真集》卷一《孙公问三教》，载《道藏》第 25 册，第 693 页中。

释道从来是一家，两般形貌理无差。识心见性全真觉，知汞通铅结善芽。①

其中，“识心见性”就是禅宗的“心性之道”，“知汞通铅”正是道家的“金丹之道”。王重阳在《问禅道者何》中讲：

禅中见道总无能，道里通禅绝爱憎。禅道两全为上士，道禅一得自真僧。道情浓处澄还净，禅味何时净复澄。咄了禅禅并道道，自然到彼便超升。②

“禅道两全”“道禅一得”正是强调“禅道合修”。

“禅道合修”落实在丹道上就是“性命双修”，这是北宗丹道的理论原则。《重阳真人金关玉锁诀》讲：“太上为祖，释迦为宗，夫子为科牌。”“太上”指老子，代表道；“释迦”指释迦牟尼，代表禅。按照王重阳的解释，所谓“太上为祖”，“祖者，是命也”；所谓“释迦为宗”，“宗者，是性也”。“性者是元神，命者是元气，名曰性命也”。《重阳真人授丹阳二十四诀》曰：

祖师答曰：“宗者，是性也。祖者，是命也。名曰祖宗。”……祖师答曰：“性者是元神，命者是元气，名曰性命也。”……祖师答曰：“根者是性，命者是蒂也。”③

通过对这些概念的诠释，王重阳把“性命双修”的理论落实在丹法上，分为性功与命功。具体地讲，性功以“释迦为宗”，就是“识心见性全真觉”；命功以“太上为祖”，就是“知汞通铅结善芽”。

北宗的“性命双修”有所偏重，主张以“性”为本、以“性功”为先。王重阳讲：

宾者是命，主者是性也。④

是这真性不乱，万缘不挂，不去不来，此是长生不死也。⑤

王重阳认为“本来真性”就是“金丹”，他的《金丹》诗讲：

---

① 《重阳全真集》卷一《孙公问三教》，载《道藏》第25册，第691页中。

② 《重阳全真集》卷一《问禅道者何》，载《道藏》第25册，第694页上。

③ 《重阳真人授丹阳二十四诀》，载《道藏》第25册，第807页中。

④ 同上。

⑤ 同上，第807页下。

本来真性唤金丹，四假①为炉炼作团。②

诗中表明，“本来真性”是金丹，是修炼的目标；“四假为炉”就是身体，比喻为鼎炉，是炼丹的工具。所以，北宗并不追求肉身长生。既然“本来真性”是金丹，王重阳就教导弟子“先求明心”。王重阳在《二十四诀》中讲：

诸贤先求明心，心本是道，道即是心，心外无道，道外无心也。③

由此可知，北宗丹法在“性命双修”的基础上主张以“性”为本、以“性功”为先。

（三） 丹法要点

北宗丹法要点可从清净无为、养气全神、性命全真等方面来讲。清净无为是北宗丹法的总纲，养气全神是北宗丹法的枢纽，性命全真是北宗丹法的目标。

1. 清净无为

北宗丹法要点全在“清净无为”四字。

在“清净”方面，日常行为主要表现为谢绝世缘、专心修道，具体方法是乞化度日、出家住庵。王重阳在得授丹诀后，就佯装疯狂，出家住于墓庵，沿街乞讨，自称“王害风”。《全真集》卷八《行香子·自咏》云：

有个王三，风害狂颠。弃荣华，乞化为先。恩山爱海，猛舍俱捐。也不栽花，不料药，不耕田。

落魄娄躭，到处成眠。觉清凉，境界无边。蓬莱稳路，步步云天。得乐中真，真中趣，趣中玄。④

在“无为”方面，王重阳讲究不着丹道名象法言、有为技巧，只安住本来心性之中，自然真气养就。《全真集》卷五《木兰花慢》讲：

---

① “四假”是佛学术语，即指人身是由色、受、想、行、识假合，其中色蕴是指人身的物质部分，包括地、火、水、风，称为四大。此处四大借指人身，偏于性命中的“命”。见《重阳真人授丹阳二十四诀》：“丹阳问：‘何名天有地水火风？人有地水火风?’师曰：‘天有地水火风者，金木水火土也。人有地水火风者，心为火、精为水、气为风、身为土，乃是地水火风也。”载《道藏》第25册，第808页上。

② 《重阳全真集》卷二《金丹》，载《道藏》第25册，第701页中。

③ 《重阳真人授丹阳二十四诀》，载《道藏》第25册，第808页中。

④ 《王重阳全真集》卷八《行香子·自咏》，载《道藏》第25册，第734页上。

论修行锻炼，只元是，这些儿。也匆取翁婆，姹女婴子相随。休言木龙金虎，更何须黑赤坎和离。奉报诸公入道，莫令形苦神疲。

堪宜正好搜寻时，坦荡准希夷。放落魄清闲，任云任水，真静真慈。灵然养成内宝，聚玄机密妙不难知。开阐当中一点，莹然明照无为。①

全真七子承袭了王重阳的丹法，在参修上都以“清净无为”为主。以马丹阳为例，他在丹法上特别推崇“清净无为”，他说：“但清净无为，最上乘法也。”② 马丹阳对“清净无为”做了深刻地解释，他讲：

故道家留丹经子书，千经万论，可一言以蔽之，曰清净。……清净者，清为清其心源，净为净其炁海。心源清则外物不能挠，故情定而神明生焉。炁海净则邪欲不能干，故精全而腹实矣。是以澄心如澄水，养炁如养儿，炁秀则神灵，神灵则炁变，乃清净所致也。若行有心有为之功，则有尽之术法也。若行无心无为之理，乃无尽之清虚也。③

马丹阳认为，能够“清净”，神气即可结为金丹。他讲：

惟要长清长净，勉力行之，但悟万悟，屡假自心证，欲自遣，性自停，命自住，丹自结，仙自做，他人不能替得自家做。修行各各用力，休太急，常逍遥自在。④

2. 养气全神

“清净无为”的目的在于“养气全神”。从丹法上来讲，神即是性，本性自在，不须修持，唯有气可养，所以，“清静无为”的重点就在于养气。王重阳认为，神为气之子，气为神之母，养气全神，金丹自结。他在《三州五会化缘榜》中讲：

夫玉花者，乃气之宗。金莲者，乃神之祖。气神相结，谓之神仙。《阴符经》云：“神是气之子，气是神之母，子母相见，得做神仙。”起置玉花金莲社，在于两州，务要诸公认真性、养真气。……诸公如要修行，饥来吃饭，睡来合眼，也莫打坐，也莫学道。只用尘凡事屏除，只用心中清静两个字，其余都不是修行。……晋真人云：“若要真功者，须是澄心定意，打叠神情，

---

① 《王重阳全真集》卷五《木兰花慢·论修行锻炼》，载《道藏》第25册，第722页下。

② 《丹阳真人语录》，载《道藏》第23册，第702页中。

③ 同上，第703页下。

④ 《丹阳真人直言》，载《道藏》第32册，第155页上。

无动无作，真清真静，抱元守一，存神固气，乃真功也。”①

神为气之子，气养得厚，神就饱满，神气就可结为丹。《丹阳真人语录》云：

学道者无他，务在养气而已。夫心液下降，肾气上升，至于脾，元炁氤氲不散，则丹聚矣。若肝与肺，往来之路也，习静至久，当自知之。苟不养炁，虽挟泰山超北海，非道也。

马丹阳甚至认为，参学丹道不需要过多学习经典、泥于文字，养气才是上策。《丹阳真人语录》云：

学道者，不须广看经书，乱人心思，妨人道业。若河上公注《道德经》，金陵子注《阴符经》，二者时看亦不妨。亦不如一切不读，觜卢都地养气，最为上策。

3. **性命全真**

“养气全神”是为了“保全性命之真”②。王重阳在《重阳立教十五论》中讲：

性者，神也。命者，气也。性若见命，如禽得风，飘飘轻举，省力易成。《阴符经》云：禽之制在气是也。修真之士不可不参，不可泄漏于下士，恐有神明降责。性命是修行之根本，谨紧锻炼矣。③

王重阳在《重阳真人授丹阳二十四诀》中讲：

马丹阳问重阳祖师曰：“甚是论祖宗、性命、根蒂……”祖师答曰：“宗者，是性也。祖者，是命也。名曰祖宗。”

丹阳又问：“何名见性命？”祖师答曰：“性者是元神，命者是元气，名曰性命也。”

丹阳又问：“何名为根蒂？”祖师答曰：“根者是性，命者是蒂也。”

丹阳又问：“何者是龙虎？”祖师答曰：“神者是龙，气者是虎，是性

① 《重阳教化集》卷三《三州五会化缘榜》，载《道藏》第25册，第788页中下。
② 《重阳教化集刘孝友序》(1183)，载《道藏》第25册，第770页下。
③ 《重阳立教十五论·第十一论混性命》，载《道藏》第32册，第154页上。

命也。”①

“保全性命”的方法就是“养气全神”。《丹阳真人直言》讲：

> 夫大道无形，气之祖也，神之母也。神气是性命，性命是龙虎，龙虎是铅汞，铅汞是水火，水火是婴姹，婴姹是阴阳，真阴真阳即是神气。种种异名，皆不用着，只是神气二字。欲要养气全神，须常屏尽万缘，表里清净，绵绵固守不动。三年不漏下丹结，六年不漏中丹结，九年不漏大丹结。②

马丹阳认为，“养气全神”的关键在于“常屏尽万缘，表里清净，绵绵固守不动”，也就是“清净无为”，能坚持这种丹法，就可以结丹。由此可见，“清净无为”既是是北宗丹法的核心和总要，又是北宗丹法的具体方法。

从总体上讲，以王重阳和七真为代表的丹道是北宗丹道的原始面貌，在思想上主张“三家合参”，在理论上主张“性命双修性为本”，其丹法唯以“清净无为”总括诀要、贯彻始终。北宗丹道修炼虽然也提出长生的口号，但更重要的是为了登遐成仙，并不在乎世寿的长短。元末南北合宗后，北宗丹道得到了新的发展。

三、丹道北宗的传承源流

北宗丹道传承源流似乎非常清晰。王重阳在《了了歌》中明确表述，其丹法的祖师为钟离权，师父为吕洞宾，师叔为刘海蟾。

就王重阳的丹法特征来看，源于钟吕派应较为可信。但是否遇到吕洞宾、刘海蟾本人，没有确切的资料可以佐证。公元 1160 年，王重阳在甘河镇遇到“两衣毡者”，未曾叙述姓名，其《遇真》诗云：“四旬八上始遭逢，口诀传来便有功。”③ 公元 1161 年，王重阳在礼泉两次遇到同一道人。第一次，道人约他同去听讲《道德经》《阴符经》，此次相遇可能和传授丹法有关；第二次，道人授他《五篇灵文》。礼泉所遇道人是谁，未曾明确。公元 1164 年，王重阳在甘河再遇一道人，王重阳暗指是刘海蟾④。

---

① 《重阳真人授丹阳二十四诀》，载《道藏》第 25 册，第 807 页中。

② 《丹阳真人直言》，载《道藏》第 32 册，第 155 页下。

③ 《道家金石略》，第 451 页。

④ 见《七真年谱》：“师《全真集》自序云：余尝从甘河拥酒一葫欲归庵，道逢一先生叫云：‘害风肯与我酒吃否？’余与之，先生一引而尽，却令余以葫取河水。余取得水授与先生，先生复授余，令余饮之，乃仙酎也。又曰：‘子识刘海蟾否？’余曰：‘但尝见画像耳。’先生笑之而去。”

王重阳的传承弟子主要为“七真”。七真中的马丹阳、谭处端、刘处玄、丘处机为王重阳常随弟子。王重阳在《结物外亲》中自述：

> 一弟一侄两个儿，和余五逸做修持。结为物外真亲眷，摆脱尘中假合尸。
>
> 周匝种成清静景，递相传授紫灵芝。山头并赴龙华会，我趁蓬莱先礼师。①

“一弟”指马丹阳，“一侄”为谭处玄，“两个儿”是刘处玄、丘处机，这四个人一直追随在王重阳身边。七真中的孙不二、王处一、郝大通，也是王重阳嫡传弟子，但没有常随身边。

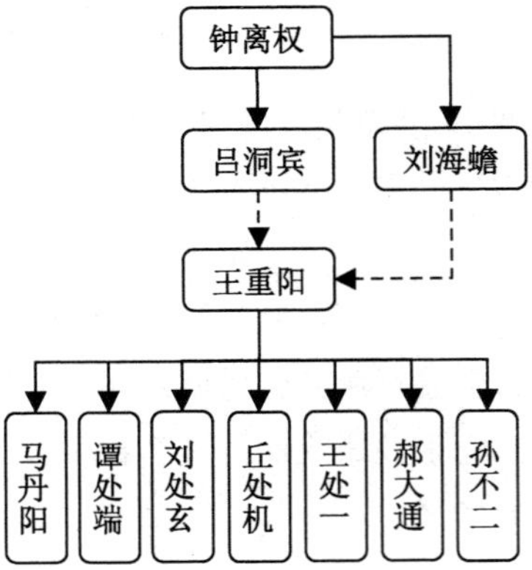

图 5-2　早期丹道北宗传承源流图

从宗教道统来看，王重阳去世后，七真各化一方。元代以后，七真法嗣，逐渐分流，形成七大门派，分别为遇仙派（马丹阳）、南无派（谭处端）、随山派（刘处玄）、龙门派（丘处机）、嵛山派（王处一）、（新）华山派（郝大通）、清静派（孙不二）。七大门派的传承偏重于宗教道统。

后世丹道中的“龙门正宗”，在宗教上是龙门律宗，从中可以窥得少许北宗丹法的早期特征。

四、结语

王重阳生于乱世，虽文武双全、壮志凌云，却不得世用，于是毅然出世，参学丹道，并以此创立全真道，混四海道风为一家，成就了方外事业，不失为一代雄杰。其弟子辈中，丘处机以古稀高龄西迈大漠雪山，一言止杀，存活无数生灵，又献方略，免除中原税赋，使百姓得以生息，这是方外人建入世功，可称为一代圣贤。其他如马丹阳、谭处端、刘处玄、王处一、郝大通、孙不二，也都各自教化一方，在当时宋亡、金替、元兴之际，提倡三教并进，道德双修，性命全真，不能不说是为北方延续华夏文脉、安抚士民心灵立下功勋。由此可

① 《重阳全真集》卷一《结物外亲》，载《道藏》第 25 册，第 691 页上。

知，王重阳创立的丹道北宗与全真道，对当时社会政治文化的意义，早已超出丹道与宗教之外了。

王重阳身兼丹道家与宗教家两重身份，北宗丹道家在祖述丹道传承时就要兼顾宗教道统，北宗自述的传承为“太上老君—西王圣母—白云上真—东华帝君—钟离权—吕洞宾、刘海蟾—王重阳”。其中，唐末五代时期的钟离权、吕洞宾、刘海蟾等人，是隐修的丹道家，并非道士，不属于正统道教人物，代表丹道传承；太上老君、西王圣母、白云上真、东华帝君，是道教真仙，代表宗教道统。以同样方法表述传承的，还有南方的张紫阳一系，两者并称，张紫阳一系为南宗，王重阳一系就为北宗。

王重阳创立的北宗，倡导三家合参、禅道合修、清静无为，强调性命双修，以性为本，甚至认为“本来真性唤金丹”。王重阳与全真七子相继创建道会或宫观，苦己利人，坐圜降心，这为传播丹道、培养人才起到极大促进作用。降及清初，王常月提持戒律，中兴龙门派。在清规戒律的保护下，北宗清静无为的丹道家风至今仍能得窥少许。

第三节　内丹外用与雷法传承

雷电本是一种自然现象，因其巨大而神秘的威力，受到古人敬畏。唐代以来，部分丹道家，以元气、阴阳、五行等学说解释和模拟雷电形成的机制，秉持乘道而为、天人感应等思想与理论，内修丹道，外用符箓，构建了一系列程序完整、结构严密的道法体系，来尝试把雷电及其伴随的自然现象转化为可控资源，为人类服务。这就形成了雷法。

本节将以雷法的思想渊源与发展过程、内修丹道与外用符箓、传承流派与代表人物等为主要内容，来阐述雷法的传承源流①。

一、雷法的主要思想渊源

从雷法产生的渊源来看，既源于对雷电、星象等自然现象的崇拜，也基于中国传统哲学思想和理论的支撑。

① 本节内容主要从丹道与雷法关系的角度，来说明丹道假于雷法的渊源、流派和传承历史。

（一）对雷电、北斗和北辰等自然现象的崇拜

1. 对雷电的崇拜

古人认为，雷电是上天对世人的某种启示，因此，对雷电非常恭敬。春秋时期的孔子，每逢迅雷烈风，必正衣冠以示恭敬。《论语·乡党》云：“迅雷风烈，必变。”① 《礼记·玉藻》对此解释道：“若有疾风、迅雷、甚雨，则必变，虽夜必兴，衣服冠而坐。”②

古人认为，雷电是上天的号令，能够奖掖有德、谴罚阴损。《中论·智行》云：“昔武王崩，成王幼，周公居摄，管、蔡启殷畔乱，周公诛之。成王不达，周公恐之，天乃雷电风雨以彰周公之德，然后成王寤。”③ 《论衡·谴告》云：“夫谓灾异为谴告诛伐，犹为雷杀人罚阴过也。”④ 又《后汉书·杨震列传》云：“天不言语，以灾异谴告，是以孔子迅雷风烈必有变动。”⑤

雷电总是伴随着云雨出现，因此，古人认为雷可以兴雨，把雷的符号刻画在器皿上用来祈雨。《论衡·儒增》云：“夫百物之象，犹雷罇也，雷罇刻画云雷之形，云雷在天，神于百物。”⑥ 《论衡·乱龙》又讲：“《礼》画雷樽象雷之形。”⑦ 在此基础上，产生了雷公、雷师、雷神之说。屈原的《远游》云：“左雨师使径侍兮，右雷公以为卫。”⑧ 《九辩》又云：“左朱雀之茇茇兮，右苍龙之躍躍。属雷师之阗阗兮，通飞廉之衙衙。”⑨ 《山海经·海内东经》云：“雷泽中有雷神，龙身而人头，鼓其腹。”⑩

既然雷被神化，就会有祭祀雷神的活动。早在汉代，已经存在官方祭祀雷神的记载。《论衡》中讲：

> 风伯、雨师、雷公，是群神也。……人君重之，故别祭。⑪（《祀义》）

雷电的神格化，为雷法的形成奠定了基础。

---

① 《四书章句集注·论语集注》卷五《乡党第十》，第 122 页。
② 《礼记正义》卷二十九《玉藻》，第 2 册，第 1030 页上。
③ 《中论》，第 25 页。出于《四库丛刊初编》。
④ 《论衡校释》卷十四《谴告第四十二》，第 2 册，第 645 页。
⑤ 《后汉书》卷五十四《杨震列传第四十四》，第 7 册，第 1769 页。
⑥ 《论衡校释》卷八《儒增第二十六》，第 2 册，第 377 页。
⑦ 《论衡校释》卷十六《乱龙第四十七》，第 3 册，第 695 页。
⑧ 《楚辞校释》，第 308 页。
⑨ 同上，第 273 页。
⑩ 《山海经》，第 194 页。
⑪ 《论衡校释》卷二十五《祀义第七十六》，第 4 册，第 1050 页。

2. 对北斗和北辰的崇拜

古人观察天象，发现斗柄指向，与季节变化密切相关（见表 5-1）。据此，古人猜测北斗有神秘的力量，能够斡旋四时、垂象法则。《史记·天官书》记载：

> 北斗七星，所谓“旋玑玉衡以齐七政”。……分阴阳，建四时，均五行，移节度，定诸纪，皆系于斗。①

古人看到，北辰高居不动，北斗环绕旋转。由此认为，北辰是天帝所居，而北斗犹如帝车，斗柄所指，代表天帝的意志。《史记·天官书》记载：

> 中宫天极星，其一明者，太一常居也。②

《天象列星图》云：

> 北斗七星，近紫微宫南，在太微北。是谓帝车，以主号令，运乎中央而临制四方，建四时，均五行，移节度，定诸纪，皆系于北斗。③

表 5-1　斗柄指向与天象、节气、气候特征关系表

斗建方位		月	日宫	其日	节气	中天星宿		律	气候	备注
						旦	昏			
寅	初	正	虚	甲乙	立春	心	昴	太蔟	立春之日，东风解冻。后五日蛰虫始振。后五日鱼上冰。	
	中		危		雨水	尾	毕		雨水之日，獭祭鱼。后五日，鸿雁来。后五日，草木萌动。	
卯	初	二	营室		惊蛰	箕	东井	夹钟	惊蛰之日，桃始华。后五日，仓庚鸣。后五日，鹰化为鸠。	
	中		奎		春分	南斗	东井		春分之日，玄鸟至，雷乃发声。	雷发声
辰	初	三	娄		清明	南斗	柳	姑洗	清明之日，桐始华，田鼠化为鴽。后五日，虹始见。	
	中		胃		谷雨	南斗	张		谷雨之日，萍始生。后五日，鸣鸠拂其羽。后五日，戴胜降于桑。	

① 《史记》卷二十七《天官书第五》，第 4 册，第 1291 页。
② 同上，第 1289 页。
③ 《太平御览》卷一《天部六·星中》，第 1 册，第 53 页。

（续表）

斗建方位		月	日宫	其日	节气	中天星宿		律	气候	备注
						旦	昏			
巳	初	四	卯	丙丁	立夏	牵牛	翼	仲吕	立夏之日，蝼蝈鸣，后五日蚯蚓出，后五日王瓜生，盛德在火。	
	中		毕		小满	须女	轸		小满之日，苦菜秀，后五日靡草死，后五日小暑至。	
午	初	五	参		芒种	危	角	蕤宾	芒种之日，螳螂生，后五日鵙，始鸣，后五日反舌无声。	
	中		东井		夏至	营室	亢		夏至之日，鹿角解，后五日蜩始鸣，后五日半夏生。	
未	初	六	东井		小暑	东壁	氐	林钟	小暑之日，温风至，后五日蟋蟀居壁，后五日鹰乃学习。	
	中		柳		大暑	奎	尾		大暑之日，腐草为萤，后五日土润溽暑，后五日大雨时行。	
申	初	七	张	庚辛	立秋	娄	尾	夷则	立秋之日，凉风至，后五日白露降，后五日寒蝉鸣。	
	中		张		处暑	昴	箕		处暑之日，鹰乃祭鸟，后五日，天地始肃，后五日，禾乃登。	
酉	初	八	翼		白露	毕	南斗	南吕	白露之日，鸿雁来，后五日，玄鸟归，后五日，群鸟养羞。	
	中		轸		秋分	东井	南斗		秋分之日，雷乃收声，后五日，蛰虫坯户，后五日，水始涸。	雷收声
戌	初	九	角		寒露	东井	牵牛	无射	寒露之日，鸿雁来宾，后五日，雀入大水化为蛤，后五日，菊有黄花。	
	中		氐		霜降	柳	须女		霜降之日，豺乃祭兽，后五日，草木黄落。后五日，蛰虫咸俯。	
亥	初	十	房	壬癸	立冬	张	虚	应钟	立冬之月，水始冰，后五日地始冻，后五日野鸡入大水为蜃。食黍与雁。	
	中		尾		小雪	翼	危		小雪之中，虹藏不见，后五日天气上腾，地气下降，后五日闭塞而成冬，谨关梁，塞蹊径。	
子	初	冬	箕		大雪	轸	营室	黄钟	大雪之日，鹖鸟不鸣，后五日虎始交，后五日荔挺出。	
	中		南斗		冬至	角	东壁		冬至之日，蚯蚓结，后五日麋角解，后五日水泉动。	
丑	初	腊	南斗		小寒	亢	奎	大吕	小寒之日，雁北乡，后五日鹊始巢，后五日野雉始鸲。	
	中		婺女		大寒	氐	娄		大寒之日，鸡始乳，后五日鸷鸟厉疾，后五日水泽腹坚。	

资料来源：根据《太平御览·时序部》整理。

3. 古人认知的雷电与北斗、北辰的关系

古人认为雷电与北斗、北辰之间存在联系。《尚书·洪范》云：

雷于天地为长子，以其首长，万物与其出入也。雷出地百八十三日而复入，入则万物亦入；入地百八十三日而复出，出则万物亦出。此其常经也。①

《礼记·月令》记载，春分以后，雷电开始出现；秋分以后，雷电逐渐收息。《礼记·月令》云：

二月中气，日在奎，昏东井中，晓南斗中，斗建卯位之中。春分之日，玄鸟至，雷乃发声，祀朝日于东郊……八月中气，日在轸，秋分为八月中气。昏南斗中，晓东井中，斗建酉位之中。秋分之日，雷乃收声……②

《尚书》中的“雷出地百八十三日”，即从春分开始，此时斗柄指向卯中的位置；雷“入地百八十三日”，即从秋分开始，此时斗柄指向酉中的位置。

古人根据斗柄指向与雷电的关系，认为北斗指挥雷电。北宋雷法大师王文卿认为“雷即斗，斗即雷”。王文卿的《雷说》云：

雷城高八十一丈，列一十二门，并随天罡所指。天罡河魁，是为檄雷召霆之司。……雷即斗，斗即雷。③

北宋另一雷法大师元妙宗，认为天心雷法中的“天心”就是“北斗”，雷法要借北斗方成。他讲：

臣闻天心之法，北极中斗之法也。北极者，天之中极，万象之所会。北斗者，天之中斗，万炁之所禀。故为天之心，则其法本之于此也，同出乎正一之宗，为劾治之枢辖。④

南宋末期雷法大师陈相真认为，雷霆由北斗斡运而成。他的《雷霆纲目说》云：

日为阳统天，月为阴统地，斗乘中极，斡运阴阳，统人三辰。合三统而日月运行，阴阳阖辟，而雷霆震发。⑤

---

① 《太平御览》卷一《天部十三·雷》，第1册，第115页。
② 《太平御览》卷一《时序部三·春上》，第1册，第162页。
③ 《道法会元》卷六十七《雷说》，载《道藏》第29册，第216页中下。
④ 《太上助国救民总真秘要》卷一《上清北极天心正法序》，载《道藏》第32册，第53页下。
⑤ 《道法会元》卷六十六《雷霆纲目说》，载《道藏》第29册，第205页下。

南宋末期另一雷法大师张埜①愚认为，雷电依仗日月神威而受北斗统辖。他讲：

> 雷霆赖日宫太阳而威，赖月府太阴而神，赖北斗九皇而为枢辖。②

（二）对古代哲学思想的继承和发挥

雷法的出现与发展，更多地源于古人相关的哲学思想和理论。

1. 乘道而为

春秋时期的老子，提出“道大，天大，地大，王亦大”，认为通过“人法地，地法天，天法道”，人能认知和体证“道”，乘道而为，人与天地平等。《道德经》讲：

> 故道大，天大，地大，王亦大。域中有四大，而王居其一焉。人法地，地法天，天法道，道法自然。③（二十五章）

庄子对“乘道而为”做出了浪漫主义的诠释。庄子认为，人若得道，可以“挈天地”“袭气母”“登云天”“比于列星”④。

老庄“乘道而为”的思想，被后人继承和发展。《黄帝阴符经》提出“知自然之道不可违，因而制之”⑤，认为“道”虽不可违，但可以用。这是对“乘道而为”的引申。

雷法正是基于“乘道而为”构建的道法体系。雷法大师认为，乘道而为，雷电及其伴随的自然现象是可以模拟和招感的。

北宋的雷法大师、第三十代天师张虚靖认为，道生先天虚无一炁，炁生阴阳五行乃至万物。人与天地阴阳五行同炁，用人之炁可招感雷之炁，通过一定的方法就能模拟和招感雷电。张虚靖的《明真破妄章》云：

> **道生天地**
>
> 混沌未分先有道，道无形色亦无情。
>
> 自然化育生天地，天道轻清地道宁。

---

① 埜，读音［yě］。

② 《道法会元》卷七十七《天罡说》，载《道藏》第29册，第279页下。

③ 《老子道德经注校释》，第62—63页。

④ 《庄子今注今译·内篇·大宗师》，第1册，第213页。

⑤ 《黄帝阴符经》，载《道藏》第1册，第821页下。

天地生人

道生天地始无名，分判阴阳立五行。

人位其中灵万物，人从天地道生成。

人禀阴阳

三才天地人同炁，人禀先天一炁灵。

一炁具身名曰道，感通天地及神明。①

清微派的雷法大师也表述了同样的观点。《清微道法枢纽·道法枢纽》云：

> 道贯三才为一炁耳，天以炁而运行，地以炁而发生，阴阳以炁而惨舒，风雷以炁而动荡，人身以炁而呼吸，道法以炁而感通。②

《清微道法枢纽·法序》云：

> 雷霆者，乃天之功用也。且夫人身与天地合其体，太极合其变。天地五雷，人本均有。③

由此可知，雷法最为根本的渊源，是道家乘道而为的哲学思想。

2. 元气学说、阴阳学说、五行学说

元气学说是雷法又一思想渊源④。元气学说源于先秦道家。自汉代到北宋，元气学说不断完善，元气化生阴阳、阴阳化生五行，形成一套完整的阴阳五行系统。雷法大师运用元气、阴阳、五行来解释雷电生成机制，以构建模拟和招感雷电的理论与方法⑤。

(1) 元气学说

元气，即元始之气，丹道家称为“先天虚无一气”。道家认为，虚无一气生天地万物，天地万物因所禀之气而维持存在的状态。列子把虚无化生万物的过程，演绎为“四太”——太易、太初、太始、太素⑥。

---

① 《道法会元》卷七十一《虚靖天师破妄章》，载《道藏》第29册，第239页下—240页上。

② 《道法会元》卷一《清微道法枢纽·道法枢纽》，载《道藏》第28册，第674页下—675页上。

③ 《道法会元》卷一《清微道法枢纽·法序》，载《道藏》第28册，第673页下—674页上。

④ 李远国教授讲：“道教雷法以元气论作为其思想的核心，显然有取于秦汉以来流行的元气说。”见其论文《道教雷法沿革考》。

⑤ 李远国教授讲：“雷法以元气为本，阴阳为用，在以元气为天地万物本源的理念之上，认为人身为一小天地，而与宇宙大天地同一本体，亦同一运转规律，从而将雷法的理论基础建立在模拟宇宙论的人体生命哲学之上。”见其论文《道教雷法沿革考》。

⑥ 《列子集释》卷一《天瑞篇》，第5—8页。

“元气”一词，始见于《鹖冠子》，是老子“虚无”“恍惚”等说法的具体化。《鹖冠子·泰录》云：“故天地成于元气。”① 西汉末期产生的《太平经》，发挥元气学说，对老子“道生万物”的宇宙生成模式进行了解释。《太平经合校》云：“元气行道，以生万物。”②《太平经》根据老子的“万物负阴而抱阳，冲气以为和”，把元气分为“太阳”“太阴”“中和”，以此来认知天地万物，并用于内修。《太平经合校》说：“元气有三名，太阳、太阴、中和。”③

北宋的张君房，是元气学说的集大成者。他的《元气论》，把“道生万物”的过程细化为太无、太和、太易、太初、太始、太素、太一等七个阶段，认为元气始生于太初④。详见《元气论序》。

北宋末期的雷法大师王文卿，运用无极、太极等概念演绎元气学说，用于解释雷电、风雨等自然现象。《王侍宸祈祷八段锦·立极章一》云：

> 盖无极而乃未见炁而言，太极乃一炁既动而言。所谓无极之时，非无天地也。……天之风雷云雨在内，皆不动。地之草木人物禽兽未孕，皆不生。……一炁才动，风雷云雨皆作，禽兽山木俱生，故道中法中，每每言一炁，谓天地得此一炁，千变万化。人为万物之灵，能行此一炁，可以感天地，动鬼神，呼吸风云雷雨，无所不至。⑤

雷法名著《清微雷法枢纽》，发展元气学说，对张君房的“七太”进行简化，提出“五太”学说⑥。“五太”学说认为，太极阴阳二气激荡，中炁化生雷电，人也乘中炁而生，人与雷电的中炁相通。所以，人可以模拟或激发雷电。详见《清微雷法枢纽·五太图》。

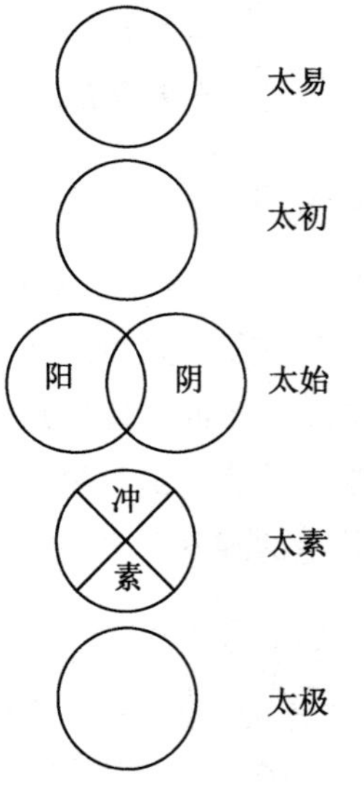

图 5-3　五太图（出于《清微雷法枢纽》）

---

① 《鹖冠子》卷下《泰录第十一》，载《道藏》第 27 册，第 218 页中。

② 《太平经合校》卷十八—三十四，第 16 页。

③ 同上，第 19 页。

④ 《云笈七签》卷五十六《诸家气法部一·元气论序》，载《道藏》第 22 册，第 382 页中。

⑤ 《道法会元》卷六十九《王侍宸祈祷八段锦·立极章一》，载《道藏》第 29 册，第 225 页下—226 页上。

⑥ 《道法会元》卷一《清微雷法枢纽·五太图》，载《道藏》第 28 册，第 676 页中下。

(2) 阴阳学说

早在先秦，人们已经运用阴阳学说来解释雷电现象。

《庄子·外物》云："阴阳错行，则天地大絯，于是乎有雷有霆。"① 《穀梁传》云："阴阳相薄，感而为雷，激而为霆。"② 汉代沿袭其说，《淮南子·墬形训》云："阴阳相薄为雷，激扬为电。"③

雷法大师运用阴阳学说，解释雷电及其伴随的自然现象。南宋的萨守坚讲：

> 阳得阴而为雨，阴得阳而为风，刚得柔而为云，柔得刚而为雷。无阴而不能为雨，无阳而不能为雷。④

南宋的白玉蟾认为，雷霆本身也可分为阴阳，雷为阳，霆为阴⑤。南宋末的张善渊认为雷霆是由阴阳二炁激剥而成。雷是阳在内而阴在外，激剥而有声；霆（电）是阴在内而阳在外，发泄而有光⑥。萨守坚则认为："雷则有声，霆则有光，二者皆阳也。"⑦

(3) 五行学说

在中国传统哲学中，阴阳学说与五行学说是不可分割的，雷法在运用阴阳学说的同时，也引入五行学说来构建雷法理论。《高上神霄玉枢斩勘五雷大法》讲：

> 夫五雷者，皆元始祖炁之所化也。祖炁既肇，太极立焉。故天一生水，位乎坎。地二生火，位乎离。天三生木，位乎震。地四生金，位乎兑。天五生土，位乎中。⑧

白玉蟾认为，人假借一定道法，运用五脏之气，感应五行之炁，可以模拟或招感雷电。白玉蟾注《玄珠歌》云：

> 五雷者，金木水火土，在人乃心肝脾肺肾。五炁相激剥，便有五雷。⑨

---

① 《庄子今注今译·杂篇·外物》，第 2 册，第 807 页。
② 《太平御览》卷一《天部十三·雷》，第 1 册，第 115 页。
③ 《淮南子校释》卷四《墬形训》，第 1 册，第 510 页。
④ 《道法会元》卷六十七《续风雨雷电说》，载《道藏》第 29 册，第 214 页下—215 页上。
⑤ 《道法会元》卷七十《玄珠歌》，载《道藏》第 29 册，第 236 页上。
⑥ 《道法会元》卷六十七《万法通论》，载《道藏》第 29 册，第 209 页中—210 页中。
⑦ 《道法会元》卷六十七《雷说》，载《道藏》第 29 册，第 213 页下。
⑧ 《道法会元》卷六十一《高上神霄玉枢斩勘五雷大法》，载《道藏》第 29 册，第 165 页下。
⑨ 《道法会元》卷七十《玄珠歌》，载《道藏》第 29 册，第 236 页上中。

萨守坚认为，人之所以能够模拟和招感五雷，是因为人能够聚合阴阳五行之炁，运五行之炁为五雷。萨守坚的《雷说》云：

> 夫五行根于二炁，二炁分而为五行。人能聚五行之炁，运五行之炁为五雷，则雷法乃先天之道，雷神乃在我之神。①

综上所述，古人认为元气化生阴阳、阴阳化生五行，雷电是由阴阳二气激剥而成。雷法大师根据这些思想和理论，认为通过自身感应和凝聚天地阴阳五行之炁，就可模拟和招感自然界的雷电。

3. 天人感应

雷法中“法”的构建，主要源于天人感应思想。

王文卿认为，天地人可由元气贯通，人的眼耳鼻、五脏与天地间的自然现象可以表里相应，因而能够发动风雨雷霆。《王侍宸祈祷八段锦·造化章八》云：

> 人禀天地之炁以生。天地正直无私，人返能夺天地造化。盖天地人三才之炁贯通。屏息万缘，则与天地相为表里，风雨雷电，又何难之有。②

南宋末期的雷法大师张善渊认为，人的心、肾、肝、肺、脾所具备的情志——神、精、魂、魄、意，与天的雷、雨、风、电、云，与地的火、水、木、金、土，一一相应，所以，人可以通过情志的活动来模拟和招感雷电③。详见《万法通论》。

南宋末期的另一雷法大师黄舜申认为，通过天人感应，人可以预知雷电与风雨等自然现象。例如，耳热可预知闪电，目眩可预知雷鸣，汗出可预知降雨④。详见《清微宗旨》。

南宋的雷法著作《石匣水府起风云致雨法》⑤ 中载有《雷法说》，其中认为，天地人都具备“风云雷雨电”的门户，人通过“黄中一窍”，可以与天地直

---

① 《道法会元》卷六十七《雷说》，载《道藏》第 29 册，第 213 页中。

② 《道法会元》卷六十九《王侍宸祈祷八段锦·造化章八》，载《道藏》第 29 册，第 233 页上下。

③ 《道法会元》卷六十七《万法通论》，载《道藏》第 29 册，第 211 页下。

④ 《道法会元》卷三《清微宗旨》，载《道藏》第 28 册，第 690 页中。

⑤ 按朱越利的《玄武的封号和称号》（见《道韵》第 9 辑，中华道统出版社，2001 年 8 月出版），认为《石匣水府起风云致雨法》编撰于南宋理宗淳佑五年（1245）至宋度宗咸淳二年（1266）之间。

接沆通，叱咤雷霆、呼风唤雨[1]。详见《雷法说》。

由此可知，天人感应是支撑雷法体系的重要思想理论。

（三） 小结

雷法是古人在崇拜雷电、北斗与北辰等自然现象的基础上，以道家的“乘道而为”作为哲学思想基础，以元气、阴阳五行、天人感应等思想和理论来解释、模拟或招感雷电、风雨等自然现象的一个道法体系。

古人认为阴阳五行、天地四时、雷电风雨等，皆由北斗控制。斗魁承法北辰，斗罡布气周天，形成各种天象。作为主要的天象——雷电风雨，也受斗罡的指挥和控制。古人认为，若能借助罡气，即可模拟和招感雷电风雨。所以，雷法与北辰、北斗崇拜密切相关。

道家“乘道而为”和元气学说、阴阳家的阴阳五行、儒家的天人感应，是雷法的主要思想渊源。“乘道而为”为雷法提供了直接的哲学思想支撑，元气学说、阴阳五行学说为解释和招感雷电提供了理论指导，天人感应则为雷法的具体技法提供了思路。正是在这些哲学思想的指导下，雷法大师通过大胆假设、积极探索、不断实践，形成了一套模拟或招感雷电的方法体系。

二、雷法的主要道法渊源

雷法的道法渊源较为复杂。神霄雷法的祖师、唐代的汪子华讲：

> 凡求仙慕道之士，不炼内丹，形还败坏；不积功行，难达玄境；不济疾苦，道果难成；不漱华池，神不清悦。欲求仙道，功行为先。[2]

雷法的理论体系可分为内、外两部分，就是“内炼成丹，外用成法”[3]；从雷法的实践方法来看，又可以分为动、静两部分，所谓“静则金丹，动则霹雳”[4]。其中“内炼成丹”“静则金丹”，是指丹道修持。所谓“外用成法”“动则霹雳”，是指运用符箓、咒语、诀文、步法等来行使雷法。因此，雷法的道法体系可以分为内炼（静）、外用（动）两部分。从内炼体系来看，雷法所用之法既有魏晋时期的行炁、胎息、存神之法，也有中唐以来的坎离交媾、性命双修之法。从

① 《道法会元》卷一百三十一《雷法说》，载《道藏》第29册，第645页下。

② 《道法会元》卷七十六《火师遗训》，载《道藏》第29册，第274页下。

③ 《道法会元》卷七十《玄珠歌注》，载《道藏》第29册，第234页下。

④ 同上，第235页下。

外用体系来看，雷法既继承和发展了魏晋以来的符箓将官体系、禹步指诀之法，又吸收了唐代密宗的明咒、手印等。本处将从内炼、外用的角度来说明雷法的道法渊源。

（一）雷法内炼体系的渊源

雷法的内炼体系中，既有汉魏六朝的内修方法，也有唐末五代以来的内修方法。不同的雷法传承流派，其内炼体系的偏重不同。

1. 行炁

行炁本是六朝及其以前的主要内养方法，但行炁之法又可以外用，葛洪在《抱朴子·至理》《抱朴子·释滞》中列举了诸多行炁外用之法，如祛疫、禳灾、驱邪、禁虫、止血、辟兵等①，还可表演幻术、气功等②。行炁之法，为后世雷法技法的主要来源之一。

雷法认为，天地万物与人，乃至风雨雷电，都是一炁所生。若能行炁得法，就可驾驭雷电风雨。不同时期的雷法大师都把行炁之法放在首位。王文卿讲：

> 一炁才动，风雷云雨皆作，禽兽山木俱生，故道中法中，每每言一炁，谓天地得此一炁，千变万化。人为万物之灵，能行此一炁，可以感天地，动鬼神，呼吸风云雷雨，无所不至。

张虚靖认为，人与天地同禀先天一炁，行炁即可感通天地风雷③。详见《明真破妄章》。

雷法还继承了行炁“六字诀”——“吹、呼、唏、呵、嘘、呬”。南朝梁陶弘景在《养性延命录·服气疗病篇第四》中讲：

> 凡行炁，以鼻内气，以口吐气，微而引之，名曰长息。内气有一，吐气有六。内气一者，谓吸也；吐气六者，谓吹、呼、唏、呵、嘘、呬，皆出气也。

雷法大师以此“六字诀”，行五脏六腑之炁以感应天地风雨雷电之炁，借以模拟和招感风雨雷电。南宋末期的雷法大师张善渊讲：

---

① 《抱朴子内篇校释》卷八《释滞》，第 150 页。

② 《抱朴子内篇校释》卷五《至理》，第 114—115 页。

③ 《道法会元》卷七十一《虚靖天师破妄章》，载《道藏》第 29 册，第 239 页下。

> 以我之神，合天地万物之神为一神，呵炁为雷也。以我之精，合天地万物之精为一精，吹炁为雨也。以我之魂，合天地万物之魂为一魂，吁炁为风也。以我之魄，合天地万物之魄为一魄，咽炁为雷也。以我之意，合天地万物之意为一意，呼炁为云也。①

南宋的雷法著作《雷法说》认为，人通过“黄中一窍”，运用“六字诀”可以准确地模拟或招感风雨雷电。其中云：

> 呵炁为雷，嘻气为霆，吹气为雨，吁炁为风，呬炁为电，呼炁为云。莫不以心起经纶。②

由此可知，行炁是雷法的主要内修方法之一。雷法在此基础上，融汇天人感应，形成了一套以内修为主、外感风雨雷电的雷法行炁体系。

2. 胎息

胎息是隋唐及其以前内修法之主流。雷法行法前提是炁足，若炁不足则无法招感风雷云雨。涵养真炁，又以胎息为最。所以，雷法大师无不以胎息为内修之根本。

北宋神霄派大师王文卿，强调通过胎息来涵养元气，施行雷法。王文卿的《诗诀》云：

> 损神日日谈虚空，不如归命胎息中。③

清微派大师也强调胎息，认为胎息是“道法之中真要妙”。《清微雷法枢纽》云：

> 收为胎息用为窍，道法之中真要妙。④

其中，“收为胎息用为窍”，就是说内修之时，用胎息之法聚感真炁，外用之时，以真炁来施行道法。

由此可知，胎息是雷法内修之核心。

3. 存神

存神也是六朝时期的主要内修方法之一。雷法在存想内神的基础上，发展

---

① 《道法会元》卷六十七《万法通论》，载《道藏》第29册，第211页下。
② 《道法会元》卷一百三十一《雷法说》，载《道藏》第29册，第645页下。
③ 《道法会元》卷六十七《诗诀》，载《道藏》第29册，第217页中。
④ 《道法会元》卷一《清微雷法枢纽》，载《道藏》第28册，第674页下。

出内存真一、外合诸神的混神或变神之法。

“变神”之说，见于《道法枢纽》：

> 或问：变神之道如何？师曰：元始祖劫，一炁分真。我即元始，元始即我。此即谓之变神。①

变神就是以自身元炁、元神混合变幻雷部诸神，以为行法之用。王文卿在《高上神霄玉枢斩勘五雷大法上·序》中讲：

> 所谓中理五气，混合百神，以我元命之神，召彼虚无之神，以我本身之气，合彼虚无之气。②

具体的“变神”原则，《召将内诀》讲：

> 不闻《雷经》云：不自我，不自你，不自神，不自鬼。一念所至，夫复自然。③

变神之法源于上清派之存神，雷法将内修之存神创新为外用之变神，此为雷法秘钥。

4. 内丹

此处的“内丹”，特指中唐丹道革新之后的内丹之术。雷法借助内丹之术，内修真炁、外用符箓，才在六朝符箓之法的基础上形成了雷法。

《火师汪真君雷霆奥旨》记载，唐代雷法大师汪子华，先学习和修炼丹道，待丹道有成之后，方学习和行使雷法。《火师汪真君雷霆奥旨》云：

> 采之药物，炼以火候，结以成丹……不过炼精成炁，炼炁成神，炼神合道而已。……真君得此道要，再修持二十八年，丹成道备……④

王文卿受法于汪子华，所以，以王文卿为代表的神霄雷法，也以内修丹道为基础。王文卿的《高上神霄玉枢斩勘五雷大法·序》云：

---

① 《道法会元》卷一《道法枢纽》，载《道藏》第28册，第675页上。
② 《道法会元》卷六十一《高上神霄玉枢斩勘五雷大法·序》，载《道藏》第29册，第165页下。
③ 《道法会元》卷四《清微宗旨·召将内诀》，载《道藏》第28册，第692页上。
④ 《道法会元》卷七十六《火师汪真君雷霆奥旨》，载《道藏》第29册，第263页下。

凡求仙慕道之士，不炼内丹，形还外灭。①

白玉蟾认为，雷法之法本出于道，道法相符，方能济世。既然道为法之本，行使雷法者，必先修道。修道即修炼丹道。白玉蟾在《道法九要序》中讲：

道不可离法，法不可离道。道法相符，可以济世。②

白玉蟾在《汪火师雷霆奥旨序》中讲：

内则修炼自己还丹，故外则馘邪治病。③

白玉蟾在《王侍宸玄珠歌注》中进一步强调修炼丹道对雷法的意义。白玉蟾认为，如果不能聚炁存神，则行法无验。白玉蟾云：

内炼成丹，外用成法。神炁散乱，法不灵也④

南宋末期的张埜愚在其《天罡说》中讲：

夫天上天罡，阳精也，真土也，乃天之真阳也。……夫身中天罡，亦阳精也，真土也。比内事为药物，为黄婆。丹田为黄庭，居于身中之中为天罡气，其实号曰中黄气，变化于心也。……以我平昔修炼工夫，寓之于书符念咒掐诀步罡……报应如谷答响，出乎自然。⑤

雷法在内外双修的基础上，进一步分为“道中之道”“道中之法”“法中之法”。《道法枢纽》云：

有道中之道，有道中之法，有法中之法。道中之道者，一念不生，万物俱寂。道中之法者，静则交媾龙虎，动则叱叱雷霆。法中之法者，步罡、掐诀、念咒、书符，外此则皆术数。⑥

---

① 《道法会元》卷六十一《高上神霄玉枢斩勘五雷大法·序》，载《道藏》第29册，第165页下—166页上。
② 《道法会元》卷一《道法九要序》，载《道藏》第28册，第675页上。
③ 《道法会元》卷七十六《汪火师雷霆奥旨序》，载《道藏》第29册，第262页上中。
④ 《道法会元》卷七十《玄珠歌》，载《道藏》第29册，第234页下。
⑤ 《道法会元》卷七十七《天罡说》，载《道藏》第29册，第280页下—281页上。
⑥ 《道法会元》卷一《道法枢纽》，载《道藏》第28册，第674页上。

三十代天师张虚靖深谙“道中之道”。他认为，人之本心就是大道，但因六识流转，不能达真。若能依老子之教，致虚守静，就可归根复命、至于真常。他在《心说》中讲：

> 夫心者，万法之宗，九窍之主，生死之本，善恶之源，与天地而并生，为神明之主宰。……老子曰：致虚极，守静笃，万物并作，吾以观其复。夫物芸芸，各归其根，归根曰静，静曰复命，复命曰常，知常曰明，不知常妄作，凶。……静心守一，虚无恬淡，寂寞无为，收视返听，和光同尘。……无何有之乡，华胥氏之国，吾其游焉。①

张虚靖大师在《大道歌》中又讲：

> 道不远，在身中，物则皆空性不空。性若不空和气住，气归元海寿无穷。欲得身中神不出，莫向灵台留一物。物在身中神不清，耗散精神损筋骨。神驭气，气留形，不须杂术自长生。术则易知道难悟，既然悟得不专行。所以千人万人学，毕竟终无一二成。神若出，便收来，神返身中气自回。如此朝朝还暮暮，自然赤子产真胎。②

以上资料说明，雷法所用的内丹之术主要是中唐以后的内丹之术。

（二） 雷法外用体系的渊源

雷法的外用体系主要包括符箓、咒语、指诀、步法等，是一套高度组织化的行为体系③。

1. 符箓

雷法的符箓，出于唐代，是在六朝符箓的基础上发展而来的。

(1) 法箓

六朝的传统法箓，主要有三大功能，即授职、应真、行道。传统法箓出于三家，即正一派、灵宝派、上清派。五代刘若拙的《三洞修道仪》记载，六朝时期的箓位有一百二十阶，即《正一盟威箓》《正一授金刚洞神箓》《太上高玄箓》《太上升玄箓》《中盟箓》《三洞宝箓》《大洞宝箓》等。

虽然雷法法箓与传统法箓有继承关系，但二者明显不同。第一，雷法法箓

---

① 《三十代天师虚靖真君语录》卷一《心说》，载《道藏》第32册，第368页下—367页上。
② 《三十代天师虚靖真君语录》卷三《大道歌》，载《道藏》第32册，第372页上。
③ 刘仲宇先生认为这是一种社会现象，不能当成迷信来一概贬斥。见《道教法术》，第6页。

加入了大量具有雷法职能的神明。第二，雷法法箓多是创新而成。第三，雷法法箓支持直接变神。

雷法法箓中，有大量具有雷法职能的神明，不同流派的雷法将官也不尽相同。例如，神霄派《高上神霄玉枢斩勘五雷大法》中的雷法将官之首为：

> 元上玄皇至尊九天雷首欻火律令大仙都天元帅烟都炎云帝君大忠大孝欻火律令大神邓（讳）伯温；
>
> 掌雷霆火光霹雳银牙耀目提点三界铁笔演法大判官辛（讳）汉臣；
>
> 太乙捷疾火雷报应使者张（讳）元伯；
>
> 总摄大将都雷程（讳）曼卿。①

清微派《清微帝师宫分品》中的雷法将官之首为：

> 元始北极天王天雷轰元邓雷君，居丹霄紫英宫。
>
> 北极安景命王地雷镇玄辛雷君，居清虚耀景宫。
>
> 旸谷太霞灵王水雷环运张雷君，居蓬莱宫。②

有的法箓中还有佛门的佛、菩萨和儒家的圣贤。例如，清微派《玄一碧落大梵五雷秘法》的雷法将官中既有佛家的观音大士、善财童子，还有儒家述圣子思。原文为：

> 碧落玄梵太育明神五雷帝君【朱清，内讳熵灼亶，戴天丁冠，天男相。金甲，朱衣朱履。执节，乘玉龙，即观音大士化身。】
>
> 碧落玄梵大神王【孔伋，火冠，青面，朱衣朱履，执斧。】
>
> ……
>
> 碧落飞玄天一符使【林仲元，冲天幞头，白面，金甲，玄衣玉带，着靴，执节，即善财童子化身。】③

又如，清微派的《西极真梵大觉慧命五雷上经》中，将帅之首竟为释迦牟尼佛，还有中观派大师龙树。原文为：

> 主帅金吒大圣觉皇上帝能仁智圣天君壮。【即释迦，通天冠，绛纱，方心曲

① 《道法会元》卷六十一《高上神霄玉枢斩勘五雷大法》，载《道藏》第 29 册，第 166 页上。

② 《道法会元》卷三《清微帝师宫分品·帅将》，载《道藏》第 28 册，第 687 页上。

③ 《道法会元》卷六《玄一碧落大梵五雷秘法·将班》，载《道藏》第 28 册，第 708 页中下。

领，玉带，玉佩，蔽膝，朱履，慈容金面，青发须。趺坐青莲，驾九头狮子，手执玉如意。】

副帅圆明威神大元帅通济法海天君摩尼罗法通。【即龙树，赤面，赤发，如头陀状。恶貌，三目，绯衣，皂缘，胱足，驾火龙，左手执印，右手仗法刀。】

由以上资料可知，雷法法箓是在传统基础上创新的法箓体系。

早期的雷法大师认为，拥有传统上品法箓的人，才有资格获取雷法法箓。白玉蟾的《汪火师雷霆奥旨序》云：

凡受五雷大法，非上品仙官之职，不能悟此玄机。①

北宋末期的《高上神霄玉清真王紫书大法·炼真证仙品》讲：

高上神霄大法，应有参授《大洞法箓》，当称某岳先生某炁真人。②

《大洞法箓》就是上清派《大洞经箓》的别称，在传统法箓中的阶位最高。

但是，各派雷法有自己的本门法箓。如，唐代北帝派的法箓为《北帝箓》。另如，神霄派的法箓分为七阶，《高上神霄玉清真王紫书大法·炼真仙品》云：

韩君丈人告学仙之士曰：……开七阶之秘箓，列三品之禁经。……七阶治职法位于后。

未曾参受《太上九品经箓》之人，谓之白简，当称神霄初真弟子。

如已参受《太上七元长生童子箓》者，当称神霄太平辅化弟子。

《北帝伏魔洞渊升真箓》者，当称高上神霄太平辅化弟子。

《正一盟威三五都功箓》者，当称高上神霄太平辅化法箓典者。

《紫虚阳光箓》及《神霄下品经箓》者，当称高上神霄元化法师灵妙通元仙卿。【如不备者，只称上项典者十字。】

《灵宝中盟法箓》者，当称高上神霄洞化法师保度合明紫光上卿。【十六字为第二阶，不备，可称通元仙卿。】

《上清大洞箓》者，当称高上神霄玉天洞景法师虚元统化仙卿。【第一阶，如不备者，可称神霄洞景法师虚元真卿。】

高上神霄大法，应有参授《大洞法箓》，当称某岳先生某炁真人。【神霄三

---

① 《道法会元》卷七十六《汪火师雷霆奥旨序》，载《道藏》第29册，第262页中。
② 《高上神霄玉清真王紫书大法》卷五《炼真证仙品》，载《道藏》第28册，第597页中。

洞四辅之箓，称呼具录。】

右初阶及曾受法箓弟子，当志心修进，不可昌涉条品，使真炁错乱，灵识不清。三官夺算，九祖受殃。子宜慎之，永保道真。①

一般情况下，北宋的雷法大师们，具受传统法箓和雷法法箓。例如，北宋时期的雷法大师白玉蟾，其传统箓位是“上清大洞宝箓”“上清大洞经箓”，他的雷法箓位（雷职）是“五雷三司判官，知北极驱邪院事”“神霄玉府五雷副使”。此事可见于白玉蟾的《法曹陈过谢恩奏事朱章》《忏谢朱表》《表奏法坛传度首过谢恩朱章》《雷府奏事议勋丹章》等。在这些表章中，白玉蟾的称谓分别是：

上清大洞宝箓弟子、五雷三司判官、知北极驱邪院事臣白玉蟾稽首再拜上言。②

上清大洞宝箓弟子、五雷三司判官、知北极驱邪院事臣白某右某言。③

神霄玉府五雷副使、上清大洞经箓弟子臣某，稽首再拜上言。④

上清大洞宝箓弟子臣白某，稽首再拜上言。臣乃神霄典雷小吏也，粗谙雷霆所典之事，忝佩雷霆所授之书，饱识雷霆所行之法。⑤

图 5-4　《洞玄灵宝二十四生图经》中的变形文字

雷法法箓与传统法箓的根本区别是，雷法法箓可以混化变神。雷法大师萨

① 《高上神霄玉清真王紫书大法》卷五《炼真证仙品》，载《道藏》第 28 册，第 597 页上中。

② 《法曹陈过谢恩奏事朱章》，载《白玉蟾全集》（校注本），第 621 页。

③ 《忏谢朱表》，载《白玉蟾全集》（校注本）第 623 页。

④ 《表奏法坛传度首过谢恩朱章》，载《白玉蟾全集》（校注本），第 625 页。

⑤ 《雷府奏事议勋丹章》，载《白玉蟾全集》（校注本），第 627 页。

守坚云：

> 行先天大道之法，遣自己元神之将，谓之法也。①

《清微宗旨·召将内诀》主张雷法行者变神为“造化之主”。其中云：

> 身立于中，为造化之主②

以上简单叙述雷法中法箓的渊源。

(2) 符文

传统的符文与法箓是相辅相成的，法箓授职，符文行道。雷法符文对传统符文“召劾”“檄缴”的功能进行引申和发挥，其具体形式、内容构造、书写技法、符文载体等均有突破创新。

从符文的形式来看，六朝及其以前的符文多以变形、少笔、多笔的复合文字为主（见图 2-7、图 2-8、图 3-4、图 5-4），以图形为主的符文非常少见，仅有《五岳真形图》（见图 2-6）、《人鸟符》（见图 5-5）等。雷法符文除了继承和保留复合文字的形式外，还创造了许多文字与图形合一的符文。例如，《高上神霄玉枢斩勘五雷大法》中的《五雷立应符》（见图 5-6），是继承了六朝以来复合文字组成的符文；《高上神霄玉枢斩勘五雷大法》中的《张使者符》，是用十三个变形文字迭绘的图形，符文形状则是雷神（见图 5-7），是文字与图形合一的典范。类似《张使者符》的符文，在南宋以后的雷法中较为常见。

图 5-5　太上人鸟山真形图③

---

① 《道法会元》卷六十七《雷说》，载《道藏》第 29 册，第 212 页下。

② 《道法会元》卷四《清微宗旨·召将内诀》，载《道藏》第 28 册，第 692 页上。

③ 左图出于《玄览人鸟山经图》，载《道藏》第 6 册，第 697 页下。右图出于《云笈七签》卷八十《元览人鸟山形图》，载《道藏》第 22 册，第 575 页中。

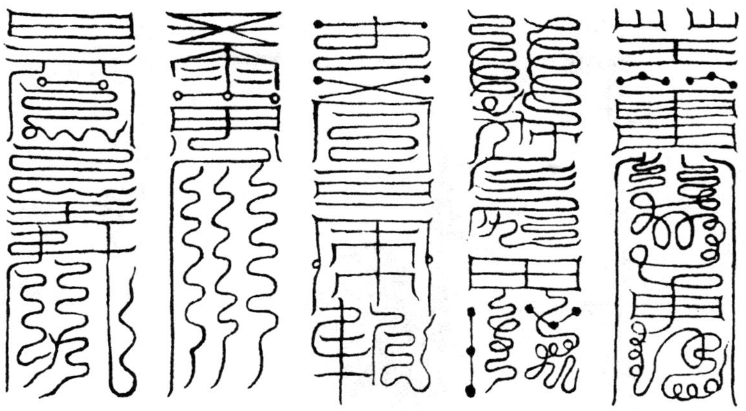

图 5-6　五雷立应符①

从符文的构造方法来看，雷法符文可分为符头、符脚、符胆（或符窍）等三部分，与六朝时期的符文相比，这是一个巨大的发展和创新。在早期的雷法中，符文讲究以玉清、上清、太清为符头（见图 5-8），如清微派多数用玉清、上清符头（见图 5-9）。在稍晚的雷法著作中，常用云字作符头、鬼字作符脚（见图 5-10），也有符文用鬼字作符头（见图 5-11）。至于符胆，多是各种秘讳或秘字，各有特殊的功效（见图 5-12）。这些秘讳或秘字，在不同的雷法流派中各不相同，在书写时，要通过不同的笔法来表示召请、催促、敕令等。总之，在雷法的符文中，符胆非常重要，这是六朝符文中所没有的。

从符文的书写技法来看，雷法在书写符文之时，特别注重布气，布气之法在于运神。《清微宗旨·清微道法提纲》云：

> 落笔书篆，务在轻清，随事加窍，不可乱杂。②

《清微宗旨·书符笔法》云：

> 书符之法，不过发先天之妙用，运一炁以成符。③

---

① 《道法会元》卷六十二《高上神霄玉枢斩勘五雷大法·五雷立应符》，载《道藏》第 29 册，第 173 页下—174 页上。

② 《道法会元》卷四《清微宗旨·清微道法提纲》，载《道藏》第 28 册，第 694 页上。

③ 《道法会元》卷四《清微宗旨·书符笔法》，载《道藏》第 28 册，第 692 页上中。

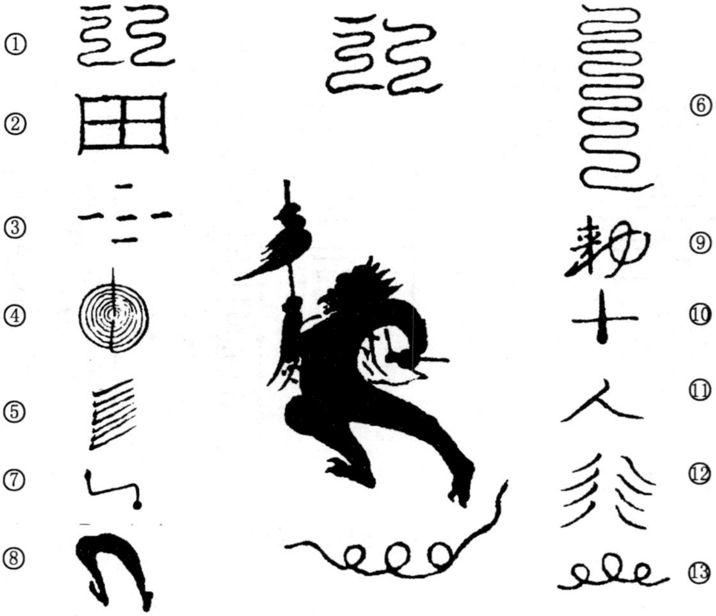

图 5-7　张使者符文图①

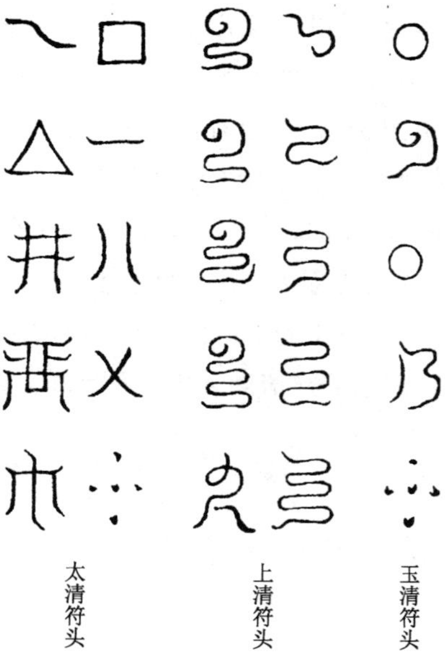

图 5-8　玉清、上清、太清符头

从符文的载体来看，雷法符文的载体，可以随符文的用途而选择。传统符文则多是写在有形质的东西之上。雷法大师认为，若行法之人得授真箓、德行淳厚，符文无论写在什么载体上都是有效的。根据具体的需要，符文可以在虚空中写，可以在体内写，也可以在指定的方位上写，并不一定要写在有形质的载体上。《清微道法枢纽》讲：

> 一点灵光，通天彻地，精神所寓，何者非符？可虚空，可水火，可瓦砾，可草木，可饮食，可有可无，可通可变。②

① 《道法会元》卷六十一《高上神霄玉枢斩勘五雷大法·张使者符》，载《道藏》第 29 册，第 167 页下—168 页上。

② 《道法会元》卷一《清微道法枢纽·道法枢纽》，载《道藏》第 28 册，第 746 页下。

以上简单论述雷法符箓的渊源。

玉清为头的符文　上清为头的符文　太清为头的符文

图 5-9　以玉清、上清、太清为符头的符文

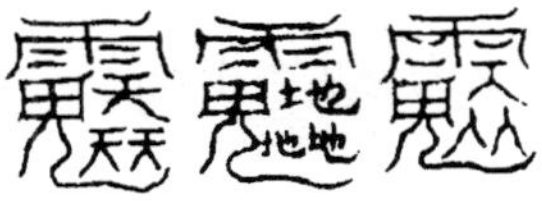

图 5-10　云字作头、鬼字作脚的符文

图 5-11　鬼字作符头的符文

图 5-12　符文中的符胆

2. 咒语

咒语是道教常用的秘语之一。上古时代，咒语表现形式为“祝”或“祝词”。李远国教授认为：“正是在古代巫祝之术的基础上，道教建立了自己的祝咒体系。”① 具有道教意义的咒语，大约产生于两汉时期，《太平经》云：

① 见李远国的论文《道教咒术初探》。

天上有常神圣要语，时下授人以言，用使神吏应气而往来也。人民得之，谓为神祝也。①

东汉末期的《灵宝五符序》已出现“咒”，其中记载：

向旦密咒曰：东方青芽，服食青芽，饮以朝华。②

在道教中，某些“祝词”和“咒语”是相通的，“祝词”是咒语的一种。《抱朴子》有“六甲秘祝”：

入山宜知六甲秘祝。祝曰：临兵斗者，皆阵列前行。凡九字，常当密祝之，无所不辟。③

雷法继承了六朝时期的咒语，其中，最具代表性的就是《天蓬咒》和《木郎咒》。南朝梁陶弘景的《登真隐诀》载有《天蓬咒》：

天蓬天蓬，九元杀童，五丁都司，高刀北公，七政八灵，太上浩凶，长颅巨兽，手把帝钟，素枭三神，严驾夔龙，威剑神王，斩邪灭踪，紫气乘天，丹霞赫冲，吞魔食鬼，横身饮风，苍舌绿齿，四目老翁，天丁力士，威南御凶，天驺激戾，威北衔锋，三十万兵，卫我九重，辟尸千里，祛却不祥，敢有小鬼，欲来见状，炼天大斧，斩鬼五形，炎帝裂血，北斗然骨，四明破骸，天猷灭类，神刀一下，万鬼自溃。④

唐代北帝派雷法，核心咒语即《天蓬咒》。该派创始人邓紫阳，恒诵此咒。《仙鉴·邓紫阳》记载：

道士邓紫阳……诵《天蓬咒》不辍。⑤

《木郎咒》是祈雨的咒语，出于六朝时期的上清派，早期在南方传播，隋唐以前已经流行。白玉蟾在《木郎祈雨咒并注》中讲：

唐天师叶法善《雷书》中，有《赤鹞紫鹅之符》，投于东南水瓮中，诵

① 《太平经合校》卷五十，第181页。
② 《太上灵宝五符序》卷下，载《道藏》第6册，第324页中下。
③ 《抱朴子内篇校释》卷十七《登涉》，第303页。
④ 《登真隐诀》卷中，载《道藏》第6册，第613页中。
⑤ 《历世真仙体道通鉴》卷三十二《邓紫阳》，载《道藏》第5册，第284页。

《木郎咒》，可致风雨。①

按《旧唐书》《新唐书》记载，叶法善生于隋炀帝大业十二年（616），羽化于唐玄宗开元八年（720）②。由此可知，《木郎咒》在隋唐之前，就已经存在并流行了。《木郎咒》全文为：

> 乾晶辉耀玉池东，盟威使者命青童。掷火万里坎震宫，雨骑迅发来太濛。木郎太乙三山雄，霹雳破石泉源通。坤震巽土皓灵翁，猛马四张欻火冲。流精郁光奔祝融，巨神泰华登云中。墨幡皂纛扬虚空，掩曦蒸雨屯云浓。阏伯撼动昆仑峰，幽灵翻海玄溟同。冯夷鼓舞长呼风，蓬莱弱水兴都功。龙鹰捷疾先御凶，朱发巨翅双目彤。雷电吐毒驱五龙，四溟瑷叇罗阴容。一声四海改昏蒙，雨阵所至川流洪。金光流精斩旱虹，洞阳幽灵召霻霳。玉雷皓师变崆峒，虚皇泰华扫妖爞。群梁玄黄号前锋，祠泉恣蜃威天公。欻火律令翻穹窿，鞭击妖魅驱蛇虫。勾娄吉利炎赫踪，登僧泽颐悉听从。织女四哥心公忠，辅我救旱助勋隆。赤鸡紫鹅飞无穷，摄虐缚祟送北酆。敕紫虚元君降摄。急急如火铃大帅律令。③

在传统咒语的基础上，雷法又发展和创新了大量咒语。以《木郎咒》的发展和创新为例，就有《天雷威雄木郎咒》《阳木郎咒》《大木郎神咒》《祈晴木郎咒》《阴木郎咒》《混沌木郎咒》等。

另外，雷法还大量吸收佛教密咒，有的完全照搬，有的创新改造，有的间接参杂。完全照搬的，如《先天雷晶隐书》中的《摩利支天母咒》：

> 曩谟引罗咀曩二合怛罗二合夜野（一）。怛你野二合他（二）。阿迦摩枲（三）。摩迦么枲（四）。阿度么呆（五）。你钵罗么枲（六）。摩诃你钵罗么枲（七）。阿怛陀那么枲（八）。麻哩支茫么枲（九）。那谟谇都谛（十）。罗乞叉罗乞叉［哞＋含］（十一）。娑嚩萨怛嚩难左（十二）。娑嚩怛罗（十三）。娑嚩婆喻（十四）。钵奈罗吠毗药二合（十五）。娑嚩诃。
>
> 南谟三满多（一）。没驮南（二）。唵（三）。麻哩嗟茫（四）。娑诃。④

创新改造的，如《先天雷晶隐书》中的《一炁雷章咒》：

---

① 《修真十书》卷四十六《武夷集》，载《道藏》第4册，第804页中。

② 见《旧唐书·叶法善》《新唐书·叶法善》。

③ 《修真十书》卷四十六《武夷集》，载《道藏》第4册，第802页下—804页下。

④ 《道法会元》卷八十三《先天雷晶隐书》，载《道藏》第29册，第331页上中。

唵唎吽唵唎吽唎吽唵唵唎唵唵唎吽吽。①

间接参杂的，如《先天雷晶隐书》中的《风雨撼雷咒》：

天吽地吽飞緎呼摄唵唵唎唵唵唎修吉森摄啼修吉唵。备吉急收急摄。②

《道法会元》《太上三洞神咒》《法海遗珠》中记载了大量的雷法咒语，都是隋唐以后产生的。综上可知，雷法在继承六朝道法咒语的基础上，一方面创造大量咒语，另一方面引进佛教密咒。总体上看，雷法的咒语主要是独创的。

3. 步法

雷法的步法，称为罡步，即步罡踏斗之义，是雷法行者用来沟通天地、获得罡气的一种步法。罡步源于禹步。《服五方灵气法》云：

诸步纲起于三步九迹，是谓禹步。③

“禹步”一词，较早见于战国时期的《尸子》，其中记载，大禹因勤苦治水，一脚致跛，“步不相过”。人们出于对大禹的敬仰，称之为“禹步”。《尸子》云：

古者，龙门未辟，吕梁未凿，禹于是疏河决江，十年不窥其家。生偏枯之病，步不相过，人曰禹步。④

同样的记载可见于《吕氏春秋·行论》，其中云：

舜于是殛之于羽山，副之以吴刀。禹不敢怨，而反事之，官为司空，以通水潦，颜色黎黑，步不相过，窍气不通，以中帝心。⑤

战国末期，神仙方士把“禹步”发展成一种方术。睡虎地秦墓竹简中的《日书》甲种记载：

禹步三，勉一步，呼：“皋！敢告曰：某行无咎！先为禹除道。”⑥

---

① 《道法会元》卷八十三《先天雷晶隐书》，载《道藏》第 29 册，第 331 页中。
② 同上，第 335 页中。
③ 《云笈七签》卷六十一《服五方灵气法》，载《道藏》第 22 册，第 427 页上。
④ 《太平御览》卷八十二《皇王部七·夏帝禹》，第 1 册，第 703 页。
⑤ 《恃君览第八·行论》，载《吕氏春秋译注》第 2 册，第 735 页。
⑥ 《睡虎地秦墓竹简》，第 177 页。

到了魏晋，“禹步”发展成为“三步九迹”的方术。《抱朴子·仙药》云：

> 禹步法：前举左，右过左，左就右。次举右，左过右，右就左。次举右，右过左，左就右。如此三步，当满二丈一尺，后有九迹。①

东晋时期，禹步已发展出九十余种不同的步法，还有配套的咒语。《洞神八帝元变经·禹步致灵第四》云：

> 禹步者，盖是夏禹所为术……汉淮南王刘安以降，乃有王子年撰集之文，沙门惠宗修纂之句，触类长之，便成九十余条种，举足不同，咒颂各异。②

隋唐时期，道教以禹步为基本步法，创造了罡步，“踏罡步斗”成为道教科仪的必用步法。五代时期的《三洞修道仪》记载，高功道士的必修功课之一就是《禹步星罡》③。

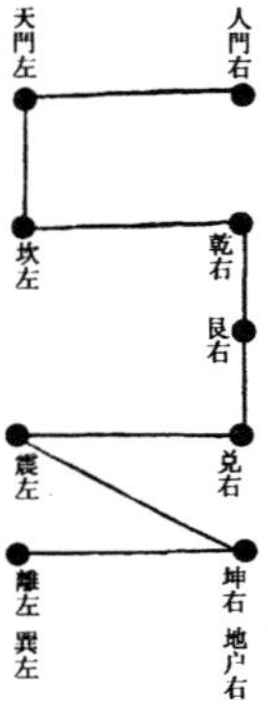

图 5-13 《洞神八帝元变经》罡步图

雷法的罡步对早期的禹步和罡步有较大超越。早期的禹步或罡步主要是为了朝真拜表、召劾制伏等。雷法罡步的重点，则为获取斗罡之气，以破地召雷、呼风唤雨、驱诛邪祟、伐刈淫祠等。

北宋末期到元代，雷法的罡步又有诸多创新。北宋雷法大师元妙宗编纂的《太上正法禹步斗纲掌目诀法图文》中，记载的罡步步法有三步九迹法、十二迹禹步法、三五迹禹步法、蹑地纪飞天纲法、天地交泰禹步法、交乾禹步法、既济禹步法、未济禹步法、步火铃斗诀、步三台七星斗法、步三才纲法、三步丁字纲法、步霹雳解咒杀鬼纲法等十三种。④ 南宋以后编纂的《道法会元》《法海遗珠》《金锁流珠引》等雷法典籍，记载的雷法罡步又有大量创新，其中的罡步之法主要有：破地召雷罡（破地雷罡、三十六步破地召雷罡）、飞龙致雨罡、作水召雷罡、驱龙吸水罡（驱龙卷水吸雷罡）、飞龙斩怪罡、连天铁障罡、飞龙斩怪罡、三步丁罡（三步罡）、七星罡（北斗罡、入北斗罡、二十八宿斗罡）、入南斗罡、阳斗罡、阴斗罡、咒水罡、遣水罡、五雷魁罡（五雷罡）、太

① 《抱朴子内篇校释》卷十一《仙药》，第 177 页。
② 《洞神八帝元变经》，载《道藏》第 28 册，第 398 页上中。
③ 《三洞修道仪》，载《道藏》第 32 册，第 166 页下。
④ 《太上助国救民总真秘要》卷八《太上正法禹步斗纲掌目诀法图文》，载《道藏》第 32 册，第 103 页上—106 页下。

乙魁罡、使者鼓舞罡、八卦罡（八卦斗罡、八卦五行罡、九宫罡）、三台罡（入三台罡）、破霄罡、风火罡（火轮罡）、起云立生罡、飞电应化罡、飞雷疾速罡、雨应罡、烈雷速发走天罡、发遣罡、斗底罡、信雷罡、都总起雷罡（总雷罡）、阳木郎咒二十一步罡、阴木郎咒十一步罡、雷火罡、役雷罡、社令罡、火铃罡、九凤破秽罡（破秽罡、九凤雷火破秽斗罡）、辰戌罡、邵阳雷罡、三五飞步罡、九州罡、召水部罡、昏天地起雷罡、九洞就阳罡、入坛变神步罡、既济斗罡、禹步九迹罡、藏身剔斗罡、出岳斗罡、北帝召四圣四神四将罡、金光范围罡、召出仙灵官将罡、朝天奏谒罡、制魔伏怪罡、蹑地纪飞天罡等，约有二百多种。

4. 指诀

雷法的指诀，源于“握固”。最初，“握固”是描述婴儿握手的状态。老子讲：

骨弱筋柔而握固。（五十五章）

到了晋代，“握固”已成一种道法。《抱朴子·地真》云：

握固守一，鬼即去矣。①

南朝梁陶弘景的《养性延命录》，多处提及“握固”，即“卷手以四指押大拇指”，以配合服气、导引等。《养性延命录》云：

当以生气时正偃卧，瞑目握固。②

拘魂门，制魄户，名曰握固，与魂魄安门户也。此固精明目，留年还魄之法，若能终日握之，邪气百毒不得入。③

除了“握固”，《抱朴子》还载有擒蛇指诀。《抱朴子·登涉》云：

若或见蛇，因向日左取三炁闭之，以舌柱天，以手捻都关，又闭天门，塞地户，因以物抑蛇头而手萦之，画地作狱以盛之，亦可捉弄也。④

南北朝时的道经中，常用的还有罡步指诀、存神指诀等。罡步指诀，即在

① 《抱朴子内篇校释》卷十八《地真》，第325页。
② 《养性延命录》卷下《服气疗病篇第四》，载《道藏》第18册，第481页下。
③ 《养性延命录》卷下《导引按摩篇第五》，载《道藏》第18册，第482页中下。
④ 《抱朴子内篇校释》卷十七《登涉》，第305页。

踏罡时以左手或右手掐心、另一手指相关的星辰。南北朝时期的《太上五星七元空常诀·七元图》云：

> 谷希子法，闭气上罡，往还十五过。每至星所，左手掐心……①

又如，南北朝时期的《上清握中诀·次乘虚蹑景》讲：

> 从北极上俱上天关，右手掐心，左手指天关……②

存神指诀是“接手”。南北朝时期的《上清金阙帝君五斗三一图诀》讲：

> 守一之法……向北接手两股上，存三一、三卿与兆……③

北宋时期，雷法指诀发展成熟。北宋的雷法总集《太上助国救民总真秘要》记载有《指掌飞五斗法》《七星本诀》《五行主五等诀》《天师书符存功曹神将法》等，其中指诀种类超越百种，涉及雷法的各个细节。到了元代，赵宜真编篡了唐代以来的雷法总集《道法会元》，与《太上助国救民总真秘要》相比，虽然指诀的种类有所增加，但是基本原则并没有变化。也就是说，雷法指诀是在北宋成熟和定型的。

雷法指诀的原则，首先在手指及掌根标布天干、地支、先天八卦、后天八卦、七星、五行等，这被称为掌文；其次，在具体应用时，一般以大指为主，掐相应的掌文，以代表相应的含义。除此之外，少数雷法还吸收了佛教密法的手印，如准提手印、伏魔手印、亥母手印等。虽然如此，北宋雷法的指诀原则才是道法指诀的正统，一直延续至今。

（三）小结

从形式上讲，雷法分为内修和外用两大体系，二者是紧密联系的整体。其内修体系，主要有行炁、胎息、存神以及唐代以来的内丹术。其中，行炁、胎息、存神主要源于汉魏六朝时期的内修方法，内丹术则是指中唐丹道革新后以性命双修、金木交并为理论指导的内丹术。外用体系，主要包括符箓、咒语、步法、指诀等。这些道法，虽然与六朝道法有一定的继承关系，但更多是雷法自身的创新。自北宋以来，雷法的内修和外用体系，逐渐成熟并定

① 《太上五星七元空常诀·七元图》，载《道藏》第18册，第723页下。
② 《上清握中诀》卷上《次乘虚蹑景》，载《道藏》第2册，第897页上。
③ 《上清金阙帝君五斗三一图诀》，载《道藏》第17册，第222页下。

型，被沿用至今。

三、雷法的主要传承流派

雷法较早的流派有北帝派、洞渊派，形成于唐代前期。北宋以来，主要有神霄派、清微派、天心派、东华派、正一派、上清派等。本处选择北帝派、神霄派、清微派、天心派等在历史上影响较大的流派来做介绍。

（一）北帝派

北帝派得名于该派主神"北帝"。在隋唐以前，北帝信仰已较普遍，但北帝派创始于唐玄宗时期的邓紫阳。

1. 北帝信仰的渊源

在雷法中，容易把"北帝"与北辰混淆。北辰即北极星，"北帝"则是酆都主神，"北帝"信仰要晚于北辰崇拜。

北辰崇拜，由来已早。《论语・为政》云："为政以德，譬如北辰，居其所，而众星拱之。"① 在《史记・天官书》中，北辰被尊称为"太一"，象征"天帝"②。在南北朝时期的道教经典中，北辰被称为"太微帝君"或"紫晨太微天帝道君"③，"太一"退居次位。《洞真高上玉帝大洞雌一玉检五老宝经》云：

> 存帝君即召太一，来帝君前。④

"北帝"源于六朝时期的酆都信仰。南北朝时期，道教产生了酆都地狱之说。"北帝"是管理酆都地狱之主神，在《真灵位业图》中称为"酆都北阴大帝"。酆都不是今重庆市所辖之酆都，而是在"罗酆山"上。南齐顾欢（420—483）的《道迹灵仙记・六宫名第一》⑤ 云：

> 罗酆山在北方之癸地……鬼官之北斗，非天上之北斗也，鬼官别有北斗君以司生杀耳。鬼官之太帝者，北帝君也，治第一天宫中，总主诸六天宫。……鬼官北斗君，乃是道家七辰北斗之考官耳，此鬼一官又隶九星之精，

---

① 《四书章句集注・论语集注》卷一《为政第二》，第 53 页。

② 《史记》卷二十七《天官书第五》，第 4 册，第 1289 页。

③ 《洞玄灵宝真灵位业图》，载《道藏》第 3 册，第 273 页上中。

④ 《洞真高上玉帝大洞雌一玉检五老宝经》，载《道藏》第 33 册，第 396 页上中。

⑤ 《中华道藏》中《道迹灵仙记》的点校者汪桂平认为《道迹灵仙记》出于南齐顾欢《道迹经》残卷。

上属北辰玉君。①

由此可知，早期道教的“北帝君”是酆都主神，北辰则为“北辰玉君”，“北帝”并非北辰。酆都的“北斗君”，也并非天上北斗，乃是酆都主生死的鬼官。但是，酆都的北帝君、北斗君与天上的北辰、北斗有一定关系，北帝君、北斗君是仿照天象所设，隶属于北辰玉君②、九星之精③。

《道迹灵仙记》还记述“北帝”为远古时期的炎帝，“北斗君”为周武王姬发。《道迹灵仙记·鬼神主第二》云：

> 炎庆甲者，古之炎帝也，今为北太帝君，天下鬼神之主也。武王发今为鬼官北斗君。④

南朝梁陶弘景的《真诰》中还记载有《北帝煞鬼之法》，就是《天蓬咒》。这说明，早期的“天蓬”并非北极四圣，而是北帝统领的“斩鬼之司”。《真诰》卷十《北帝煞鬼之法》云：

> 先叩齿三十六下，乃祝曰：天蓬天蓬，九元煞童。……此上神祝，皆斩鬼之司名，北帝秘其道。⑤

“北帝”之所以在早期道教中有如此重要的位置，还与汉末天师道的“三官”有紧密联系。“三官”，是酆都六宫的“刑名之职”，在天师道中具有重要位置，所以，管理“三官”的“北帝”当然也就更加重要。陶弘景的《真诰》讲：

> 鬼官之太帝者，北帝君也，治第一天宫中，总主诸六天宫，余四天宫，其四明公各在其中治。二天宫立一官，六天凡立为三官，三官如今刑名之职，主诸考谪，常以真仙，司命兼以总御之也。并统仙府，共司生死之任也，大断制皆由仙官【道家常呼三官者是此也】。⑥

但无论如何，在早期的道教神仙体系中，“北帝”与北辰的阶位明显不同。陶弘景在《真灵位业图》中，把当时的道教神仙体系分为七阶，其中，北辰称

① 《道迹灵仙记·六宫名第一》，载《道藏》第11册，第45页上中。
② 即道教所称的“中天北极紫微大帝”。
③ 即道教所称北斗九星。
④ 《道迹灵仙记·鬼神主第二》，载《道藏》第11册，第45页下。
⑤ 《真诰》卷十《北帝煞鬼之法》，载《道藏》第20册，第548页中下。
⑥ 《真诰》卷十三《稽神枢第三》，载《道藏》第20册，第566页上中。

为“左圣紫晨太微天帝道君”，位居第二阶中左位首尊①；“北帝”是神仙体系中第七阶中位，是下元地祇主神②。

在唐末五代乃至两宋的雷法发展过程中，“北帝”的形象与职能发生了变化，或者逐渐隐退。在神霄派、清微派、天心派的雷法中，很少出现原始“北帝”的形象。在道教神仙体系的发展过程中，“北帝”逐渐与“北辰”合一。

2. 主要传承人物

北帝派的始祖为邓紫阳。邓紫阳，名思瓘③，生于武后长安三年（703），江西临川（今江西临川南城县）人，东汉太傅邓禹之后。唐代李邕（678—747）的《唐东京福唐观邓天师碣》记载：

> 师讳思瓘，家于临川，隐于麻姑山。其先出自有殷，春秋后子孙因国，为南阳望族。后汉有太傅禹，蜀有车骑将军扬武侯芝，晋有武肆太守世龙。以至曾祖和、祖甫、考嗣，偕秉哲衣德，参寥洞元，代有人矣。④

唐代郑畋（825—883）的《唐故上都龙兴观三洞经箓赐紫法师邓先生墓志铭》记载：

> 邓氏得姓在春秋，两汉魏晋，继有贤杰。洪源演派，或仕或隐。自累世咸居抚州麻姑山，涵乐天和，不以轩冕婴累。洪嗣道高于世，开元中诏赠临川太守。生福唐尊师，讳紫阳，以道法佑明皇帝为元门之师。⑤

邓紫阳生于道教世家，少年好道，曾入麻姑山、庐山、北岳（按：唐代北岳为河北常山）、衡山等地访师、修道，常诵《天蓬咒》不辍。后于参访途中得一古剑，自称感应北帝，得授《北帝符箓》，创立“北帝派”。《唐东京福唐观邓天师碣》记载：

> 尊师幼入庐山，中移恒岳，吸沆瀣，漱清泠，精魄冥于太虚，耳目静于穹谷，身枯木、心死灰，固不如也。⑥

---

① 《洞玄灵宝真灵位业图》，载《道藏》第3册第273页中。
② 同上，第280页中。
③ 瓘，读音［guàn］。
④ 《全唐文》卷二百六十五《唐东京福唐观邓天师碣》，第3册，第2694页上。
⑤ 《全唐文》卷七百六十七《唐故上都龙兴观三洞经箓赐紫法师邓先生墓志铭》，第8册，第7981页下。
⑥ 《全唐文》卷二百六十五《唐东京福唐观邓天师碣》，第3册，第2694页下。

北宋元妙宗的《太上助国救民总真秘要》卷三《天蓬三十六将符口诀并序》记载：

> 大唐时，麻姑山中有一人，姓邓名紫阳，焚修道典。于此山中，修酆都之术……诵天蓬神咒，无时暂舍。……忽天降一书，素绢黑文，光明数道，飞入室中，瞥然不见。①

南宋陈葆光的《三洞群仙录》记载：

> 邓紫阳入麻姑山……次日果于石室中得其真形符篆，行持有验。②

元初赵道一的《仙鉴》记载：

> 道士邓紫阳……路获神剑，佩之。……诵天蓬咒不辍，遂感北帝遣神人授以剑、法。③

开元二十三年（735），邓紫阳奉诏入朝，建醮太一宫，辅国破胡，奏对称旨，被封为天师。开元二十四年（736），敕度为道士，名紫阳。唐玄宗有《赐道士邓紫阳》诗：

> 太乙三门诀，元君六甲符。下传金版术，上刻玉清书。有美探真士，囊中得秘书。自知三醮后，翊我灭残胡。④

《唐东京福唐观邓天师碣》记载：

> 开元二十三载，皇上下明诏，求方士闻，本郡别乘李行祎，以尊师应辟焉。……明年春二月甲子，复命称旨意，敕度为道士，名曰紫阳。⑤

《唐故上都龙兴观三洞经箓赐紫法师邓先生墓志铭》记载：

> 尝用下元术，使神卒朱兵讨西戎之犯境，若雷霆变化，犬戎大败，时称

---

① 《太上助国救民总真秘要》卷三《天蓬三十六将符口诀并序》，载《道藏》第32册，第71页中。

② 《三洞群仙录》卷四《紫阳役使》，载《道藏》第32册，第259页下。

③ 《历世真仙体道通鉴》卷三十二《邓紫阳》，载《道藏》第5册，第284页上。

④ 《全唐诗》卷三《赐道士邓紫阳》，第1册，第32页。

⑤ 《全唐文》卷二百六十五《唐东京福唐观邓天师碣》，第3册，第2694页下。

为神人。①

《仙鉴》记载：

> 唐明皇开元中，蒙召入大同殿，建醮胡藩，封为天师。②

开元二十五年（737），唐玄宗对邓紫阳厚加赏赐，准其还乡。开元二十六年（738），唐玄宗又命邓紫阳往嵩山、王屋山、函谷关、终南山楼观宗圣宫及其他当时的道教名山修功德。《唐东京福唐观邓天师碣》记载：

> 二十五年冬，恩敕许归觐省，出中使二人监侍，渥承于主，荣及其亲，兼遂者鲜矣。二十六年春，特敕诣中岳、王屋、函谷、宗圣及诸名山修功德。③

开元二十七年（739）十月初七日，邓紫阳羽化于陕西骊山太元观，赐葬于江西麻姑山，世寿三十七岁，传法于其侄邓德诚。邓紫阳去世后，唐玄宗度其弟邓思明为道士，主持麻姑山仙灵观，续其香火。《唐东京福唐观邓天师碣》记载：

> 二十七年冬十月朔七日，驾幸温泉宫，恩令太元观安置。子夜过半，仙装聿来，顾谓门人竹务猷曰……言毕，异香四来，奄忽而化。……二十八年二月二十日，殡于旧居麻姑山顶，甲子改葬。……时春秋三十有七。④

邓紫阳羽化后，其侄邓德诚⑤嗣法，邓德诚传法于其侄邓延康，邓延康传法于邓道牙、邓道苗，其中邓道苗为法嗣，邓道苗以后传承不详。除了邓德诚一系外，邓紫阳还有弟子谭仙岩、史玄洞、左通玄、邹郁华等，但这些人的身后传承不详。《唐故上都龙兴观三洞经箓赐紫法师邓先生墓志铭》记载：

> 福唐生华封尊师讳德诚，少随福唐侍内禁。……先生即华封之从子也，讳延康。……先生有子三人。长曰道牙，弃舒州太湖丞，授三洞经箓。次曰道石【本缺一字】，试协律郎，假职闽越。次曰道苗，袭经符，奉斋戒，以法

---

① 《全唐文》卷七百六十七《唐故上都龙兴观三洞经箓赐紫法师邓先生墓志铭》，第 8 册，第 7981 页下。

② 《历世真仙体道通鉴》卷三十二《邓紫阳》，载《道藏》第 5 册，第 284 页上。

③ 《全唐文》卷二百六十五《唐东京福唐观邓天师碣》，第 3 册，第 2694 页下。

④ 同上。

⑤ 《全唐文》卷三百三十八《抚州南城县麻姑山仙坛记》，第 4 册，第 3424 页上。

教之系，驻于龙兴。①

唐代颜真卿（709—784）的《抚州南城县麻姑山仙坛记》云：

紫阳侄男曰德诚，继修香火；弟子谭仙岩，法箓尊严。而史玄洞、左通玄、邹郁华，皆清虚服道。②

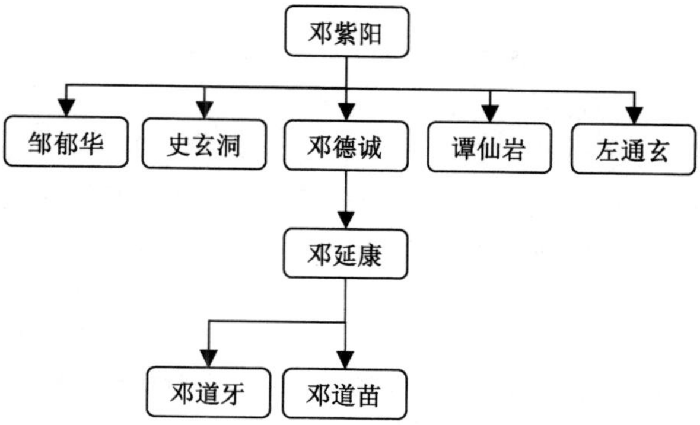

图 5-14　北帝派早期的主要传承人物

在唐代，北帝派得到玄宗、德宗、宪宗、武宗、宣宗、懿宗等数代帝王的崇信和支持，很快开枝散叶，兴盛起来。在当时，传播“北帝”一系道法的代表人物，还有叶法善、李淳风。在唐代以后，还有杜光庭、张继先、元妙宗、王宗敬、吴道显、柳伯奇、钟明真、卢养浩、徐必大、刘玉、黄公瑾等继承和发展“北帝”一系的道法。③

3. 主要经典

根据唐末五代刘若拙的《三洞修道仪》记载，唐代北帝派的道士称为“北帝太玄道士”。北帝派的主要经典为：《北帝箓》二卷、《伏魔经》三卷、《天蓬经》十卷、《北帝禁咒经》三卷、《飞玄羽章经》十卷、《北帝降灵召魂经》三卷、《北帝雷公法》一卷、《酆都要箓》三卷、《传鬼策》三卷、《北帝三部符》一卷、《北帝朝仪》一卷。④

① 《全唐文》卷七百六十七《唐故上都龙兴观三洞经箓赐紫法师邓先生墓志铭》，第 8 册，第 7981 页下。

② 《全唐文》卷三百三十八《抚州南城县麻姑山仙坛记》，第 4 册，第 3424 页上。

③ 这段资料，参考李远国研究员的《道教符箓派诸宗概述（二）》。

④ 《三洞修道仪・北帝太玄道士》，载《道藏》第 32 册，第 168 页中下。

（二）神霄派

神霄派雷法显于北宋徽宗时期，该派创始人物为唐代的汪子华，北宋时期的主要代表人物有王文卿、林灵素等。

1. 神霄之名的由来

神霄，是指神仙所居的最高仙境，出于《灵宝无量度人上品妙经》，其中云：

> 高上神霄，去地百万。周回八方，真游降盼。神霄之境，碧空为徒。不知碧空，是土所居。①

神霄主神为神霄玉清真王。神霄玉清真王，作为雷法的主尊，始出于北宋末期。北宋末期雷法大师王文卿撰写、朱执中注解的《火师汪真君雷霆奥旨》讲：

> 神霄府乃真王所治，在于东南之位。其卿师使相，赞辅玄化，《雷霆玉经》言之详矣。②

后世雷法大师承袭其说，称神霄玉清真王总督三十六天，总司雷政。明代张宇初（1359—1410）讲：

> 故高上神霄玉清真王长生大帝，专制九霄三十六天天尊，三十六天尊惟大帝统领元象，主握阴阳，以故雷霆之政咸隶焉。③

2. 主要传承人物

神霄派尊唐代的汪子华为祖师，实际开创者是北宋末期的王文卿、林灵素。其中，王文卿为神霄雷法的集大成者。

(1) 汪子华

汪子华，一名康民，字时美，生于唐玄宗开元二年（714），蔡州汝阳县（今河南省汝南县）人。

汪子华自幼聪颖，七岁能诗，九岁通经。但汪子华仕途多舛，三举不第。四十岁时，汪子华弃儒学道，与颜真卿等人结伴，先后拜张约、司马承祯等上

① 《灵宝无量度人上品妙经》卷十三《太一元精品·元始无量度人上品妙经·第二太一元精真王之章》，载《道藏》第1册，第89页上。

② 《道法会元》卷七十六《汪火师雷霆奥旨序》，载《道藏》第29册，第267页下。

③ 《岘泉集》卷七《授法普说》，载《道藏》第33册，第247页中。

清派高道为师，学习道法。《火师汪真君雷霆奥旨》中记载：

> 真君姓汪，讳子华，字时美。于唐玄宗开元二年甲寅岁，降生于蔡州汝阳县。七岁能诵诗书，九岁通诸经大义，十三岁知天文地理之学，无不贯通。自谓取功名如拾芥。迨至年登四十，累入选场，三举不第……于是弃儒笔砚，学老庄之道，求长生之术……遂与颜真卿同师白云先生张约，再师赤城司马先生承桢，受清静之道。①

唐玄宗天宝十四载（755），四十一岁的汪子华入南岳，专修九年。唐代宗宝应元年（762）秋冬之际，四十九岁的汪子华，自称遇见上清派祖师魏华存，得授秘旨。此后，汪子华精修二十八年，丹成道备，能够役使雷霆。《火师汪真君雷霆奥旨》中记载：

> 路经南岳，见峰峦耸拔，遂深入祝融峰下，结庵修道，九年不下山。……于宝应元年壬寅七月中元，紫虚元君幸南岳……授以道要。是时真君四十九岁。……真君得此道要，再修持二十八年，丹成道备。②

唐德宗贞元五年（789），汪子华在南岳祝融峰下羽化，世寿七十七岁。《火师汪真君雷霆奥旨》记载：

> 真君年七十有七，丹成道备。于贞元五年己巳岁正月七日……飞升于祝融峰下。③

北宋末期的王文卿，自称得法于汪子华。王文卿的《冲虚通妙侍宸王先生家话》云：

> 予未得雷文之前，已遇汪君于扬子江，授予飞神谒帝之道，后游清真洞天得此文。经三载之久，又遇汪君于军山店中……于此方蒙指授。……此余遇汪君点化。④

李远国教授认为："北宋之道士朱执中、王文卿、林素灵、陈楠、白玉蟾等一致皆认为神霄派创立于唐代真人汪火师，尽管其师承渊源难以确认，但其道

① 《道法会元》卷七十六《汪火师雷霆奥旨序》，载《道藏》第29册，第262页下。
② 同上，第262页下—264页上。
③ 同上，第264页中。
④ 《冲虚通妙侍宸王先生家话》，载《道藏》第32册，第390页上中。

脉直承唐代玄门，这是可以认同的。”① 此说十分得当。

(2) 王文卿

王文卿，原名俊，字述道②，号冲和子，生于北宋哲宗元祐八年（1093）二月十七日，建昌南丰（今江西抚州南丰县）人。王文卿自幼聪慧好学，有出尘之志。《仙鉴》记载：“生而神异，长而聪敏。尝为诗，有‘红尘富贵无心恋，紫府真仙有志攀’之句。”③

据《冲虚通妙侍宸王先生家话》记载，宋徽宗宣和初年（1119），二十七岁的王文卿在扬子江遇到火师汪真君（汪子华），得授《飞章谒帝之法》④。同年，王文卿游金陵清真洞天，逢一老姥，授予《啸命风雷之文》。宣和四年（1122），三十岁的王文卿在一禅寺又遇汪真君，汪真君将《啸命风雷之文》内秘之法授予王文卿。此后，王文卿行雷法更有效验。

宣和四年（1122），经由皇叔赵廉、道士林灵素推荐，宋徽宗遣侍宸董仲允延请王文卿入京。根据《仙鉴》记载，王文卿入朝后，奏对称旨、斋醮有验，宋徽宗称其为“冲虚妙道先生”，后又封为“凝神殿侍宸”，留在宫廷为道官，其父母、叔父、妻子、弟弟均有封赠，可谓荣极一时。王文卿见宋徽宗不理军政、荒于朝务，于宣和七年（1125）十一月上奏加强军备、警惕边事，徽宗不纳。期间，王文卿多次祈求还乡，徽宗不允。北宋钦宗靖康元年（1126）四月，三十四岁的王文卿乞赐还乡奉母。此后，王文卿广传神霄雷法。南宋绍兴十三年（1143），宋高宗召王文卿入朝，不赴。

绍兴二十三年（1153）八月二十三日（夏历）晨，王文卿在其棺木上题颂“我身是假，松板非真。牢笼俗眼，跳出红尘”，即羽化于南丰县的清都观，世寿六十一岁。《仙鉴》记载：

> 绍兴二十二年，先生一日与弟子朱智卿言曰：“吾将隐去。”……二十三年癸酉八月二十一日，先生辞县宰，别交游，于二十三日早起作颂题棺木云：“我身是假，松板非真。牢笼俗眼，跳出红尘。”颂毕，隐化于县之清都观许旌阳炼丹之堂。⑤

---

① 见其论文《道教神霄派渊源略考》。
② 又有字予道。见元代元代虞集（1272—1348）的《灵惠冲虚通妙真君王侍宸记》（作于公元1331年）。
③ 《历世真仙体道通鉴》卷五十三《王文卿》，载《道藏》第5册，第412页中。
④ 《冲虚通妙侍宸王先生家话》，载《道藏》第32册，第390页上。
⑤ 《历世真仙体道通鉴》卷五十三《王文卿》，载《道藏》第5册，第414页上。

王文卿著述甚丰，传世著作主要有《冲虚通妙侍宸王先生家语》《王侍宸祈祷八段锦》《玄珠歌》《上清五府五雷大法玉枢灵文》《先天雷晶隐书》《侍宸诗诀》《上清雷霆火车五雷大法》《中皇总制飞星活曜天罡大法》《高上神霄玉枢斩勘五雷大法》《雷说》等。

王文卿是北宋末期神霄派的主要代表人物，他提出的“内修丹道，外用符箓”“静则金丹，动则霹雳”，奠定了各派雷法的理论基础，后世的雷法大师在理论建树上无有出其右者。王文卿说：

> 斩勘五雷法者，以道为体，以法为用。内而修之，斩灭尸鬼，勘合玄机，攒簇五行，合和四象，水火既济，金木交并，日炼月烹，胎脱神化，为高上之仙。外而用之，则斩除妖孽，勘合雷霆，呼吸五气之精，混合五雷之将，所谓中理五气，混合百神。①

后世雷法大师对王文卿的评价很高，雷法奉其为神霄正宗。

(3) 王文卿的主要法嗣谱系

王文卿的门人主要有熊山人、平敬宗、袁庭植、高子羽、朱智卿、上官二三、王嗣文、萨守坚、邹铁壁、郑道士等。

朱智卿、熊山人、平敬宗、袁庭植

据《仙鉴・王文卿》记载，王文卿晚年的弟子有朱智卿、熊山人、平敬宗、袁庭植，四人身后传承不详。原文为：

> 绍兴二十二年，先生一日与弟子朱智卿言曰：“吾将隐去。”……弟子熊山人、平敬宗、袁庭植等奉葬于乌龟冈。②

胡道玄、上官二三、萨守坚、高子羽

据《灵惠冲虚通妙真君王侍宸记》记载，王文卿弟子有胡道玄、上官二三、萨守坚、高子羽等。其中，上官二三的传人中，姓名可考者为白玉蟾、王嗣文；萨守坚法嗣较多，但姓名均不可考，萨守坚被尊为西河派、萨祖派、天山派祖师；高子羽身后传承谱系较远，其姓名可考的弟子为徐次举。《灵惠冲虚通妙真君王侍宸记》记载：

> 至元庚辰十月，上清外史薛玄卿，以书来告曰：“有番易胡道玄先生，人

---

① 《道法会元》卷六十一《高上神霄玉枢斩勘五雷大法・序》，载《道藏》第29册，第165页下。
② 《历世真仙体道通鉴》卷五十三《王文卿》，载《道藏》第5册，第414页上。

间所谓神霄野客者也，得侍宸之真传。”①

侍宸之从孙，以贫从商人，入蜀亲见侍宸于道中，弗识也。执手江浒，多所传授……

又有萨守坚者，亦酷好道，见侍宸于青城山而尽得神秘。……

昔侍宸在汴京居宫观，见为黄冠者多谄事权贵以自炫，恶之故，多不得其说。其在乡既老，而得其传者，则新城高子羽。②

上官真人之名讳，见于《先天雷晶隐书・祈祷行持》，其中云：

……祖师上官二三弘道先生……③

上官二三身后传人可考者为王嗣文、白玉蟾、邹铁壁等。王嗣文之事见于前文，此处不赘。白玉蟾、邹铁壁师事上官见于《先天雷晶隐书・道妙》：

独上官祖师家传，得此以付之先师铁壁邹公、玉蟾白君。④

白玉蟾的雷法有三个来源，一是陈楠所传的《高上景霄三五混合都天大雷琅书》《太上三五邵阳铁面火车五雷大法》，二是雷部辛天君辛忠义所传的《洞玄玉枢雷霆大法》⑤，三是上官二三所传的《先天雷晶隐书》。白玉蟾雷法的传承弟子中，姓名可考的有马士清（女）、彭耜、留元长、林伯谦、潘常吉（女）、周希清（女）、胡士简、罗致大、陈守默、庄致柔等。

白玉蟾传马士清之说，见《洞玄玉枢雷霆大法・事实》。其中记载，白玉蟾传马士清，马士清传翁雷室。翁雷室嗣法弟子百余人，其中姓名可考者有薛师淳、赵菊存、丁松隐等。薛师淳嗣法弟子五百余人，无姓名可考者。《洞玄玉枢雷霆大法・事实》云：

泉州马居士有女，及笄，不愿有家，自幼焚香斋戒，愿遇至人。一日感召白真人至焉，付以洞玄之法。至元十八年，泉州大旱。……蒲相带翁君（按：翁君即行令史）诣坛下请雨。……蒲束帛来谢，马君辞曰：“妾以济人利物为心，公之所赐，妾岂敢受。但昨宵将吏与妾梦，谓公之带行令史，前世乃雷部中人，令妾以法授之。”蒲相如所请。

---

① 《道园学古录》卷二十五《灵惠冲虚通妙真君王侍宸记》，第6册，第424页。
② 同上，第425—426页。
③ 《道法会元》卷八十六《先天雷晶隐书・祈祷行持》，载《道藏》第29册，第354页下。
④ 《道法会元》卷八十四《先天雷晶隐书・道妙》，载《道藏》第29册，第341页中。
⑤ 《道法会元》卷一百四十七《洞玄玉枢雷霆大法・事实》，载《道藏》第29册，第763页下。

原夫翁君雷室先生，乃丹山翁状元嗣系也。家寓建宁。……一时嗣法弟子百有余人。江东则有赵菊存，时为建宁儒学教谕，捐车马竭行囊，北面而师事之。师淳至元己丑浪游闽地，仰慕高风而无汲引。是年十一月甲子良日，五福万寿宫道士刘壁峰、连乐山保举监度，蒙师付度。师淳侍度师翁君三载有余……观其付与赵菊存、丁松隐文字不同，虽有玄妙处，而无纲绪。……师淳坛下嗣法五百余人，今洞玄教之昭著四方，皆翁君主教之灵也。①

白玉蟾传彭耜等人，则见于白玉蟾的《传度谢恩表文》。其中云：

臣玉蟾言，以今月十五日，伏为上清太华丹景吏神霄玉府西台令、行仙都风雷判官、臣彭耜，上清大洞玄都三景法师、太乙雷霆典者、九灵飞步仙官、签书诸司法院鬼神公事、臣留元长，太上正一盟威法师、充驱邪院判官、南昌典者、九灵飞步仙官、兼管雷霆都司鬼神公事、臣林伯谦，太上三五都功职箓、神霄玉府右侍经、臣潘常吉，太上三五都功职录、神霄玉府右侍经、臣周希清，太上三五都功法录弟子、奉行天心正法驱邪院判官、兼干五雷使院事、臣胡士简，太上正一盟威法师、行上清混元天心五雷大法、差充主管驱邪院事、兼雷霆都司事、臣罗致大，太上三五都功紫虚阳光秘箓弟子、行上清北极天心正法金阙内台炼度典者、驱邪院右判官、臣陈守默，太上正一盟威法师、行灵宝天心玉晨五雷大法九灵飞步仙官、主管驱邪黄箓院事、臣庄致柔等，臣付以道法，奏准玉格，注授前件差遣，即日具表，恭诣阙庭，称谢天恩者。伏以法有正传，幸相承于师训，职无虚授，期仰答于天恩。②

彭耜建靖庐传法于福建福州一带，其嗣法弟子之姓名可考者有林伯谦、萧廷芝，萧廷芝弟子中姓名可考者有邓锜，其后不详。

高子羽为王文卿的主要弟子之一，其身后法嗣谱系较长：高子羽传徐次举，徐传聂天锡，聂传谭悟真。谭悟真门人较多，姓名可考者为罗虚舟。罗传萧雨轩、周立礼二人，萧传胡道元，周传其子。此后传承不祥。《灵惠冲虚通妙真君王侍宸记》记载：

昔侍宸在汴京居宫观，见为黄冠者多谄事权贵以自炫，恶之故，多不得其说。其在乡既老，而得其传者，则新城高子羽。授之临江徐次举，以次至

① 《道法会元》卷一百四十七《洞玄玉枢雷霆大法·事实》，载《道藏》第29册，第764页上中。
② 《海琼白真人语录》之《传度谢恩表文》，载《道藏》第33册，第116页上中。

金溪聂天锡。其后得其传而最显者，曰临川谭悟真，云人不敢称其名，但谓之谭五雷。内附后，谭君犹在，浮沉人间，隐显莫测。庐陵有罗虚舟者，故宋时名士，涧谷先生之诸孙也。得五雷之传，甚有符契。然谭君诵侍宸之戒，曰每传不过一二人，若广泄之，则速死。是以罗之弟子虽多，而自以为得之者，惟萧主簿雨轩，其后则有周司令立礼，两人而已。周与予有姻联，然终日言之未尝及此。萧君清文，雅学中罹忧患，然甚通至理，泊然无所累其心，予敬爱之，而亦未尝言及之也。周之说，惟授之其子。游其门者或得或不得，予不知也。萧君儒者，择人至谨，而人亦不知其有此道，独传之道元胡君一人而已。①

邹铁壁

邹铁壁原为上官二三的弟子，后遇王文卿，成为王文卿的嗣法弟子之一。邹铁壁一系对后世神霄雷法的传播贡献较大。明代张宇初的《岘泉集·义渡记》云：

邑之贤良，有邹铁壁者，尝受法于上官氏。上官，侍宸甥也。已而复遇侍宸，亲授其奥，而道亦显。②

邹铁壁传弟子王质、莫月鼎③、沈震雷等。王质、沈震雷身后传承不详。《岘泉集·义渡记》云：

时有知南丰州事王质，尝师事铁壁。及付受之顷，忽雷震坛上。邹曰："吾将度矣。"王惊喜，遂倾资奉之。邹谢曰："吾云水徒也，用此奚为？"王乃请以广妙灵观，以祠事侍宸。④

《仙鉴续编·莫月鼎》记载：

月鼎真人，姓莫氏，讳洞一，字起炎，浙西霅川⑤人，莫合之裔也。……乃与同郡西野沈震雷真人，同师事铁壁邹真人，得侍宸王真君《九天雷晶隐书》，由是名著当时。⑥

---

① 《道园学古录》卷二十五《灵惠冲虚通妙真君王侍宸记》，第6册，第426页。
② 《岘泉集》卷三《义渡记》，载《道藏》第33册，第220页中。
③ 莫月鼎，生于公元1226，羽化于公元1294年。
④ 《岘泉集》卷三《义渡记》，载《道藏》第33册，第220页中。
⑤ 霅，读音［zhà］。霅川，今浙江湖州境内。
⑥ 《历世真仙体道通鉴续编》卷五《莫月鼎》，载《道藏》第5册，第447页中。

莫月鼎名著一时，嗣法弟子可考者有王继华、潘无涯、王惟一、金善信、韩混融、杨和玉等。莫月鼎授王继华、潘无涯雷法之说，见明代宋濂的《宋学士文集》卷十一《元莫月鼎传碑》，其中记载：

> 月鼎所受侍宸诸书，宝秘一如邹，不轻受人，唯继华及无涯潘氏得其传。①

莫月鼎传王惟一之说，见元初王惟一所著的《道法心传》，其中云：

> 余平生参尽雷法，未有若月鼎莫君先生之说如此之明也。使余朝夕思慕先生之学，不复再见，唯悒怏耳。②

莫月鼎传金善信③之说，见元代黄溍的《黄溍文集》第十二卷《体仁守正弘道法师金君碑》，其中云：

> 吴之长洲，有为老子之学者，曰金君，讳善信，字实之，家故儒也。……已而闻莫先生洞一者，嗜酒，醉辄诟骂人……然君知其有道者，则延而尊事之。有所折辱，未尝为动色；或毁其所深爱之物，亦不以为意。先生知君信之笃，悉授以不传之秘，他弟子不得者，君尽得之。④

韩混融、杨和玉等师事莫月鼎之说，见《仙鉴续编·莫月鼎》。其中云：

> 至若会稽混融韩公，钱塘杨和玉蟾川诸公，望重当代，为道法所宗，皆炷香座下，由是道法愈重。⑤

王继华、潘无涯、王惟一、金善信、韩混融、杨和玉等六人中，仅王继华的嗣法谱系可考。王继华传张善渊，张传步宗浩，步传周玄真，其后传承不详。宋濂的《元莫月鼎传碑》记载：

> 继华授张善渊，善渊授步宗浩，宗浩授周玄真，皆解狎雷致雨云，而玄真尤号伟特。⑥

---

① 《宋学士文集》卷十一《元莫月鼎传碑》，第 4 册，第 15 页。
② 《道法心传》，载《道藏》第 32 册，第 420 页上。
③ 金善信，生于公元 1273 年，羽化于公元 1131 年。
④ 《金华丛书》之《黄溍文集》，第 12 册，第 7—8 页。
⑤ 《历世真仙体道通鉴续编》卷五《莫月鼎》，载《道藏》第 5 册，第 447 页中。
⑥ 《宋学士文集》卷十一《元莫月鼎传碑》，第 4 册，第 15 页。

以上为王文卿的法嗣谱系（见图 5-15）。

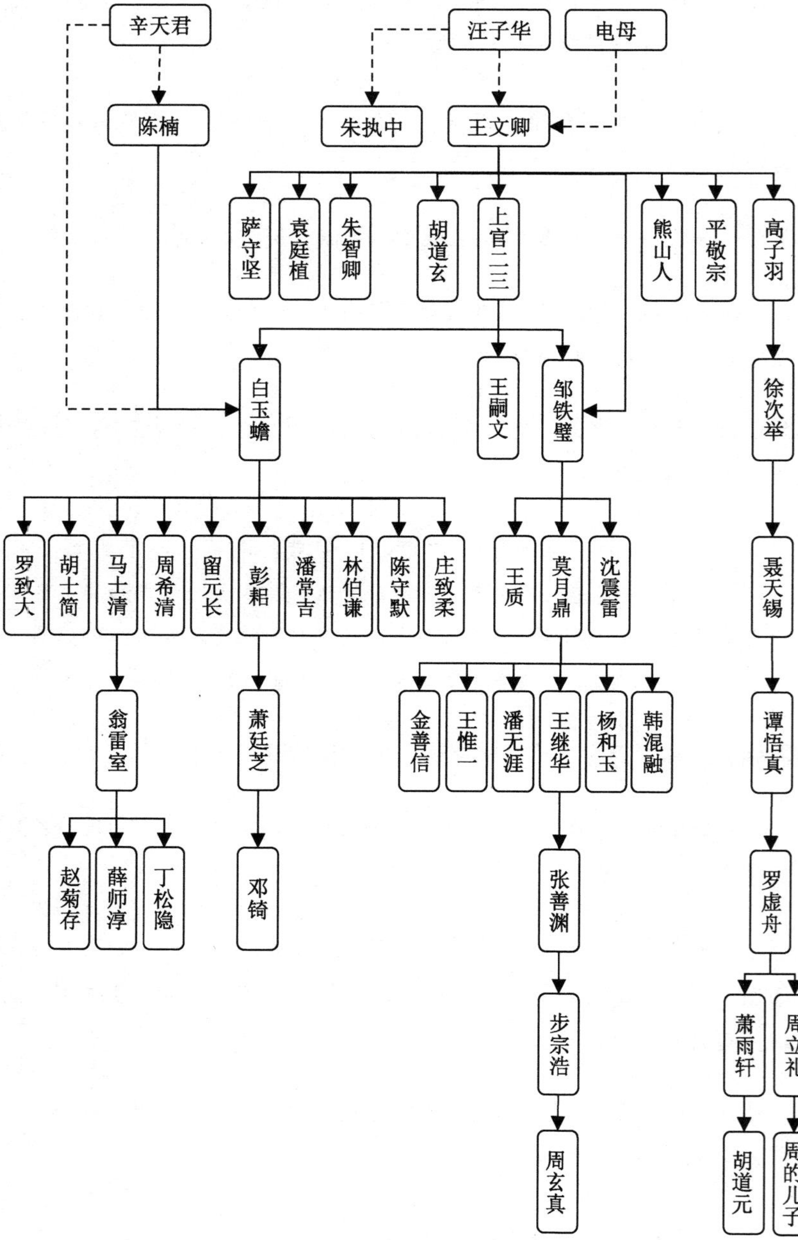

图 5-15　两宋金元时期神霄派王文卿一系部分传承人物图

(4) 林灵素及其法嗣谱系

林灵素，字通叟，又字岁昌，初名灵蘁（噩），宋徽宗赐名灵素，温州永嘉

（今浙江温州永嘉县）人，生于北宋神宗熙宁八年（1075）①。赵鼎②的《林灵蘁传》记载：

> 先生姓林，本名灵蘁，字通叟，温州永嘉人也。家业寒微。③

赵与时④《林灵素传》记载：

> 林灵素，初名灵噩，字岁昌，家世寒微，慕远游。⑤

林灵素幼时曾出家做沙弥，因嗜酒而遭笞骂，遂作道士。南宋陆游的《家世旧闻》记载：

> 灵素……少尝事僧为童子，嗜酒不检，僧笞辱之，发愤弃去为道人。⑥

南宋赵鼎的《林灵蘁传》、赵与时的《林灵素传》都记载，大约在北宋徽宗政和初年，林灵素偶遇张道陵弟子赵升，赵升授林灵素神霄雷法秘旨。赵与时《林灵素传》记载：

> 至蜀，从赵升道人数载，赵卒，得其书秘藏之。⑦

政和七年（1117），经道士徐知常推荐，四十三岁的林灵素入朝，以神霄雷法大受恩宠。在政治方面，林灵素建议徽宗重用元祐贤臣，远离蔡京、童贯等佞臣；在面对金人的威胁时，林灵素建议宋徽宗修德弥祸、迁都长安；在宗教方面，林灵素大弘神霄雷法。林灵素虽备受荣宠，但他在道教内部独崇神霄，而且建议革除佛教，甚至与太子抗礼，引起朝野不满。因此，林灵素是一个非常有争议的人物。赵与时的《林灵素传》云：

---

① 按，《仙鉴》中的《林灵蘁传》，由两宋之际名臣赵鼎撰写。林灵素羽化于宣和元年八月中秋，世寿四十五岁，由此推算，林灵素当生于北宋神宗熙宁八年（1075）。

② 赵鼎（1085—1147），字元镇，号得全居士，解州闻喜东北（今属山西闻喜礼元镇阜底村）人，南宋名臣。赵鼎曾与林灵素交往，最初厌恶，后改敬重。赵鼎忠正耿介，其《林灵蘁传》的表述，与当时以异端眼光看待林灵素的人不同，具有重要参考价值。

③《历世真仙体道通鉴》卷五十三《林灵蘁》，载《道藏》第5册，第407页中。

④ 赵与时（1172—1228），宋太祖七世孙，系宋儒杨简门人。仕于南宋宁宗、理宗两朝。赵与时《宾退录》所载《林灵素传》，为耿延禧所作。耿延禧，字伯顺，开封（今河南开封）人，宣和年间（1119—1125）任太学官。

⑤《宾退录》卷一《林灵素传》，第4页。

⑥《家世旧闻》卷下《先君言徽宗崇方士》，第218页。

⑦《宾退录》卷一《林灵素传》，第4页。

> 秋九月，全台上言："灵素妄改迁都，妖惑圣聪，改除释教，毁谤大臣。"①

在道法方面，林灵素仅敬重王文卿、张继先两人。赵与时《林灵素传》云：

> 明年，京师大旱，命灵素祈雨，未应。……灵素请急召建昌军南丰道士王文卿。②

赵鼎《林灵蘁传》云：

> 先生顷在京时，虽宰执亲王不与交谈，亦不接见宾客，惟虚静天师至，即开门对话终日终宵。③

在当时的政治环境下，林灵素既得罪太子和大臣，又得罪佛道人士，单凭宋徽宗的崇信是无法立足于汴梁的。宣和元年的正月、五月（夏历），林灵素两次乞归故里，宋徽宗不许。宣和元年（1119）冬十一月（夏历），林灵素将宋徽宗所赐财物一律封留，仅携衣被离京。《林灵蘁传》云：

> 冬，全台上言："灵素妄改迁都，妖惑圣聪，改除释教，毁谤大臣。"先生闻之，大笑，呼诸弟子并监宫官吏曰："前后宣赐之物，约三百担，自去年用千字文字号封锁，籍书分明，一无所用，可回纳宫中。"只唤一童子携衣被，行出国门，宣唤不回。④

宣和二年（1120）中秋，林灵素书颂而逝。《林灵蘁传》云：

> 宣和元年⑤八月，忽一日携表见太守，乞为进。……至十五日既望……索纸笔书颂云："四十五岁劳生，浮名满世峥嵘。只记神霄旧路，中秋月上三更。"书讫，上香一炷，时正三更，月朗风清。忽有霹雳一声，先生坐化而去。⑥

---

① 《宾退录》卷一《林灵素传》，第5页。
② 同上，第4—5页。
③ 《历世真仙体道通鉴》卷五十三《林灵蘁》，载《道藏》第5册，第411页中。
④ 同上。
⑤ 此处"宣和元年八月"应是"宣和二年八月"，因为本传中说宣和元年十一月林灵素离京，所以，此处的"八月"，应是"宣和二年八月"。
⑥ 《历世真仙体道通鉴》卷五十三《林灵蘁》，载《道藏》第5册，第411页中下。

纵观林灵素的短短一生，颇具传奇色彩，身负多种争议。其实，林灵素不过是一个道士而已，他不可能左右宋徽宗的朝局，也不应担负太多的历史责任。在唐玄宗时期，北帝派雷法大师邓紫阳，奉诏入朝，荣极一时。同样是一位精通雷法的大师，林灵素到了宋徽宗的手下，就成了骂名千古、妖术惑主的道士。两下对比可知，林灵素遭遇赵佶，是他身负多种争议的主要原因。

林灵素对神霄雷法贡献很大，著作有《神霄天坛玉书》《高上神霄宗师受经式》《高上神霄紫书大法》《无上九雷玉清大梵紫微玄都雷霆玉经》等。

林灵素开神霄玉真支派，其传人为张如晦。《林灵蘁传》云：

> 东西皇城使张如晦者，旧在通真宫，出则同行，坐则同席。宗师法教，独张一人得其妙也。①

张如晦传陈道一，陈传薛洞真，薛传卢埜，卢传徐洪季，徐传刘清卿，其后传承不详（见图5-16）。刘清卿的《神霄金火天丁大法后序》云：

> 火师传与玉真教主林侍宸，林传与张如晦，后传陈道一，下付薛洞真，卢君埜②，次以神霄派脉付徐必大，徐亦不得其文。卢君化于剑江，将解而枕中出其书以付玉。法传卢君，而振继徐君。③

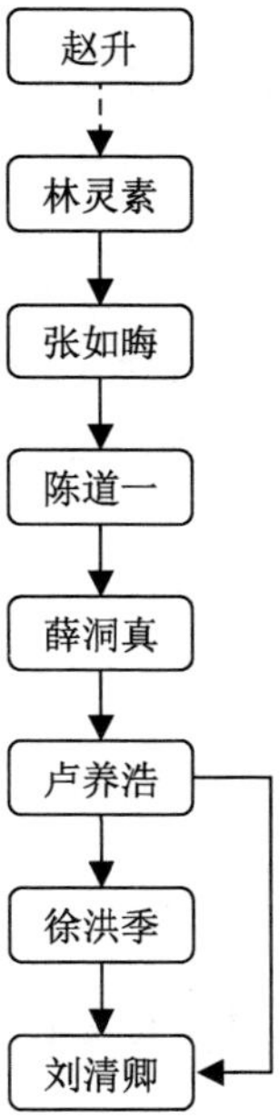

图5-16　神霄派林灵素玉真支派部分传承人物图

《地祇法绪余论·刘清卿事实》云：

> 清卿姓刘氏名世仍，法讳玉。世为河朔人……幼慕清虚，年未弱冠，弃官从事道法。遍历江湖，捐赀无所靳，参礼名师。……后因养浩卢君伯善来江西，以诸法付度于徐洪季，洪季以所得授清卿。清卿得法，方从卢游。伯善殁于洪季家，炁虽绝，体甚温，无敢封殓。三日，忽苏，视诸弟子，惟清

① 《历世真仙体道通鉴》卷五十三《林灵蘁》，载《道藏》第5册，第411页中。
② 卢埜，即卢养浩，又叫卢伯善。
③ 《道法会元》卷一百九十八《神霄金火天丁大法后序》，载《道藏》第30册，第258页下。

卿在焉……卢悉以心章隐讳内炼秘诀倾囷付之。①

(5) 朱执中

朱执中是北宋时期直承火师汪真君的雷法大师之一。朱执中，北宋末期人，生卒不详，《火师汪真君雷霆奥旨》末有他的自传，作于北宋徽宗崇宁三年癸未(1103)②。根据自传可知，朱执中自幼为道士，参学道法。曾游青城山，得火师汪真君梦授雷法诀要。后到南岳朱陵西洞，得雷书。从此，雷法有成。朱执中的传人不详。

（三） 清微派

清微派形成于南宋，元初大盛，是元代以来最大的雷法流派。该派追认唐昭宗时期的祖舒为祖师。

1. 清微之名的由来

“清微”，即清微天，是元始天尊居住的仙境。《雷奥秘论》云：

> 夫清微者，以象言之，乃大罗天上郁罗萧台玉山上京上极……即元始至尊之所治也。③

清微派称其雷法源于“清微天元始天尊”，故得名“清微”。《清微道法枢纽·清微大道秘旨》云：

> 清微始祖元始天尊妙道上帝，乃清微法主也。④

清微派产生较晚，自称综汇灵宝、道德、正一而归于清微。《清微诸天章品·九宸分治九霄之图》云：

> 清微正宗，自元始上帝授之玉宸道君、玄元老君，由是道君、老君各传二派，乃分清微、灵宝、道德、正一，师师相承，元元荷泽。至唐祖元君，愿重慈深，博学约取，总四派而为一，会万法以归元。⑤

---

① 《道法会元》卷二百五十四《地祇法绪余论·刘清卿事实》，载《道藏》第30册，第558页下—559页上。

② 《道法会元》卷七十六《汪火师雷霆奥旨后序》，载《道藏》第29册，第275页下。

③ 《清微神烈秘法》卷上《雷奥秘论》，载《道藏》第4册，第135页中。

④ 《道法会元》卷一《清微大道秘旨》，载《道藏》第28册，第676页上。

⑤ 《道法会元》卷五《九宸分治九霄之图》，载《道藏》第28册，第707页上。

从雷法师派来看，清微派与神霄派关系密切。《雷奥秘论》云："且清微法者，即神霄异名也。"① 神霄派祖师汪子华自称得法于魏华存，"清微雷法师派"中的第一位是"清微教主高元宸照紫虚太初元君（臣）魏华存"②。

2. 主要传承人物

(1) 祖舒

清微雷法的创始人物为祖舒③。祖舒，一名遂道，字昉仲，生于唐昭宗时期（889—904），广西零陵永州祈阳县（今湖南永州祁阳县）人。祖舒在桂阳军（今湖南桂阳县）江边，遇到护明元妃④，得授"清微自然先天之奥"。《会道》记载：

> 面枣黑色，大目，身长七尺。幼存节操，生而神灵，父母莫能禁，遂入道。遍历名山，至桂阳军江渚石上，遇护明元妃，化身灵光，圣母授以清微自然先天之奥。⑤

后祖舒到洛阳附近山中修行，感遇太清泰玄元君文慵，将上清、灵宝、道德、正一的符箓都传授给她。《清微仙谱·会道》记载：

> 继至西京⑥近地，山中清虚，洞神化溪。感太清泰玄文元君……悉以上清、灵宝、道德、正一之旨付之，隐而不见。⑦

总之，祖舒是一位神仙人物，其传记的真实性无法判断。按《清微仙谱》记载，祖舒之后，有休端、郭玉隆、傅央焴、姚淑奇、高奭一、华英、朱洞元、李少微等传承清微道法，但传记皆不详。

(2) 南毕道

南毕道，名珪，字斗文，号西滨，一云复姓东南，四川眉州（今四川眉山）

---

① 《清微神烈秘法》卷上《雷奥秘论》，载《道藏》第 4 册，第 135 页中。

② 《清微神烈秘法》卷上《师派》，载《道藏》第 4 册，第 136 页上。

③ 祖舒，是一位女性神仙。

④ 见《清微仙谱·清微道宗》："护明元妃玄光圣母王说，字涣，一名玄光。圣母护明玉隆丹刚清华元妃紫光元君清华元妙宫。元君素华金母之玄精，天一玄斗之灵神，统摄河源，制御水阙，四瞑大神悉隶，主领出书。降于唐时，主张教法，领清微之奥，居东海景清宫。"，载《道藏》第 3 册，第 328 页中下。

⑤ 《清微仙谱·会道》，载《道藏》第 3 册，第 330 页下—331 页上。

⑥ 按《清微仙谱·会道》记载，祖舒为唐代人，唐代西京则是指长安，即今西安。又因传记作者——黄舜申是南宋末期人，其中所说的西京是北宋的洛阳。因此，此处西京应为洛阳。

⑦ 《清微仙谱·会道》，载《道藏》第 3 册，第 331 页上。

人，生于南宋宁宗庆元二年（1196）十一月（夏历）。《清微仙谱》云：

> 眉山混隐真人南毕道。真人本复姓东南，名珪。丙辰十一月初三日寅时生于眉山。①

《清微斋法·四派总归》云：

> 眉山混隐真人南毕道，字斗文。乃清微保元仙卿，眉州人，丙辰十一月初三日寅时降生眉山。②

《清微应运》云：

> 眉山混隐南真人，讳毕道，号西滨。眉州人。……本姓东南，名圭。③

南毕道自幼业儒，曾为官于南宋理宗时期。后在广西宪司任上，遇到李少微（即《清微仙谱》中的“保一真人”）。得授雷法后，南毕道致仕隐于青城山。《清微仙谱·会道》云：

> 南毕道……幼擢儒科登仕版。……询其姓名，即保一真人也。迎归待以师礼。数以难事试之，坚心如金石，遂悉付以隐奥。……后佐宋理宗，数谏不从，归隐。④

《清微斋法·四派总归》云：

> 仕宋累官至广西宪，尝遇保一真人，授以至道，能役使神祇。……隐青城山。⑤

《清微应运》云：

> 李真人数试之，不怠，以四派玄奥授之。……后西滨仕至广西宪司，休官入青城山。⑥

---

① 《清微仙谱·会道》，载《道藏》第3册，第331页下。
② 《清微斋法·四派总归》，载《道藏》第4册，第286页中。
③ 《道法会元》卷二《清微应运》，载《道藏》第28册，第682页下。
④ 《清微仙谱·会道》，载《道藏》第3册，第331页下。
⑤ 《清微斋法·四派总归》，载《道藏》第4册，第286页中。
⑥ 《道法会元》卷二《清微应运》，载《道藏》第28册，第682页下。

南毕道在广西宪司任上，遇见黄舜申，非常投缘，将清微精奥尽数传授。《清微斋法·四派总归》云：

> 黄舜申……随父官广西时，宪使混隐真人见而奇之，尽以其书付焉。①

(3) 黄舜申及其法嗣传承

黄舜申，名应炎，字晦伯，生于南宋宁宗嘉定十七年（1224）闰八月（夏历），建宁（今福建省建瓯市）人。少时聪颖，贯通百家。《清微仙谱·会道》云：

> 碧水雷囦②真人黄舜申：先生闽中世家，名应炎，丹山人也，即今建宁府。甲申闰八月初五日未时生，以祖父荫，生而奇异，貌古清绝，性质颖悟，经史百家靡不通贯。③

南宋理宗嘉熙三年（1239），十六岁的黄舜申随父在广西为幕僚，得病而为南毕道治愈，遂拜其为师，得授清微雷法。《清微仙谱·会道》云：

> 年十六，侍父为广漕幕。师病，南真人以符疗之。雷震于庭，其疾顿痊。观其骨相合仙，悉以所传付之。④

《清微斋法·四派总归》云：

> 随父官广西时，宪使混隐真人见而奇之，尽以其书付焉。先生钩玄探赜，集成大全，登门之士，冠盖如云。……为一世宗师云。⑤

南宋理宗宝祐年间（1253—1258），黄舜申曾受宋理宗召见，行法有验，名动京师，理宗赠号“雷囦真人”，皇兄赵孟端师从学法。至元丙戌（1286），元世祖忽必烈召见，奏对称旨，赐号“丹山雷囦普化真人”，封赐还山。《清微仙谱·会道》云：

> 宝祐中，出为检阅，宋皇兄赵孟端节使皆师事之。理皇召见，御书雷囦真人四字以赐之。至元丙戌，诏赴阙庭，奏对明敏，上礼敬之。未几乞请归

① 《清微斋法·四派总归》，载《道藏》第4册，第286页中。
② 囦，读音［yuān］。
③ 《清微仙谱·会道》，载《道藏》第3册，第331页下。
④ 同上，第331页下—332页上。
⑤ 《清微斋法·四派总归》，载《道藏》第4册，第286页中。

> 山，得旨俞允，仍赐轻车以还。①

黄舜申是清微雷法的集大成者。元代陈采的《清微仙谱序》云："先生覃思著述，阐扬宗旨，而其书始大备。"② 明初张宇初的《道门十规》也说："清微自魏、祖③二师而下，则有朱、李、南、黄诸师④，传衍犹盛。凡符章经道斋法雷法之文，率多黄师所衍。"⑤ 黄舜申及其弟子留下诸多雷法著作，如《清微元降大法》《清微神烈秘法》《清微斋法》《清微丹法》《清微玄枢奏告仪》等。

黄舜申弟子有百余人，姓名可考者主要分为分南、北两支。根据《清微元降大法》《清微神烈大法》《道法会元》《岘泉集》等记载，南边一支以福建建宁为中心，其传承体系为：黄舜申—熊道辉—彭汝励—曾贵宽—赵宜真—刘渊然—张宇初（见图 5-17）。南传支脉中，赵宜真是一位非常著名的道士，其传记可见于《明史》《岘泉集》《江西通志》等。根据《武当山志》《武当福地总真集》《长春道教源流》等记载，北边一支以武当为中心，其传承体系为：黄舜申—张道贵、叶云莱、刘道明—张守清—张悌、黄明佑、彭通微、单道安等（见图 5-17），此脉为多为全真道士。经由黄舜申及其弟子的弘扬和传播，清微雷法成为南宋以后最大的雷法流派。

（四） 天心派

天心派是北宋时期出现的雷法流派，以五代南唐道士谭紫霄为祖师，其实际创始人为北宋时期的饶洞天。

1. 天心之名的由来

北宋的元妙宗认为，北斗就是"天心"。因为雷法所禀之气出于北斗，故此派雷法称为"天心正法"。《上清北极天心正法序并驱邪院请治行用格》云：

> 臣闻天心之法，北极中斗之法也。北极者，天之中极，万象之所会。北斗者，天之中斗，万炁之所禀。⑥

---

① 《清微仙谱 · 会道》，载《道藏》第 3 册，第 332 页上。

② 《清微仙谱序》，载《道藏》第 3 册，第 326 页下。

③ 指魏华存、祖舒。

④ 指朱洞元、李少微、南毕道、黄舜申。

⑤ 《道门十规》，载《道藏》第 32 册第 149 页下。

⑥ 《太上助国救民总真秘要》卷一《上清北极天心正法序并驱邪院请治行用格》，载《道藏》第 32 册，第 53 页下。

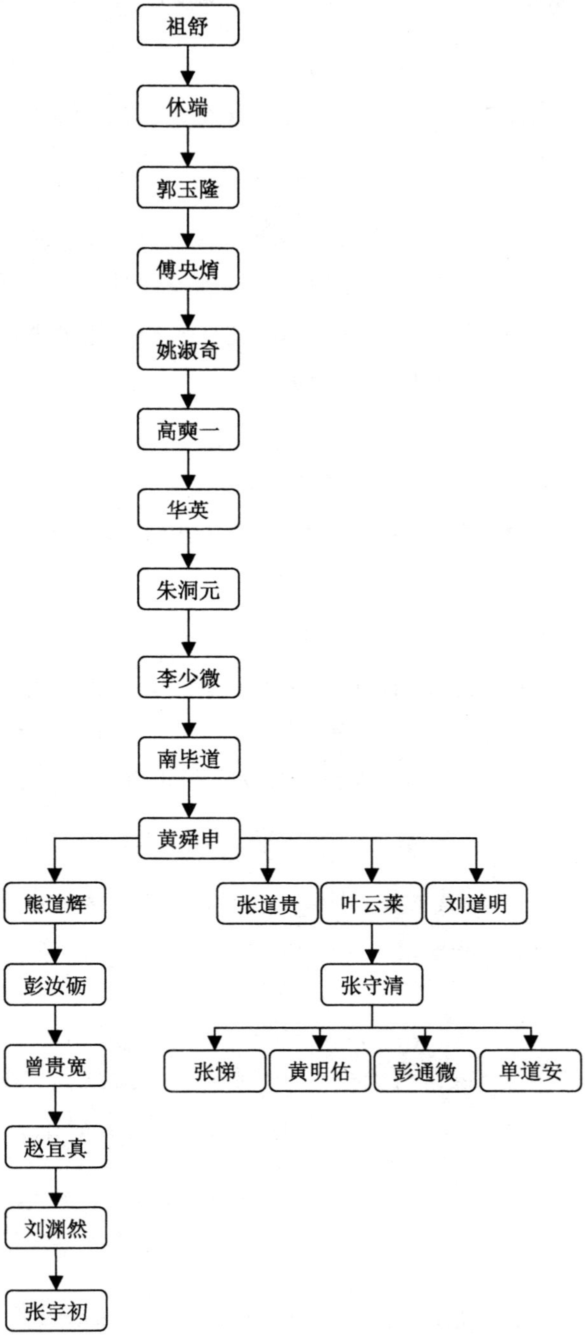

图 5-17　两宋金元时期清微派雷法部分传承人物图

北宋末期的邓有功①认为，“天心”是“玉帝之心术”。邓有功的《上清天心正法序》云：

> 正法乃玉帝之心术，太清之真文，太上之妙法，三洞之灵书，共成四阶之经箓。②

天心派与唐代的北帝派、北宋的正一派渊源甚深。天心派雷法主体为下元术。下元术源于唐代北帝派，入宋以来，正一派融会下元术于本派原有的考召术中，形成了正一派的雷法。如北宋晚期的三十代天师张继先，就以精通下元术而著称。因此，天心派自述其雷法源于正一，实际上与唐代北帝派也渊源甚深。

2. 主要传承人物

天心派追认开派祖师为谭紫霄，启教大师为饶洞天，后经元妙宗、路时中、金允中、邓有功等人发扬光大。

(1) 谭紫霄

谭紫霄，一名子雷，长庆四年（824）生于金陵（今江苏南京），南唐道士。《南唐书》记载他为泉州（今福建泉州）人，《仙鉴》记载他为北海（今山东益都县）人。后谭紫霄遇异人传授道法，行之有验，名动江湖。《仙鉴》记载：

> 金门羽客姓谭氏名紫霄，一云子雷，其先北海人也，高祖在唐为达士。……南之玉笋山为道士，后遇异人授以魁罡斗极观灯飞符之术，行之灵验。③

据《马氏南唐书》《陆氏南唐书》《十国春秋》等记载，谭紫霄所遇异人，可能为同时期的道士陈守元。北宋末马令的《南唐书》记载：

> 道士谭紫霄，泉州人也。与陈守元相善，事王昶，封正一先生。④

---

① 邓有功（1210—1279），字子大，号月巢，南丰人。宋末，进士试不中，以恩补迪功郎，为金溪尉，有《月巢遗稿》。也有学者如李志鸿，认为天心派的邓有功与南宋词人邓有功并非一人。

② 《上清天心正法序》，载《道藏》第 10 册，第 607 页下。

③ 《历世真仙体道通鉴》卷四十三《谭紫霄》，载《道藏》第 5 册，第 348 页上。

④ 《马氏南唐书》卷二十四《方士传・道士谭紫霄》，载《五代史书汇编》第 9 册，第 5415—5416 页。

南宋陆游的《南唐书》记载：

> 谭紫霄，泉州人，幼为道士。初有陈守元者，亦道士，劚①地得木札数十，贮铜盘中，皆汉张道陵符篆，朱墨如新，藏去而不能用，以授紫霄。……今言天心法者，祖紫霄。②

《十国春秋·谭紫霄》云：

> 谭紫霄，泉州人也。与陈守元相善。守元斸地得木札数十，贮铜盘中，皆汉代张道陵符篆，朱墨如新，藏而不能用，以授紫霄，紫霄皆通之，遂自言得道陵天心正法。③

谭紫霄自陈元守处所得符箓，可能与陈元守之女弟靖姑有关。《十国春秋·靖姑》记载：

> 靖姑，守元女弟也，常饷守元于山中。遇馁妪，发箪饭饭之，遂授之秘箓符篆。④

谭紫霄深受闽王王审知（898—924年在位）、王昶（936—939年在位）的礼敬，赐号“洞玄天师”“正一先生”。闽亡后，至金陵，受南唐烈祖李昪（937—943年在位）召见，赐号“真曜先生”“金门羽客”。建隆初年（960），曾为武昌军节度使何敬洙斋醮。

据《仙鉴》记载，谭紫霄于宋太宗开宝六年（973）四月一日（夏历）羽化，享年一百五十岁。《马氏南唐书》则记载，南唐首都金陵被攻破之时，谭紫霄羽化。按正史记载，宋太宗开宝八年（975）十一月二十七日（夏历）攻破金陵。以此而论，则谭紫霄羽化于公元975年十一月（夏历）。

(2) 饶洞天及其主要法嗣传承

天心派的实际创始人为饶洞天。饶洞天，生卒不详，江西临川（今江西省抚州市临川区）人，曾任县吏，为人公平，执法严正。

北宋淳化五年（994），饶洞天在华盖山（江西省乐安县境内）顶挖出一部道书，名《天心经正法》。后来，又师从谭紫霄，得授“诀目玉格行用之由”。

---

① 劚，读音［zhú］。

② 《陆氏南唐书》卷十七《列传第十四·谭紫霄》，载《五代史书汇编》第9册，第5600页。

③ 《十国春秋》卷九十九《谭紫霄》，第3册，第1424页。

④ 同上，第1423页。

此后，饶洞天雷法大行，名著一时。《上清天心正法序》记载：

> 遇宋崇兴大道，淳化五年八月十五日，有肉身大士，夜观山顶之上，有五色宝光冲上霄汉。……遂掘三尺许，得金函一所。……大士者，饶公处士也，名洞天。虽获秘文，然未识诀目玉格行用之由。复遇神人，指令师于谭先生，名紫霄，授得其道。①

饶洞天有弟子百余人，但可考者并不多。按北宋邓有功的《上清天心正法序》，天心派的法流传承主支为：谭紫霄—饶洞天—朱仲素—游道首—邹贲—符天信—邓有功。邓有功后，传承不详。《上清天心正法序》云：

> 升天时，以法传弟子朱监观，名仲素。仲素次传游道首，道首次传通直郎邹贲，邹贲传臣本师——符法师名天信，至臣有功传于今矣。②

图 5-18 天心派饶洞天一系部分传承人物图

(3) 张继先及其法嗣传承

张继先，字嘉闻，又字道正，号翛③然子，宋徽宗赐号虚靖先生，为第三十代天师。张继先生于北宋哲宗元祐七年（1092）十月二十日（夏历），少有神异，潜修丹道，九岁嗣天师位。《汉天师世家》记载：

> 三十代天师，讳继先，字嘉闻，又字道正，号翛然子，二十七代天师之曾孙。祖敦信，父处仁，仕宋知临川县。宋元祐七年壬申十月二十日，生于蒙谷庵。……九岁嗣教。④

《汉天师世家》记载，北宋徽宗崇宁三年（1104），十三岁的张继先受宋徽宗召见，以所注《道德经》进上，因行法有验而受崇信。崇宁四年（1105）五月和七月（夏历），十四岁的张继先以“天心荡凶诸雷法”进献宋徽宗，并

① 《上清天心正法序》，载《道藏》第 10 册，第 607 页下。
② 同上，第 607 页下—608 页上。
③ 翛，读音［xiāo］。
④ 《汉天师世家》卷三，载《道藏》第 34 册，第 826 页下。

在宫内建醮，在京城传授法箓。宋徽宗大加赏赐。张继先乘机进谏，要重视军政以防金人之患。大观元年（1107），十六岁的张继先受命除祟驱疫，并再次入京，作《大道歌》献上。政和二年（1112），宋徽宗又有征召，张继先以有病未行，遣弟子王道坚赴阙致谢，并进谏徽宗要修政养德。《汉天师世家》记载：

> 四年复召，建醮内廷，因密奏赤马红羊①之兆，请修德。……屡乞还，不许。……大观丁亥，上遣使，命醮于山中。且召赴阙。……端阳，召见宫中……上遣使问道要，且言神仙可学，不死可致。乃作《大道歌》授使以进。……授大虚大夫，辞不受，御制诗以赐。大观二年，还山。赐金帛，力辞曰："臣一野褐②尔，得以无用。"……政和二年，遣使复召，以疾辞。俾弟子王道坚奉谢，以修德弥灾为告。③

靖康元年（1126），金人围汴梁，宋徽宗急召张继先。十一月二十三日（夏历），张继先行至泗州（今江苏省盱眙县境内），在天庆观书颂云："一面青铜镜，数重苍玉山。恍然夜舡发，移迹洞天间。宝殿香云合，无人万象闲。西山下红日，烟雨落潸潸。"掷笔即化，享年三十五岁。

关于张继先羽化的时间，《仙鉴》数处记载均不同。《仙鉴·张继先》记载，张继先在丁未年（1127）受召北上，至泗州羽化。据此，则张继先世寿三十六岁。《仙鉴·张继先》又云，己酉年（1129），张继先仍在杭州活动。《仙鉴·萨守坚》记载，萨守坚曾在四川遇到张继先，得授下元之法。以此来看，张继先的羽化时间仍是个谜。《仙鉴·张继先》云：

> 丁未（1127），年三十六岁，钦宗诏赴阙，至泗州解化。己酉年（1129）冬，赴杭州薛门下生日斋。④

张继先的雷法师承不明，集多家雷法于一身。明代的张宇初，把他归入神霄派。张宇初的《道门十规》云：

> 道法传绪，清微始于元始天尊，神霄始于玉清真王。……神霄自汪、王

① 即丙午、丁未，指靖康元年、二年。
② 褐，读音［hè］，粗布衣服。
③ 《汉天师世家》卷三，载《道藏》第34册，第827页中—828页上。
④ 《万世真仙体道通鉴》卷十九《张继先》，载《道藏》第5册，第212页上。

> 二师而下，则有张、李、白、萨、潘、杨、唐、莫诸师，恢弘犹至。①

其中的“张”，就是张继先。

元代的刘玉（字清卿），则把张继先列为地祇法之祖，此派传播甚广，法嗣极多。按刘玉记载，张继先传王宗敬，王传吴道显，吴传柳伯奇，柳传钟威惠（见图 5-19），其后地祇法大行，受法者姓名多不可考。刘玉的《地祇法·地祇绪余论》云：

> 地祇一司之法，实起教于虚靖天师，次显化于天宝洞主王宗敬真官，青城吴道显真官，青州柳伯奇仙官，果州威惠钟真人，相继而为宗师，其后如往浙闽蜀湖广，嗣法者何限姓名，昭揭宁几人。②

《地祇法》还讲，刘玉曾师从盛椿、李守道、卢养浩、时真官、闻天佑、吕希真，刘传黄景周（见图 5-19）。原文为：

> 地祇一法，凡数十阶，温将军专司亦十余本，使学者莫之适从。余初得之盛仙官椿，继得之李真君守道，再得之于六阴洞微卢仙卿埜，所授之本已大不同。继而遇时真官，则符篆愈异。晚参之闻判官天佑，及传之吕真官希真，玄奥始全备矣。……余来沈溪多历年数，今以其传授之于巽园黄君景周，书此以冠卷端，秘而宝之，幸也。时宝祐六祀先天节日述。③

另据《温帅血脉家传》记载，地祇温元帅一法的传承为：张继先传钟威惠，钟传吴道显，吴传洪一庵，洪传卢养浩，卢传陈宗用，陈传尹本心，尹传赵澄心，赵传朱春谷，春谷传朱凤庭，凤庭传蒋术直，术直传蒋雷谷，雷谷传黄鹤巢，黄传程明真，程传曹冲玄（见图 5-19）。④

张继先也传授天心雷法。崇宁四年（1105）五月，张继先以“天心荡凶诸雷法”进献宋徽宗。

元代的刘玄正，认为张继先是天心派祖师。《大元易州龙兴观宗支恒产记》记载，在北宋末期，有韩、萧、路、杜四真人，拜三十代天师张继先为师，得授天心正一法。其中，韩真人传王元命，王传刘和光，刘传王正真，正真传王善明，善明传王道善、孙道继二人，道善传刘玄正。从时间上判断，此四人学

---

① 《道门十规》，载《道藏》第 32 册，第 149 页下。
② 《道法会元》卷二百五十三《地祇法·地祇绪余论》，载《道藏》第 30 册，第 557 页上中。
③ 《道法会元》卷二百五十三《地祇法》，载《道藏》第 30 册，第 555 页下—556 页中。
④ 《温帅血脉家传》，载《藏外道书》第 29 册，第 98 页上。

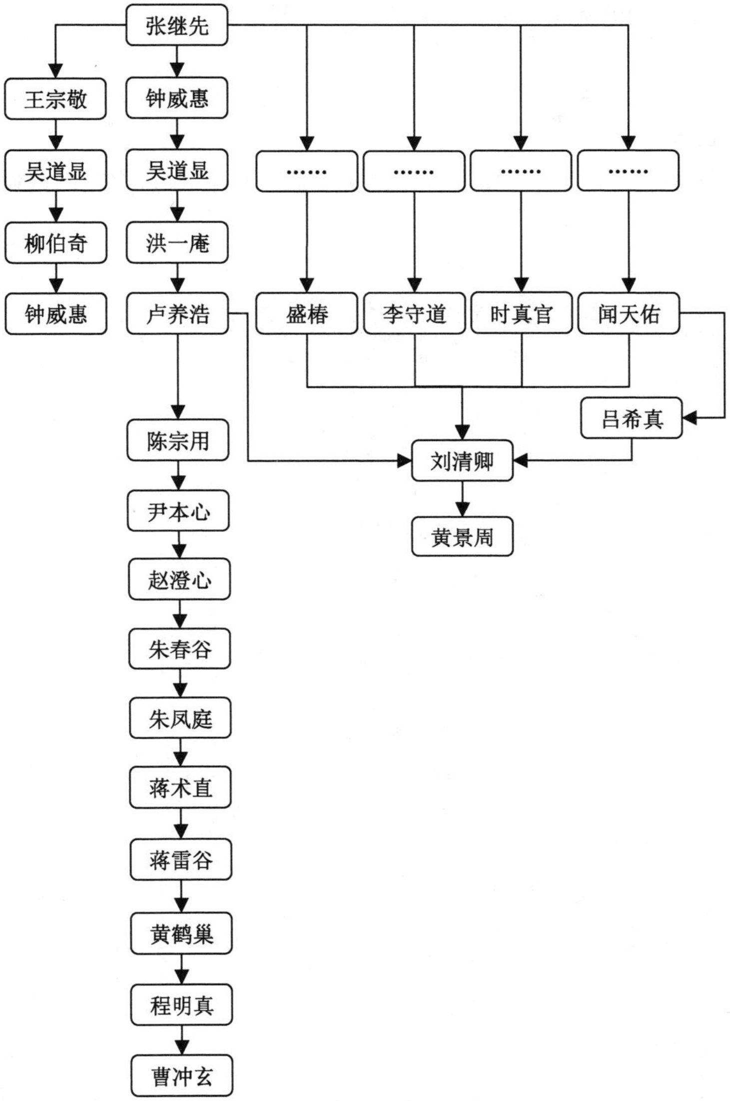

图 5-19　张继先地祇法部分传承人物图

法时间为北宋末期，其中的萧真人可能是太一道的萧抱珍，其中的路真人可能是路时中。刘玄正说：

我祖师韩真人，初与同志萧、路、杜三真人浮江而南，拜三十代天师，受天心正一法。得法而归北方，学者遂共立萧、韩、路、杜四真人之教。自是厥后，韩真人传法于沙垈元命王真人，元命传洪崖和光刘真人，和光传本观祖师正真王真人，正真传孚真大师本宗提点王善明，孚真传崇和灵静大师王道善，洎抱元安素明真大师孙道继，崇和即玄正师也。①

《大元易州龙兴观宗支恒产记》碑文之后，刻有张继先天心雷法一脉的传承②，今整理如图 5-20③。

从张继先有关的雷法著作来看，其法多是下元地祇法，被天心派吸收。下

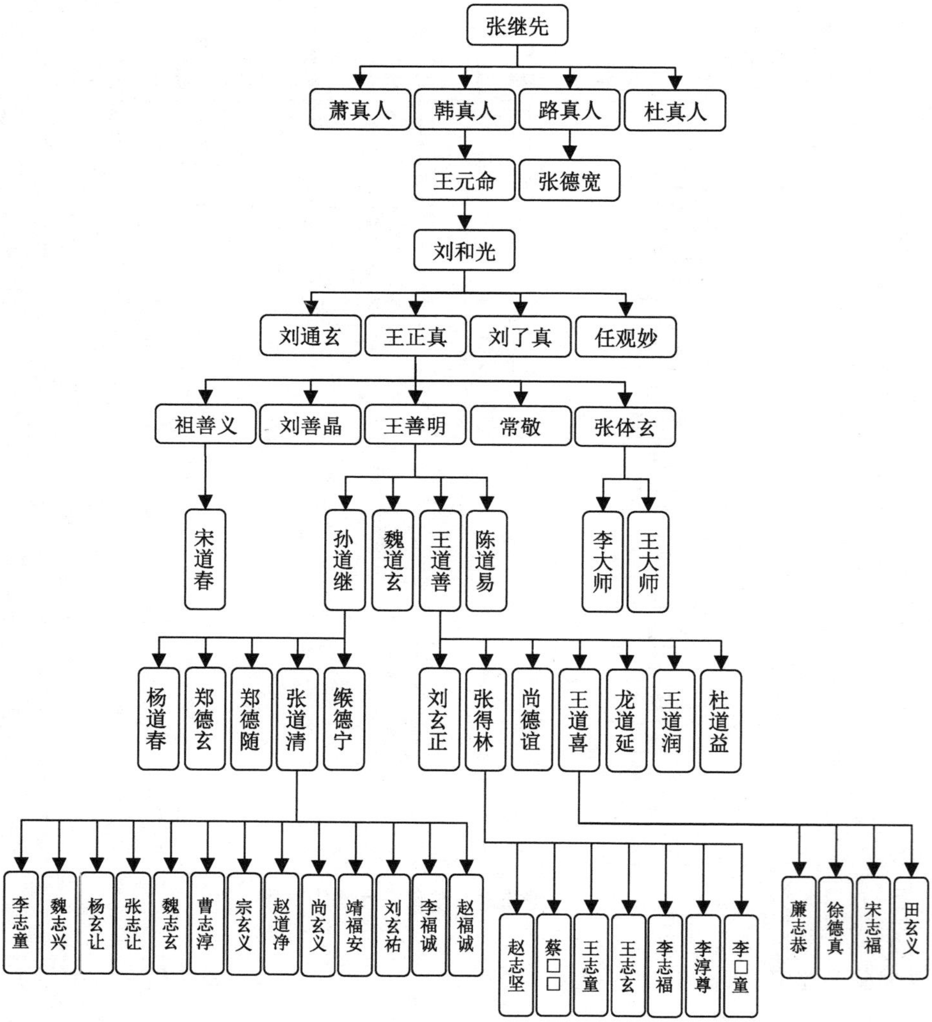

图 5-20　张继先天心雷法部分传承人物图

① 《道家金石略》，第 986 页。

② 同上，第 988 页。

③ 本图参考了王雪枝的论文《易州龙兴观现存元明两代碑铭镌文传录补正》。

元之法，既与天师道正一召考之术有关，又与唐代的北帝派有一定渊源。天心派更多地把地祇法与北帝法结合在一起，所以，天心自述其法源于正一派。以此而论，张继先应该为天心派的一代祖师，与饶洞天比肩。

(4) 天心派的其他支脉

根据《道藏》相关文献的记载，北宋末期至南宋初期，天心派还有元妙宗、路时中、金允中等人。

北宋时期的元妙宗，编纂《太上助国救民总真秘要》，其师承与传人均不详，应出于饶洞天一系。元妙宗的《上清北极天心正法序》云：

> 自昔饶君夙著阴功，简在天意，神付真箓，受诀紫霄，嗣系递传其法，遂明之于世。①

路时中为北宋末、南宋初人，编纂有《无上玄元三天玉堂大法》《无上三天玉堂正宗高奔内景玉书》等书。路时中师承不明，可能是三十代天师张继先的弟子（见《大元易州龙兴观宗支恒产记》）。也有学者认为路时中出于上清法系②。

路时中自述其部分道法出于张道陵之徒赵升，部分出于天君降嘤。《无上玄元三天玉堂大法》卷一云：

> 宣和庚子上元夜，星坛奏香回，入室存真。异香降，回首见祖师于金光梵炁中，谓余曰："余吴之赵升也，今侍阙下焉。吾昔生于天目山中，有秘书，临上升之时，藏于江南句曲山三茅大山之顶，汝其往取。"……上清大洞三景法师路时中记。③

《无上玄元三天玉堂大法》卷二十八又云：

> 已上七品格言，并大观元年正月十五日至七月初七日，累受大教主天君密降口诀。④

根据以上资料可知，路时中的传法活动可能的上限应早于公元 1107 年，下限应晚于公元 1158 年，其姓名可考的弟子为翟汝文。

---

① 《太上助国救民总真秘要》卷一《上清北极天心正法序》，载《道藏》第 32 册，第 53 页下。
② 见《道教天心正法研究》，第 37—38 页。
③ 《无上玄元三天玉堂大法》卷一《发明大道品第一》，载《道藏》第 4 册，第 3 页上。
④ 《无上玄元三天玉堂大法》卷二十八《三光祖符品》，载《道藏》第 4 册，第 111 页下—112 页上。

金允中，南宋人，其师承与弟子均不详①。金允中的著作为《上清灵宝大法》，是在饶洞天、元妙宗、路时中所撰天心道法的基础上编纂的。由此可见，金允中的雷法源于饶洞天一脉。

另据南宋洪迈（1123—1202）的《夷坚志》记载，在南宋时期传播天心正法的人还有任道元、欧阳文彬、王法师、陈桷、陈御史、赵子举等。

再按《道法会元》卷二百四十六《天心地司大法》记载，南宋末期天心派一脉法流传承为：廖守真—萧安国—萧道一—彭元泰。彭元泰下分两支，一支为：史白云—费文亨—陈一中，陈一中身后传承不详。另一支为：张湖山—傅道判，傅道判身后传承不详。详见图 5-21。《天心地司大法·法序》云：

> 昔宗师廖真人修大洞法，诵《度人经》，常见其趺坐……昔授萧君安国，即余之度师之父也。余昔受度师萧君道一先生凡十有五年，目击所行，暨终，分付玄奥。……今因闲暇，谨述于师传正法之首云。咸淳甲戌菊节星沙彭元泰稽首。②

《天心地司大法·后序》云：

> 前件秘法，仆昔得之于文亨费先生，先生得之于白云史先生，史公得之于彭真人，盖师师口传心授。至于仆则敬谨奉行，已十余年矣。……仆近在思江小轩曾学士第中，会竹窗傅道判，谓得之于姑苏张湖山。湖山亦出于冲阳真人③之门，犹藏冲阳之文序始末。稽首览观，笔录于书，起敬起爱。然仆之所传，与竹窗契合相同，盖出于一源故也。……延祐丙辰下元日龙沙后学陈一中顿首谨书。④

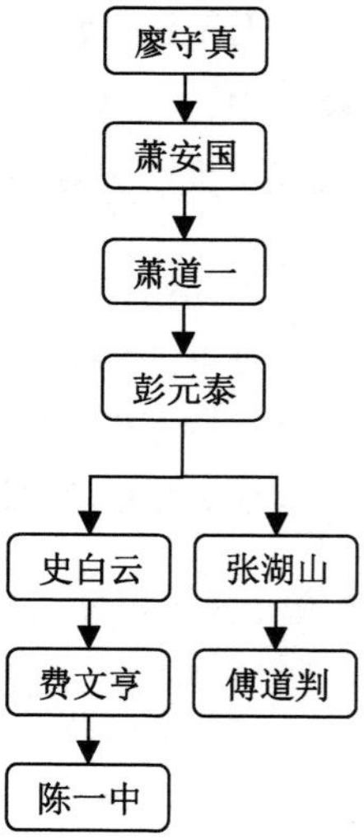

图 5-21　《天心地司大法》主要传承人物图

以上为两宋金元时期天心雷法的主要传承情况。

---

① 今据李志鸿博士的《道教天心正法研究》，金允中的师承谱系为：高景修→唐克寿→刘混朴→金允中。见《道教天心正法研究》，第 119 页。

② 《道法会元》卷二百四十六《天心地司大法·法序》，载《道藏》第 30 册，第 517 页下—518 页上。

③ 冲阳真人，即彭元泰。见《道法会元》卷二百四十六《天心地司大法·后序》，载《道藏》第 30 册，第 520 页下。

④ 《道法会元》卷二百四十六《天心地司大法·后序》，载《道藏》第 30 册，第 521 页上。

（五）小结

雷法可追溯于唐代的北帝派，其创始人为邓紫阳。北帝一脉绵延不绝，到了北宋晚期，张继先融合正一派的召考之法，发展为地祇法；饶洞天吸收北帝派的符法和正一派的召考法，开创天心正法。地祇法和天心正法在宋元时期比较繁盛。

北宋晚期的神霄派是雷法正宗，该派追认唐代汪子华或汉末赵升为祖师，实际开创者则是北宋晚期的王文卿、林灵素。王文卿既精通内丹，又擅长符法，构建了“内修丹道、外用符箓”的雷法理论，是雷法理论的正宗。在北宋晚期和南宋早期，神霄派人物如王文卿、陈楠、萨守坚、白玉蟾等，均是丹道大师。在这些丹道大师的倡导下，神霄雷法成为北宋晚期至南宋初期最大的雷法流派。

南宋后期形成了许多新的雷法流派，最为著名的是清微派。清微派以唐代祖舒为祖师，自称其雷法综汇上清、正一、灵宝、道德等诸家之长，其实际开创人物为南毕道、黄舜申师徒。清微雷法主要继承了神霄派的道法，并加以发展，成为南宋晚期至元代雷法的主流。

然而，无论雷法大师们有什么样的霹雳手段，人类的社会和历史都有着自身的发展规律，雷法从来没有、也不可能改变人类的历史进程。在古代社会，雷法最大的正面作用也就是通过神道设教来匡正人心、净化世风。只有人类自身才是人类历史的主角。

四、结语

雷法是中国古人探索人与自然关系的重要实践。雷法的形成、发展和完善过程体现了中华先民尊重自然、亲和自然、模拟自然的美好愿望。中国文化历来都认为，天地自然是一个大的生命系统，人是一个小的生命系统，这个大的生命系统与小的生命系统之间存在着共同的东西，通过这个共同的东西，两重生命体系可以相互感应。两重生命系统共同的东西就是道，两重生命系统之间的感应就是天人感应。雷法正是基于乘道而为、天人感应的思想和理论而产生的。雷法以道为体，以法为用，以人身之微，期望感应风云雷电、阴晴雨雪，期望感格天地浩然、养就人间正气，这正是中国传统文化中天地人和、天人感应之人文精神的真实体现。

具体地讲，雷法是符箓派元命丹法与丹鼎派丹法融合的结晶，是以道家符箓和丹道为主体，融合佛家禅宗和密法、儒家易学和天人感应等思想、理论、方法而形成的道法。从雷法主要流派的渊源来看，如神霄、清微等，主要来源于上清派、正一派。上清派的创始人为魏华存，她传出的《黄庭内景经》奠定了上清派的特色，那就是存神、观窍与符箓的结合。雷法所讲究的“以气合气、以神合神”正是对存神、观窍的进一步发挥。从雷法的内炼特点来看，其丹法主要来源钟吕派，讲究以肘后飞晶等具体技巧冲贯夹脊、泥丸来运动周天，达到存神驭气的目的。雷法的代表人物，如汪子华、王文卿、陈泥丸、白玉蟾等人，都是融符箓与丹法为一体的雷法大师。

从历史发展的长河来看，雷法作为古人探索人与自然关系过程的片段，其中包含着丰富的天文、气象知识和规律。无论雷法是否像道教经典所描述的那样人感天应、惊心动魄，雷法的出现、发展和完善过程都是人类自身谱写的客观历史篇章，是中国人文和自然科学的组成部分。雷法采用中国传统的星象分野、阴阳五行、天干地支等理论，根据“北斗天罡”的运行轨迹，来计算“天罡正气”所出现的方位，这正是由宗教包装的古代天文、气象知识。雷法正是基于对天文、气象知识把握（见《道法会元·雨旸气候亲机》），才能进行“啸风呵雷”“祈雨祷晴”等法事。今人对古代雷法的研究还处于初步阶段，仅停留在人文学科内，还没有像外丹学那样引入自然科学的研究方法。如果能够客观地看待这些知识，运用现代科学规范来研究，也许会有新的发现。

第四节　施肩吾、李道纯、刘玉及其丹道源流

在两宋金元时期，除了钟吕派南、北二宗，较为著名的丹道流派还有施肩吾的西山派、李道纯的中派、刘玉的净明道等。西山派创始人施肩吾本是吕洞宾嫡传弟子，是北宋早期的丹道家之一，主要丹道著作为《钟吕传道集》《西山群仙会真记》，对后世的丹道贡献极大。李道纯本是白玉蟾的再传弟子，继承了南宗性命双修的精髓，融通儒家“中庸”之理，强调大道中和，后人尊其丹道理论为“中和正脉”。李道纯对南宋以后丹道理论的发展、完善和升华做出了突出贡献。刘玉与黄元吉师徒，中兴晋代以来的净明道，建立了别具特色的黄素丹法体系，在南宋末期及元代有较大影响。因此，本节选择西山派、中派、净明道作为代表来介绍当时非主流的丹道流派。

一、施肩吾与西山丹法

北宋初期，施肩吾隐修于西山，自述“若记西山学道者，连余即是十三

人”，形成西山派丹法。

（一） 施肩吾生平

历史上有两个施肩吾，一个在唐朝，一个在北宋。

1. 唐代的施肩吾

唐代的施肩吾，字希圣，号东斋，道号栖真子，睦州分水（今浙江富阳）人，生于唐肃宗乾元三年（780），卒于唐懿宗咸通二年（861）。施肩吾少年时在安隐寺①读书，博学经史，兼习佛法。唐宪宗元和十五年（820），施肩吾中状元，未及授官，就归乡隐居，慕神仙之学，长庆中（821—824），入洪州西山（在今江西南昌）学道。后又返回故里，率领族人渡海到澎湖列岛定居，成为开发澎湖第一人。

施肩吾在西山隐修丹道的事迹，可见于《严陵杂志》《全唐诗》等。《严陵杂志》云：“施肩吾以长庆中隐洪州西山学仙。尝遗徐凝书，题其后云：西山学仙者施肩吾顿首。”②《全唐诗》中收录有徐凝写给施肩吾的诗《回施先辈见寄新诗二首》：“九幽仙子西山卷，读了缘绳系又开。此卷玉清宫里少，曾寻真诰读诗来。紫河车里丹成也，皂荚枝头早晚飞。料得仙宫列仙籍，如君进士出身稀。”③

施肩吾也曾自述修持丹道的经历，但其师承不明。《全唐文》中载有《与徐凝书》，其中云：

> 仆虽幸忝成名，自知命薄，遂栖心元门，养性林壑。赖先圣扶持，虽年迫迟暮，幸免龙钟。观其所得，如此而已。④

施肩吾在《述灵响词序》中自述：

> 余慕道年久，修持没功，夙夜自思，如负芒棘。尝因暇日，窃览《三静经》云：“夫修炼之士，当须入三静关，陶炼神气，补续年命。大静三百日，中静二百日，小静一百日。”愚虽不敏，情颇激切，神道扶持，遂发至恳，且试小静。即以开成三年戊午岁起，自正月一日庚申，闭户自修，不交人事，克期百日，方出静室。虽五谷并绝，而五气长修，幸免瘦羸，不知饥渴。未

---

① 因施肩吾中状元改赐为龙门寺。

② 《严陵杂志》，载《蔗山笔麈》第12页。

③ 《全唐诗》卷四百七十四《回施先辈见寄新诗二首》，第14册，第5386页。

④ 《全唐文》卷七百三十九《与徐凝书》，第8册，第7632页上。

逾月而神光照目，百灵集耳，精爽不昧，此三者皆应。则知仙经秘典，不虚设也。人不修即不知，既不知，则信彼前后学，咸谓神仙之教，尽为诳诞之辞。今古相蒙，未始有极。小兆忝为前得者，故发言为词，以正将来之惑。因创五篇，篇之四句，贻诸同好，用纪玄深。①

施肩吾的丹道著作主要有《养生辩疑诀》《灵响词五首》《西山卷》《三住篇》等。

2. 宋代的施肩吾

北宋的施肩吾，字希圣，号华阳子，九江（今江西九江）人，世家严陵七里濑。施肩吾是钟吕派在北宋的代表人物，生卒年代不详。

施肩吾本是儒生，精通经史，工于辞章，少年好佛，后入西山修道。传说施肩吾曾遇净明道的创始人许旌阳，得授五种内丹丹诀及外丹神方。后又师事吕洞宾，得授《灵宝毕法》。《仙鉴》记载：

施君名肩吾，字希圣，号华阳。睦之分水人。世家严陵七里濑。少举进士，习礼记，有能诗声。趣尚烟霞，慕神仙轻举之学。……乃自严陵入西山，访道栖静真矣。初，希圣遇旌阳，授以五种内丹诀及外丹神方，后再遇吕洞宾，传授内炼金液还丹大道。于是终隐西山。……琼山白玉蟾跋《施华阳文集》云："李真多以太乙刀圭火符之诀，传之钟离权，钟离权传之吕洞宾。吕即施之师也。施有上足李文英。昔施君授李一十六字，世罕知者：一灵妙有，法界圆通，离种种边，允执厥中。予偶得之，故并以告胡栖真，使补其遗云。"②

元代苗善时《纯阳帝君神化妙通纪》记载：

施肩吾，字希圣，唐亦有肩吾栖真子……遇帝君（吕洞宾）教以五行颠倒之法，三田反覆之义。或以《钟吕传道集》《会真记》皆施所编也。道成之日作诗曰："重重道炁结成神，玉阙金堂逐日新。若记西山学道者，连余即是十三人。"③

施肩吾撰有《钟吕传道集》三卷，《西山群仙会真记》五卷，《华阳真人秘诀》一卷，还有《座右铭》等。

---

① 《全唐文》卷七百三十九《述灵响词序》，第8册，第7634页下—7635页上。
② 《历世真仙体道通鉴》卷四十五《施肩吾》，载《道藏》第5册，第359页上中。
③ 《纯阳帝君神化妙通纪》卷五《度施肩吾第七十一化》，载《道藏》第5册，第723页上。

（二）西山派主要丹法及其传承

施肩吾著《西山群仙会真记》，自称曾遇许旌阳传授五种丹法，又因其在西山隐居修道，后人称其丹法流派为西山派。

1. 西山派的主要丹法

西山派代表著作为《西山群仙会真记》《钟吕传道集》。相较而论，《西山群仙会真记》更能代表西山派丹法特点，因此，本处选择《西山群仙会真记》来简介西山派丹法。《西山群仙会真记》分为五个部分，分别以"识""养""补""真""炼"作为诀要。其中，前四个部分是讲修炼丹道的预备知识和方法，第五部分是具体的丹法体系。本节以第五部分为代表，来叙述西山派丹法。

(1) 炼形化炁

施肩吾认为："形者，炁之舍，炁者，形之主。借形养炁，炁壮而形固矣！运炁炼形，形全而炁自真矣！"① 炼炁之法虽多，施肩吾认为以炁炼炁之法最为高妙。施肩吾讲：

> 夫不悟真理，不识天机，而达造化之宜者，惟扁鹊解《灵枢》：以鼻引清炁，入而留之，四息为一铢，二十四铢为一两火。夏至之后，以巽卦天霊运二十五度，行之，炼真汞而为阴胎；冬至以乾卦灵符运二十五度，行之，炼真铅而为阳息。阳息投阴胎，而变金丹。②

(2) 炼炁成神

在"炼炁成神"中，施肩吾阐述了"玉液还丹之法"和"金液还丹之法"。首先，施肩吾认为，炼炁成神的原则为"抽铅添汞""阴尽阳纯"。施肩吾讲：

> 若以神炼炁，炁炼成神，非在于阳交阴会，其在于抽铅添汞，致二八之阴消，换骨炼形，使九三之阳长，三百日胎仙完而真炁生，不可再采药也。肘后飞金晶，自肾后尾闾穴升之，而到夹脊，自夹脊双关升之而至上宫，不止于肾炁补脑；而午后降真火，以炼丹药，致阴尽阳纯也。③

其次是"玉液""金液"之法。施肩吾认为，肾炁中真一之水是药，此药经采出后，就是"玉液还丹"；然后，药物经由夹脊、上丹田等下降，与心液上正阳之炁相遇，经烹炼、和合降入下丹田，此为"金液还丹"。施肩吾讲：

---

① 《西山群仙会真记》卷五《炼形化炁》，载《道藏》第 4 册，第 438 页下。

② 同上，第 439 页上中。

③ 《西山群仙会真记》卷五《炼炁成神》，载《道藏》第 4 册，第 439 页下。

始以采药，是玉液还丹；次以肘后金晶入脑，自上田复入下田，是金液还丹之法也。[1]

(3) 炼神合道

“炼神合道”的核心是“调神出壳之法”。施肩吾认为，“炼炁成神”圆满后，神在泥丸，容易出现幻觉，如“富贵华盛，楼台车马，士女笙簧，殆非人世所有”[2]。此时既不要认幻为真，也不要全盘否定，这只是“炼炁成神”的某种征兆，但也并非唯一验功标准。此时需要做的是“调神出壳”。

施肩吾列举了三位丹道大师“调神出壳”的实践经验。第一位是刘海蟾，其法如仙鹤冲天、飞龙出洞，撞开天门弃壳而去。第二位是钟离权，其法如登七级台阶，阶尽跳出。第三位是吕洞宾，其法是在“七级台阶”的基础上，更加三级红楼。原文为：

西山上圣，前功已满，而出壳之法，不可不备录详记也。

昔海蟾公功满数足，阳神欲出，方在上宫而静室孤坐，如鹤出天门，龙升旧穴，猛撞天门自开，弃壳而去。钟离公功满数足，静坐内观，如登七级宝台，自下而上，一级至一级，上尽到时，勿忽忽则变壳不出，止为陆地神仙。登之既尽，闭目下跳，如梦中方寐，身外有身，如婴儿大，莹洁可爱，勿得远游，速须复入本躯。入而不出，与天地齐年，出而不入，与凡俗异处。吕公出法，七层宝台，三级红楼，一如钟离之法。[3]

施肩吾还讲述了“出壳”之后的“返壳”之法。他认为，只懂得出壳而不知返还，是不全面的，甚至是危险的。

另有锻炼元神之法，施肩吾未及细述。

(4) 炼道入圣

“炼道入圣”则与仙道信仰有关。施肩吾认为，迁神弃壳之后，还要积累功行，圆满之时，方受丹诏，上升洞天，成为大罗金仙。施肩吾引用《洞天语录》讲：

夫修养真气，真气既成，而锻炼阳神，阳神既出，得离尘世，方居三岛，

---

① 《西山群仙会真记》卷五《炼炁成神》，载《道藏》第 4 册，第 439 页下。

② 《西山群仙会真记》卷五《炼神合道》，载《道藏》第 4 册，第 440 页中。

③ 同上，第 440 页中下。

功成神迁弃壳，须传流积行于人间。行满功成，受紫诏天书，而居洞天矣！①

2. 西山派传承

《钟吕传道集》题为“正阳真人钟离权云房述，纯阳真人吕喦洞宾集，华阳真人施肩吾希圣传”②，可知施肩吾的丹法源于钟吕。又有《仙鉴·施肩吾》记载，施肩吾先遇许旌阳得授五种丹法，后遇吕洞宾授予金丹大道。施肩吾遇许旌阳之说，可能不实。

施肩吾弟子中，姓名可考者为李竦、金全子等。《西山群仙会真记》题记为“清虚洞天华阳真人施肩吾希圣撰，三仙门弟子天下都闲客李竦文英编”③。白玉蟾跋《施华阳文集》云：“施有上足李文英。”④ 由此可知，李竦为施肩吾弟子。又据《修真太极混元图序》，施肩吾有弟子金全子，金全子有弟子萧道存⑤。（见图5-22）。

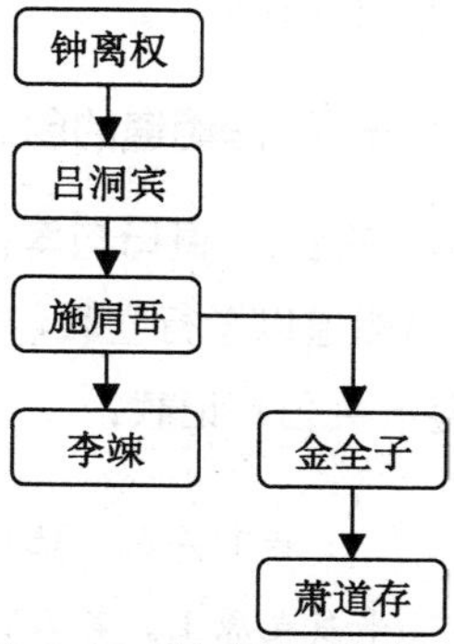

图 5-22 施肩吾丹法部分传承人物图

二、刘玉与黄素丹法

黄素丹法出于宋末元初的净明道。净明道始于东晋时期，创始人物为许旌阳、吴猛等。隋唐时期，有张洪崖、胡惠超等人传播净明道。两宋金元时期，有施肩吾、何守证、傅飞卿、周真公、刘玉、黄元吉等人倡导净明道。特别是刘玉、黄元吉师徒，发明“黄素丹法”，提升了净明道在丹道中的地位。

黄素丹法首次将儒家“孝”“悌”“友”“仁”“忠”等观念引入丹道之中。《净明忠孝全书》卷之二《净明大道说》云：

> 净明者，无形大道，先天之宗本。在上为无上清虚，在天为中黄八柱，在人为丹元绛宫。此三者同出而异名，同谓之玄，玄之又玄，众妙之门。明此理者，净明也。清则净，虚而明，无上清虚之境，谓之净明。中黄八极，天心也；丹元绛宫，人心也。故天立中黄八极而报无上之本，人当忠孝而答君亲之恩。忠孝，大道之本也。是以君子务本，本立而道生。孝弟也者，其

① 《西山群仙会真记》卷五《炼道入圣》，载《道藏》第4册，第441页上。
② 《修真十书》卷十四《钟吕传道集》，载《道藏》第4册，第656页下。
③ 《西山群仙会真记》，载《道藏》第4册，第422页下。
④ 《历世真仙体道通鉴》卷四十五《施肩吾》，载《道藏》第5册，第359页中。
⑤ 《修真太极混元图》，载《道藏》第3册，第94页上中。

为仁之本与！……人能弘道，非道弘人，要不在参禅问道，入山炼形，贵在乎忠孝立本，方寸净明。四美俱备，神渐通灵，不用修炼，自然道成，信斯言也。直至净明。①

若人能依此理修行，家中即是琼岛福地，世间即是洞天仙乡，这也算是道教人间蓬莱的理想。

（一） 净明道的创始人物

1. 兰公、谌母与孝行立教

净明道以孝行立教，源于兰公。兰公，名期，兖州曲阜（今山东曲阜）人。《仙鉴·兰公》记载：

昔有异人，姓兰名期，人莫敢呼其名，称之曰兰公。初居兖州曲阜县高平乡九原里。其家百余口精修孝行，致斗中真人下降其家，自称孝悌王，讳弘康，字伯中。语兰公曰："始气为大道，于日中为孝道仙王；元气为至道，于月中为孝道明王；玄气为孝道，于斗中为孝悌王。夫孝至于天，日月为之明。孝至于地，万物为之生。孝至于民，王道为之成。吾于上清以下，托化人间，示陈孝道之教。"……付兰公秘旨及金丹宝经、铜符铁券，令传授丹阳黄堂靖女真谌姆。②

兰公传道于谌母（姆）。谌母，名婴，人尊称婴母，丹阳（今江苏丹阳）人。《墉城集仙录》记载：

婴母者，姓谌氏，字曰婴，不知何许人也。西晋之时，丹阳郡黄堂观居焉，潜修至道，久历岁年，时人自童幼逮于衰老见之，鬓发龆③容，颜状无改，众号为婴母。……母密修大法，积数十年，人莫知也。其后吴猛、许逊自嵩阳南游，诣母，请传所得之道，因盟授之孝道之法，遂行江表。④

2. 许旌阳、吴猛与净明开辟

净明道创教人物为许旌阳、吴猛等，世称西山十二仙君。

许旌阳，名逊，字敬之，生于吴赤乌二年（239），今江西南昌人，祖籍河

① 《净明忠孝全书》卷二《净明大道说》，载《道藏》第24册，第633页下—634页上。

② 《历世真仙体道通鉴》卷二十七《兰公》，载《道藏》第5册，第257页中下。

③ 龆，读音［tiáo］，本义指儿童换牙，代指童颜。

④ 《墉城集仙录》卷五《婴母》，载《道藏》第18册，第191页下—192页中。

南许昌，是上古高士许由后裔。《旌阳许真君传》云：

> 真君姓许氏，名逊，字敬之。曾祖玫，祖玉，父肃。世为许昌人，高节不仕，颍阳由之后也。父汉末避地于豫章之南昌，因家焉。①

太康元年（280），许旌阳出仕蜀郡旌阳（今四川广汉市②）县令，深受百姓爱戴。后入今南昌西山专心修道，创立净明道。传说许旌阳世寿一百三十六岁，于宁康二年（374），与吴猛等十一位弟子白日飞升。许旌阳升遐后，其族孙许简继承法统，传播净明道③。

许旌阳学习道法的过程较为复杂。许旌阳先师从路大安得授“混元法”。路大安为西晋人，属于符箓派道教人物。《仙鉴·路大安》记载，西晋永康二年（301）至太安元年（302），路大安“居华山，以《混元箓》传之丁义，以《混元经》传之郭璞，以《混元法》传之许旌阳，以《混元针灸》传之妙通朱仙”④。吴猛师从丁义和鲍靓。《仙鉴·吴猛》记载：“吴君名猛……得至人丁义《神方》，继师南海太守鲍说，复得秘法。”⑤ 许旌阳拜吴猛为师，得丁义真传。《旌阳许真君传》云：“闻西安吴猛得至人丁义神方，乃往师之，悉传其秘。”⑥ 后许旌阳又与吴猛同往谌母处求道，谌母传净明道法于许旌阳，并嘱咐吴猛以许旌阳为师学习净明道⑦。

（二）净明道的主要传承人物

根据《净明忠孝全书》记载，隋唐时期，有张洪崖、胡惠超弘扬净明道。张洪崖在隋开皇年间就很有名气，善胎息绝粒之术，曾受唐玄宗召见。胡惠超在贞观年间就闻名于朝廷，唐高宗、武则天时受召入朝，受到赏赐。两宋时期，除施肩吾之外，还有西山道士何守证、傅飞卿、周真公等，传播净明道。南宋初期，西山道士何守证（即何真公，生卒不详），造作《太上灵宝净明飞仙度人经法》《净明忠孝大法》《灵宝净明新修九老神印伏魔秘法》等经典，主要吸收了上清派的存神之法。后西山道士傅飞卿传出《灵宝净明黄素书》，模仿《西山

---

① 《玉隆集》卷三十三《许旌阳真君传》，载《道藏》第 4 册，第 755 页下。
② 《许旌阳真君传》中有注云：“旌阳县属汉州。”旌阳县属古汉州，汉州即今四川省广汉市。同上，第 756 页中。
③ 《玉隆集》卷三十三《续真君传》，载《道藏》第 4 册，第 761 页下。
④ 《万世真仙体道通鉴》卷二十一《路大安》，载《道藏》第 5 册，第 220 页下。
⑤ 《万世真仙体道通鉴》卷二十七《吴猛》，载《道藏》第 5 册，第 254 页下。
⑥ 《玉隆集》卷三十三《许旌阳真君传》，载《道藏》第 4 册，第 755 页下。
⑦ 同上，第 756 页中下。

群仙会真记》，吸收大量《灵宝毕法》丹诀。后继的西山道士周真公，为服气降神的“三五飞步”“丁义神方”等赋予了内丹含义。

宋末元初道士刘玉，革除了净明道浓厚的符箓气氛，形成了以忠孝伦理为主的黄素丹法。至此，净明道丹法才真正形成。

刘玉（1257—1308），字颐真，号玉真子。南康建昌（在今江西南城）人。少时家贫，力耕自给，好神仙之学。刘玉苦修七年，得证真道。刘玉模仿《灵宝毕法》的性命双修，以“本净元明”修性，以“黄素丹法”修命，创建了净明道丹法。刘玉革除南宋时期净明道繁琐的符咒法式，唯以“忠孝至诚”为法。元至大三年（1308），刘玉去世，传法位于黄元吉。刘玉的著作有《玉真先生语录内集》《玉真先生语录外集》《玉真先生语录别集》等。刘玉有弟子王真定、方公成、胡次由、黄元吉等人。

刘玉之后，有黄元吉、陈天和、徐慧等人继承和弘扬净明道，并将宋儒“正心修身”“扶持纲常”等理学思想融入丹法，形成巨著《净明忠孝全书》。其传承源流如图 5-23 所示。

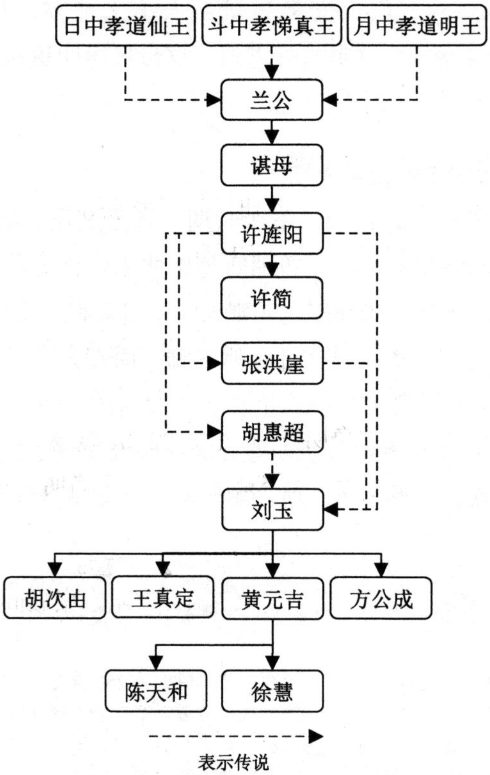

图 5-23　元代黄素丹法传承图

（三）黄素丹法

以许旌阳为依托而撰写的净明丹法著作很多，最主要的是《灵剑子》《净明忠孝全书》。

1. 孝行为诀

净明道黄素丹法以孝行为诀，有“内”孝行和“外”孝行。

(1) 外孝行

外孝行就是孝道。传说净明道始祖兰公孝行感天，“致‘斗中真人’下降其家”。孝悌真王教兰公：

> 夫孝至于天，日月为之明。孝至于地，万物为之生。孝至于民，王道为之成。吾于上清以下，托化人间，示陈孝道之教。

所以，净明道是“孝道之教”，行孝是净明道的必修功课。净明道主要经典《太上灵宝净明洞神上品经·入道真品篇第三》云：

> 人之初生，父母遗体。知其所养，知其所贵。知其所事，父母之身，天尊之身。能事父母，天尊降灵。欲拜星辰，友恭弟兄，兄弟之身，诸天真人。①

(3) 内孝行

内孝行即为丹诀。净明之“明”，即日月之中“元始之气”，黄素丹法立足于此。“元始之气”即为“本元之道”，老子称为“天下母”，是万物之母。所谓“内”孝行，就是返归于“母”，栖心于道。

既然净明丹法以“元始之气”为根本，服气或行炁就是主要丹法，胎息成为归根复命之关键。《灵剑子》云：“夫欲学道长生，服气为先。”② 净明道认为，全气全神之道在于“胎息”。《灵剑子》云：“胎息者，想婴儿而成焉，而号冲和，冲和则元和矣。”③

2. 黄素成丹

《灵剑子》中对“黄素”有明确的解释。“黄”即“黄气”，指左肾所代表的“日气”，即“日中孝悌仙王”代表的“始气”。《灵剑子·服气第三》云：

---

① 《太上灵宝净明洞神上品经·入道真品篇第三》，载《道藏》第24册，第602页中。
② 《灵剑子·序第一》，载《道藏》第10册，第663页上。
③ 《灵剑子·服气第三》，载《道藏》第10册，第663页中下。

又存左肾为日，黄气从脊左边骨缝上，直入泥丸宫存，出历洞房宫、明堂宫，守寸双田下，历十二重楼，历绛宫，入气海中心，日月左右照。①

“素”即“白气”，是指右肾所代表的“月气”，即“月中孝道明王”代表的“元气”。《灵剑子·服气第三》云：

即先存思右肾为月，白气入气海中，从脊右边，上至顶泥丸宫，眉间入三寸是也。却存历洞房宫；又历明堂宫，守寸双田下，历十二重楼，历绛宫，入气海金室，日月照两畔。②

除了黄素所代表的肾气，还有“心中之气”。“心中之气”就是“斗中孝悌真王”代表的“玄气”。黄气、素气、玄气，三者和合而成黄素之丹。《灵剑子·服气第三》云：

心者，猛狞之猿火，巳午属之。肾者，阴女之容仪，亥子窈窕之元根。故青龙、白虎，一飞一伏之能气。日心之火为云津，月湿之水为云雨，相随北坎，而行归子亥肾海气宫。向巳心之气，上通泥丸宫，下补八尸百关，毛发悉能应彻，故无碍元和理疗千瘵万病。心君发火，亘天地无有不焚，明然百谷五味，久行自渐稀之。初可三十六咽，一干一湿，存心中之气，以意送之，归脐下气海之中，夹之日月。左肾为日，右肾为月，此乃两畔同升合为一。……又存白气为里，黄气为表，团圆为珠尔。外黄内白，悬在气海之中，黄光灿烂，圆如弹丸，黄如橘，久久行之，光斗日月，此为玄珠尔。③

3. 阴功为辅

“黄素”丹法除了特重孝行外，还强调阴功。《灵剑子·松沙记第六》讲：“余自修道，方明气术为先，阴功为首。”④ 又云：

学道之士，初广布阴骘，先行气攻。……自古得道超升之士，尸解之徒，皆以阴骘为先，济贫拔难，或暗行施惠，将救饥寒，种种方便，以添三千功满自然矣。⑤

① 《灵剑子·服气第三》，载《道藏》第10册，第663页下。
② 同上。
③ 同上，第663页下—664页上。
④ 《灵剑子·松沙记第六》，载《道藏》第10册，第667页上。
⑤ 同上，第667页中下。

《灵剑子·道诫第七》又说："道以清净为本，德以阴骘为先。"① 传度弟子时，首先要观察求道者是否有德。《灵剑子·道诫第七》云：

> 凡欲传度，先观前人行，行心有慈悲，口常谈道德，孝敬中外，信义忠良，仁和礼善，卑逊德行，聪明英秀，异智高见，有此之功，方可传授本诀，与之为弟子。②

由此可知，净明道在其丹法传承过程中，非常注重济世利人。

三、李道纯与中派

元朝早期，著名丹道家李道纯发挥老庄哲学，援引儒家、禅宗思想，将道家之玄关、禅宗之心性，归于儒家中和之道，著有《中和集》《道德会元》《三天易髓》等，后世丹道家认为他开创了丹道理论上的"中派"。又因他在《道德会元》序言中说："窃谓伏羲画易，剖露先天，老子著书，全彰道德，此二者，其诸经之祖乎。"③ 后人也称之为"先天派"。

（一）李道纯生平

李道纯，字元素，号清庵，又号莹蟾子，都梁（今湖南武冈东北约十里）人。李道纯的生卒年代不详。按任继愈先生《道藏提要》的相关考证，李道纯生于南宋宁宗嘉定十二年（1219），羽化于元成宗元贞二年（1296）④。李大华先生的考证则认为，元成宗大德三年（1299），李道纯在銮江中和庵作《金丹妙诀》《炼虚歌》，至于其羽化时间则大约在大德十年（1309）⑤。综合二者的考证，李道纯大约生于南宋宁宗嘉定十二年（1219），羽化于元成宗大德十年（1309）。李道纯是丹道史上真正贯通三教的丹道家。

关于李道纯生平的资料很少，仅有《徽州府志》卷十八《仙释》可考，其中记载：

> 赵定庵，名道可，其先辽州人，历官昭勇大将军营军总管，感肺疾。麾下老卒李清庵者号得道，一夕候安否，因请屏去侍妾，解衣趺坐，腰背相倚，

① 《灵剑子·道诫第七》，载《道藏》第10册，第667页下。
② 同上，第667页下—668页上。
③ 《道德会元序》，载《道藏》第12册，第642页上。
④ 《道藏提要》，第1203页。
⑤ 见李大华的《李道纯生平事迹与著述考》。

达旦而疾瘳。道可感动，礼清庵为师，以印绶付其弟大明，弃家游，人不识其尝为达官也。①

这则资料说明，李道纯身属军籍，与张紫阳相似。

李道纯为白玉蟾再传弟子，其师为王金蟾。元代柯道冲的《玄教大公案序》记载：

惟清菴李君，得玉蟾白真人弟子王金蟾真人授受，为玄门宗匠，继道统正传，以袭真明。②

李道纯有《和翁学录韵》云：

密意参同白玉蟾，元来穷理便通仙。未明太极生三五，徒涉蓬莱路八千。

释氏家风凭祖印，羲皇道统必心传。青天独露瑶台月，普印千潭一样圆。③

其中“密意参同白玉蟾”“羲皇道统必心传”两句，表明李道纯为南宗弟子。李道纯的师承体系为：张紫阳—石杏林—薛紫贤—陈泥丸—白玉蟾—王金蟾—李道纯。

李道纯还是较早认同北宗“全真”理念的南宗传人。“全真”并非全真道之义，而是当时丹道中的一个核心理念。李道纯在《全真活法》中讲：

全真道人，当行全真之道。所谓全真者，全其本真也。全精、全气、全神，方谓之全真。才有欠缺，便不全也。才有点污，便不真也。④

李道纯在《问答语录》中又讲：

身外有身，未为奇特，虚空粉碎，方露全真。⑤

李道纯并非全真道士，仅认同“全真”理念而已。李道纯的《炼虚歌引》讲：

① [康熙]《徽州府志》卷十八《仙释》，第7册，第2393页。
② 《玄教大公案序》，载《道藏》第23册，第889页上。
③ 《中和集》卷五《和翁学录韵》，载《道藏》第4册，第514页上。
④ 《中和集》卷三《全真活法》，载《道藏》第4册，第501页下。
⑤ 《中和集》卷三《问答语录》，载《道藏》第4册，第497页上。

辛卯岁，有全真羽流，之金陵中和精舍，尝谈盛德①，予深重之。②

李道纯用“全真羽流”形容来客，说明李道纯并非道士，更非全真道士。陈教友《长春道教源流》的“观其所言，颇得全真派养生之要，盖亦挽南宗流弊而归诸北宗”之说，泛而不当。

李道纯是一位伟大的丹道家。他不仅具有丰富的丹道实践经验，而且形成了理贯古今、道通三家的丹道理论体系，创建了独立的丹道理论流派——“中派”。李道纯谙熟道家老庄哲学，精通佛门禅宗锻炼手段，又通达儒家易学和理学，力倡三家合一。李道纯的《赠邓一蟾》云：

禅宗理学与全真，教立三门接后人。释氏蕴空须见性，儒流格物必存诚。

丹台留得星星火，灵府销镕种种尘。会得万殊归一致，熙台内外总登春。③

从理论和实践的角度看，南宗张紫阳、北宗王重阳提倡三家合参，理论上参同佛道，实践上落实在丹法，并非三家合一。而李道纯将儒、道、释的性命之学落实于“中”，其理论与方法，真正达到了三家合一。李道纯给弟子赵定庵答疑时讲：

所谓中者，非中外之中，亦非四维上下之中，不是在中之中。释氏云：“不思善，不思恶，正于恁么时，哪个是自己本来面目。”此禅家之中也。儒曰：“喜怒哀乐未发之谓中。”道教曰：“念头不动处谓之中。”此道教之中也。此乃三教只用一个“中”也。《易》曰：“寂然不动，中之体也；感而遂通，中之用也。”老子云：“致虚极，守静笃，万物并作，吾以观其复。”《易》云：“复，见天地之心。”④

李道纯用一个“中”，将儒、道、释三家性命之学融为一体，用于丹道炼养。

（二）李道纯的“中派”丹法

“中派”就是以“中”立论的丹道理论流派，并非传承流派。中派肇始于李道纯，该派丹道家之间没有传承关系。

---

① “尝谈盛德”，是指“全真羽流”谈“古杭王高士”的“盛德”。《道藏》第4册，第506页下。

② 《中和集》卷四《炼虚歌引》，载《道藏》第4册，第506页下。

③ 《中和集》卷五《和翁学录韵》，载《道藏》第4册，第514页上。

④ 《中和集》卷三《赵定庵问答》，载《道藏》第4册，第498页上中。

1. 三家合中

李道纯丹道思想的突出特色为“三家合中”。李道纯认为丹道圆满具足儒道释三家思想。李道纯讲：

> 金者，坚也。丹者，圆也。释氏喻之为圆觉，儒家喻之为太极。太极初非别物，只是本来一灵而已。本来禀性，永劫不坏，如金之坚，如丹之圆，愈炼愈明。①

李道纯把儒道释三家有关丹道的思想合在“中”上。他作有《沁园春·勉中庵执中妙用》一词：

> 中是儒宗，中为道本，中是禅机。这三教家风，中为捷径，五常百行，中立根基。动止得中，执中不易，更向中中认细微。其中趣，向词中剖露，慎勿狐疑。
>
> 个中造化还知。却不在、当中及四维。这日用平常，由中运用，兴居服食，中里施为。透得此中，便明中体，中字元来物莫违。全中了，把中来劈破，方是男儿。②

根据这首词的含义，可把李道纯“三家合一”的丹道思想称为“三家合中”。

2. 中是玄关

李道纯所有丹道的理论都围绕着“玄关”展开，而“中”即是玄关。李道纯讲：

> 所以圣人只书一中字，示人此中字，玄关明矣。……且复卦一阳，生于五阴之下。阴者，静也。阳者，动也。静极生动，只这动处，便是玄关也。③

李道纯精于老子道学。他认为“中”为玄关，丹法核心就是“守中”，“守中”就是“守”玄关。但是这个“守”是无为之“守”，并非有为之法。李道纯在《中和集》卷三中讲：

> 所谓不思而得，不勉而中，得无为自然之道也。④

---

① 《中和集》卷三《赵定庵问答》，载《道藏》第4册，第497页上中。
② 《中和集》卷六《沁园春·勉中庵执中妙用》，载《道藏》第4册，第516页下—517页上。
③ 《中和集》卷三《赵定庵问答》，载《道藏》第4册，第498页上中。
④ 《中和集》卷三《洁庵琼蟾子程安道问三教一贯之道》，载《道藏》第4册，第495页上中。

3. 法分四乘

李道纯把自己的丹法分为四乘、两门。四乘即下乘“安乐”法、中乘“养命”法、上乘“延生”法、最上一乘“归根合道”。两门即顿门、渐门，前三乘法为渐门，最上一乘为顿门。

下乘“安乐”，以“精为真种”，其法如下：

> 下乘者，以身心为鼎炉，精气为药物，心肾为水火，五脏为五行，肝肺为龙虎，精为真种子。以年月日时行火候，咽津灌溉为沐浴，口鼻为三要，肾前脐后为玄关，五行混合为丹成。此乃安乐之法，其中作用百余条。若能忘情，亦可养命。①

中乘“养命”，以“气为真种”，其法如下：

> 中乘者，乾坤为鼎器，坎离为水火，乌兔为药物，精神魂魄意为五行，身心为龙虎，气为真种子。一年寒暑为火候，法水溉灌为沐浴，内境不出、外境不入为固济，太渊绛宫精房为三要，泥丸为玄关，精神混合为丹成。此中乘养命之法……若行不怠，亦可长生久视。②

上乘“延生”，以“念为真种”，其法如下：

> 上乘者，以天地为鼎炉，日月为水火，阴阳为化机，铅汞银砂土为五行，性情为龙虎，念为真种子。以心炼念为火候，息念为养火，含光为固济，降伏内魔为野战，身心意为三要，天心为玄关，情来归性为丹成，和气薰蒸为沐浴。乃上乘延生之道……上士行之，始终如一，可证仙道。③

最上一乘丹法才是归根复命、体道合真之法，李道纯讲：

> 夫最上一乘，无上至真之妙道也。以太虚为鼎，太极为炉，清静为丹基，无为为丹母，性命为铅汞，定慧为水火。窒欲惩忿为水火交，性情合一为金木并，洗心涤虑为沐浴，存诚定意为固济，戒定慧为三要，中为玄关，明心为应验，见性为凝结，三元混一为圣胎，性命打成一片为丹成，身外有身为脱胎，打破虚空为了当。此最上一乘之妙，至士可以行之……与道合真。④

---

① 《中和集》卷二《渐法三乘》，载《道藏》第 4 册，第 491 页下—492 页上。
② 同上，第 492 页上。
③ 同上。
④ 同上，第 492 页上中。

4. 小结

李道纯所处的年代，正值南北二宗发展兴盛、交汇融合之时，又是丹道、理学、禅宗融汇发展的关键时期，他的丹道理论，完美地融合了南北二宗学说、三家性命之理，他把丹道中三家合参的思想和理论推到了顶峰，形成了“三家合中”。

后世也有许多丹道家被列为中派人物，例如，明代有尹真人高弟，著有《性命圭旨》；清代有闵一得，传“中黄直透”之法，其著述收在《古书隐楼藏书》；清末有黄元吉，也传“中黄直透”之法，传世著作有《乐育堂语录》《道门语要》等。但是，无论是尹真人高弟，还是闵一得和黄元吉，他们在丹道理论上都无法超越李道纯。

四、结语

两宋金元之际，是丹道理论和技法成熟的时期，涌现出许多杰出的丹道家。他们多数既精通丹法实践，又擅长性命之学，著书立说，自述源流，蔚为大观，本章难以一一细述。除了南北二宗的丹道家，还有许多丹道大师，都有独特的丹道理论与方法。如创立西山派的施肩吾、阐述黄素丹法的刘玉，对丹道理论和方法均有突出贡献。宋末元初，在丹道理论上贡献最大者莫过于李道纯。李道纯为白玉蟾再传弟子，以道家之玄关、儒家之中庸、禅宗之心性融于丹道，肇建“中道”之说。此说一出，在丹道方面，演述三家者无能出其右，后人尊其为“中派”之祖。

两宋金元时期的丹道传承源流，有一个重要转折点。在张紫阳、王重阳以前，丹道家或祖述黄、老，或师法钟、吕①，或学从陈、刘②，各道师承源流，其实未必可靠。刘海蟾传张紫阳之说，未见张紫阳自证；吕洞宾传王重阳之说，多具仙传色彩。南北开宗后，主流丹道家，其著述多先述师承，或道承《悟真》，或脉分“甘河”，乃至明清余绪，多数出于南北二宗派系，大都可考。如南宗始于张紫阳、递传于白玉蟾，北宗创于王重阳、开枝于七真，都真实可考。

南北开宗之后，虽然丹道传承多数可考，但不能与宗教道统混淆。全真道兴起后，南北丹道合宗。以南宗为例，张紫阳递传于白玉蟾，是丹道传承。至于华阳真人李亚传刀圭火符于钟离权，则属宗教道统。至于北宗，王重阳传七

① 钟、吕，钟离权、吕洞宾。
② 陈、刘，陈抟、刘海蟾。

真，是丹道源流。至于自述太上老君递传于东华帝君、乃至钟离权，则为建立宗教道统的需要。由此可知，要认清丹道源流，需仔细剥离宗教道统。

两宋以后，仍有丹道家模仿张道陵、寇谦之故事，将丹法来源描述得扑朔迷离。如陈致虚得丹法于青城老仙、陆西星得丹法于吕纯阳。崇信神仙者，不妨自信仙家长寿，李伯阳既可降于东汉之鹤鸣山传“三五都功”之术，何以吕洞宾不能应化于明代的北海草堂传“阴阳双修”之法？注重实践者，则不妨广阅百家著述，斟酌师承渊源，只要不沉迷神话，于丹海中萃取一滴，结合现代科学的相关知识为我所用，对健康大有裨益。学术研究者，则不妨剥尽宗教外衣，观其思想、理论与技法，考其生平、学问与行迹，查证脉络，萃取精华，为研究和弘扬中国优秀的传统文化做出贡献。

第六章

源远流长：清净、彼家、龙虎与丹道普及

明清民国时期，上起公元1368年，下至公元1949年4月，共计约582年。这一时期的丹道发展，以1840年为界，可分为两个阶段。

1840年之前，中国仍然是一个主权独立的封建社会国家，其文化思想仍然沿着固有的惯势，不断发展。其间，儒家的理学、心学，成为社会文化的主流。明末清初，许多大儒不愿投身朝廷，隐于全真道中。在这种背景下，当时的丹道家多数倾心研究儒家的四书五经，特别是《周易》，然后引用儒家经典构建丹道理论、阐释丹道技法。这些丹道家本着儒家“克己复礼”“主敬存诚”的自律精神，引入佛教的“戒定慧”三学，改革道教故有的证盟礼仪，开创龙门律宗。以王常月为代表的龙门律师，采用传授三坛大戒的形式，在北京和江南广泛传播北宗丹法，形成了龙门正宗。龙门正宗及其支脉，成为这一时期丹道的主流。

1840年以后，中国进入半封建半殖民地时期，传统的封建社会走向衰落，近代西方文化传入中国，对中国的传统文化造成了较大冲击。其中，洋务运动、五四运动等，促使传统的中国文化与近代西方文化相结合。在这样的社会氛围中，丹道家也积极引进西方文化知识来说明丹道技法。伍柳派丹道家了空禅师，提倡采用白话教授丹法，提倡丹道为大众健康服务。了空禅师的高徒赵避尘先生，采用人体解剖学知识，讲授丹法诀窍，普传丹道使大众受益。了空禅师师徒的做法，推动了丹道技法的发展与创新，为近现代的丹道传播与发展起到模范作用。

明清至民国时期的丹道，可分为两大类，即清净与阴阳。清净丹道家认为

修炼丹道的药物——精气神，皆源于自身，或通过自身向虚空招摄，然后经过和合、温养、超脱等阶段来完成丹道修炼。阴阳丹道家则认为多数成年人自身不具备完全的药物，需要通过异性帮助来获取药物。获取药物后，有的流派主张清修，有的则认为仍需异性帮助。较为成熟的阴阳丹法，可追溯于北宋时期。北宋的施肩吾，特别是张紫阳，被认为是阴阳丹法的集大成者。南宋时期的翁葆光、若一子、龙眉子、陆子野，元代的戴起宗、陈致虚等人，都站在阴阳丹法的角度解读《悟真篇》，认为《悟真篇》的核心是阴阳丹法。元明之际的丹道家张三丰，是最为著名的阴阳丹道家。张三丰之后，阴阳丹法开始盛行。明代的陆潜虚、孙教鸾，清代的仇兆鳌、陶素耜、傅金铨、李涵虚等，是主要代表人物。明清的阴阳丹道家，把阴阳丹法溯源于吕洞宾、张三丰等人，各称渊源有自。在当时礼教森严的社会条件下①，阴阳丹法得以传播，确实是明清丹道发展的奇迹。

本章内容分为三部分，第一部分介绍阴阳丹法的渊源与流派，第二部分介绍龙门正宗及其支脉的渊源与流派，第三部分介绍龙门正宗之外具有代表性的清净丹道家。

第一节　彼家、龙虎与阴阳丹法源流

阴阳丹法源流或许可溯源于汉末的《周易参同契》，但成为独立的丹道流派却在南宋，其代表人物主要有南宋的刘永年、陈达灵、翁葆光、陆墅等。元代以来，阴阳丹法逐渐壮大，成为可与清净丹法分庭抗礼的一个丹法流派，其中的代表人物主要有：元代的戴起宗、陈致虚、张三丰等，明代的陆潜虚、彭好古、孙教鸾、孙汝忠等，清代的仇兆鳌、陶素耜、傅金铨、李涵虚等。本节重点在于阐明阴阳丹法的源流，主要分为阴阳丹法的渊源、阴阳丹法的思想理论、阴阳丹法的流派及其代表人物等三部分内容。

一、阴阳与阴阳丹法

“阴阳”是支撑丹道理论与技法的重要哲学思想之一，阴阳丹法与清净丹法

① 胡孚琛先生对宋代以后阴阳丹法流行的社会文化背景有详细的论述，见《丹道仙术入门》，第76—78页。

都常用“阴阳”来说明丹道理法，但二者关于阴阳内涵的阐释却有些不同。例如，清代的刘一明讲：

> 太极未分之时，道包阴阳。太极既分以后，阴阳生道。若无阴阳，道气不见。惟阴阳迭运其中，道气长存，历万劫而不坏。在先天则为道，在后天则为阴阳。道者，阴阳之根本。阴阳者，道之发挥。所谓太极分阴阳，阴阳合而成太极，一而二，二而一也。①

刘一明这种关于阴阳的说法，是丹道通用的。至于阴阳丹法大家陆潜虚，则讲：

> 金丹之道，必资阴阳相合而成。阴阳者，一男一女也，一离一坎也，一铅一汞也，此大丹之药物也。夫坎之真气谓之铅，离之真精谓之汞。先天之精积于我，先天之气取于彼。何以故？彼，坎也，外阴而内阳，于象为水为月，其于人也为女；我，离也，外阳而内阴，于象为火为日，其于人也为男。故夫男女阴阳之道，顺之而生人，逆之而成丹，其理一焉者也。②

这种关于阴阳的说法，则明显具有阴阳丹法的特色。

当代著名丹道学者和丹道家胡孚琛先生，把历史上曾经出现的内丹丹法总结为“三家四派”。他在《丹道法诀十二讲》中说：

> 人元大丹从修炼实践上讲，可分为炼养自身阴阳、同类阴阳、虚空阴阳三种途径。修炼自身阴阳者，俗称清净派丹法；修炼同类阴阳者，俗称阴阳派丹法；修炼虚空阴阳者，俗称虚无派丹法。在修炼同类阴阳的丹法中，又分两途。其中有借彼家为鼎男女双修的同类阴阳丹法，为双修丹法，称作彼家丹法。还有以乾坤为鼎器、灵父圣母、生龙活虎、三家相见的同类阴阳丹法，为栽接法门，称作龙虎丹法。这样，人元大丹分为自身阴阳、同类阴阳、虚空阴阳三家之传，又有清净丹法、彼家丹法、龙虎丹法、虚无丹法四派之分。③

在本处的研究中，凡是涉及真实男女丹道伴侣的，都划入“阴阳丹法”的范畴。胡孚琛先生所讲的自身阴阳、虚空阴阳相当于本处所讲的清净丹法，而同类阴阳就是本处所讲的阴阳丹法。

---

① 《修真辩难》卷上，载《藏外道书》第 8 册，第 471 页上。
② 《见金丹就正篇》上篇，载《方壶外史》第 2 册，第 374 页。
③ 《丹道法诀十二讲》，第 6 页。

清净丹法与阴阳丹法的根本区别在于，清净丹法认为“药物”都在自身或通过自身由虚空获取，而阴阳丹法则认为“药物”存在于“同类阴阳”的交感之际。

二、阴阳丹法的渊源

阴阳丹法源于古代的房中术，其具体发展可分为三个阶段，即房中术、阴丹、阴阳丹法。阴阳丹法早期的代表人物，如翁葆光、陈致虚、张三丰等人，都力辟阴阳丹法与房中术的关系，但从实际历史发展过程来看，阴阳丹法与房中术有着直接的渊源。阴阳丹法虽然与房中术有着渊源关系，但阴阳丹法并非房中术。

（一）房中术

房中术源于上古时期对生育能力的崇拜。男女相合可以生育新的生命，古人把生育能力解释为“生气”。假此“生气”，可得长生。根据获取“生气”方法的不同，这些养生家可分两类。一类独身清净，养护“生气”。《吕氏春秋》云：

> 古人得道者，生以寿长，声色滋味能久乐之，奚故？论早定也。论早定则知早啬，知早啬则精不竭。①

另一类假借房中术，以求长生。《抱朴子·极言》记载：

> 按《彭祖经》云，其自帝喾佐尧，历夏至殷为大夫，殷王遣采女从受房中之术，行之有效，欲杀彭祖，以绝其道，彭祖觉焉而逃去。②

房中术可分两层。较浅的层次，注重房事技巧和禁忌；较深的层次，则注重行炁，与阴阳丹法有直接渊源。

先秦时期，房中术的实践方法已趋于成熟。马王堆出土的《养生方》③ 认为房事应遵循一定规律，否则会损害健康。《养生方》云：“故贰生者食也，孙

① 《吕氏春秋译注》之《仲春纪第二·情欲》，第1册，第44页。
② 《抱朴子内篇校释》卷十三《极言》，第242页。
③ 《养生方》虽然出土于西汉初期的古墓中，但就《养生方》的理论完整程度，可以断定《养生方》产生的时间要比墓葬主人在世的时期更早。

（损）生者色也，是以圣人合男女必有则也。”① 《养生方》提出“七损八益”② 的房中理论，“七损”指七种禁忌，“八益”指八种益法，原则为“用八益去七孙（损）”。

西汉时期，房中术被称为“阴道”，出现大量相关著述。《汉书·艺文志》中记载有：《容成阴道》二十六卷、《务成子阴道》三十六卷、《尧舜阴道》二十三卷、《汤盘庚阴道》二十卷、《天老杂子阴道》二十五卷、《天一阴道》二十四卷、《黄帝三王养阴方》二十卷、《三家内房有子方》十七卷等。

东汉时期，房中术被原始道教吸收，称为“黄赤之道”“合气之术”“混气之法”。在五斗米道中，流行《黄书契令》《黄书赤界》等合气经典，其术称为“黄赤之道”。陶弘景的《真诰》记载：“黄赤之道，混气之法，是张陵受教施化。”③《太平广记》卷八记载：“（张陵）其治病事皆采取玄素。”④ 在赋予房中术宗教色彩的背景下，有人甚至鼓吹“房中之事，能尽其道者，可单行致神仙，并可以移灾解罪，转祸为福，居官高迁，商贾倍利”。

六朝时期，多数丹道家对房中术采取贬斥态度。葛洪讲：

> 或曰：“闻房中之事，能尽其道者，可单行致神仙，并可以移灾解罪，转祸为福，居官高迁，商贾倍利，信乎？”抱朴子曰：“此皆巫书妖妄过差之言，由于好事增加润色，至令失实。……夫阴阳之术，高可以治小疾，次可以免虚耗而已。其理自有极，安能致神仙而却祸致福乎？人不可以阴阳不交，坐致疾患。若欲纵情恣欲，不能节宣，则伐年命。善其术者，则能却走马以补脑，还阴丹以朱肠（旸），采玉液于金池，引三五于华梁，令人老有美色，终其所禀之天年。……”⑤

葛洪对房中术持贬斥态度，认为其术至多可以还精补脑、使人老有美色而已。对于充满欲望的人来说，“不能节宣，则伐年命”。陶弘景认为“黄赤之道”是“得生之下术”，以修行名义从事房中术会受“三官考罚”。《真诰》卷二《运题象第二》云：

① 《养生方·天下至道谈·壹拾》，载《藏外道书》第1册，第91页。
② 《养生方·天下至道谈·柒》，载《藏外道书》第1册，第91页。
③ 《真诰》二《运题象第二》，载《道藏》第20册，第497页上。
④ 《太平广记》卷一《神仙八·张道陵》，第1册，第56页。
⑤ 《抱朴子内篇校释》卷六《微旨》，第128—129页。

> 夫黄书赤界，虽长生之秘要，实得生之下术也，非上宫天真流軿①晏景之夫所得言也。此道在长养分生而已，非上道也。有怀于淫气，兼以行乎隐书者，适足握水官之笔，鸣三官之鼓耳！玄挺亦不可得恃，解谢亦不可得赖也。②

北魏寇谦之，革除"黄赤之道""合气之术"，创立新天师道③。

（二）阴丹

"阴丹"最早出于西汉末期的《太清金液神气经》④，指"地品"外丹。《太清金液神气经》记载：

> 地品阴丹，长生不死。⑤

六朝时期，以"阴丹"指代房中术"还精补脑"的精微物质。葛洪讲：

> 善其术者，则能却走马以补脑，还阴丹以朱肠（旸）。⑥

《真诰》说："阳丹九搏，世人皆有此术。"⑦ 陶弘景注云："此谓房中之事耳，阳丹或应作阴丹。"⑧

隋唐时期，"阴丹"理论有所发展。《王屋真人口授阴丹秘诀灵篇》将《道德经》《黄庭经》等经典中的理论拿来解释"阴丹"，把阴丹技法总结为：

> 不敢为主而为客，慎莫从高自投掷。侧身内想闭诸瀼，正展垂壶兼偃脊。翕精吐炁微将通，袅袅灵柯不复空，徐徐玉垒补前功；补之其道将如何？玄牝之门通且和，溯流百脉填血脑。欲求此生寿无极，阴户初开别消息。⑨

---

① 軿，读音［píng］。

② 《真诰》卷二《运题象第二》，载《道藏》第 20 册，第 497 页上。

③ 《寇谦之传》记载："清整道教，除去三张伪法，租米钱税，及男女合气之术。"《魏书》卷一百一十四《志第二十·释老志·寇谦之》，第 8 册，第 3051 页。

④ 陈国符先生认为此经出于西汉末期。

⑤ 《太清金液神气经》卷上，载《道藏》第 18 册，第 777 页上中。

⑥ 《抱朴子内篇校释》卷六《微旨》，第 129 页。

⑦ 《真诰》卷五《甄命授第一》，载《道藏》第 20 册，第 520 页下。

⑧ 同上。

⑨ 《云笈七签》卷六十四《王屋真人口授阴丹秘诀灵篇》，载《道藏》第 22 册，第 452 页上—453 页上。

这段口诀，虽然继承了魏晋以来的“阴丹”要点，也发展了“阴丹”的理论和方法，但并未升华为阴阳丹法。

（三） 阴阳丹法

唐末五代以来，钟吕派和华山派丹法逐渐成熟。两宋时期，丹道南北二宗提出了系统的理论和方法，清净丹法发展到了一个高潮。此时，由房中术发展而来的“阴丹”，也逐渐向正统的丹道靠拢。一些丹道家援引《周易参同契》《阴符经》《悟真篇》等经典，对“阴丹”的理论与技法进行创新，形成了阴阳丹法。

阴阳丹法虽与房中术、阴丹有渊源关系，但并非房中术或阴丹①。阴阳丹道家认为，“上德”之士，情识无染、精神完全，仅凭自身修炼即能成功。“下德”之人，情识染私、精神亏损，仅凭自身修炼难以成功。针对“下德”之人，阴阳丹道家根据“同类阴阳”理论，认为其依法获取“真种”丹头，才能修炼。

南宋翁葆光，主用龙虎丹法。他在《悟真篇注序》中讲：

> 夫炼金丹大药，先明天地未判之前、混沌无名之始气，立为丹基。次辨真阴、真阳，同类无情之物，各重八两，立为炉鼎。假此炉鼎之真气，施设法象，运动周星，诱此先天之始气。不越半个时辰，结成一粒，附在鼎中，大如一黍米，此名金丹也。②

翁葆光在《悟真直指详说》中又讲：

> 真一之气，生于天地之先，邈不可测，圣人以同类之物诱之成丹。……故煅同类之物，立为炉鼎，号曰真龙真虎。……夫同类者，无情之情，不色之色也。万物之中，得其性命之正，为灵为贵之最者也。③

明代陆潜虚主张彼家丹法，他在《金丹就正篇》中讲：

> 闻之师曰：阴阳二五，妙合而凝，而人生焉。其始也，太朴未雕，浑然太极之全体。老子曰：含德之厚，比于赤子。未知牝牡之合而朘作，精之至也；终日号而嗌不嘎，和之至也。是阴阳之纯也。斯时也，先天之体浑沦完

---

① 翁葆光斥责房中术、阴丹等旁门左道讲：“今之学者多取傍门，非类而证之。或以天庭、至宝、玉壶、圭丹、混元胎之类，妄乱穿凿，终莫际其深根固蒂之要。”见《紫阳真人悟真篇注疏·序》，载《道藏》第2册，第912页中。

② 《紫阳真人悟真篇注疏·序》，载《道藏》第2册，第912页上—913页上。

③ 《紫阳真人悟真直指详说三乘秘要·悟真直指详说》，载《道藏》第2册，第1019页下。

固，何假于取，何事于填？得而修之，则无为之上德，又何加焉？及夫情窦一开，阴阳交感，则先天之气，乃奔蹶而逸于坤中。故三画纯乾乃破其体而为离。离为日，日昃之离，大耋之嗟矣，能久视乎？故丹法取坎。取坎者，补其既破之乾也，填其既虚之画也，复其纯阳之体也。此神仙还丹之说也。①

阴阳丹法特别注重炼己，行者必须慎独克己、惩忿窒欲，才能进入实修阶段。张三丰在《大道论》中讲：

是知欲求还丹，必先绝欲。欲求绝欲，必勤杀机。勤于杀机者，刻刻有灵剑在手，外欲乍乘，急须就起杀机，勿容纵意。久久纯熟，对境无心，即可行反本归根之道。②

陆潜虚在《论调息法》中讲：

真意从静中生，鸿蒙初判，无有染著，乃可用之。……所谓男不宽衣，女不解带，敬如神明，爱如父母，皆此凝神聚气而已，故曰道归自然。《参同》曰："自然之所为兮，非有邪伪道。"此之谓也。③

真正的阴阳丹法要求行者内外清净，根本不同于房中术或阴丹。

阴阳丹法大家张三丰讲，行者必须"清静为体，镇定为基，天心为主，元神为用"，才能"巧使盗机，返还天真，归根复命"。④

三、阴阳丹法的主要理论

与清净丹法相比，阴阳丹法特色突出的丹道理论主要有顺逆、同类、药物、火候等。

（一）顺逆

阴阳丹道家认为《道德经》的"道生一，一生二，二生三，三生万物"、《易经》的"天地絪缊，万物化醇。男女媾精，万物化生"等理论，揭示了阴阳顺生的理论；《阴符经》的"天有五贼，见之者昌""阴阳相胜之术，昭昭乎进乎象矣"等理论，则揭示了阴阳逆生的理论。阴阳丹道家认为，人禀阴阳之气，

① 《方壶外史》，第375页。
② 《大道论》，载《新编张三丰先生丹道全书》，第23页。
③ 《方壶外史》，第372页。
④ 《玄机直讲》，载《新编张三丰先生丹道全书》，第31页。

顺行则生子衍孙，逆用则葆生成仙。南宋翁葆光在《悟真篇注疏》中讲：

> 孤阴不自产，寡阳不自成。是以天地氤氲，万物化醇。男女媾精，万物化生。常道即兹，以为日用。真源反复，有阴阳颠倒互用之机，人能炼之，可以超生死。①

元代陈致虚认为，道以阴阳显化，有先后天之分。金丹即为先天大道，必假借阴阳逆而修之。陈致虚在《金丹大要》中讲：

> 且道也者，即一阴阳也。子不闻之乎，天地一阴阳也，人一阴阳也，万物各一阴阳也。……世之生死者，后天地之道也。有盈虚焉，有消息焉。唯金丹也者，即先天地之道也，不为人也，不为物也。非顺求之，乃逆取之，有生也，无死也。②

元明之际的张三丰认为，金丹之道与人生育的道理相同，只要逆用阴阳，自然成就金丹之道。他在《大道论》上篇中讲：

> 人由天地而育，亦由父母而生，顺而用之，则鼻祖儿孙，嗣续而成；逆而用之，则真仙上圣，亦接踵而出，同其理也。③

张三丰在《大道论》中篇又讲：

> 《易》曰：男女构精，万物化生。人有此身，亦因父母而得，倘无父母，身何有乎？故作金丹之道，与生身事同，但顺则成人，逆则成仙，顺逆之间，天地悬隔，只有逆用阴阳，自然成就，并非邪径旁门也。④

明代晚期的陆潜虚推动了“顺逆”理论的发展。他认为“元神”化生和统摄“精”“气”，为“精”“气”之主；“精”为阴，“气”为阳。男女禀赋天地阴阳，互藏精华，男得先天之精，女得先天之气。阴阳顺逆之间，有凡圣之别。陆西星在《玄肤论·铅汞论》中讲：

> 而人始生，皆先天之用也。以其互藏也，故男得其精，而用精者化；女得其气，而用气者昌。用精者化，故顺而成人；用气者昌，故逆而成丹。先

---

① 《紫阳真人悟真篇注疏》卷一，载《道藏》第2册第918页上。
② 《上阳子金丹大要》卷十三《道本阴阳》，载《道藏》第24册第51页中。
③ 《大道论》，载《新编张三丰先生丹道全书》第21页。
④ 同上，第23页。

天之气为真铅，厥有旨也。以先天未扰之真铅，制后天久积之真汞，则其相爱相恋，如夫妇子母之不忍离，是皆自然而然。①

清代中晚期的李涵虚，深通各家丹法精微，提出了独特的顺逆观。他在《道窍谈·三品互养》中讲：

盖自本元走漏，精、气、神皆落于后天。不能求之于我，则必求之于彼。求之于彼，斯逆矣。精化气者，此精在阴跷，逆入紫府而炼之，乃化为气。气化神者，此气在阳炉，逆入黄庭而炼之，乃化为神。夫此逆取之道，虽从精始，而顺修之道，则从神始。二者有相需之妙，不相悖也。②

由此段文字可知，李涵虚的“顺逆”理论，是顺逆并用，顺则贵生，逆则贵化。

总之，阴阳丹法包括彼家、龙虎等，都认为凡人顺用阴阳，则繁衍子孙，丹道家逆用阴阳，则得道成仙。

（二） 同类

“同类”指“同类阴阳”，是阴阳丹道家用来说明药物互藏、丹头交结的重要理论。张三丰在《大道论》中讲：“此金丹灵药，非世间之所无，非天上之不可得者，只在同类中求之，乃生身固有之物也。”③

“同类阴阳”本出于《周易参同契》，阴阳丹道家用以解释丹道理法。阴阳丹道家认为，真铅为水中金炁，代表元炁或命宝；真汞为火里木精，代表元神（元精）或性本。元炁属阳土，元神属阴土，故称“同类阴阳”。“同类阴阳”的金炁、木精，同属先天，二者真机交感，方可使神入炁中、炁抱神外，结为丹元。陆潜虚在《玄肤论·铅汞论》中讲：

而人始生，皆先天之用也。以其互藏也，故男得其精，而用精者化；女得其气，而用气者昌。用精者化，故顺而成人；用气者昌，故逆而成丹。先天之气为真铅，厥有旨也。以先天未扰之真铅，制后天久积之真汞，则其相爱相恋，如夫妇子母之不忍离，是皆自然而然。

陆潜虚的《金丹就正篇》又有：

① 《玄肤论·铅汞论》，载《方壶外史》第2册，第358页。

② 《道窍谈·三品互养》，载《圆峤内篇》，第14页。

③ 《大道论》，载《新编张三丰先生丹道全书》，第22—23页。

> 阴阳者，一男一女也，一离一坎也，此大丹之药也。夫坎之真气为之铅，离之真精为之汞。先天之精积于我，先天之气取于彼。何以故？彼，坎也，外阴而内阳，于象为水为月，其于人也为女；我，离也，外阳而内阴，于象为火为日，其于人也为男。

由此可知，阴阳丹道家所说的“同类阴阳”，在表象上是指男女，在内在上是指真汞、真铅。

阴阳丹道家认为，交结丹头离不开同类阴阳。翁葆光在《悟真篇注疏》中讲：

> 同类无情之物，各重八两，立为炉鼎。假此炉鼎之真气，施设法象，运动周星，诱此先天之始气。不越半个时辰，结成一粒，附在鼎中，大如一黍米，此名金丹也。

翁葆光又讲：

> 因二八同类相当之物，合而成亲，氤氲交感之中，激而有象。同类者，无情之情、不色之色，正谓乌肝八两、兔髓半斤是也。此二八相当之同类，合而成亲，则真一之气归于交感穴中，凝成黍粒，斯道妙矣。①

在阴阳丹法中，彼家丹法，同类交感，称为“用鼎”；龙虎丹法，三家相见，则分“琴剑”。虽然二者都是同类阴阳交感，但具体方法不同。真正的阴阳丹法，一切现成，真清真净。品类如何，唯在行者而已。因此，阴阳丹道家引用《悟真篇》解释云：“用铅不得用凡铅，用了真铅也弃捐”②。

（三）药物

阴阳丹法把药物分为“内药”和“外药”，都源于“先天真气”。陆西星主修彼家丹法，他在《内外药论》中讲：“夫人元之学，创鼎于外，而炼药于内，于是始有内药、外药之分。”③

翁葆光主修龙虎丹法，他论内外二药为两类四种。两类即铅、汞，四种即内两种、外两种。就“铅”来讲，“白虎”“地魄”为外药，内药为真铅；就“汞”来讲，“青龙”“天魂”为外药，内药为“真汞”。翁葆光讲：

① 《紫阳真人悟真直指详说三乘秘要·悟真直指详说》，载《道藏》第2册，第1019页下。
② 《紫阳真人悟真篇注疏》卷五，载《道藏》第2册，第944页上。
③ 《玄肤论》，载《方壶外史》第2册，第355页。

真铅即金丹也，先天之一炁，类如明月，乍圆乍缺，与江潮同宗，共月宫同派。地魄者，外药也，则白虎是也。内药者，则金丹是也。天魂者，外药也，则青龙是也。在内，则己身朱汞是也。在外则龙之弦炁是也。内则金丹也，又谓之水中银。此言喻内外二药也。①

陈致虚以彼家丹法论内外二药。他认为，因为道属阴阳，所以药有内外。外药为彼家“未扰之铅”，称为“阳丹”；内药为己身“久积之砂”，称为“阴丹”；内药了性，外药了命。陈致虚的《金丹大要》云：

夫外药者，坎中求先天真一之水，水中取先天未扰之铅，铅中采先天太一之气，此气即黑中之白，阴中之阳也。……夫内药者，离中求先天真一之液，液中行先天久积之砂，砂中运先天至真之汞，此汞即白中之黑，阳中之阴也。……内药则无形无质而实有，外药则有体有用而实无。外药者色身上事，内药者法身上事。外药是地仙之道，内药是天仙之道。外药了命，内药了性。夫惟道属阴阳，所以药有内外。②

龙虎丹法与彼家丹法的药物理论不同。龙虎丹法认为铅汞两类药物皆可分为内外。就铅来说，“白虎”为外药，“真铅”为内药；就汞来说，“青龙”为外药，“真汞”为内药。彼家丹法则认为，彼家“未扰之铅”为外药，己身“久积之砂”为内药。

（四） 火候

“火候”包含两层意思，即“火”与“候”。

“火”，指用意，意为神之使，故称为神火。陈致虚的《金丹大要》序言讲：

然吾所谓，神与气、精，迎、送、动、止，凡百作为，皆主于意；色、声、香、味、触，皆关于意；意为即为，意止即止。故求丹取铅，以意迎之；收火入鼎，以意送之；烹炼沐浴，以意守之；温养脱化，以意成之。③

“候”，指行火的节奏、急缓与验证，可分为文火和武火、阳火和阴符等。陈致虚讲：

夫运火者，始自复卦子符起首，疾进阳火，谓之下子用工，而进火谓之

---

① 《紫阳真人悟真篇注疏》卷三，载《道藏》第2册，第927页中。
② 《上阳子金丹大要》卷五《药物妙用章》，载《道藏》第24册，第18页上中。
③ 《上阳子金丹大要·自序》，载《道藏》第24册，第5页上中。

野战。盖野战则龙虎交合，是用三分武火，前行短之谓也。行符者，午时垢卦用事，则进阴符，包固阳火于内，故行符谓之罢功守城。夫守城者，以其鄞鄂已立，唯温养沐浴，防微杜渐，是用七分文火，后须长之谓也。①

丹道家认为药火同源，药分内外，火亦分内外。翁葆光讲：

二药作用虽略相同，用功火候实相远矣。……内药虽有天然真火在土釜之中，赫赫长红，亦须外炉勤功加减。然内、外真火变化无穷者，实借真铅之妙也。②

陈致虚也认为药火同源，他在《运火行符须知》中讲：

运火者，运内外之火。火者，药火也。候者，符候也。将者，符合也。③

也有丹道家认为，应注意“药”和“火”的区别与联系。陆潜虚在《药火论》中讲：

药与火，可分也，亦可合也。分则可异，合则可同。何者？分而言之，则药者，先天之气也；火者，先天之神也。合而言之，则药即火也，火即药也。④

陆潜虚认为，在实际操作中，火候要根据药物的情况进行调整，火候可分为采药的火候、合药的火候、沐浴的火候等。陆潜虚讲：

采取之时，药在外，火在内。以火而致药，故药火可分；温养之日，药在外，归于内，得药而行火，故药火可合。……要之，火其主也，故火急则丹伤，火冷则丹散。凡言火而不言药者，十月之事也；言药而不言火者，一时半刻之功也。⑤

丹道家认为，离开药物无从谈火候，离开火候也无法合药成丹。翁葆光讲：

---

① 《上阳子金丹大要》卷七《运火行符须知》，载《道藏》第24册，第25页中。
② 《紫阳真人悟真篇注疏》卷七，载《道藏》第2册，第953页下—954页上。
③ 《上阳子金丹大要》卷七《运火行符须知》，载《道藏》第24册，第25页中。
④ 《药火论》，载《方壶外史》第2册，第368页。
⑤ 同上。

偃月炉，阴炉也，中有玉蕊之阳气，即虎初弦之气；朱砂鼎，阳鼎也，中有水银之阴气，即龙初弦之气。金丹以此二弦之火，调停和合之功，种得真一之芽，长在黄家，结成黍米也。①

阴阳丹法，创之于外，成之于内，火候较为复杂，人常有“差之毫发不成丹”之慨叹。

（五）小结

综上，顺逆、同类、药物、火候等理论是仅就阴阳丹法的突出特点而言。阴阳丹道家认为，男为离（☲），其内为阴。女属坎（☵），其内为阳。若男女顺生，则阳施阴受，生子衍孙；若阴阳逆用，则抽坎填离，得道成仙。其中，阴阳逆用之所以能够抽坎填离，是因为坎中一阳与离内一阴乃为同类阴阳，本同出于先天一炁。同类相求，阴阳和合，还成金丹道体。由于阴阳丹道家认为，彼家之真气或龙虎二弦之真气，饵之可疗生死之疾，故而称之为药物。采药、合药、结丹、还丹等，需要种种不同的用意方法，这称为火候。

四、阴阳丹法的主要传承流派

南宋以来，阴阳丹法的主要流派大致可分为南宗阴阳派（简称“南派”）、三丰派、东派、西派等。南派，主要是指刘永年一系、陈致虚一系。三丰派是由张三丰弟子及其私淑弟子所倡导的、以张三丰为开山祖师的阴阳丹法流派。东派仅是一个丹道理论和技法流派，没有明确的传承谱系，源于明代的陆西星，清代李西月尊其为东派开山之祖。西派是指以李西月为祖师的大江西派。该派远承吕洞宾与张三丰，其丹法集明清以来丹法之大成，囊括清净丹法与阴阳丹法。这是丹道史上阴阳丹法的四个主要派别。

（一）南派源流

南派刘永年一系，主修龙虎丹法，关键人物为翁葆光。陈致虚一系，兼修彼家、龙虎，其渊源较为复杂，下文详述。

1. 刘永年一系传承源流

该派称刘永年得法于张紫阳，刘传翁葆光。刘永年得遇张紫阳之说，在南宗支脉中已述，此处不赘。

① 《紫阳真人悟真篇注疏》卷四，载《道藏》第2册，第937页下。

翁葆光，字渊明，号无名子，南宋象川（今四川雅安）人①，为刘永年弟子，曾得《悟真篇》原本，是南派主要代表人物。翁葆光著有《悟真篇注释》《悟真直指详说三乘秘要》《悟真篇注疏》等。根据《悟真篇》三注、《金液还丹印证图》等记载，翁葆光于淳熙年间（约1178）得诀于刘永年。南宋陈达灵在《悟真篇注序》中讲：

> 悟真仙翁闻道于青城之上，饵丹于荆湖之间，一传而广益子出焉，再传而无名子出焉。②

龙眉子《金液还丹印证图·后识》记载：

> 我师无名子翁先生云：吾师乃广益顺理子刘真人……③

由陈达灵的“序言”和龙眉子的《后识》可知，翁葆光为刘永年嫡传弟子。除此之外，翁葆光还得到了张紫阳托付于马处厚、流转于陆思诚的《悟真篇》原本。翁葆光在《悟真篇注序》中讲：

> 惟龙图陆公之孙思诚所藏家本为真，此乃仙翁亲授之本也。思诚亦自序其所得之详于卷末矣。余因游洞庭得斯真本，改而正之，始悟仙翁所作之意，次序篇章莫不取金丹之法象也。其文虽约，而妙理该著。寓意虽微，而比类亲切。诚为学者之真归，群经之要览也。④

翁葆光还师学于陈达灵。陈达灵，宋代武夷（今福建省）人，号紫阳，生卒不详。翁葆光在《悟真篇注序》中称陈达灵为“子”⑤，并自述：

> 紫阳陈仙翁，武夷人……余固不才，幸钟仙翁之颜铸。既承真荫，寅夕不忘。⑥

其中“颜铸”指传授。南宋白云子在《悟真篇直指详说三乘秘要》中也讲：“有

① 《中华道教大辞典》第132页。
② 《紫阳真人悟真篇序》，载《道藏》第2册，第911页上中。
③ 《金液还丹印证图·后识》，载《道藏》第3册，第109页上。
④ 《紫阳真人悟真篇序》，载《道藏》第2册，第912页中。
⑤ 见《悟真篇注序》：“先子尝谓余曰：‘天台仙翁道成，授命紫阳真人。……’”载《道藏》第2册，第911页下。
⑥ 同上。

幸自云，得遇紫阳仙翁陈公，亲传悟真嫡孙、无名真人①释义，密以见授。”② 陈达灵传其《语录》于翁葆光，《悟真篇注序》讲：

紫阳陈仙翁，武夷人，有《语录》传世，为六十四说，分言性命二宗，内外二药。又云：“……不读《悟真篇》，不知二章金碧之神。……”又云：“道在内来，安炉立鼎均在外。道在外来，真铅真汞均在内。……此先天内药、外药之辨，如斯二者之同出，又斯二者之异名，内外之道至矣尽矣，不可以有加矣。所以道外药还如内药，内通外亦须通。”以此观之，紫阳之道与《悟真》同。③

以此可知，陈达灵主修龙虎丹法，自谓丹法与《悟真篇》相通，其渊源不详。翁葆光对龙虎丹法的领会，也得益于陈达灵的教授。

翁葆光弟子为若一子。若一子姓名不可考，若一子传龙眉子。龙眉子在《金液还丹印证图·后识》中讲：“余师若一子尝曰：曾问我师无名子，翁先生云……”④ 龙眉子，姓名不可考，南宋人，其生活年代大约跨越宋宁宗（1194—1224 年在位）时期，著有《金液还丹印证图》。南宋林静在《还丹印证图后叙》中讲：

尝得《龙眉子印证图》一卷，模而藏之。……惟授受之次，龙眉、若一、无名二三子，未详其人。……今考诸序事本末，则知为紫阳宗脉。其后识曰：“余师若一子，师无名子翁先生，翁之师顺理子刘真人。”⑤

龙眉子之后，该派传承不明。有人认为，元阳子林静为龙眉子传人。但林静说：“龙眉、若一、无名二三子，未详其人。”以此可知，林静不是龙眉子的弟子。

综上所述，南派刘永年一系的传承源流为“张紫阳—刘永年—翁葆光—若一子—龙眉子”（见图 6-1）。

此派传承疑点甚多。最主要的是，该派称刘永年于绍兴戊午（1138）遇张紫阳，而张紫阳羽化于元丰五年（1082），期间相差五十余年。《金液还丹印

① “悟真嫡孙”，“嫡”在原文中为“適”，二字通假。“悟真嫡孙”是指翁葆光为张紫阳的嫡传法孙，与后面的“无名真人”相对应。翁葆光号无名子，白云子尊称其为“无名真人”。

② 《三乘秘要诗白云子叙》，载《道藏》第 2 册，第 1023 页下。

③ 《紫阳真人悟真篇序》，载《道藏》第 2 册，第 911 页中下。

④ 《金液还丹印证图·后识》，载《道藏》第 3 册，第 109 页上。

⑤ 《还丹印证图后叙》，载《道藏》第 3 册，第 109 页下。

证图·后识》云："时在绍兴戊午，刘遇悟真，得其道。"① 另有白玉蟾嫡传弟子王金蝉，在龙眉子《金液还丹印证图》的卷首作小序云："此图系先师玉蟾亲受，得祖师龙眉子亲笔图述，非人勿示。宝之！惜之！端平甲午（1234）武宁王景玄启道书。"② 此小序表明，"金液还丹图"由白玉蟾亲授王金蝉，可能王金蝉不甚了了，又请龙眉子在图上做文字解释。王金蝉称"龙眉子"为祖师，认可龙眉子为南宗传人。这给后世留下了更多疑点。

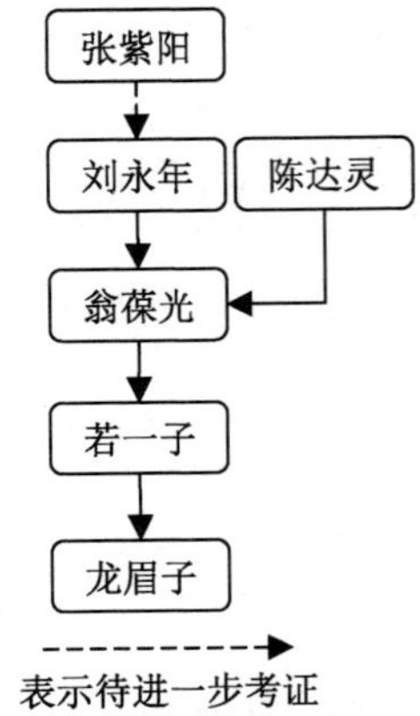

图 6-1　南派刘永年一系丹法传承源流图

2. 陈致虚一系传承源流

陈致虚，号上阳子，生于公元 1290 年③，为赵缘督弟子，又自称得法于青城老仙，是元代著名丹道家，著有《金丹大要》。

陈致虚在《金丹大要》中详细叙述了他的丹法渊源。《上阳子金丹大要·自序》云：

> 我重阳翁受于纯阳，而得丹阳，全真教立，长春、长真、长生，玉阳、广宁、清静诸老仙辈，枝分缕济，丹经妙诀，散满人间。唯紫阳《悟真篇》颇详，又得无名子诸公引而明之。我黄房公得于丹阳，乃授太虚以传紫琼。我缘督子得于紫琼，详见太虚真人传。……致虚夙荷祖宗积善，天地卑矜，游浪人间，年且四十。伏蒙我师授以正道，厥后复遇青城老仙④，亲传先天一气坎月离日金丹之旨，抽添运用火候之秘，悉授无隐。⑤

按其中记载，陈致虚的丹法传承源流为：王重阳—马丹阳—黄房公—李双玉—张君范—赵缘督—陈致虚；青城老仙—陈致虚。

另据明代宋濂（1310—1381）的《革象新书序》记载，赵缘督丹法源于南宗二祖石杏林。《革象新书序》云：

---

① 《金液还丹印证图·后识》，载《道藏》第 3 册，第 109 页上中。

② 《金液还丹印证图》，载《道藏》第 3 册，第 103 页下。

③ 见周冶的《上阳子陈致虚生平及〈金丹大要〉的丹道思想》。

④ 在《道藏》（第 24 册）中《上阳子金丹大要·自序》记为"青城老师"（第 3 页上），其他版本多为"青城老仙"，"师"应为"仙"。

⑤ 《上阳子金丹大要·自序》，载《道藏》第 24 册，第 3 页上。

（赵缘督）先生宋宗室之子，习天官遁甲钤式诸书，欲以事功自奋。一日坐芝山酒肆中，逢丈夫，修眉方瞳，索酒酣饮，先生异而即之，相与玄谈者颇久。且曰：“汝来何迟也？”于是出囊中九还七返丹书遗之。临别，先生问其姓名，曰：“我扶风石得之也。”得之盖世传杏林仙人云。①

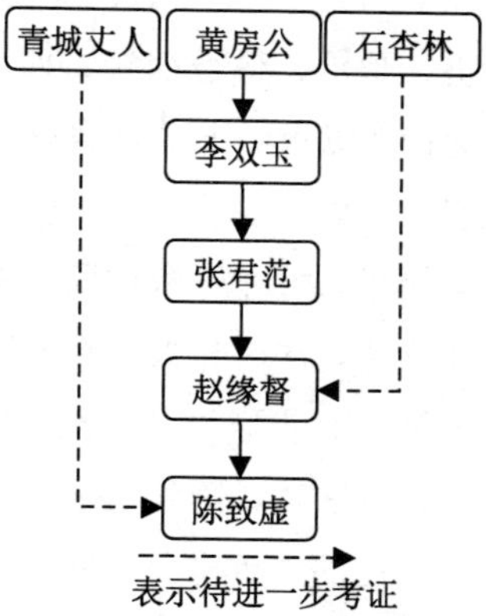

图 6-2　陈致虚一系阴阳丹法传承源流图

据此推测，陈致虚的另一丹法源流为：石杏林——赵缘督——陈致虚。

因此，陈致虚丹法来源有三：一属北宗，一属南宗，一是青城老仙。但仔细研究，发现三处渊源均有疑点。

在北宗传承中，“黄房公”是否就是“宋德方”成为疑点。陈致虚的《上阳子金丹大要列仙志》记述：

黄房公，姓宋，名有道，字德方，号黄房公。河阳府人氏。行诸阶法②，无云则能以符而与云，有云则能披云而见斗，故时号“披云真人”。一日遇丹阳③，授以金丹火候秘诀。行之两年，能贰其身弗死。因游东海，适皇元太祖成吉思皇帝，召长春丘师叔，时公与十八人，为之辅行之首。④

按北宗正统文献《玄通弘教披云真人道行碑》记载：

真人姓宋氏，讳德方，字广道，莱州士林右族。……年十二……遽弃家诣长生刘宗师⑤而学道焉。……寻得度于玉阳⑥，占道士籍。后师事长春师⑦……初，大元太祖圣武皇帝遣近侍刘仲禄起长春于东海，其从行者一十八人，真人与其选。……（长春）又尝私谓曰：“汝缘当在西南。”因授以“披云子”号。⑧

---

① 《宋学士全集》卷五《革象新书序》，载《丛书集成初编》第2113册，第159—160页。
② “诸阶法”是指符箓派中不同箓位所拥有的不同法术。
③ 即“北七真”之马钰。
④ 《上阳子金丹大要列仙志》，载《道藏》第24册，第76页中。
⑤ 即“北七真”之刘处玄。
⑥ 即“北七真”之王处一。
⑦ 即“北七真”之丘处机。
⑧ 《道家金石略》，第753—754页。

对比以上两则资料，陈致虚的祖师“黄房公”宋德方与北宗“披云子”宋德方，在籍贯、师承、得号因缘、西游十八子中排名均不相同。北宗嫡传的宋德方，籍贯为山东莱州，而非陈致虚所说的“河阳府”；宋德方的师父有三位，依次为刘处玄、王处一、丘处机，没有陈致虚所说的马丹阳；宋德方号“披云子”，由丘处机授予，并非陈致虚所讲的“行诸阶法，无云则能以符而与云，有云则能披云而见斗，故时号披云真人”；在正统的全真道文籍中，西游十八子中第一位为赵道坚，而非陈致虚所说的宋德方。另外，从宋德方的学道经历来看，他从未学习符箓法术，陈致虚所谓的“行诸阶法”与宋德方没有关系。由此可知，陈致虚所述的“黄房公”并非北宗之宋德方①。

陈致虚编造这段传承故事是为什么？从清人陈铭珪的《长春道教源流》中，可找出部分答案。陈铭珪说：

> 至元世祖十六年，混一天下。于是，北宗之学渐传而南，南宗之学亦渐传而北。故李钰（字双玉）、张模（字君范）、赵友钦（字缘督）、陈致虚辈皆南人，而为全真道士。然其所授受者，则实本于《悟真篇》。其云钰得宋德方之道者，是时，北宗张大其教，谓重阳传自纯阳、海蟾，故钰亦附会之，称传自德方也。②

由此可知，元初全真道势力强大，陈致虚一系故意混淆两个宋德方是为了依附北宗传承。

实际上，陈铭珪所说，仅中其一。在陈致虚的师承中，至少从赵缘督开始，认为马丹阳主修彼家丹法。陈致虚一系假借宋德方，附会于马丹阳门下，是企图把阴阳双修混入北宗传承，给本系的彼家丹法一个北宗身份。赵缘督曾讲：

> 得旨之人，虽是大彻大悟，尚未遂下手修行，则必和光混俗。其所作所为，与众无异；所知所见，与众不同。……绝不知夫妻双修之妙，谓之自利利他。如西山十二真君，萧史、文萧、马丹阳、庞居士辈，夫妻子女皆证仙佛是矣。③

但众所周知，马丹阳是纯粹的清净丹道家，陈致虚的北宗彼家传承纯属杜撰。

① 《长春道教源流》，载《藏外道书》第31册，第65页上下。
② 同上，第65页下—66页上。
③ 《仙佛同源》卷九《混俗》，载《道书全集》，第481—482页。

至于南宗传承，也疑点重重。首先，陈致虚为元代人，而“石杏林—赵缘督—陈致虚”的传承仅见证于明代宋濂的《革象新书序》，未见于陈致虚的著述。其次，石杏林与赵缘督的生活年代相差甚远。石泰（得之）生于北宋真宗乾兴元年（1022），羽化于南宋高宗绍兴二十八年（1158）。按《江西通志》记载，赵缘督于明洪武（1368—1398）初年坐化①。假如赵缘督二十岁左右就学道，至其坐化时必须有二百三十岁左右，才能亲见石泰。因此，石杏林传道赵缘督之说法不实。

虽然陈致虚丹法源于南宗不实，但并不排除源于南派龙虎丹法。从南宗嫡系看，其师徒均以口诀授受，而非著述。自石杏林至白玉蟾，乃至彭鹤林，均无注解《悟真篇》。南宗支脉，特别是主修龙虎丹法的南派，才致力于注疏《悟真篇》，用《悟真篇》来说明自己的丹法。《长春道教源流》讲：

> 故李钰（字双玉）、张模（字君范）、赵友钦（字缘督）、陈致虚辈皆南人，而为全真道士。然其所授受者，则实本于《悟真篇》。

其中，“实本于《悟真篇》”之说，说明陈致虚一系丹法可能源于南派。

青城老仙之说，方是陈致虚丹法传承之要点。青城老仙，在南派刘永年一系中称为“青城丈人”。南宋至元代，龙虎丹法的一个重要源头为青城丈人，他究竟是谁，实不可考。张紫阳一系，嫡传清净法系源于刘海蟾，支脉龙虎法系源于青城丈人。翁葆光在《悟真篇注疏序》中讲：“天台仙翁……晚年遇青城丈人于成都，尽得金丹妙旨，洞晓阴阳颠倒互用之机，天地返覆生成之理。”② 南宋白云子在《三乘秘要诗后叙》中也讲：“圣宋龙兴，异人间出，紫玄真人张公少游辟雍，夙禀灵骨，立志精勤，艰辛不替，得道于青城丈人，尽得金丹奥旨。”③ 年长有德称为“丈人”，青城老仙就是青城丈人。陈致虚遇青城老仙之说，不就避实就虚，借此暗示他得到龙虎丹法传承。这与清代陈铭珪的“然其所授受者，则实本于《悟真篇》”暗符。

综上所述，陈致虚自述的三处丹法渊源，均有不实之处，但表明他兼修彼家、龙虎丹法。无论如何，陈致虚的《金丹大要》是阴阳丹法的代表性著作之一，其中的理论层次、丹法构造，对清净丹法、阴阳丹法都有重要的借鉴意义。

---

① 见《江西通志》卷一百零四《仙释》（影印版）。
② 《紫阳真人悟真篇注疏》卷一《序》，载《道藏》第2册，第911页下。
③ 《三乘秘要诗白云子叙》，载《道藏》第2册，第1023页下。

（二）三丰派源流

三丰派为张三丰弟子及其私淑弟子所创立，尊元代至明初的丹道家张三丰为开山之祖。

1. 张三丰生平

张三丰是元初至明初的著名丹道家，在丹道史上，其浓厚的传奇色彩仅次于吕洞宾，留下大量传说。

张三丰，名通，字全一，又字君实，号三丰，辽阳懿州（今辽宁阜新）人。张三丰本为龙虎山张天师后裔①，在祖父张裕贤一代移居辽阳懿州。其父张昌（名居仁，字子安或仲安），其母林氏，张三丰为第五子。明代陆西星的《淮海杂记》云：

> 三丰老仙，龙虎裔孙也。其祖裕贤公，学能兼占象。移家于金之懿州，与子昌隐于民间。及懿为元人所拔，始稍稍以名字闻，然昌公固优游世外者也。夫人林氏，先以二乳生四子，曰遨、曰游、曰道、曰遥，皆早殁。既更与二子，曰通、曰达，通即老仙也。②

张三丰大约生于蒙古定宗二年（1247）初夏。张三丰在至元三十一年（1294）作《悠悠歌》云：

> 悠悠歌，悠悠歌，四十八岁空销磨，人生寿命能几何？③

公元1294年，张三丰四十八岁，以此计算，他生于公元1247年。另有清代汪锡龄的《三丰先生本传》记载：

> 定宗丁未夏，先生母林太夫人梦元鹤自海天飞来，而诞先生，时四月初九日子时也。④

定宗丁未为公元1247年。清人李西月重编的《张三丰全集》中有《芦汀夜话》，其中记载张三丰自云“延祐年初，已六十七”⑤。三处互证，张三丰生于公元

---

① 明代蒋夔《张神仙祠堂记》（宣德元年，1426年）记载：“张神仙名通，字三丰，号玄玄，乃汉神天师之苗裔，三十代师虚靖之玄孙，嗣教天师西壁真人之曾叔祖考行。”出于《大邑县志·艺文志·金石》。

② 《新编张三丰先生丹道全书》，第2页。

③ 同上，第204页。

④ 同上，第3页。

⑤ 同上，第271页。

1247年。

元宪宗二年（1252），五岁的张三丰因患眼疾而在碧落宫出家，白云禅老①授其道经，兼及儒释，前后共七年。后还家，专攻儒业。中统元年（1260），举为秀才。至元元年（1264），经平章政事廉希宪（1231—1280）② 举荐，十七岁的张三丰任中山博陵（今河北省安国县）县令。张三丰有诗记此事，《廉平章以书荐余名于刘仲晦太保感而咏此》云：

贤与贤相近，得逢推荐人，愧非梁栋质，名动帝王臣。

有意求句漏③，无心据要津，辞尊往说法，愿现宰官身。④

至元二年（1265），十八岁的张三丰父母先后去世，归葬于辽阳。太保刘秉忠指示张三丰堪舆知识，希望择吉地移葬其父母。张三丰《答刘相公书》云：

太平良宰相，千古能几人，青囊乃余事，不愧帝王臣。

得公一语重千金，公书赐我我动心，所言地理无人识，惟我默默信其深。

公何为者重贱子，此恩此德提吾耳，公東来时独憾迟，亲骸已葬不敢起。⑤

至元十六年（1279），三十二岁的张三丰告别仕途，改为道装，开始了云游生活。《三十二岁北游》诗云：

幽冀重来感慨忘，乌纱改作道人装，明朝佩剑携琴去，却上西山望大（太）行。⑥

此后，张三丰先后在燕赵一带参学，居曲阳县（今河北保定曲阳县）北岳庙十六年。张三丰的《悠悠歌》云：

北岳作，时至元三十一年甲午岁也。

---

① 此白云禅老可能为海云禅师。《名山藏》卷一百零二《张君宝》云："尝与刘太保秉忠、冷协律谦学于沙门海云。"

② 廉希宪，字善甫，元代政治家，维吾尔族人。家祖高昌世臣，成吉思汗兴兵，其父布鲁海牙投附。后从其父在燕京（今北京）、真定（今河北正定）一带，深受中原文化熏染。他出生时，父为燕南诸路廉访使，就以官为姓，子孙皆姓廉。

③ 晋代句漏产丹砂，抱朴子葛洪为了炼丹，求为句漏令。此处用典故，表示张三丰早有向道之心。

④ 《新编张三丰先生丹道全书》，第202页。

⑤ 同上，第203页。

⑥ 同上，第204页。

悠悠歌，悠悠歌，四十八岁空销磨，人生寿命能几何。株守恒山十六载，燕赵往来成逝波，到不如携琴剑、整笠蓑，东走蓬莱唱道歌。①

至元三十一年（1294），四十八岁的张三丰往山东一带游方。其《东游》诗云："此身长放水云间，齐鲁遨游兴自闲。欲访方壶圆峤客，神仙万古住三山。"② 后又西行王屋山、太行山，游嵩山、华山③。在华山，张三丰有《西游》诗："胸中五岳侍全探，泰岱恒嵩已过三。今日更登西华去，白云开处望终南。"④ 此时，年过甲子的张三丰对心中向往的丹道尚无头绪，意下惶惶，祈祷能够在终南山遇到真人授以丹诀。其《书怀》诗云：

心命惶惶亦可怜，风灯雨电逼华年。不登阆苑终为鬼，何处云峰始遇仙。九死常存担道力，三生又恐落尘缘。瓣香预向终南祝，应有真人坐石边。⑤

延祐元年（1314），六十七岁的张三丰入终南山，终于如愿以偿，遇到火龙先生。张三丰《呈火龙先生》诗云：

白云青霭望中无，已到仙人碧玉壶。拼却芒鞋寻地肺，始瞻大道在天都。乾坤一气藏丹室，日月两丸曜赤炉。实与先生相见晚，慈悲乞早度寒儒。⑥

张三丰得授丹诀后，在终南山苦修四年，又蒙火龙先生传授外丹之术。延祐五年（1318），七十一岁的张三丰离开终南，开始云游。张三丰有《出终南二首》：

生平好善访仙翁，万两黄金撒手空。深谢至人传妙诀，出山寻侣助元功。一蓑一笠下终南，云白山清万象涵。他日大丹镕炼就，重来稽首拜仙庵。⑦

---

① 《新编张三丰先生丹道全书》，第 204 页。汉代至明代，北岳恒山是指今河北曲阳县西北的大茂山，古人在今河北省曲阳县祭祀北岳，至清代顺治十七年（1660）才改为今山西浑源县恒山。

② 《新编张三丰先生丹道全书》，第 205 页。

③ 见张三丰《云水集》中的《东游》《游岱宗步希孟弟原韵》《丹岩山》等诗。《新编张三丰先生丹道全书》，第 205 页。

④ 同上，第 207 页。

⑤ 同上，第 211 页。

⑥ 同上。

⑦ 同上。

离开终南山后，张三丰开始采用彼家丹法修持，但结果并不理想。张三丰在《玄谭集》中讲：

又以轩辕九鼎而成道，以为用鼎九人，仆也曾进过五七鼎，并无成就。①

泰定元年（1324）春天，七十七岁的张三丰入武当山，隐居南嵒专修九年，丹道大成。张三丰《太和山口占二绝》云：

太和山上白云窝，面壁功深似达摩。今日道成谈道妙，说来不及做来多。

九年无事亦无诗，默默昏昏不自知。天下有人能似我，愿拈丹诀尽传之。②

又有《丹成作歌》云：

洞里深藏太古春，心虚气静养元神，直寻世外千年药，不染人间半点尘。时饮蟠桃酒，时采灵芝根，如醉如痴气血生，八两真铅汞半斤，月圆花现景难论。

捉虎擒龙浑易事，先天一炁要殷勤，火候分明度数的，十月功完脱圣真，凡愚何处求丹法，此是吾家不二门。③

元统元年（1333），八十六岁的张三丰离开武当，游历十余年。至正初年（1341），九十四岁的张三丰还辽阳扫墓。至正十九年（1359），一百一十二岁的张三丰度金陵（今江苏南京）沈万山（1330—1379）。同年游四川，后入关中住宝鸡金台观。张三丰《归秦》诗："自蜀来秦不避秦，西秦久住似秦人。宝鸡石上题诗句，谁识逍遥物外身。"④ 张三丰在宝鸡住了相当长一段时间，《云水集》有《大元至正二十六年丙午暮秋金台观游魂七日归来，付杨轨山一偈》，可见至正二十六年（1366），张三丰仍在金台观。其诗云：

元气茫茫返太清，又随朱雀下瑶京。剥床七日魂来复，天下齐看日月明。⑤

① 《张三丰真人玄谭集·张三丰真人自序》，载《古书隐楼藏书》，第352页。
② 《古书隐楼藏书》，第212页。
③ 同上。
④ 同上，第216页。
⑤ 《新编张三丰先生丹道全书》，第216页。

明洪武初年（1368），一百二十一岁的张三丰住武当山，故作疯癫，人称张邋遢，在此度邱元靖。洪武十七年、十八年，朱元璋敕沈万山寻访张三丰。张三丰避而不见①。洪武二十五年（1392），沈万山罪谪云南，一百四十五岁的张三丰到云南与沈万山相会。永乐五年、十年、十四年，朱棣下诏寻访张三丰，数年未果。

张三丰的羽化时间也富有传奇色彩。按王锡龄的《三丰先生本传》，当羽化于永乐十四年（1416）五月，世寿一百六十九岁。按《明史·方技传》记载，“天顺三年，英宗赐诰，赠为通微显化真人，终莫测其存亡也”②。

明清的丹道家多以为张三丰宗奉龙虎丹法，但从其“曾进过五七鼎”的经历看，张三丰也应实修彼家丹法。张三丰著述非常丰富，主要有《大道论》《玄机直讲》《道言浅近说》《玄要篇》《丹经秘诀》《金丹节要》《采真机要》等，另外还对《吕祖百字铭》《九皇丹经龙虎铅汞论》等进行注解，其他诸如诗词歌集，都被清代李西月收录在《张三丰先生全集》中。但从考证的角度看，这些著作中有一部分是后人所托，并非张三丰本人的作品。

张三丰在丹道实践与理论上均有突出成就。首先，他本人的实践为龙虎丹法提供了证明；其次，他论证和阐明了龙虎丹法的合理性与可行性；再次，他为年迈命衰的丹道行者提供了“续命”之法。因此，明代以来的阴阳丹道家，多数将三丰丹法奉为圭臬，甚至把张三丰与吕洞宾相提并论。

2. 三丰派源流

三丰派，又称文始派、犹龙派、隐仙派。

“三丰派”并非张三丰及其亲传弟子所创。张三丰本人，对明代数位帝王寻访、封诰都避趋不及，秉持“能为高隐，即是高真”，贬斥“方士羽流，纷纷躁进”，张三丰及其亲传弟子怎会败坏家风，而自求显扬地创建“三丰派”？

“文始派”之说，出于明清时期。历史上，关尹子的道家地位，在官方长期不明朗，道家典籍以老庄著称。唐宋时期，先秦的其他道家代表人物都受到帝王封赠，独无关尹子。到了后至元三年（1337），元顺帝才封关尹子为“无上太初博文文始真君”，“文始”之号由此而来。因此，明清时期，崇拜张三丰、欲

① 见《张三丰先生全集》之《八遁序》：“今夫能为高隐，即是高真。方士羽流，纷纷躁进，自炫金丹，谎惑人主，究之暂时之迷，难逃天鉴之速。汉武帝好神仙，而李少君人矣。乃少翁术尽而首枭，栾大方尽而腰斩。唐宪宗好神仙，而皇甫镈得志矣。乃未几而宗李皆戮，又未几，而柳泌伏诛。彼林灵素、魏汉津论黄夸白，出入禁庭，其于宋徽宗时亦奚有终身哉？甚矣，小人好进，而中主多愚矣！”《新编张三丰先生丹道全书》，第272页。

② 《明史》卷二百九十九《列传第一百八十七·方技·张三丰》，第25册，第7641页。

自高门派的远承私淑弟子，以“文始”为由头，塑造了一个充满穿越色彩的传承体系。《张三丰先生全集·道派》云：

> 大道渊源，始于老子，一传尹文始，五传而至三丰先生。虽然，老子之所传亦甚多矣，其间杰出者，尹文始、王少阳，支分派别，各有传人。今特就文始言之，文始传麻衣，麻衣传希夷，希夷传火龙，火龙传三丰。或以为隐仙派者，文始隐关令、隐太白，麻衣隐石堂、隐黄山，希夷隐太华，火龙隐终南，先生隐武当，此隐派之说也。夫神仙无不能隐，而此派更为高隐。孔子曰：老子其犹龙乎？言其深隐莫测也，故又称犹龙派云。①

《道派》描述的传承人物中，关尹子是春秋末期人，麻衣为晋代或唐末五代人②，陈抟为唐末五代人，火龙先生可能跨金、元两朝，张三丰是元代至明初人。其中时间跨越之大，颇具仙传穿越色彩。《道派》又说：

> 再按文始一派，至麻衣而传希夷；少阳一派，刘海蟾亦以丹法传希夷，两派于斯一汇。是三丰先生，谓为文始派也可，谓为少阳派也亦可，特其清风高节，终与麻衣、希夷、火龙相近云。③

就陈抟、张三丰④自述的资料看，没有任何内容显示其丹法源于关尹子，也未显示陈抟与火龙先生有传承关系。为掩盖时间跨越、传承不明的缺憾，《道派》采用了颇有深意的“隐仙”一词。

在确知“文始派”是三丰派别称的基础上，不妨按照《道派》的说法来认识“文始派”。该派自称始于老子，孔子有“犹龙”之叹，故称“犹龙派”；又此派以关尹子为祖师，故称“文始派”；该派祖师埋名隐居，故称“隐仙派”。

按照《道派》记载，明代以来，三丰派传人有：南京人沈万山，武当道士邱元靖、卢秋云、周真得、刘古泉、杨善登、李性之，内江人明正，淮安人王宗道，徽州人汪锡龄，嘉定人李西月等。

---

① 《新编张三丰先生丹道全书》，第12页。

② 晋代的麻衣子李和，字顺甫，秦中（今陕西省）人，生于公元356年，卒于公元457年，一百零一岁时坐逝。另一人为唐末五代的麻衣道者，是一名僧人，与陈抟有授受关系。《邵氏闻见前录》卷七记载：“老僧，麻衣道者也，希夷素所尊礼云。”

③ 《新编张三丰先生丹道全书》，第12页。

④ 后世流传的张三丰著作，很大一部分是扶乩所得，或是其私淑弟子伪托的著作。要注意辨别。

（三） 东派源流

第一个以彼家丹法遥承吕洞宾的丹道家，是明代的陆西星。隆庆元年（1567），陆西星在《玄肤论》中明确提出了阴阳双修的理论。他讲：

> 《契》曰："天地设位，而易行乎其中矣。"易谓离坎。《悟真》之诗曰："先把乾坤为鼎器，次抟乌兔药来烹。"乾坤，则阴阳之象也；乌兔，则阴阳之精也。离为日，日秉阳精，而离之中画却是阴，是阴藏于阳之宅也；坎为月，月秉阴精，而坎之中画却是阳，是阳藏于阴之宅也。《契》曰："坎男为日，离女为月。"盖言此也。是知乾坤者，阴阳之纯也；坎离者，阴阳之交也。其在人也，情窦未凿之先，一乾坤纯阴纯阳之象也；既凿之后，阴阳之体交，而互藏之精用矣。①

后世丹道家特别推崇陆西星的阴阳双修理论，清代李西月尊其为东派之祖。

1. 陆西星生平

陆西星，字长庚，号潜虚，又号方壶外史、蕴空居士，生于明正德十五年（1520）②，为扬州兴化县人。据咸丰《重修兴化县志》，陆家本是兴化大族，书香门第，家境清贫。陆西星父亲有才名，精于易学，终老布衣。陆西星事母至孝，与其弟陆原博均负才名，有"二陆"之称③。陆西星早年热衷仕途，九试不遇，"遂弃儒服，冠黄冠，为方外游"④。

科举不利后，陆西星仿吕洞宾，弃人爵而修天爵，志心于丹道。二十八岁时，陆西星与姚更生、赵子严结伴，在北海草堂扶乩，感应"吕洞宾"，得授丹诀，集为《三藏真诠》。陆西星嘉靖四十五年（1566）的《三藏真诠》自序云：

> 爰自丁未（1547）之秋，偶以因缘遭际，得与四溟姚君同被师眷，谆谆诲教，多历年所，援毫纪事，要领则书，积有岁时，溢乎简帙。其后遵阳赵君又以姚君遭际，同侍师门，参差岁月，各纪所授，会而观之，条分干共，厥旨不殊，三生之遇，诚希觏哉！星恐世变时移、教湮莫振，爰合二家纪载之书，裒而集之，析为三卷，一曰《法藏》、二曰《华藏》、三曰《论藏》。法言道、华言词、论言论也。各以手翰辑录，藏之其家，比于《大训》《河图》

① 《玄肤论·阴阳互藏论》，载《方壶外史》第2册，第355页。

② 陆西星在其《楞严经述旨题辞》中自署："万历二十九年岁次辛丑夏五月八十二翁淮海陆西星庚书于潞河舟中。"以万历二十九年（1601）陆西星82岁论，应生于明正德十五年（1520）。

③ 《重修兴化县志》，第941—942页。

④ 同上。

焉！守是书者，其知秘之，《法藏》则师命甚严，永不可示，有盟于天，其盟曰："宁售已盗，无示法藏，天鉴在兹，永矢勿忘。"①

从二十八岁遇仙开始，到四十五岁，陆西星丹道尚无所成。正当他四顾彷徨之际，得吕洞宾梦中教诲，方才感悟。陆西星的《金丹就正诀》自序云：

> 甲子嘉平（1564），予乃遁于荒野，览镜悲生，二毛侵鬓，慨勋业之无成，知时日之不待。复感恩师示梦，去彼挂此，遂大感悟，追忆曩所授语，十得八九。参以契论经歌，反复紬绎，寤寐之间，性灵豁畅，恍若有得，乃作是篇。②

其后，陆西星一边修习丹道一边著书，完成大量丹道著作。明隆庆元年（1567），四十八岁的陆西星著成《阴符经测疏》。

同年，陆西星完成丹道名著《玄肤论》，在丹道史上，首次将内外丹法整合为"天元""人元""地元"。"三元"之说，对清代以来的丹道理论产生了重要影响。《玄肤论·火符论》云：

> 夫炼药有内外，故火候有繁简。所谓内炼，一言以蔽之曰："绵绵若存而已矣。"外药者，非前所论之外药也，盖指天元、地元而言。……《悟真篇》云："内药还同外药，内通外亦须通。丹头和合类相同，温养两般作用。内有天然真火，炉中赫赫常红。外炉加减要勤功，绝妙无过真种。"真种者，人元也。③

隆庆四年（1570），五十一岁的陆西星完成《金丹大旨图》。万历四年（1576），五十七岁的陆西星开始撰写《南华真经副墨》，万历六年（1578），《南华真经副墨》完成。

陆西星晚年倾心学佛，研究《楞严经》。万历二十四年（1596），七十七岁的陆西星撰写《楞严经说约》引语。万历二十九年（1601），八十二岁的陆西星完成《楞严经述旨》。万历三十年（1602），陆西星作《楞严经句义通说要旨絜言八则》。

万历三十四年（1606），陆西星羽化，享年八十七岁。陆西星一生，早年有志功名，中年专修丹道，晚年倾心向佛，虽未出家，却与方外人无异。

---

① 《三藏真诠》，载《方壶外史》第2册，第395页。

② 《金丹就正诀》，载《方壶外史》第2册，第373—374页。

③ 《玄肤论·火符论》，载《方壶外史》第2册，第368页。

陆西星著述丰富，是明代最为著名的丹道理论家。据《明史》记载，陆西星的著作主要有：《老子玄览》二卷、《南华副墨》八卷、《阴符经测疏》一卷、《周易参同契测疏》一卷、《金丹就正篇》一卷、《张紫阳金丹四百字测疏》一卷、《方壶外史》八卷①。此外，在世间流传的还有《楞严经述旨》《楞伽句义通说》《道缘汇录》《终南山人集》《宾翁草堂自记》《觳音漫录》以及《三藏真诠》等。也有人考证，《封神演义》作者为陆西星。

2. 东派源流

陆西星开东派之说，不知源于何时何人，较早的资料则见于《吕祖年谱海山奇遇仙迹》。其中云：

> 纯阳有三大弟子，为群真冠：海蟾开南派，重阳开北派，陆潜虚汇东派……②

其实，除了陆西星自称受教于吕洞宾外，并没有可考的传承。

东派为彼家丹法，分为“玉液”“金液”。陆西星在《金液玉液论》中讲：

> 夫道者，性命兼修，形神俱妙者也。金液炼形者，了命之谓也。玉液炼已者，了性之谓也。何谓玉液？玉者，温润贞纯之喻。金者，坚刚不坏之称。夫炼性者，损之又损，克去己私，务使温润贞纯，与玉比德，则己之内炼熟矣。内炼既熟，然后可以临炉采药，而行一时半刻之功。及夫时至机动，则取坎填离，采铅伏汞。而坎中一画之阳，乃先天乾金也，谓之金液。以之炼形，则体化纯阳，而形骸为之永固，一如金之坚刚而不坏矣。故曰金炼玉炼。性命兼修，而形神俱妙者也。玉炼，则无为之道也；金炼，则有为之术也。自无为而有为，有为之后，而复返于无为，则性命之理得，而圣修之能事毕矣。③

其中功夫次第分明，必须“玉液炼已”成功，才可“临炉采药”，这是东派正途。

---

① 其中包括《无上玉皇心印妙经测疏》《黄帝阴符经测疏》《崔公入药镜测疏》《纯阳吕公百字碑测疏》《紫阳真人金丹四百字测疏》《龙眉子金丹印证诗测疏》《丘长春真人青天歌测疏》《悟真篇注》《玄肤论》《金丹就正篇》《金丹大旨图》《七破论》《老子道德经玄览》《周易参同契测疏》《周易参同契口义》等，共十五种。

② 《吕祖全书》卷六《吕祖年谱海山奇遇仙迹》，载《道藏精华》第41册，第287—288页。

③ 《玄肤论·金液玉液论》，载《方壶外史》第2册，第360页。

（四） 孙教鸾一系源流

孙教鸾是明末著名丹道家，其师为安思道，传人为其子孙汝忠、孙汝孝。孙教鸾的丹法对清代的仇兆鳌、陶素耜、傅金铨、李西月等人有重要影响。

孙教鸾，号烟霞散人，生平见于《金丹真传自序》①。孙教鸾世居山东登黄，生于明代弘治十七年（1504）。孙教鸾幼年好道，先后向秦野鹤、王云谷学习“守中采药，结胎出神”“胎息玄关，抱一无为”之法，又拜石谷子真人学习“金鼎火符、玉液炼己、金液炼形”之法，前后与李若海结伴入圜实修数年，未达究竟。后遇安思道，开显秘要、次第②，方得门径。于是，孙教鸾与李若海、陈道轩拜安思道为师，依诀修炼，法效斐然，“五月而体貌异，九月而得药，二年余而炼己、还丹、温养事毕”。

还丹事毕，孙教鸾行走江湖二十余年。六十八岁时，孙教鸾不得已娶妻，七十岁生长子孙汝忠，七十三岁生次子孙汝孝，八十八岁时又生一女。其后，孙教鸾以服气维持，要想恢复丹功，须重新修炼。

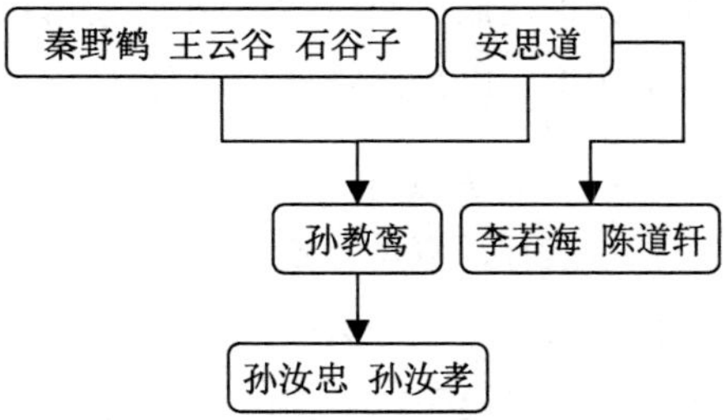

图 6-3 孙教鸾一系传承图

二子成人后，孙教鸾觅同志不可得，遂传丹诀于其子。后来，孙教鸾在“芝岳何公、苍衡汪公”的资助下，得获大药，“体貌顿异，慧灵渐启，飘飘有出尘风味”。按《金丹真传自序》记载，孙教鸾在一百零六岁时坐化。清初仇兆鳌、陶素耜、郑朴山等属孙教鸾一系。

孙教鸾一系的丹道著作主要有孙汝忠的《金丹真传》、仇兆鳌的《周易参同契集注》和《悟真篇集注》、陶素耜的《道书五种》。

（五） 西派

西派的开创人物为李西月，他是明清以来丹法的集大成者。李西月的丹法自称得授于吕洞宾、张三丰、郑朴山三人，并以吕洞宾的名义开创西派。李西月编篡的《吕祖年谱海山奇遇仙迹》讲：

> 万历间有冷生者，不知其名字里居，业岐黄，喜游云水。生尝云：“古来神仙，吾仰纯阳祖及今张三丰，隐显人间，逢缘普度。”又云：“纯阳有三大

① 《金丹真传自序》，载《藏外道书》第 25 册，第 459 页上下。

② 即“一筑基，二得药，三结丹，四炼己，五还丹，六温养，七脱胎，八得玄珠，九赴瑶池”。

弟子，为群真冠。海蟾开南派，重阳开北派，陆潜虚汇东派，吾愿入西方，化一隐沦，亲拜吕翁之门，身为西祖。”一日上黄鹤楼，忽遇吕祖从空而下，谓之曰：“汝欲临凡耶？今乃万历丙午，再候二百年丙寅之岁，手握金书，降于锦水之湄，精修至道，阐发玄风，为吾导西派可也。”①

又，《李涵虚真人小传》记载：

生时，母梦一道人怀抱金书一函入门，寤时则真人生焉。②

李西月生于嘉庆丙寅年（1806），《李涵虚真人小传》中“道人怀抱金书一函”正与《吕祖年谱海山奇遇仙迹》中的“再候二百年丙寅之岁，手握金书，降于锦水之湄”相应。《吕祖年谱海山奇遇仙迹》由李西月自撰，李西月自肯为冷生转世，以吕洞宾授命的名义开创西派。

1. 李西月生平

李西月，原名元植，一名凤惺，又名西月；字涵虚，一字平泉，又字团阳；号长乙山人，一号紫霞真人，又号圆峤内史。四川嘉定府乐山县（今四川乐山）人。李西月弟子李道山的《李涵虚真人小传》记载：

真人四川嘉定府乐山县李家河长乙山人氏，生于嘉庆丙寅年八月初四日寅时。生时……幼而颖悟，弱冠入邑庠生。善琴，嗜诗酒。……后病伤血症，奉母命，至峨眉县养病，遇郑朴山先生。先生康熙时人，孙真人讳教鸾之高弟也。同寓与之治病……即稽首皈（依）。……后至峨眉山，遇吕祖、丰祖于禅院。师初名元植，字平泉。吕祖为改名西月，字涵虚，一字团阳，密付本音。潜修数载，金丹成矣。……师于本年五月初八寅时升举，异香满空者七日。……师生二子，长业儒，次务农。③

《乐山县志》另有记载：

李平权，号涵虚，乐邑诸生也。……时李嘉秀主讲九峰书院，权为其门人。久之，嘉秀知其有异，转而师之。著有《无根树》。临终时与族人宴坐，联句结云：“儿女英雄债，从今一笔勾。”吟毕，偈曰：“清风明月，才知是

① 《吕祖全书》卷六《吕祖年谱海山奇遇仙迹》，载《道藏精华》第41册，第287—288页。
② 《李涵虚真人小传》，载《藏外道书》第26册，第627页下。
③ 同上，第627页下—628页上。

我。"盍然而逝。①

虽然上述资料充满仙传色彩，但从中还能梳理出一些接近现实的资料。李西月，生于嘉庆丙寅年（1806），本是儒生，婚娶并生有二子。李西月青年时期患伤血症，遇孙教鸾弟子郑朴山，以丹功为其疗愈。李西月遂拜郑朴山为师，得授丹诀。在修炼过程中，李西月因崇拜吕洞宾、张三丰，遂私淑为二人弟子，研习其丹诀。李西月历经嘉庆、道光、咸丰三朝，于咸丰丙辰岁（1856）五月初八，留颂而逝。

李西月是明清以来丹法的集大成者，丹道大师。他不仅创新丹法，而且成就卓著。他一生著述甚丰，主要著作有《守身切要》《九层炼心》《文终经》《后天串述》《圆峤内篇》《三车秘旨》《道窍谈》等，还编撰《海山奇遇》《三丰全书》等。

2. 西派源流

西派，又称为大江派、大江西派、隐仙派、犹龙派。当其称"大江派、大江西派"时，追述开派祖师为吕洞宾；当其称"隐仙派、犹龙派"时，追述祖师为张三丰。实际上，西派是由李西月开创的。

关于"大江派"或"大江西派"的来历，李西月在《大江派偈并引》中以吕洞宾的名义讲：

> 余作大江吟，人多以大江称我。怍良深矣。今诸子诵之，同然心喜，请开大江一派，纯阳苦不敢辞②。因按禹贡经文，岷山导江八句，书九字，曰：西道通，大江东，海天空。以此循环，合九转之义。偈曰：大江初祖是纯阳，九转丹成道气昌，今日传心无别语，愿君个个驾慈航。③

又据李西月编纂的《吕祖年谱海山奇遇仙迹》之《示冷生》④ 可知，李西月自肯为冷生转世，以吕洞宾授命的名义开创西派。

关于"隐仙派"或"犹龙派"的来历，前节已述，此处不赘。台湾学者黄兆汉在《明代张三丰考》中讲：

> "隐仙派"或"犹龙派"的名称虽为李西月辈所立，但当时为一般人所

① 《乐山县志》第 6 册，第 64—65 页。

② 以此可知，这段文字是通过扶乩得来的。

③ 《吕祖全书》卷七《大江派偈并引》，载《道藏精华》第 41 册，第 700 页。

④ 《吕祖全书》卷六《吕祖年谱海山奇遇仙迹》，载《道藏精华》第 41 册，第 287—288 页。

> 熟悉的却是它的普通名称西派，因为这一派的流行地区是西部四川乐山县。虽然说这一派是李西月辈为张三丰所立的，但实际上是为他们自己创立的，他们附会穿凿地堆砌了一个从老子到张三丰的道统，完全是为了抬举西派在道教中的地位。他们要捧出来的是张三丰，张三丰以前的几位祖师只是陪衬而已；同时他们认为自己是张三丰的直系弟子，直接承受张三丰的大道，其实他们大概只不过是通过扶乩一类的方法去彼此交通而已，这一点从《全集》里所收录《云水三集》可知。①

李西月门下传人很多（图6-4），根据今人盛克琦、张利民、霍克功等人的考证②，西派丹法在中国大陆、中国台湾、马来西亚等均有传播。西派的字派为“西道通，大江东，海天空”。单就民国及其以前的传承源流来看，“道”字辈传人主要有周道昌、吴天秩、李道山、李道育、银道源、刘振民等。周道昌、李道山、李道育、刘振民等传人不详，银道源的传人主要有张义尚、邓雨苍，吴天秩的传人主要有柯葆真、汪东亭、柯载书、李云岚、周俊夫等。

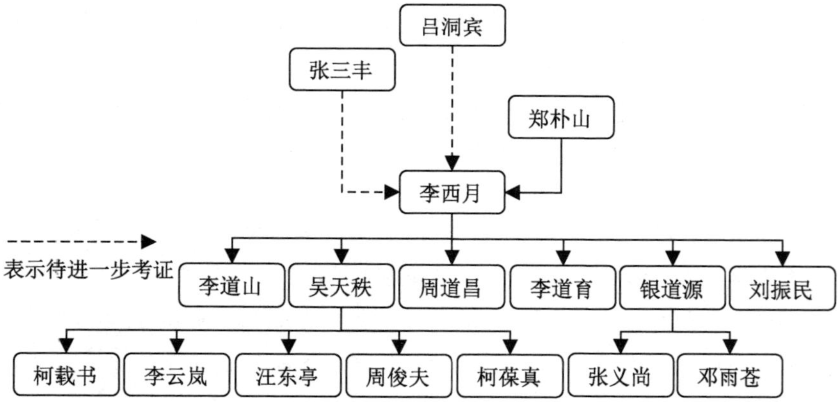

图6-4 晚清民国时期西派传承源流图

五、结语

自南宋以来，阴阳丹法逐渐浮出水面，到了明清时期，阴阳丹法的理论和技法趋于成熟，形成了独特的传承流派。从理论上讲，阴阳丹法认为，同类感

① 《明代道士张三丰考》，第12页。

② 见盛克琦的《大江西派历代传承概考》、张利民的《道家西派概论——〈丹道养生道家西派集成〉序言》、霍克功的《李西月内丹思想研究》。

应，顺则生子衍孙，逆则长生不死。在方法上讲，其密钥在于“外药”。得药之法有两种：一曰龙虎，所谓“一切现成”；二曰彼家，所谓“临炉采药”。

阴阳丹道家强调其法并非污秽之术，极力排斥“泥水丹法”。但实际上阴阳丹法极难成就。张三丰曾讲：“仆也曾进过五七鼎，并无成就。且人念头一动，先天纯朴即散，先天即丧，后天虽存，何益于身心?”而且精通此法的丹道家，也未必采用阴阳丹法修炼。西派传人中，汪东亭一系明确表示自己所修为西派清净丹法。

也有人误认“泥水丹法”为阴阳丹法。这些人前期要准备大量钱财，寻找秘密地点，广置鼎器琴剑，寻求同心外护，齐备“法财侣地”，所谓“以财发身”①。在对待道侣上，这些人虽有“敬如大宾、爱如父母”之语，但在实际修持中，常以牺牲“鼎器”为代价。如清初仇兆鳌，有诗纪其经历：“采药须求北地花，丹经错认玉生芽。苏台凋后燕台继，毁恨当年养鼎差。”

阴阳丹法，得其非人，则事与愿违。当代丹道家方毅先生（号针石子）讲：“就中②二人，炉鼎随身，而面目黎黑，颜色憔悴。此数道友，虽得法各有不同，第绝非采战者，而其结果，疾病缠身，至死不悟。……又有采战者，或容貌悦泽而大寿，或灵阳外泛、面如桃花，而遽尔玉折兰摧。按此种功法，派别甚多，势难备述。然最易迎合一般人心理之弱点，而诓世诈财，即余所识诸人，亦大都骗钱之无赖耳。”③

第二节　龙门正宗及其支脉传承源流

明太祖朱元璋早年混迹佛道，深知其利害。得天下后，朝廷对宗教实行严格控制，以出家修行为主的清净丹法趋于衰弛。清初，仿元朝故事，朝廷稍加支持全真龙门派。在顺治、康熙两朝，丹道家王常月把清净丹法寓于戒律之中，先后八次在北京、江南等地公开传戒。在此背景下，清净丹法得到较大发展。在清朝前期，龙门派内出现了许多著名的丹道大师，如朱云阳、伍守阳、野怛婆阇、高东篱、沈太虚、刘一明、闵一得等。在此基础上，龙门正宗又衍生出

① 见张三丰之《登天指迷说》。
② 就中，即深谙其法。
③ 《针石子》，载《访道语录》，第385页。

诸多丹道流派，如西竺心宗、金山派、伍柳派、金盖山闵派、千峰派等。

一、龙门派及其支脉丹法发展特征

清初，龙门派丹法在理论、技法的发展中出现三种特征，即儒学化、佛学化、程式化。

（一）丹道儒学化

如果说两宋丹道推崇禅宗心性，那么，明清丹道则注重儒学修养，使丹道日趋儒学化。

整个明代，佛道均趋衰驰，而儒学逐渐兴盛。佛道两家为了改变被动局面，主动融汇儒学。明清易代之际，许多遗士不愿剃发易服，遂入全真道。其中多有饱学鸿儒，把儒家慎独自律、格物致知、诚意正心、穷理尽性等理论和实践融入丹法，使丹道日趋儒学化。王常月的《龙门心法》讲：

> 所有那儒门周子、二程子、张子、朱子，受授圣经之秘，发明心法之要。①

又讲：

> 《中庸》曰："不诚无物。"物，即是"恍兮惚兮，其中有物；杳兮冥兮，其中有精；其精甚真，其中有信"。信，即诚也。是即《易》云"精气为物"，《大学》"物格之物"。精乃《尚书》"精一之精"。中即"厥中"之中。②

《金盖心灯·沈轻云律师传》记载：

> 究心儒书、耽性理，参《周易》五十余年。其得力在慎独，其致功在真诚，步趋语默，未尝心离中正也。③

刘一明在《修真辩难》中讲：

> 然《大学》《中庸》俱身心性命之学，其中有大露天机处，特人不自识耳！至于赞《易》十传，无非穷理尽性至命之学。④

① 《碧苑坛经》卷下《阐教宏道》，载《古书隐楼藏书》第1册，第69页。
② 《碧苑坛经》卷下《神通妙用》，载《古书隐楼藏书》第1册，第79页。
③ 《金盖心灯》卷四《沈轻云律师传》，载《藏外道书》第31册，第247页下。
④ 《修真辩难·前编》，载《古书隐楼藏书》第1册，第262页。

许多鸿儒也参学丹道，兹举几例。北宋五子之一的邵康节，以易理会通丹道，其《观物吟》云：

> 乾遇巽时观月窟，地逢雷处见天根。天根月窟闲来往，三十六宫都是春。①

南宋理学大师朱熹，化名“崆峒道士邹䜣②”撰写《周易参同契考异》。明代心学大师王阳明，曾“筑室阳明洞中，行导引术。久之，遂先知”③。在讲“精气神”时，王阳明说：“只是一件，流行为气，凝聚为精，妙用为神。”④ 王阳明还破斥元代陈致虚以阴阳丹法注疏的《悟真篇》，有诗云：

> 《悟真篇》是误真篇，三注由来一手笺。恨杀妖魔图利益，遂令迷妄竞流传。
>
> 造端难免张平叔，首祸谁诬薛紫贤。直说与君惟个字，从头去看野狐禅！
>
> 误真非是《悟真篇》，平叔当时已有言。只为世人多恋著，且从情欲起因缘。
>
> 痴人前岂堪谈梦？真性中难更说玄。为问道人还具眼，试看何物是青天！⑤

综上可知，在援儒入道的风气下，丹道家把“主敬存诚”“穷理尽性”“格物致知”等儒家学养融入丹道，丹道日趋儒学化。

（二）丹道佛学化

“戒定慧”为佛学纲领，由戒生定、由定生慧、由慧观而解脱。明末清初，北宗丹道大师王常月，远承王重阳三家合参的宗风，借鉴佛门“三无漏学”，以北宗丹法为本，创立龙门正宗。

王常月制定“初真”“中极”“天仙”等三种戒律，分别对应于“戒”“定”“慧”。王常月在《龙门心法·定慧等持》中讲：

> 初真是个戒字，中极是个定字，天仙戒是个慧字。当初天尊慈悯众生，

---

① 《伊川击壤集》卷十六《观物吟》，第205—206页。

② 䜣，读音［xīn］。

③ 《王阳明年谱》，载《王阳明全集》第2册，第1225页。

④ 《传习录》，载《王阳明全集》第1册，第19页。

⑤ 《书〈悟真篇〉答张太常诗》，载《王阳明全集》第1册，第744页。

设此戒、定、慧，降伏身心意的功夫，就是出世超尘，金丹妙宝也。①

王常月还引道经解释“戒定慧”。《龙门心法·智慧光明》中讲：

所以《玉枢经》云：“忘形忘我，入道之机。”② 又“以诚而入”，这“诚”字，即戒也。“以默而守”，这“默”字，即定也。“以柔而用”，这“柔”字，即智慧也。“用诚似愚”，即持戒，制伏身心了。“用默似讷”，即是入定，忘其耳目也。“用柔似拙”，即是智慧，内藏于密也。③

在阐述“初真”“中极”“天仙”即“戒定慧”的基础上，王常月把“戒定慧”与清净丹法融为一体。《龙门心法·神通妙用》中讲：

能持戒入定，则智慧生。智慧生，则水火交。水火交，则坎离媾。坎离媾，则天地泰。天地泰，则金木合。金木合，则魂魄会。魂魄会，则精气化。精气化，则神通现。神通现，则光明放。光明放，则功德圆。功德圆，则法身成。法身成，则道体彰。道体彰，则妙用行。妙用行，则众生度。众生度，则愿力满。愿力满，则大事毕。大事毕，则位证果矣！唯此一乘法，余二即非真，始终不出一诚字。④

王常月认为，“若有能依戒、定、慧三大法门，行持信切，不生游移退悔者，当知此人，决定成道”⑤。

王常月融“戒定慧”入丹道，通过传戒振兴了龙门派，清代多数清净丹道家均出于龙门派。

（三） 丹道程式化

明清时期，丹道发展突出程式化的特征，这在清净丹法与阴阳丹法中均有体现。

---

① 《碧苑坛经》卷中《定慧等持》，载《古书隐楼藏书》第1册，第46页。

② 《玉枢经》全称《九天应元雷声普化天尊玉枢宝经》，其中有：“道者以诚而入，以默而守，以柔而用。用诚似愚，用默似讷，用柔似拙。夫如是，则可与忘形，可与忘我，可与忘忘。入道者知止，守道者知谨，用道者知微。能知微则慧光生，能知谨则圣智全，能知止则泰定安。泰定安则圣智全，圣智全则慧光生，慧光生则与道为一，是名真忘。惟其忘而不，忘无可忘，无可忘者，即是至道。道在天地，天地不知，有情无情，惟一无二。”《道藏》第1册，第759页上。

③ 《碧苑坛经》卷下《智慧光明》，载《古书隐楼藏书》第1册，第77页。

④ 《碧苑坛经》卷下《神通妙用》，载《古书隐楼藏书》第1册，第78页。

⑤ 《碧苑坛经》卷首《皈依三宝》，载《古书隐楼藏书》第1册，第24页。

在清净丹法流派中，龙门正宗以“戒定慧”来解释丹道程式。王常月在《龙门心法》中讲：

> 能持戒入定，则智慧生。智慧生，则水火交。水火交，则坎离媾。坎离媾，则天地泰。天地泰，则金木合。金木合，则魂魄会。魂魄会，则精气化。精气化，则神通现。神通现，则光明放。光明放，则功德圆。功德圆，则法身成。法身成，则道体彰。道体彰，则妙用行。妙用行，则众生度。众生度，则愿力满。愿力满，则大事毕。

刘一明在《修真辩难》中提出了较为纯粹的清净丹法程式，把丹道程序分为十八个步骤，为后世丹道家广泛采用。他讲：

> 积德立行为第一着，炼己筑基为第二着，以铅制汞为第三着，铅汞相投为第四着，温养还丹为第五着，大药发生为第六着，服食金丹为第七着，凝结圣胎为第八着，以汞投铅为第九着，抽铅添汞为第十着，防危虑险为十一着，胎完止火为十二着，九年面壁为十三着，脱胎出神为十四着，乳哺婴儿为十五着，别安炉鼎为十六着，神化不测为十七着，打破虚空为十八着，以上皆道之要着，圣功之全能。①

闵一得在《上品丹法节次》中把丹法分为十二个次第，分别是炼己存诚第一、筑基培药第二、坎离交靖第三、采药归鼎第四、周天火候第五、乾坤交靖第六、十月养胎第七、移神换鼎第八、泥丸养慧第九、炼神还虚第十、炼虚合道第十一、与道合真第十二。②

在阴阳丹法流派中，明末孙汝忠的《金丹真传》讲：

> 修仙之节次有九：一筑基，二得药，三结丹，四炼己，五还丹，六温养，七脱胎，八得玄珠，九赴瑶池。③

又如清代李西月的《九层炼心》，尤为高明。其中云：

> 初层炼心者，是炼未纯之心也。……此炼心养气之初功也。二层炼心者，是炼入定之心也。……此炼心合气之功也。三层炼心，是炼来复之心也。……此炼心进气之功也。四层炼心者，是炼退藏之心也。……此炼心得

① 《修真辩难·后编》，载《古书隐楼藏书》第1册，第322页。
② 《上品丹法节次》，载《古书隐楼藏书》第2册，第626—643页。
③ 《金丹真传自序》，载《藏外道书》第25册，第459页上下。

气之功夫也。五层炼心者，是炼筑基之心也。……此炼心累气之功也。六层炼心者，是炼了性之心也。……此炼心明性之功也。七层炼心，是炼已明之心也。……此炼心存神之功也。八层炼心，是炼已伏心，而使之通神也。……此炼心成神之功也。九层炼心者，是炼已灵之心，而使之归空也。……此所以有炼虚一著也。……此炼心之始末也，无以加矣。①

以上内容说明，明清时期，特别是清代，丹道理论和技法趋于圆融，不同流派的丹法都形成了明确的程式。

二、龙门派及其支脉的传承源流

明清时期的清净丹法流派多由元代北宗派生，其中最有影响力的为龙门派。龙门派又衍生伍柳派、西竺心宗、金盖山闵派、金山派等，伍柳派又衍生千峰派，但最为主流的是龙门正宗。

（一） 龙门正宗及其源流

龙门正宗丹法源于丘处机，丘处机曾于陇县龙门潜修六年，故后世称之为“龙门正宗”。按照《钵鉴》《金盖心灯》等记载，元世祖至元十七年（1280）正月十五日，丘处机授赵道坚初真、中极、天仙宝戒，传衣钵及龙门字派偈，“龙门正宗”由此开创。龙门正宗，在讲丹法时称为“龙门正宗”，在讲宗教时则称为“龙门律宗”。

龙门正宗实际开创于王常月。清初，王常月进京传戒，客观上迎合了清朝安抚遗民、团结满汉的需要，得到朝廷支持，康熙甚至皈依王常月门下以示褒扬。清顺治十三年（1656）三月开始，王常月在北京传戒，前后三次；康熙二年（1663）开始，王常月南下传戒，先后五次。在王常月的努力下，龙门正宗成了当时清净丹法的主流。

1. 龙门正宗的丹道理法

龙门正宗继承和发展了北宗早期的丹道思想、理论和技法。早在北宗创立时期，祖师王重阳就强调“三家合参”“性命全真”，明确提出“儒门释户道相通，三教从来一祖风”②。在具体丹法上，王重阳强调性功。王重阳在《二十四诀》中讲：“诸贤先求明心，心本是道，道即是心，心外无道，道外无心也。”③

---

① 《九层炼心真言》，载《圆峤内篇》，第55—58页。

② 《重阳全真集》卷一《孙公问三教》，载《道藏》第25册，第693页中。

③ 《重阳真人授丹阳二十四诀》，载《道藏》第25册，第808页中。

龙门派开宗祖师丘处机认为，道在人身即为本性、元神。所谓长生，并非肉身长生，而是本性或元神不灭。丘处机讲：

> 生灭者，形也；无生灭者，性也，神也。有形者皆坏，天地亦属幻躯，元会尽而示终。只有一点阳光，超乎劫数之外。在人身中为性海，即元神也。故世尊独修性学，炼育元神。……吾宗所以不言长生者，非不长生，超之也。此无上大道，非区区延年小术也。①

丘处机提倡“三分命功，七分性学”的丹道次第，“性明见空”是“无上大道”。丘处机云：

> 吾宗前三节，皆有为工夫，命功也；后六节，乃无为妙道，性学也。三分命功，七分性学。以后只称性学，不得称功。命方称功，有为之事也。功者，工也，有阶有级。性何功哉？佛祖也只完得性学而已。……吾宗惟贵见性……以性明见空为宝地……反此便宜为外道，非吾徒也。②

丘处机寓命于性，认为若能清静无为，自然神定、气和、精凝而丹结。丘处机讲：

> 惟无为清静，是为至极，无漏为验也。三年不漏，则下丹结。六年则中丹结，其事已有不可具言者。九年上丹结，转入泥丸，三宫升降，变化无穷，虽千百亿化身，亦自此出。何以能致此？曰：必心地平常。以为本心平则神定，神定则精凝，精凝则气和，睟然见于面，发于四肢，无非自然。③

龙门正宗中兴祖师王常月，继承龙门派丹法，归命功于性学，称此为“龙门心法”。王常月认为，修道就是“将身心意，磨练于天命性中”④，“只在乎此心还返而已”⑤。王常月反对执着命功，甚至认为离开心性、仅谈命功者为“旁门魔法”⑥。

2. 龙门正宗的传承源流

龙门正宗把第一代祖师（龙门律宗第一代律师）的名誉追授于赵道坚

① 《邱祖全书·邱祖语录》，载《丘处机集》，第149页。
② 同上，第150页。
③ 《清和真人北游语录》卷二，载《道藏》第33册，第164页中下。
④ 《碧苑坛经》卷中《印证效验》，载《古书隐楼藏书》第1册，第63页。
⑤ 《碧苑坛经》卷上《清净身心》，载《古书隐楼藏书》第1册，第39页。
⑥ 《碧苑坛经》卷上《求师问道》，载《古书隐楼藏书》第1册，第42页。

（1163—1220）。《赵虚静律师传》记载：

师于至元庚辰正月望日，受初真戒、中极戒，如法行持，无漏妙德，祖乃亲传心印，付衣钵，受天仙戒，赠偈四句，以为龙门派，计二十字，即：道德通玄静，真常守太清。一阳来复本，合教永圆明。①

此则故事，纯属虚构。至元庚辰，为公元1280年。丘处机与赵道坚分别羽化于公元1227年、公元1220年。元代李志常的《长春真人西游记》记载，公元1220年，赵道坚于羽化于赛蓝城（今哈萨克斯坦希姆肯特市）。《长春真人西游记》记载：

（庚辰岁，公元1220年）十一月初……虚静先生赵九古语尹公曰："我随师在宣德时，觉有长往之兆，颇倦行役，蒙师训，道人不以死生动心，不以苦乐介怀，所适无不可。今归期将至，公等善事父师。"数日示疾而逝，盖十一月五日也。②

由此可知，赵道坚不可能在至元庚辰（1280）从丘处机处得授龙门戒法。

既然如此，为什么后人追认赵道坚为龙门正宗第一代祖师呢？其因有三。一是赵道坚出身世家，受人敬重。《终南山祖庭仙真内传·赵九古》（下简称《内传·赵九古》）云：

先生姓赵氏，讳九古，道号虚静子。家世檀州，祖宗簪缨相继，咸有政声。父淄州太守改同知平凉府，事因家焉。先生大定三年癸未生，天姿澹静，日者相之曰："风清骨奇，非尘室中所能留也。"③

二是赵道坚深受丘处机爱重，是丘处机的主要助手，被列为西游随侍弟子的第一位。《内传·赵九古》记载：

未几，长生（刘处玄）令先生（赵道坚）归栖霞，长春（丘处机）喜其来也，命充文侍、掌经籍、典教（务）。凡僚庶道流来谒，必先参先生，然后入拜丈室。……迨己卯岁长春赴诏适西域，选侍行者，先生为之首。④

① 《金盖心灯》卷一《赵虚静律师传》，载《藏外道书》第31册，第176页下。
② 《长春真人西游记》，载《道藏》第34册，第488页上。
③ 《终南山祖庭仙真内传》卷下《赵九古》，载《道藏》第19册，第528页上中。
④ 同上，第528页中。

三是赵道坚素有德望，修为高深，被同门神化。《内传·赵九古》记载：

> 至赛蓝城，先生谓清和尹公曰："我至宣德时，觉有长往之兆，尝蒙师训，道人不以死生介怀，何所不可，公等善事师真。"言毕而逝，享年五十有九。……其神异之迹，不能备纪。①

由此可知，赵道坚深受丘处机器重，素有德望，修为高深，因其英年早逝，令同门追思不已。因此，后世龙门派弟子将龙门正宗第一代祖师追授予赵道坚，也在情理之中。

据《金盖心灯》，元代继赵道坚者仅一人，即张德纯，为龙门正宗第二代祖师。张德纯（约1260—1367），号碧芝，河南洛阳人，元仁宗皇庆元年（1312），赵道坚授其龙门正宗心法。然而，其时赵道坚已羽化，张德纯得法应另有其人。明代至清初，龙门正宗传承祖师共有八人，第三代祖师陈通微（约1280—1387）、第四代祖师周玄朴（约1340—1450）、第五代祖师张静定（约1390—1522）与沈静圆（约1380—1465）、第六代祖师赵真嵩（约1480—1628）与卫真定（1440—1645）、第七代祖师王常月（1594—1680）与沈常敬（1523—1653）。"龙门正宗"的传承人物更多是在王常月中兴龙门派以后才提出来的。

王常月为龙门正宗的实际创建者。按《金盖心灯》《白云仙表》《龙门传戒谱系》等记载，王常月，原名平，山西潞安长治县人，生于明神宗万历二十二年（1594）②。王常月二十岁左右出家，万历四十六年（1618），二十五岁的王常月在王屋山初逢赵真嵩，拜其为师，得授初真、中极戒法。万历四十七年（1619）至天启七年（1627），王常月云游四方，广学三教，参访大德高真七十余人。崇祯元年（1628），三十五岁的王常月避乱九宫山，再遇赵真嵩，得授天仙大戒与龙门正宗衣钵，成为第七代祖师。后王常月隐居华山。

顺治元年（1644），五十一岁的王常月离开华山，挂单于北京灵佑宫。经过十几年酝酿，顺治十三年（1656）三月十五日（夏历），六十三岁的王常月在北京白云观奉旨传戒，后又于顺治十五年（1658）、顺治十六年（1659）在北京传戒，前后共三次。康熙即位初期，政局不稳，王常月南下传戒。康熙二年（1663），在南京传戒。康熙三年（1664）三月，在杭州传戒；康熙六年（1667）七月，在湖州金盖山传戒；康熙七年（1668），在苏州穹窿山传戒；康熙十三年

① 《终南山祖庭仙真内传》卷下《赵九古》，载《道藏》第19册，第528页中下。

② 一说生于万历甲午年（1594），一说生于嘉靖壬午年（1522），本处采用学者尹志华的观点，用"万历甲午"说。

(1674)，在武当山传戒。王常月先后共传戒八次。

康熙十三年（1674），八十一岁的王常月在武当山传谭守诚天仙大戒，秘付心印。康熙十九年（1680）九月九日，王常月完成了中兴龙门的使命，以衣钵付弟子谭守诚，留颂而逝，世寿八十七岁。《白云仙表》记载，康熙赐王常月号“抱一高士”，命葬其遗蜕于北京白云观，并建飨堂、塑法像以旌表①。

王常月羽化后，其得戒弟子纷纷开坛传戒，形成诸多龙门支派。据《金盖心灯》记载，黄守正开苏州浒墅关太微律院支派，陶守贞开湖州金盖山云巢支派，金筑老人盛律师开余杭金筑坪天柱观支派，黄守圆开杭州金鼓洞支派，吕守璞开苏州冠山支派。

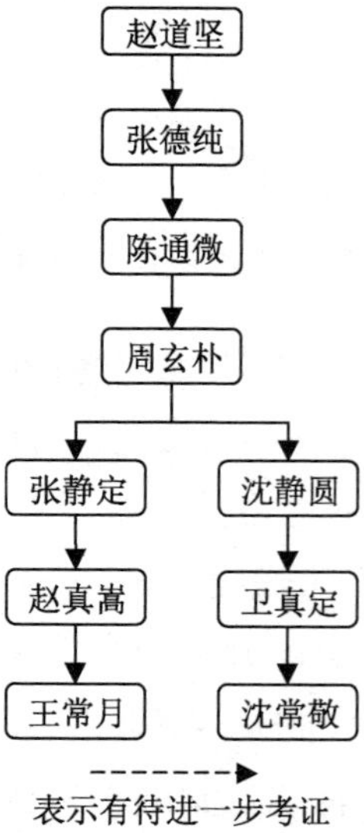

图 6-5　清朝初期及其以前的龙门正宗传承源流图

与王常月同时同辈的沈常敬，门下也非常兴盛。沈常敬传孙玉阳与黄赤阳，黄赤阳又师从王常月，兼有二者传承。孙玉阳下传阎晓峰、周太朗、范太青，其中周太朗又师从黄赤阳。周太郎门下有高东篱，高东篱门下有方镕阳、沈轻云（1708—1786）、闵一得（1747—1836），门庭兴盛。

明清以来，龙门正宗是清净丹法的主流。受其影响或以其为母体，产生了一些影响较大的相关流派，如伍柳派、西竺心宗等。

（二）西竺心宗源流

西竺心宗由印度僧人野怛婆阇在云南鸡足山创建，后由闵一得敷衍和弘扬，蔚为大观，后世称为龙门西竺心宗。野怛婆阇的西竺心宗，本质上是以摩利支天为主尊的密法。闵一得从野怛婆阇处得法后，与沈太虚所传授的“迎镇存海”（或“迎罡守海”）、“卵守三才”、“身世同医”等天仙心法融合，形成了龙门方便法门或闵派丹法。

根据《钵鉴》《金盖心灯》《持世陀罗尼经法·度师野怛婆阇传》《持世陀罗尼经注》等典籍记载，野怛婆阇本是印度古月支国人，元初来华，居云南鸡足山。顺治十六年（1659），野怛婆阇入京，拜王常月为师，受龙门正宗戒法，得

① 《白云仙表·昆阳王真人》，载《藏外道书》第 31 册，第 401 页上。

名黄守中。乾隆五十五年（1790），闵一得到鸡足山参学，二人一见如故。野怛婆阇抄录闵一得携带的龙门律法，在王常月像前自誓受持龙门天仙大戒，成为龙门正宗第八代传人。同年（1790），野怛婆阇羽化。《金盖心灯》卷六上《鸡足道者黄律师传》记其事云：

> 岁庚戌，余往谒，携大戒书，道者见而喜，曰交易之则两得也。遂止宿三月，梵音得，道者则手录大戒书，悬昆阳王祖像，泣拜而祝，转顾余曰："西竺至宝，汝已易得，善护正宗。戒亏则力薄，王祖灵在，悉知悉见也。"余也泣拜而受之。起，促余返。至半途，总制富公，遣使往迎。及使返，述子已逝。①

根据野怛婆阇自述，西竺心宗源于释迦牟尼佛，至此传承百代。野怛婆阇定居中国后，门户渐开，传人不断。据《金盖心灯》记载，野怛婆阇的传人有管太清（管天仙）、王太原（大脚仙）、王袖虎和闵一得等四人。其中第一支，管太清再传王清楚（金怀怀）、李清纯（白马李）两人。王清楚传王一诚（活死

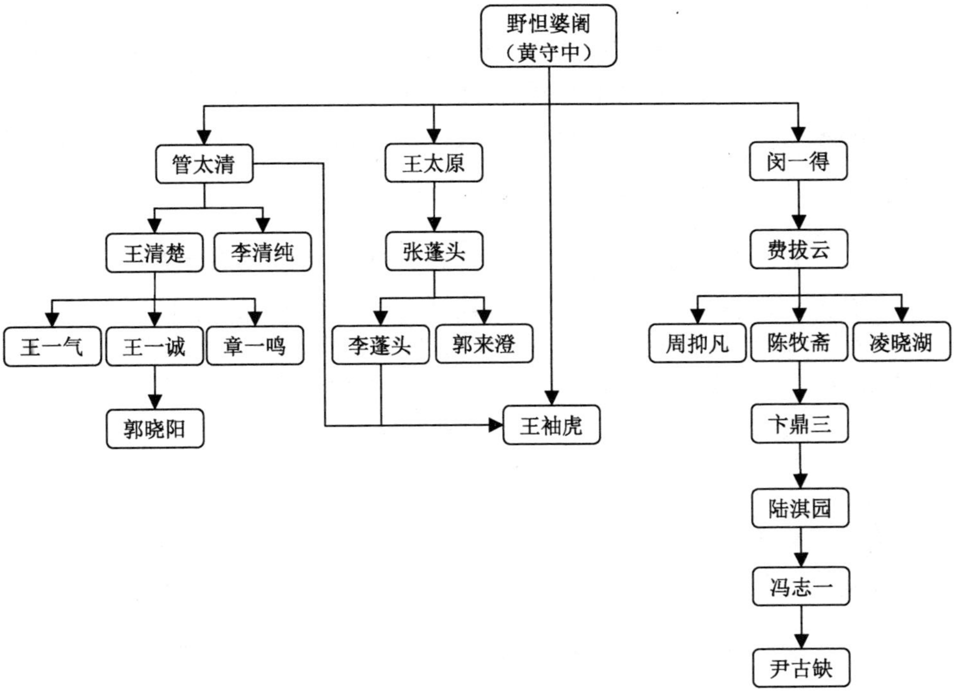

图 6-6　清代西竺心宗传承源流图

① 《金盖心灯》卷六《鸡足道者黄律师传》，载《藏外道书》第 31 册，第 277 页下—278 页上。

人云大辫)、王一气（李赤脚)、章一鸣（石照山人章大亨）等三人。王一诚传郭阳晓（住住生)。其中第二支，王太原传张蓬头，张蓬头传李蓬头、郭来澄等二人。其中第三支，王袖虎得到野怛婆阇、管太清、李蓬头等三人传授，其后不祥。其中第四支，闵一得传费拨云，费拨云传周抑凡、凌晓湖、陈牧斋等三人，陈牧斋传卞鼎三一人，卞鼎三传陆淇园一人，陆淇园传冯志一一人，冯志一传尹古缺一人，其后不祥。以上传承谱系可见图 6-6。近现代蜀中高真，如张永平、刘元尚、傅元天、张元堂等，均是此派传人。

闵一得得野怛婆阇传法后，编篡《大梵先天梵音斗咒》十二卷。

（三） 伍柳派源流

伍柳派并非由伍守阳、柳华阳开创。伍守阳著有《天仙正理直论》《仙佛合宗语录》《丹道九篇》等三部著作，柳华阳著有《慧命经》《金仙证论》等两部著作。光绪二十三年（1897)，邓徽绩等人将伍守阳和柳华阳的部分著作合刊，取名《伍柳仙宗》，遂有“伍柳”并称。

1. 伍柳派的丹道理法

伍柳派有非常突出的两大特征，一是性命双修、以性为本；二是高调提倡“仙佛合宗”。“仙佛合宗”是伍柳派最为根本的特征。

就性命双修来讲，伍守阳认为炁为命、神为性，炁为长生之本，神为修长生之主。他在《天仙正理直论增注·本序》中讲：

> 夫既谓炁为长生之本，宁不以神受长生之果者乎？将谓神为修长生之主，宁不以炁定长生之基者乎？是炁也、神也，仙道之所以为双修性命者也。①

柳华阳认为，性命双修，就是性命归一。他的《慧命经》讲：

> 盖道之精微，莫如性命。性命之修炼，莫如归一。②

在性命双修的基础上，伍柳派认为心性之学方是丹道上品。伍守阳在《仙佛合宗语录》中讲：

> 金丹之道，得药为上，然必明心见性为主，方为最上。③

① 《天仙正理直论增注·本序》，载《伍柳天仙法脉》，第 3 页。
② 《最上一乘慧命经》之《漏尽图第一》，载《伍柳天仙法脉》，第 401 页。
③ 《仙佛合宗语录·杂问答三条》，载《伍柳天仙法脉》，第 316 页。

柳华阳在《慧命经》中云：

> 成佛作祖，是本性灵光，不得慧命漏尽，不能了道，直入于如来之太空。①

"仙佛合宗"是伍柳派区别于其他丹道流派的突出特征。"仙佛合宗"的思想，至少可追溯到伍守阳之师曹还阳，由伍守阳公开并发扬光大。伍守阳认为"仙佛同一工夫，同一景象，同一阳神正果"②。在理论上，伍守阳巧妙地将禅门的"无生"与丹道的"长生"融通，以此来解释"仙佛合宗"与"性命双修"。伍守阳讲：

> 仙家果位，了证长生。佛宗果位，了证无生。然而了证无生，必以了证长生为实诣，了证长生必以了证无生为始终，所谓性命双修者也。③

"仙佛合宗"的倡言在当时得到了诸多佛道人士的认同。灵台庵僧人妙悟讲：

> 在释有缘遇真道，得性命真旨修成性命，即道是佛也；在道有缘遇真僧，得性命之真旨修成性命，即僧是仙也。④

虽然伍柳派积极倡导"仙佛合宗"，但其本质仍是丹道。按照伍守阳《丹道九篇》的内容，其丹法次第大致如下：（一）最初还虚（炼己），"唯在对境无心而已矣"⑤；（二）百日筑基（炼精），"招摄二炁合神归定于玄根，以妙积阳之用"⑥；（三）十月怀胎（炼气），"保护二炁归定于胎中，以证纯阳之果"⑦；（四）三年哺乳（炼神），"迁神归定于泥丸，复戒慎出入于天门，以施乳哺之功"⑧；（五）九年面壁（超脱），"其法兼存养之全体、出收之大用"⑨；（六）末后还虚（复归），"于焉心与俱化，法与俱忘，寂之无所寂也，照之无所照也"⑩。伍守阳的丹道理论对后世丹道发展有极大影响。

---

① 《最上一乘慧命经》之《集说慧命经第九》，载《伍柳天仙法脉》，第412页。
② 《仙佛合宗语录·伍太一十九问》，载《伍柳天仙法脉》，第195页。
③ 《仙佛合宗语录·自序》，载《伍柳天仙法脉》，第104页。
④ 《金仙论证·僧妙悟序》，载《伍柳天仙法脉》，第337页。
⑤ 《仙佛合宗语录·最初还虚第一》，载《伍柳天仙法脉》，第105页。
⑥ 《仙佛合宗语录·真意第二》，载《伍柳天仙法脉》，第107页。
⑦ 同上。
⑧ 同上。
⑨ 《仙佛合宗语录·出神景出神收神法第八》，载《伍柳天仙法脉》，第118页。
⑩ 《仙佛合宗语录·末后还虚第九》，载《伍柳天仙法脉》，第119页。

由于"仙佛合宗"涉及不同宗教领域，招致许多非议。伍守阳提倡"仙佛合宗"后，许多丹道家效仿，甚至不惜曲解佛典、妄加比附，这招致了佛教人士的批驳。近代高僧印光法师就说："正眼未开，援正入邪，诸多此类。《慧命经》《仙佛合宗》，乃其甚者。引人之语而不知其义，妄为改削，以作己法之证。"①

2. 伍柳派的传承源流

根据《伍真人修仙歌》《伍真人事实及授受源流略》等记载，伍守阳，原名阳，字端阳，自号"冲虚子"，江西南昌县辟邪里（今江西南昌县）人，明神宗万历二年（1574）生于山东青州府（今山东青州市）。伍守阳五岁丧父，"幼孤家贫力学，持身高洁，一介不苟取，长而薄荣利，笃好道德性命之学，造次颠沛费离也"②。

万历二十一年（1593）三月（夏历），二十岁的伍守阳得遇其师曹还阳（派名常化，1561—1622）。万历二十二年（1594）五月廿二日（夏历），二十一岁的伍守阳始得曹还阳传授丹诀。万历二十七年（1599）春，曹还阳告盟天地祖师，正式度二十六岁的伍守阳为入室弟子。万历三十年（1602）春，二十八岁的伍守阳修百日关，得成大药。③ 明神宗万历四十年（1612），曹还阳传授三十八岁的伍守阳"仙佛合宗全旨"及"助道之方"④，师徒二人还在豫章（今江西南昌）城西山后溪边炼制外丹，内外丹皆有符验。由以上可知，伍守阳自万历二十一年（1593）至万历四十年（1612），经十九年，受尽苦辛，终于得到"仙佛合宗全旨"。

伍守阳的师承渊源非常清晰。按《仙佛合宗语录》记载，曹还阳之师为李虚庵（派名真元，1525—1615），李虚庵之师为张静虚（1432—?）。伍守阳在《伍太一十九问·五问》中讲：

> 昔我祖师虎皮座张真人【真人，张其姓，静虚其法名，宣德壬子年生于邛州，为丘真人北宗龙门静字仙派也。得道于蜀之碧阳洞。受师仙旨，以广教门。周行四部州，历西番，转北番，还中华。虽有大明嘉靖皇帝遍求，请而不肯出以复命。常以虎皮为座具，故当时十方皆称曰虎皮张。】常幽栖于武当山。【坐于武当山之虎耳崖石窍中，不与世人

① 《印光大师文钞》第1册，第784页。
② 《伍真人事实及授受源流略》，载《伍柳仙宗及要旨》，第97页。
③ 《仙佛合宗语录·伍太初六问》，载《伍柳天仙法脉》，第153页。
④ 《天仙正理直论增注·直论起由》云："甲午年夏五月度伍子……至壬子又十九年，曹复度伍子仙佛合宗全旨，以出三界之上者，并传以助道之方。"《伍柳天仙法脉》，第93—94页。

相接，唯显示学人知当避世。】**深得此名理，以吐露秘机，其后口授庐江县之李虚庵。**【姓李，号虚庵，法派名真元也。嘉靖乙酉年生于庐江县城西。初以医济世，乃结庵于城外，延访仙师，自十九岁至五十五，万历己卯也，始得张真人尽传内外金丹，天仙大道，捧圣超凡，功成显圣。】**虚庵真人，口授于南昌县南、武阳里之曹还阳。**【还阳为号，常化为法名，曹为姓。嘉靖壬戌年元旦前三日二十八为生辰。废尽千金，家而学道，甘贫清苦为精修，得五龙棒圣，转神入定为怀胎。至天启壬戌六月十二为出阳神，入新建县西之西山面壁还虚，为大隐。】**还阳真人来，口授于我及汝父真阳，登仙派名守虚也，皆得闻此者。**①

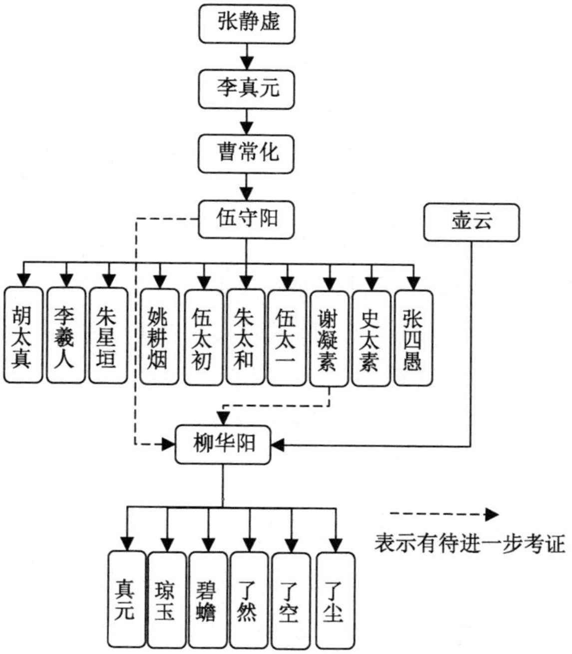

图 6-7　明清时期伍柳派传承源流图

伍守阳授徒较多。万历四十三年（1615），四十一岁的伍守阳收吉王朱太和（名常淳，号云水）为开山弟子，明思宗崇祯五年（1632），传授朱太和《仙佛合宗》全旨。朱太和是伍守阳最重要的弟子。其他弟子可见于典籍的有伍太初、伍太一、李羲人、朱星垣、顾与弢②、姚耕烟、谢凝素、史太素、胡太真、张四愚等十人。其中，伍太初，号见初，伍守阳四叔父之子，伍守虚之亲弟；伍

① 《仙佛合宗语录·伍太一十九问》，载《伍柳天仙法脉》，第 182 页。
② 弢，读音［tāo］。

太一，名达行，伍守阳之堂侄，伍守虚之子；朱星垣，吉王太和之堂弟，长沙郡王；姚耕烟，名太宁，自号耕烟子，浙江崇德人，龙门律宗第九代律师；谢凝素，名太易，自号凝素子，江苏武进人。

根据《伍真人事实及授受源流略》记载，崇祯十三年（1640）十一月（夏历），伍守阳母亲坐化，随后伍守阳亦隐迹而去。根据《金盖心灯》记载，伍守阳在崇祯十七年（1644）正月朔日逝于武陵，由谢凝素将其安葬。

乾隆四十五年（1780），四十六岁的柳华阳自称遇到伍守阳，并得其真传。柳华阳，派名太长，江西洪都（今江西南昌）人，生于雍正十三年（1735）。柳华阳在《慧命经·自序》中说：

> 华阳，洪都之乡人也。幼而好佛，因入梵宇有悟，常怀方外想，见僧辄喜。一旦闻长者言，昔五祖三更时私授六祖道，侧听欢然，憬如梦觉，始知修炼家必赖师传，乃寻求不已。足迹遍荆楚间，迄无所遇，后乃投皖水之双莲寺落发，愈加咨访。凡三教之师，靡不参究，竟无悉慧命之旨者。因自叹曰：人身难得，遂此虚度乎？忽发一念：于每夕二鼓，五体投地盟誓虔叩上苍，务求必得。阅及半载，幸遇合伍冲虚师，传余秘旨，豁然通悟，乃知慧命之道，即我所本有之灵物。嗣至匡庐，又遇壶云老师，窃聆论绪，知为非常人。勤恳听受，继以哀吁，师乃大发鸿慈，开悟微密，中边奥窍，罔不周彻。及余临行，师嘱曰，佛教双修，今已断灭，子当续其命脉，以度有缘。余隐迹江左，与二三道侣，焚修切究。①

根据以上资料可知，柳华阳自称在皖水双莲寺遇到伍守阳，在庐山遇到壶云，其丹法源于伍守阳和壶云。在这则资料中，柳华阳对壶云的传授描述得更加细致。由此可见，柳华阳丹法更多源于壶云；柳华阳丹法源于伍守阳之说，可能出于某种神秘启示。

乾隆五十五年（1790），五十六岁的柳华阳著《金仙证论》。乾隆五十九年（1794），六十岁的柳华阳著《慧命经》。嘉庆四年（1799）五月初一，六十五岁的柳华阳著《危险说》《后危险说》于北京仁寿寺。

柳华阳著述甚丰，但《金仙证论》《慧命经》等疑为谢凝素著作。嘉庆四年（1799），闵一得曾造访柳华阳，见柳华阳所著的《金仙证论》《慧命经》，闵一得认为这两部著作为谢凝素所著，甚至认为柳华阳或为谢凝素本人，或为谢凝素之玄裔。闵一得讲：

---

① 《慧命经·自序》，载《伍柳天仙法脉》，第399页。

> 嘉庆四年，有僧称柳华阳者，寓京师之天坛东侧，年约四五十许，有谓安庆人，有谓武进人。余慕而造访，出示著书，（与谢凝素著《金仙证论》《慧命经》）目同而文小异，今且付梓。柳华阳讵即凝素子欤？抑其元裔欤？①

闵一得弟子陈文述，也认为《金仙证论》《慧命经》为谢凝素所著。他讲：

> （谢凝素）名太虚，武进人。尝寓毗陵红梅阁，月夜闻群仙环佩声，得白玉蟾注《道德经》，伍冲虚为之解释。尝居孤山，谒王昆阳于宗阳宫，后返金盖梅花岛。黄赤阳称为梅仙，陶靖庵比之白鹤。尝著《金仙证论》及《慧命经》二书，今为僧柳华阳所刻。②

当代著名学者陈兵先生也认为，柳华阳《慧命经》自称得伍守阳之传，然伍守阳卒于明亡之甲申（1644），非柳华阳得及亲炙者。柳华阳所撰书与谢凝素同名同目而文小异，当系抄袭谢凝素之作。③

综上观点，柳华阳自称丹法源于伍守阳、壶云，壶云与伍守阳可能有渊源关系，但其中疑点甚多。根据闵一得及其弟子陈文述的观点，柳华阳或许为谢凝素弟子，或许壶云与谢凝素为一人。

从柳华阳的生平来看，其身份是僧人，并非道士。其弟子碧蟾、了然、琼玉、真元、了空、了尘等人多是僧人，并非道士。所以，柳华阳一脉，不属于龙门正宗。但这无损于柳华阳的丹道成就及其影响力，在后世宗教信仰不同的丹道家中，有许多人都运用柳华阳的丹法进行修炼。

柳华阳的弟子了空、了然于光绪二十一年（1895）三月传法于弟子赵避尘，赵避尘开千峰派，千峰派至今仍非常兴旺。

（四） 金盖山闵派

金盖山闵派（以下简称“闵派”）通常被看作是龙门正宗的一个支派，称为龙门方便法门或龙门正宗觉云支派，其开派祖师为闵一得。

虽然闵派被看作是龙门正宗的一个支派，但是，无论从丹法上看，还是从传承上看，闵派与龙门正宗都有明显区别。首先，闵一得把自己的丹法称为“天仙心传”，“天仙心传”的核心是“混化”，其功用在于“即身医世”。其次，

---

① 《金盖心灯》卷三《谢凝素律师传》，载《藏外道书》第31册，第210页上。
② 《圆峤真逸诗钞》，载《道教与养生》，第530页。
③ 任继愈：《中国道教史》，第655页。

闵一得认为“天仙心传”源于关令尹喜，中兴于吕洞宾，由李泥丸接承，第授予沈太虚，又及闵一得。闵一得托言沈太虚云：

> 我宗溯自秦汉，直承单传。始自关尹，吕祖承之，宗旨复振。既而中晦，我师泥丸氏承之，炳得窃袭。①

由此可知，闵派的“天仙心传”与龙门正宗丹法没有直接的继承关系，闵派是个独立创新的新生丹道流派。所以，后人称闵一得所开创的丹道流派为金盖山闵派。

1. 金盖山闵派的丹道理法

闵派丹法的核心典籍是《上品丹法节次》《天仙心传》。《上品丹法节次》署为“衡阳道人李德洽原述，金盖山人闵一得续纂，授业侄孙闵阳林校订”，《天仙心传》署为“太虚氏授，闵一得纂”。实际上这两部都是由沈太虚传授、闵一得撰写的作品。闵一得在《遗言》中讲：

> 我所著书十几种，其中多有随地随人补偏救弊说法，不是经常公正之论。最玄妙显豁者，是《大涤洞音》《天仙心传》，是不朽的。《丹法节次》也是我一部正书。此皆是太虚的传。②

其中，《大涤洞音》是闵一得在某种启发下的感悟，《上品丹法节次》《天仙心传》则是沈太虚传授、闵一得编纂的“正书”。

《上品丹法节次》的原述者——衡阳道人李德洽，本是南宗传承，所以《上品丹法节次》中主要是依照南宗的丹法步骤，其中的理论、方法与白玉蟾的《修仙辨惑论》基本一致。在《上品丹法节次》中，闵一得把丹法分为十二个步骤，可粗分为四个部分。第一部分包括“炼己存诚”“筑基培药”，主要通过慎独存诚、存神中宫来完成筑基。第二部分包括“坎离交媾”“采药归鼎”“周天火候”“乾坤交媾”，主要完成结丹、玉液还丹、金液还丹等。第三部分包括“十月养胎”“移神换鼎”“泥丸养慧”，主要通过任其自然、扫尽万象、镇照三才的方法养全真神。第四部分包括“炼神还虚”“炼虚合道”“与道合真”，此处功夫即所谓“打破虚空”“纯任自然”。

《天仙心传》本系闵一得心音，托于李泥丸、沈太虚而已，是闵派独有的丹法。《天仙心传》所述丹法与《黄庭经》、《金华要旨》、“西竺心法”都有一定渊源，

---

① 《天仙心传注》，载《古书隐楼藏书》第2册，第660页。
② 《遗言》，载《古书隐楼藏书》第1册，第6页。

但更多的是创新。与《上品丹法节次》相比，《天仙心传》的丹法非常凝练简洁，而其中的功夫次第却丝毫不缺，属于丹法中的上品。《天仙心传·内篇》讲：

> 师曰混化，天仙功夫，万缘放下，身自寂虚。爰引清镇，承照常持，正维中下，罔或刻疏。圆虚圆寂，圆清圆和，何内何外，何有何无。化化生生，一付如如，还返妙用，如斯如斯。成身内身，是名真吾，尊之曰宰，视之曰儿。温养沐浴，乳哺尔疏，功纯行粹，还我太初。自终溯始，诰诫无多，惟喜混穆，切戒模糊。模糊混穆，相去几何，一仍圆觉，一竟糊涂。觉则成圣，昧则成魔。①

《天仙心传》丹法的核心就是闵一得常讲的“迎镇存海”“三才卵守”“混化乾坤”。

对比闵一得以前的各种丹法，均无“迎镇存海”“三才卵守”之说，这是李泥丸——沈太虚——闵一得一系的独创。因此，闵一得的《天仙心传》开辟了一个新的丹道炼养途径。

2. 金盖山闵派的传承源流

闵一得为本派的开派宗师，也是闵派的集大成者。在闵派的传承中，李泥丸、李德洽、高东篱、沈太虚、野怛婆阇等为关键人物。闵一得丹法主要源于沈太虚。

李泥丸是被闵一得称为“驻世神仙”的传奇人物。据《琐言续·自序》②《金盖心灯·李泥丸真人传》③ 记载，李泥丸大约生于三国蜀汉时期，曾学道于晋代的谌母。李泥丸在不同时代有不同的称号，魏晋时期号为李八百，宋代称为“李亚”“李真多”“青华帝君”，也有人认为他是青童君或东华帝君。明清之际，他常以泥丸或面团为人治病，故被称为“李泥丸”。明清时期的李泥丸，是否真的为蜀汉时期的李八百，实在无法考证。

沈太虚十六岁时（1723），见李泥丸于金盖山，得授秘诗三章④。在《太上心宗之天仙道程宝则·后识》中，沈太虚自述：

> 余昔得之于何山之麓，为我师泥丸氏口授，则而行之，遂有今日。真天仙家不传之秘。我师（李泥丸）得之于张无我律师，律师得之于南宗白祖，白祖得之于翠虚陈祖，陈祖得之于道光薛祖，薛祖得之于杏林石祖，石祖得

① 《天仙心传·内篇》，载《古书隐楼藏书》第 2 册，第 653—654 页。
② 《琐言续·自序》，载《古书隐楼藏书》第 1 册，第 194—195 页。
③ 《金盖心灯》卷八《李泥丸真人传》，载《藏外道书》第 31 册，第 362 页下—363 页上。
④ 《金盖心灯》卷四《沈轻云律师传》，载《藏外道书》第 31 册，第 247 页下。

之于紫阳张祖，张祖得之于海蟾刘祖，刘祖得之于钟吕二祖，二祖得之于少阳帝君，少阳帝君得之于金阙帝君，金阙帝君得之于西王母，西王母得之于太上，太上得之于太玄神母。母生九霄，为元始天尊之母也。①

这是关于李泥丸师承的清晰记载，既然李泥丸得法于张无我（张无我即龙门律宗第五代律师张静定，生卒约1390—1522），他最早应是明朝人。这段记载多有不实之处。李泥丸所传丹法主要有《天仙心传》《天仙道程戒忌》《女宗双修宝筏》《医世功诀》等。闵一得自称沈太虚传他的丹法“悉为泥丸真人口授”②。

李德洽，号衡阳道人，是沈太虚的另外一位师父③，生平不详。李德洽的丹法属于南宗正统，经由沈太虚授予闵一得，并由闵一得编纂成书，即《上品丹法节次》。

高东篱是龙门律宗第十代律师，沈太虚、闵一得龙门正宗的师父。按《金盖心灯》记载，高东篱，原名清昱，大约生于明万历四十六年（1618）④。长大后随父亲宦居台湾。康熙三十一年（1692），高东篱七十五岁，由台湾至浙江，访道于金鼓洞，拜第九代律师周太朗为师，先后学习《庄子》《道德经》《参同契》《悟真篇》《华严经》《大学》《中庸》《心经》等三教经典。康熙四十六年（1707），九十岁的高东篱得授大戒。雍正十三年（1735），主持天台山桐柏崇道观讲席。乾隆三十三年（1768），高东篱羽化，世寿一百五十一岁。高东篱的得意弟子为沈太虚。

沈太虚，派名一炳，字真阳，号太虚，吴兴前邱人（今浙江省湖州吴兴区前村人）。根据《金盖心灯》《金鼓洞志》等记载，沈太虚生于康熙四十七年（1708），七岁时，父母相继去世，读书好学，家徒四壁而安之若素。雍正元年（1723），沈太虚十六岁，遇李泥丸于城南金盖山，得授“天仙心传”“三一音符”等丹法。雍正二年（1724），十七岁的沈太虚拜高东篱为师，印证所得⑤，并得龙门真传。乾隆二年（1737），沈太虚三十岁，自称得遇萨守坚于桐柏山。乾隆十年（1745），沈太虚三十八岁，又遇李泥丸。《金盖心灯》记载：

---

① 《太上心宗之天仙道程宝则·后识》，载《藏外道书》第10册，第456页上。

② 《琐言续·自序》，载《古书隐楼藏书》第1册，第194页。

③ 闵一得称《上品丹法节次》来源于“太虚的传”，所以，李德洽应该为沈太虚的众多丹道师父之一。“太虚的传”见《遗言》。

④ 按《金盖心灯》记载，“稽其初人道也，岁在壬申（康熙三十一年），由台湾而至浙，年已七十五矣。”以此推之，高东篱大约生于明万历四十六年（1618）。《金盖心灯》卷四《高东篱宗师传》，载《藏外道书》第31册，第237页上。

⑤ 《金盖心灯》卷四《子沈子太虚主人传》，载《藏外道书》第31册，第252页下。

面壁三年，遂出之松江，复遇泥丸，问其究竟，答曰："三一音符，道之至中、至正、至真者，但事长生，非吾愿也。"嗣是究心儒书，耽性理、参《周易》五十余年，其得力在慎独，其致功在真诚，步趋语默，未尝心离中正也。①

乾隆三十三年（1768），沈太虚六十一岁，闵一得遵高东篱遗命，拜沈太虚为师，得授"天仙心传"等丹法。乾隆四十二年（1777），七十岁的沈太虚大彻大悟②，《金盖心灯》载其语云：

天地，一阴阳也；阴阳，一造化也。机发于万有不测之间，圣人测之，惟天应之，而吉凶消长之道呈焉。故古之至人，惟密审其不识不知之处，而宏其无我无人之教。盖物各一天，而天舍万有，分之则物物一太极，合之则万灵惟一性。譬之一人九子，分则九州，合则一本。气一则贯通，灵一则照圆，天下一家也，万姓一我也，不以天下为天下则化行，能以一身视万姓，则世治，盖呼吸相通，舆情自悉，物我无间，大道同风，此治心之元喻，亦宰世之良谟也。③

乾隆五十年（1785），沈太虚七十八岁，常对人说：

有道德者有神通，无道德者无神通。是以楞严一籍，极诋神通。关尹五千，惟明道德。可知道德体也，神通用也。取其用，而遗其体，适成其为妖孽。君子则不然，廓其真灵，养其真气，积之宏，蓄之久，及时流露，有行乎其所不得不行，止乎其所不得不止之妙也。④

乾隆五十一年（1786）十月二十六日（夏历）午时，七十九岁的沈太虚羽化，门人李仁凝为其封龛，葬衣冠于大涤山之金筑坪。

野怛婆阇与闵一得之间的的丹法授受前节已述，此处不赘。

闵一得，原名思澄，又名苕旉，字谱芝，又字补之，派名一得，号小艮，别号懒云，又号际莲氏、定梵氏，生于乾隆十三年（1749）十二月初二日，浙江归安（今湖州市）人。闵一得生而羸弱，其《自述》云："余生而足弱，膝骨大仅如豆，九岁犹不能行。"⑤

---

① 《金盖心灯》卷四《沈轻云律师传》，载《藏外道书》第 31 册，第 247 页下。
② 《金盖心灯》卷四《子沈子太虚主人传》，载《藏外道书》第 31 册，第 252 页下。
③ 《金盖心灯》卷四《沈轻云律师传》，载《藏外道书》第 31 册，第 248 页下。
④ 同上，第 248 页下—249 页上。
⑤ 《自述》，载《古书隐楼藏书》第 1 册，第 4 页。

乾隆二十一年（1756），闵一得九岁，为健身而学习道门丹功。乾隆三十二年（1767），二十岁的闵一得随其父宦居天台，经由其父表兄沈太虚引荐，拜高东篱为师，学习导引之术。乾隆三十三年（1768），高东篱羽化，闵一得师从沈太虚。乾隆四十五年（1780），闵一得入金盖山清居养气，前后断续共计四年，期间生育二子。

乾隆五十一年（1786），闵一得三十九岁，沈太虚于十月初一授其《天仙道程戒忌》《女宗双修宝筏》。后沈太虚又寄授《医世功诀》，闵一得未珍藏，被友人借去不还。后不久沈太虚羽化①。乾隆五十五年（1790），四十三岁的闵一得任曲靖府同知，拜谒鸡足道者野怛婆阇，得西竺心宗之传。乾隆五十七年（1792），四十五岁的闵一得因父丧而辞官守制。次年，在洞庭朱氏处访得《三尼医世说述》。

嘉庆元年（1796），闵一得四十九岁，他服完母丧，遣子出家，入主金盖山。嘉庆十八年（1813）夏至日，六十六岁的闵一得丹道有成，出现元神出定、须发还黑的验相，其后住处又出现秋华结实等奇迹②。闵一得著述甚丰，主要有《金盖心灯》《大梵先天梵音斗咒》《古书隐楼藏书》等。道光十六年（1836）十一月初十日，闵一得在金盖山羽化，世寿八十九岁，葬于本山。

闵一得的主要传法弟子为费阳熙（费拨云），费继主金盖山。闵派后世弟子多兼有符箓派的传承，故在家弟子较多。

综上可知，闵一得的丹法来源可分为五个体系。一是李泥丸主传的“天仙心传”，二是李德洽的《丹法节次》，三是高东篱主传的“龙门正宗”，四是野怛婆阇的“西竺心宗”，五是洞庭朱氏的“医世说述”。闵一得的丹法正是综合了这五种传承，才形成了别具特色的“龙门方便法门”或“闵派”（见图 6-8）。

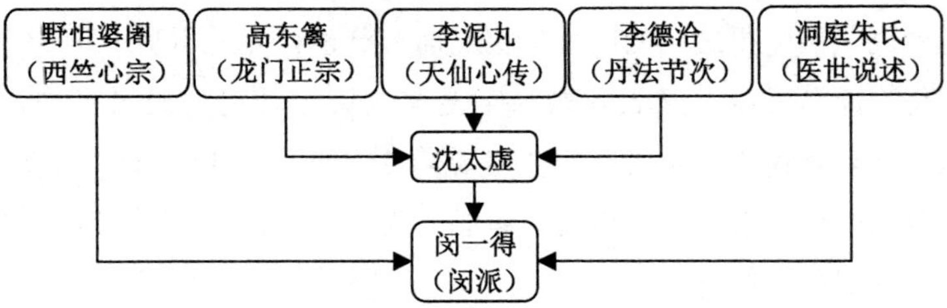

图 6-8　闵一得丹法主要来源图

① 《金盖心灯》卷四《子沈子太虚主人传》，载《藏外道书》第 31 册，第 252 页下。
② 《读吕祖三尼医说述管窥》，载《古书隐楼藏书》第 2 册，第 595—599 页。

三、结语

明清时期，特别是清代，清净丹法的发展达到了另一个高潮，龙门正宗及其支脉是其中主流。这一时期，清净丹法借鉴儒学、佛学，呈现明显的儒学化、佛学化、程式化特征，丹法上也有突出创新。

清初，首先发展壮大的清净丹法流派是龙门正宗，其代表人物为王常月。龙门正宗溯源于北七真之一的丘处机，以丘处机高足赵道坚为祖师，由王常月中兴于清初。"龙门正宗"之说，实起于王常月传戒之后。在顺治、康熙两朝，王常月先后传戒八次，为龙门正宗积聚和培养了大量人才，使龙门正宗及其支脉得以发展和传播。龙门正宗在王常月以前的传承源流（见图 6-5），虽在《钵鉴》《金盖心灯》等典籍中均有记载，但其可信性有待考证。

西竺心宗源于印度，本属密法，由野怛婆阇于元初传入中国。顺治十六年（1659），野怛婆阇入京，拜王常月为师，得派名黄守中，成为龙门派第八代道士。此后，野怛婆阇将"持世陀罗尼""摩利支天"等密法与"医世功诀""龙门正宗"等丹法融为一体，创立龙门西竺心宗。西竺心宗的传承人物具载于《金盖心灯》（见图 6-6）。

伍柳派是对伍守阳、柳华阳丹法传承的合称，该派的最大特色是仙佛合宗。伍柳派丹法源于龙门派第五代道士张静虚，后经李虚庵（派名真元）、曹还阳（派名常化）递传于伍守阳，伍守阳为龙门派第八代道士。伍守阳传人较多，均为龙门派出家道士或在家弟子。伍守阳与柳华阳之间没有可考的师徒关系，柳华阳本人及其多数弟子为僧人（见图 6-7）。伍柳派的显著特点是援佛入道，在当时与后世虽不乏讥贬，但由于其丹法容易下手，所以对后世丹道发展有极大影响。

金盖山闵派的开创者为闵一得，为龙门派第十一代道士。闵一得的丹法主要来源于李泥丸、李德洽、高东篱、野怛婆阇、沈太虚等人（图 6-8），其主流丹法则是由闵一得在融合诸家丹法基础上的自我创新。闵一得的"天仙心传"和"三尼医世"丹法，可谓独步当时，可惜后世传播不广。

明清两代著名的清净丹道家还有很多，清净丹法流派也不限于此，例如，明代的周颠、尹真人高弟、孙紫阳、朱元育等，其丹法都有传承渊源，但因其资料太少，其师承、派系无法考证，所以本处不作叙述。还有一些丹道家，如清代刘一明、黄元吉、赵避尘等，留下丰富的丹道著作，对丹道的思想、理论、技法都有较大贡献，这些丹道家的传承源流容在后面叙述。

第三节 刘一明、黄元吉、赵避尘及其丹法传承

明清民国时期的清净丹法流派，除龙门正宗及其支脉外，还有无法考证姓名的尹真人高弟、山东的孙紫阳、江西的朱云阳、甘凉的刘一明、蜀中的黄元吉、北京的赵避尘等，都堪称一代宗师，对丹道流传贡献甚巨。此处选取刘一明、黄元吉、赵避尘等三人作为代表人物进行介绍。

一、刘一明及其丹法

刘一明是乾嘉年间的著名丹道家。刘一明虽然是龙门派道士，但其丹法却兼有南北二宗之长。他的丹法著作丛书《道书十二种》，对后世丹法有重要影响。

（一） 刘一明生平

刘一明，号悟元子，又号素朴子、被褐散人，生于清代雍正十二年(1734)，山西曲沃（今山西闻喜县东北）人。刘一明本是儒生，志图功名。十七岁时，因苦读而伤劳致疾，遂放弃学业，西去甘肃巩昌省父，希望能在途中访得名医。十九岁时，途经陕西泾阳，遇一“蓬头道人”，赐方疗疾，并嘱其探寻金丹大道。清代张阳全的《素朴师云游记》记载：

> 师姓刘，法名一明，号悟元子，又号素朴子，又号被褐散人。原籍山西平阳府曲沃县人。生于雍正十二年甲寅九月十九日寅时。……自幼习儒，志图功名。……年方一十七岁……因素日攻苦，有伤劳之症，久治不愈，自思严君贸易甘肃巩昌，数年未归。一则赴西省亲，二则寻觅良医，调治沉疴，遂辞母赴西，时年十九岁矣。路过泾阳换脚，闲游关帝庙，见廊下坐一道者，蓬头垢面，目如朗星，声如洪钟，问师曰：“子有疾乎?”师曰：“然。”又问曰：“伤劳之症乎?”师曰：“然。”道者曰：“吾有灵应膏一方，能治子病，今传于子，然能治病，不能治命。世有金丹大道，聚气凝神，延年益寿，子急访之。”师叩拜受方而回寓。①

刘一明在《悟道破疑集原序》中自述：

① 《素朴师云游记》，载《悟元汇宗：道教龙门派刘一明修道文集之一》，第953—954页。

余世间一大不肖人也，幼时习儒，年未二十，大病者三，几乎殒命。因病有悟，遂而慕道，然犹在疑似之间，以为世间未必有此延年之术也。因往西秦①养病，路过泾阳②，遇一蓬头老翁，相见如故，余言及切身大事。翁曰："性命之道，人人有分，只在有志无志耳。"又赐良方。及至南安，如方疗治，诸病顿脱。自此立意方外，以为修计。③

乾隆二十年（1755），刘一明二十二岁，在甘肃榆中拜龛谷老人为师，得授丹法，并嘱咐其回乡暂尽人事。期间刘一明先后到北京、河南、山西、甘肃一带参访，前后共十三年。乾隆三十三年（1768），刘一明三十五岁，在今汉中市勉县黄沙镇一带，遇到仙留丈人，为其说破大事因缘。刘一明在《会心内集》自述：

二十二岁榆中④遇吾师龛谷老人，辟破旁门，口授心印。从前狐疑，冰消瓦散。后奉师命，暂尽人事。参看丹经，疑信各半，不能彻底通晓。盖以离师太早，未聆细微，故有窒碍。因为此事，京都居住四年，河南二年，尧都⑤一年，西秦三年，来往不定者四年，经十三年之久。⑥

刘一明在《悟道破疑集原序》中自述：

后抵汉南，得遇仙留丈人，打开宝藏，拈出珠玉，一一指示。十三年所抱疑团，于此打为粉碎矣！方知大道必要真传，性命还须双修，非同旁门曲径、着空执相之事也。⑦

根据《素朴师云游记》记载，乾隆三十四年（1769），刘一明三十六岁，办完父亲丧事，改道装出家。先后在灵州（今宁夏灵武市）、宁夏（今宁夏银川市兴庆区南部）、凤县南台山（今陕西凤县）、岷州二郎山（今甘肃岷县）、狄道（今甘肃临洮县）等地行脚。乾隆三十九年（1775），刘一明四十一岁，他来到中卫（今宁夏中卫市）开龙山，开始撰写《西游原旨》，后迁居靖远红山寺、西閣寺，次年五月在靖远西閣寺完成初稿。乾隆四十年（1776），刘一明四十二

① 今甘肃靖远县。
② 今陕西泾阳县。
③ 《悟道破疑集原序》，载《藏外道书》第8册，第582页下。
④ 今甘肃榆中县。
⑤ 今山西临汾南、旧平阳县。
⑥ 《会心内集》，载《藏外道书》第8册，第660页下。
⑦ 《悟道破疑集原序》，载《藏外道书》第8册，第582页下。

岁，迁居兰州白塔山，在此居住三年。乾隆四十三年（1779），刘一明四十五岁，完成《西游原旨》。

乾隆四十四年（1780），四十六岁的刘一明来到甘肃榆中县栖云山，开始在栖云山、兴龙山一带修建庙宇，直至乾隆五十八年（1794）六十岁时方完工。

嘉庆元年（1796），六十二岁的刘一明离开栖云山，先后到汉南（今陕西汉中市勉县）、武当山、南台山、凤翔太乙村、陇县龙门洞、平凉崆峒山、兰州、西宁等旧地云游。嘉庆三年（1798），刘一明六十四岁，在由西宁至河州的途中，两腿麻痹，强行回栖云山，调治三年，方才恢复。《素朴师云游记》云：

> 冬月，离西宁欲游河州，行至川口，忽然两腿麻木，行走不得。……遂不赴河州，强挣回兰。时年六十四岁矣。于此不能远游，调病于栖云，三年治愈。①

嘉庆六年（1801）至嘉庆二十一年（1816），刘一明在栖云山、兴龙山再兴土木，创建殿宇，完成了栖云山、兴龙山道教系列宫观建设。

道光元年（1821），刘一明八十八岁，他自行进入修好的墓穴，嘱咐门人后，寂然坐脱。《素朴师云游记》云：

> 师平时闲暇之时，自卜吉地，于新庄沟山顶之阳，乙木行龙、坐艮向坤、辛戌水口。相识善人预为之箍墓洞、建冥塔、立祭台、修围墙，以备临时方便办事龙飞。道光元年正月初六甲亥时，师忽入墓洞而坐，呼集众人，嘱以性命为重，功行为先。言毕脱然而逝，享寿八十有八。众门人遂封墓口焉。②

作为清代乾嘉年间的著名丹道家，刘一明著述甚丰，成就甚高，给后人留下了丰硕的丹道理论和技法。刘一明在《通关文·绝言歌》中将其重要著作一一列举：

> 吾今不忍大道坠，因此细把祖脉陈。非是沽名与钓誉，岂图饶舌乱鼓唇。《参悟直指》破譬语，《周易阐真》火候序。《前后辨难》别是非，《道德会义》定规矩。《原旨》作用俱明言，《会心》药物皆细叙。《指南》《悟道》演精微，《破疑》《通关》结道侣。辞句愈浅理愈明，节目极小功极精。谨细自卑能高

① 《素朴师云游记》，载《悟元汇宗：道教龙门派刘一明修道文集之一》，第963页。
② 同上，第965页。

上，慎微由虚而能盈。①

《素朴师云游记》记载，刘一明的主要著作有二十二种之多。原文如下：

> 师初居栖云，开山建庙，非仅修工而已，特借修工，苦炼身心耳。以故，日则打尘劳，监管修造；夜则注经书，阐扬道脉；日夜辛苦，无有宁时。然师乐在其中，苦不知也。其书则《三易注略》《周易阐真》《参悟直指》《道德会要》《西游原旨》《指南针》《会心集》《指南三书》《栖云笔记》，儒释道三教书籍，凡二十二种，或解或注，破群仙之隐语，揭丹经之寓言，劈旁门之邪说，指大道之源流。略词藻而就常言，去文章而示实意。言愈浅，理愈明；语甚俗，意甚显。可为学人之阶级，志士之炬灯。幸皆知音善士大力，俱皆刊刻行世矣。②

刘一明弟子众多，姓名可考者有张阳全、李鼎实、梁致和、李源昌、闫阳和、闫如愚、唐琏等。

（二） 刘一明的师承

刘一明先后遇到的丹道家共有三位，一是泾阳“蓬头道人”，二是榆中龛谷老人，三是汉上仙留丈人。

1. 蓬头道人

蓬头道人，姓氏不明。刘一明在二十岁时，西游至陕西泾阳，得遇蓬头道人，告诉他“性命之道，人人有分”。刘一明的《悟道破疑集原序》自述：

> 路过泾阳，遇一蓬头老翁，相见如故。余言及切身大事。翁曰：“性命之道，人人有分，只在有志无志耳。”

刘一明的弟子张阳全，对蓬头道人的描述较为详细。其人“目如朗星，声如洪钟”，精通医术和丹道，能够“望诊”。《素朴师云游记》云：

> 见廊下坐一道者，蓬头垢面，目如朗星，声如洪钟，问师曰：“子有疾乎?”师曰：“然。”又问曰：“伤劳之症乎?”师曰：“然。”道者曰：“吾有‘灵应膏’一方，能治子病，今传于子，然能治病，不能治命。世有金丹大道，聚气凝神，延年益寿，子急访之。”师叩拜受方而回寓。其方：生姜四

① 《通关文·绝言歌》，载《悟元汇宗：道教龙门派刘一明修道文集之一》，第636页。
② 《素朴师云游记》，载《悟元汇宗：道教龙门派刘一明修道文集之一》，第964页。

两、茯神三两、神曲二两、朱砂一两，晋枣肉调和为膏，随饮食随意服之。师至巩昌省亲后，服灵应膏月余，旧病顿去，精神如故。①

由此可知，蓬头道人是一位丹道家。刘一明并未说明“蓬头道人”的姓氏，但他在第一次拜见龛谷老人时，自述曾遇四川彭道人，授其“静功之诀”。《素朴师云游记》云：

师又陈禀昔年曾遇四川彭道人授以静功之诀，行之日久，隐隐知数日吉凶。②

这位“蓬头道人”，有可能就是由四川云游到陕西泾阳的彭道人。

2. 龛谷老人

龛谷老人，原籍广东，俗姓樊，因居住在榆中小龛谷峪峡中，人称“龛谷老人”。《素朴师云游记》云：

后闻榆中小龛谷峪峡有龛谷老人者，原籍广东，俗姓樊，云游至此，时而儒服，时而道冠，行迹异常，人莫能测。③

刘一明在二十二岁时，拜龛谷老人为师。第一次见龛谷老人，仅得其指示丹经真伪，老人嘱咐他多参名师。《素朴师云游记》记述：

即往叩谒。细观老人，一动一静，一言一语，俱有道理，虽不知其事业深浅，确识其是高人也。遂皈依门下，听其教训。住居日久，老人问曰：“生平所得者何事?”师即陈禀历来所学之事，老人皆劈其妄。……又问：“生平所看何书?”师即陈禀平日所看书籍。老人指其何书为真、何书为假，独称其道光所注《参同契》、三子所注《悟真篇》、丘祖所注《西游记》为修真之指南，乃丹经中千真之理窟，可细玩之。……于是师居峡中，日夜攻苦，细研经书，日久总无头绪可觅，忧心如醉。老人一日忽问曰：“尔近日有悟否?”师曰：“无。”老人曰：“圣贤心法不在文字中，其妙义俱在言外，不得真诀，枉自猜量。古人云：‘高人一席话，胜读十年书。’若不遇明人导引指点，如何能大悟大彻? ……”……住峡日久，大事不明，遂叩辞老人，在外云游。④

① 《素朴师云游记》，载《悟元汇宗：道教龙门派刘一明修道文集之一》，第953—954页。
② 同上，第955页。
③ 同上。
④ 同上，第955—956页。

数月后，第二次拜见龛谷老人，老人传授刘一明“毒蛇引路之诀”，并嘱咐他回家尽孝道。《素朴师云游记》记述：

> 回至巩郡。月余，二造龛谷。老人曰：“孝道不可亏。”师曰：“无常迅速，性命难保，奈何?”老人沉吟良久，曰：“吾有保身之术传汝，放心回去，先尽人事，再办己事。”师叩求曰：“恩师若大发慈悲，敢不奉命?”老人遂以“毒蛇引路之诀”授之，复戒之曰：“得了手，闭了口，勿轻泄也。”师得诀后，从前疑惑尽释，畅然归里，暂慰二亲，时年二十二岁矣。①

刘一明二十三岁时，第三次西行甘肃榆中拜见龛谷老人，老人授以丹诀大要，但刘一明并不明白。《素朴师云游记》记述：

> 奉亲之暇，对证丹经，始知师所授者，乃全角之道，非延命之术。明年入秦，三造龛谷，叩问端的。老人曰：“药自外来，丹向内结。”又曰：“先天之气从虚无中来。尔当极深研几，细心穷理。仍须先尽人事可也。”师遂叩拜，怏怏而回，疑终不释，时年二十三岁矣。②

刘一明三十四岁时，第四次去甘肃榆中拜见龛谷老人，因老人东游而不遇。刘一明三十六岁时，第五次去寻访老人，方知老人已羽化于陕西凤翔太乙村。《素朴师云游记》记述：

> 闻龛谷老人居凤翔太乙村，路过往谒。至其村，方知老人已羽化矣。大失所望，凄然而回。……时年三十六岁。③

由以上资料可知，刘一明虽然拜龛谷老人为师，但直至老人羽化，刘一明并未从他那里得到可以用功的丹诀。

3. 仙留丈人

仙留丈人，本姓齐，是一位丹道家，隐居在今陕西汉中市勉县黄沙镇一带，俗人称之为“蓑里毛”。

仙留丈人与甘肃榆中的龛谷老人、黄沙镇的徐公是同辈师兄弟，其师父为白石镇梁仙人。梁仙人去世时，将仙留丈人托付于龛谷老人和徐公，但仙留丈人历尽坎坷，在丹道上终无所得。《素朴师云游记》记载：

---

① 《素朴师云游记》，载《悟元汇宗：道教龙门派刘一明修道文集之一》，第956页。

② 同上。

③ 同上，第958页。

闻汉上徐公高明，遂往谒之。徐公原与龛谷老人同受道于白石镇梁仙人者。……路过仙留镇，闻有齐丈人者，乃成道之人；丈人亦与龛谷老人同学道于梁仙人。丈人少读诗书，秉性鲁纯，未得梁仙人实惠，因其老实志诚，梁仙人曾将丈人托于樊、徐二翁，令其指点。其后樊老人西游，丈人听徐公指教，同住汉南十余年，磨炼百般，受尽无数苦楚，终无所得。①

仙留丈人后来离开汉南，到甘肃一带参访，遇喇嘛余丈人，拜之为师。在追随喇嘛余丈人的两年中，仙留丈人方了明大事，丹道有成。后又回到黄沙镇隐居。《素朴师云游记》记载：

兰州阿干镇，得遇喇嘛余丈人。……余丈人猛呼齐丈人曰："尔是甚人？所作甚事？"齐丈人曰："出家人乞化。"余丈人又问曰："止是乞化，到底还有别事否？"齐丈人曰："还求出家事务，非止乞化而已。"余丈人曰："既是如此，可脱道衣扮俗人，随吾去。"齐丈人始知为异人。遂更换衣冠跟随，游西宁、凉州、甘州、肃州，二年而得事。……齐丈人自明大事后……行至褒城仙留镇隐居焉。古之仙留镇，即今所称黄沙镇者是也。……因其行藏虚实，人不能测，咸以"蓑里毛"呼之，丈人亦以"蓑里毛"应之。②

刘一明三十四岁时，先后到甘肃榆中、陕西汉中一带拜访龛谷老人、徐公，均未得见。辗转途中，在黄沙镇得遇仙留丈人，叩参丹道。在仙留丈人的循循善诱下，刘一明才得入丹道炼养的门径。《素朴师云游记》记载：

居巩数月，欲往榆中谒师，老人已东游秦川矣。闻汉上徐公高明，遂往谒之。徐公原与龛谷老人同受道于白石镇梁仙人者。师住汉南数月，未得遇面，知与其无缘，怏怏回西。路过仙留镇，闻有齐丈人者，乃成道之人；丈人亦与龛谷老人同学道于梁仙人。③

师访问谒见，叩求道要，丈人问曰："尔师有何指示？"师以"毒蛇引路之诀"禀之，又以"药自外来，丹向内结"，并"先天中气，自虚中来"之语陈之。丈人曰："尔悟否？"师曰："前事已明，后事不解。"丈人曰："尔止向自己作工夫，如何到的佳境？若礼下于人，必有所得。他等真意，不难为我所有。"师不解其意，又叩问之。丈人曰："真人之息以踵，凡人之息以喉。"师再求曰："弟子愚迷，请明指示。"丈人曰："我已指示，尔自不明，何必再

---

① 《素朴师云游记》，载《悟元汇宗：道教龙门派刘一明修道文集之一》，第957页。
② 同上，第957—958页。
③ 同上，第957页。

问。”彼时师亦知是盘中之迷，但解悟不得，遂三返昼夜，废寝忘食，忧疑交加。至四日正在烹茶之际，丈人取《论语》一本付之，曰：“汝看此书去。”师接书，前后细阅，凡有合乎道理者，一一陈禀，丈人皆一一然之。师自思，虽所陈禀者合理，终非迷中奥意，翻来复去，自清晨之午，忽有所悟，舍书出室。丈人曰：“尔欲何往？”师曰：“江边去。”丈人曰：“江边作何事？”师曰：“江边去打鱼。”丈人曰：“鱼潜渊，奈何？”师曰：“以食引之，以钩钓之，何患不得？”丈人知有所悟，是夜即以丹法火候细微，一一分别始终全授之，并勉之曰：“此事要下二十年死功夫，方得见效。尔其努力无怠，吾将隐矣。”师奉诗曰：“一十三年未解愁，仙留镇上问根由；而今悟得生身处，非色非空养白牛。”①

综合以上资料，刘一明虽然得诀于龛谷老人，却是在仙留丈人的指导下才了明大事。对于刘一明来说，仙留丈人是他最为重要的丹道老师。

4. 小结

从《素朴师云游记》中的记载来看，刘一明的丹法源流可追迹于白石镇梁仙人、喇嘛余丈人。梁仙人传龛谷老人、汉南徐公（红沟道人）、仙留丈人等。梁仙人羽化后，仙留丈人师学于喇嘛余丈人，才得明大事。龛谷老人、仙留丈人为刘一明之师。另外，在早期，刘一明还师学于四川彭道人。由此可知，刘一明可考的丹道老师仅有三人，即彭道人、龛谷老人、仙留丈人（图 6-9）。

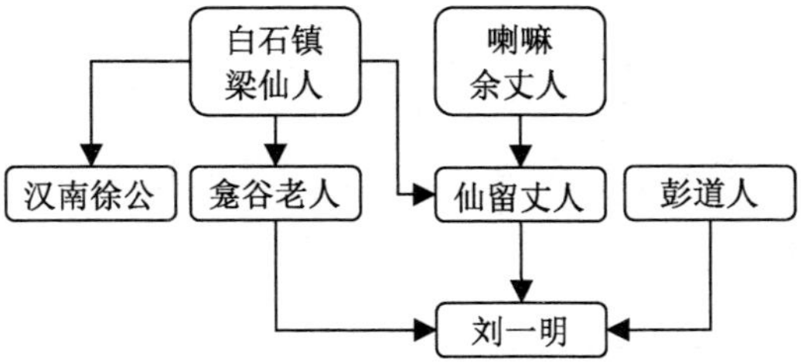

图 6-9　刘一明丹法师承图

其中，龛谷老人、仙留丈人等，虽属道家人物，但均精通儒学。龛谷老人嘱咐刘一明“先尽人事，再办己事”，仙留丈人用《论语》教授刘一明丹道。仙留丈人曾追随喇嘛余丈人参学，也应涉及佛教的密法。所以，龛谷老人、仙留丈人可能都是学兼儒道、旁涉佛家之人。

① 《素朴师云游记》，载《悟元汇宗：道教龙门派刘一明修道文集之一》，第 958 页。

刘一明所得的关键丹诀为“药自外来，丹向内结”“先天中气，自虚中来”，这是综合了南北二宗的上品丹诀。由此可知，刘一明虽然身为龙门派道士，但他的丹法却是兼有南北二宗，并且以南宗为主。

（三） 刘一明的主要丹道思想、 理论与技法

在思想上，刘一明秉承“先天一气，从虚无中来”。在理论上，刘一明继承“两重天地，四个阴阳”的框架，遵循性命双修的原则，构建自己的丹道理论。在丹法上，刘一明强调“招摄”，其步骤可分为采药与锻炼。

1. 指导思想

“先天一气，从虚无中来”是刘一明丹道思想的核心。刘一明认为，先天一气就是道，就是金丹。刘一明在《修真辨难》卷上中讲：

> 道者，先天生物之祖气。视之不见，听之不闻，持之不得，包罗天地，生育万物，其大无外，其小无内。在儒则名曰太极，在道则名曰金丹，在释则名曰圆觉。本无名字，强名曰道。①

刘一明把先天一气称为道气、太极。在先天的范畴，道气包含阴阳；在后天的范畴，道气在阴阳运化中长存。《修真辨难》云：

> 太极未分之时，道包阴阳。太极既分以后，阴阳生道。若无阴阳，道气不见。惟阴阳迭运其中，道气长存，历万劫而不坏。在先天则为道，在后天则为阴阳。

刘一明认为，先天一破，便生出后天阴阳；后天阴阳在一动一静中，又生出先天。所谓丹道，就是在后天阴阳中采取一点先天之气，复全太极之体。从后天返还先天的角度讲，先天一气被称为“还丹”。

> 先天一破，生出后天阴阳；而后天阴阳一动一静，其中又生先天。至人于此后天中，采取所生一点先天之气，逆而运之，返本还元，复全太极之体，故曰还丹。②

“先天一气，从虚无中来”对具体丹法的指导，就是通过在后天中“追摄”先天一气来复还先天，了命全性。《修真辨难·先天真一之气》讲：

① 《修真辨难》卷上，载《藏外道书》第 8 册，第 470 页下。
② 同上。

此皆言先天之气为生物之祖气，乃自虚无中来，为万象之主，天地之宗。……本来自有，因阳生阴。走于他家，不为我有。至人用法追摄，以实形虚，以有形无，激而有象；从虚空中来，采而修之，以阴符阳火煅炼成丹，结就一粒，大如黍米；吞而服之，点先天之宝，以无生有；化后天之物，转阴成阳。……故曰："一粒金丹吞入腹，始知我命不由天。"①

由此可知，先天一气是丹道的根本，由后天阴阳中运出或招摄先天一气，返还道体，是刘一明丹法的核心指导思想。

2. 理论体系

在"先天一气，从虚无中来"的思想指导下，刘一明以"两重天地，四个阴阳"来构建后天返还先天的丹道理论。

(1) 两重天地，四个阴阳

"两重天地，四个阴阳"源于东汉《周易参同契》，出于宋代《指玄篇》。《指玄篇》云："世间无物可开怀，奉劝世人莫自埋。好趁风云真际会，须求鸾凤暗和谐。两重天地谁能配，四个阴阳我会排。会得此玄玄内事，不愁当道有狼豺。"

在《修真辨难》中，刘一明对"两重天地，四个阴阳"的丹道理论框架进行详细论述。《修真辨难》卷上讲：

两重天地，先天后天也。四个阴阳，先天后天阴阳也。先天阴阳以气言，后天阴阳以质言。先天阴阳，太极中所含之阴阳；后天阴阳，太极中生出之阴阳。金丹大道，取其气而不取其质，于后天返先天，故曰先天大道。②

刘一明认为，"两重天地，四个阴阳"就是先天阴阳与后天阴阳。先天阴阳指先天真阴真阳之气，后天指由先天阴阳所生的后天之质，后天的质中藏有先天之气，丹道的关键就是返还先天之气。刘一明说：

一阴一阳之谓道，是就道之用言；无形无象，是就道之体言。太极未分之时，道包阴阳。太极既分以后，阴阳生道。若无阴阳，道气不见。惟阴阳

① 《修真辨难》卷下，载《藏外道书》第8册，第496页上下。
② 《修真辨难》卷上，载《藏外道书》第8册，第471页上。

迭运其中，道气长存，历万动而不坏。在先天则为道，在后天则为阴阳。道者，阴阳之根本。阴阳者，道之发挥。所谓太极分阴阳，阴阳合而成太极，一而二，二而一也。

(2) 性命双修

在“两重天地，四个阴阳”的理论框架下，刘一明阐述了“性命双修”的丹道纲要。

刘一明把性命分为先天性命、后天性命。《修真辨难·真假性命》云：

> 天赋之性为真，气质之性为假；道气之命为真，天数之命为假。真者先天之物，假者后天之物，先天在阴阳之外，后天在阴阳之中。此真假不同，性命有异。修道者若知修天赋之性以化气质之性，修道气之命以转天数之命，性命之道得矣！①

刘一明认为，性命分属阴阳，在先天，性命一家，阴阳一气，本为一体，所谓“太极含阴阳”；在后天，一点真阳坎陷于阴，一点真阴寄居于阳，就是“太极生阴阳”。《修真辨难》云：

> 人自有生之初，性命一家，阴阳一气。渐生渐长，年至二八，阳气已足，一阴潜生，于是乾与坤交，乾虚而成离，坤实而成坎；离中藏性，坎中藏命。②
>
> 法身坎离，以离去其阳为离，以坎陷其真为坎。离去其阳，则所有者必阴。坎陷其真，则所藏者必阳。离为日魂，乃丽明之象，然外雄内雌，魂中有魄也。坎为月魄，乃晦暗之象，然外黑内白，魄中有魂也。中阴中阳，具乾坤中正之体，为真阴真阳，乃性命之根。③

刘一明认为，丹道的核心在假借后天阴阳返还先天阴阳一气的状态，既然性命在先天本为一体，因此，性命必须双修。《修真辨难·真假性命》云：

> 古仙云：“修性不修命，万劫阴灵难入圣；修命不修性，犹有家财无主柄。”此皆为性命双修而言也。……命属他家，性属我家。先求他家不死之方以立命，后求我家原有之物以了性。身心不二，性命一家，而性命

① 《修真辨难》卷下，载《藏外道书》第8册，第498页下。
② 《修真辨难》卷上，载《藏外道书》第8册，第473页下。
③ 同上，第474页上。

俱了。①

刘一明特别强调，混合性命返还先天一气就是金丹大道。他在《修真辨难》中讲：

性有气质之性，有天赋之性。命有分定之命，有道气之命。气质之性，分定之命，后天有形之性命。天赋之性，道气之命，先天无形之性命。修后天性命者，顺造化。修先天性命者，逆其造化。大修行人，借后天而返先天，修先天而化后天，混而为一，性命凝结，是谓丹成。②

(3) 两段功夫

根据“两重天地，四个阴阳”的观点，刘一明把修持丹道的人分为“上德”“下德”。刘一明讲：“先天全则为上德，先天亏则为下德。”③ 意即先天未破，命宝尚全，称为“上德”；先天已破，命宝有失，称为“下德”。《修真辨难》云：

上德者，本原未亏，灵窟未闭，若得真诀，一了百当，直超彼岸。故行无为之道，而有为之事即在其中，性了而命亦全矣！下德者，先天已亏，百病俱发。纵得师诀，不得直下纯一。必须由渐而顿，由勉而安，到得了命之后，与上德者同归一辙，始可以无为矣！④

两段功夫，针对“下德”之士，指的是“了命”“了性”两段功夫；“了命”用“有为功夫”，“了性”用“无为功夫”。《修真辨难·上德下德》云：

夫性命必须双修，功夫还要两段。上德者，不待修命而即修性，性了而命亦了。下德者，必先修命而后修性，了命又必了性。了命者有为，了性者无为。有为、无为之道，为上德、下德者下手而设。⑤

刘一明认为，“两段功夫”之外犹有向上一乘。他讲：“若到大道完成，不但有为用不著，即无为亦用不著。至于向上一著，别有妙用，又不在有无之列。”⑥

---

① 《修真辨难》卷下，载《藏外道书》第 8 册，第 498 页上下。
② 《修真辨难》卷上，载《藏外道书》第 8 册，第 472 页上。
③ 《修真辨难》卷下，载《藏外道书》第 8 册，第 510 页上。
④ 《修真辨难》卷上，载《藏外道书》第 8 册，第 486 页下。
⑤ 《修真辨难》卷下，载《藏外道书》第 8 册，第 510 页上下。
⑥ 同上，第 510 页下。

3. 具体方法

(1) 招摄

刘一明把后天返还先天的核心方法称为“招摄”或“追摄”。刘一明在《修真辨难》中讲：

> 盖人自阳极生阴之后，日复一日，阴剥其阳，先天之气消化，分数大缺。还者，以法追摄，渐采渐收，复其本来原有之数，如物已失而复得，已去而复还，此还丹也。①
>
> ……
>
> 命属先天，性属后天。人自先天之气失散，于命有亏。若执一己而修，则所修者空性；若执一身而修，则所修者浊物。纵能保得现在之气而不失，焉能摄得已失之气而复还？必用他家不死之方者，所以招摄其已失之气数耳！②

刘一明认为，“招摄”就是“物从何失，还从何来”。根据刘一明的丹道理论，“先天一气”本属纯阳，犹如乾卦（䷀）。“一阴来媾”是阳极阴生，乾卦（䷀）变为姤卦（䷫）。后天渣质本属纯阴，犹如坤卦（䷁），“一阳来复”即是阴极阳生，坤卦（䷁）变为复卦（䷗）。所谓“物从何失，还从何来”，就是“先天一气”从“一阴来媾”处失去，仍要从“一阳来复”处招摄回来。《修真辨难》云：

> 夫物从何失，还从何来。先天之气因一阴来媾而失，今仍于一阴来媾处招摄。故物现在，不待他求，顺手可得。《易》曰不远复之以修身者是也。③

具体的“招摄”方法，刘一明表述为“以实形虚，以有形无，激而有象，从虚空中来，采而修之”。他在《修真辨难·先天真一之气》中讲：

> （先天之气）本来自有，因阳极生阴。走于他家，不为我有。至人用法追摄，以实形虚，以有形无，激而有象；从虚空中来，采而修之，以阴符阳火锻炼成丹，结就一粒，大如黍米；吞而服之，点先天之宝，以无生有，化后天之物，转阴成阳。……故曰“一粒金丹吞入腹，始知我命不由天”。

① 《修真辨难》卷上，载《藏外道书》第8册，第475页上下。
② 同上，第481页上。
③ 同上。

从此处资料可知，在“先天一气”的招摄过程中，还有“采”“修”等步骤。其中，“采”就是“采药”，“修”就是“锻炼”。

(2) 采药

采药须明药物。刘一明认为，药可分为“内药”“外药”，“延命之术为外药，了性之道为内药”。在丹道修炼的不同阶段，“内药”与“外药”的具体内容不同。《修真辨难》云：

> 以丹道终始而论，则延命之术为外药，了性之道为内药；非外药不能脱幻身，非内药不能脱法身；外药所以结胎，内药所以脱胎。以还丹而论，坎为外药，离为内药。以大丹而论，真铅为外药，真汞为内药。古人之言，各有所指，不得泥文执象。①

采药的对象是“外药”。在还丹阶段，“坎为外药”；在大丹阶段，“真铅为外药”。在不同阶段，采药的方法是不同的。

在还丹阶段，其方法为以离迎坎。《悟真直指》讲：

> 坎电者，水中起火之象，比道心真知，在至暗中发现，发现之处，正吾身中活子时也。烹轰者，恍惚不定之象。金水方者，道心真知，为精一之真情，具有金水二气也。昆仑在西方，为万山之祖脉，真金所产之处。当道心真知，在至暗中发出，如电光闪灼，忽明忽暗，恍惚不定，难得易失，急用离中虚灵之火以迎之，则真知灵知，性情相恋，阴阳相合。②

在大丹阶段，采药用的是“无为”之法，讲究“药固无药，采亦无采”。《会心集·采取药物论》云：

> 药固无药，采亦无采，其所谓采药者，以其已失而欲得、已去而欲还也。③

(3) 锻炼

锻炼之说，在刘一明的丹法中大致分为三个阶段，即为“炼己”“还丹”“大丹”。炼己又称为炼己筑基，以惩忿窒欲为锻炼，在积阴之下生出一点阳光。刘一明在《象言破疑》中讲：

---

① 《修真辨难》卷上，载《藏外道书》第8册，第475页下。

② 《悟真直指》卷二，载《藏外道书》第8册，第354页上下。

③ 《会心集·采取药物论》，载《藏外道书》第8册，第656页下。

返还之功莫先于炼己筑基。炼己者，炼其历劫根尘、气质偏性与夫一切习染客气，即“惩忿窒欲，克己复礼”之功。能“惩忿窒欲，克己复礼”，则无思无虑，不动不摇，根本坚固。即如起屋必先筑基，基地坚固，木料砖瓦由人做作，无不负载也。炼己即在筑基之中，筑基不在炼己之外。……炼己筑基，非是强制强作、苦力用功，必要认的天良真心，借此真心以炼己。则黑暗之中，即有一点阳光发现，号曰真灵。①

在还丹阶段，所谓“锻炼”，就是以时采取坎中真阳，以离中真阴迎取，以真意固封土釜。日积月累，满足先天遗失之数，结为“还丹”。刘一明在《修真辨难》中讲：

盖人自阳极生阴之后，日复一日，阴剥其阳，先天之气消化，分数大缺。还者，以法追摄，渐采渐收，复其本来原有之数，如物已失而复得，已去而复还，此还丹也。

在大丹阶段，以真火锻炼“还丹”，使其“铅气”飞尽，变为干汞；然后，以内在的真汞迎取外在真铅，成就“大丹”。刘一明在《修真辨难》中讲：

还丹，坎中之铅，离中之汞，是后天中所藏先天之铅、汞。将此铅、汞返出，是谓还丹，又曰金丹，又曰真种，又曰真铅。点一己之阴汞，如磁石吸铁。此汞即离内七般朱砂。汞得铅气，霎时而干。后用已死之真汞中天然真火，温养十月，抽添运用，铅气片片飞浮而去，只留得一味灵砂。纯阳无阴，法身成矣！②

“大丹”结就之后，锻炼则纯用“空寂无为”之法。他在《修真辨难》中讲：

到得大丹凝结以后，不待空寂而自空寂，方可绝俗脱尘。不应世事，行九年面壁之功，以期超脱也。③

二、黄元吉及其丹法

黄元吉是晚清清净丹法的代表人物之一。他的丹道思想、理论与方法主要

① 《象言破疑》卷下，载《藏外道书》第8册，第181页上下。
② 《修真辨难》卷上，载《藏外道书》第8册，第475页下。
③ 同上，第478页下。

体现在《道德经讲义》《乐育堂语录》《道门语要》中。当代丹道学者、丹道家陈撄宁先生评述黄元吉的丹法讲："理与诀并重。学者先明其理，而后知其诀乃无上妙诀，与旁门小术不同。"① 黄元吉的丹法来源不详，其著作主要由弟子辈辑录而成。黄元吉丹法在传授和流传过程中，逐渐形成了乐育堂丹法流派。也有学者认为，黄元吉丹法强调"玄关一窍"，属于中派②，而"中派并非教团，亦非金丹内炼派系，乃后来内丹炼师将接近中派学说及丹功功法，列在一起，称曰中派，实际都是北派南派的改革者，自行著书立说并传徒而已"③。

（一）黄元吉生平

历史上有两位黄元吉，一位是元朝的净明道道士，一位是晚清时期隐修的丹道家。

元代的黄元吉，字希文，号中黄先生，是元朝净明忠孝道的嗣教祖师，今江西三城人，生于南宋咸淳七年（1271），卒于元泰定二年（1325），世寿五十五岁。羽化后，弟子将其火化，葬其遗剑于西山。元代《净明忠孝全书》中有《中黄先生碑铭》，可见其生平。

清代的黄元吉，名裳，字元吉，也是江西丰城人，是一位由儒入道、隐修的丹道家，生平未详，大概于道光年间开始在四川自贡、富顺等地设馆（乐育堂）讲授内丹修炼之学。黄元吉弟子在《乐育堂语录·黄元吉先生语录序》中讲："先生自丰城应运而来，设帐于兹十有余载，每于注《醒心经》《求心经》《道德经》之余，辄与及门讲究性命双修之理、天人一贯之原。"④ 龙腾剑在重刊《乐育堂语录》跋中讲："是书成于道咸年间。"⑤ 萧天石在《乐育堂语录序》中讲："惟讲授是书时，则适在前清道咸年间，听道者不下数千人。"⑥ 另据《道德经讲义》，黄元吉自序时间是光绪十年（1884），与"设帐于兹十有余载""是书成于道咸年间"合起来推算，黄元吉在四川讲学的时间大概在道光、咸丰、光绪年间。

黄元吉的丹法渊源及其师承不详。从其丹法讲究"阳生""药物""火候""性命""玄关"等来看，应属于南宗清净丹法。

---

① 《中华仙学养生全书》，第 92 页。
② 萧天石说："丹道中派以玄关一着为最要。"《道家养生学概要》，第 130 页。
③ 《内丹养生功法指要》，第 19 页。
④ 《道德经讲义·乐育堂语录》，第 211 页。
⑤ 同上，第 11 页。
⑥ 《乐育堂语录序》，载《道藏精华》第 28 册，第 1 页。

（二）黄元吉的丹道理法

根据《乐育堂语录》《道德经讲义》，黄元吉丹法的理论与技法主要体现在“阳生”“药物”“火候”“性命”“玄关”等方面。

1. 阳生

黄元吉认为“阳”是丹道的根基，“阳生”为炼丹之要。《乐育堂语录》卷二之二十四讲：

> 炼丹之道，皆以一阳肇端。究竟阳何处寻？在生身受气之初。又何时采？在息息归元之候。吾言混沌中一觉，即人生身之始，所谓一阳来复见天心也。①

《乐育堂语录》卷一之二讲：

> 尤要知人有阳则生，无阳则死。……诸子从此悟得，方知阳即道，道即虚无自然。②

在《乐育堂语录》中，黄元吉还在多处讲解“阳生”方法，主要有两种：一是洞虚观本；二是存义去私。“洞虚观本”如《乐育堂语录》卷一之七讲：

> 下工之始，神游太虚，洞观本窍，则以虚合虚，而心明性见，随时俱在，不待真阳生也。……盖实者虚而虚者实，要皆一阳之气自然造化于其中。③

“存义去私”如《乐育堂语录》卷一之二讲：

> 诸子谈及阳生之道，已非一端……举凡日用常行，或尽伦常孝友，或怜孤寡困穷，一切善事义举，做到恰好至当，不无欢欣鼓舞之情，此皆阳生之候。……又或读书诵诗，忽焉私欲尽去，一灵独存，此亦阳生之一端也。又或朋友聚谈，相契开怀，忽然阳气飞腾，真机勃发，此亦阳生之一道也。更于琴棋书画，渔樵耕读，果能顺其自然，本乎天性，无所求亦无所欲，未有不优游自得、消遣忘情者，此皆阳生之象也。总要一动即觉，一觉即收，庶几神无外慕，气有余妍，而丹药不难于生长，胎婴何愁不壮旺？即或不至成仙，果能持守不失，神常返乾穴中，气时归于炉内，久久真阳自发生矣。④

① 《乐育堂语录》，第90页。
② 同上，第3—4页。
③ 同上，第11页。
④ 同上，第3页。

从丹道的角度讲，“阳生”即是“药生”，要依法采取。《乐育堂语录》卷二之二十四讲：

> 诸子须知阳生有象，一经采取煅炼，浑化为无，如此之无，即虚无清净之药，结虚无清净之丹是，是即未生身处一轮明月也。①

2. 药物

黄元吉认为“药为真一之气”，他讲：“夫真药，即先天真一之气。其在后天，即元精元气，所谓真阴真阳形而为真一之气也。是即凡息停而胎息动，真津满口，即验元精之产也；周身踊跃，即见元气之动也；此时清静自然，美快无比，即真一之气藏于个中矣。”②

黄元吉把药物分为“小药”“大药”，又分为“外药”“内药”。黄元吉把初生的真阳，称为“小药”；把“一阳初动”称为“小药生”。《乐育堂语录》卷四之十五讲：

> 第思真性之生，只在俄顷，但于发动之际，浑浑沦沦，无渣滓，无念虑……但其始也，天性之自动，气机之偶萌，亦觉微微有迹，不大现相耳，吾教所以名为小药生，又曰一阳初动。③

黄元吉把气机旺盛的真阳称为“大药”，把“真阳大动”称为“大药生”。《乐育堂语录》卷四之十五讲：

> 吾教谓之真阳大动，又曰大药发生。以其实有可拟，故曰真阳；以其气机之大，不似以前之微动，故曰大药。④

黄元吉认为“内药，吾身之元气也。外药，即太虚中之元气也”⑤。《乐育堂语录》卷二之十八讲：

> 人能静定半时，了照气机，自然药归炉鼎，而升降上下，为内药矣。虽然名为内药，其实皆一气也，不过在外时，纯是天然一气，及引之入内，则

① 《乐育堂语录》，第 58 页。
② 同上，第 96 页。
③ 同上，第 173 页。
④ 同上，第 173—174 页。
⑤ 同上，第 110 页。

有后天之精气神在，稍不同耳。①

黄元吉认为，“内药”与“外药”合一，元神与元气合一，就是真药灵丹。《乐育堂语录》卷三之十四讲：“夫虚也、漠也，即神气混而为一，返还于先天浑沦一气时也，即此是真药，即此是灵丹，别无他物以为药为丹也。”②

“药”生即需采取。黄元吉认为，采“小药”和采“大药”的方法是不同的。采“小药”用“外呼吸之气”，采“大药”纯用“无为”。《乐育堂语录》卷一之十讲：

> 生问进火采药，在后天原是两项，不是一事。……采药是用外呼吸之气，一升一降，一出一入，顺其自然是也。若阳动药生之时，即将内之精神，一意凝于丹鼎，即是进火；将外之呼吸出入升降以包裹之，即是采药。进火是进火，采药是采药，不可混而为一也。……他如采大药于无为之内，行火候于不动之中，此是火药合一，进采无分。③

采“药”之时，还要注意“药”的老嫩。何为嫩？黄元吉讲：

> 斯亦有药嫩药老之说。何谓嫩？如未混沌，斯为无药。若已混沌，未能使神气融和，混化为一，即便去阴跷采取，斯为药嫩，不堪入炼。

何为老？黄元吉讲：

> 若混沌一觉，我不能辨认清白、即时提摄，待至一觉之后又复觉及他事，一动之后又复动而外驰，斯为药老，更不可用。

黄元吉进一步讲：

> 若气阳生，药物之老嫩又在何时？盖从此精生，摄之而归，与我离宫灵液两相配合，斯时神入气中，气周神外，其始神与气犹有时合时分之状，不能合为一区——神即离宫之神火，气即坎中之神水——迨至神与气融成一片，宛转于丹田中，悠扬活泼，吾身灵气与天地外来之阳气不觉合而为一，此即气阳生，玄牝现象，所谓“天地相合，以降甘露”，露即外来灵阳之气是。此时须从混沌中一觉，方是水源至清，不染纤尘，于此采取，斯为二分火炼二

① 《乐育堂语录》，第 81 页。
② 同上，第 127 页。
③ 同上，第 15—16 页。

分新嫩之水，正是药苗新生，又谓“离喷玉蕊，坎吐金英”，是二家交媾而成丹。否则，未能大静，无以为大定也。若未到玄牝大交而采，是为药嫩。既已大交，犹不急采，则新生之灵气已散，是为药老不堪用。①

3. 火候

黄元吉把火候分为“武火”“文火”“沐浴之火”“封固之火”。《乐育堂语录》讲：“修炼之术，别无他妙，但调其火候而已。夫炼丹有文火，有武火，有沐浴温养之火，有归炉封固之火。此其大较也。”②

黄元吉认为，“武火”用于下手之初，一是用意专注，二是注重节度。“文火”则用于神气略交、尚未纯熟之时，与“武火”的区别在于，一是用意轻微，二是不拘于时间度数。《乐育堂语录》卷一之十八讲：

夫武火何以用、何时用哉？当其初下手时，神未凝，息未调，神气二者不交，此当稍著意念略打紧些，即数息以起刻漏者，是即武火也。迨至神稍凝，气稍调，神气二者略略相交，但未至于纯熟，此当有文火以固济之，意念略略放轻，不似前此之死死执著数息，是即文火也。③

至于“沐浴之火”，黄元吉认为意在温养，卯时沐浴，注重养阳；酉时沐浴，注重养阴。《乐育堂语录》卷一之十八讲：

至于沐浴有二。卯沐浴，是进火进之至极，恐其升而再升，为害不小，因之停符不用，稍为温养足矣。此时虽然停工，而气机之上行者，犹然如故。上至泥丸，煅炼泥丸之阴气，此其时也。况阳气上升，正生气至盛，故卯为生之门也。酉沐浴，是退符退之至极，恐其著意于退，反将阴气收于中宫，使阳丹不就。学人至此，又当停工不用，专气致柔，温之养之，以俟天然自然。此即为酉沐浴也，昔人谓之死之门是，是即吾所谓收敛神光，落于绛宫，不似卯门之敛神于泥丸也。然此不过言其象耳，学者切勿泥象执文，徒为兀坐死守之工夫焉。④

至于“封固之火”，是出于“无心无意”，主要用于阴阳交结、温养丹头。《乐育堂语录》卷一之十八讲：

① 《乐育堂语录》，第 152 页。
② 同上，第 29 页。
③ 同上。
④ 同上，第 29—30 页。

至归炉封固，此时用火无火，采药无药，全然出于无心无意。其实心意无不在也，此即玄牝之门现其真景。然而此个工夫，非造到火候纯熟之境，不能见其微也。尔等从此勤修不怠，不过一月之久，可以息凡气而见胎息，到得真意生时，胎息见时，自然阴阳纽成一团，气畅神融，药熟火化，有不期然而然者。①

黄元吉还把“火”分为“凡火”“真火”。“凡火”有两种，一为“气性”之火，二为“有形之息”。“真火”则有多种说法，如“真性”之火、“先天真火”、“先天神火”等，实质都是“真性”之火。黄元吉认为讲：

火何在？心中之性，性即火也。然性有二：有气性，有真性。气性不除，则真性不见，仍不免事物之应酬，一时烦恼心起，化为凡火，热灼一身，而真性为之消灭焉。故炼丹者，第一在凝神。凝神无他，只是除却凡火，纯是一团无思无虑、安然自在之火，方可化凡气而为真气也。诸子打坐，务将那凡火一一消停下去，然后慢慢的凝神。如此神为真神，火为真火，然后神有方所。②

黄元吉认为，“凡火”伤身或伤丹。黄元吉讲：

近日诸子用工修炼，第一要调得外呼吸均匀，无过不及，一任出玄入牝，如如自如，可开则开，可闭则闭，为粗为细，略加收敛调协之意足矣。切勿气粗而按之至细，气浮而按之使敛，致令有形凡火烧灼一身精血可也。……无息之息，方为真息，不神之神，斯为至神。学者调息凝神之际，务要寻得真息，认得真神，斯可混合为一。否则，有形之息，皆凡火也。真火生神，凡火伤身，真神可作主张，凡神骚扰不宁。③

但黄元吉认为“凡火”并非毫无用途，若能与“真火”配合，则可以起到“祛逐一身之风寒暑湿”的效果。《乐育堂语录》卷一之十一讲：

修行人以无形之真火为用，而外面呼吸有形之火非谓全然不用，不过如铁匠之风扇吹嘘于外，周遭包裹，以卫中间神息而已。吾恐诸子未明用火之道，故将呼吸有形之凡火，与先天无形之真火，相提并论，以免妄采妄炼。

① 《乐育堂语录》，第 29—30 页。
② 同上，第 6 页。
③ 同上，第 17 页。

然外边呼吸凡火，与丹田中悠扬活泼神火，未必划然二物，犹烛照之火，无非成形后天之火，丹田外之呼吸是也。烛未燃之时，油中亦自有火，此即先天之神火，未经燃点者。采此神火，可以千万年不朽。若采凡火，顷刻而即消灭。此可观其微矣。愿诸子闲时打坐，用此有形之火祛逐一身之风寒暑湿，复用此无形之火煅炼此身之渣滓阴霾，而金丹可成矣。①

4. 性命

黄元吉认为，“性”为“先天之心”，“命”为“太和一气”，强调性命双修。《乐育堂语录》卷一之五讲：

> 夫先天之心即性，先天之性即虚无元气，要之，一虚而已矣。人自有生后，气质之拘，情欲之蔽，恩爱之缠，此心之不虚者久矣。气为心使，精为神役，驰逐妄游，消耗殆尽。此学人下手兴工，所以贵凝神调息也。盖神不凝则散，散则游思妄想迭出，安能团聚一区以为炼丹之主帅？惟能凝则一，一则虚。我心之虚，即本来天赋之性；外来太空之虚，即未生虚无之性。息不调则放，放则内而脏腑、外而肌肤，无非一团躁急之气运行，欲其凝聚一团而为我造命之本，盖亦难矣。惟能调则平，平则和。我身之和，即我生以后受天地之命；太和一气，即未生以前悬于天地之命。此即真性真命，与天地人物合而不分之性命，亦即神仙造而为神仙之性命也。②

黄元吉性命双修的理念与北宗丹法非常契合，均提倡先以性立命、后以命了性。他讲：“性命双修之学，非独吾道为然，即三教圣人亦莫能外。始以性立命，继以命了性，终则性命合一，以还虚无之体，尽矣。”③ 黄元吉把性命双修的方法也讲得十分清晰。《乐育堂语录》卷一之二十六讲：

> 离外阳而内阴，坎外阴而内阳，外者假，内者为真。……若但离宫修定，不向水府求玄，则离宫阴神犹是无而不有，虚而不实……故曰：“修性不修命，万劫阴灵难入圣。”又有只知炼命者，但固守下田，保养元精……然气未归神，神未伏气，有时念虑一起，神行炁动，仍不免动淫生欲，故曰：“修命不修性，犹如鉴容无宝镜。”必也性命双修……用上上乘法，行五龙捧圣之工，自虚危穴起，上至泥丸，降下丹田，所谓“四象攒来会中宫，何愁金丹

① 《乐育堂语录》，第18页。
② 同上，第7页。
③ 同上，第41页。

不自结”者，此也。①

5. 玄关

玄关也称为玄牝，是丹道核心概念之一，历来为丹道家所秘。黄元吉却对玄关有详细的论述。就玄关之本体来讲，黄元吉认为：

> 吾言玄关一窍，是虚而灵者之一物，才能了生死、脱轮回，为亿万年不朽之法身。从此体会出来，务令干干净净，精莹如玉，不使纤芥微尘染而坏之，即是仙家。②
>
> 夫玄关一窍，是吾人炼道丹头，勿区区于大定大静中求。……可见学人修养之时，忽然静定，一无所知所觉，突起知觉之心，前无所思，后无所忆，干干净净，即乾元一气之本来面目也。……昔南极仙翁示鹤腥子，真元心体，实自玄关一窍寻来，动静与俱，随时皆有，但非感动，无以觉耳。试有人呼子之名，子必应之曰“有”。此一应是谁？虽曰是口，然主宰其应者，是真元心体也。是一应间，直将真元心体凭空提出与人看，真善于指点者也。是知知觉不起时，万境皆灭，即呼即应，真元显露，方知此心不与境俱灭；知觉纷起时，万境皆生，一呼一应，真元剖露，方知此心不与境俱生。以此思之，知觉不起时，心自若也，知觉纷起时，心亦自若也，以其为虚而灵也，虚则有何生灭哉！③
>
> 玄关一窍，实在神冥气合，恍恍乎入于无何有之乡、清虚玄朗之境。此时心空似水，意冷于冰，神静如岳，气行如泉，而初不自知也。惟其不知有神，不知有气，并不知有空，所以与太空之空同。④

就玄关的功用，如“精生之玄关”“气生之玄关”“心之玄关”“肾之玄关”。黄元吉讲：

> 若论玄关，不止一端，如炼精化气之时，则有精生之玄关，炼气化神之时，则有气动之玄关。此等处亦不可不明。何谓精生之玄关？如下手打坐，即便凝神调息，到得恍惚之间，神已凝之，息已调了，斯时一点真精即藏于阴跷一穴之处。我从混沌一觉，急忙摄取阴跷之气归于中黄正位，与离中久积阴精煅炼为一。……迨至神与气融成一片，宛转于丹田中，悠扬活泼，吾身灵气与天地外来之阳气不觉合而为一，此即气阳生，玄牝现象，所谓“天

① 《乐育堂语录》，第43—44页。
② 同上，第12页。
③ 同上，第9—10页。
④ 同上，第14—15页。

地相合，以降甘露”，露即外来灵阳之气是。此时须从混沌中一觉，方是水源至清，不染纤尘。①

他若玄关一窍，并无形色可窥，亦非心肾之气两相交会，始有其兆。但心有心之玄关，肾有肾之玄关，不经道破，不成佳谛。始而以性摄情，忽然肾气冲动，真机自现，此肾之玄关也。继而以情归性，忽焉心神快畅，气机大开，此心之玄关也。②

综上所述，黄元吉的丹法属于清净丹法，兼有南北二宗丹法之长，也吸收了阴阳丹法的一些口诀，运用于清净丹法之中。黄元吉的丹法主要围绕阳生、药物、火候、性命、玄关等概念和理论展开，其中包含有明确的炼养技法。若就其理论与技法的逻辑一致性来看，与前辈的清净丹法相比，尚有商榷之处。但无论如何，黄元吉丹法是晚清以来颇有名气的清净丹法，《乐育堂语录》可谓清净丹法另一代表之作。

三、赵避尘及其丹法

赵避尘是丹道史上第一个结合近代人体解剖学来说明丹法诀窍的丹道家，也是近代著名的丹道家之一。

（一）赵避尘生平

赵避尘，原名顺一，又名金雕，道号一子，自号千峰老人，生于清咸丰十年（1860）七月（夏历），今北京市昌平区阳坊镇人。

赵避尘和历史上的许多丹道家一样，是因病而开始修炼丹道的。清光绪九年（1883），二十四岁的赵避尘因患病入道，拜全真南无派刘名瑞为师，开始学习丹道。同年，赵避尘又拜刘云普为师学习武术，后来成为镖师。光绪十六年（1890），赵避尘弃镖从政，负责京杭运河的盐税。在盐税任上，赵避尘广泛参学。赵避尘讲：

自幼年好玄学，遍访名师数十年，所遇真、伪师不下三十余位。个中苦味，迨已遍尝。求师之难，可谓极矣。然无昔年之苦，焉能今日出头得见道德高尚之人乎？凡求真道者，投一位师不成，非得多师相互印证不知真伪。余投三十余师，知性命双修者，只五六位耳。无怪乎金仙大道，知之者甚少。③

---

① 《乐育堂语录》，第152页。
② 同上，第220页。
③ 《性命法诀明指》，载《藏外道书》第26册，第1页下。

在赵避尘师从的丹道家中，对其影响最大的是金山寺的了然禅师、了空禅师，这是两位隐于佛门的丹道家。

民国九年（1920）五月，了空禅师开许赵避尘创建新的丹道流派。了空禅师讲：

> 余北平人也。因世界传伪道者众，外访弟子数年。后至光绪廿一年三月十三日，在金山寺遇赵避尘，收为度外弟子。至民国九年，授与天命，传人用白话，以彼明白为目的。①

民国十七年（1928），赵避尘秉承师命开建千峰派，自号千峰老人，开始传法。传法期间，赵避尘秉承师训，不择贵贱，普传丹法，受益者良多。据说赵避尘生前有弟子两千余人，涉及社会各个阶层。由此可知，赵避尘为普及丹道做出了重大贡献。

民国三十一年（1942），赵避尘羽化于家乡阳坊镇，世寿八十三岁。赵避尘的留世著作有《性命法诀明指》《卫生性理学》《内秘法要》《三字法诀经注》等，其中部分著作被翻译成多国文字，在西方广泛流传。

（二） 赵避尘的主要丹道思想、 理论与技法

在丹道史上，赵避尘是首位用白话传诀、用解剖学知识说明丹法的丹道家。赵避尘的这种尝试，给丹道的理论构建、技法发展开辟了新领域，也形成了千峰派丹法的主要特色。

1. 指导思想

与传统相比，赵避尘的丹道思想突出三个重点：一是公开丹法诀要，普传大众；二是注重从肉体层面解释丹法；三是注重阳神的显形化相。

赵避尘一改传统的秘授方式，在社会上普传丹法。当时，中国正处于半封建半殖民地状态，现代教育在中国已经开办，白话文运动已经兴起。赵避尘的师父了空禅师，审时度势，要求赵避尘采用白话传授丹诀，以学者听明白为准，目的是增进大众健康、救亡图存。赵避尘秉承师训，普传丹诀，先期度弟子八百人，后又度弟子千余人，前后共度弟子二千余人。赵避尘讲：

> 民国九年五月，在京北平西府铺内得受了空师天命，命余普度弟子八百位，传千峰先天派。不可用文言书面语传人，白话口诀教人明白为目的。亲

① 《性命法诀明指》，载《藏外道书》第26册，第1页上。

赐法卷，内有戒律十条为证。……道者人人有分，位位可得。大则成仙佛，小则延年寿，不可吝惜。①

赵避尘在普传丹法时，尝试从人体解剖学的角度讲述丹法诀窍，这是一个创新。当时，西方医学和人体解剖学知识已经在中国传播。在这种背景下，赵避尘运用人体解剖学知识说明丹法诀窍，以利于普传丹道。例如，赵避尘在说明“玉鼎”“金炉”的位置时讲：

玉鼎正在大脑中心，内藏一胞，为先天真性所居之处，即元神室也。两边各有一管，联于眼珠，复下通心，故曰：性者，心也，发于二目。又曰鼎内存性，鼎原无鼎，真气发时，与性合一，方为玉鼎之名。又曰脐下一寸三分，前七后三正中心处曰真气穴，所指“前对脐轮后对肾，上有黄庭下关元”，中空之一穴，又名金炉。炉内存命，故曰：命者精也，发于淫根。炉原无炉，精生气发则为炉。血液至此管，变化为阴精，亦即生精之所也。②

赵避尘还引用金山派丹道家谭至明的话，从肉体层面来解释性命。原文为：

谭至明老师曰：“头正中是性，丹田中是命。”③

赵避尘自己也讲：

脑蒂中心上顶有一泡，乃人真性所居之地，又为灵魂灵觉，微受损伤，当时一语不发，气断身死。应于此处特别注意，即祖窍内之真性也。④

赵避尘的这种尝试，对丹道普传具有重要意义。

与传统丹道家相比，赵避尘更加全面、详细地公开了丹法诀要，特别是关于最后“超脱”的丹诀。在丹道传统中，非常注重“超脱”。丹道家超脱后的生命形态，称为“阳神”。“阳神”聚则成形、散则为炁。具体“超脱”的办法，在钟吕派与华山派中，都有秘密传授。赵避尘秉承了空禅师的训诫，将凝炼阳神之法也公布出来。赵避尘讲：

这金液真种不易得之，神在真炁穴内，发生黄芽，能开花结果。这开花，

---

① 《性命法诀明指》，载《藏外道书》第26册，第1页上。
② 《性命法诀》卷二《玉鼎金炉》，载《藏外道书》第26册，第15页下。
③ 同上，第21页上。
④ 《性命法诀》卷四《采外药诀》，载《藏外道书》第26册，第32页下。

即是目前见的慧光，为开花。花中有雌蕊、雄蕊，雌雄蕊一合，即能结果。若不会雌雄和合，结不了果，开谎花，即是幻丹。雌蕊者，即是性炁发生慧光；雄蕊者，即是命炁发生金光。三光一合，由中生出有形之胎，名为结果。①

在《性命法诀明指》中，赵避尘还公布了养胎、出神、调神等法诀。这说明，赵避尘把千峰派的全盘法诀要领皆已公布。

从整体上讲，赵避尘以普传丹诀为其指导思想，以大众强身健体为目的，以白话的方式公布了全部丹诀要领。在传授和说明丹诀时，赵避尘结合人体解剖学知识对传统丹诀进行了发展和创新，这是一个进步的尝试。就其丹道本身的指导思想来说，赵避尘主要继承了伍柳派仙佛合宗、性命双修的纲领。这一思想在前面章节已经阐述，此处不赘。

2. 理论体系

性命双修，由后天性命返还先天性命，是赵避尘构建的主要丹道理论体系。赵避尘认为，先天性命，寓于太极之中。《性命法诀明指》讲：

原此○即太极也，父母因一念，而有我身，未有此身，先有此○，则性命实寓其中。②

人出生后，先天性命化为后天性命，则分居于身体的不同部位。真性是先天真一之气，居于脑内气胞之中，前通于两目，下通于心。命精居于腹中气穴，下通淫根。《性命法诀明指》讲：

在母腹时双手抱耳，目并膝曲，口鼻无有呼吸，全以母之呼吸为呼吸，母之性命为性命，不吃食物。渐生长，惟此脐带联于母腹，十月气满胎圆，直与瓜熟蒂落无异，而降生之期至矣。既落生后，身软如绵，其象属坤。脐带一剪，先天祖气立断，迫不得已，囫的一声，后天之气，遂由口鼻进入；从兹两眼分开，舌亦不接任督二脉，性带气上移于心，命带气下入于肾，相距八寸四分，元神失位，识神主事；自少而壮，壮而老，老而呜呼，性命不能合一。③

赵避尘还认为：

玉鼎正在大脑中心，内藏一胞，为先天真性所居之处，即元神室也。两

① 《性命法诀》卷十三《采大药过关》，载《藏外道书》第26册，第109页上。
② 《性命法诀》卷二《玉鼎金炉》，载《藏外道书》第26册，第18页上。
③ 同上，第18页上下。

边各有一管，联于眼珠，复下通心，故曰：性者，心也，发于二目。又曰鼎内存性，鼎原无鼎，真气发时，与性合一，方为玉鼎之名。又曰脐下一寸三分，前七后三正中心处曰真气穴，所指“前对脐轮后对肾，上有黄庭下关元”，中空之一穴，又名金炉。炉内存命，故曰：命者精也，发于淫根。炉原无炉，精生气发则为炉。血液至此管，变化为阴精，亦即生精之所也。

以上资料说明，赵避尘认为先天性命就是一“〇”（太极），后天性命在胎儿出生之后，“性带气上移于心，命带气下入于肾”。

在解释性命的基础上，赵避尘提出了性命双修的思想。所谓“性命双修”，就是把居于脑中（玉鼎）的真性，合于腹中（金炉）中的精气。赵避尘在《性命法诀明指》中讲：

吾今详细言之：盖眼睛部位虽分两边，其根则一。总得眼睛转动，斗柄之机斡旋。左眼属东为木性，右眼属西为金性。木性转西爱金，金性转东恋木，此为金木交并。脑气筋因感受混合，遂发涨而归一，引入脑髓内泡，将采得外药化为保命真炁，收归我有，即是命归性真功。和而为一，才是性命双修之大法。①

赵避尘讲：

和者，心中阴气能和肾中阳气，阴气得阳气，则有安心立命之所。合者，肾中阳气承受心中阴气，则自敛收坚固其体。凝者，是凝神之法，二目和合归并一处。集者，下照坤脐，肾中真命，自然集合一处。此即性命双修、养神养气之法。②

以此资料来看，与传统丹道相比，赵避尘对性命双修的解释也有自身特点。

在不同的修炼阶段，赵避尘对性命的解释也不同。在《性命法诀明指》中，赵避尘指出，经过前六步的修炼，生出一“〇”，此即是真性。《性命法诀明指》讲：

此〇是前六步大功，炼成这个先天祖气，是精气神上升之光也，现于祖窍之前，无的可说，强名曰道。③

---

① 《性命法诀》卷六《采内药诀》，载《藏外道书》第26册，第45页下。
② 《性命法诀》卷二《玉鼎金炉》，载《藏外道书》第26册，第18页下。
③ 《性命法诀》卷七《翕聚祖炁》，载《藏外道书》第26册，第53页下。

> 法身者，即前六步炼出先天真一之气，为我之真性。玄关由无极而太极，生出此○，是我自已真性。①

《性命法诀明指》又讲：

> 欲修大道者，理无别诀，无非神炁而已。神即是性，炁即是命。神从炁化，炁从精生。欲望成其道者，先当保守炼其精。精满然后炁生，以炁养精，精足成为舍利子。丹经道书，千名万喻，不能出性命。除此性命之外，都是诓哄愚迷之进门耳，任尔千变万化说法。不知炼精化炁，炁化养神，神足还虚，通是傍门外道，要学者细悟耳。②

后天性命经过锻炼，返还先天，结成“道胎”。此“道胎”经温养、运炼之后，成为阳神。《性命法诀明指》讲：

> 二炁者，一是性内先天真一性炁，其光是月华之光。二是命内先天真一命炁，其光是黄金之光。二光交合，能化生道胎。③

《性命法诀明指》又讲：

> 夫胎中定力，在乎一念之诚。弥历十月之胎，必要念念在胎，非是口心之念，念住、息定之定念。而后胎圆足满，自有雪花飘飞之景到。④

又讲：

> 尔修道也，修的是先天祖炁，炼的也是祖炁，成道成的也是祖炁。天下万物也是炁生的，人也是父母祖炁所生。万物有炁则成，无炁则坏。人有祖炁则生，无祖炁则死。尔将祖炁修得圆圆陀陀，百尺竿头再进一步，将周身大小窍炼得光明，为有阳关一窍，不可发光明。须得再进一步，炼得通身神火化成先天祖炁，成为这个○。聚者能成元身，散者能成空气。⑤

综上所述，赵避尘把先天性命称为“道”，把寓于脑中气胞的性、身中炁穴的命称为后天性命。赵避尘认为，先天真一之炁就是“○”，先天性命浑然一

① 《性命法诀》卷七《翕聚祖炁》，载《藏外道书》第26册，第54页下。
② 《性命法诀》卷十一《灵丹入鼎》，载《藏外道书》第26册，第88页下—89页上。
③ 《性命法诀》卷十四《婴儿显形》，载《藏外道书》第26册，第112页上。
④ 《性命法诀》卷十五《出神内院》，载《藏外道书》第26册，第115页上。
⑤ 《性命法诀》卷十六《虚空显形》，载《藏外道书》第26册，第121页上。

体，就藏于“〇”中。人出生之后，随着口鼻开始呼吸，浑然一体的性命分开。性的真炁居于脑中炁胞，命的真炁藏于腹中炁穴。人若不知修养，则二炁逐欲消耗、最终散尽。若按照一定的方法修炼，则能和合凝集二炁，使得性命团圆，还复为“〇”。此“〇”灵光，经一定技法锻炼，形成“道胎”。此“道胎”经过温养，逐渐能够出神，以达到身外有身的阳神境界。末后，虚空粉碎，最终达到“聚者能成元身，散者能成空气”的目的。和合后天性命返还先天性命之“〇”，就是赵避尘丹法理论的纲要。

3. 具体方法

在完成后天性命返还先天性命的过程中，赵避尘设计了四个部分、十六个步骤的丹法。

四个部分是：下手之法，炼精化炁；转手之法，炼炁化神；了手之法，炼神还虚；撒手之法，炼虚合道。赵避尘讲：

> 余前著炼精化气，是下手之法，炼气化神是转手之法，炼神还虚是了手之法，又炼虚合道为粉碎，是撒手之法也。是由渐法而入顿法，由有为而入无为，由不空而入真空。①

十六个步骤是：

> 初步：垂帘冥心守祖窍，手脚和合扣连环。二步：气安炉鼎前后转，无孔双吹收元精。三步：开通八脉炁血走，手脚麻木气通行。四步：下手采药六候转，巽风橐籥沐浴中。五步：日月合并渣滓出，文火温养要七成。六步：进阳三六由左转，退符二四性光生。七步：翕聚祖气收光法，送归土府神炁凝。八步：心肾相交真炁动，坎离交媾丹田温。九步：四个吸呼法轮转，若用口鼻道不真。十步：龙虎二穴收精气，舌接任督转法轮。十一步：灵丹入鼎吞入腹，虚室生白百脉停。十二步：龙吟虎啸温养丹，片时黄芽白雪生。十三步：止火采药过大关，五龙捧圣吸撮闭。十四步：提到中宫养圣胎，真空炼形慧光生。十五步：胎足念动朝元法，二光合一中显形。十六步：身外有身不为奇，虚空粉碎归这个〇。②

在赵避尘的著作《性命法诀明指》中，后天性命返还先天“〇”的具体方法有多种，主要可分为：内视、呼吸、点窍、撮关、结胎、养胎、出神等；又

---

① 《性命法诀》卷十六《虚空显形》，载《藏外道书》第26册，第123页上。

② 同上，第125页下—130页上。

可分为和、合、凝、集四大类。《性命法诀明指》中记载：

> 和者，心中阴气能和肾中阳气，阴气得阳气，则有安心立命之所。合者，肾中阳气，承受心中阴气，则自敛收坚固其体。凝者，是凝神之法，二目和合归并一处。集者，下照坤脐，肾中真命，自然集合一处。此即性命双修，养神养气之法。①（《玉鼎金炉》）
>
> 既入后天范围，又非童真元体，将欲守性延命却期，欲化其精，尤须先守其性。久则心中阴气去和肾中阳气，阴气得阳炁，阴凝于阳之所。凡炼气者，须先炼心。心者，识神主事，乃属一团阴气。阴极阳生，方克期于养性续命。阳交于阴，阴得阳性转为命，故曰修性立命，名为和法，即汞来投铅也。心虚身静，肾中阳气承受心中阴气。阳交于阴，阳气得阴气收敛坚固之体，以此有定期之命。阳得阴命转为性，不受造化陶冶，故曰命立性存，名为合法，即铅来投汞也。以守祖窍功法，将心猿意马牢拴在双林树下，得能心虚，无物不容。常凝我之神，则此凝火便入炁穴，名为凝法。而阳气来自虚无，元关立有顿开之机。外阳勃举，速转法轮七次，如其自萎，仍守祖窍，复觉其举；则在心肾地位，目守脐轮，吸气使意在心位，呼气使意在肾位，曾用法轮、无孔笛两种真意取之不得，外形不倒，再辨二候，施用采约法诀。实为集命之方，名为集法。如置之不理，则元关内里之物跃然而出，元气出关化为后天有形之精，纵汝静坐有年，直与未修炼者同，良由不知性命秘旨过耳。若修士本此为标准，则集命之诀得矣。②（《蛰藏炁穴》）

赵避尘还讲述了许多具体方法，可详看《性命法诀明指》。总地来讲，赵避尘的丹道技法非常具体清晰，丹诀步骤连环相扣，使学者下手有法、登道有梯。在当时背景下，赵避尘以平实清晰的风格，不择贵贱，普传丹法，造福大众，这种人品道风，至今稀有，值得尊重！

四、结语

刘一明、黄元吉、赵避尘等三位丹道家的丹法各具特色，相对于传统的丹道，均有所发展和创新。刘一明从“先天一气自虚无中来”入道，以“两重天地、四个阴阳”构建丹道理论，援引阴阳丹道家的理论为清净丹法所用，系统地阐明了先天与后天、上德与下德、外药与内药、彼家与我家、小还与大还等诸多

---

① 《性命法诀》卷二《玉鼎金炉》，载《藏外道书》第 26 册，第 18 页下。
② 《性命法诀》卷八《蛰藏炁穴》，载《藏外道书》第 26 册，第 64 页下—65 页上。

丹道理论与技法，无论在当时还是后世，都产生了较大影响。与之同时稍晚的丹道家闵一得，在读刘一明的《修真辩难》时讲："快哉斯辩！如老吏之定爰书，一字不可移易。取以悬诸国门，孰敢道一否字？即此一篇文，定必升作神仙领袖。"① 黄元吉从阳生、药物、火候、性命、玄关等角度，对丹道的关键诀窍和技法进行了阐释，特别是他对玄关在丹道不同阶段作用的阐释，更见其丹道理论与实践的功底。黄元吉传人较多，至今绵绵不绝。赵避尘秉承师训，结合现代人体解剖学的知识，为了强壮国人的体魄，公开全部的丹道诀要，对丹道普传做出了巨大贡献。相对于刘一明、黄元吉，赵避尘的丹道理论更加明白易懂，下手方法也非常方便，所以，赵避尘传人极多，对当时及今世的丹道影响极大。

刘一明、黄元吉、赵避尘等三人的丹法渊源，虽然与龙门派似乎有着千丝万缕的联系，但无法确切证明其丹法就是源于龙门派。就刘一明的师承来看，蓬头道人、龛谷老人、仙留丈人的丹法渊源都不清晰，其中，对刘一明影响较大的仙留丈人，是师从喇嘛余丈人才修炼成功的。所以，从丹法源流上看，刘一明并非是龙门派，最多有个龙门派道士的身份而已。黄元吉的丹法渊源无法考证，就其丹法的内容来看，更接近于南宗，不似龙门派独重性功的风格。因此，黄元吉无论从丹法渊源上看，还是从其身份上看，都与龙门派无关。赵避尘的丹法，出于柳华阳一系，从其丹法诀要来看，与龙门正宗有极大区别。所以，千峰派与龙门派无关。

从刘一明、黄元吉、赵避尘三人所处的时代来看，时代越晚的丹道家，其丹法创新的内容越多，其传授丹法的方式也更为直接，这是时代潮流所趋。处于民国时期的赵避尘，在传授丹法时，很少涉及丹道理论，更多的是讲丹道技法和诀窍。正是赵避尘打破门规、普传丹法，本着为大众健康服务的宗旨，他的亲传弟子在丹道史上数量才最多，他的丹法在当时也流传最广。这说明，时代的发展，要求丹道家破除门规旧例，用丹法为社会大众的健康服务。从长远来看，丹道家应该把丹道推广到现代科学研究和学科建设的范畴中来，只有这样，才能真正建立起与现代文明相融合的丹道体系。因此，在政治昌明、科学发达、现代教育已经普及的今天，丹道的发展与传播，更应该走出师徒秘授等藩篱，剥离宗教成分，涤荡江湖气息，以开放的胸襟，与现代教育、科学知识融合起来，采用现代科技手段来观察和验证丹道修炼的过程与结果。只有把丹道的精华奉献给社会大众，使其为提高人类生存质量、开拓新的科学领域服务，丹道才能焕发其真正的光彩。

---

① 《古书隐楼藏书》，第 300 页。

第七章

结束语：文化实践、生命体验、科学探索

回顾前书，我觉得非常肤浅，不足以表达丹道历史的厚重。为写作这本书，我准备了多年，期间感慨良多，最打动我的莫过于田园调查。在田园调查中，常于荒村古道，面对断碑残碣，摩挲辨读，每一篇碑文中都透出浓浓的文化传承精神。细观斑驳的碑文，遐想累累的黄卷，感受着“朝闻道，夕死可矣”的情怀，对古圣先贤不由得肃然起敬。这种文化传承精神感召着我，使我这个不精于写作的人鼓起写作的勇气。但是，那传唱千年的丹诗道韵，那薪火相继的道德真传，对于我来说，真是拙笔难描、挂一漏万。我唯一能做的就是尽量用客观的语言，来表达我对古圣先贤的敬仰。

我个人认为，中国传统文化的核心就是“道”，传统文化的主要内容就是探索“道”、诠释“道”、体证“道”、演绎“道”和实践“道”。丹道正是其中的一部分。丹道中包含的人文思想、科学精神，洋洋大观，无法尽述。在结束语中，我将从文化实践、人文思想、科学精神等角度来说明我对丹道发展历史的感悟。

一、丹道源于中国传统的文化实践

中国传统文化的核心是“道”。春秋战国时期是中国思想文化发展的第一个高潮，百家争鸣的一个核心哲学范畴就是“道”。当时较为著名的思想流派，无不以“道”为学术追求的最高境界。老子讲：

孔德之容，惟道是从。①（二十一章）

虽有拱璧以先驷马，不如坐进此道。②（六十二章）

孔子讲：

朝闻道，夕死可矣。③

从中国传统文化的主流来看，无论是道家还是儒家，都是站在积极入世的角度，把“道”融入到“修身、齐家、治国、平天下”的实践之中。老子的《道德经》云：

修之于身，其德乃真；修之于家，其德乃余；修之于乡，其德乃长；修之于国，其德乃丰；修之于天下，其德乃普。

曾子的《大学》讲：

古之欲明明德于天下者，先治其国；欲治其国者，先齐其家；欲齐其家者，先修其身；欲修其身者，先正其心；欲正其心者，先诚其意；欲诚其意者，先致其知。致知在格物。物格而后知至，知至而后意诚，意诚而后心正，心正而后身修，身修而后家齐，家齐而后国治，国治而后天下平。④

既然，中国传统文化中的“修齐治平”是围绕“道”展开的，那么，贯穿“修齐治平”整个过程的纲要就是“修道”。老子讲：

上士闻道，勤而行之。⑤（四十一章）

颜回讲：

夫道之不修也，是吾丑也。⑥

子思的《中庸》讲：

---

① 《老子道德经注校释》，第 52 页。
② 同上，第 162 页。
③ 《论语集注》卷二《里仁第四》，载《四书章句集注》，第 71 页。
④ 《大学章句》，载《四书章句集注》，第 3—4 页。
⑤ 《老子道德经注校释》，第 111 页。
⑥ 《史记》卷四十七《孔子世家第十七》，第 6 册，第 1932 页。

天命之谓性，率性之谓道，修道之谓教。道也者，不可须臾离也，可离非道也。是故君子戒慎乎其所不睹，恐惧乎其所不闻。莫见乎隐，莫显乎微。故君子慎其独也。喜怒哀乐之未发，谓之中；发而皆中节，谓之和；中也者，天下之大本也；和也者，天下之达道也。致中和，天地位焉，万物育焉。①

由此可见，中国传统文化的核心理念是“道”，中国传统的文化实践精神是“修道”。中国传统士子对“道”的探索、认知和体证、实践是从“修身”开始的。以“修身”为中枢，向内则“诚意正心”，向外则“齐家治国”，最终则“功遂身退”② “退藏于密”③。对于士子来说，如果积极入世，就可以“道”兼济天下；如果韬光自处，则能以“道”独善其身。在诚意、正心、修身、齐家、治国、平天下的实践过程中，“道”贯穿于其中每一个环节。孔子讲：“吾道一以贯之。”④ 因此，从表述上讲，中国传统的文化实践是诚意、正心、修身、齐家、治国、平天下；从内在上讲，贯穿中国传统文化实践的核心是“修道”。

中国思想文化在以后的发展历史中，无不秉承春秋时期的精神，执着不懈地追求“道”。但是，中国传统文化并不把“道”脱离于现实或现世的实践，而是鼓励人们用自己的实际行动来探索“道”、诠释“道”、体证“道”、演绎“道”和实践“道”。讲究道统传承、注重文化实践，正是中国传统的文化实践精神，潜移默化地培养着中国人的精神生命。

现代哲学家金岳霖先生对此深有体悟，他讲：

中国底中坚思想似乎儒道墨兼而有之。中国思想我也没有研究过，但生于中国，长于中国，于不知不觉之中，也许得到了一点子中国思想底意味与顺于此意味的情感。中国思想中最崇高的概念似乎是道。所谓行道、修道、得道，都是以道为最终目标。思想与情感两方面的最基本的原动力似乎也是道。成仁赴义都是行道；凡非迫于势而又求于心之所安而为之，或不得已而为之，或知其不可而为之的事，无论其直接的目的是仁是义，或是忠是孝，而间接的目标总是行道。我在这里当然不谈定义，谈定义则儒道墨彼此之间就难免那“道其所道非吾所谓道”的情形发生，而结果就是此道非彼道。不

① 《中庸章句》，载《四书章句集注》，第17—18页。
② 《道德经》讲：“功遂身退，天之道。”
③ 《系辞上》讲：“圣人以此洗心，退藏于密，吉凶与民同患。”
④ 《论语集注》卷二《里仁第四》，载《四书章句集注》，第72页。

道之道，各家所欲言而不能尽的道，国人对之油然而生尊敬之心的道，万事万物之所以不得不由，不得不依，不得不归的道才是中国思想中最崇高的概念，最基本的原动力。对于这样的道，我在哲学底立场上，用我这么多年所用的方法研究它，我不见得能懂，也不见得能说清楚，但在人事底立场上，我不能独立于我自己，情感难免以役于这样的道为安，我底思想也难免以达到这样的道为得。①

丹道正是“修道”的主要实践途径之一②，是中国传统文化实践的重要组成部分。原始丹道是道家人物老子、关尹子、辛文子等人，从身心层面的知觉体验出发，来探索、认知、体证和实践“道”的思想、理论、方法体系。

春秋战国早期的原始丹道，注重理性与思辨，讲究理论体系的构建和具体技法的实践，饱含人文气息，没有神秘色彩。老子在《道德经》中多处讲述原始丹道的理论体系和实践方法，例如：

致虚极，守静笃。万物并作，吾以观复。夫物芸芸，各复归其根。归根曰静，是谓复命。复命曰常，知常曰明。不知常，妄作凶。知常容，容乃公，公乃王，王乃天，天乃道，道乃久，没身不殆。（十六章）

知其雄，守其雌，为天下谿。为天下谿，常德不离，复归于婴儿。知其白，守其黑，为天下式。为天下式，常德不忒，复归于无极。知其荣，守其辱，为天下谷。为天下谷，常德乃足，复归于朴。（二十八章）

老子认为，修道之所以能使人“长生久视”，是因为修道能使人“归根复命”“合道长生”。在老子的《道德经》中，并没有任何神秘色彩。他认为，即使存在神鬼的话，神鬼也无法超出“道”外；人如果能够修“道”有“德”，则能够超越鬼神。老子讲：

以道莅天下，其鬼不神。（六十章）

到了战国末期，方仙道开始兴起。燕齐一带的神仙方士，依托黄帝之名，借用老子“归根复命”“长生久视”的学说，构建神仙长生的思想理论体系，把

① 《论道》，第17页。

② 张广保教授讲：“道家道论蕴含的这种全息思想为后世道教的各种证道方术尤其是外丹术与内丹术的建立奠定了理论基础。正是依据这一思想，道教通过将完整的宇宙或纳入丹鼎（外丹），或纳入人体（内丹），并通过在丹鼎或人体中逆向摹拟宇宙的整个演化程序，最终练就一种特殊的物质形式——丹，并凭借这种凝结宇宙精华的丹实现与道体的契合。”见张广保的论文《原始道家道论的展开：道家形而上的梦论与生死论》。

神仙方术融入了原始丹道。从此以后，丹道实践的目的兼容了“归根复命”与“神仙长生”的两重内涵。

随着历史的发展，原始丹道这一涓涓细流融汇了易理卦象、河洛术数、阴阳五行、汉儒经学、岐黄医道、魏晋玄学、佛教禅观、儒家理学、密宗瑜伽等学术思想，逐渐形成波澜壮阔的局面，演化出钟吕派、华山派、南宗、北宗、中派、三丰派、东派、龙门正宗、西竺心宗、伍柳派、西派、千峰派等丹法流派（见附表四）。

二、丹道发展中的两条思想主线

丹道是一种生命体验。从人文思想的角度看，丹道在发展中包含着两条思想主线，第一条主线即老庄道家的“乘道而为”，第二条主线是方仙道的“神仙长生”。在丹道发展过程中，这两种思想主线长期并存。

（一） 两条思想主线

第一条思想主线，源于老庄道家学说。老子认为，“道”是长久的，只有“乘道而为”，才能“归根复命”“合道长生”。老子讲：

> 致虚极，守静笃。万物并作，吾以观复。夫物芸芸，各复归其根。归根曰静，是谓复命。复命曰常，知常曰明。……道乃久，没身不殆。（十六章）

庄子认为上古传说的“真人”“至人”“神人”“圣人”之所以能够成功，都是“乘道而为”的结果。《庄子·大宗师》讲：

> 夫道，有情有信，无为无形；可传而不可受，可得而不可见；自本自根，未有天地，自古以固存；神鬼神帝，生天生地；在太极之先而不为高，在六极之下而不为深；先天地生而不为久，长于上古而不为老。豨韦氏得之，以挈天地；伏牺氏得之，以袭气母；维斗得之，终古不忒；日月得之，终古不息；堪坏得之，以袭昆仑；冯夷得之，以游大川；肩吾得之，以处太山；黄帝得之，以登云天；颛顼得之，以处玄宫；禺强得之，立乎北极；西王母得之，坐乎少广，莫知其始，莫知其终；彭祖得之，上及有虞，下及五伯；傅说得之，以相武丁，奄有天下，乘东维，骑箕尾，而比于列星。①

① 《庄子今注今译·内篇·大宗师》，第1册，第213页。

庄子的浪漫主义表述，突出的思想不是黄帝“登云天”，而是“乘道而为”的人文思想。

在老庄的思想中没有肉身不死的追求，他更提倡体道合真的精神享受。老子讲：

> 吾所以有大患者，为吾有身，及吾无身，吾有何患?①（十三章）

老子认为肉身的存在，是他的忧患，所以他并不执着于肉身长久。老子又讲：

> 死而不亡者寿。②（三十三章）

老子认为，所谓的长寿，是“身死而道犹存”，“道不亡乃得全其寿”③。对于庄子来讲，更是齐一生死，看淡肉身，认为乘“道”而游才是最大的解脱与自由。《庄子·大宗师》讲：

> 古之真人，不知说生，不知恶死；其出不欣，其入不距；翛然而往，翛然而来而已矣。不忘其所始，不求其所终；受而喜之，忘而复之。是之谓不以心捐道，不以人助天。是之谓真人。④
>
> 彼方且与造物者为人，而游乎天地之一气。彼以生为附赘县疣，以死为决疣溃痈。夫若然者，又恶知死生先后之所在！假于异物，托于同体，忘其肝胆，遗其耳目，反覆终始，不知端倪，芒然彷徨乎尘垢之外，逍遥乎无为之业。⑤

庄子认为，不恋生，不恶死，以生为来，以死为往，超然生死之外，乘“道”而游，才是逍遥真人。

所以，老庄道家强调的是“合道长生”，而非肉身长生。老子与庄子都贬斥过分爱养肉身。老子讲“益生曰祥”⑥，意即有为地增益肉身反而不祥。庄子也讲“常因自然而不益生也”⑦，意即顺应自然之道而不用人为增益。

第二条思想主线，源于战国末期的方仙道。方仙道认为，“长生之道”就是

---

① 《老子道德经注校释》，第 29 页。
② 同上，第 84 页。
③ 同上。
④ 《庄子今注今译·内篇·大宗师》，第 1 册，第 199 页。
⑤ 同上，第 227—228 页。
⑥ 《老子道德经注校释》，第 146 页。
⑦ 《庄子今注今译·内篇·德充符》，第 1 册，第 193 页。

"神仙之道"，目的是肉身不死、神仙长生。然而，神仙之道并非凡人可及，需神仙传授或启示。神仙传授的方式有两种，一是凡夫通过积功累德，感动神仙赐予"不死仙药"；二是追随神仙，学习并修炼"成仙之道"。如《云笈七签》中《玄洲上卿苏君传》记载：

> 先师姓苏，讳林，字子玄，濮阳曲水人也。……涓子者，真人也。既见之，遂授以真诀，告林曰："欲作地上真人，必先服食药物，除去三尸，杀灭谷虫。……若不去三尸，而服药者，谷食虽断，虫犹不死也。……凡欲求真，当先服制虫丸。制虫丸者，一名初神去本丸也。欲作真人，当先服制仙丸。制仙丸者，太上八琼飞精之丹也。夫求长生不死，仙真之初，罔不先服制虫丸，以除尸虫，建长生之根矣。若人腹中有虫，宁得仙乎？形中饶鬼，安得真乎？其虫凶恶，速人之死，故当除之。"①

又如《云笈七签》中《马明生传》记载：

> 马明生者，齐国临淄人也……明生乃随安期先生负笈……二十年中，勤苦备尝。安期乃曰：子真有仙骨，何专恭之甚耶！吾所不及也。遂授以太清金液神丹方，而告之曰：子若未欲升天，但先服半剂。与明生相别而去。……后人怪其不老，遂复服金丹半剂，白日升天。②

由此可知，第二条思想主线，先要有神仙长生信仰，然后感应神仙赐予"长生之道"，感应神仙是得到"长生"的必备条件。

在战国之后，每一个具体的丹道发展历史阶段，两条思想主线是相互交融的。在外丹源流中，第二条思想主线比较凸显；在内丹源流中，两条思想主线在不同阶段凸显程度不同。

（二）外丹凸显的思想主线

两汉三国时期、魏晋南北朝时期、隋唐五代时期，是外丹发展的三个重要阶段，在外丹的传承源流中，充满了神仙色彩。按照炼丹家的传说，炼丹术源于神仙传授，服用外丹的目的是为了成仙。两汉三国时期，著名的炼丹家为李少君、马明生、阴长生、张道陵、左慈等，他们的炼丹术都可溯源于安期生。在西汉时期，炼丹家就认为安期生是一个得道的神仙，住于海上仙山。《史

① 《云笈七签》卷一百零四《玄洲上卿苏君传》，载《道藏》第22册，第704页中下。

② 《云笈七签》卷一百零六《马明生真人传》，载《道藏》第22册，第724页中—726页上。

记·孝武本纪》记载：

> 少君言于上曰："祠灶则致物，致物而丹沙可化为黄金，黄金成以为饮食器则益寿，益寿而海中蓬莱仙者可见，见之以封禅则不死，黄帝是也。臣尝游海上，见安期生，食臣枣，大如瓜。安期生仙者，通蓬莱中，合则见人，不合则隐。"于是天子始亲祠灶，而遣方士入海求蓬莱安期生之属，而事化丹沙诸药齐为黄金矣。

安期生传授李少君、马明生的"金液"丹法，早期只是口头传授。在东汉时期，阴长生将其发展和完善，著成《太清金液神丹经》《黄帝九鼎丹经》。这是历史上最为著名的外丹丹经。《神仙传·阴长生》云：

> 于是阴君裂黄素写丹经一通，封以文石之函，著嵩山；一通黄柜简，漆书之，封以青玉之函，置大华山；一通黄金之简，刻而书之，封以白银之函，著蜀经山；一通白缣，书之，合为一卷，付弟子，使世世当有所传付。又著书三篇，以示将来。

但是，后世得到这些丹经的炼丹家，均自称是通过某种神秘方式获得的。例如，张道陵自称在嵩山石室获得《三皇内文》《黄帝九鼎丹书》及《太清丹经》，左慈称感动神仙而得到《太清丹经》三卷及《九鼎丹经》一卷、《金液丹经》一卷。

由此可知，炼丹家总是自神其说，他们突出的是第二条思想主线。

（三） 内丹凸显的思想主线

从内丹的发展历史来看，在不同阶段凸显的思想主线是不同的，最终两条思想主线合而为一。

在春秋战国时期，以老子、庄子为代表的原始丹道家，强调"归根复命""合道长生"，凸显的是第一条思想主线。

两汉三国时期、魏晋南北朝时期则不同，丹道发展凸显的是第二条思想主线。自战国末期开始，乃至整个两汉时期，易理卦象、河洛术数、方仙道术、黄老道术、阴阳五行、天人感应、谶纬经学、原始道教等富有神秘色彩的思想学说发展起来。丹道家修炼丹道的目的由原始阶段的"归根复命"转变为"神仙长生"。到了魏晋南北朝时期，丹法被归于神仙传授，修道乃为成仙。由此可知，这一时期内丹的发展凸显的是第二条思想主线。

隋唐五代时期，发生丹道革新，使第一条思想主线与第二条思想主线有机地融合在一起。在唐代，以司马承祯为代表的丹道家，淡化存想神仙之法，转而重视和发展老庄原始丹道。五代时期，钟吕派与华山派，把丹道与仙道合而为一，提倡修炼内丹即可成仙。

丹道与仙道融合后，修炼丹道即可成仙，无须神仙授箓。这说明，虽然五代时期的内丹发展融合了两条思想主线，但实际上更突出了人与道的因素，而弱化了神仙因素，所以第一条思想主线——“乘道而为”占了上风。

在以后的内丹发展中，指导思想都是以“乘道而为”为主。

三、丹道发展中的三种探索模式

丹道是一种科学探索。从科学精神的角度看，丹道在发展进程中存在三种基本的探索模式，即实证型探索模式、先验型探索模式、信仰型探索模式。

（一）实证型探索模式

实证型探索模式是自然科学研究使用的基本探索模式。这种探索模式，首先，根据感性认识和实践经验，积累原始资料；其次，整理和研究原始资料，抽象出基本理论假设或命题。最后，实证该命题。

在丹道的具体实践上，丹道家都是以实证型探索为根本模式的。例如，丹道实践会分为若干步骤，每一步骤都有相应的验功方法。只有验功通过时，才说明某个丹道实践阶段完成了。

（二）先验型探索模式

先验型探索模式是人文领域、特别是哲学界经常使用的探索模式。首先，根据感性认识和实践经验，提出“先验性理论”。其次，运用“先验性理论”解释现实。

在近代以前，人们对世界的认识是以先验型探索模式为主的。在人类历史上，许多自然科学的命题，最初是以先验型探索模式提出的。例如，在科技史上，亚里士多德认为重物有“重性”，轻物有“轻性”，有“重性”者下降，有“轻性”者上升，最终达到轻重之物的天然位置，这就是天然运动①。这显然是一种“先验性理论”。亚里士多德的先验性“运动”概念，被近代科学家伽利略推翻。一方面，伽利略采用逻辑推理，证明物体下降速度与重量无关；另一方面，伽利略进行了“斜面实验”，得出结论——物体运动的保持不需

① 《科学的历程（普及本）》第1册，第8—9页。

要力。①

先验型探索模式为实证型探索模式提供了产生和发展的前提。

（三） 信仰型探索模式

信仰型探索模式，也可以称为启示型探索模式，多是宗教界使用的探索模式。

人类在发展过程中，会根据一些感性认识和实践经验，把人类内在的某些诉求外化，并把这种外化的诉求逐渐赋予给某个"对象"，这个"对象"经过反复抽象和强化，最终形成"信仰对象"。人们往往认为"信仰对象"是全知的、完美的，是"真理"的化身。人们会在一种神秘的气氛中接受"信仰对象"的"启示"，基于这类"启示"，受"启示"者会创造出基于人类本身的信仰性、解释性、方法性和劝化性的"原生性经典"。随着人类实践和知识的进步，信仰者会发现"原生性经典"不再适用。但信仰者并不否定"原生性经典"，而是对"原生性经典"进行纠正性地梳理和解释，在某种"启示"下创造"次生性经典"。以此类推，还会产生新的"次生性经典"。这就是信仰型或启示型探索模式。

信仰型或启示型探索模式，核心是神秘启示。

（四） 丹道的探索模式

由于丹道在发展过程中既有人文领域的探索，又涉及科学领域的探索，还存在一定程度的宗教信仰，所以，丹道的发展具备以上三种探索模式。

在丹道实证方面，每一步骤，都有严格的验证，此即实证型探索模式。例如，在伍柳派的丹法中，"阳光三现"是验证"小药"已足、"大药"将生的标准，"得药六景"则是验证"大药"产生的征候。《伍真人丹道九篇》云：

> 由是于静定之中，忽见眉间又掣电光，虚室生白。此阳光三现也。真阳团聚，大药纯乾，方得阳光三现。光既三现，则炁根之内有大药可采，又足征矣。要之止火，当自阳光二现为始，至三现为终。故二现，三现，皆名止火之景，止火之候。独是阳光三现，才兼名采大药之景，采大药之候也。②
>
> 须知大药生时，六根先自震动。丹田火炽，两肾汤煎，眼吐金光，耳后风生，脑后鹫鸣，身涌鼻搐之类，皆得药之景也。大率采药至于三四日间，

① 《科学的历程（普及本）》第1册，第9—10页。

② 《丹道九篇》之《火足候止火景采大药候天机第四》，载《藏外道书》第5册，第869页上。

则真定将定未定之时，得药六景，即次第而现。若采药至于五六日间，则真意一定，而大药已生矣。故七日之期，亦大概之言耳。①

在丹道思想层面，有许多内容属于哲学范畴，是以先验型探索模式为主。例如，丹道家采用阴阳五行思想，根据丹道实践的经验，解释和阐述丹道实践的过程，这就是先验型探索模式。兹举一例，《周易参同契》讲：

丹砂木精，得金乃并，金水合处，木火为侣。四者混沌，列为龙虎，龙阳数奇，虎阴数偶。肝青为父，肺白为母，肾黑为子，离赤为女，脾黄为祖，子午为始。三物一家，都归戊己。

也有部分丹道家采用信仰型或启示型探索模式。例如，明代陆西星编纂的《法藏》《华藏》《论藏》等，就是"原生性经典"。这些经典，是陆西星等人"感应"吕洞宾，以箕降的方式得到"启示"的。《三藏真诠》自序云：

爰自丁未（即1547）之秋，偶以因缘遭际，得与四溟姚君同被师眷，谆谆诲教，多历年所，援毫纪事，要领则书，积有岁时，溢乎简帙。其后遵阳赵君又以姚君遭际，同侍师门，参差岁月，各纪所授，会而观之，条分干共，厥旨不殊，三生之遇，诚希觏哉！星恐世变时移、教湮莫振，爰合二家纪载之书，裒而集之，析为三卷，一曰《法藏》、二曰《华藏》、三曰《论藏》。法言道、华言词、论言论也。各以手翰辑录，藏之其家，比于《大训》《河图》焉！守是书者，其知秘之，《法藏》则师命甚严，永不可示，有盟于天，其盟曰："宁售已盗，无示法藏，天鉴在兹，永矢勿忘。"

虽然在丹道的发展中，具备三种探索模式，但实证型探索模式仍是核心。若没有实证，丹道要么成为哲学、要么成为宗教，就没有今天所知的丹道了。

四、对丹道研究模式的建议

丹道更多地属于实证科学，在当今时代背景下，应该以实证型探索模式为主来研究丹道。丹道的实证型探索模式可分为五个步骤，即积累原始资料、抽象基本理论、构建评价体系、建立理论体系、指导新的实践（见图7-1）。

---

① 《丹道九篇》之《七日采大药天机第五》，载《藏外道书》第5册，第870页上。

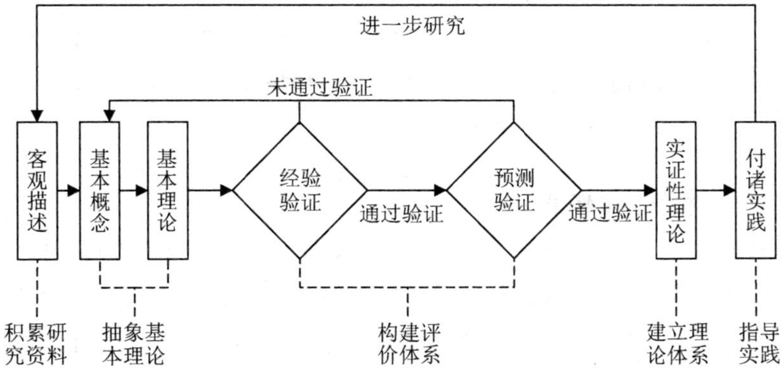

图 7-1 丹道研究方法流程图

（一）积累研究资料

积累研究资料，就是客观地描述和记录习练丹道者的身体和精神感受，把这些记录作为原始资料进行积累。只有原始资料积累到一定程度，才能进行系统整理，为研究做准备。

积累原始资料的重点在于客观描述。客观描述，既运用现代科技手段来测定和描述，也需要传统观测手段来检测和描述。在描述过程中，作为丹道实践者，要遵循“感受到什么”就“陈述什么”的原则，既要有质的描述，也要有量的描述。例如，自己感受到口中津液增多，就可用吞咽次数的增加来描述，而不要采用“气化”的概念来描述。“气”是积累原始资料以后下一步研究才能抽象出的概念，“气化”功能是否存在还有待进一步研究。又如，丹道实践者通过“百日筑基”后，觉得抗寒冷能力提高了。这种描述至少要注意两个方面，一是实践者前后的身体基本特征是否相同；二是以前气温低到多少度时需要加棉衣，筑基后气温低到多少度时需要加棉衣。这就是最基本的原始资料积累。

特别值得注意的是，描述者尽量不要加入主观猜测和先验观念。例如，许多人喜欢用“能量”“场”“电”等现代科学的概念来解释丹道实践中的某些现象，这种做法带有主观猜测和先验观念。首先，现代科学概念的内涵和外延都有明确的界定，有其适用的条件和范围。丹道体验是否能够归类于某些现代科学的概念和理论，是在积累原始资料后进一步研究才能说明和证实的东西。在描述阶段，就把身心感受归类于这些概念和理论，显然是没有经过研究与验证的。其次，现代科学的根本精神是为研究提供了一套科学的研究方法。根据这种方法，最初只能进行描述，而不能随意将其中片段归属于某个已存在的科学领域。由此可知，不加研究、毫无根据地把丹道带来的身心感受附会到某种已存在的科学研究领域，都是贴“科学”标签的反科学行为。

研究丹道，必须做到“感受到什么”就“陈述什么”。只有这样才能真正有利于丹道发展。现实当中，丹道习练者多数有宗教信仰和先验观念，在记录原始资料时，对这些人的特点要附加说明。

（二） 抽象基本理论

抽象基本理论，又可分为两个阶段：定义基本概念和构建基本理论。

定义基本概念，应在对原始资料整理的基础上进行。在定义基本概念时，应尊重传统丹道的基本概念。根据原始资料中的内容，如果传统丹道的基本概念适合用来描述某类丹道体验，就仍采用传统的丹道概念；如果传统概念与原始资料无法对应，则需要建立新的基本概念。也就是说，建立基本概念，既要以由实践得到的原始资料为根据，又要在尊重和吸收传统丹道概念的基础上进行创新。

构建基本理论，就是要运用基本概念来分析和研究原始资料的内在规律或内在联系。例如，通过“百日筑基”，有的丹道实践者觉得抗寒冷的能力提高了。根据此人的原始记录，如果前后身体特征相同，而且，前面的温度高于后面的温度，或许由此可推断此人循环系统改善了。那么，研究者就可以得出结论，“百日筑基”能够改善人的循环系统①。以此类推，可以由浅人深，对每一项丹道实践前后的原始数据进行对比和研究，必然会发现许多内在的规律。最终，把这些理论按照系统的方法进行整合，这样得出的理论结果就是与现代科学相融合的丹道解释性理论。

（三） 构建评价体系

评价体系是为了验证构建的基本理论而设定的。评价体系可分为被动性评价体系和主动性评价体系。被动性评价，就是用以往积累的实践经验对构建的理论进行验证，即经验验证。主动性评价，就是用通过被动性评价的理论来预测相关领域将会发生的情况，即预测验证。所以评价过程分为两个步骤：先进行被动性评价，然后进行主动性评价。这两种评价体系需要采用科学的方法来设计，其具体指标体系则采用丹道的评价指标。

如果理论没有通过被动性评价，需要从头再做研究。如果仅通过被动性评价，没有通过主动性评价，说明该理论存在一定的解释价值，是一种“解释性

① 此处只是为了举例而作的假设，不是科学研究的结果。人抗寒能力的提高，可能有多种原因，循环系统改善可能是多种原因之一。

理论”。如果“解释性理论”能够通过主动性评价，那么就可以基本确定，这个理论具有指导丹道实践的价值，可以称为“实证性理论”。

（四） 建立理论体系

建立理论体系，就是把丹道不同领域的“实证性理论”，按照丹道自身的结构系统，有机地融合在一起的过程。根据传统丹道所涉及的范围，丹道本身包含人的身体层面、精神层面、外在环境层面、身心层面与外在环境层面的交流等四个模块。建立理论体系应以人的身体层面与精神层面为中心，其中最易构建的理论体系是身体层面，较难的是精神层面。只有在身心层面的理论体系构建基本成功后，才能逐步探索和对接环境层面、身心层面与环境层面互动的理论体系。因此，构建一个能与现代科学融合、可以指导实践的理论体系，是一项极其复杂的系统工程，需要很长时间才能初步完成。

（五） 指导实践

在“解释性理论”通过评价成为“实证性理论”时，这个理论就可以用于指导相关领域的实践了，并不一定在完整的理论系统建成以后才指导实践。构建理论体系，并不妨碍运用具体领域的实证性理论去指导该领域的实践，只是这个理论不能跨出适用范围去指导其他领域的实践。当完整的理论体系建立后，不同的丹道领域都能对应于具体的理论和技术，这样的话，理论体系就是全方位地对应于丹道的各个领域。

以上五个步骤中，工作难度和数量最大的是第一个，最为重要的也是第一个。第一个步骤中能否采用合理的方法设计和实施，是积累原始资料这个工作能否保质保量地完成的关键。只有获取如实的原始资料，真正的丹道研究才能进一步开展。

五、对丹道未来发展的展望

近代以来，中国人饱受屈辱，中华人民共和国成立后，中国人进入了自我崛起的伟大时代。在这个历史进程中，中国传统的文化实践所凸显的文化韧性和精神力量，让世人瞩目。而今，中国经济繁荣、政治昌明、科学发达、文化自信，这样的时代，为丹道的发展提供了千载难逢的时机。丹道追求充满生命活力的和谐人生，既弘扬人文精神，又注重科学实践，可以从不同领域、不同层面对其进行研究、发展和实践。

从身心获益的角度来说，丹道是一种很好的健身和养生方法。丹道在技法层面，既包括以动为主的外炼，也包括以静为主的内修。外炼，则注重身体层面的健身；内修，则注重精神与身体层面的统一和谐，在身体健康的基础上更加注重心理健康、情感和谐、生机蓬勃、清净自正等方面的追求。丹道的外炼与内修之间存在着必然联系，所以，以健身为引导，使人们身体健康、生机旺盛、身心和谐是丹道的特长①。在现代快节奏的社会中，用丹道健身和养生可以起到事半功倍的效果。

从道统传承的角度讲，丹道是传统文化的载体。丹道根植于中国传统的文化实践，其中承载着不同时期的传统文化。如先秦的老庄道家、两汉的黄老道术和天人感应、魏晋的玄学、唐宋的佛学、宋明的理学与心学等。由于丹道注重实践，中国不同流派的传统文化，都通过丹道实践来彰显各自对“道”的诠释和验证。所以，研究和发扬丹道中的优秀传统文化，响应国家提出的“文化自信”的号召，是丹道发展的主要途径之一，也是丹道对文化建设的主要贡献。

从科学研究的角度讲，丹道是以人的身心为基础、致力于探索突破人类有限寿命、提高人类生存质量的系统工程。在丹道历史上，多数丹道家寿命超过百岁，最后预知时至、无疾而终，诚谓“生如春花之灿烂，死如秋叶之静美”。丹道家的这种生存状态正是人人所向往的。丹道家的这种现象背后，必然有其内在的科学规律。采用科学的方法研究、探索、重塑丹道的理论与技法体系，让丹道变得更加循序易行，让丹道为更多的人服务，是一项非常有价值的科学研究活动。

从文化交流的角度讲，丹道是中国文化的符号。近年来，中国的经济发展已跻身于世界前列，文化发展和交流也必须在国际上有相应的地位，同时，国际上也需要可用通过实践来体验的中国文化。丹道正是中国传统文化实践的主要途径之一，其哲学思想、理论体系和技法次第无疑闪烁着中国传统文化的智慧光芒。以丹道为载体，在国际上弘扬和传播中国文化，使海外人士在健身实践中体会中国传统的“道”，对于形成高品质的国际中国文化交流平台具有重要意义。

以上所列举的，仅是丹道所包含的部分内容，更多的内容难以一一细述。但仅从部分内容就可以看出丹道对于现代人、现代社会的重要意义。我深信，在学术界前辈们对丹道研究成果的基础上，在当今学者和有志之士的推动下，开放的丹道体系必将与现代科学相融合，形成一系列新的学科，把中国传统文化实践与现代社会结合起来，为拓展科学研究领域、弘扬人文精神做出新的贡献。

---

① 《丹道仙术入门》，第221—226页。

主要参考文献

著作(按出版时间排序)

[1](宋)章炳文.搜神秘览[M].上海:商务印书馆,1919.
[2](明)商辂.蔗山笔麈[M].上海:商务印书馆,1920.
[3](宋)赵与时.宾退录[M].上海:商务印书馆,1920.
[4](明)张宇初,张宇清,邵以正等编纂.正统道藏[Z].上海:商务印书馆,1923.
[5]宋配韦.东汉之宗教[M].上海:商务印书馆,1931.
[6](明)吴琯.古今逸史[M].上海:商务印书馆,1933.
[7](明)张溥.汉魏六朝百三家集·江醴陵集[M].上海:商务印书馆,1933.
[8](清)张海鹏.墨海金壶[M].上海:商务印书馆,1933.
[9]马叙伦.读书小记[M].上海:商务印书馆,1933.
[10](清)胡渭.易图明辨[M].上海:商务印书馆,1934.
[11](清)刘坤一,刘绎,赵之谦等纂.江西通志[Z].上海:商务印书馆,1934.
[12]冯友兰.中国哲学史:上册[M].上海:商务印书馆,1934.
[13]黄铭编纂.乐山县志[M].成都:美利利印刷公司承印,1934.
[14](宋)马令.南唐书[M].上海:商务印书馆,1935.
[15](东汉)徐干.中论[M].上海:商务印书馆,1936.
[16](明)宋濂.宋学士文集[M].上海:商务印书馆,1936.
[17](元)黄溍.黄溍文集[M].上海:商务印书馆,1936.
[18](元)虞集.道园学古录[M].上海:商务印书馆,1936.
[19]国学整理社.礼记集说[M].上海:世界书局,1936.

[20] (清)陈士珂辑.孔子家语疏证[M].上海：商务印书馆，1940.
[21] 高亨.老子正诂[M].重庆：开明书店，1943.
[22] 丹波元胤.中国医籍考[M].北京：人民卫生出版社，1956.
[23] (汉)司马迁撰.史记[M].北京：中华书局，1959.
[24] (晋)陈寿撰；陈乃乾校点.三国志[M].北京：中华书局，1959.
[25] (宋)吴曾撰.能改斋漫录[M].上海：上海古籍出版社，1960，1979.
[26] (清)彭定求编.全唐诗[M].北京：中华书局，1960.
[27] 王明编.太平经合校[M].北京：中华书局，1960.
[28] (清)郭庆藩撰；王孝鱼点校.庄子集释北京：中华书局，1961.
[29] 李昉等编.太平广记[M].北京：中华书局，1961.
[30] (宋)胡仔编撰；廖德明校点.苕溪渔隐丛话[M].北京：人民文学出版社，1962.
[31] 陈国符.道藏源流考[M].北京：中华书局，1963.
[32] (汉)班固撰.汉书[M].北京：中华书局，1964.
[33] (刘宋)范晔撰；(唐)李贤等注.后汉书北京：中华书局，1965.
[34] 李乐俅编著.访道语录[M].台北：真善美出版社，1967.
[35] (清)梁园隶等.重修兴化县志[M].台北：成文出版社，1970.
[36] (北齐)魏收撰.魏书[M].北京：中华书局，1974.
[37] (唐)房玄龄等撰.晋书[M].北京：中华书局，1974.
[38] (后晋)刘昫等撰.旧唐书[M].北京：中华书局，1975.
[39] (宋)欧阳修，宋祁撰.新唐书[M].北京：中华书局，1975.
[40] (清)丁廷楗修；赵吉士纂.[康熙]徽州府志[M].台北：成文出版社，1975.
[41] (宋)范致明撰；(明)吴琯校.岳阳风土记[M].台北：成文出版社，1976.
[42] 睡虎地秦墓竹简整理小组.睡虎地秦墓竹简[M].北京：文物出版社，1978.
[43] (唐)张鷟撰；赵守俨点校.唐宋史料笔记丛刊·朝野佥载[M].北京：中华书局，1979.
[44] 杨伯峻.列子集释[M].北京：中华书局，1979.
[45] (北齐)颜之推著；王利器集解.颜氏家训集解[M].上海：上海古籍出版社，1980.
[46] (宋)江少虞撰.宋朝事实类苑[M].上海：上古籍出版社，1980.
[47] 高亨著；华中彦校.老子注译[M].郑州：河南人民出版社，1980.
[48] 顾颉刚编著.古史辨[C].上海：上海古籍出版社，1981.
[49] 王明.无能子校注[M].北京：中华书局，1981.
[50] (唐)范摅著.笔记小说大观·云溪友议[M].扬州：江苏广陵古籍刻印社，1983.
[51] (宋)邵伯温撰；李剑雄，李德权点校.唐宋史料笔记丛刊·邵氏闻见录[M].北京：中华书局，1983.
[52] (宋)朱熹.四书章句集注[M].北京：中华书局，1983.
[53] (清)董诰等编.全唐文[M].北京：中华书局，1983.

[54] (清)洪若皋.临海县志[M].台北：成文出版社,1983.
[55] (清)吴任臣撰;徐敏霞,周莹点校.十国春秋[M].北京：中华书局,1983.
[56] 汤用彤.读《太平经》书所见[A].汤用彤学术论文集[C].北京：中华书局,1983.
[57] 吕思勉.秦汉史·百家之学[M].上海：上海古籍出版社,1983.
[58] 逯钦立辑校.先秦汉魏晋南北朝诗[M].北京：中华书局,1983.
[59] (清)蒋元庭,贺龙骧,彭翰然等编纂.道藏辑要[Z].成都：巴蜀书社,1984.
[60] (清)赵翼著;王树民校证.廿二史札记校证[M].北京：中华书局,1984.
[61] 赖炎元.春秋繁露今注今译[M].台北：台湾商务印书馆,1984.
[62] (清)董浩,阮元,徐松等编纂.全唐文[M].北京：中华书局,1985.
[63] 马王堆汉墓帛书整理小组.马王堆汉墓帛书(四)[M].北京：文物出版社,1985.
[64] 王明.抱朴子内篇校释[M].北京：中华书局,1985.
[65] 王云五.丛书集成初编(影印版)[Z].北京：中华书局,1985.
[66] 周振甫.文心雕龙今译[M].北京：中华书局：1986.
[67] 王利器撰.新语校注[M].北京：中华书局：1986.
[68] (汉)刘向撰;向宗鲁校证.说苑校证[M].北京：中华书局：1987.
[69] (晋)袁宏撰;周天游校注.后汉纪校注[M].天津：天津古籍出版社,1987.
[70] (日)漥德忠著;萧坤华译.道教史[M].上海：上海译文出版社,1987.
[71] 金岳霖.论道[M].北京：商务印书馆,1987.
[72] 王家祐.道教论稿[M].成都：巴蜀书社,1987.
[73] 张双棣,张万彬,殷国光等.吕氏春秋译注[M].长春：吉林文史出版社,1987.
[74] (清)王先谦著;沈啸寰,王星贤点校.荀子集解[M].北京：中华书局,1988.
[75] 道藏[Z].北京：文物出版社,上海：上海书店,天津：天津古籍出版社,1988.
[76] 陈垣.道家金石略[M].北京：文物出版社,1988.
[77] 饶宗颐.饶宗颐二十世纪学术文集·宗教学[M].台北：新文丰出版公司,1988.
[78] 黄兆汉.明代道士张三丰考[M].台北：台湾学生出版社,1988.
[79] 萧天石.道家养生学概要[M].郑州：中州古籍出版社 1988.
[80] (英)约翰·希克著;何光沪译;高师宁校.宗教哲学[M].北京：三联书社,1988.
[81] (东汉)魏伯阳著;(清)仇兆鳌集注.古本参同契集注[M].上海：上海古籍出版社,1989.
[82] (晋)皇甫谧.高士传[M].北京：中华书局,1989.
[83] 萧天石编.道藏精华[Z].台北：自由出版社,1989.
[84] 谢松龄.大人象：阴阳五行学说史导论[M].济南：山东文艺出版社,1989.
[85] 梁钊韬.中国古代巫术：宗教的起源和发展[M].广州：中山大学出版社,1989.
[86] (明)李时珍撰;王罗珍,李鼎校注.《奇经八脉考》校注[M].上海：上海科学技术出版社,1990.

[87] (英)李约瑟著;王玲协助.中国科学技术史[M].(北京)科学出版社、(上海)上海古籍出版社联合出版,1990.
[88] 黄晖.论衡校释[M].北京:中华书局,1990.
[89] 罗义俊.两汉私人讲学考略[A].纪念顾颉刚学术论文集[C].成都:巴蜀书社,1990.
[90] 任继愈,钟肇鹏.中国道教史[M].上海:上海人民出版社,1990.
[91] 王沐.悟真篇浅解[M].北京:中华书局,1990.
[92] 王泗原.楚辞校释[M].北京:人民教育出版社,1990.
[93] 杨伯峻.春秋左传注[M].北京:商务印书馆,1990.
[94] 中国书店《海王邨古籍丛刊》编纂.道书全集[Z].北京:中国书店,1990.
[95] 徐兆仁编.伍柳法脉[M].北京:中国人民大学出版社,1990.
[96] 胡孚琛.魏晋神仙道教:《抱朴子内篇》研究[M].北京:人民出版社,1991.
[97] 胡孚琛.道教与仙学[M].北京:新华出版社,1991.
[98] 饶宗颐.老子想尔注校注[M].上海:上海古籍出版社,1991.
[99] 北京大学古文献研究所编.全唐诗[M].北京:北京大学出版社,1991.
[100] 任继愈,钟肇鹏.道藏提要[M].北京:中国社会科学出版社,1991.
[101] 陶秉福.伍柳仙宗及要旨[M].北京:中国科学技术出版社,1991.
[102] 朱越利.道经总论[M].沈阳:辽宁教育出版社,1991.
[103] (明)王阳明撰;吴光,钱明,董平,姚延福编校.王阳明全集[M].上海:上海古籍出版社,1992.
[104] (宋)朱熹著;苏勇校注.周易本义[M].北京:北京大学出版社,1992.
[105] 钟肇鹏.谶纬略论[M].沈阳:辽宁教育出版社,1992.
[106] 詹石窗.道教文学史[M].上海:上海文艺出版社,1992.
[107] 胡道静,陈耀庭,段文桂等编.藏外道书[Z].成都:巴蜀出版社,1992,1994.
[108] 李养正.道教与诸子百家[M].北京:北京燕山出版社,1993.
[109] 孟乃昌,孟庆轩辑编.万古丹经王:《周易参同契》三十四家注释集萃[M].北京:华夏出版社,1993.
[110] 孟乃昌.道教与中国炼丹术[M].北京:燕山出版社,1993.
[111] 王卡点校.老子道德经河上公章句[M].北京:中华书局,1993.
[112] 吴毓江撰;孙启治点校.墨子校注[M].北京:中华书局,1993.
[113] (汉)严遵著;王德有点校.老子指归[M].北京:中华书局,1994.
[114] (宋)李昉,李穆,徐铉等编纂;夏剑钦,王巽斋,王晓天等校点.太平御览[M].石家庄:河北教育出版社,1994.
[115] (宋)秦观撰;徐培均笺注.淮海集笺注[M].上海:上海古籍出版社,1994.
[116] (明)何乔远著;《闽书》校点组校点.闽书[M].福州:福建人民出版社,1994.
[117] 卿希泰.中国道教[M].上海:知识出版社,1994.

[118] 邬国义，胡果文，李晓路.国语译注[M].上海：上海古籍出版社，1994.
[119] 杨素寰.十二家注黄帝阴符经译注[M].北京：军事科学出版社，1994.
[120] 北京大学古文献研究所.全宋诗[M].北京：北京大学出版社，1995.
[121] 胡孚琛主编.中华道教大辞典[Z].北京：中国社会科学出版社，1995.
[122] 陈兵.道教之道[M].北京：今日中国出版社，1995.
[123] 徐兆仁主编.先天派诀[M].北京：中国人民大学出版社，1995.
[124] 熊铁基.中国老学史[M].福州：福建人民出版社，1995.
[125] 马继兴主编.神农本草经辑注[M].北京：人民卫生出版社，1995.
[126] 台州地区志编纂委员会编.台州地区志[Z].杭州：浙江人民出版社，1995.
[127] (清)刘一明著；羽者，祁威，于志坚点校.道书十二种[M].北京：书目文献出版社，1995.
[128] (五代)谭峭撰；丁祯彦，李似珍点校.化书[M].北京：中华书局，1996.
[129] 卿希泰.中国道教史[M].成都：四川人民出版社，1996.
[130] 王治心.中国宗教思想史大纲[M].北京：东方出版社，1996.
[131] 朱越利.道藏分类解题[M].北京：华夏出版社，1996.
[132] (宋)邵伯温撰；李剑雄，刘德权点校.邵氏闻见录[M].北京：中华书局，1997.
[133] (宋)姚宽，陆游撰；孔凡礼点校.唐宋史料笔记丛刊：西溪丛语家世旧闻[M].北京：中华书局，1997.
[134] 牟宗三.中国哲学的特质[M].上海：上海古籍出版社，1997.
[135] 牟宗三.中国哲学十九讲[M].上海：上海古籍出版社，1997.
[136] 吴国盛.科学的历程(普及本)[M].长沙：湖南科学技术出版社，1997.
[137] 朱越利.道经总论[M].沈阳：辽宁教育出版社，1997.
[138] (清)王先慎撰；钟哲点校.韩非子集解[M].北京：中华书局，1998.
[139] (宋)窦仪等撰；薛梅卿点校.《宋刑统》(第四卷)[M].北京：法律出版社，1998.
[140] (春秋)孙子著；(三国)曹操等注；杨丙安校理.十一家注孙子校理[M].北京：中华书局，1998.
[141] 李景荣等.备急千金要方校释[M].北京：人民卫生出版社，1998.
[142] 王德明.孔子家语译注[M].桂林：广西师范大学出版社，1998.
[143] 何宁撰.淮南子集释[M].北京：中华书局，1998.
[144] (明)缪希雍著；任春荣主编.缪希雍医学全书[M].北京：中国中医药出版社，1999.
[145] 胡孚深.道学通论[M].北京：社会科学文献出版社，1999.
[146] 中华书局编辑部点校.全唐诗(增订本)[M].北京：中华书局，1999.
[147] 龚鹏程，陈廖安主编.中华续道藏(初辑)[Z].台北：新文丰出版公司，1999.
[148] 黄小石.净明道研究[M].成都：巴蜀书社，1999.
[149] (周)左丘明传；(晋)杜预注；(唐)孔颖达正义；浦卫忠，龚抗云，胡遂，于振波，陈咏明

整理；杨向奎审定.春秋左传正义[M].北京：北京大学出版社，2000.
[150] (汉)公羊寿传；(汉)何休解诂；(唐)徐彦疏；浦卫忠整理；杨向奎审定.春秋公羊传注疏[M].北京：北京大学出版社，2000.
[151] (汉)孔安国注；(唐)孔颖达疏；廖明春，陈明整理；吕绍刚审定.尚书正义[M].北京：北京大学出版社，2000.
[152] (汉)毛亨传；(汉)郑玄笺；(唐)孔颖达疏；龚抗云，李传书，胡渐逵，肖永明，夏先培整理；刘家和审定.毛诗正义[M].北京：北京大学出版社，2000.
[153] (汉)郑玄注；(唐)贾公彦疏；赵伯雄整理；王文锦审定.周礼注疏[M].北京：北京大学出版社，2000.
[154] (汉)郑玄注；(唐)孔颖达疏；龚抗云整理；王文锦审定.礼记正义[M].北京：北京大学出版社，2000.
[155] (汉)赵岐注；(宋)孙奭疏；廖名春，刘佑平整理；钱逊审定.孟子注疏[M].北京：北京大学出版社，2000.
[156] (魏)王弼注；(唐)孔颖达疏；卢光明，李申整理；吕绍刚审定.周易正义[M].北京：北京大学出版社，2000.
[157] (宋)秦观撰；徐培均笺注.淮海集笺注[M].上海：上海古籍出版社，2000.
[158] 冯友兰.中国哲学史[M].上海：华东师范大学出版社，2000.
[159] 周明初校注.山海经[M].杭州：浙江古籍出版社，2000.
[160] 陈撄宁.道教与养生[M].北京：华文出版社，2000.
[161] 释印光.印光法师文钞[M].北京：宗教文化出版社，2000.
[162] 王利器.文子疏义[M].北京：中华书局，2000.
[163] 刘晓东等点校.二十五别史[M].济南：齐鲁书社，2000.
[164] 黄寿祺，张善文.周易译注[M].上海：上海古籍出版社，2001.
[165] 陈鼓应，白奚.老子评传[M].南京：南京大学出版社，2001.
[166] 李之亮.宋川陕大郡守臣易替考[M].成都：巴蜀书社，2001.
[167] 萧汉明，郭东升.周易参同契研究[M].上海：上海文化出版社，2001.
[168] 熊铁基.秦汉新道家略论稿[M].上海：上海人民出版社，2001.
[169] 张广保.唐宋内丹道教[M].上海：上海文化出版社，2001.
[170] 张广保.老子及原始道家道论的哲学诠释[A].诠释与建构：汤一介先生75周年华诞暨从教50周年纪念文集[C].北京：北京大学出版社，2001.
[171] 金春峰.老子的道论[A].诠释与建构：汤一介先生75周年华诞暨从教50周年纪念文集[C].北京：北京大学出版社，2001.
[172] 王平.汉代天人感应说略述[A].诠释与建构：汤一介先生75周年华诞暨从教50周年纪念文集[C].北京：北京大学出版社，2001.
[173] (韩)吴相武.从早期《老子》注对“一”的解释看汉魏老学的分歧[A].诠释与建构：汤

一介先生75周年华诞暨从教50周年纪念文集[C].北京：北京大学出版社，2001.
[174] 钟肇鹏主编.道教小词典[Z]上海：上海辞书出版社，2001.
[175] 戈国龙.道教内丹学探微[M].成都：巴蜀书社，2001.
[176] 俞理明.《太平经》正读[M].成都：巴蜀书社，2001.
[177] (汉)荀悦，(晋)袁宏等著；张烈点校.两汉纪：《汉纪》、《后汉纪》[M].北京：中华书局，2002.
[178] 林忠军.《易纬》导读[M].济南：齐鲁书社，2002.
[179] 周振甫.诗经译注[M].北京：中华书局，2002.
[180] 刘仲宇.道教法术[M].上海：上海文化出版社，2002.
[181] (宋)邵雍著；陈明点校.伊川击壤集[M].上海：学林出版社，2003.
[182] 陈鼓应.老子今注今译[M].北京：商务印书馆，2003.
[183] 李远国.神霄雷法：道教神霄派沿革与思想[M].成都：四川人民出版社，2003.
[184] 黄元吉著；蒋门马校注.道德经讲义・乐育堂语录[M].北京：宗教文化出版社，2003.
[185] 李德山.文子译注[M].哈尔滨：黑龙江人民出版社，2003.
[186] 詹石窗.道教文化十五讲[M].北京：北京大学出版社，2003.
[187] (宋)李焘.续资治通鉴长编[M].北京：中华书局，2004.
[188] (宋)史温撰；虞云国，吴爱芬点校.五代史书汇编・钓矶立谈[M].杭州：杭州出版社，2004.
[189] (五代后蜀)何光远撰；刘石点校.五代史书汇编・鉴戒录[M].杭州：杭州出版社，2004.
[190] (宋)白玉蟾著；朱逸辉，王君伟，陈多余，朱逸群校注.白玉蟾全集(校注本)[M].海口：海南出版社，2004.
[191] 陈国符.《道藏》经中黄白术材料的研究[A].《道藏》研究论文集[C].上海：上海古籍出版社，2004.
[192] 黎翔凤著；梁运华整理.管子校注[M].北京：中华书局，2004.
[193] 李民，王健.尚书译注[M].上海：上海古籍出版社，2004.
[194] 吕友仁.周礼译注[M].郑州：中州古籍出版社，2004
[195] 杨天宇.礼记译注[M].上海：上海古籍出版社，2004.
[196] 张继禹主编.中华道藏[Z].北京：华夏出版社，2004.
[197] 朱渊清，廖名春主编.上博馆藏战国楚竹书研究续编[M].上海：上海书店出版社，2004.
[198] 戈国龙.道教内丹学溯源[M].北京：宗教文化出版社，2004.
[199] 傅勤家.中国道教史[M].北京：团结出版社，2005.
[200] 顾颉刚.秦汉的方士与儒生[M].上海：上海古籍出版社，2005.
[201] (金)丘处机著；赵卫东辑校.丘处机集[M].济南：齐鲁书社，2005.

[202] 钟国发.陶弘景评传[M].南京：南京大学出版社,2005.
[203] 王玉德.方士的历史[M].北京：中国文史出版社,2005.
[204] 杨伯峻.孟子译注[M].北京：中华书局,2005.
[205] (清)郑方坤编撰；陈节、刘大治点校.全闽诗话[M].福州：福建人民出版社,2006.
[206] (宋)白玉蟾著；周伟民,唐玲玲,安华涛点校.白玉蟾集[M].海口：海南出版社,2006.
[207] (唐)瞿昙悉达撰；常秉义点校.开元占经[M].北京：中央编译出版社,2006.
[208] 汤一介.早期道教史[M].北京：昆仑出版社,2006.
[209] 许地山著；胡蓉编.许地山论道[M].北京：九州出版社,2006.
[210] 丁培仁.求实集：丁培仁道教学术研究论文集[M].成都：巴蜀书社,2006.
[211] 胡海牙,武国忠编纂.中华仙学养生全书[M].北京：华夏出版社,2006.
[212] 张觉.吴越春秋校注[M].长沙：岳麓书社,2006.
[213] 任修瑾.道教养生之道[M].兰州：甘肃文化出版社,2006.
[214] 容志毅.道藏炼丹要辑研究·南北朝卷[M].济南：齐鲁书社,2006.
[215] 唐明邦.论道崇真集[M].武汉：华中师范大学出版社,2006.
[216] 曾枣庄,刘琳主编.全宋文[M].上海：上海辞书出版社,2006.
[217] (明)伍冲虚,(清)柳华阳撰；静虚子校订.伍柳天仙法脉[M].北京：宗教文化出版社,2007.
[218] (清)张璐著；赵小青,裴晓峰,杜亚伟校注.本经逢原[M].北京：中国中医药出版社,2007.
[219] (战国)荀况著；安小兰译注.荀子[M].北京：中华书局,2007.
[220] 陈鼓应.庄子今注今译[M].北京：商务印书馆,2007.
[221] 牟钟鉴,张践.中国宗教通史[M].北京：中国社会科学出版社,2007.
[222] 中国社会科学院科研局组织编选.王明集[M].北京：中国社会科学出版社,2007.
[223] 萧天石.道海玄微[M].北京：华夏出版社,2007.
[224] 姜守诚.《太平经》研究：以生命为中心的综合考察[M].北京：社会科学文献出版社,2007.
[225] 王卡.道教史论丛[M].成都：巴蜀书社,2007.
[226] 陈全林.新编张三丰先生丹道全书[M].北京：团结出版社,2008.
[227] 楼宇烈.老子道德经注校释[M].北京：中华书局,2008.
[228] 王沐.内丹养生功法指要[M].北京：东方出版社,2008.
[229] (清)李涵虚著；盛克琦点校.圆峤内篇[M].北京：宗教文化出版社,2009.
[230] 胡孚琛.丹道法诀十二讲[M].北京：社会科学文献出版社,2009.
[231] 胡孚琛.丹道仙术入门[M].北京：社会科学文献出版社,2009.
[232] 卿希泰,詹石窗.中国道教思想史[M].北京：人民出版社,2009.
[233] 龚鹏程.道教新论[M].北京：北京大学出版社,2009.

[234] 宇汝松.六朝道教上清派研究[M].济南：山东文艺出版社,2009.
[235] (明)陆西星著;盛克琦编校.方壶外史[M].北京：宗教文化出版社,2010.
[236] (清)闵一得著;汪登伟点校.古书隐楼藏书[M].北京：宗教文化出版社,2010.
[237] 郭霭春编著.黄帝内经素问校注语译[M].贵阳：贵州教育出版社,2010.
[238] 樊光春.西北道教史[M].北京：商务印书馆,2010.
[239] 刘永海.元代道教史籍研究[M].北京：人民出版社,2010.
[240] 刘尚慈.春秋公羊传译注[M].北京：中华书局,2010.
[241] (英)缪勒(Müller F.M.)著;陈观胜,李培茱译.宗教学导论[M].上海：上海人民出版社,2010.
[242] (日)小林正美著;王皓月译.中国的道教[M].济南：齐鲁书社,2010.
[243] 李志鸿.道教天心正法研究[M].北京：社会科学文献出版社,2011.
[244] (宋)志磐撰;释道法校注.佛祖统纪校注[M].上海：上海古籍出版社,2012.
[245] 潘雨廷.道教史发微[M]上海：复旦大学出版社,2012.
[246] 潘雨廷.道教史丛论[M].上海：复旦大学出版社,2012.
[247] 蒋朝君.道教科技思想史举要：以《道藏》为中心考察[M].北京：科学出版社,2012.
[248] (宋)计有功辑撰.唐诗纪事[M].上海：上海古籍出版社,2013.
[249] (宋)白玉蟾著;周全彬,盛克琦编校.白玉蟾全集[M].北京：宗教文化出版社,2013.
[250] (清)李涵虚编;蔡聪哲点校.三丰全集[M].北京：宗教文化出版社,2013.
[251] 盖建民.道教金丹派南宗考论：道派、历史、文献与思想综合研究[M].北京：社会科学文献出版社,2013.
[252] 张双棣.淮南子校释[M].北京：北京大学出版社,2013.
[253] (清)黄元吉著.乐育堂语录[M].北京：九州出版社,2014.
[254] 陈国符.道藏源流考(新修订版)[M].北京：中华书局,2014.
[255] 刘仲宇.道教授箓制度研究[M].北京：中国社会科学出版社,2014.
[256] (日)蜂屋邦夫著;金铁成,张强,李素萍等译.金元时代的道教：七真研究[M].济南：齐鲁书社,2014.
[257] (清)刘一明著;滕树军,张胜珍点校.悟元汇宗：道教龙门派刘一明修道文集之一[M].北京：宗教文化出版社,2015.
[258] 许地山.道教史[M].北京：商务印书馆,2015.
[259] 王政书,霍克功,封德平.内丹东派祖师陆西星思想研究[M].北京：宗教文化出版社,2016.
[260] 刘莉.道教天心派北极驱邪院研究[M].银川：宁夏人民出版社,2016.
[261] 张岱年.中国哲学大纲[M].北京：中华书局,2017.
[262] 王皓月.析经求真：陆修静与灵宝经关系新探[M].北京：中华书局,2017.
[263] 张启成,徐达等译注.文选[M].北京：中华书局,2019.

期刊（按发表时间排序）

[1] 南京市文物保管委员会.南京象山东晋王丹虎墓和二、四号墓发掘简报[J].文物，1965(10)：29—45.
[2] 陕西省博物馆文管会革委会写作小组.西安南郊何家村发现唐代窖藏文物[J].文物，1972(1)：30—42.
[3] 李养正.有关《阴符经》几个疑问的论证[J].道协会刊，1983(1)：1—21.
[4] 李养正.魏华存与《黄庭经》[J].中国道教，1988(1)：38—41.
[5] 楼宇烈.玄学与中国传统哲学[J].北京大学学报(哲学社会科学版)，1988(1)：50—56.
[6] 张岱年.中国古典哲学中的主体观念[J].理论月刊，1988(2)：7—13.
[7] 卢国龙.陈传的《易》《老》之学及《无极图》思想探源[J].江西社会科学，1989(5)：86—91.
[8] 王育成.东汉道符释例[J].考古学报，1991(1)：45—56.
[9] 李远国.道教咒术初探[J].宗教学研究，1991(2)：47—54.
[10] 王育成.唐宋道教秘篆文释例[J].中国博物馆馆刊，1991(1)：46，82—94.
[11] 束景南.唐宋道教太极图的两大系统[J].湖南大学社会科学学报，1993(2)：59—64.
[12] 熊铁基.从“稷下黄老”到“家人之言”：黄老道家的形成问题[J].中国哲学史，1993(1)：44—51.
[13] 张岱年.论中国哲学史上的学派论争[J].哲学动态，1993(4)：35.
[14] 胡孚琛.道教内丹学探秘[J].世界宗教研究，1997(4)：87—94.
[15] 盖建民.左慈、葛洪入闽炼丹略考[J].中国道教，1997(1)：34—40.
[16] 李远国.道教符箓派诸宗概述(二)[J].中国道教，1998：18—20.
[17] 熊铁基.20世纪中国老学述要[J].华中师范大学学报(人文社会科学版)，1999(5)：22—33.
[18] 张广保.原始道家的道论与心性论[J].中国哲学史，2000(1)：82—93.
[19] 周冶.上阳子陈致虚生平及《金丹大要》的丹道思想[J].宗教学研究，2001(4)：100—105.
[20] 戈国龙.从性命问题看内丹学与禅之关系[J].宗教学研究，2001(1)：23—31.
[21] 李远国.道教神霄派渊源略考[J].宗教学研究，2001(1)：1—9.
[22] 刘仲宇.五雷正法渊源考论[J].宗教学研究，2001(3)：14—21.
[23] 丁原明.道家的科学精神与人文精神[J].文史哲，2002(1)：54—59.
[24] 关立行，关立言.春秋时期鲁国历法考[J].自然科学史研究，2002(2)：163—169.
[25] 张广保.原始道家道论的展开：道家形而上的梦论与生死论[J].中国哲学史，2002(3)：96—106.
[26] 李远国.道教雷法沿革考[J].世界宗教研究，2002(3)：88—96.

[27] 詹石窗.道教生命伦理与现代社会[J].中国哲学史,2003(2):59—65.
[28] 熊铁基.汉代学术的历史地位[J].华中师范大学学报(人文社会科学版),2003(5):45—59.
[29] 宫哲兵.唯道论的创立[J].哲学研究,2004(7):34—40.
[30] 宫哲兵.老子与道教[J].宗教学研究,2004(3):77—82.
[31] 戈国龙.《周易参同契》与内丹学的形成[J].宗教学研究,2004(2):23—31.
[32] 张福有.集安出土赵国阳安君青铜短剑及相关问题再探[J].东北史地,2006(05):23—25,43.
[33] 周冶.南岳夫人魏华存新考[J].世界宗教研究,2006(2):65—71.
[34] 丁宏武.葛洪卒年考[J].宗教学研究,2007(2):24—28.
[35] 刘学智.张载"和"论探微[J].中国哲学史,2008(2):46—50.
[36] 吕锡琛.论《道德经》的生命教育思想[J].大学教育科学,2008(4):5—8.
[37] 盖建民,何振中.道教内丹学视野下的"奇经八脉"初探[J].厦门大学学报(哲学社会科学版),2009(3):91—97.
[38] 国威.麻衣道者考论[J].五台山研究,2009(4):31—33.
[39] 张泽洪.中国道教史中的葛洪[J].西南民族大学学报(人文社科版),2009(6):128—134.
[40] 陈云.试论唐五代时期巴蜀金丹道的成就[J].中华文化论坛,2010(4):48—52.
[41] 王雪枝.易州龙兴观现存元明两代碑铭镌文传录补正[J].宗教学研究,2012(1):8—15.
[42] 熊铁基.略伦道教的名与实[J].世界宗教研究,2015(5):73—80.
[43] 马晓燕.宋代对高龄罪犯的刑律减免[J].史志学刊,2015(3):39—24.
[44] 李远国.南宗道教历史与传戒授箓的考辨[J].老子学刊,2016(2):36—43.
[45] 戈国龙.道教内丹学论"先天一气"[J].宗教学研究,2017(1):44—47.
[46] 李远国.道教成立战国论:方仙道即道教[J].世界宗教文化,2017(5):124—129.
[47] 熊铁基.神仙起源考论[J].学术界,2017(7):195—200.
[48] 熊铁基.重新研讨道教起源和产生问题[J].宗教学研究,2018(1):1—7.

附表1

五运六气简表(1/3)

<table>
<tr><th rowspan="2">岁支</th><th rowspan="2">年干</th><th rowspan="2">司天</th><th rowspan="2">中运</th><th rowspan="2">在泉</th><th rowspan="2">中运气候及病症</th><th rowspan="2">司天之政</th><th colspan="3">治法与用药</th></tr>
<tr><th>司天</th><th>中运</th><th>在泉</th></tr>
<tr><td rowspan="5">辰戌</td><td>壬</td><td>太阳</td><td>太角木</td><td>太阴</td><td>其运风，其化鸣紊启拆，其变振拉摧拔，其病眩掉目瞑</td><td rowspan="5">凡此太阳司天之政，气化运行先天，天气肃，地气静，寒临太虚，阳气不令，水土合德，上应辰星镇星。其谷玄黅，其政肃，其令徐。寒政大举，泽无阳焰，则火发待时。少阳中治，时雨乃涯，止极雨散，还于太阴，云朝北极，湿化乃布，泽流万物，寒敷于上，雷动于下，寒湿之气，持于气交。民病寒湿，发肌肉萎足痿不收濡写血溢。初之气，地气迁，气乃大温，草乃早荣，民乃厉，温病乃作，身热头痛呕吐，肌腠疮疡。二之气，大凉反至，民乃惨，草乃遇寒，火气遂抑，民病气郁中满，寒乃始。三之气，天政布，寒气行，雨乃降，民病寒，反热中，痈疽注下，心热瞀闷，不治者死。四之气，风湿交争，风化为雨，乃长乃化乃成，民病大热，少气肌肉萎足痿，注下赤白。五之气，阳复化，草乃长，乃化乃成，民乃舒。终之气，地气正，湿令行，阴凝太虚，埃昏郊野，民乃惨凄，寒风以至，反者孕乃死。故岁宜苦以燥之温之，必折其郁气，先资其化源，抑其运气，扶其不胜，无使暴过而生其疾，食岁谷以全其真，避虚邪以安其正。适气同异，多少制之，同寒湿者燥热化，异寒湿者燥湿化，故同者多之，异者少之，用寒远寒，用凉远凉，用温远温，用热远热，食宜同法。有假者反常，反是者病，所谓时也。</td><td>苦温</td><td>酸和</td><td>甘温</td></tr>
<tr><td>戊</td><td>太阳</td><td>太征火</td><td>太阴</td><td>其运热，其化暄暑郁燠，其变炎烈沸腾，其病热郁</td><td>苦热</td><td>甘和</td><td>甘温</td></tr>
<tr><td>甲</td><td>太阳</td><td>太宫土</td><td>太阴</td><td>其运阴埃，其化柔润重泽，其变震惊飘骤，其病湿下重</td><td>苦温</td><td>苦温</td><td>甘温</td></tr>
<tr><td>庚</td><td>太阳</td><td>太商金</td><td>太阴</td><td>其运凉，其化雾露萧飋，其变肃杀凋零，其病燥背瞀胸满</td><td>苦热</td><td>辛温</td><td>甘热</td></tr>
<tr><td>丙</td><td>太阳</td><td>太羽水</td><td>太阴</td><td>其运寒，其化凝惨凓冽，其变冰雪霜雹，其病大寒留于溪谷</td><td>苦热</td><td>咸温</td><td>甘热</td></tr>
</table>

(续表)

岁支	年干	司天	中运	在泉	中运气候及病症	司天之政	治法与用药		
							司天	中运	在泉
卯酉	丁	阳明	少角木	少阴	其运风清热	凡此阳明司天之政，气化运行后天，天气急，地气明，阳专其令，炎暑大行，物燥以坚，淳风乃治，风燥横运，流于气交，多阳少阴，云趋雨府，湿化乃敷。燥极而泽，**其谷白丹，闲谷命太者**，其耗白甲品羽，金火合德，上应太白荧惑。其政切，其令暴，蛰虫乃见，流水不冰，**民病咳嗌塞寒热发，暴振溧癃閟**，清先而劲，热后而暴，其发躁胜复之作，扰而大乱，清热之气，持于气交。**初之气**，地气迁，阴始凝，气始肃，水乃冰，寒雨化，其病中热胀面目浮肿，善眠鼽衄嚏欠呕，小便黄赤，甚则淋。**二之气**，阳乃布，民乃舒，物乃生荣，厉大至，民善暴死。**三之气**，天政布，凉乃行，燥热交合，燥极而泽，民病寒热。**四之气**，寒雨降，病暴仆，振栗谵妄，少气嗌干引饮及为心痛痈肿疮疡疟寒之疾，骨痿血便。**五之气**，春令反行，草乃生荣，民气和。**终之气**，阳气布，候反温，蛰虫来见，流水不冰，民乃康平，其病温。故**食岁谷以安其气，食间谷以去其邪，岁宜以咸以苦以辛，汗之清之散之**，安其运气，无使受邪，折其郁气，资其化源。以寒热轻重少多其制，**同热者多天化，同清者多地化，用凉远凉，用热远热，用寒远寒，用温远温，食宜同法**。有假者反之，此其道也。反是者，乱天地之经，扰阴阳之纪也。	苦小温	辛和	咸寒
	癸	阳明	少征火	少阴	其运热寒雨		苦小温	咸温	咸寒
	己	阳明	少宫土	少阴	其运雨风凉		苦小温	甘和	咸寒
	乙	阳明	少商金	少阴	其运凉热寒		苦小温	苦和	咸寒
	辛	阳明	少羽水	少阴	其运寒雨风		苦小温	苦和	咸寒

资料来源：根据《黄帝内经》等整理。

附表 2

五运六气简表(2/3)

<table>
<tr><th rowspan="2">岁支</th><th rowspan="2">年干</th><th rowspan="2">司天</th><th rowspan="2">中运</th><th rowspan="2">在泉</th><th rowspan="2">中运气候及病症</th><th rowspan="2">司天之政</th><th colspan="3">治法与用药</th></tr>
<tr><th>司天</th><th>中运</th><th>在泉</th></tr>
<tr><td rowspan="5">寅申</td><td>壬</td><td>少阳</td><td>太角木</td><td>厥阴</td><td>其运风鼓，其化鸣紊启拆，其变振拉摧拔，其病掉眩支胁惊骇</td><td rowspan="5">凡此少阳司天之政，气化运行先天，天气正，地气扰，风乃暴举，木偃沙飞，炎火乃流，阴行阳化，雨乃时应，火木同德，上应荧惑岁星。其谷丹苍，其政严，其令扰。故风热参布，云物沸腾，太阴横流，寒乃时至，凉雨并起。民病寒中，外发疮疡，内为泄满，故圣人遇之，和而不争。往复之作，民病寒热疟泄，聋瞑呕吐，上怫肿色变。初之气，地气迁，风胜乃摇，寒乃去，候乃大温，草木早荣。寒来不杀，温病乃起，其病气怫于上，血溢目赤，咳逆头痛血崩，胁满肤腠中疮。二之气，火反郁，白埃四起，云趋雨府，风不胜湿，雨乃零，民乃康。其病热郁于上，咳逆呕吐，疮发于中，胸嗌不利，头痛身热，昏愦脓疮。三之气，天政布，炎暑至，少阳临上，雨乃涯。民病热中，聋瞑血溢，脓疮咳呕，鼽衄渴嚏欠，喉痹目赤，善暴死。四之气，凉乃至，炎暑闲化，白露降，民气和平，其病满身重。五之气，阳乃去，寒乃来，雨降，气门乃闭，刚木早凋，民避寒邪，君子周密。终之气，地气正，风乃至，万物反生，霿雾以行。其病关闭不禁，心痛，阳气不藏而咳。抑其运气，赞所不胜，必折其郁气，先取化源，暴过不生，苛疾不起。故岁宜咸辛宜酸，渗之泄之，渍之发之，观气寒温以调其过，同风热者多寒化，异风热者少寒化，用热远热，用温远温，用寒远寒，用凉远凉，食宜同法，此其道也。有假者反之，反是者，病之阶也。</td><td>咸寒</td><td>酸和</td><td>辛凉</td></tr>
<tr><td>戊</td><td>少阳</td><td>太征火</td><td>厥阴</td><td>其运暑，其化暄嚣郁燠，其变炎烈沸腾，其病上热郁血溢血泄心痛</td><td>咸寒</td><td>甘和</td><td>辛凉</td></tr>
<tr><td>甲</td><td>少阳</td><td>太宫土</td><td>厥阴</td><td>其运阴雨，其化柔润重泽，其变震惊飘骤，其病体重胕肿痞饮</td><td>咸寒</td><td>咸和</td><td>辛凉</td></tr>
<tr><td>庚</td><td>少阳</td><td>太商金</td><td>厥阴</td><td>其运凉，其化雾露清切，其变肃杀凋零，其病肩背胸中</td><td>咸寒</td><td>辛温</td><td>辛凉</td></tr>
<tr><td>丙</td><td>少阳</td><td>太羽水</td><td>厥阴</td><td>其运寒肃，其化凝惨凓冽，其变冰雪霜雹，其病寒浮肿</td><td>咸寒</td><td>咸温</td><td>辛凉</td></tr>
</table>

（续表）

岁支	年干	司天	中运	在泉	中运气候及病症	司天之政	治法与用药		
							司天	中运	在泉
丑未	丁	太阴	少角木	太阳	其运风清热	凡此太阴司天之政，气化运行后天，阴专其政，阳气退辟，大风时起，天气下降，地气上腾，原野昏霿，白埃四起，云奔南极，寒雨数至，物成于差夏。**民病寒湿腹满身䐜愤胕肿，痞逆寒厥拘急**，湿寒合德，黄黑埃昏，流行炁交，上应镇星辰星。其政肃，其令寂，**其谷黅玄**。故阴凝于上，寒积于下，寒水胜火，则为冰雹，阳光不治，杀气乃行。故有余宜高，不及宜下，有余宜晚，不乃宜早，土之利，气之化也，民气亦从之，**闲谷命其太也**。**初之气**，地气迁，寒乃去，春气正，风乃来，生布万物以荣，民气条舒，风湿相薄，雨乃后。民病血溢，筋络拘强，关节不利，身重筋痿。**二之气**，大火正，物承化，民乃和，其病温厉大行，远近咸若，湿蒸相薄，雨乃时降。**三之气**，天政布，湿气降，地气腾，雨乃时降，寒乃随之。感于寒湿，则民病身重胕肿，胸腹满。**四之气**，畏火临，溽蒸化，地气腾，天气否隔，寒风晓暮，蒸热相薄，草木凝烟，湿化不流，则白露阴布，以成秋令。民病腠理热，血暴溢疟，心腹满热胪胀，甚则胕肿。**五之气**，惨令已行，寒露下，霜乃早降，草木黄落，寒气及体，君子周密，民病皮腠。**终之气**，寒大举，湿大化，霜乃积，阴乃凝，水坚冰，阳光不治，感于寒则病人关节禁固腰脽痛，寒湿推于气交而为疾也。必折其郁气，而取化源，益其岁气，无使邪胜，**食岁谷以全其真，食闲谷以保其精。故岁宜以苦燥之温之，甚者发之泄之**。不发不泄，则湿气外溢，肉溃皮拆而水血交流。必赞其阳火，令御甚寒，从气异同少多其判也，**同寒者以热化，同湿者以燥化，异者少之，同者多之，用凉远凉，用寒远寒，用温远温，用热远热，食宜同法**。假者反之，此其道也，反是者病也。	苦温	辛温	甘热
	癸	太阴	少征火	太阳	其运热寒雨		苦温	咸温	甘热
	己	太阴	少宫土	太阳	其运雨风清		苦热	甘和	甘热
	乙	太阴	少商金	太阳	其运凉热寒		苦热	酸和	甘热
	辛	太阴	少羽水	太阳	其运寒雨风		苦热	苦和	苦热

资料来源：根据《黄帝内经》等整理。

附表3

五运六气简表(3/3)

岁支	年干	司天	中运	在泉	中运气候及病症	司天之政	治法与用药		
							司天	中运	在泉
子午	壬	少阴	太角木	阳明	其运风鼓，其化鸣紊启拆，其变振拉摧拔，其病支满	凡此少阴司天之政，气化运行先天，地气肃，天气明，寒交暑，热加燥，云驰雨府，湿化乃行，时雨乃降，金火合德，上应荧惑太白。其政明，其令切，**其谷丹白**。水火寒热持于气交而为病始也，热病生于上，清病生于下，寒热凌犯而争于中，**民病咳喘，血溢血泄鼽嚏目赤眦疡，寒厥入胃心痛腰痛腹大，嗌干肿上**。**初之气**，地气迁，燥将去，寒乃始，蛰复藏，水乃冰，霜复降，风乃至，阳气郁，民反周密，关节禁固腰脽痛，炎暑将起，中外疮疡。**二之气**，阳气布，风乃行，春气以正，万物应荣，寒气时至，民乃和，其病淋，目瞑目赤，气郁于上而热。**三之气**，天政布，大火行，庶类蕃鲜，寒气时至，民病气厥心痛，寒热更作，咳喘目赤。**四之气**，溽暑至，大雨时行，寒热互至，民病寒热，嗌干黄瘅，鼽衄饮发。**五之气**，畏火临，暑反至，阳乃化，万物乃生乃长荣，民乃康，其病温。**终之气**，燥令行，余火内格，肿于上，咳喘甚则血溢，寒气数举，则霿雾翳，病生皮腠，内舍于胁，下连少腹而作寒中，地将易也。必抑其运气，资其岁胜，折其郁发，先取化源，无使暴过而生其病也。**食岁谷以全真气，食间谷以辟虚邪。岁宜咸以耎之，而调其上，甚则以苦发之，以酸收之，而安其下，甚则以苦泄之**。适气同异而多少之，**同天气者以寒清化，同地气者以温热化，用热远热，用凉远凉，用温远温，用寒远寒，食宜同法**。有假则反，此其道也，反是者病作矣。	咸寒	酸和	酸温
	戊	少阴	太征火	阳明	其运炎暑，其化暄曜郁燠，其变炎烈沸腾，其病上热血溢		咸寒	甘和	酸温
	甲	少阴	太宫土	阳明	其运阴雨，其化柔润时雨，其变震惊飘骤，其病中满身重		咸寒	咸和	酸热
	庚	少阴	太商金	阳明	其运凉劲，其化雾露萧飔，其变肃杀凋零，其病下清		咸寒	辛温	酸温
	丙	少阴	太羽水	阳明	其运寒，其化凝惨溧冽，其变冰雪霜雹，其病寒下		咸寒	咸温	酸温

（续表）

<table>
<tr><th rowspan="2">岁支</th><th rowspan="2">年干</th><th rowspan="2">司天</th><th rowspan="2">中运</th><th rowspan="2">在泉</th><th rowspan="2">中运气候及病症</th><th rowspan="2">司天之政</th><th colspan="3">治法与用药</th></tr>
<tr><th>司天</th><th>中运</th><th>在泉</th></tr>
<tr><td rowspan="5">巳亥</td><td>丁</td><td>厥阴</td><td>少角木</td><td>少阳</td><td>其运风清热</td><td rowspan="5">凡此厥阴司天之政，气化运行后天，诸同正岁，气化运行同天，天气扰，地气正，风生高远，炎热从之，云趋雨府，湿化乃行，风火同德，上应岁星荧惑。其政挠，其令速，其谷苍丹，间谷言太者，其耗文角品羽。风燥火热，胜复更作，蛰虫来见，流水不冰，热病行于下，风病行于上，风燥胜复形于中。初之气，寒始肃，杀气方至，民病寒于右之下。二之气，寒不去，华雪水冰，杀气施化霜乃降，名草上焦，寒雨数至，阳复化，民病热于中。三之气，天政布，风乃时举，民病泣出耳鸣掉眩。四之气，溽暑湿热相薄争于左之上，民病黄瘅而为胕肿。五之气，燥湿更胜，沈阴乃布，寒气及体，风雨乃行。终之气，畏火司令，阳乃大化，蛰虫出见，流水不冰，地气大发，草生，人乃舒，其病温厉。必折其郁气，资其化源，赞其运气，无使邪胜，岁宜以辛调上，以咸调下，畏火之气无妄犯之，用温远温，用热远热，用凉远凉，用寒远寒，食宜同法。有假反常，此之道也，反是者病。</td><td>苦温</td><td>辛温</td><td>甘热</td></tr>
<tr><td>癸</td><td>厥阴</td><td>少征火</td><td>少阳</td><td>其运热寒雨</td><td>苦温</td><td>咸温</td><td>甘热</td></tr>
<tr><td>己</td><td>厥阴</td><td>少宫土</td><td>少阳</td><td>其运雨风清</td><td>苦热</td><td>甘和</td><td>甘热</td></tr>
<tr><td>乙</td><td>厥阴</td><td>少商金</td><td>少阳</td><td>其运凉热寒</td><td>苦热</td><td>酸和</td><td>甘热</td></tr>
<tr><td>辛</td><td>厥阴</td><td>少羽水</td><td>少阳</td><td>其运寒雨风</td><td>苦热</td><td>苦和</td><td>苦热</td></tr>
</table>

资料来源：根据《黄帝内经》等整理。

附表4

丹道发展大事年表

年代	丹道发展的相关事件	对丹道发展有影响力的著作
约公元前571—前471年	① 辛文子、孔子、庚桑子、鹖冠子、阳子、南荣子、关尹子等人师学于老子。 ② 老子西行出关，受到关令尹喜的挽留和邀请，著作《道德经》，隐于楼观修道讲学。 ③ 原始丹道产生。	①《道德经》 ②《关尹子》（佚失） ③《文子》
约公元前369—前286年	① 庄子继承和发挥了老子、关尹子、列子等人的学说，提出“坐忘”“心斋”“踵息”等具体丹道技法。	①《列子》 ②《庄子》
约公元前324—前250年	① 邹衍提出了“大九州说”“阴阳消息论”“五行终始说”。 ② 燕齐一带怪诞之说开始兴起。	
公元前250—前221年	① 燕齐一带出现方仙道。 ② 炼丹术萌芽。	
公元前219—前205年	① 方仙道流行，海上不死仙药之说盛行，秦始皇花费大量人力财力用于封禅、寻仙。 ② 谶纬图书萌芽。	
公元前202—前157年	① 黄老道产生并流传。 ② 河上公著述《老子道德经河上公章句》，发展了原始丹道，提出了以“玄牝”为核心的丹道理论与技法。	①《老子道德经河上公章句》
公元前139年	① 淮南王刘安向汉武帝进献《淮南子》，其中包含丰富的内丹、外丹理论与技法。	①《淮南子》

（续表）

年代	丹道发展的相关事件	对丹道发展有影响力的著作
公元前137年	① 李少君以炼丹术、辟谷术、却老方被推荐给汉武帝，炼丹术传入宫廷。 ② 炼丹家李少君等人，已经能够炼制“金液”丹金。	
公元前134年	① 天人感应学说成为当时显学。 ② 董仲舒进言汉武帝：“推明孔氏，抑黜百家。” ③ 在此年前后，董仲舒完成一系列著作，后人集为《春秋繁露》。	①《春秋繁露》
公元前122年	① 八公之一的雷被，告发淮南王刘安谋反，刘安全家畏罪自杀。 ② 后世炼丹家借助此事，鼓吹刘安因服食外丹而全家白日飞升。	
前51年—前7年	①《太平经》的雏形《包元太平经》出现。 ②《包元太平经》记载了一些具体的丹道技法。	①《包元太平经》（佚失）
公元58—75年	① 佛教传入中国。 ② 官方建立佛教寺庙。 ③ 译出第一部佛经《四十二章经》。	
公元79年	① 谶纬学说成为显学，成为一种政治学说。 ② 朝廷在白虎观召集著名的博士、儒生讨论五经之异同，由班固等人将会议内容撰写为《白虎通德论》。	①《白虎通德论》
公元122年	① 阴长生将口头流传的《太清金液（神）丹经》著成文字，其中卷即为《黄帝九鼎丹经》。	①《太清金液（神）丹经》 ②《黄帝九鼎丹经》
公元125—144年	①《太平清领书》出现。 ②《太平洞极经》出现。 ③《太平经》中记载了存守三一、存想身神、辟谷、胎息之术。 ④ 老子被神化，以符箓为主的原始道教产生。符箓中隐含有元命丹法。	①《太平经》
公元153—165年前后	① 王阜撰写《老子圣母碑》。 ② 边韶撰写《老子铭》。 ③ 官方在老子故里建太清宫，祭祀老子。 ④ 汉桓帝在宫廷祭祀老子与佛陀。	
公元176—215年之间	①《黄庭外景经》出现并流行，主要讲述存想之法。	①《黄庭外景经》
公元176—221年之间	①《周易参同契》完成。	①《周易参同契》

（续表）

年代	丹道发展的相关事件	对丹道发展有影响力的著作
公元 199 年前后	① 葛玄等人撰造《灵宝五符》及《灵宝经》三十六卷。 ②《灵宝五符》主要讲述服气、行炁之法。	①《灵宝五符》
公元 244 年以前	①《抱朴子》中记载的《胎息经》已经出现。	①《胎息经》
公元 280—374 年	① 许旌阳与吴猛等十二人，创立净明道。	
公元 288 年	《黄庭内景经》出现，主要讲述存想之法。	①《黄庭内景经》
公元 306—317 年	① 葛洪撰写《抱朴子》，其中记载了大量两汉魏晋时期的外丹、内丹丹法与道术。	①《抱朴子》
公元 332—342 年	① 葛洪在罗浮山炼丹。葛洪一生虔信服食外丹神仙不死，以坐化而终。	
公元 364—386 年	① 华侨、杨羲、许谧、许翙等人撰造《上清经》三十一卷，主要讲述存想、服气、日月奔璘之法等。 ② 晋哀帝司马丕服食外丹致死。	①《上清经》三十一卷
公元 398—404 年	① 北魏道武帝拓跋珪，令死囚服食外丹，多死无验。	
公元 429 年	① 建康一带发生战乱，许黄民将《上清经》三十一卷（“三君手书”）分藏于东阐马朗、钱塘杜道鞠等人家中。从此以后，《上清经》三十一卷在道众间传抄流行。	
公元 488 年前后	① 陶弘景收集和整理“三君手书”。 ② 陶弘景著述部分内修经典。	①《养性延命录》 ②《登真隐诀》
公元 505—525 年	① 陶弘景前后炼丹七次，最终炼成。但陶弘景怀疑服食外丹的效果，拒绝服食外丹。	
公元 558 年	① 慧思大师作《立誓愿文》，在历史上首次提出“内丹”一词。	
公元 589 年前后	① 南北朝末期，出现大量行炁、胎息类的经典。	①《高上玉皇胎息经》
公元 634—659 年	①《黄帝九鼎神丹经诀》撰集完成。 ② 公元 649 年，唐太宗李世民服食丹药驾崩。	①《黄帝九鼎神丹经诀》
公元 674 年	① 唐高宗诏令王公百僚诵习《道德经》。	
公元 703 年	① 女皇武则天服食丹药，连服三年驾崩。	
公元 703—739 年	① 邓紫阳创立北帝派雷法。在数代皇帝的支持下，北帝派雷法在唐朝迅速传播。	

（续表）

年代	丹道发展的相关事件	对丹道发展有影响力的著作
公元711—778年	① 以张果、司马承祯、吴筠等人为代表的内丹家，受到朝廷召见和重视，他们崇尚内丹，重视老庄原始丹道的理论与技法，吸收外丹的延生理论，发起了一场丹道革新运动。	①《太上九要心印妙经》 ②《坐忘论》 ③《天隐子》 ④《宗玄先生玄纲论》 ⑤《高上玉皇心印妙经》 ⑥《太清元极至妙神珠玉颗经》
公元733年	① 唐玄宗科举加试《道德经》策。	
公元762—789年	① 汪子华创立神霄雷法。	
公元806年	①《石药尔雅》完成。	①《石药尔雅》
公元820年	① 唐宪宗李纯服食丹药后性情狂躁，暴卒。	
公元824年	① 唐穆宗李恒服食丹药中风而死。	
公元826年	① 唐敬宗李湛服食丹药，性情大变，死于太监之手。	
公元846年	① 唐武宗李炎服食丹药后喜怒失常，暴卒。	
公元859年	① 唐宣宗李忱服食丹药，疽生于背而死。	
公元847—860年	① 尚书纥干息，雕印数千本丹经，寄送精于炼丹的人士。这说明，在当时有名气的炼丹家有数千人之多。	
公元824—975年	① 谭紫霄创立天心雷法。	
公元827—874年	① 钟离权在长安一带传授内丹丹法。	①《灵宝毕法》
公元860年左右	① 吕洞宾遇钟离权于长安酒肆，得授《灵宝毕法》。	
公元878—884年	① 吕洞宾隐居终南山修道。	
公元888—904年	① 祖舒降生，长成后创立清微雷法。	
公元911年前后	① 刘海蟾师从钟离权、吕洞宾等人学道。	
约公元900—1000年间	① 施肩吾师从吕洞宾等丹道家，并隐居江西南昌西山，开创西山派。	①《钟吕传道集》 ②《西山群仙会真记》
公元912年	① 后梁太祖朱温服食丹药，眉发立堕，头背生痈。	
公元933—936年	① 陈抟隐居武当山修炼蛰龙丹法。	

（续表）

年代	丹道发展的相关事件	对丹道发展有影响力的著作
公元 936—944 年	① 陈抟入蜀游历，师从何昌一学习“锁鼻飞精术”。	
公元 954—960 年	① 陈抟迁居华山，学习钟吕派丹法。此后，创立《无极图》丹法，开华山派。	①《无极图》 ②《观空篇》 ③ 佚失：《易龙图》《九室指玄篇》《钓潭集》《入室还丹诗》《钓潭集》 ④ 部分佚失：《麻衣道者正易心法注》《易龙图序》《太极阴阳说》《火珠林》《太极图》《先天方圆图》
公元 943 年	① 南唐烈祖李昪，服食丹药，发痈暴卒。 ② 从此以后，很少有帝王服食外丹。	
公元 1017 前后	① 陈抟弟子张无梦，在天台山一带居住近三十年，有弟子陈景元。	
公元 1056—1062 年间	① 七十多岁的张紫阳在作府吏期间因烧毁案牍文书，获罪入兵籍贬谪岭南。	
公元 1063 年	① 八十岁的张紫阳赠刘仲远丹诗——《赠白龙洞刘道人歌》。	
公元 1069 年	① 八十六岁的张紫阳在成都天回寺得遇“真人”传授丹诀。	
公元 1075—1078 年间	① 张紫阳最终完成划时代的丹道著作《悟真篇》。 ② 张紫阳传道于石杏林，开南宗丹脉。杏林为南宗二祖。	①《悟真篇》
公元 1106—1120 年	① 薛道光师学于石杏林，为南宗三祖。	①《还源篇》
公元 1104—1126 年	① 张继先传播以天心雷法为主的诸家雷法。	①《大道歌》 ②《心说》
公元 1117—1120 年	① 林灵素传播神霄雷法，开神霄雷法玉真派。	
公元 1119—1153 年	① 王文卿传播神霄雷法。	①《雷说》 ②《冲虚通妙侍宸王先生家语》 ③《王侍宸祈祷八段锦》 ④《玄珠歌》
公元 1120 年前后	① 陈泥丸师学于薛道光，为南宗四祖。	①《还丹复命篇》 ②《丹髓歌》
公元 1138 年	① 刘永年在钱塘江跨浦桥得遇张紫阳，开南宗阴阳派丹法，称为“南派”。	

（续表）

年代	丹道发展的相关事件	对丹道发展有影响力的著作
公元1159—1160年	① 王重阳先后三次遇到隐修的丹道家，得授丹诀。	①《五篇灵文》
公元1161年	① 五十岁的王重阳隐居墓庵修道。	
公元1164年	① 五十三岁的王重阳在甘河岸边再次遇到异人。	
公元1167—1169年间	① 王重阳先后传授马钰、谭处端、刘处玄、丘处机、王处一、郝大通、孙不二等人丹诀，并在宁海州、登州、莱州等地建立七宝会、金莲会、三光会、玉华会、平等会，开展丹道传授活动，并创立以丹道修炼为主的教团——全真道。 ② 王重阳与全真七子创立北宗，北宗丹法迅速传播。	①《重阳立教十五论》 ②《重阳全真集》 ③《重阳教化集》 ④《重阳真人授丹阳二十四诀》
公元1178年	① 翁葆光得南派丹诀于刘永年。	①《悟真篇》三注
公元1187年	① 王处一受金世宗召见。	
公元1188年	① 丘处机受金世宗召见。	
公元1197年	① 刘处玄受金章宗召见。	
公元1205年	① 白玉蟾师学于陈泥丸，为南宗五祖。	①《翠虚篇》
公元1208年	① 陈泥丸得到《景霄大雷琅书》，兼通雷法。	①《高上景霄三五混合都天大雷琅书》
公元1212年	① 白玉蟾从陈泥丸处得授《高上景霄三五混合都天大雷琅书》。	
公元1217—1229年	① 白玉蟾传授彭鹤林等人南宗丹法、神霄雷法。 ② 白玉蟾在福建武夷山、江西南昌西山一带传播丹道与雷法，著述甚丰。 ② 此后，彭鹤林与弟子萧廷芝建立细林宗。	①《玉隆集》 ②《上清集》 ③《武夷集》 ④《道德经章句注》 ⑤《海琼白真人语录》 ⑥《海琼问道集》 ⑦《道德真经集注》
公元1220—1224年	① 丘处机受成吉思汗的邀请，西行见成吉思汗，劝以“戒杀”“卫生”“治国”之道。 ② 全真道受到元朝的支持，北宗丹法开始进入盛行时期。	①《鸣道集》 ②《磻溪集》
公元1239—1286年	① 南毕道、黄舜申师徒传播清微雷法。	
公元1219—1309年	① 南宗李道纯，提倡中和丹道，著《中和集》，后人尊其为中派创始人。	
公元1308年前后	① 刘玉、黄元吉师徒，倡导净明道，撰集《净明忠孝全书》，传播净明道黄素丹法。	①《净明忠孝全书》
公元1314年	① 六十七岁的张三丰入终南山拜火龙真人为师，开始实修丹道。	
公元1318年	① 六十九岁的张三丰离开终南山云游。	

（续表）

年代	丹道发展的相关事件	对丹道发展有影响力的著作
公元1324—1933年	① 七十七岁的张三丰人武当南嵒专修九年，自此丹道大成。	
公元1329年前后	① 陈致虚师学于赵缘督，得南派阴阳丹法。 ② 陈致虚得遇青城老仙，得授阴阳丹法。	①《上阳子金丹大要》 ②《周易参同契分章注》
公元1366年	① 一百一九岁的张三丰魂游七日归来，作《大元至正二十六年丙午暮秋金台观游魂七日归来，付杨轨山一偈》。	
公元1384—1385年	① 朱元璋敕沈万山寻找张三丰。张三丰认为不可以金液还丹之道干预政治，避而不见。 ② 此后，张三丰门人及其私淑弟子，传播三丰丹法，逐渐形成三丰派。	①《大道论》 ②《玄机直讲》 ③《道言浅近说》 ④《玄要篇》 ⑤《丹经秘诀》 ⑥《金丹节要》 ⑦《采真机要》
公元1547年	① 陆西星等人，以箕降的方式，师从吕洞宾，得授阴阳丹法。 ② 清代李西月，称陆西星创立东派丹法，尊称陆西星为东派祖师。	①《方壶外史》 ②《三藏真诠》 ③《金丹就正篇》 ④《阴符经测疏》 ⑤《周易参同契测疏》 ⑥《张紫阳金丹四百字测疏》
公元1615年	① 孙汝忠撰写《金丹真传》，记述其父孙教鸾实修阴阳丹法的经历与实修所用的丹法。 ② 伍守阳开山收徒，传授“仙佛合宗”特色的丹法。	①《金丹真传》 ②《仙佛合宗语录》 ③《伍真人修仙歌》
公元1656—1659年	① 王常月先后在北京传戒三次，创立龙门正宗。 ② 野怛婆阇创立西竺心宗。	
公元1663—1674年	① 王常月在南京、杭州、金盖山、穹窿山、武当山等地先后传戒五次。 ② 王常月门人撰集《龙门心法》（也称《龙门心法》）。	①《龙门心法》
公元1723—1745年	① 沈太虚十六岁，见李泥丸于金盖山，得授秘诗三章。 ② 十七岁的沈太虚拜高东篱为师，印证所得，并得龙门真传。 ③ 三十岁的沈太虚，自称得遇萨守坚于桐柏山。 ④ 三十八岁的沈太虚，又遇李泥丸。	
公元1755年	① 刘一明二十二岁，在甘肃榆中拜龛谷老人为师，得授丹法。	
公元1767年	① 二十岁的闵一得随其父宦居天台，经由其父表兄沈太虚引荐，拜龙门正宗第十代律师高东篱为师，学习导引之术。	
公元1768年	① 沈太虚六十一岁，闵一得遵照其师高东篱遗命，以沈太虚为师，得授“天仙心传”等丹法。 ② 刘一明三十五岁，在今汉中市勉县黄沙镇一带，遇到仙留丈人，为其说破大事因缘。	

（续表）

年代	丹道发展的相关事件	对丹道发展有影响力的著作
公元1780年	① 柳华阳自称得遇伍守阳，传授“仙佛合宗”特色的丹法。	①《金仙证论》 ②《慧命经》
公元1786年	① 闵一得三十九岁，沈太虚授其《天仙道程戒忌》《女宗双修宝筏》。后沈太虚又寄授《医世功诀》。	①《天仙道程戒忌》 ②《女宗双修宝筏》 ③《医世功诀》
公元1794年	① 野怛婆阇传授闵一得西竺心宗丹法。	①《大梵先天梵音斗咒》
公元1796—1836年	① 闵一得入住金盖山，后开创金盖山闵派。	①《上品丹法节次》 ②《天仙心传》
公元1806—1856年	① 李西月自称得遇吕洞宾、张三丰等，得授真诀，开创西派丹法。	①《张三丰先生全集》 ②《守身切要》 ③《九层炼心》 ④《文终经》 ⑤《后天串述》 ⑥《圆娇内篇》 ⑦《三车秘旨》 ⑧《道窍谈》
公元1821年	① 刘一明八十八岁，自行进入墓穴，在嘱咐门人后，寂然坐脱。后世称之为“甘凉刘派”。	①《悟道录》 ②《会心内集》 ③《修真辩难》 ④《修真九要》 ⑤《神室八法》 ⑥《象言破疑》 ⑦《指南针》 ⑧《通关文》 ⑨《西游原旨》
公元1821—1884年	① 黄裳（字元吉）在四川自贡、富顺等地设馆讲学，开创乐育堂丹法流派。	①《乐育堂语录》 ②《道德经讲义》 ③《道门语要》
公元1895年	① 赵避尘在镇江金山寺拜柳华阳弟子了然、了空禅师为师，得授丹诀。	
公元1897年	① 邓徽绩等人将伍守阳和柳华阳的部分著作合刊，定书名为《伍柳仙宗》，由此开始，后人合称伍守阳、柳华阳为“伍柳”，将其丹法称为“伍柳派”。	①《伍柳仙宗》
公元1920年	① 了空禅师开许赵避尘创立千峰派，并嘱咐其用白话普传丹法。	
公元1928年	① 赵避尘秉承师命开建千峰派，自号千峰老人，开始普传丹法。赵避尘是历史上第一位结合近代解剖学知识传播丹法的丹道家。	①《性命法诀明指》 ②《卫生性理学》 ③《内秘法要》

表索引目录

图索引目录

后·记

这本书花费了大约十年的时间完成。始于2014年9月，在美访学期间完成初稿。初稿约120万字，逐渐删定为90余万字。期间曾于2018年12月出版，但不理想。后经多次考订资料、修改内容，最终定稿于2024年11月。其内容与思想，与2018年版相比，无论是内容还是观点，都有很大不同。但定稿后细阅内容，发现仍有许多瑕疵，奈何学力有限，知止于此。其中不足，恳请方家批评指正。

“道”并非虚无而玄幻的东西，是自然、社会及人与万物的总和，是在人与自然、人与社会、人与自我的互动关系中，因人的觉知能力，才被逐渐体验、认知、抽象、修正、运用、演绎的。虽然“道”无法穷尽，就人类整体的绵延来讲，人的觉知能力也无有穷尽。人类有能力认知和运用“道”，来解决自己在不同关系中的问题。所以，老子讲：“故道大，天大，地大，王亦大。”“王”即王道，是三才——天地人中人的因素。

人类的发展，在人与自然、人与社会、人与自我的互动关系中，会经历若干阶段，即由最初懵懂无知无助而崇拜，到由现象窥透本质而征服，再到回归各种关系本身而和谐安处。只有到达和谐安处的阶段，人类对自然、社会、自我的认知，才算达到了一个较稳定的阶段，人才会在人与自然、人与社会、人与自我的关系中认知其整体性，才会“弱化”所谓强大的自我意识和能力，才会真正把自己当作宇宙中“毫无意义”的一分子。所以，老子讲：“天地不仁，以万物为刍狗。”

从突出自我的“王亦大”到毫无意义的“刍狗”，是在不同的视角和关系中看待人类自身。从“王亦大”的角度，以人类自我为中心，会看到人类自身的各种优势及其创造的辉煌，不断扩张人类的“权限”，甚至“神仙长生”，这是“为学日益”的肯定。“益”极则“损”。当人类发展到较高阶段，则必然认识到在人与自然、人与社会、人与自我关系的整体性中，自己仅是在互动中不断试图适应的一分子而已，并非原来认为的那么“强大”。这种“适应”，与宇宙中没有自我意识而受物理化学规律支配的万物之“适应”仿佛“类似”。从这个视角，就会发现人类没有什么“特别”的意义，生死为一，“神仙长生”亦唾而不为。这是因为进步而“为道日损”。

人唯一的优势就是觉知。人如果没有觉知，就真的如同仅受物理化学规律支配的万物那样，毫无意义。正是因为觉知，人类才是黑暗宇宙中的光，才显得尤其有意义。

然而，就像鱼弋海中而不知能游、鸟翔云端而不知能飞，人也不以“觉知”为意。人往往事中昏昧，在外在刺激下，被动地回应。这种不由自主的被驾驭感，引发诸多冲突和消耗。甚至，消耗大于所得。

觉知主动与昏昧被动，虽然都是“动”，却有天壤之别。老子讲：“知人者智，自知者明。”孔子讲：“知之为知之，不知为不知，是知也。”把昏昧被动转变为觉知主动，就是中国传统文化所提倡的“修道”。

《中庸》开篇即讲：“修道之谓教。”“修道”并非枯索无聊地追求形而上的内容，而是在喜怒哀乐的生动情景中，锻炼自己，觉知当下。《中庸》讲：“喜怒哀乐之未发，谓之中；发而皆中节，谓之和；中也者，天下之大本也；和也者，天下之达道也。致中和，天地位焉，万物育焉。”“喜怒哀乐之未发”，就是觉知当下；“发而皆中节”，就是主动觉知情绪所以生而不被动受情绪裹挟，并把情绪安置在适当范围。觉知当下，即为“中”，觉知主事，则能“和”。由内及外，由己及人，由人及物，由人物而反省自己，保持主动、客观、灵明，以达到人与自然、人与社会、人与自我关系的良性状态。“中”即“良知”，“和”即“良能”，“致中和”即“致良知”。

从子思到王阳明，扩而充之，从伏羲一卦开天乃至今天国家领袖提出的“生命共同体”，中国几千年的文化道统，即在使人类立于觉知之上，实行“内圣外王”① 之道。

丹道正是中国传统文化中“修道”的方式之一。如何能在各种情境中觉知当下，是丹道要解决的重要课题。老子讲：“致虚极，守静笃。万物并作，吾以

① 作者认为，“内圣外王”是一个随着时代发展而不断优化的概念。

观复。”“万物并作”，可理解为各种情景。“吾以观复”，就是在各种情境下，把“昏昧”复归“觉知”，把“事挟觉知”转为“觉知主事”。把“昏昧”复归“觉知”的方法，就是“致虚极，守静笃”。“昏昧”复归“觉知”之后，就能觉知主动，“致中和”“致良知”，在人与自然、人与社会、人与自我的互动中达到和谐状态。

道以简能。丹道并不复杂，复杂的是人之所以昏昧的原由。肇于虚无，明于觉知，致于良能，位于中和，就是丹道。

《易经》讲：“天地之大德曰生，圣人之大宝曰位。”“生”即是发展变化，故“生生之谓易”。“位”即关系，人的“位”就是人与自然、人与社会、人与自我的关系。人只有在自己的“位”上，觉知主动，勤于实践，敏于思考，才能虑而有得、施而有功、安而有处。这就是“穷理尽性，以至于命”①，穷自然之理，尽物我之性，以达到在人与自然、人与社会、人与自我的关系中和谐发展。丹道之功，正在于此。

我是一个热爱中国优秀传统文化、注重文化实践的丹道爱好者。在多年的参学与实践中，既知道丹道对人身心健康的极大利益，也知道参学丹道之曲折坎坷。古人提倡“以史为鉴”。撰写此书并非是自己有足够的学识，恰恰相反，正是因为学识不足、进展不易而去溯源顺流，以理性审视丹道、谨慎对待实践。如果您也像我这样，那么，拙作或许能给您提供参考。丹道，首先要有益于健康，其次要有益于精神，身体健康、精神愉悦，才是效验。如果能够像征于信史的丹道家那样，生时健康愉悦，服务于社会；年老生活自理，不累及他人；死时预知时至，安静而往，这岂非大幸?!

我深信，丹道必能造福人类，人类必然发展丹道。在学术界前辈对丹道研究成果的基础上，在当今学者和有志之士的推动下，开放的丹道体系必将与现代科学相融合，形成一系列新的学科，把中国传统文化实践与现代社会结合起来，为拓展科学研究领域、弘扬人文精神做出新的贡献。

在这本书将要出版之际，经常会想起在准备过程、写作过程中遇到的那些让我感恩的人和事，容我在此表达敬意。

西安的冉启忠先生，在我攻读学位和游学期间，给予各种支持和呵护，让我有机会走进高校、开展研究。她的付出让我难以言谢。她已经年近期颐，祝她健康长寿！特别感谢西安的贤友张全强、夏颖！在我的写作受阻时，他们给予了无私的帮助，他们温暖我心，生发力量！

① 《周易本义》卷十《周易说卦传》，第322页。

感谢南京大学的刘鹿鸣教授！他给书稿提出许多宝贵建议，在百忙之中为此写序，并反复沟通、斟酌。他的学术精神、智慧眼光、高尚情怀无不激励和鼓舞着我！感谢西安石油大学的曹彬教授！他订正了书稿中有关化学反应的内容，并提供了化学反应方程式。感谢陕西教育科学研究院的高居红教授！她给书稿提出许多宝贵意见，并对部分章节进行修改。感谢洛阳的贤友叶少波！他校对书稿，不辞劳苦，对其中的错别字一一订正。感谢关注我、鼓励我的各位朋友，感谢你们给与的精神支持！

感恩我的父母！无论在什么地方，因为父母的慈爱，让我无比安心和勇毅。祝两位老人健康长寿！感谢我的妻子和女儿！她们的陪伴、理解和支持，让我能够在温馨愉悦的环境下安心完成写作。

特别感谢上海远东出版社，感谢为本书付出辛勤劳动的编辑出版人员！经由他们的细致审稿、精心设计和出版发行，这本书才由一块璞石变成了美玉！

最后感谢读到这本书的人！我们以书会友，在茫茫人海中有以文字和精神际遇的缘分，希望您能够提出宝贵意见。让我们用科学的态度正视和研究传统文化，传播传统文化的正能量。

书稿改毕，心怀释然，赋诗一首，与读者共：

细把经史溯源流，梭投日月易春秋。
残碣古道乡贤鳌，宝箓真诀至士留。
玉版琳琅描罔象，玄珠袒裼览镜头。
悠然掩卷终南望，岭上白云与我酬。

程宝良

二零二四年十一月二十七日于景仁轩